高橋勝浩編

本多熊太郎関係文書

国書刊行会

駐オーストリア公使時代の本多熊太郎
（大正12年６月ウィーンにて撮影）

家族とともに。左から充一（長男）、りき（妻）、万里子（三女）、静子（長女）、那都子（二女）、本多、英二（二男）。

芳沢謙吉らとともに（明治32年12月26日）。後列左が本多、後列右が芳沢。

本多熊太郎肖像（大礼服着用）

［上］ポーツマス会議全権団（明治38年７月20日シアトル着港）。中央が小村寿太郎、右より本多、安達峰一郎、山座円次郎、石氏章作、小西孝太郎、H・W・デニソン、佐藤愛麿、立花小一郎。
［下］駐清公使館在勤時代（明治40年カ）。前列左から３番目から本多、林権助、阿部守太郎。後列右から６番目が広田弘毅。

［上］伊集院彦吉・松岡洋右らとともに。駐清（華）公使館在勤時代。前列中央が伊集院、右から４番目が本多。後列左から４番目が松岡。
［下］桂太郎・後藤新平らとともに。在ハルビン総領事時代（明治45年７月）。左端が本多、２人おいて後藤、若槻礼次郎、２人おいて桂。

［上］駐英大使館参事官時代。最前列右端が重光葵、左端が堀内謙介。２列目右端が本多、１人おいて珍田捨巳、１人おいて田中国重。３列目右から２番目が沢田節蔵、３人おいて松宮順。
［下］平沼騏一郎らとともに。前列中央が平沼、右隣が本多。

［上］南次郎朝鮮総督就任祝賀会（昭和11年８月14日）。前列右から本多、寺内寿一、南、杉山元、関屋貞三郎、建川美次。後列左端は梅津美治郎。
［下］小村寿太郎像前にて（昭和13年５月）。前列右から本多、小村捷治、松岡洋右。後列左端が朝倉文夫。

駐華大使時代（昭和16年３月20日）。前列右が本多、隣が西尾寿造。後列左から２番目が日高信六郎。

汪兆銘らとともに（昭和16年６月21日）。１列目右から近藤信竹、林柏生、徐良、本多、加藤隆義、褚民誼、永野修身、汪、及川古志郎、百武源吾、吉田善吾、周仏海、青木一男、豊田副武。２列目右から３番目より岡敬純、影佐禎昭、２人おいて沢本頼雄、津田静枝、周隆庠、日高信六郎、犬養健、福留繁。３列目右から清水董三、高田利種、５人おいて石川信吾。

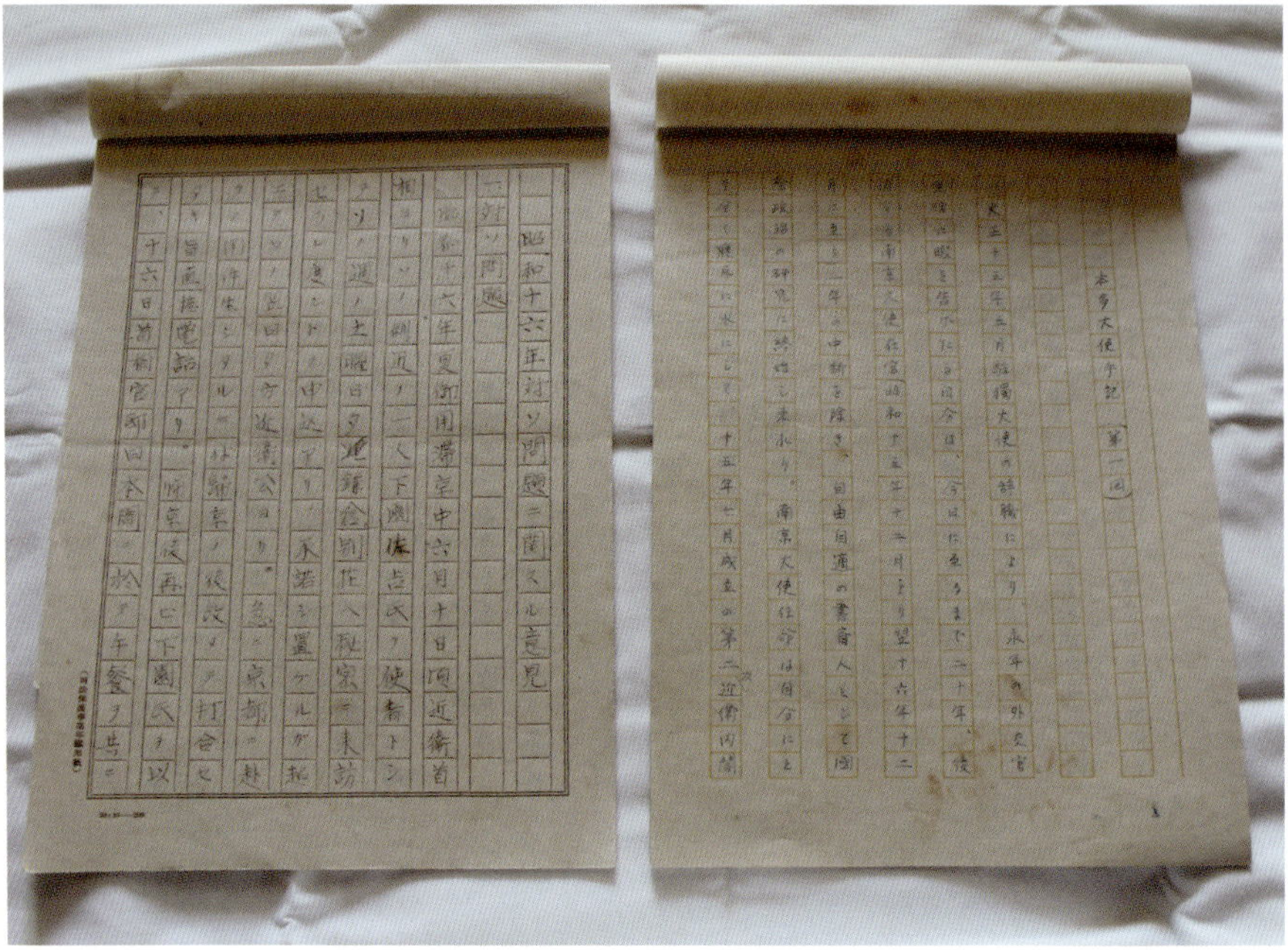

［右］本多大使手記（第一回）（本書17頁）、［左］昭和十六年対ソ問題ニ関スル意見（本書89頁）

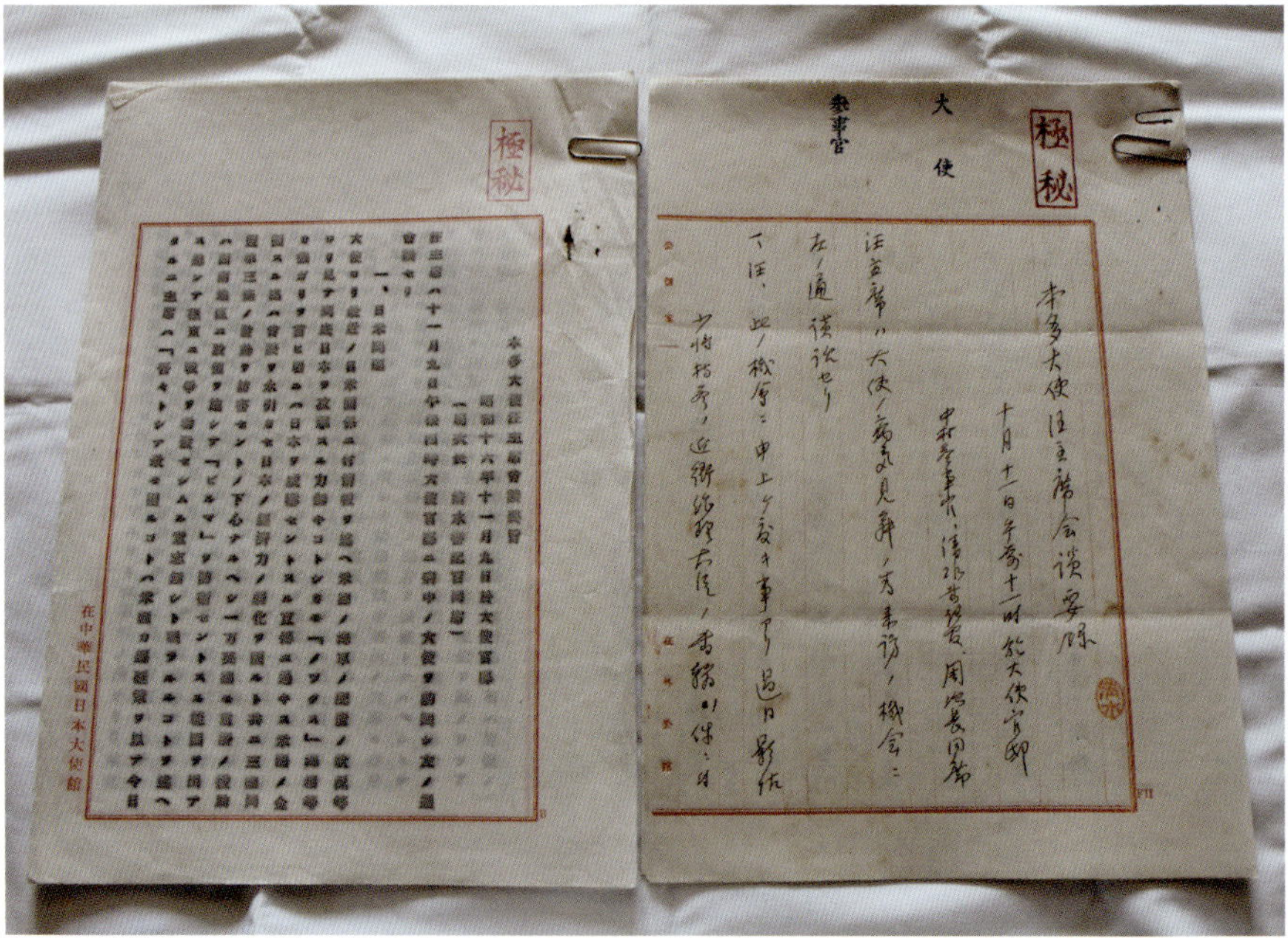

［右］本多大使汪主席会談要録（本書636頁）、［左］本多大使汪主席会談要旨（本書648頁）

目次

外交記録類

凡例

一、本書は外交官本多熊太郎の手記、並びに関係書翰、電報、外交記録類を翻刻したものである。原本の所蔵者については、翻刻文書毎にこれを記した。

一、翻刻に当たっては句読点を適宜付し、特別な場合を除いて新字体に改めた。なお、複数部ある文書は対校して釈文に反映した。

一、明らかな誤字・脱字と思われる個所は適宜訂正した。原本中の欠字は省略し、見消部分は原則として記さず、訂正文字を表記した。

一、編者の校訂注は〔　〕で、校注は（　）で当該文字の右側に記した。なお、原文の空白部分及び判読不能個所は□を以て示し、その右側に理由を付した。

一、頭書あるいは欄外の記述は（頭書）ないしは（欄外朱印）などの右側注を付してこれを示した。

一、現在では用いない差別用語についても、史料翻刻の観点から原文表記通りに掲載した。

（付記）本書は科学研究費補助金（基盤研究B）「日本の第一次世界大戦経験の全体像の解明――未公開史料を活用した学際的分析――」（研究代表者小林道彦氏）に基づく研究成果の一部である。刊行に当たっては、本多熊太郎の御遺族である北垣由民子氏の御承諾と、國學院大學准教授柴田紳一氏の御協力を得た。また、史料を閲覧させていただいた國學院大學図書館、国立国会図書館憲政資料室、防衛省防衛研究所戦史研究センター、公益財団法人徳富蘇峰記念塩崎財団に対して謝意を表する。

手記

無題

自分は明治七年十二月、和歌山県那賀郡北大井村に生る。家はいはゆる中堅農家の一で、父《（本多宇兵衛）》は村長、新たに地方に開設された郵便局の局長をも引受けてゐた。要するに地方指導者の一人であつた。何等学問のない人であつたが、義侠心に富み、地方の世話にはずゐぶん骨を折つてゐた。

自分は小学卒業後、同族の長老である本多和《ワ》一郎氏の塾で漢籍及び英学の修業をした。この先生は青年時代慶応義塾に学び、病気中退で帰郷後、地方の青年教育に家産を蕩するまでに挺身された。福沢諭吉先生張りの民権思想、後にキリスト教に入つてキリスト教的社会観及び倫理観念を強く持つてゐた。自分が少年時代に受けた斯うした思想的影響はいまでも相当に感じてゐる。郷塾で三年勉強の後、明治二十二年十六才で上京し青山学院に学んだ。後二年明治二十四年いまの早稲田大学の前身である東京専門学校英語政治科に入り、後東京法学院（いまの中央大学）英語法律科に転入したが、元来が新聞記者志望で、当時朝野新聞の論壇で大いに気焔をあげてゐた犬養《（毅）》、尾崎《（行雄）》の両氏が自分の私淑する人物であつた。随つて学校の課程には真面目に骨を折らず、自分の好きなものを勝手に読み散らし、文章の稽古に専念してゐた。

うか〱と月日を送つて居るうちに明治二十七八年役即ち日清戦争の破裂となり、次で三国干渉あり、これに刺戟せられて、一つ外交官になつて働かうと志さし転、二十八年秋外務書記生試験に合格、領事館書記生として朝鮮の元山、後に満洲の営口に在勤、三十一年の夏帰朝、外交官試験に合格、何等正則の学歴がないのに合格者八名のうち首席を占めたといふので頓に外務省内の注意を集めた。それに営口在勤の初めの一年はいはゆる名誉領事館で、名誉領事その人は日本郵船会社代理店主の英国人ジヱー、ジヱー、フレデリツク、バンヂネルと云ふ洵に人柄の良い老紳士であつた。日清戦後営口に残つた居留民は十人、店舗が三井物産の出張所以外に二軒、之れが明治以来初めて満洲に定着した日本居留民であつて、一方日満間の貿易は戦前の数年来頓に増進して来てゐるといふ事情にも鑑み、政府は占領軍撤退と共に取敢ず応急の措置として名誉領事館を復活し、之れに書記生を付けることゝなり、自分は其の任に選ばれたのだ。をかしな話だが、二十二才の一青年たる我輩が㈠これら居留民の保護と、それから㈡当時すでにいろ〳〵始まりかゝつて居た露西亜の満洲経略注視の任に当ることゝなつたのである。此の㈡の方の関聯での自分の報告は私信体で小村《（寿太郎）》外務次官あてに致されたものであつたが、それが、相当同次官の注意——延いては自分に対する興味を引いたやうであつた。小村氏は自分が外交官試験を済ませる頃には既に次官から駐米公使に転ぜられてゐたが、赴任前に本省に対して、同氏の予ての計画たる外交官養成案の試みとして自分と、一年前の外交官試験の首席合格者なる水野幸《コー》吉官補（当時京城在勤中）をベルギーに三箇年間留学させ、外交官として必要な国際法、外交史、その他の学課を研修せしむるやうにと申し継をして行かれたのである。

ところが内閣が迭つて、青木《（周蔵）》子爵が外務大臣となられてから、前小村次官の残せる計画が一時握り潰しの恰好になつた。かくて自分は北京へ外交官補として赴任した。在勤九ヶ月、本省からベルギーへ留学的在勤との電命があつたので、ベルギーへ転じ、本野《モトノ》《（一郎）》公使の監督下にブルッセル大学に入学、三年間の勉強をすることになつた。ところが丁度一年半過ぎた頃に、即ち三十四年九月桂《（太郎）》内閣の外務大臣として駐支公使小村氏が就任された。自分はその日至急帰朝の電命を受けて十一月帰朝、直ちに外務大臣秘書官兼書記官となつた。それから十年の間殆ど形影相伴ふ関係で、小村侯から師父の恩を受くることになつた。

　秘書官就任と同時に、当時極秘に進行中なりし日英同盟締結の機務に関係することとなり、それから引続いての対露対支の重要外交事務、就中日露開戦前の対露交渉等の要務には事務秘書官として悉く携つた。またポーツマス講和会議にも、その後の満洲問題協定のための北京会議にも小村全権幕僚の一員として随行した。三十九年には北京公使館二等書記官として林《（権助）》公使を輔けて、満洲関係の対支交渉に参加し、翌四十年在英大使館二等書記官に転じ、そこで再び当時駐英大使としてをられた小村侯の下に働くこととなつた。翌四十一年、小村侯は再び桂内閣の外務大臣として帰朝せられた。帰朝の当日また急電があつて、自分はシベリヤ鉄道で大急ぎで帰つた。そこで外務省文書課長兼秘書官となつた。ゐること半年にして北京公使館一等書記官に転じた。そして間島問題及び満洲□《ゴアンケン》の解決の日支談判に伊集院《（彦吉）》公使を輔佐した。当時の清朝は日露戦争によつて目覚めたる支那の利権回収運動、国会立憲政治要求等国家革新の要請が一転革命の気運を孕み、三年を出でずして清朝の顚覆する革命を見るべしと自分は予測して、本省にも公使の名においてその旨を報告したことがある。さういふ時代に北京公使館の主《〔首〕》席書記官として働き、前記の満洲関係の条約締結の外に、今度は一等書記官としての責任において日支郵便条約を締結した。さういふ激務の中に二年余もゐたが、健康をも害したので、たしか四十四年夏の初め本省に帰つた。

　自分の北京在勤時代に松岡洋右が三等書記官として自分の隷下で働いてゐたが、前途有望の俊才として、彼の受持事務については十分の信任を示し、また政務関係のことについては何事も隠すことなく、聊か指導の意味で彼に輔けさせたこともある。また後の本庄《（繁）》、松井《（石根）》両大将は当時一大尉として、相前後して公使館付武官の輔佐をしてゐた。爾来いはゆる昔の北京組といふわけで、懇意に交際して今日に来てゐる。

　東京に帰つて間もなく政変があつて小村侯は閑地に就かれた。これより先日露戦争終了直後、該戦争に関する小村侯の備忘録を一つ執筆するやうにといふ依頼があつたが、今日までその時機を得なかつた。丁度三《〔四〕》十四年の暮には熱海にでも二人で行つて筆を執つてくれといふことであつたが、同年十二月《〔十一月二十六日〕》六日、小村侯は積年の激務に持病の肺患が高じて、遂に白玉楼中の人となつた。

　後数ヶ月にして、自分はハルビン総領事として再び海外勤務に就いた。こゝでロシヤの極東に対する計画施策等を観察の結果、頗る得るところがあつたやうに思ふ。尚又当時ロシヤ側の要人、就中□《ゴキヨー》軍団長マルツイノフ中将より、友人としていろ〳〵露国の内情について聴かされた。当時ヨーロッパには第一、第二のバルカン戦があり、第一バルカン戦の時にはドイツから極めて高飛車に出られ、ロシヤとしては非常な屈辱を被つた。第二バルカン戦、即ち大正《(マヽ)》十三年のバルカン戦には、自分はマルツイノフ中将に向つて、「今度はロシヤも膝を屈することはあるまい」と試問してみたところ、マルツイノフ将軍いはく、「ロシヤには革命の癌がある。殊に最近極秘の消息として自分の得たプライベートの情報によれば、皇太子《(Nikolai)》が革命党から何等か傷害を受けたやうである。旁々以ていまロシヤがドイツと打つかる、或は他の大国と戦ひをするやうな場合には、ロシヤの政治その他社会組織内にだん〳〵食ひ込んでゐる革命の癌が破裂を見る虞れがあるから、今回も亦第一バルカン戦の如くドイツから牛耳られるまゝに屈服するだらう。戦争にはなるまい………」この一言によつて自分は、帝政ロシヤはもうそんなに危機に瀕してゐるのか、日露戦争に敗けた刺戟によつて一大勢力を得たロシヤの革命分子はそこまで拡大強化されてゐるのか、と初めて分つた。ハルビンにおける二年半は自分にとつて謂はば一種の勉強時代であつた。その間予ねて取つてゐるロンドン・タイムスは勿論、ヨーロッパの四大雑誌その他新著述を出来得る限り取寄せて、暇に委せて自分はずゐぶん勉強した。

ところが大正三年六月、大隈《重信》内閣の外相加藤高明男（後の伯爵）から、いまの幣原《喜重郎》首相の後任としてロンドン大使館参事官を命ぜられた。それで帰任後許しを得て、那須の温泉に家族を連れて休養中、□《アキママ》におけるオーストリア皇太子《Franz Fernand》の暗殺事件があつた。セルビヤとオーストリヤの関係が急に緊張化して来ると、露国は今回のオーストリヤ、セルビヤ間の問題を以て、露国自身の利害事項を認むるといふ旨のコンミュニケを出したといふ朝日外電記事を見て、自分は、さては仏の顔も三度までで、今度はロシヤも起つな、これは欧洲大戦だといふので、即日行李を収めて東京へ帰つて来た。そして急遽ロンドンに赴任した。当時外務省では大臣以下まだそこまでは見てをらず、ヨーロッパは少くともいま直ぐこの戦争の仲間入りをすることはなからうといふ観測であつたが、自分はさうは思はなかつた。この場合英国がこの戦争に入らぬとすれば、戦はずしてドイツに屈したと同じである。英国衰へたりと雖もそんな意気地なしぢやない。案の定英国はドイツに向つて、ロシヤ、オーストリヤを除いての四大国の協議によつて解決の途を求めようぢやないかと提議した。ところがドイツはこれを敢て意とせず、東ロシヤに向ひ、西フランスに向つて宣戦布告をした。これに対し、英国は全艦隊を動員状態に置き、香港から威海衛のやうな世界の果における自己の海軍基地をも臨戦状態に置いた。そして自分の出発前既に英国は宣戦をし、日本に向つても戦争参加、英国加勢の申込をして来た。それで日本はドイツに向つて最後通牒を出し、次で宣戦するに至つた。自分がロンドンに着いたのは九月十日、自来四年三ヶ月、大正八年十月ドイツ降伏までロンドン在英大使館参事官として勤務した。

　次にスイス公使に転任した。スイス公使の内命を承諾する時に、自分は独墺の革命を見に行くのだと言つた。既に戦時勤務五年近くにもなるのだから、来春には日本に帰る予定で、九年五月二十五日ロンドン発北野丸に船室を保留して、半年在任の積りでスイスに赴任した。そこで全権よりパリーの講和会議に参加を求められたけれども、スイスを根拠としてのドイツ、オーストリヤ革命視察といふ自分の仕事が発足したばかりであるし、講和会議の方は他にいくらでも手伝手があるからお断りした。これが端なくも世間に問題になつて、パリーに一週間滞在中全権と衝突したとか、或は落合《（謙太郎）》公使と折合が悪くて帰つたとか、外務省までもそんな噂をしてゐた。その結果自分は一躍有名人になつた。それで帰国の途上海より杉村楚人冠が同船し、朝日新聞の主筆になつて来てくれといふ話であつた。一年余東京に滞在中にも村山龍平が二度ばかり来て、大変な待遇をするとのことであつた。しかし後一年か一年半で大使になると自他共に相場のついてゐる人間が、そのトップまで行かずに公使で飛び出すことは面白くもないと思つて断つた。

　そこで大正十年五月戦後のオーストリヤに赴任し、やがてハンガリヤをも管轄することになつた。こゝに始めて墺洪帝国といふ一大国が敗戦の結果、微塵木端、その領土は四分五裂し、人口五千万の大帝国が僅か五百万の小国となり、その三分の一がウヰーンといふ都会に集中して見るも惨めな有様であつたのを見た。ハンガリヤ亦然り。当時聯合国の監督将校がたくさん来てゐたが、たとへばハンガリヤにおいて英国監督将校の従兵長ともいふべき一軍曹が、ハンガリヤの総理大臣と同じ俸給をハンガリヤ政府から取つてゐるといふ状況であつた。以て敗戦の結果の如何に惨めなものであるかをつく〴〵と見せられた。ロンドン在勤中は日に〳〵強化される食糧不足、昼夜にわたるドイツ空軍のロンドン空襲下にゐて、近代戦の如何に苛烈なものなるかを体験し、オーストリヤに赴任しては敗戦の結果の如何に惨めなるかを親しく見た。インフレの惨害も利益する側に立つて見てゐた。自分はオーストリヤ在勤中も相変らず暇に委せて読書を続け、聯合国使臣としては、日本公使である自分は最も公平妥当にものを見得る地位にゐたので、オーストリヤ首脳部から求められるまゝに若干の助言を与へる機会も多かつた。またオーストリヤ在勤中、国際聯盟から軍備縮小問題の懇請《（ママ）》委員会の一委員会に日本代表委員の一員として委嘱を受け、こゝで欧洲の政治家、労働運動者の首領、軍人等が同僚となり、これも亦大いに勉強になつた。今度の第二回大戦当時の仏国大統領ルブラン《(Albert F. Lebrun)》は該委員会における自分の同僚の一人で、この人とは極く懇意に交際してゐた。英国側が往々にしてフランスに対して圧迫的に出て来るので、自分はフランス側に時々加勢を与へてゐた。

大正十二年五月、高級弁務官としてトルコに出張を仰せつかつた。当時トルコはセルビヤと通商条約商議中であつたので、その条約調印のためウヰーンにおいて、同地駐在のセルビヤ公使と商議を重ねてゐるうちに、日本に政変があり、山本《(権兵衛)》内閣が出来て、広口《?》男《(伊集院彦吉)》が外務大臣となつた。一方日本を含める聯合諸大国とケマル・パシヤ《(Mustafa Kemal Pasha)》の更生トルコとの間に講和条約が成立したので、最早高等弁務官としてトルコに代表者を出すべき事情がなくなつた。ところがドイツにおいてはフランス、ベルギー軍によるルール占領、これに対する反対、滔々として日一日と悪化を辿るインフレーションによりドイツ経済生活の破綻、これを機としてのソビエットのドイツ赤化運動の活躍等、ドイツの国情が極めて悪化してゐる際であつた。ところがドイツは日置《(益)》大使帰朝後代理大使のまゝになつてゐるので、ドイツへ急ぎ赴任せよとの本省よりの命を受けた。自分は大正三年英国に赴任、帰京後引続きヨーロッパ戦争中の英国に赴任、戦後惨憺たる生活苦に悩む敗亡の旧敵国に在勤し、外交官生活も世界戦争終了後は国際聯盟の世の中となつて、もう面白くもなし、三十年近くも勤めて大使の地位まで来たのだから、外交官も一まづ打切り、子供の教育でもやり、東京において働くこともあるだらう、かういふ考へで、ドイツに赴任はするが、半年もすればドイツの事態もいくらか安定するだらうから、来年あたりは帰朝するぞと伊集院男に返事をしてドイツに赴任した。大正十三年一《〔二〕》月であつたらう、着任したのは冬の最中であつた。

ドイツに赴任してみると、億々マルクを以て一パウンドに換へるに至つたドイツ通貨は、レンテン・マルクの発行により通貨安定の第一歩を踏み出し、これを機として、今まで政治的取扱をしてゐたドイツ賠償問題を一つの経済問題として処理しようといふ気運になつて来た。フランスはルールを占領してみたところがドイツ人の怨みを買ひ、駐兵した費用さへも償へず、英国やアメリカとの関係を悪化し、ドイツを打壊したけれども、これがために賠償金は益々取れなくなつた。かういふ事情からドイツはいはゆるドーズ《(Charles G. Dawes)》案時代に入りかけてゐた。ドーズ案とは即ち英仏米の三国を以てドイツ賠償問題に金融的及び産業的見地からの検討を加へて、結局ドイツ国有鉄道の株式会社化で、鉄道収入その他を担保として、これに対して借款を提供するといふので、ドイツは或る程度まで財政監督に服することになつた。そして米国のパーカー・ギルバート《(Seymour Parker Gilbert)》を主席とするリシーバーと称する財政監督員が監督することになつた。こゝにドーズ案によるドイツの経済的更生、随つて国領安定の基礎が自分の着任後間もなく出来かけて来た。

当時のドイツはワイマール憲法下のドイツで、外交政策はいはゆる履行政策に《〔を〕》行つてゐた。履行政策とは何ぞやと言へば、ベルサイユ条約で課せられたる条件は実に苛烈なものであるが、なし得る最大限度まで誠意を以てこれを実行する、かくして英米仏等の信頼を買ひ、それによつてドイツの経済生活の更生を図らう、たとひ一時は国権を傷付けられてもこれを我慢すれば、やがてドイツ国領の安定を来すことになる、かういふのがいはゆるステレーゼマン《(Gustav Stresemann)》外交であつた。自分は聯合国大使の一人であるが、やはり岡《〔傍〕》目八目的、公平な見地を持ち得るにつき、殊に外務次官のマルツァン《(Ago Frh. v. Marlzan)》とは北京時代の知合であつた関係から、時々友人としての助言を与へる機会もあつた。たとへばドーズ案が実行の緒についたから、英国外交は更に一歩を進めてドイツを国際聯盟に入らせようとした。その時に自分は英国大使《(Lord d'Abernon)》に頼まれてマルツァンを口説きに行つたことがある。ステレーゼマンは元来は非常に国家主義の政治家で、戦争進行中は、苟もドイツ兵隊の足跡の血で染つたところ、悉くドイツの領土に併合せざるべからずと呼〔註〕んだ。それが敗戦後、殊にルール占領によるドイツの打撃を見て以来履行政策を行ひ、ドーズ案を受入れた。財政監督の屈辱をも忍んだこの政策の結果は、僅か二三年の間にアメリカから長期短期を合せて三十億ドル以上の資金がドイツに入つた。これによつてドイツは産業の復興を見たのである。戦勝国たるフランスは産業を破壊され、英国亦例の旧式で然り、ところがドイツはドーズ案によつてアメリカから莫大な資金を得、これによつてそつくり工場の諸設備の更新が出来、地方団体の如きは学校から病院の設備まで行つた。僕はその年ドイツの有名なる民間経済人でいはゆるアー・エー・ゲーの専務フェルクス・ベッツェに、「私は経済財政金融のことは一つも分らぬ人間である。ドーズ案の結果はたいへんいいやうだが、私にはどうも分らぬ。私はドイツ人の頭は非常にいいと思ふ。これでアメリカ及びイギリスは或程度まで金を入れる。アメリカの金は現にどん〳〵入りつゝある。ところがドーズ案の一大弱点といふものはあの千三百二十億金マルクといふ天文学的数字の賠償金額に対して毫も触れてをらん。この間も英国大使が来て自慢するから俺はその点に触れた。彼は、ドーズ案の成功を君、どう思ふ、といふから、実にどうも感心してゐる、いいところはあなたが主としてやつてをられたやうだが、あれは一向賠償総額に触れてをらんぢやないか、と言つた。あんな天文学的数字といふものはいはゆるイムポシブルだ。ドイツの方では二年もしたら賠償総額を大いに下げろと言ふんぢやないか。その次には賠償なんか止めた方がよくはないか、かう言ふんぢやないか。」フェルクスは「大使はどうも経済のことはよく分らんと言はれたが、いまのお言葉を聴くと、どうしてなか〳〵経済通だ。」と言つて急所を衝いた。

つまりドイツはステレーゼマンの履行政策、ドーズ案の実行によつてドイツ産業更新の資金、更にそれによつてアメリカから借りた金でフランスやイギリスに賠償を払ふのだから、事実ドイツは何も負担してゐないのと同じであつた（結局ヒットラー《(Adolf Hitler)》はみなそれを踏み倒した）。更にフランスに安心を与へるために英国の歓心を買つて、ステレーゼマン政策の発展は遂にロカルノ条約となつた。かくてドイツとフランス、イギリスとの間に和協が出来て、ヨーロッパは平和時代に入つた。私はロカルノ条約の草案に関する相談が英米仏の間に行はれてゐる時にドイツを発つた。それは既に在勤二年の間に、レンテン・マルクに始まつたドイツの経済建直政策がステレーゼマンの履行政策となり、ドーズ案となり、ドーズ案による産業復活、賠償支払能力が出来たこととなり、更に一歩を進めて、ロカルノ条約による全面和平にヨーロッパを入れようといふ序口まで進歩した。また私は二十二才の時外務省に入つて満三十年になるので、賜暇を願つて帰朝した。

別に理由とてないが、三十年の外交官生活中、第一戦争終了後一年半ばかりの休暇を東京でとつたほかは全部ヨーロッパで暮し、ヨーロッパ生活はもう鼻についた。戦争生活、戦後の敗北国での生活、しかも外交官としては行き得るところまで行つた。元来私の経歴は前にも示す如く東洋向で支那通であるが、戦争が長引いた結果たうたうヨーロッパ通に変化させられた。とにかく十年連続のヨーロッパ生活に倦怠し、子供の国に帰つて、子供の教育をしたいと思つて帰つて来た。

自分のゐたドイツは、内政は民主主義のワイマル憲法下、外交は講和条約を誠意履行しようといふ建前で、戦勝国との和協を求めて、略々それに成功せんとしつゝある時代であつた。その当時ヒットラーはルーデンド《(Erich Friedrich Wilhelm》ルフ《Ludendorff)》を擁してバイエルンのミュンヘンで叛乱を企てて、一敗地に塗れて、ルーデンドルフは放免されたが、彼は牢に入れられた。ベルリン時代に彼は裁判にかゝつてゐたが、その時法廷で、「俺が天下を取る時には、ベルサイユ屈辱条約に調印せる責任者の首は累々として石ころが転ぶ如く街頭に転がるだらう。」かういふ気焔を吐いた。われわれはヒットラーの何人たるかも知らず、ドイツでは気狂ひ扱ひしてゐた。それから十年経つと彼は大した者になつたが、自分はナチ・ドイツとは何等の関係も持たなかつた。

本多大使手記（第一回）

大正十五年五月駐独大使の辞職により、永年の外交官生活に暇を告げたる自分は、今日に至るまで二十年、後述する南京大使在官（昭和十五年十二月より翌十六年十二月に至る）一年の中断を除き、自由自適の書斎人として国際政治の研究に終始し来れり。南京大使任命は自分にとり全く寝耳に水にして、十五年七月成立の第二次近衛《文麿》内閣が事前何の相談もなく、政府限りの決定を自分に押付けたるものなり。即ち同年十二月四日午後六時頃松岡《洋右》外務大臣より突然電話あり、「至急お目にかゝりたく、これよりお伺ひす」とのことにて来邸、「汪精衛の国民政府への大使を引受けくれたく、今回軍は政治経済等より一切手を引くこととなり、興亜院連絡部も大使に隷属せしむることとなるべく、大使の任務の一段と重大なるに鑑み、貴兄以外適任者なし。軍部も同意、政府の議一決して、首相の求めにより只今参内、内奏御裁可を得たり。国家のため是非御奮起を望む」とのことにて、如何に三十年来の親友間にせよ、余りに独断的なる松岡のやり口に聊か驚きたるも、だん〳〵彼の話を聴きをるうち、さては軍部も今回自己の縄張または勢力下より大使の候補者の持ち合せなく、軍の首脳者と一面識もなき自分の奏薦に同意したいといふからには、差当り軍も支那問題には退一歩の態度に出でをるものと認めらる、よし然らばこの際一つ出馬して、日支事変の癌たる軍部従来の行き過ぎに是正を加へてやらんと決意し、松岡に向つて、「君はとんでもない立場に俺を陥れてくれたが、かうなる以上は俺も体を投げ出すよりほかはない。」と応へたるに、松岡は「お受け下さるか、有難うございます。」と、如何にも驚喜の態にて、「早速これより南京にアグレマン取つけの手続を執るべし」とて辞し去りたり。越えて七日親任式、その際畏れ多くも陛下《（昭和天皇）》より「今回は御苦労」との御言葉を拝し、また一般新聞の気受けも甚だよく、全国各地より数百の書面または電信に（殆ど全部は未知の人より）接し、四年越しの支那事変に対する国民の煩悶は如何にも大にして、いまや溺れる者藁をも摑まんとするの心境にあるやに感ぜられ、かた〴〵もう百難を排して、前述の自己の決意遂行に邁進すべく覚悟を定めたり。

　かくて南京に赴任、信任状捧呈等各般の儀礼終了後北京をも訪問、北支の状況に一応触れたる後帰来、興亜院連絡部長官会議並に在支総領事会議を招集、現地における各機関より現地状況につき報告を徴し、その他日支双方文武官民の側の話をも虚心坦懐に聴き取り、僅々二週間の短時日の許す限り現地の情勢探求に努め、汪主席とも数回に亘り長時間の会見を重ねた結果、南京政府は成立以来一ヶ年に垂んとするにも拘らず、未だその直轄行政区域たる揚子江下流の三角地帯においてすら政府として根を下しをらず、一方軍の煩瑣なる行政干渉と行き過ぎの統制経済の結果、差当り米価の暴騰により一般民衆の生活難を来しをる上に、軍が対重慶経済封鎖といふ作戦の必要を理由とし実施しつゝある物資搬出入取締制度は物資の自然流通を阻礙し、一層民生の困難を加へつゝあり、その結果は国民政府、一般民衆よりは殆ど無用の長物視せらるゝと同時に、日本軍に対する一般の反感頗る甚だしきものあり、且つ国民政府の大小の官吏も、たとへば電話一つ自己の支配下に持たざるに交通部といふ堂々たる役所あり、また一哩の鉄道をも有せざるに鉄道総局ありといふが如き有様にて、米価の暴騰により粥を啜りつゝ出勤、さて出勤したところで何等事務のあるわけでなしといふが如き有様なり。これは軍及びその末梢機関の行政干渉と、我が方のいはゆる国策会社の無用なる侵蝕によるものにてこれあり、これを要するに赴任前における自分の見透しの正鵠に当れるを確認せり。

予ねて政府との打合せにより一月中旬一旦帰京、外務陸海三省その他民間経済界の有力者と接触、殊に政府首脳部に対しては、従来のやり口にてこのまゝ漫然推移しておくにおいては、万一不幸にして日米衝突といふが如き国際環境の激変に逢着せんには、南京政府はその前後にも崩壊すべくして、或はまた英米側に攫はれ去らんも測り難し、大使としてかゝる事態に逢着せざるやう政府に注意し置く旨を述べ置きたり。

　三月初め帰任してみると、現場の事態は想像以上にも悪化し、米価は天井知らずに暴騰、国府の中流官吏すら粥を啜りて、その日を凌ぎをるといふが如き有様、差向きこれが救済策として仏印米五万トン輸入を日本側援助のもとに行はしむることとし、現地陸海軍も極力自分の提議を中央に向つて支持してくれたる結果、政府も船腹並にクレジット供与等に一大奮発をなし、辛うじて当面の急を凌ぎ得たる次第なるも、日に〳〵悪化する現地の情勢は国民政府首脳部に、最早絶対行き詰りなり、改めて日本側の覚悟を確むるの必要に逢着せり、況や日本側にては支那事変処理上南京政府を以て無用の長物し（マヽ）、寧ろ厄介なる邪魔者と考へをるにあらずや、との心境にすらなり来り、遂に汪主席より、是非とも東京を訪問、首相、外相、その他政府首脳部と国民政府存在価値の有無を検討したしとの悲壮なる申入れあり。尤も千万と認められたるにつき、現地陸海軍首脳とも相談の結果、三機関首脳一致の意見として、快く汪主席の来訪を迎へ、且つ国民政府に活を入るゝの措置に出づるの要あることを政府に稟議すると同時に、民生関係の各般事項に関し、作戦の必要の示す最大限度まで調査を加ふべきこと、軍の末端機関の地方行政に対する無用の干渉はこれを禁止すること、国策会社の運営に委ねられたる事項中国防及び軍事上の須要に属せず、しかも一般民衆の生活に無用の重圧を加へをるもの少からず、これらは早きに及んで断然支那側の運営に移すこと等、民心把握と同時に国民政府存立の自信を取返さしむることとする方針のもとに、大使関係を中心とし、現地陸海軍幹部の共同研究の結果到達せる三機関一致の具体案を政府に提案することとし、自分はいはゆる背水の陣を布いて帰朝、努力の結果は汪主席の来訪となり、現地三機関意見の採用となり、国民政府更生の基盤漸くならんとせる折から、第二回《次》近衛内閣は日米問題に対する部内の不一致により総辞職となり、第三次近衛内閣の成立を見るに至れり。

松岡辞職の結果、自分は当初赴任の際自分の任務と決め置きたる仕事も一段落のこの場合を機とし、退官の辞表を提出したるも、新内閣並に現地陸海軍、また南京政府側よりも熱烈なる留任希望の申出あり、殊に民生に関する各般調整事項もこれより実施期に入らんとするの際、自分が職を去るは聊か無責任の感もなきにあらざるにつき、断然辞意を飜し、更に新内閣よりは従来と等しく支那のことはお任せすとの言質を取つけ、八月下旬帰任し、予定の順序により、先づ経済関係の各事項就中国策会社調整の研究実行より着手すべく、現地三機関の幕僚よりなる委員会を大使の隷下に設け、また例の物資搬出入取締規則の合理化も軍と支那側との間に協議立案することとなる等、いはゆる国府強化の具体的事項著々進行を見るに至れる折から、不幸にして帰任後間もなく自分は長江赤痢に罹り、最初は病蓐のうちに事務を見をりたるも、病勢は益々悪化、十月差入りには主治医より一日も速かに帰朝療養を要す、現地にては快癒の見込なし、との宣告を受けたる結果、十月十八日付電報を以て辞表を提出、十一月下旬帰京、外務大臣（東郷茂徳）よりは親しく留任の希望申入ありたるも、後任として年来自分の深くその才能を認めをりたる重光（葵）大使を推薦し、こゝに退官の希望を達したる次第なり。

斯くの如く、南京大使として僅々一ヶ年にも満たず、中道にして罹病退任、自分の、現地海陸軍首脳部の誠意協力を得て、政府に要納せしめたる意見の結実を見届くるに至らざりし折から、大東亜戦の勃発により局面は一変、すべては戦争の成行如何にかゝることとなりたる始末なり。

右は南京大使受任の心境並に自分が努力の狙ひ所を概述せるものなるが、いはゆる支那事変そのものにまで自分の意見並に世上に現はれたる言動については、後段に別に叙説すべし。

第三回（第二回欠）

前言つた二点のほか、自分の自律的方針といふか、要領といふか、もう一つある。それは多年の外交官生活、殊に最後の十年間のヨーロッパ生活に、日本の国情には大分遠ざかつてゐるから、日本の国内事情の研究になるやうな機会は努めて利用し、逸しないやうに心掛ける。平沼（騏一郎）男を会長とする国本社との関係——国本社のために国内地方講演に出掛けたのも、実はさうした自律方針からだつた。多年にわたつて国本社のためにたび〳〵地方講演に出たりしたものだから、如何にも平沼男帷幕中の主なる一人かの如く世間からも誤解されてゐたやうだ。元来平沼さんとの交際は、昭和八年（マヽ）欧洲戦時五年の勤務を終へて休養中、平沼男を中心とする或る研究団体があり（月二回の水曜日に寄るので二水会といった）、会員は官界並に民間から特に会の方で招請した十二人までの人たちであつた。それで外交畑から自分をといふ希望であつた。当時平沼といふ人は夙に司法部内で立勝れた人物と聞いてゐた。殊に山本権兵衛閥のシーメンス事件であれだけの秋霜烈日の糾弾を加へ、また大隈（重信）内閣の大黒柱である大浦（兼武）子爵を議員買収事件で葬つた。実に非常の威力を秋官として発揮し、近来の検事総長として世に謳われてゐる人である。さういふ好奇心も手伝つて、自分はその会に入つた。平沼氏に接してみると、実に君子の風格を備へ、礼儀正しく、温良の風貌のうちに剛気の気質を備へた人だと感じた。正に当代稀に見る人物と映じられた。殊に自分の感心したのは、その二水会の会合は常に築地の精養軒で行はれ、質素な晩餐を共にし、各自の話をして、大抵十時頃散会する。ところが電車で帰るのは御大の平沼氏と私だけで、他の人はみな自家用若くは会社或は官庁用の自動車で帰る。ところが或る晩に、「今日は風邪を引いてゐるので、役所の車を借用して参りましたから、追分まで一緒に参りませう。」といふので、大審院の頗る粗末な自動車に同乗したことがある。してみると、平沼男はあの権威赫々たる地位にゐながら、役所の車を断じて私用に使はぬ人である。さういふやうな点に自分は非常に惚れ込んだのであつた。たゞ今日でもこれは平沼男の欠点だと思ふのは、決して自分から進んで意見を言はぬことである。これも贔屓目にみれば、何といつても二十一二からずつと司法官で来てゐる。司法官といふものは決して自分から喋るものではなく、当事者、弁護士のいふことを聴いて、然る後徐ろに自己の判断を出すのだから、多年の司法官生活が第二の天性を生んだのではないかと見られる。その後だん／＼つき合つてみると、それが非常に濃い。たとへば仲間が一緒に団欒してお茶を飲んで飯を食つてゐる時でもむつつりと黙つてゐるので、座中に一陣の冷たい風が吹いてゐるやうな感じがする。殊に馴染の浅い者には、或は初めて男に会ふ者には一層さういふ感じを与へたらう。これも民衆政治家に適せざる一つの性格である。

　それはさて置き、自分はその二水会員としてはほんの数月の関係で、また戦後のヨーロッパに赴任し、五年の勤務を終へて退官帰朝閑地についた。すると平沼男の主宰してゐる国本社からだといつて使が来て、晩餐会において会員のために食後に一場の演説をしてくれといふ。そこで久し振りに平沼男にも会ひ、ドイツを中心とする欧洲事情について一場の講話を試みた。当日の会衆は国本社のお歴々、各方面一流の名士であつた。それを機縁にしてだん／＼国本社なるものが分つてみると、大正十二年の大震火災の際、先帝（大正天皇）の賜りたる国本詔書の精神を普及させようといふ一つの精神団体である。国本詔書は申すまでもなく国家未曽有の天災に会［遭］ひ、上下相戒め、欧洲戦争時代の一世を風靡した軽佻浮薄の思想を去つて、明治天皇の教育勅語の質実剛健の精神を取戻して、学に励み、産を治め、進んで社会公共のために働け、かういふ御趣旨である。国本社はこの詔書の御趣意徹底の精神運動である。平沼男を会長として、顧問には斎藤実子爵、山川健次郎博士といふが如き、どの点から見ても一世の敬重を集める方々であり、山川男の如きは老軀を提げて、平沼男と共に屢々地方へ国本社講演に出掛けられた。自分は望まれるまゝに、平沼、山川両先輩と共に地方へ国本社講演に出掛けた。それは前にも言つたやうに、最高級の知識人として今後国家のために働きたいといふ自分の志からいへば、正にいい機会である。且つまた地方においてはその土地一流の指導階級に会へ、国内事情の研究にも洵に好都合である。因にいふが、自分はかういふ地方旅行をすると必ずその土地の新聞を読んだ。それは新聞を読めば、その土地ではいまどういふことが問題になつてゐるかといふことがよく分るからである。

国本社の講演といふものはどういふものであるかといふと、山川先生は会津武士で、明治初年、先生が少年時代米国に留学して物理学を修め、帰朝後帝国大学に名を置いて久しく理科の教授をやつた人である。会津武士が自然科学を修めた、その講演なるものは極めて常識的で、毫も空疎なるイデオロギー的のことは言はれず、或るひねくれた連中が聴くと、皇室問題の如き時には少しく異端的とすら感じるやうなことを言はれる。たとへば山川さんと私と二人新潟医科大学から頼まれて、学生のために一場の講演をしたことがある。その際山川さんは、「蜂に女王あり、蟻に王あり、生物の集団生活にはみなその中心となるべきものがあるのだ。生物最高級の人間社会においては尚更牢固たる中心力を必要とする。われわれ大和民族には幸ひにして皇室といふものがある。然るに他の国においてはその中心力が絶えずぐらついて、たとへばフランス人の如き優秀な民族でも、われわれが持つてゐる如き民族統合の牢固たる中心がない故に、その弊を屢々受けてゐることは歴史の示す通りである。その点においてわれわれ日本人は非常に恵まれてゐる。」これが山川さんのいはゆる皇室中心論である。これでは神憑りの日本主義者が聴いて一向有難くもない異端論かも知れぬが、山川先生の話を聴いてゐると学生は粛然として襟を正す。一体八紘一宇とか、すめらみくにとか神憑つたことを言はぬ山川先生の話は自分には非常に気に入つた。

平沼男はどういふことを説いてゐたかといふと、男一流の政治哲学、即ちわれわれは日本を世界に類例を見ざる道徳国家に仕上げたいといふことを説いてをられた。

また故原嘉道君とも時々一緒に講演をしたことがある。原君は主として法律と道徳の一如不岐、即ち道徳律を木綿の糸で縛つてゐたのをもう一層強く結へるのが法律であつて、法律に触れなければ何をしてもいいといふ思想が間違つてゐる、法律は即ち道徳生活の強化といふことなのだ、と斯様な点を絶えず各地で説いてゐたやうに自分は記憶してゐる。

自分は欧洲大戦の意義、戦後の国際事情、殊に思想方面より見たる戦後の国際事情を説いてゐた。世にいはゆる日本を以て世界的使命を有する神の選民であるといふが如き、誇大妄想狂的の思想排撃に、機会ある毎に努めた。かういふわけで、自分は国内事情研究といふ聊か功利的動機もあつたのだが、当時尚ほ国内の一大厄介問題であつた思想の混乱を幾分でも匡正したい、畢意〔竟〕かういふ混乱は世界戦争の意義、殊に国際聯盟等に対する認識不足から来てゐるのだから、さういふところから匡正しよう、かういふ意図であつた。たゞかういふやうなことが彼此れ七八年も続いたので、国本社の頭領株の一人なる如く世間から見られるに至つたのも怪むに足らず、また自分はそれを嫌つてゐるわけではない。たゞ一言こゝで言ひたいことは、自分はどこまでも精神運動のために働いたので、学者、思想家としての平沼男と協力関係を持つてゐたが、政治家としての彼とは何の関係もなかつたこと、また国本社そのものにしても自分は本来の創立者ではない、その点については荒木（貞夫）大将、田辺治通氏、或は塩野季彦氏などとは自ら立場が違つてゐる。寧ろ自分はこれらの連中から国本社の表看板たる精神運動に相当利用すべき代物として、巧みに引張り込まれたのだと世間の一部は言つて居る。国本社理事に自分の名も見えて居るが、これは国本社の方で自分を待遇する意味で付与した肩書であらう。この国本社理事には池田成彬氏、原嘉道氏、後には大角《（岑生）》、真崎《（甚三郎）》両大将もなつてゐた。これを要するに平沼サークルにとつては自分は外様大名の一なのだと云ふ立場であつた。

国本社がだん〳〵世の中の注意を惹く如く発展して来るに従つて、世間は平沼男を一の政治勢力と認めるやうになつた。恐らく男の側近の連中も多難なる国情に鑑みて、男をして国政爕理の大任に当らせたいといふ希望を持つてゐたのだらう。自分はさうした相談に対しては何等与つたこともなく、また自分の流儀よりしても努めてさういふ面に接触することを避けてゐた。自分は性格上人の乾分やら手下になることの出来ない男で、たとへば後藤《（新平）》伯との交歓の如き、平沼男とのそれよりはズツと古くで《（ママ）》、先方からは相当に買はれてゐたと信じられるが、さればといつて後藤伯と親分乾分関係で接するを潔しとしなかつた。かゝるは自分の性格の許さぬところであつた。自分はまた小村《（寿太郎）》侯の感化を受けた為か、先輩に対しては極めて礼譲を重んじ、如何に久しくつき合つてもその礼譲を崩すやうなことはしなかつた。随つて相手方もやはりこちらに対して礼譲を守る。たとへば後藤伯の如き常に「一つ教へを仰ぎたいのです」とか、「一つあなたにお願ひします」とか云ふ言葉づかゐで決して「おい、本多君」といふやうなことは言はない。かういふ性質の人間は到底日本の政界においては志を得ない。自分は世にいはゆる巨頭連に、会へば懇意にものを言ふ程度に顔なじみのつき合は各方面に持つてゐるが、或る雑誌が評した如く、孤立の老外交評論家として通つてしまつたのはさういふ性格からだらう。殊に自分は一年足らずの政友会在党、十月余りの体験で見た如く、日本の政界といふものはなか〳〵複雑怪奇で、平沼男の如く純潔なる人格者として知られてゐる人が世にいはゆる天下取の真似をすれば、男が四十年来享有し来れる一枚看板にも傷が付くだらうといふわけで、淡泊に言へば政治家といふ意味においての平沼男には全然魅力を感じなかつたのである。

たゞ一つかういふことがあつた。それは五・一五事件の直後、世を挙げて今度は政党内閣ではいかぬ、いはゆる超然内閣をといふので、その下馬評に斎藤子爵と平沼男が上つてゐた。ところが新聞紙上で見ると、平沼男自らでは無論なからうが如何にも男の周囲が平沼内閣の運動を始めてゐるやうに見える。現に自分のもとにも大蔵大臣の売込、或は議員の売込を持掛けて来たものもあつた。それは平沼男に大命が降れば、当然自分が組閣相談に乗るものと誤つて見てゐたものらしい。余りに平沼内閣説が世間に喧伝されてゐるので、自分は太田耕造氏に電話して、「新聞によれば、平沼邸で臨時に電話線が一本架設されたり、何だか組閣事務所の準備が出来てゐるとまで書かれてゐるが、洵に残念ぢやないか。我輩聊か見るところあるから、一つ大久保へ出掛けて平沼さんに直接話をしてみたい。」太田はこれに賛成したので、平沼男を訪れ、自分の意見を述べた。「世間の風聞は自分は信じない。来てみれば屋敷は洵に静かで自分も安心した。実は若しやこの際内閣を、といふお考へがあるならば、失礼ながらお諫め申さうと思つて来た。何しろ今度の事件（五・一五事件）は社会各方面に地下的に奔流してゐる革命的潮流の露呈である。陛下の軍人が白昼軍服のまゝ首相邸に侵入し、たとひピストルとはいへ一斉射撃を以て首相（犬養毅）を殺した。事態は尋常の政治的暗殺として見るべく（ママ）余りにも重大である。この場合後を受けて内閣を組織せんとする人は死装束をして出掛けねばならん。死装束固より可なり、死んで甲斐あることならば。しかし死甲斐の有無は一大疑問である。今日国家としての目前の急務は満洲に対する廟議を決めることだ。事件始まつてから聽て一年半にもなるのに、現場の事態は現地軍人の行動に一任して、政府は漫然見物の地位に立ち、単に軍人たちがつくり上げた事態に一種の形式を与へ、現場において出来上つた事態に厭々ながら引摺られてゐる。これが事件開始以来政党内閣のやつてゐることなのだ。そこで先づ満洲事変そのものを政府の手に取上げなければならん。即ち満洲に対する廟議確立である。若し新内閣が半年の命を保障されゝばこの廟議決定といふ仕事は出来る。然るに如何せん、犬養内閣は議会を解散し、三百名の圧倒的多数を獲得して、憲法の規定による解散後の臨時議会を召集したまゝ倒れてしまつた。後継内閣は成立と共に議会に直面しなければならぬ。ところで仮に閣下が後継内閣を組織するとすれば、民政党は固より閣下に対しては従来からの行掛りがあり、政友会亦右の如く自分は来るべき政権に外れたので、反対の立場に立つべき新内閣は組閣と同時に直ちに議会と闘はねばならぬ。解散してみたところで、こちらに何の勝利の見込もなし、やはり二大政党を前にして闘はねばならぬ。かういふ状態では日常の政務すら運行がむづかしい。何ぞ況や満洲問題の廟議決定といふが如き仕事は出来べくもない。それでは何のために死装束までして出掛けたのか意味をなさぬ。議会に直面して一敗地に塗れる、閣下の失敗は同時に国の行詰りだ。いま世間で見てゐる後継首相の候補者は山本伯、斎藤子、並に閣下だが、山本伯は無論斎藤氏を推すに相違ない。結局候補は斎藤氏と閣下の二人になるわけだが、こゝは宜しく年齢順で斎藤子に譲つて、閣下はやはり枢府に留つて、献替啓沃の御奉公をされることが然るべきと思ふ。但し万一にも何等かの事情で、内府に、との大命でも降ることとあれば、何の躊躇なく決然として御奮起なさるがよからう。今日の危局に際し、側近の重臣として常時〔侍〕輔弼の任に当らるゝならば、内閣総理とは自ら趣を異にする。しかし俗にいふ天下取の後継内閣引受といふが如きは、この場合断じて御回避になる方がよからう。私は御承知の如く政変の都度なるべくあなたにお目にかゝらんやうにして来た。また今日まであなたの政治上の進退についてとかくの進言を致したこともないが、世間の噂が余りにも大きいので、後輩の身を以て失礼至極とは存ずるけれども、多年の辱知として率直に愚存を申上る。」と説きたるに平沼男は、「洵に御親切の忠言を感謝する。」といふ挨拶であつた。男の政治上の進退に関して話をしたのは十年の交はりのうちに後にも先にも、これがたゞ一回である。且つその後平沼邸を訪問したこともなし。

その後二・二六の事件直後にかういふことがあつた。斎藤内閣の成立は不幸にして平沼男のためには甚だ気の毒な廻り合せといふか、成行を生じた。それは倉富（勇三郎）議長の辞任に際し、従来の慣例からいつても既に十年の久しき副議長の地位にゐる平沼男の昇格は当然と、世間一般から期待されてゐたのに、内閣は男を差措き、横合から一木喜徳郎男をまつり上げたことだ。これは斎藤首相或は他の有力なる重臣方面において、平沼男に対する何等かの感情の表現と世間では見てゐた。

ところが二・二六事件の結果、この事件の思想的背景をなしたる国体擁護論者の側から、天皇機関説の元祖として攻撃の的となつてゐた一木男の退職と共に、再び枢府議長の人選問題に逢着した。この場合又もや横合から議長を持つて来られることになれば、如何に平沼男の隠忍と滅私奉公の精神を以てしても、さういふ二度の屈辱に耐へることは恐らく出来ないだらうし、本人はとにかく門下とか周囲が之を許すまい。また如何にも元老（西園寺公望）重臣の専横と見え、既に険悪なる世間の思潮に一層の悪影響を及ぼすことは論を俟たないところである。自分は斯うした見地から一は元老重臣をしてかゝる過ちをなさしめず、一は平沼男の面目を毀損せしめざることにといふ考へを以て、自分の同郷の友人にして近衛（文麿）公お出入の一人である某氏を招いて、「近衛公にかう申上げて貰ひたい。本多は公爵にお願事をするだけのなじみを持たない者でありまするが、どうしても公爵にお願ひするよりほかない一事があるのです。ほかでもない平沼男のことです。今度また平沼さんが議長になり損ふやうなことがあれば、世論挙げて元老の横暴を鳴らすべく、事は平沼男一個の面目問題といふが如き小さいことではなく、この破局的危機に対する善後措置に関する元老折角の御苦心もさうした一挙のため、国民の信頼に関する限り画餅に帰しませう。ついては公爵から元老に於いて、速かに平沼男の議長昇格を奏請せられるやう、公爵のお考へとして御進言を願ひたい。かう近衛公に申上げてくれ。」と頼んだ。その翌日かに某氏が復命して、「申上げました。公爵は考へて置かうといふことでしたが、同時に、どうも気の毒だな、平沼さんは、元老にはどうも悪くてね、さあむづかしいぞ、と附言された。」とのことであつた。近衛公は果して自分よりお願ひした通り西園寺公に話してくれたかどうかは今日まで確めやうともしないが、一説によれば、一木男自らが湯浅《（倉平）》内府の議を排して、元老へは自分が後でお話するから、この際躊躇なく平沼男の議長昇格を奏請するやうにと、強く勧告の結果だといふことだ。いづれにしても自分が近衛公へ人を遣してから数日を経たぬうちに、平沼男側近の竹内賀久治《ガクジ》氏が平沼邸から電話をかけて、「いろ〱御配慮ありがたうございましたが、只今広田《（弘毅）》総理が来邸して、枢府議長に昇格の申込がありました。」かういふことであつた。

　このいろ〱御配慮といふのは、実は自分が近衛公に人を遣す際に、聊かつけ加へさしたのである。即ち、「御配慮によつて平沼男の議長昇格を見るやうになりましたならば、元老重臣お嫌ひの由に聞いてをりまする国本社は、本多が責任を以て即日にも解散させます。そのお含みで宜しく。」かう言はしたので、念のため太田耕造氏を電話で呼んで右の次第を内話して置いた。随つて竹内氏へも太田氏から話しがあつたものと見える。

　そこで愈々平沼男議長昇任を見ると、自分はまた太田君を電話に呼んで、「早速国本社解散の手続を執りたまへ。理事会を招集するといへばなか〱日数がかゝるから、持廻り閣議だね。」それで、いまや国本社の使命は一応達成されたから、この場合解散をしよう、といふ原案を書面にして各理事の宅に回付し一々賛否を問うた。その際真先に自分のところに、次で有馬□《（良橘）》大将のところに持つて来させた。さうすれば外の理事もみな異論なく賛成するに相違ないと思つたからである。かくて大正十二年以来一種の精神運動として国家に貢献したが、晩年には平沼男の政治運動基地のやうにやゝもすれば誤られ、就中元老重臣から嫌はれてゐた国本社もこゝに終焉を遂ぐるに至つた。国本社解散に伴ひ、麹町区平河町二丁目の国本社本部は機外会館とかいふ名目の下に、平沼男を取囲む連中の社交クラブ、換言すれば男の好きな囲碁集会所になつたやうだが、碁を打たぬ自分に対しては別に案内もないので、自然個人的の交際も疎遠になつてしまつた。たゞ太田氏はたまには遊びに来られる。国本社関係でどういふ講演をしたかといふことは、他の場所における同一内容のものを参考のために添へて置く。

第四回

駐独大使辞任から南京引受までの中間の十五年間は外交専門家のいはゆる休戦時代で、西においてはベルサイユ体制、東においては華府条約体制が、漸次その固有の弱点を露呈し来れる時代であつた。随つてわが帝国にとりても重大且つ困難なる外交事案の陸続起生、国際政治の理解に乏しいわが国の朝野を面食はせてゐた。自分として三十年の経験、また退官後書斎人としての研究を基礎として、朝野に対し啓蒙的言論をなすの機会が幸か不幸か頻々として絶えなかつた。由来新聞雑誌への寄稿と講演は自分の職業にあらず、就中講演に対しては、金銭を以て謝礼をされることはたゞ不愉快に感ずるところで、俺の意見を金銭で価値づけるなどといふことは君たちに許さんぞ、金をよこすなら行かぬぞ、と講演依頼者にずゐぶん言つたものだ。

しかし重大外交問題が頻々と発生し、朝野共に甚だ低調な外交論、甚だしきは党派間の政争的材料として取扱はれるのを見て坐視するに忍びず、文筆或は求められるまゝに演壇に立つて自分の意見を発表する機会が、この十余年間にずゐぶんあつた。世間で自分をもつて外交評論家と目するに至つたのも亦是非なき次第である。或る雑誌記者が孤立の老外交評論家との形容詞をつけたのも当然だらう。同時にこれは自分の言論が独自独往で、政権者流にも亦職業的政治運動者の集団などと何等の関係なく、一に国家の大事に対する一専門家の愛国的奉仕に過ぎなかつたことの立証にもなると思ふ。いまこの十数年間における重要外交問題についての自分の言論の概要を左に記述せんとす。

一、不戦条約問題

この問題は昭和三年米国の提案に基き、米国以外の五大国、日仏英独伊の間に調印されたる戦争抛棄に関する条約である。元来が米仏間の条約としてフランス政府より米国に提議されたるものを、米国政府が世界六大国間の条約とすべく諸大国に交渉し、その同意により同年春パリーにおいて調印を了したものである。世にこれを、その条約発案者たる米仏の当路者に敬意を表する意味より、ケロッグ《(Frank B. Kellog)》、ブリアン《(Aristide Briand)》条約と呼称されてゐる。

申すまでもなく本条約の趣意は、国策の要具としての戦争を抛棄し、且つ国際間における一切の紛議は平和的手段によるの外解決を許さずといふ義務を負ふことを約束せるものである。この不戦条約の趣意に対しては国内いづれの方面よりも何等反対意見は出なかつた。偶々第一条の戦争抛棄に関する条文に「締約国はその各自の人民の名において」との文句が帝国憲法の明文と両立しない、即ち宣戦講和に関する天皇の大権と相容れないものであるといふ点が、時の政友会内閣の反対党である民政党の一有力代議士によつて指摘せられたために、政争的見地に頭が向いてしまつた。即ち、この憲法違反の点を如何に是正すべきかといふ、内閣の疎漏から生じた失態に対する善後策を冷静沈重《(ママ)》に考究するといふ心掛を失つて、単に政府の失態を多数党の威力を以て誤魔化し去らうとしたので、この問題を実際の価値以上にしてしまつた。かくの如く政府が見当違ひの途に出たので、民政党もこれを以て内閣に対する一大有利なる攻撃材料として衆論を煽動せる気味があつた。自分は当時のかういふ醜態を見るに忍びず、問題の文句は本条約が民主国たる米仏両国間の条約案として立案されたものであるから何等怪むに足らない。また日本以外の英独伊三国も（ドイツは当時ワイマル憲法下にあり）民主政体の国である。たゞわが日本に関する限り帝国憲法の明文と衝突をするのだ。米国政府はわが方に交渉の当初、本条約案に対して修正或は特殊の意見あれば腹蔵なく申出らるべく懇切に注意し来れるにも拘らず、わが政府がたゞ漫然と調印してしまつたのは事務的の疎漏である。これを帝国憲法と両立するやう善後策を講ずること必ずしもむづかしくはない。即ち問題の文句は日本国の関する限り適用なきものと了解して、本条約の批准を行へばいい。戦争拋棄並に国際紛争の平和的解決の義務、この二つを帝国政府が受諾する限り、人民の名においてしようが、天皇の大権に基いてしようが、米国において異存のあるわけがない。批准に際して、かういふ形式の点にあらず、条約の実質に対してすら往々保留は勿論、甚だしきは修正までも加へることは米国の常である。日米間に結ばれたる条約においてさういふ経験に逢着した例はいくらでもある。自分はかく言ふものであると世論に愬へるために、文書または数回の講演をしたことがある。

ところが問題がやかましくなつて来ると、世間の一部には、憲法違反の点は明瞭だから、遺憾ながらこの批准は出来ない、何かこれに代つて、本条約の目的とせる戦争拋棄、平和解決の方針を中外に闡明する方法がありさうなものだといふ思惑が、批准機関たる枢密院の有力者の間にすら起つて来た。その有力者の求めもあつたので自分は、さうした無理な措置に出でずとも先に述べた如き附帯宣言を付して批准を行へばよい、これに対して米国側より異存の起る憂ひの断じてないことは専門家として保障する旨篤と進言して置いた。敢てその結果なりと断言はせぬが、結局枢密院の陛下《（昭和天皇）》に対する奉答も、自分の意見の如き保留的宣言で批准をすることになり、さしも世間に波瀾を起した本問題もこれで妥当なる結末を遂ぐるに至つた。

二、海軍軍縮問題

田中《（義一）》内閣は不戦条約に関する失態により半致命的の痛手を負ひ、次で満洲における張作霖爆死事件の処理に関し更に失態を重ねた。さすがの強引な田中政友内閣も挙国一致の攻撃裡に退陣をし、これに迭つて民政党の浜口《（雄幸）》内閣が成立した。時に昭和四年七月であつた。

浜口内閣成立早々逢着せる大問題は一九三〇年ロンドンに開催せられたる海軍軍縮会議である。本会議は華府条約により未解決のまゝ残されたる補助艦に関する制限の決定を主とするものである。曩にゼネバの日英米三国会議における英米間の衝突以来いろ〳〵の曲折を経て後、英国においてマクドナルド《（J. Ramsay MacDonald）》労働内閣の成立と共に英米間の妥協を見るに至つた。即ち英米間には重巡（甲種巡洋艦、以下重巡と称す）の保有量において、英国は米国に譲歩し、しかして軽巡においてその対償を求めることとなつた。この英米間の妥協が出来ると共に、英米両国が首唱者となり、日仏伊三国に補助艦制限を目的とする軍縮会議に参加の招請状を発した。浜口内閣はこれに対して欣然参加の旨を回答すると共に、帝国政府は補助艦の比率については英米に対し劣勢の地位を認めると同時に、不脅威不侵略の精神に基いて、左の三項を帝国の国防上不可欠の最低条件として要求する旨、全権の任命に伴ひ中外に闡明した。その条件とは㈠重巡に関しては対米七割、㈡他の補助艦種に関しては七割以下にても差支へなきも、補助艦全体を通じて七割たることを要す、㈢潜水艦に関しては帝国の現保有量七万八千トンの保持を要求す。これがいはゆる帝国の三大原則である。この原則が少しにても毀損せらるゝ結果になれば、わが国民の国防安全感を害するといふにあり。この趣旨は時恰も総選挙に際し、政府の重要政綱の一として浜口首相より堂々国内に声明せられたのみならず、若槻（礼次郎）首席全権もまたロンドン着と同時に、新聞記者に対する会談においてこれと同趣意の声明をなしてゐる。国内においては帝国の東亜における地位に鑑み不都合なりとの反対論が頭山（満）門下の一派より出でたるも、国論は概して、政府がかく中外に声明せる以上はその点の是非を国内の争題となすは好ましからず、宜しく政府に挙国一致の支援を与へて、政府が国防上最小限度の必要と中外に闡明せる三大原則の完〔貫〕徹を庶幾すべしといふにあり。自分も右の趣意にて輿論指導のためパンフレットを出したり、数所における講演会で、外交問題としての観点より今回の軍縮会議の意義を明かにした。

当時世間にはゼネバにおける英米の衝突を想ひ起して、若し英米間に何等かの齟齬を見れば、宜しく漁夫の利を占むるに努むべしといふ如き甚だ低級なる俗論も低迷してゐた。自分はこれらの妄想を打破するために、仏国のジークフリード教授その他英国政治家の説などを基礎として英米関係の真相を衝き、海軍問題についての齟齬は今回の会議開催の契機となつたマクドナルドの米国訪問によつてすつかり氷解せるもの、今回の会議は畢竟英米間の協定に差支なき範囲において、他の三国就中日本をしてどれだけの補助艦勢力を保有せしむべきやを決めるための会議である、これを忘れてはならんぞといふことを朝野に向つて警告するに努めた。自分の論旨は左記の如くである。

一、いはゆる三大原則は、政府自身の累次の声明に徴するも、わが方の最小限度の要求、即ち最後の切札に属することは明かなり。未だ会議に臨まざるに、早くもわが方最後の切札を提示することは外交事務の処理方としては洵に常軌を逸したるやり方である。外交は畢竟ギブ・エンド・テーキである。われ自ら最後の切札を事前に世界に公言してしまへば、懸引折合の自由もなく、談判の推移によつてこの要求の貫徹を見ざる時には、空しく先方に降伏的屈従をなすか或は又席を蹴つて会議から脱退するの外ない、斯うした覚悟のない限り、帝国をして進退その処を知らざる窮地に自ら陥るものなること。

二、英国政府の帝国政府に致せる会議招請状によれば、英米間の海軍問題は不戦条約を基礎として妥調（ママ）せられたりとの意味を謳つてゐる。既に然らば英米以外、たとへばわが日本との海軍問題も宜しく不戦条約を基礎として協定すべきものであつて、英米間においては不戦条約で規律するが、他国に向つては華府条約の原則たる比率主義にて臨むといふのは妥当ではない。比率とは畢竟、戦争の場合に必勝とまでは行かずとも必ず負けない、いはゆる不敗の地位を確保しようといふその意欲を妥調（ママ）して、これを条約文に現はせるものである。華府条約は世界平和に貢献し来れる功績は大であるが、条約そのものは一種の休戦条約である。今日は不戦条約実施の世の中で、戦争は各国間に抛棄されをり。現に今次の会議における軍縮問題についても、英米間にては不戦条約を基礎として話をつけたといふ以上は、日本との軍縮関係も宜しく不戦条約といふ基礎の上に置かざるべからず。

右は自明の理なるにも拘らず、政府は漫然補助艦に関しては劣勢の地位に甘んずる旨を事前に言明し、且つ容易に貫徹の見込あるべくとも思はれざる三大原則を以て、わが最小限度の要求なりと中外に声明せることは、外交の手続としても一の失策たること。

三、条理既に前項の如くなりとせば、今次の軍縮会議において執るべき帝国の方針は凡そ左の如くならざるべからず。即ち(A)日英米三国の海軍問題に関する関係は宜しく不戦条約を基調とすべきこと、(B)既に相互間の戦争抛棄を前提とする以上、三国現有の海軍力に対して著大の縮減を加ふること可能にして、また是非とも爾かせざるべからざること、(C)対等の国家間に国防権の優劣を認むるの不合理なると同時に、如何なる国家と雖も現実必要の程度を超えたる無用の虚飾に属する造艦を敢てすることなかるべきを以て、三国各自の保有勢力については相互に相手方の常識に信頼することとし、条約を以て比率の協定を行ふを止め、これに代ふるに各自の造艦計画の自発的相互通牒を以てすべきこと、(D)米国海軍の主たる使命は極東における門戸開放政策の擁護徹底にありとは、米国政府年来の声明に繰返へされ居るところ、九国条約はこの点に関する米国年来の主張を完全に体現せるのみならず、既に此の趣意かその条約成立を見たる今日にては該条約の闡明せる支那の保全及び門戸開放政策は締約国共通の政策、共通の利害事項にして、締約国中或る一国または数国の特殊利益に属する問題にあらざること言を俟たずして明かなり。既に然らば九国条約の権威維持は締約各国間の協議、協力に俟つべきものにして、締約国中或る一国または数国群の独自の処理を許さざること、これ亦自明の道理なり。随つて九国条約の趣旨とする支那の領土保全及び門戸開放政策擁護のために、米国が特に他国より優勢なる大海軍を必要とすとの米国従来の建前は再検討の要あること。

ロンドンにおける海軍軍縮会議に関しては、自分は大要如上の見地に基き国民の注意喚起に努めたり。かゝる意見は政府にとりても亦三大原則を政府に押付けたる海軍当局にとりても余り有難からざるべき議論なるも、自分は国際政治研究者の立場として、国論啓発の考へより独自の意見発表を敢てしたる次第なり。果然ロンドンにおける会議の進行は歩一歩帝国に不利となり、重巡は六割に切下げられ、帝国海軍独特の武器と誇称せられたる潜水艦においても、わが現有勢力の七万八千トンに対し二万六千トン切下の五万二千七百トン、パリティーと切下げられ、いはゆる三大原則は雲散霧消に帰し、米国全権スチムソン《Henry L. Stimson》国務卿をして、米国上院における審査委員会劈頭において、

「日本は巡洋艦において著るしく米国より優勢である。重巡において殊に然り、米の既成艦二隻に対し日本は八隻、建造進行中のもの四隻を有してゐる。然るに米国の重巡十八隻が出来上るまで日本は今後一隻も新造せ

ず、即ち日本の重巡十万八千余トンに対し米国が十八万トンの優勢になるまで足踏して待つてをれと、米国が日本に注文したのである。かういふ風に日本の手を縛る協定を応諾した日本当局者の勇気に対しては、自分は唯々脱帽して敬意を表するのみである。」と述べ、また同僚全権の一人にして、ロンドン会議最後の一幕たる日米妥協に重要役割を働きたるリード《(David A. Reed)》氏も、上院本会議の演説において、「今回の条約は日英両国よりも米国にとり好都合に出来てゐる。」と言明し、潜水艦に関する日米均等については、「潜水艦は水上艦を戦闘目標とするものであるから、日米均等にしても、これによりて日本の保有量を減じ、且つ条約中潜水艦の使用方法に制限を加へて置いたから、その攻撃性能を著るしく減少してゐる。」と説明しをれり。

かくの如く、わが方の譲歩は寧ろ米国側全権を驚異せしめ、スチムソンをしてわれを冷評するが如き脱帽云々の言辞をすら弄せしめた。この事実が新聞報道で国内に伝ると共に、国論の囂々を見るに至るや、老巧練達の政治家と称せらるゝ若槻氏すら、「本条約は五ヶ年間の暫定条約に過ぎず、次回の軍縮会議には七割はおろか、十割でも二十割でも主張出来るやうに、ちやんと保留して来た。」などの放言を敢てする等、相変らず政権保持の見地より弥縫と欺瞞を事としをれる醜態見るに堪へざるにつき、自分は国論啓発に資するの目的を以て、米国上院公聴録の要点を外交事《〔時〕》報紙上に紹介したることあり（本件外交事《〔時〕》報掲載の拙文後段別紙《(散逸)》貼付の通り、上段は散逸して見当らざるを遺憾とす）。

第五回

支那における国民革命の進出

支那における国民革命運動の性格は大正十二年（一九二三年）における第三インターと国民党との結盟によりその性格を一変せり。

これより先第一革命以来累次の失敗にも拘らず、遂には外援により革命の達成を図らんとし、日本は勿論英米等にも渡りをつけたるも何れも失敗に了りたり。

孫逸仙に対する露国共産党特使ヨツフエ《Adolf A. Ioffe》の策動は見事に成功し、大正十二年茲に聯ソ容共の語の示す如く、国民党はその組織において、またその運動の戦略戦術においても全然ソ聯の派遣せるボロジン《Mikhail M. B. Borodin》の指導下に立つに至り、また従来無頼の若干の傭兵を有するのみにて何等見るべき武力を有せざりしにも拘らず、これまたソ聯派遣のガレン（いまのソヴエト極東軍総司令官ブリユツヘル《Vasily K. Blyukher》元帥）の指導下に精鋭の軍隊編成をはじむる等、要するに露国共産党流の組織宣伝に、支那に曽て見ざる進歩せる軍隊を兼有するに至れると共に、その革命目標として軍閥打倒、帝国主義打倒、不平等条約撤廃の旗幟を掲げ、従来の慢性的内乱状態にありし支那革命運動に新鋭の生気を与へたるは疑ひを容れず。孫逸仙は一九二五年北京に客死したるも、孫の命により一年余に亘りソ聯軍隊の研究を遂げ、帰来黄埔軍官学堂の校長として革命軍の幹部将校の育成に当りたる蒋介石はボロジン・ガレンの両顧問を帯同し北伐の征途に上れり。共産党式の宣伝と、蒋が苦心訓練を加へたる新鋭北伐軍の奮戦は忽ち湖南を風靡し、次いで武漢を攻略し、九江、南京を風靡し、将に上海に迫らんとするの勢ひを呈せるが、北伐軍はその所謂帝国主義打倒を漢口、九江の両地における英国居留地の暴力的奪取により事実化し、玆に世界の耳目を驚かすに至れり。

彼等の所謂不平等条約撤廃は日本が明治維新以来苦心惨澹、制度文物を現代化し、三十年にして初めて所謂対等条約締結の目的を達したるが如き行き方とは異り、一方的行動により現存条約の破棄を行はんとする所謂革命外交とも申すべきものにて、その又謂ふところの不平等条約とは往年の日本が追求したるが如き治外法権の撤廃、関税自主権の回復といふが如き法律上の平等権回復を以て満足するものにあらず、支那が条約により他国に譲歩したる領土の奪還は勿論、租借地、鉄道、租界等一切の権益を回復せんとするものにして、而してこれが手段方法を相手国との商議によらず、一方的意思により取消又は暴力による奪還を期するものにして、その点において被圧迫民族の擁護により資本主義国家の帝国主義的地位顚覆を企図しをれるソ聯の影響争ふべからざるものあり。

而してこの革命外交は先づ英国を対象としてその鋒鋩を現はし来りたるものなること、漢口、九江の租界奪還並に上海に対する国民革命軍の脅威的態勢の示すところなるが、英国は上海は断じて国民軍の蹂躙に委せずとの決意の下に、三箇旅団の軍隊を印度より派遣し、実力防守の決意を示すと同時に、日本政府に対しても共通の利害に鑑み上海出兵を示唆し来りたるも、当時我国の朝野はこの北伐軍によつて代表せらるる国民革命の本質を理解せず、英国が専らその犠牲となるの状況を見、寧ろ痛快の感をなし、軈て日本は一層の深刻さを以てこれが犠牲となるべき立場にあることに政府当局と雖も想ひ到らず、時の民政党内閣は上海出兵に関する英国の申入に対し、極めて冷淡なる態度を以てこれを拒絶したるのみならず、その始末が東京の有力新聞紙上に誇大の筆法を以て報道せられたるが如き、頗る英国側の感情を害するに至れり。

これより先、自分はかゝる我国朝野の無理解に対し深憂の余り国民革命の性格を説明し、支那がいつまでも不平等条約の桎梏の下に甘んずるわけもなく、治外法権の撤廃、関税自主権の回復は列国において主義上既に屢々容認せる所に有之、随つてこの容認の具体化に対する支那の合理的要求はこれを容れざるべからざると同時に、革命外交の暴力的威圧の下に列国相競うて譲歩の安売りをなし、支那の御機嫌取りを競争するが如きは甚だ好ましからず、故にこの際支那の国際的地位の向上に関するこの種要望に対し、なすべき譲歩の限界線を頂く日英米仏の四大国間において協定し、列強一致の陣を以てこれに当るべく、然らずんば結局この革命運動の最も大なる犠牲となるは日本なるべし、何となれば、この革命外交の鋒鋩は結局最後には満洲における帝国の特殊地位に向ひ来るものと覚悟せざるべからず。今日我が官民が毫もかゝる事態に念及せず、徒らに英国の窮境に対し漫然冷笑を送り居るが如きは、国事を誤るの甚しきものなる所以を識者の間に力説せるのみならず、外交時報紙上に一篇の論稿を寄せ世論に愬へたるも、微力その効なく、その間英国はチエンバーレン《(J. Austen Chamberlain)》外相の名において「支那が今日国際的地位の向上を求め、不平等条約の撤廃を期する支那の民族的要望には多分の道理あり、英国は支那に対しこの際六十年来の政策を一変して自由主義の外交方針を執り、出来得る限り支那民族の要望に譲歩するに決せり」との堂々たる声明により、日本は一朝にしてイギリスより肩隙しを喰ひ、支那の革命外交の火の手は専ら日本に向けらるることとなり、一転して山東出兵事件となり、再転して東三省の中央政府従属となり、排日抗日の風潮は国民党の意識的宣伝により全支を風靡し、遂に満洲にも波及するに至り、茲に満洲事変延いて支那事変の導火線形成を見るに至れるは是非もなき次第なりとす。

第六回

満洲事変より支那事変、支那事変より太平洋戦争、十五年の久しきに亘り、日本は最も不利なる条件の下に、世界を相手としてその国運擁護の死闘を続け、不幸遂に敗亡の悲運を見るに至れり。この間自分は南京大使の職にありたる太平洋戦直前の約一箇年を除き、国事を憂ふる一個の読書人として国論の啓発に聊か力を致したるも、微力その効なく、遂に今日の事態に逢着するに至れるは深く悲しみとするところなり。言ふまでもなく満洲事変にしろ支那事変にしろ、自分は政府の政策は勿論、その政策の遂行に関する各般の施策に、直接にも間接にも秋毫の関係を有する地位に立ちたることなく、七千万国民の単純なる一員として、自己数十年の経験と、書斎時の研究に基く問題の性質、国際情勢の推移等につき朝野の注意を喚起し、政府をして対処を誤まらしめざるを期すの微意に出でたるに過ぎず、しかも独立不羈の立場にある一個の識者としての自分の言説は往々にして要路の忌諱に触れたるを見るは是非もなき次第なりとす。いま前記両事変に関し、自分の公にせる意見の大要を述べんとす。

一、満洲事変

満洲事変の背景をなせる日支両国間の経緯と、これに纏綿する各般の情勢はリットン《(Victor A. G. R. Bulwer-Lytton)》報告書にも詳述せられある通りにして、同報告書は日支双方の主張に対し極度に公平の判断を下すに腐心の余り、われわれより見れば動もすれば支那側の有利に偏するの感なきにあらざるも、しかも「本件紛争に包含せらるゝ諸問題は往々にして世上に表示せらるゝが如き簡単なるものにあらず、否、寧ろ極度に複雑なるを以て、一切の事実及びその歴史的背景に関し十分なる知識ある者のみにこれに関する決定的意見を表明する資格ありといふべし。

本紛争は一国が国際聯盟規約の提供する調停の機会を予め十分に利用し尽すことなくして、いきなり他の一国に宣戦を布告せるが如き事件にあらず。また一国の国境が隣接国の武装軍隊により侵略せられたるが如き簡単なる事件にもあらず。何となれば満洲においては世界の他の部分において類例の存せざる幾多の特殊事態あるを以てなり。」と道破せるを見ても、満洲事変を以て帝国の侵略行為となすが如きは不当の誹謗なること明かなり。

一九三一年九月十八日夜柳条溝〔湖〕における鉄道の爆破を契機とし、奉天、長春において日支両軍隊の衝突を見るや、支那側は逸早く当時ゼネバに開催中の国際聯盟理事会に対し、規約第十一条による提訴をなし、理事会は日支両政府に対し、宜しく理事会議長と相談して、両国軍隊即時撤退を決行すべしとの勧告を電致し来れり。形式は日支双方となりをるも、実質的には日本に対し軍事行動の中止と、わが軍隊の現地への帰還を要求し来れるものたること論を俟たず、わが満洲問題に関する聯盟干渉の端は玆に開かれ、米国も亦聯盟と呼応して立ち、その艦隊をハワイに集結、われに威圧を加へ、一面聯盟並に米国の支援を得たる支那の排日侮日は遂に上海におけるわが居留民居住地域に対する支那軍隊の攻撃となり、こゝに満洲と並んで上海においても相当大規模なる日支両国の交戦を見るに至り、一面英米の間にはわれに対する経済封鎖実施の協議も内々行はれをりたることは、後日刊行せられたる当時の米国務長官スチムソン(Henry L. Stimson)氏の著書に自白せらるゝ通りなり。満洲事変に関する自分の意見は、その初期においては凡そ左の三点に要約せられ得べし。

㈠　生命線の意義

満洲を帝国の生命線と称する所以は二個の理由による。一は国防上の理由、即ち先年の欧洲大戦に出現せる空軍の戦闘性能を考ふるにおいて、満洲が帝国に対し非友誼的の政策を把持する国家権力の（支那たると他の別国たるとを問はず）下に立たんか、朝鮮は勿論満洲は西南日本に対する空襲の根拠地となるべく、換言すれば満洲が帝国国防の第一線たる意味は、空軍の出現により欧洲戦以前に比し幾倍の重大性を加へたること。

その二は、前大戦における独墺の敗戦は、聯合側の経済封鎖の結果、牛乳その他の酪製品、各種食用油脂等国民は人間としての生存に必要なる最小限度の栄養素を欠如するに至れる結果なるが、われわれ日本人にとりては味噌、醤油は即ち白人に対する牛乳、バタ、ヘット、マーガリン等の役割を働くものにして、若しも味噌、醤油が吾人の食膳に見得べからざるに至らば、七千万日本人は人間としての最小限度の栄養素を断たるゝこととなるべく、しかして味噌、醤油の原料として日本本土に存するものは殆ど水のみといふべく、即ち大豆は満洲より、また苦汁の少からざる部分は関東州より、小麦は主としてカナダより輸入に仰ぎをるものにして、一旦不幸にして満洲の支那政権が——即ち張学良の如き排日権力者が、たとへば三ヶ月間日本に対する雑穀輸出の禁止令を出だすが如きことあらんには、国民の生活上一大恐慌を来さざるべからず。これを要するに満洲は帝国国防の第一線たると同時に、わが国民生活上絶対不可分の緊要地域なること。満洲事変勃発以来自分は本項生命線の意義につき、国民の理解を促すに相当力を致したり。

㈡　聯盟の干渉とわが外交の失錯

そも〳〵満洲事変の特殊性は前段リットン報告にも明記せられたる通りにして、これを数年前のイタリーのコルフ占領事件の如きと同視すべきにあらず。コルフ事件とは聯合国側のパリスにおける大使会議の隷下にアルバニヤの国境確定委員として派遣されゐたるイタリーの某将官が、ギリシャの領土内においてギリシャに国籍を有する匪賊のために殺害せられたる事件に関し、ムッソリーニ《(Benito Mussolini)》は直ちにギリシャに向つて損害賠償五万パウンドその他種々の要求を提出し、その要求提出と殆ど同時にイタリー海軍の一隊がコルフ島を占領し、これにイタリーの国旗を立てたる事件なるが、ギリシャ政府はこのイタリーの行動を聯盟規約第十一条に該当する事件なりとし、理事会に提訴し、英国代表のセシル卿《(Edgar A. R. G. Cecil)》などこの提訴を取上げ、理事会の手にて事件の解決を図らんとずゐぶんやかましく主張したるも、イタリー代表は、「イタリー政府はギリシャが正当なる義務の履行をなさず、またなさんとする様子も見えざるを以て、談判の末どのみちイタリーが取付けるに相違なきもののみを実力を以て差押へたるまでにて、何等戦争を行ひたるにあらず、また戦争の脅威すら加へたるにもあらず、強ひて本件を理事会の問題に上程するにおいては、イタリーは本問題の討議には参加を拒絶す。」と極めて簡単明瞭に押切つた結果、理事会は遂に泣寝入となりたり。本件は或る意味においては洵に好都合の先例とも見るべく、若し何事か相手国の行動により被害を受けたる場合には、事件解決に関する要求提出と同時に軍隊を派遣し、相手方領土の保障占領を行へば可なり、右は戦争行為にあらずといふ一の判例の出来たるものともいふべし。尚又規約第五条の第一項に、本規約中または本条約の条項中別段の明文ある場合のほか、聯盟総会または聯盟理事会の議決はその会議に参加せる聯盟代表者全員の同意を要す。即ち聯盟の議事はこれに参加する各国代表者中、一国と雖も異論ある時は決議適法に成立するものにあらず、右は国家平等権の本質よりする当然の帰結なり。

然るに九月二十三日わが政府に到着せる聯盟理事会の通告には、満洲における事態に関する規約第十一条に基く支那政府の提訴審査のため、本日の会議において理事会は全会一致を以て左の措置を執ることを本議長に許可したることを閣下に通告するの光栄を有す、とあり、即ち帝国政府代表者は該理事会において規約第五条第一項により当然行ふべき反対投票をなさず、茫然自失議事の成行を傍観したるものと見るのほかなく、少くとも帝国政府よりは支那側提訴の事実を承知しつゝ、反対の一票により理事会の決議成立を阻止すべく訓令することに念到せざりしものと見るのほかなし。国民はかゝるわが外交の失態に鑑み、今後対聯盟外交の推移に深甚の注意を払ふの要あり。これ自分が国際政治研究者の立場より国民に愬へたる第二点なり。

㈢　既にして満洲における帝国の軍事行動は、列国の支援を得たる支那側の反抗により逐次拡大せられ、一面また上海における戦闘の展開を見るに及び、聯盟のわれに対する非難排撃益々急調を加へ、米国亦不戦条約に立脚して公然聯盟と協力するに至り、これに力を得たる聯盟理事会は遂にわれを威嚇するに規約第十五条第四項の適用を以てするに至れり。右は追つて第十六条による経済断交（事宜によりては兵力使用にも至るものとす）または聯盟より放逐の可能性を意味するものなると同時に、英米間には前段所述の如く経済制裁実施の協議も進められをり。加ふるにゼネバ方面より種々威嚇的の宣伝、亦わが国論の昏迷を促しつゝあるに鑑み、自分は右聯盟の行動は一種の恫喝に過ぎず、また経済制裁は規約第十六条第二項の規定にも窺ひ知らるゝが如く、結局武力の発動に至るべきものにこれあり、米国当時の国情において本問題のため日本に対しかゝる放言を敢てし得べしと思はれず、英国に至つてはその支那における莫大の利害関係に鑑み、米国の誘引に軽々しく応ずべくもあらず、ハワイにおける米国大海軍の集結も畢竟一種の示威運動と見做すべき所以に対し、国民の注意喚起に努めたり。

顧みて、わが国内情勢を見るに、満洲における事態が著々進展し、遂に満洲国の創建を見んとするの形勢になりつゝあるに拘らず、民政党内閣に迭りたる政友会内閣も前内閣同様、依然として満洲問題は現場の軍人一任といふが如き態度を持し、出先軍人の作りたる現場の事態に追随といふよりは厭々ながらこれに引摺られ、現場に出来上りたる事態に法制的定型を与ふるを以て能事となすが如き、しかも一面外交上には極めて人聞きよき公正無私毫も現実に即せざる巧言美辞を弄するの結果、益々世界の信を失し、対手国の軽侮を買ひつゝあるが如き有様なりしを以て、自分は、政府は一日も速かに満洲問題を現場軍人の手より政府に取上げ、確乎廟議を決定し、出先軍人にもその指向するところを知らしむるの肝要なることを、公然の文書言論にはあらざるも、求めらるゝがまゝに識者の間に説示したり。

かくて、事件発生後一年後の一九三二年末《（ママ）》に至り、日支両国の同意によるリットン卿を首班とする聯盟調査団の現地派遣となり、一行は約半才の久しきに亘り周到の調査を遂げたる結果は、いはゆるリットン報告書の公表となり、報告は日本において当然に非常の不人気を買ひたるも、当時官辺並に一般社会の該報告に対し加へたる攻撃非難は、要するに三十一年九月十八日以来のわが軍事行動を以て自衛の行動とは認むるを得ずとなしたる点、並に、満洲国独立が民意の発動に基きたるものにあらず、日本の軍事行動によりてつくり上げたる一種の傀儡政権なりとする点に重心を置くものの如く、感情的には一応尤もなるも、外交論としてはリットン報告のこの二点は寧ろ第二義的と看做すべく、その訳は或る種の行動が自衛権の発動なりや否やはその行動を執る国自身の独自の判断に俟つべく、第三者の批判決定に附せられるべき筋合のものにあらざることは一般に認められたる国際の通義に属す。また満洲国に関するリットン卿等の批判も堂々これを論駁し得る極めて浅薄なる管見に過ぎず。以上の二点とは比較すべくもあらず不都合の点は該報告の最後の二章に掲げられたる満洲問題解決策そのものにあり。卿等のいはゆる解決策を一貫する思想は満洲の国際化にほかならず、曰く、外人教官の下に特別憲兵隊を以て満洲の治安維持に当らしむ、曰く、聯盟理事会推薦の外人顧問をして警察及び財政を監督せしむ、曰く、国際銀行理事会より推薦の一名の外国人を東□《セン》（アキママ）省中央銀行の総顧問に任命せしむ、曰く、外国人顧問を最高法院並に他の法院に配属せしむ、この数点のみを見るも最も徹底せる満洲の国際管理以外の何ものにもあらず。満洲が日本の生命線たること日本国民の信念であり常識たるのみならず、リットン報告自身も少からざる程度までこれを容認せり。しかもこの日本国と日本民族の生存の鍵をば国際管理の対象となし、国際聯盟でその鍵を保管せんとするのがリットン報告の提案なり。自己の死活の鍵をお預けする程に日本国民はおめでたくもなければ、また意気地なしにもあらず、否国際政治の現実と聯盟自身の無力無理解とを余りにも多く見せつけられてゐる次第なることを、自分は外交時報掲載の論文で朝野の注意を喚起せるものなり。

第七回

リツトン報告は軈て聯盟理事会の採用する所となり、該報告所載の解決案をその儘聯盟の解決案とする旨の決議案は三三年二月の聯盟総会において帝国代表を除く全員一致の表決により可決せられ、茲に帝国の平和就中東亜全局の平和と、帝国の生存に関する重要問題に関し聯盟と根本的意見の対立を見るに至りたる結果、翌三月帝国の聯盟脱退を見るに至り、国内の一部には本件聯盟の決議に対しては宜しく所謂頬かむりの態度を持し依然聯盟に止るを可とすとの俗論を見たるも、右は聯盟規約そのものに、一瞥をも払はざる所謂思ひつき論に過ぎざるのみならず、世界大国の一として聯盟より国際犯罪国の烙印を押されながら恬然として聯盟内に止まらんとするが如きは、国家の威信に関する国民の信念の許さざるところなるのみならず、斯くの如きは軈て聯盟規約第十六条四項の発動、即ち聯盟より除名の決議を招来すべきこと明瞭なり。前叙の如き俗論が世論を動かすに至らざりしは当然の成行といふべく、而して平和主義、進歩主義の老成政治家として中外に信望篤き斎藤（実）子爵、高橋是清子、山本達雄男の三人を中心とする斎藤内閣が何等の躊躇なく聯盟脱退を敢行せるの事実は、また以て脱退が所謂反動主義または軍国主義的思潮の表現と見〔る脱カ〕べきものにあらざるを立証するに足ると思考す。

聯盟脱退後満洲問題は日本対列国の争案としては一先づ仮眠状態に入り、国際聯盟の十九箇国委員会は名義上存続せるも何等活動を試ることなく、聯盟指導の主役中英国はヒトラー(Adolf Hitler)ドイツ擡頭と共に漸く欧洲問題の複雑化に忙殺せられ、米国においては新任ルーズヴェルト(Franklin D. Roosevelt)大統領は所謂ニューディールによる国内の経済的破局救済に日もまた足らざるの実況にあり、ソ聯は所謂二歩跳躍せんがための一歩退却の建前の下に、一先づ満洲より退却の方針をとると共に、鋭意極東における充実強化に努めつゝあり、要するに国際環境は意外に日本に有利なる様相を呈し、満洲国育成に関する日本側の施設逐次その功を奏し、就中治安の回復、産業の振興等の方面の成績は特に顕著なるものあり。

如上の情勢は自ら我が国民の間に一種の慢心状態を誘致し、殊に中央軍部の中堅将校の間に北支の満洲化とも見らるべき謀略工作を試るに至らしめたる冀東政権の出現、これに次いでの北支五省の連省自治等はこの種謀略の表れに属し、而して中央政府は相変らず高見の見物、出先軍人の施為に引摺られをる有様にて、支那官民の我に対する反対抵抗の意志を益々強化するの一方、列強も亦日本の目的は満洲国の支那引離しを以て満足するものにあらず、支那そのものの満洲国化は勿論、遂には東南アジアにおける列強所領の地域を目標とする所謂南進政策を具現するに至るべしとなし、玆に先づ英国を先頭とする蒋介石治下の支那共和国を現代式国家として更生せしむべく、経済、交通、国防、各方面に亘りての援助供与となり、ソ聯またコミンテルン本部の対中共指令により(一九三五年七月)抗日人民戦線の結成を促すの途に出でり。しかも極東方面におけるソ聯の兵力は著々増大の一路を辿り、日本陸軍の有せざる化学部隊、機械化兵団また新鋭にして優秀なる空軍は浦塩を基地とする少くも五十隻を下らざる潜水艦の集結に加ふるに極東露領における軍用鉄道の起工等、満洲事変勃発当時における ソ聯とは殆んど隔世の感あり。加ふるに過去十六年間、世界の強大国中独りソ聯の承認を拒み来れる米国はルーズヴェルト大統領の就任と共に、断然ソ聯の承認を敢行したるは世界政治におけるソ聯の地位を頓に向上せしめたると共に、米国の狙ひは日本に対する押へにソ聯を利用せんとするにあること、世界の識者の斉しく認むる所にして、英国また露骨に対日圧迫上ソ聯の武力利用の底意を示し、タイムス紙の如きは一再その社説において「極東における武国日本は今や雄大なる露国武力の前にその影を没せり、日本よ、一九〇四年の露国を見るをやめ宜しく一九四〇年の露国を考へ見よ」との冷評を敢てし、要するに二十世期〔紀〕の初期において、極東における自己の地位擁護に日本の武力を利用してロシアを押へたる英国は、今や当年の態度を一変し、その逆に露国の武力を利用して日本の支那に対する進出を押へんとするの方策を執りつゝあり。

斯くの如く満洲問題に関しては一先づ小康状態に入りたるも、この小成功に思ひ上りて支那北部の中央政府切離しといふ一大冒険に軽々しく進出したる日本は、茲に英ソ米三国の連衡を無意識に誘致し、軈て一九三七年七月の日本の所謂支那事変、その実支那の全面的対日戦争に最も不利なる条件の下に対面するに至れり。この間国内有力分子の間に日英親善回復の要を政府に勧説したる向きもあり、自分も亦国際政治研究者の立場より、帝国は宜しく時機を逸せず外交の建直しを行ふべく、この儘推移せんには帝国は結局支那を囮としての英ソの挟撃にあふべく、しかも満洲事変の小成功以来の我が方の思ひ上りと不用意が斯かる情勢を齎したるものなるを思ふ時、帝国は宜しく世界就中当面の相手たる英ソに対し、アジア大陸に対する帝国の要望の限度を確乎声明すべく、而してその限度としては支那本部の満洲と接壌せる地域、即ち北支方面においては該地域をして満洲国攪乱の策源地に利用せしめざること、この程度の消極的要望に止まるべく、またソ聯との関係はソ聯がその特殊の勢力範囲と年来なしをれる外蒙古におけるソ聯の地位、外蒙古そのものの安全を尊重する旨を保障すべく、実際ソ聯との国交調整は必ず外蒙古の地位尊重を出発点として行はれざるべからざること自明の理なるに鑑み、帝国は宜しく英ソ両国をして安心せしむべく、両国に対しそれ〴〵如上の保障を自ら進んで与ふる事となすべき旨を真面目なる識者の間に唱導したる次第なるも、微力遂に一場の空論に了り、帝国は日一日と孤立の悲況に沈下したるは是非もなき次第なり。

国共聯合による抗日戦線の形成

一九三七年初頭における国民党と中国共産党との和解は、既往十年間における支那の政治的過程中最も重大なる出来事の一つであり、それが日支関係の上に及ぼせる影響は玆に特記するの要がある。

共同反共は広田《(弘毅)》三原則以来我が対支政策の礎石とも看做されてゐたのであるが、国共の和解提携によりその礎石が空中に吹飛んでしまつた恰好である。国共和解の由来を明かにせんがためにはその前二年間における中国共産党の歴史に一瞥を払ふの要がある。江西におけるソビエト区の潰滅後中共軍は一九三五年秋漸く陝西、甘粛地方に落付くことを得たが、これらの地方は支那において最も立後れた、そして貧弱の地方であり、こゝを基地として捲土重来再び中央軍と雌雄を決する如き快挙は望むべくもあらず、強ひていへば彼等の集結地がソ聯と直接接触の便利を与へ、その結果として幾分かの物質的援助をソ聯側より得ることとなつたのがせめてもの慰みであつた。さりとてソ聯から大々的の援助といふが如きは問題にならない。といふわけは、ソ聯は北支における近年の日本の行動を以て外蒙及び東部シベリヤに対する脅威と認めてゐるのだから、南京政府をして北支における日本の侵入を牽制させることを希望し、南京政府に対する中共の戦闘に援助を与へることは支那の内乱を長引かせ、支那政府部内における親日派の立場を強化するの結果となるべきをソ聯が認めてゐるからである。さういふわけでソ聯からは大した援助を仰げないのだから、その一点からしても中共としては何とか面子を保ち得る方式の下に南京政府と妥協するのほかなき立場に置かれてゐたのである。ところが、一切の政治的競争者を武力で粉砕し、自己の一味を以て支那統一を遂げようとするのが、一九二七年共産党と手切以来蒋介石の終始一貫追求してゐる方針であるから、中共側の希望通りの融和実現は必ずしも容易の業ではなかつた。

　南京政府の合言葉は外敵の逐攘よりも国内の統一が先だといふのだが、中共の合言葉は内乱の打切り、抗日戦の即時展開であつた。そして中共の標榜する抗日戦線が漸次国論を制するやうになつて来た。これには二つの動向がある。その一つは国内の政治的統一と建設的施策に関する蒋政府の努力の成功と共に、支那知識層の間に自信と優越感の精神が増長し来りたること、その二は北支及び内蒙古に対する日本側の間断なき侵入政策が支那の上下をして抗日の一戦亦惧るゝに足らずとの意気込にならしめ、所謂抗日統一戦線はインテリ社会においてのみならず、国民党自態〔体〕の内部にも、将又蒋介石直属軍隊の青年将校団の間にも追々人気を博するに至つた。その折から昭和十一年、即ち一九三六年の冬綏遠に対する蒙軍の打入が傅作義軍の白霊廟占領により惨憺たる失敗を見るや、支那の各層を上げて満洲事変以来の潮合は一転し、日本軍最早惧るゝに足らずとの信念を生ぜしめ、挙国抗戦の要求が頓に勢ひを加へるに至つた。

　そこを見て取つた中共幹部は蒋政府に対し、政府が日本をチャレンジするに決するならば、赤軍はこれを政府の隷下に置くべく、若しまた民主的政府が支那に樹立せらるゝならば、中共のソビエト地域はこれを政府の支配下に置くに躊躇せずとの申込をした。これに対し国民党部からも蒋介石自身からもはつきりした回答は直ぐにはなかつたやうだが、中共側は西北地区における赤軍討伐命令を受けをる張学良軍並に陝西省の守備軍たる揚〔楊〕虎城軍とも密接の関係をつくることに成功し、その結果は年末の西安事件となつた。西安事件とは赤軍討伐の緩怠督責のため身軽に西安に出掛けて来た蒋介石を突然張軍と揚〔楊〕軍とで拘留中、中共陣営では宜しく蒋を殺すべしとの熱論もあつたが、周恩来はこれを殺さずにうまく利用すべしと反対論を抑へて、蒋の助命に骨を折つた。拘留中周恩来が半ば威嚇の態度でしかも巧みに口説き立てたといふことはその影響実に大きく、即ち一九三五年以来の中共側累次の媚態的ゼスチュアに一顧の労をも払はぬかの如くであつた蒋介石は、こゝに百八十度の回転をすることとなつた。かくて蒋は中共弾圧の作戦、言換れば国内戦争は一般人心の趨向に反することを納得し、こゝに内乱打切、中共受入によつて挙国戦線をつくり上げ、かくすることにより従来の広西派の白崇禧、李宗仁あたりの不平をも一掃することとなつた。その結果、日本側の圧迫が更に一歩を進める場合には全国民の勢力を集中して、断然抵抗を敢てし得るまでの精神的準備が出来たわけで、かうした転換の結果として、まづ北支における冀察政権も——今まで日本軍の勢力下にあつた——いつの間にか中央の勢力下に立つに至つた。これが一九三六年末の情勢であつたが、翌春二月二十一日の中央執行委員会議において中共は㈠内乱の打切、抗日戦線の結成、㈡言論集会及び新聞の自由並に左系的政治犯人の釈放、㈢全国各政党並に各種産業団体及び職業団体の代表者より成る全国国民大会の開催、㈣国防の即時整頓、㈤民衆生活の改善を決議し、これを国民党部に致すと共に、周恩来自ら杭州及び姑嶺に蒋介石を訪問し、又蒋の特使も中共地域を訪問した。

かくて七月七日夜の蘆〔盧〕溝橋事変の勃発を見るや、中共は直ちに絶対抵抗提唱の通電を発すると共に、周恩来再び南京に来つて作戦に関する協力方案を協議した。その結果赤軍の国軍編入も行はれ、八月末には朱徳が蒋介石から八路軍の指揮官に任命された。かくて日本は挙国一致の抗日戦線に直面することとなつたのである。

支那事変

一九三七年七月七日の蘆〔盧〕溝橋事件の発生は自分にとつては何等意外の出来事ではなかつた。「あゝ、遂に来るべきものが来たのだ」といふのが、その翌八日の新聞報を見た時の自分の感想であつた。と同時に、この事変は一転して北支における日支両国軍隊の間の戦闘となり、しかして北支における戦闘は遂に遺憾ながら日支両国間の全面戦争に推移するであらう、平たく言へば二十世紀の日支戦争が始まるのだといふのが自分の所見であつた。この自分の所見は蘆〔盧〕溝橋事件から一ヶ月後の八月七日、東京市各区兵事聯合会主催の講演会で公けにしてある。

これより先七月十一日即ち事件発生後四日目に政府は北支出兵の廟議決定を公表すると同時に、同日夜貴衆両院各派の代表者その他財界及び言論界の代表者を首相官邸に招集し、所謂挙国一致の支持を求めた。自分は二十年来の親友である衆議院某会派の一政治家に電話をかけ「君は今晩首相官邸に招ばれてゐるさうだが、何時からか。」「九時から。」「それぢやその前に一時間程話したいから僕の宅まで来てくれたまへ。」「よろしい。」やがて彼氏が来たから、今度はどうしても全面日支戦争になるといふ自分の見透しとその因つて基く理由を詳説し、「失礼だが、政府の御連中は恐らくそこまでは考へてをるまい。況やそこに招かれたる各派のお歴々の人達においてをやだ。そこで君が一つ首相（近衛文麿）に対する質問の形式で、この事態の本質といふか、発展性といふか、今我輩が話した諸点を叙説し、局外列強との関係就中軍国日本の脆弱点とも見るべき須要原料品の問題につき、政府は果してどんな方策を持つてゐるのかを衝いて貰ひたい。例へば東京市内到る処の街頭に貴重なガソリンを浪費して歩くあの円タクの流しの如きは平時の現象としても褒められた話ではない。何ぞ況やこの非常時、差当り先づあれから配給統制を行はなければならぬ。かういふわけで、事態の重大性とその複雑な発展性に対して我輩は政府の注意を喚起したいのだが、如何せん、我輩は今夕のやうな席に招ばれ出る立場を持たない人間だから、どうしても君に話すのほかはない。どうかやつてくれたまへ。」と言つたが、どうも彼氏の頭には入りにくいやうだつた。自分は「とにかく我輩の言ふところはかうだよ。今度は戦争だぞ。蘆〔盧〕溝橋事件はかう言つてゐるうちにも北支事変に発展するよ。北支で始まつたら上海でも始まる。漢口でも始まるだらうよ。そこいら中日本人が追立てられる、虐殺される、とてもえらい全面戦争になるよ。」と言ふと、彼氏曰く、「私は先般支那に行つて蒋介石にも会つて来たが、日本と戦争するなんて、彼はそんな馬鹿ぢやないですよ。」そこで自分は、「問題は蒋介石の賢愚、肖不肖にあらず、事態は当然そこまで行くのだよ。」と喝破し、それから物資のことに言及し、「アメリカに中立法といふものがある。日支間若し戦となつて、米国政府がこれが適用をやるとなれば、恐らく現行の条文に修正を加へ、日本に対しては鋼、鉄及びこれらのスクラップス、石油及びその加工品、かういふものは武器と同じに正面から輸出禁止とまですら行くだらう。しかし単にアメリカだけがそれをやるといふのでは完璧といへぬから、愈々やる場合にはイギリス、ロシヤ、フランス、さてはオランダまでも動かしてみな一緒にやる、否やらせることにするだらう。つまり一種の経済封鎖である。しかしそこまで行くには色々の過程や時間的変遷もあるに違ひないから、日本としては神速果敢に支那を叩きつける。即ちぐずぐずして所謂長期戦に陥らぬやう、かうした国際環境に照応して作戦の主目標を確立すべきである。」と述べると、彼氏問うて曰く、「それはどうするのです。」自分曰く、「どうしても上海、南京だ。この両地を主目標にしなければいけない。上海、南京で蒋介石を降参させるか亡命させてしまへば、北支の如きはほつたらかして置いても我が方の思ふまゝになるわけだ。惟ふに戦は我が方の希望如何に拘らず、北支から一まづ上海方面に飛火すべきは疑ひない。しかも関ヶ原は上海、南京方面であつて北支ではない。だから神速果敢に時局を収《（ママ）》するの見地よりしては、作戦の主目標は是非とも江南に置かるゝやうにせねばならぬ。」と言つたのであるが、どうも私の話が彼の耳には素直に入りにくかつたやうで、二十年間の交遊中曽て見ざるぎこちなさを感じた。

翌朝彼氏がやつて来て、「貴方からあゝした突込んだお話もあり、自分も少しはやる積りで首相官邸に行つたのだが、どうもその場の雰囲気があんな真剣な言論を持出す気持に………何となくぴんと来なかつたから、あつさり一言だけで切上げて来た。」といふことであつた。最近公表された近衛公の手記によると、当時杉山《（元）》陸相は陛下《（昭和天皇）》に向つて、北支作戦は一ヶ月で終了する見込だと申上げたといふことだが、実際当初からのやり口を見てゐると、そんな浅はかな無研究な行当りばつたり主義で臨んだのは軍部ばかりでなく、首相、外相《（広田弘毅）》以下国務方面の当局も陸軍当局と伯仲の間にあり、寸前暗黒者流であつたことが、何がさて一ヶ月で作戦が済むといふ軍部の盲《〔妄〕》断に追随したのを見ても明瞭である。

それはさて措き、自分が蘆《〔盧〕》溝橋の銃声一発が日支全面の大戦争にまで発展するぞと言つたのは決して架空の妄断ではない。次に述ぶるが如き確乎たる根拠があつてのことで、凡そ当時の客観情勢に少しく注意を払つてゐた者ならば誰しも惑ひのないところである。

一、蘆《〔盧〕》溝橋事件直前といふよりは寧ろ聯盟脱退以来、北支における日本側の謀略工作が支那側知識層の反日抗日熱を層一層深刻化せしむると同時に、英ソ両国の我に対する反感と支那側支援の歩武を著々前進せしめつつあつたことは前章にも述べたる通りであるが、就中支那側をして意気日本を呑ましむるまでに増長せしめたる契機となりたるは、一九三六年十二月の所謂綏東事件における彼等の成功にあり。本事件については日本内地の新聞は一切記事禁止の下に国民の耳目には全然触れずに終りたるが、事の概要は当時関東軍の内意を受けたる若干の在郷軍人及び浪人の一部が、徳王及び李《（守信）》将軍と共に内蒙古に兵を挙げたるに、山西の傅作義将軍の反撃に会ひ、百霊廟の失陥と共に一敗地に塗れ、作戦指導の任に当りたる日本軍人の或る者は捕虜となり、或る者は戦死するなど頗るだらしなき失態に終りたり。この一挙支那側をして関東軍恐るゝに足らずとの自信を生ぜしめ、蔣介石も亦河南、山西、河北の線に沿うて十数箇師団の兵を集結し、二百機の空軍を集め、勢ひに乗じてチャハルの奪還戦に出でんとするの擬勢を示し、その部下に対する訓辞中、倭寇を一掃し云々の壮語をすら敢てした程であつて、これが塘估《〔沽〕》協定以来我の掣馭の下に厭々ながら屈従しゐたる冀察政権及び第二十九軍に与へたる精神的影響は想像にあまりあり。

二、この時恰も西安事件の発生あり。西安事件とは蔣介石が同地において忽然張学良部下の兵隊に捕へられ、約二週間拘禁せられた事件をいふ。表面の経過は張学良部下の兵隊や、揚《〔楊〕》虎城配下の兵隊が手を下したとして、結局張学良が懺悔して蔣介石を南京に還し、張自身責任を負うて刑事被告となつて裁判にまで服したといふのであるが、実は張学良部下の軍隊も揚《〔楊〕》虎城の軍隊も共にその中枢将校が中国共産党と通じてをり、蔣に迫るに共産党征伐の作戦は止め、挙国一致日本に戦ひを宣すべしと。当時蔣介石の助命は専ら共産党の斡旋によるものであり、蔣介石も西安から救ひ出され南京に向け出発する頃には、共産党弾圧作戦は止めて、共産党をも籠めての抗日戦に向ふのほかないといふ決心をしたことは、英米側の権威ある書物にも現はれてゐる。要するに西安事件が蔣介石をして共産党征伐打切、抗日戦乗出の決意を略々なさしめたことは、例へば英国王立国際事情研究会出版の一九三七年国際事情概観一五四―一六〇頁、米人ベルコフ著蔣介石伝第三七章の記事によつても明瞭である。

三、スターリン《Iosif V. Stalin》が一国社会主義の標榜下に、ソ聯の国力就中軍事力増強に伴ひ、スターリンの対世界政策はファッショ及び戦争反対のスローガンの下に、西においてはフランス及びスペインにおける人民戦線政府の樹立を促し、東においては支那における抗日人民戦線の結成を目標とするに至つたのである。一九三五年の第七回コミンテルン総会の決議なるものは明かに日本をドイツ、ポーランド等と同列に置いて、戦争挑発者の烙印を押し、これに反対する統一戦線の結成に力を集中することを決議し、これがためには米英仏等の資本主義、帝国主義、民主主義の諸国とも提携し、これを各個に撃破することと明記しあり、又支那に関しては、「支那におけるソビエト化闘争の拡大は反帝国主義的人民戦線の典型に結び付くることを要す。支那民族開《解》放の闘争においてソビエトは支那全国人民団結の中心力とならねばならぬ」と決議しあり。これ以来中国共産党は手を換へ品を換へ蒋介石及び国民党側に媚態的交渉を重ね来りたるも、蒋介石の自重のため捗々しき進行を見ざりしが、西安事件が端なく動機となりて蒋介石も心機一転、殊に西安における助命が周恩来との現地においての彼此れ内談もありたる模様にて、蒋の南京帰来後周が内密に南京に来り、いろ〳〵と内議を重ねたることは、今日では英米側の出版物にも認められてゐるところである。これを要するに日本殊に出先の軍部が宋哲元将軍の冀察政権をいつまでも彼等の意思のまゝに動くものとして高を括つてゐる間に、周辺の情勢はどし〳〵と変つて行き、又宋哲元部下の将兵は綏東事件の日本側の失敗以来日本軍恐るゝに足らずとの自信を生じると共に、これに乗じたる共産党の地下工作を受けて、寧ろ進んで日本側との衝突を希望するに至つたことは丁度一九三一年満洲事変勃発前の在満支那軍隊と同じ趣になつてゐる。

四、蘆《盧》溝橋の日支軍隊衝突の契機となりたる銃火は誰が口火を切つたものか。本日（四月一日）の新聞には、キーナン《(Joseph B. Keenan)》検事長が今度支那から蘆《〔盧〕》溝橋における本件出来事に対する目撃者を、近く開かれる東条《(英機)》一連の裁判の証人として連れ出して来ると語つてをられるやうだが、その当時は決して日本側に対して好意を持つてをらぬ英国外務大臣イーデン《(Anthony Eden)》すら、議会において蘆《〔盧〕》溝橋における出来事は日支双方何れの政府の計画にも基いたものでないと言つてゐる。日本側が銃撃をするわけのないことは勿論であるが、自分はいろ〳〵の情勢殊に西安事件以来の共産党の動きから見て、これは日支両軍隊の衝突を促す手段として共産党の手先が行つたことと判断してゐたのである。この七日の晩の出来事に対して中国共産党の幹部は早くも翌八日の日付で、国民党党部及び南京政府に今回の出来事を機会に失地回復、抗日救国の戦争をやらうではないか、我々も一緒になつてやるといふ電報を打つてゐる。如何にも共産党幹部の出足が早過ぎるので、どうしても七日の夜の銃声は共産党の創意に違ひないと当時自分は断言したのであるが、今日その断言に修正を加ふべき何等の理由をも発見しない。これを要するに一、九三五年夏のコミンテルン対中共の指令は中国共産党は国民党に降伏してでも抗日人民戦線をつくつて日支戦争を促進すべしといふにあるのソ聯の国策が斯く結実したのである。これが即ち自分がその前年あたりにどうしても帝国外交の建前を建直して、ソ聯との関係妥調《(ママ)》の手を打つの要を力説し之が方策を識者の間に提供した所以である。

五、英国の対東洋政策は一九三五年リースロス《(Frederick W. Leith-Ross)》氏の支那訪問で支那の幣《〔制〕》政改革をやらしてから、日本に対するアピーズメント政策を捨てて、断然蒋介石政府を支援し強化して、日本の支那大陸進出を阻止するといふ政策を執り著々これを実行に移すに至つた。之と同時に英国は頓にソ聯の武力なるものに非常の価値を置き、その昔日本の武力によつてロシヤの極東における政策を牽制したと同じ筆法を今度は日本を標的として活用し、ソ聯の武力によつて日本を牽制しようといふ方策を執るに至つた。英国の斯うした態度はその前年七月英国上院における工部大臣スタナップ伯の政府代表演説でもはつきりさせられてゐるし、又同年十月のチェンバレン《(Neville Chamberlain)》首相の演説にも現はれてゐるが、蘆《盧》溝橋事件勃発してやがてそれが北支事変となつた時にタイムス紙は、「支那にとつては洵に気の毒だ、日本との衝突は少くも五年早かつたから。しかし今度の事件は日本にとつてもなかなか容易なことぢやなからう。」と其の社説で謳つて居る。之を要するに英国の立場からいふと今度の日支衝突勃発はロシヤと違つてちと早過ぎたのだ。しかし事件が起つた以上は仕方がないから何とかして支那を勝たせなくちやならぬ、かういふのが英国の態度であつた。即ちソ聯は支那をして日本に抗日戦で打つからせようと支那の背後から押し、英国はいつかはやらせる積りで支那を援けてゐたが、意外に事が早く起つた、起つた以上はどうしても支那を敗けさせるわけにはいかぬので、支那の抗戦力を強化して結局日本を敗者の地位に陥れようといふ策を執ることに間違いない。

六、さういふ環境下に起つた蘆《盧》溝橋事件であり北支事変であるのだから、決してこれは当時近衛内閣が中外に言つた如く現地解決、況や不拡大方針で済むことではないのだ。現にこの事件が起つてからの僅か一ヶ月間の経過を見ても、この出兵の際陛下の御下問に対して杉山陸相が作戦は一ヶ月を出でずして終了すると奉答したといふが如きは実に驚くべき無責任といはうか、盲目といはうか、唯々呆れるのほかなく、これに追随して行つた朝野の政治家の責任も頗る大なるものありと言はなければならぬ。

試みに蘆《盧》溝橋事件発生以来の経過を見ると、

七月七―八日　蘆《盧》溝橋における日支軍隊間の衝突発生
七月十一日　日本軍司令官と冀察政権との間に事件解決の諒解成立
七月十八日　冀察政治《務》委員会長宋哲元将軍は右諒解事項取極を承認す

七月十九日　蔣介石は姑嶺において事変に対する支那側の方針を声明す
七月二十五日　日本陸軍大臣は軍は断然膺懲の作戦を執るに決せりと声明す
七月二十五―六日　郎〔廊〕坊において、翌二十六日北京に戦闘破裂
七月二十七日　日本軍宋将軍に対し自由行動をとるの通告を発す
七月二十九日　蔣介石は、支那は北支における事態を最早地方的事項と認めずと声明す
八月三日　日本軍飛行機南口に向け前進中の支那中央軍を爆撃す
八月九日　日本陸戦隊の陸戦隊員二名上海西方真茹において射殺せらる
八月十一日　日本軍南口の支那軍攻撃を開始す
八月十三日　上海における戦闘開始せらる
八月二十一日　支那ソ聯間不可侵条約実施（調印）せらる、即日実施
八月二十三日　日本軍隊呉淞に上陸す

自分の見透しは前に述べた如く、今度は日支間の全面大戦争が始まるといふにあつた。これに対し我が方の執るべき方針としては、作戦の主要目標を蔣介石の直属（二十箇師団と号す）部隊殲滅を目的とする対南京方面の作戦を神速果敢に実施し、北支方面の作戦は北京、天津より張家口までの線を確保するに止め、又山東は韓復渠〔榘〕を抱込み好意的中立を守らしむることとすべく、之れ以上に北支地域に広大の作戦面を展開することは、蔣介石を叩きつけるといふ我が主目標よりすれば寧ろ無用の徒労たるのみならず、却て蔣介石のために地方雑軍を整理してやるようなものだ。蔣の全国統一を幇助するが如き逆効果を生ずべきは勿論、蔣をして英米等より軍需その他作戦上幾多の援助を得せしむる時間的余裕を与へることになり、数ヶ月間に戦局収拾どころか遂に果しのない

長期戦に事態を引摺込ましむるの虞がある。主要作戦地はどうしても上海及南京の占領――蔣介石の直属部隊殲滅による――でなければならぬ。長期戦は蔣介石の狙処であり、同時に援蔣列強就中英国の狙処である（この点に関しては事変後二ヶ月後に発行のザ・ラウンド・テーブル紙の所論を見ても明瞭である）。

差当り支那事変に関しては列強は何れも我に反対であるが、その何れたりと雖も、就中作戦区域と接壌の地に大武力を持つてゐるソ聯と雖も、我に対し武力干渉を敢てすることは先づ考へられぬ。唯我が方の弱みは作戦に必要なる資材、原料品を、この日支戦争において我が方を敗者の地位に陥れることを狙としてゐるイギリス、アメリカ、ソビエト、フランス及びオランダ等よりの輸入に仰いでゐることである。即ち軍需原料たる油類、屑鉄、飛行機材料、鋼、ゴム、ボーキサイト等は悉くこれらの諸国に仰いでゐるのである。いづれこれらの諸国が歩調を合せてかういふ軍需資材の対日輸出を禁止するやうに制限乃至禁止を行ふものと見て置かねばならぬ。現に支那は契約上の義務があるに拘らず、事変発生と同時にアンチモニー、タングステン等の鉱石類の輸出を禁止し、又ソビエトは三十六年暮の日独防共協定に対する鬱憤晴らしから年額四十万トンを産する銑鉄の対日輸出を止めてしまつた。前年末以来の日本の鉄飢饉はこれから始まつてゐる。又最近はプラチナ或は重油類の輸出をも止めるとの報道すらある。かういふ風に第三国は武力で邪魔立てには来まいが、経済的手段で邪魔をし、対支戦において日本を戦敗国の地位に陥れようとして来るものと予想してかゝらねばならぬ。自分はかういふ見地からガソリン配給統制の如きは七月七日の晩からでも実施すべしと、懇意な政治家をして首相官邸における会合で指摘させようとしたのである。不幸にして事態はこの予言通りに進行し、遂に今日の悲しむべき立場に日本が陥るやうになつた。

三国同盟条約

昭和十一年秋、日独防共協定が広田《弘毅》内閣によつて締結された。次いで十三年《二》近衛《文麿》内閣の末期に《マヽ》、イタリーが原署名国としてこれに署名することになつて、所謂日独伊三国の防共協定となつた。その後更に欧洲における枢軸側の惑星的小国連もこれに参加するやうになり、玆に国際防共陣営と枢軸側といふものは同意語となつて、これが英仏ソ更に背後にアメリカを控へての列強と対立の形勢を見るに至つた。

ヨーロッパにおける枢軸派と西欧民主派との関係が、年一年といふよりは寧ろ月一月を重ぬる毎に尖鋭化して来た。しかして或る意味においては両派共にソ聯を他の相手国に抱き込ましては非常に不利になる。殊に西欧民主国即ち英仏側ではソ聯に大いに媚態を呈し、一九三五年のソ仏同盟が出来、更に民主国団としてドイツを目標とするソ聯との同盟を英仏から追求するに至つた。玆においてドイツの方は在ベルリン大使館付武官《大島浩》並にこれを通じて日本の陸軍に、当時防共陣営強化と世間で言はれたモーションをかけて来た。これに対し日本の国内には、俗にいふ自由主義者或は親英米派を除き、国際間における日本の現状に満足せざる側の分子には相当に共鳴者があつた。殊に満洲事変以来政治の推進力だと自他共に許されてゐる陸軍が日独同盟の方にぐん／＼態勢を引摺つて行かうとする。近衛内閣は畢竟この問題を積極消極いづれにも廟議を決定する勇断に欠けるが結果として退陣し、平沼《騏一郎》内閣がこれに迭つた。平沼内閣になつてから所謂五相会議七十何回、平沼内閣成立以来倒れるまで七八ヶ月の久しき小田原評定を重ねてゐたが、議会における総理及び外務大臣《有田八郎》の声明を見ても防共協定強化の切要はこれを認めてやつてゐる。ところが世間の素人達はこれを聴いて、日独同盟は唯にコミンテルン即ちソ聯を対象にしたものでなく、日独共通の政策といふか、英米仏等の所謂持てる国、現状固執国を対象としての同盟だと早呑込にする。ところが有田外相は首相ほど老獪でないから政府の考へを正直に議会で言つてゐる。即ち「防共協定の強化はどこまでも認める。しかしそれは飽くまでもコミンテルンを対象とする所謂防共であつて、東亜新秩序の建設については英米仏の好意ある諒解を必要とする。」と言つてゐる。首相はさうはつきり言はぬ。蓋し有田外相の言つてゐることが即ち内閣の方針であることは、日独同盟反対論者として近衛内閣と闘ひ、引続き平沼内閣へ留任したといふ行掛りを見ても明かである。

斯くの如くにして小田原評定に七八ヶ月も送つてゐるうちに、ドイツの方ではチェッコ問題も解決し、今度はダンチッヒ、ポーランド廻廊等対ポーランド問題を一挙に解決しようとし、ヒットラー《(Adolf Hitler)》は正に実力解決の決意をしてゐる。ポーランドに向つて一たび実力解決で臨む時には対英仏戦争も覚悟しなければならないから、いつまでも日本のぐず〱してゐるのを待つてゐるわけに行かない。そこで英国がソ聯の同盟を取付ける工作をやつてゐる最中に、突如としてソ聯との間に不侵略条約を結んだ。これが所謂平沼首相の複雑怪奇なる所以で、首相は自分の意見を吐かずして、専ら外務大臣及び海軍側をして陸軍に反対させ、自分は終始傍観の態度を執つてゐた。恰もよし、ドイツがソ聯と手を握つた。これは組閣の任務からいへば洵に都合良く行つたので、陸軍と正面衝突はせず、たう〱ヒットラーを背信不義の複雑怪奇だといふことにして退却した。

当時既に世界は、日独伊は所謂枢軸派で、イギリス、フランス、ソ聯、アメリカの如く足れる国、満足せる国の領土なり資源なりを狙つてゐる侵略国、つまり日独伊は現状打破国であり、他の四ヶ国は現状維持国だとはつきり分けてゐる。これは満洲事変以来の日本がそれらの国との対立関係、また三国防共協定締結まで行つたので已むを得ぬ。日独防共協定についての自分の議論は次の通りである。

一、当面の利害だけで外交方針を決めることは、自己の大国としての責任と自律を過小評価するものである。苟も日本は世界の大国の一つとして、世界の平和を安定せしめ確保せしむる責任がある筈だ。日本の外交上の大方針は如上の見地に基き決めなければいかぬ。

二、いまヨーロッパにおける枢軸派とその反対の列国軍との立場を見るに、いまのところ陸軍及び空軍においては独伊の側が優勢である。しかしながら英国の十五億パウンド五年計画の大軍備がぐん〳〵進んでをり、フランスも亦後れ馳せながら軍備拡充に没頭せんとしつゝあり、またソ聯の武力に至つては年一年と増大するのみである。仮にソ聯を中立と見ても英仏の背後には相当程度米国の援助がある。しかして海上権は民主国側にあるのだから、こゝ数年後にはどうしてもバランスは独伊に不利である。斯くなれば必ず英仏の方から進んで予防線にドイツを叩く戦争を始めるに相違ない。然るに日本は太平洋の西半分とインド洋の東半分、就中英仏にとり大切なる領土、資源地の散在するこの二大大洋に対し大体において制海権を持つてゐる。日本が独伊と提携することによつて二大陣営の均勢がとれて来た。随つて戦争破裂の憂ひもなく、例へばドイツの殖民地返還要求、或は日本の国防上経済上緊要なる資源の確保といふ当然の合理的要求に対し、平和の間に妥協解決を求むることが出来る筈である。これに反し、日本がいま躊躇して傍観せる時は英仏側の優勢のために数年を出でずして必ず第二の世界戦争を誘致し、日本はその渦中に引摺り込まれるやうになる。私は所謂バランス・オフ・パワー、世界平和の維持は強国間の勢力均衡の維持に俟つ、かういふ思想の持主である。その見地から自分は日独伊同盟には賛成であつた。それはただにコミンテルンを目標としての防共陣営強化にあらず、一般に日独共通の利益擁護のための相互援助条約、かういふことになつてゐる。

三、然らばこの三国同盟をどうつくればいゝかといふことになると、自分が当時東日紙上に発表せる如く、大体三国は現下の国際情勢に鑑み、世界の安定に寄与するの希望に即させ、三国相互の関係を左の原則の上に規律することとする。即ち㈠三国は共通の政策及び相互の間に承認し確定さるべき各自の特殊利益に関し、常に隔意なき協調を保つこと、㈡右共通の政策または特殊利益が何等かの事情により侵迫せられ、またその危険ある場合には、三国はこれが擁護の方法に関し忌憚なく協議すること、㈢三国は右の政策及び利益に関し互に支持を与ふべきものとす。

大体かういふ原則を条約化すればよい。かういふ条約を結べば、三国のうちの一国が自己の利益を基礎としての判断によつて戦争になりたる場合に他の同盟国の援助を当然に待ち設けることは出来ない。三国間に認められたる特殊利益擁護のために戦争する場合と雖も、先づ三国間にその擁護の手段方法につき協議すべしといふのだから、協議の結果によらず、全然自分が関知せざる間に戦争が破裂しても同盟国の義務としてこれを赴援しなければならぬといふが如き不都合な事態は生じない。要は締約三国相互の自主的立場と隔意なき提携協議による相互扶助である。凡そ同盟条約なるものはみなかういふ原則の下に出来てゐる。明治末期の日英同盟もやはりこの原則の下に出来てゐる。ところが第二次近衛内閣によつて締結された三国同盟条約なるもののテクストを見ると、自分の案とは全然趣を異にする。あの条約テクストは日本側の意見は殆ど入つてをらず、ドイツ側より日本に押付けたものである。

いまや死人に口なしだから立証することは出来ぬが、平沼内閣の三国同盟に関する所謂五相会議において最も力強い反対を陸軍側の意見に対してしたと伝へられる後の山本《（五十六）》元帥、即ち当時の山本海軍次官が東日紙上における自分の意見を見て、本多さんの案の如くならば差支へはない、かう彼の知人に漏らしたといふことを耳にしてゐる。当時平沼内閣に接近してゐた或る右翼陣営の有力な分子は海軍及び外務の軟論のために日独同盟の廟議が進捗しない、三国同盟の現実化しないのは海軍が反対である、しかも山本がその反対の中心であるといふやうな宣伝を盛んにやり、山本のもとには暗殺の脅迫状も相当に舞込んで来たといふ噂さもある。

余談はさて措き、私の所謂同盟論は右の如くで、道義からいへば相対立する世界大国間の二大陣営の勢力均衡を日本の力によつてつくらう、これによつて世界戦争の破裂を防がうといふもので、条約案そのものは同盟条約当然の在り方に即してのものである。後に第二次近衛内閣により、即ち一九四〇年九月三国同盟が調印され公表された月に自分はそのテクストを一見して実に驚き、松岡《(洋右)》がどうしてかういふ条約を結んだかと頗る失望を感じた。後日或る機会に近衛公にさう言つてやつたことがある。「あなたがお拵へになつた同盟条約だが、凡そ日独伊三国同盟条約ほど不都合な不出来な条約はありませんぞ。第一あれは我にとつては片務的条約である。義務に均衡を得てをらぬ。我が国運に関係ある二大国は即ちソ聯とアメリカであることは世界の何人もこれを認めてゐる。然るに条約第五条によつてソ聯との間にはこの条約は適用されぬことになつてゐるから、日本がソ聯から攻撃される場合には手を拱いて傍観してをればいゝ。これに反し、現にドイツとアメリカは交戦一歩手前に陥つてをり、アメリカは国内情勢が許せばルーズヴェルト《(Franklin D. Roosevelt)》はいまにもドイツに宣戦するだらうし、ヒットラーはまた何等かのインスピレーションが頭に浮ぶといまにもアメリカに向つて宣戦するかも知れぬ。さうした場合には条約第三条によつて日本は自己の利害がどうあらうと当然自動的に機械的に米国に向つて宣戦しなければならぬ義務を負担されてゐる。蓋し対米戦争は日本の国運そのものを賭する一大戦争であるが、この対米戦争をドイツの気まぐれのために、或はルーズヴェルトの気まぐれのためにやらさるべくドイツとの盟約によつて義務づけられてゐるといふことは常識において理解に苦しむところである。これは両国共通の利益若くは両国間相互に特殊利益が害される場合にはその擁護に関し隔意なき相談をすると決めてくれゝば、我が方は自己の判断をそこに用ひて事態を決する自由を保留するわけであるが、その判断の自由をドイツへ預けてしまつたといふのがこの条約である。要するにこの条約は例へば船の横腹に大きな孔があいてゐるのと同じだ。その後この孔にキャンバス張りをした。これが所謂日ソ中立条約の意味合なのだ。」から言つたことがある。

また政策論から言つても、日独同盟条約を結んだ以上は米国との国交調整の不可能であることは当時の情勢からいつて分り切つてゐる。然るにドイツと盟約を締した後にアメリカとの国交調整をやらうといふのは英国人《ヨーロッパ?》の所謂車の後ろに馬をつけるやうなもので前後顚倒してゐる。米国に国交調整を求めたけれども彼は我が穏当なる要求をすら容れぬから已むなく転じてドイツと提携し我の地歩を強化するといふのならばまだ分る。しかしドイツと結んで置いて、殊にいま言つたやうに日本の都合がどうあらうとも独米戦争が始まつたら直ぐドイツの味方をしなければならぬ義務を生ずる条約を結んで置いて、今度は米国に向つて国交調整を求めるといふことは洵に事理及び事の順序を顚倒せるものである。殊に日独同盟が出来たのについて時の内閣が勅語の渙発を奏請した如きは国家の威厳からいつても失態だと自分は当時識者の席で指摘した。明治三十五年の日本は東洋の二等国だつた。それで世界の一等国である英国と対等の同盟を結んだ。しかもその同盟は日本にとつて非常に価値のある同盟であつたことは日露戦争の実績によつてよく分つてゐる。それですら一片の詔勅は勿論一片の御言葉すら特に出たわけではないのだ。然るに昭和十五年の大国日本がナチ・ドイツと同盟を結んだがために勅語の渙発を見てゐる。これは洵に自ら辱しむるの甚だしきものだ。ドイツの側では別にこれがためにヒットラーが国民に対して、一片の告示を出したといふことも聞かぬ。

自分の日独同盟感は右様の通りであつた。だから、その年の十二月三日外交協会主催の野村《（吉三郎）》駐米大使送別の席にも、自分は主催者側を代表しての壮行の辞に、日独同盟締結と日米国交調整要求との前後順序の取違へに関する政府の失態を指摘したのである。

米国戦争

日米間は米国にしてフィリッピン領有以来踏み来つた道程をあとに戻ることがない限り、しかもさういふことは想像出来ないのだ。また日本がこの過剰人口を白人所領の地域就中英米の版図内に移民入国することを差別待遇的に禁止せられる限り、工業立国によつてこの大人口を支へて行くよりほかない。然もこの工業立国の方針が日本の拮据経営と国際環境の促すところとなつて、所謂安価良質の日本品が世界の市場に少しく溢れ出すと、こゝに世界の陸地と人口の四分の一を占める英帝国の市場が先づ我に向つて閉鎖され、英帝国のかうした経済国家主義がまた米国その他の国に波及して、世界の大国はそれぐ\経済国家主義の下に所謂ブロック経済を形成するといふ情勢になつて来たからは、日本の生くる途は日満支三国の経済提携を中核とする東亜共栄圏の実現に向ふのほかなきことは英米の識者の間にも首肯せらるゝところなるは疑ひない。現に日本を侵略国呼ばはりし、日本を何とか牽制しなければいかぬと主張する米国あたりの極東研究者の著書論文を見ても、さうせねばならぬ理由として、日本は到底現状の国際環境のまゝではをれないのだ、日本は膨張せずんば破裂するより他ないといつて日本を侵略国呼ばはりしてゐるのを見ても明白である。

然らば日本の志ざすところは国際道義の上からいつて不都合なりやといふに、要するに日本のなさんとするところはアメリカが西半球においてなしつゝあるところ、またその上にもなさんとするところ、英国がオッタワ政策によつてなしつゝあるところ、ヒットラー《(Adolf Hitler)》が所謂広域経済なることによつて実現せんとするところにして、苟も幾千万の膨脹的進歩的民族を有する一定の文化国家の誰しもが進む途を日本も亦進まんとしてゐる。それがセオドル・ルーズヴェルト《(Theodore Roosevelt)》の所謂フィリッピン領有によつて太平洋に橋を架け支那大陸に向つて進まんとするのに邪魔になる。これは歴史の運命である。エール大学教授スパイクマン《(Nicholas J. Spykman)》の著書にもある通り、東亜における米国の均勢政策は米国の東亜に対する国策の実現に阻害となるが如き力を日本に与へざることが眼目なのだ。その目的を達するのに手段が四つある。㈠、口説くこと、㈡、威かすこと、㈢、利を以て誘ふこと、㈣、戦争。

アメリカは過去三十年間第一から第三までは適時適所に試みた。唯戦争といふことは米国一国では成算が立たぬからいままではやれなかつた。から言つてゐるが、米国大海軍も畢竟極東政策実現の上に日本を抑へつける手段として拵へてゐるものであることは米国は毫も秘密にしてをらぬことである。だからこれを日本人とかアメリカ人とかいふ立場を離れて第三者の地位で、歴史家の立場で見ても、日米関係は結局いつかは破裂すべき宿命にある。かういふことはアメリカでは識者の多数が認め、政府の国策も国防もみなさういふ見方を前提として行はれてゐることは米国人も否定せぬであらう。

日本の方はどうか。米国との一戦は実際一か八か、即ち如実に国の存亡を賭する一大冒険であることは日本国民の誰しもが疑はないところである。また自分の見方では金融等における英米との関係が、量的に日本の経済生活の八割を占めてゐる。さういふわけで米国自身が日本に向つて好戦的戦争を敢てせざる限り、日本人はその東亜共栄圏云々の理想のためとはいへ、アメリカとの戦さといふことになると国論は容易に纏まると思はれない。寧ろ日本の方が余計に平和を要求してゐると言へる。如何せん、国際生活に洵に初心《うぶ》であつて、また世界の田舎者である日本は、近衛《文麿》公の手記を見ても分る如く、毫も国際間の情勢の動き、否当面の相手国たる米国の輿論の動き、政府者流の言動に現はれてゐる真意すら捕捉されずに、唯田舎者的素朴な心構へで、我に他意がないのだから向ふも諒としさうなものだといふ極めて単純な頭である。日米交渉次いで戦争となつたが、重大な外交処理をすべてさういふ単純な頭でやつてゐた。

　また明治時代の如く一国を背負つて起つといふだけの自負と自信と熱と、また優れたる経綸を持つた政治的巨才は文武いづれの間にも見つからぬ。凡そ今日の日本程民族としては偉い民族で、しかして政治的人材の乏しい国は古今東西の歴史にも稀だらう。

　一九四〇年欧洲の戦場ではフランスの敗戦、ダンケルク英軍の潰走に、さすがのイギリス贔屓の米国もスチム《(Henry L.》ソン《Stimson)》陸軍長官あたりですらドイツの英本土上陸は最早当然にこれあると見なければならず、その場合にイギリスは防ぎ切ること覚束なしと見てゐた。こゝにおいて米国は西半球におけるヨーロッパ諸国の領地が非アメリカ的国家の領有となることは西半球の防衛上許すわけにいかぬといつて、南北米の諸国と共にこれに備へるの約定をなした。また米大陸防禦地域なるものを海上何百哩かの遠きに亘つて設定した。これは米国としては洵に当然のことで尤もなことを行つたに過ぎぬ。

　東亜においては既にオランダといひフランスといひ大きな植民地を持つてゐる。然るにこの二国がドイツから攻略されたため、東亜における二大植民地帝国即ちフランスとオランダは一応滅びた。その彼等の所領地がドイツのものになつたり或はアメリカのものになるやうなことがあれば、これは東亜現状の破壊であるのみならず、日本にとつて丁度カリビアン州方面の英仏の所領がドイツに取られたと同じ危険に曝されることになる。況や英国米国あたりでも一般に観測してゐた如く英本土が独軍に侵略されるといふやうなことがあれば、今度は英国の東亜における所領はライン、仏印と同じ運命を負ふことになる。東亜全局が革命的破局に直面してゐるといふのが正に一九四〇年夏秋の頃の現勢であるに拘らず、我が朝野は依然として支那事変処理といつて日本の手でつくつた南京の傀儡政権相手に、やれ経済提携だとか防共地域の設定だとか、毫もこの一大破局なかりし一両年前のまゝでやつてゐる。こゝにおいて世論の注意を□《ヲツチ》（アキママ）させ、目前に展開しつゝある東亜の大破局に向つて国民の関心を測知しようといふ考へから、所謂試験的軽気球を放つ積りで、一九四〇年の夏東日紙上に一片の論文を出してみたが、毫も反響なく自分はつく〴〵失望した。そして東亜共栄圏の設定とか何とかいつても、これは一片のスローガンに止まつて、その意味合の把握すらも国民には出来てをらず、何ぞ況やこれに向つて邁進するといふやうな迫力は朝野ともにこれなしといふ結論に達したのである。

　然るにその後思掛けなく南京大使の任務を押付けられ、十五年振で官場生活に入り、少くとも側面的に政府のやつてゐる重要外交の閣議にも接し、先づ分つたことは我が海軍においては対米戦争の自信はどうしてもないといふことであつた。支那に対して抗〔交〕戦権を発動し蔣介石の抗戦力を抹殺するのには英米就中米国よりビルマ・ルートあたりに入る軍需資材を海上で差押へる一手よりほかないのであるが、支那事変初期ならばいざ知らず、一九四〇年四一年の日米間が次第に緊張してから、抗〔交〕戦権発動、海上捕捉権の励行などをやるには海軍として日米戦争の覚悟なくしては出来ないことである。随つて海軍はこの抗〔交〕戦権発動を好んでをらぬこと勿論である。一九四一年八月第三次近衛内閣が出来た直後であつたと思ふ。我が海軍が重慶空爆の際に偶々碇泊中の米国砲艦ティティウラ号に至近弾を投じ艦上の設備に若干の損害を与へたといふ事件があつた。この事件に対する海軍の狼狽かたは外務大臣（豊田貞次郎）より先づ海軍大臣（及川古志郎）が高級副官（中村勝平）を米国大使館にやつて深厚謝罪の意を表し、しかしてその際尚ほ、帝国海軍は日米開戦を避けるためには如何なることでもこれをなすに躊躇するものにあらずといふ挨拶をさせてゐる。自分は滞京中かういふ事実を眼のあたり見て、遺憾ながら我が海軍は対米戦争に耐へるだけの実力はないといふことを理解した。既に然らば海軍に自信なくして対米戦争を敢てするといふことは常識において考へられぬことである。自分は結局日米交渉も屈辱的結末に終つたのだらうと諦観したのである。

南京に帰任後果して近衛メッセージとなり、近衛公がルーズヴェルト《(Franklin D. Roosevelt)》大統領と太平洋上の会見を求めてゐるといふ内報を東京の或る友人より得たが、いづれ日本は所謂七重の腰を八重に折つて日米間に事なきを得ることだらうと見た。結局支那事変なるものは始めから行当りばつたりで、政府は出先の軍人に引摺られ、軍人は軍人で途中で戦を止めたくなり、重慶工作などといふへんな見込のないことをやつたりした。ろくな始め方をしなかつた支那事変だから、ろくな結末を見ることもなからうと甚だ自分は不愉快なる諦めを感じたのである。

また米国との談判の為方を見ても、五月南京から帰つた時にまだ談判が始まつたばかりで書類によらず松岡《(洋右)》から二時間余に亘つて口頭で聴いたが、唯アジヤ大陸に対する集団移民はしてはならぬとか、南アジヤにおけるヨーロッパ諸国の所領植民地の現状維持を米国と共に保障しようとかいふ注文に対して、反駁或は修正を加へるといふやうなことしか記憶に存してをらぬが、要するに始めからこれは纏まらんぞと松岡に言つたものだ。その後近衛公にも、「米国は九国条約を取消すことが出来ない。日本は亦支那事変を取消す用意はないが、仮にそれは出来ても満洲事変を取消すことは先づ不可能のことと思ふ。一体日米間の一切の問題を一挙に俎上に載せて、これが解決或は妥結を提議することは外交の手続としては感心しない。それは我が提議が通らざる限り実力に愬へてもこれが完徹《〔貫〕》を図る決心がなくしてやるべきことではない。日米間の凡ゆる蟠りの総清算を一挙に求むることより、解決し易い問題より一つづゝ解決して行くのが本式のやり方であるのだが……近衛内閣の日米交渉のやり方はまるで好んで日米戦争を招待してゐるやうなものだ。」と言つた。

一九四一年十一月《（ママ）》の末《（ママ）》、東条《（英機）》内閣成立と同時に病気を理由として辞表を呈し南京を去つたが、愈々ろくでもない屈辱外交になるのだなと思ひ、日米戦争にならうなどとは夢にも考へてをらなかつた。若し日米戦争になると見てゐたら、長年の訓練また性格からいつても、たとひ病褥にあるとはいへ必ず事を見るのだが、日米戦争になぞなりつこはないと高を括つてゐたから、主治医の奨めるまゝに帰朝した。東京に帰つたのは十一月の二十五日である。世の中は何となくざわついてゐるが、自分はどこまでも高を括つて見てゐた。ところが十二月七日に東郷《（茂徳）》外相（自分のスイス公使時代の三等書記官で年来自分の愛してゐる後輩である）が病気見舞並に留任懇請（儀礼上の意味）の意味で来訪したから、自分は病褥の上から「世間が大分騒いでゐるやうだが、戦さになるのかえ。」と聴いた。すると外相曰く「戦さは……どうも天気次第で……」といふやうなことを横を向いて言つた。自分は無論その何の意たるかを解しなかつた。自分の代理者である日高《（信六郎）》公使には開戦の場合に云々といふことは当然伝へてゐるが、真珠湾攻撃の十数時間前に多忙の中をわざ〳〵訪ねてくれたに拘らず、外相はそのやうなことについては何処までも自分に極秘を守つた。翌八日朝或る懇意な人から電話がかゝつて「先程のラジオを聴かれたか。」といふ。「どういふことか。」と反問したら、「帝国は西太平洋において英米と抗《〔交〕》戦状態に入れりといふ放送です。やがて宣戦の詔勅と総理大臣の放送があります。」と。洵に自分は驚いた。

国本社トノ関係

一、国本社ニ関係セシ経緯

(1)、二水会トノ関係

平沼騏一郎ヲ中心トスル研究団体ニ二水会ナルモノアリテ会員ハ十二人以内ノ官界民間ヨリ特ニ招請セシ人ニ依リ組織ス。

中心者タル平沼氏ハ当時司法部内ニ於テ俊秀ヲ以テ聞エ殊ニシーメンス事件、大浦子爵（兼武）瀆職事件ニ秋霜烈日ノ手腕ヲ発揮シ近来ノ検事総長トシテ世ニ謳ハレ居タリ。

自分ハ大正八年欧洲ヨリ帰朝休養中ナリシガ、コノ二水会ニ外交方面ヨリ自分ヲトノ希望ニテ之ニ応ジ平沼氏ニ接スルニ、実ニ君子ノ風格ヲ有シ温良ノ風貌中剛毅ノ気質アル希有ノ人物ト映ジタリ。而レ共氏ハ進ミテ自己ノ意見ヲ開陳セズ、座中一陣ノ冷風アル感アリテ民衆政治家トシテハ適セズト批判セリ。数ヶ月ノ交遊ノ後自分ハ再ビ渡欧シタル為、玆ニ二水会トノ交渉モ終焉セリ。

(2)、国本社ニ関係セシ事情

長年ノ外交官生活ヲ退官欧洲ヨリ帰朝スルヤ、自分ノ自律方針ノ一トシテ、疎クナリ居タル国内事情ノ研究ニ没頭シ居タリ。

会《タマ〳〵》、国本社ヨリトノ使来リ晩餐会ノ席上会員ニ一場ノ講演ヲ為セリ。コノ国本社トハ大正十二年発布セラレシ先帝（大正天皇）ノ国本詔書ノ精神ヲ普及スル精神団体ニシテ、軽佻浮薄ノ思想ヲ去リ教育勅語ノ精神ニ帰レトノ精神運動ナリ。ソノ会長ハ平沼騏一郎氏、顧問ニ斎藤実氏、山川健次郎氏等ノ敬重スル人々アリ。

之ヲ機縁トシテ平沼、山川氏等ト地方講演ヲ行フ事トナリ、併セテ地方指導者、地方新聞等ヲ通ジ予テ自律方針ノ一タル国内事情研究ニモ亦益スル処多シ。

二、国本社ニ於ケル言論及地位

(1)、言論

国本社トノ関係成立以来平沼、山川、原〔嘉道〕等ノ諸氏ト七八年ニ渉リ各地ニ講演セルモ、反面亦自分ノ最高級ノ智識人トシテノ希望ニモ投合セリ。

講演ニ於テハ山川氏ハ会津武士ニシテ明治初年米国ニ留学物理学ヲ修メ、後帝大総長ノ経歴ヲ有セシ人ナルヲ以テ極メテ常識的且ツ皇室中心論ナリ。自分ハコノ点ニ共感セリ。平沼氏ハ政治哲学、原氏ハ法律ト道徳ノ関係ヲ論ゼラレタリ。

自分ハ世界大戦ノ意義、戦後ノ国際事情（殊ニ思想方面ヨリ見タル）ヲ説キ、殊ニ国際聯盟ノ真相ヲ伝ヘ以テ国内ノ大問題タル思想混乱ヲ匡正スルニ勉メ、又同時ニ日本ヲ神ノ選民ト云フ如キ誇大妄想的思想ヲ排撃セリ。尚講演内容ノ詳細ニ付キテハ他ノ場所ト同一内容ノモノナル故参考ノタメ添附シ置ケリ。（欧洲大戦後ノ世界）

(2)、地位

前述ノ如キ行動中理事ノ一員ニ自己ノ名ヲ発見スルニ至リタルモ、之国本社ニ於テ自分ヲ優遇スルノ意味ニテノ肩書ト思考ス。即自分ハ本来国本社ノ創立者ニ非ザルヲ以テソノ点荒木貞夫、塩野季彦、田辺実〔治通〕ノ諸氏トハ立場ヲ異ニシ且ツ国本社ノ運動ニ利用セントシテ自分ヲ引込ミシモノト考フ。尚理事中ニハ池田〔成彬〕、原、後ニハ大角〔岑生〕、真崎〔甚三郎〕ノ両大将モ名ヲ連ネタリ。

三、国本社開散〔解〕並ニ平沼氏トノ関係

(1)、政治問題

国本社世間ニ注目セラルヽヤ、茲ニ政治ヘノ勢力トシテ側近者モ多難ナル国情ヨリ国政掌裡〔理〕ノ任ニ当ラシタキ希望アリシ如シ。

自分ハ平沼氏ノ政治問題ニ付キテハ何等アツカリシ事ナク、又精神運動トシテノ国本社ニ参与セシヲ以テ学者、思想家トシテノ平沼氏トノ協力ハアリシモ、政治家トシテノ氏トノ関係ハナカリシナリ。自分ハ各方面ヘノ交際ハアレド、或雑誌ニ孤立ノ外交評論家ト評セラレシハ流儀上親分子分等ノ如キヲ好マサルニヨルモノナラン。政治家平沼氏ニ対シテハ、自分モ一時政友会ニ十月余リ居リシガ、政界ハ複雑怪奇、氏ノ如キ純潔ナル人格者ニハ天下取リト云フ如キハ尊敬信用ノ損スルノ畏アルヲ以テ枢府ノ首脳ヨリ内大臣ヘト希望セリ。

茲ニ一度政治家トシテノ平沼氏ト交渉アリタリ。即五・一五事件直後世ハ政党内閣ヲ不可トシ超然内閣要望ノ中、下馬評ハ斎藤、平沼ヲ最有力トセリ。自分ハ太田耕造氏ニ電話シ、組閣ノ準備アリトハ残念ナリ、卒直ニ平沼氏ニ話シ度シトテ平沼氏ヲ訪ヒ、自分ハ世間ノ風聞ハ信ゼズ邸内ノ静寂ナルヲ見テ安心セリ。若シ組閣ノ事実アラバ諫メントテ来レリ。今度ノ事件ハ各方面ニ地下的ニ奔流セル革命精神ノ露呈セルモノナリ。軍人ガ軍服ニテ首相邸ニ入リ、ピストルトハ云ヘ一斉射撃ニテ殺ストハ尋常ノ問題トシテハ余リニ重大ナリ。今後ノ首班者ハ死装束ヲ要ス。可ナリ、死シテ甲斐アル事ナレバ。

現在ノ国家ハ満洲ニ対スル廟議ヲ決スルニ在リ。事変以来一年半ヲ経テ軍人ノミニ一任シ政府ハ漫然見物シ事態ニ引摺ラレ居ルガ政党内閣ノ現状ナリ。須ラク政府ハ軍人ヨリコノ事変ヲ取上グルヲ要ス。（満洲ノ廟議ノ確立）

若シ新内閣半年ノ命脈ヲ保証サルレバ廟議決定ハ可能ナリ。犬養（殺）首相ハ議会ヲ解散シ与党三百名獲得、臨時議会召集ノマヽ仆レシヲ以テ新政府ハ之ニ対セザルヲ得ズ。而モコノ三百名ハ煩悶不平ノ徒ニシテ、既ニ平沼氏組閣セバ民政党亦面白カラヌ事アリ（倫敦会議）、組閣ト同時ニ議会ト戦ハザルベカラス。解散シテモ勝利ノ見込ミナシ。故ニ満洲ノ廟議確立等出来得ベクモアラズ。斯クテ死ノ決意モ何ノ益ナシ。尚閣下ノ失敗ハ国家ノ行詰リナリ。世間ニテ云フ後継者ハ山本(権兵衛)、斎藤、平沼ナルモ山本氏ハ斎藤氏ニ譲ルベク、畢竟斎藤氏ト閣下ナレド茲ハ年長順ニ斎藤氏ニ譲リ、閣下ハ枢府ニ在リテ御奉公然ル可キト思考ス。万一何等カノ事情ニテ内府ニトノ大命降ルコトアラバ躊躇ナク御奮起然ルベシ。今日ノ危局ニ際シ常時〔侍〕輔弼ノ任ニ当ルコトナラバ総理トハ自ラ軌ヲ異ニス。俗ニ云フ天下取ハ断ジテ避ケラレテ然ルベシ。自分ハ政変ノ度ニ又閣下ノ政治上ノ問題ニテ進言セシ事ナキモ、世間ノ噂煩キ故後輩トシテ辱知トシテ卒直ニ愚存ヲ申上タルニ、氏ハ誠ニ忠言ヲ感謝スル挨拶ナリ。

以上氏ノ政治上ノ進退ニ関シ話セシハ十年ノ交友中唯之一回ノミ。其ノ後平沼邸ヲ訪ヒシ事ナシ。

(2)、枢府議長問題並ニ国本社解散

二・二(ママ)六事件後斎藤内閣成立シタルガ、之ハ平沼氏ニ不幸ヲ招来セリ。即枢府議長倉富(勇三郎)氏辞任ニ際シ慣例上十年ノ久シキニ亘ル副議長ノ昇格ハ一般ニ期待サレシニ一木喜徳郎男ヲ議長トセリ。世間ニ於テハ之ニ対シ斎藤及他ノ有力ナル重臣ニ於テ氏ニ対スル何等カノ感情ノ表現ナリト観測セリ。

間モナク一木男ハ天皇機関説問題ニテ国体擁護論者側ヨリノ攻撃ニ依リ退職、茲ニ枢府議長問題ハ再ヒ俎上ニ上レリ。今回又他人ニ議長ノ椅子ヲ奪ハレンニハ如何ニ平沼ノ隠忍ト滅私奉公ノ精神ヲ以テスルモ、コノ屈辱ニハ無論周囲トテ黙視セサルベシ。世間ニ於テハ重臣ノ専横ナリトシテ既ニ険悪ナル思潮ニ悪影響ヲ及ボスハ論ヲ俟タス。

自分ハコノ両面ヨリ元老重臣ヲシテ斯ノ如キ過ヲ再ビセシメズ、他面亦平沼男ノ面目ヲ毀損セシメザル事ニ一肌脱ギ度キ考ヘヲ以テ同郷ノ友人ニシテ近衛(文麿)公ニ出入リノ一人タル某氏ヲ招キ近衛公ニ、本多ハ公ニ御願ヒヲスル丈ノ馴染ミヲ持タヌ者ナルガ、ドウシテモ公ニ縋ル以外ナキ一事アリ、平沼氏ノ件ナリトテ今日再ビ平沼氏ノ議長実現ヲ見ザル場合、世論挙ゲテ元老(西園寺公望)ノ横暴ヲ鳴ラスヘク、平沼ノ面目問題ノ小論ニアラズ、破局的危機ノ《〔善〕》前後措置ハ国民ノ信頼ニ関スル限リ画餅ニ帰セン。就テハ公ヨリ元老ニ速カニ男ノ議長昇格ヲ陛下《(昭和天皇)》ヘ奏薦セラル丶様公ノ考ヘトシテ進言ヲ願ヒ度シト申上ゲテ呉レト頼メリ。

翌日カニ某氏ハ復命シテ、公ニ申上ゲシモ公ハ考ヘ置カウトノ事ナリシガ、同時ニ「ドウモ気ノ毒ダナ、平沼サンハ元老ニ悪クテネ、サ難カシイゾ」ト附言サレシ事ナリ。公ハ果シテ西園寺公ニ話セシヤハ確カメル由ナク、一説ニヨレハ一木男自ラ湯浅《(倉平)》内府ノ議ヲ排シテ元老ヘハ自分ハ後ニ話スカラ、コノ際躊躇ナク平沼男ノ議長昇格ヲ奏薦スル様強ク勧告ノ結果ナリトノ事ナルモ、何レニセヨ自分ガ近衛公ヘ使セシメテ数日モ経ヌニ平沼男側近ノ竹内岳《〔賀久治〕》二氏平沼邸ヨリ電話シテ「御配慮有難ウ存ジマシタガ、今広田《(弘毅)》総理来邸シ枢府議長ニ昇格ノ申込ガアリマシタ」トノコトナリ。

右御配慮トハ実ハ近衛公ニ使ハス際ニ、平沼男ノ議長昇格ヲ御配慮実現ノ暁ニハ元老重臣御嫌ヒノ由聞キ及ベル国本社ハ本多ノ責任ヲ以テ即日ニモ解散致サスベク、ソノ御含ミニテ宜敷シク《(ママ)》ト申セシヲ以テ、為念太田耕造氏ヲ招キ右ヲ内報シ置キシ故、竹内氏ノ電話モ太田氏ヨリ伝ヘラレシモノナラン。

平沼氏ノ就任終ルヤ太田氏ヲ招キ早速国本社解散ノ手続採ラレ度シ、理事会召集セバ多数ノ日数ヲ要スルヲ以テ持廻リ閣議ダネトテ、国本社ノ使命ハ一応達セラレシヲ以テ書面ニテ先ヅ自分、次ニ有馬良吉《〔橘〕》大将ノ承認アラバ他ハ異論ナク賛成スベシトテ玆ニ国本社モ終焉ヲ告ゲタリ。

以来国本社関係ニテ社交クラブヲ作リ平沼氏ヲ中心トセシ由ナルモ、自分ハ之ニ案内モナク従ツテ交際モ疎遠ニ終レリ。唯太田耕造氏ノミ時々来遊アリ。

無題

〔脱アルカ〕

支那に対する我々の政策は日本に対するそれと等しき重要性を有する。支那は恐らく世界中で最も大きな未開市場であらう。それで支那の政治的安定が継続するものとせば、支那の最も必要とするは資本であらう。その資本は英米は供給し得るが日本は供給し得ない。若しも英米が支那に投資し、且つ支那をして借金をなさしめ得る如き極東政策を執るならば、彼等は当然に彼等自国の製品に対する市場の拡大をその報償として期待するだらう。資本財に関する限りは英米の投資が継続中は支那はこれを英米に仰ぐであらう。而して他の何れの国の競争にも拘らず、英米はかうした資本財を引続き支那に売込むことが出来るだらう。が、支那が追々裕福になり、消費者の需要を増し来ると共に、恐らく英米よりはこれを日本より買ふであらう。その場合、英米においては若干の不快を感ずるだらうが、それは間違つてゐる。日本が彼自ら一大債権国とならざる限り、又さうなるまでには日本の輸出入が現在における如く大体均衡が取れるであらう（一九三一年から一九三五年までの日本の輸入超過の平均年額は三十六億八千五百万円の貿易総額平均に対し五千万円である）。であるから、日本が支那に物を余計売れば売るほど、外国就中英米よりそれだけ多くの物を買ふか、若しくは今彼の製品が英米の製品と競争してゐるところの他の市場に対する売込競争を緩和するだらう。

かく観じ来れば、英米の極東政策上、経済的及び政治的に賢明なる道筋は実ははつきりとしてゐる。日本は自給経済をその国策の本筋として追求したことは決してなかつたし、又その経済政策を全然自国の作戦計画に従属させたこともなかつた。その点はドイツと趣きを異にしてゐる。唯しかしながら、前叙せる如き極東問題の経済的症状とヨーロッパの根本的病状との間には重大なる共通点のあることが否めない。即ち日独伊三国は大規模の製造工業によつてその生活水準を維持し、又その国内人口の維持に必要なる食糧については大なり小なり海外よりの輸入に依存してゐる工業国であるのだ。彼等の工業に要する原料はこれ亦彼等自国で生産出来ない。随つてこれら三国はその必要とする原料品の輸入支払に差支なき程度の輸出を少くとも行はねばならぬ。しかのみならず、近代式大工業は到底内国市場のみを地盤としては最大の効率を以ての運営が不可能である。然るに製品の輸出増加はこれと正比例に原料品輸入の必要を増大する。要約して言へば、日本にとりてもドイツにとりても外国貿易は活きんがための絶対必要事である。それは英国にとりてもフランスにとりても亦アメリカにとりても同様である。世界の競争場裡に生活するの困難性は武断的独裁国に特有の事象ではなく、又不況は独裁国のみを見舞つたわけでもない。が、英国は幸ひにも二つの大きな好条件に恵まれてゐる。一は英帝国内における特権的市場であり、他の一は海外投資から来る大所得である。欧亜における危局の経済的因果に関しては、英帝国が世界の和平に対しなし得る主なる寄与は、その従属的植民地における門戸開放の回復であらうといふことをこゝには唯一言して置く。

華府会議と日本

日本は独伊両国と同じく前大戦の清算に際し、あまりよい取扱は受けなかつた。寧ろ最後の清算によつて、ひどい目に遭つたのである。日本の場合には戦争の後始末は二回行はれた。その第一回は一九一九年のパリス講和会議であり、その第二回は華府の海軍会議であつた。ワシントン会議においてはバルフォア《(Arthur J. Balfore)》、ヒューズ《(Charles E. Hughes)》両巨頭の巧みなる指導の下に英米二国は最も完全且つ効果的なる協力により、極東をば彼等二国で彼等の理想に適する如く調理した。日本はその英国との同盟を剝奪された。英国はその当時の新興ドイツ海軍の脅威に対し、欧洲海面に自国艦隊の集結の必要上日本との同盟を結んだのであるが、この脅威はベルサイユ条約によりて解消された。英国は日英同盟の廃棄に対する米国の希望を満足せしむることが出来た。それから英米両国の巧妙なる口説的重圧の下に日本は支那における地位を失つた。前年のパリス講和会議で確認された山東における権益は抛棄され、支那における特殊的地位に関する日本の要請は九箇国条約で否認せられ、おまけにその海軍力は英米各自の五に対し三の劣勢比率に制限された。道徳的にも物質的にも華府会議の諸条約は日本にとりては二つの友好国が第三国に与へ得る最も大なる痛棒であつた。日本はおとなしくこれを受入れる他に仕方がないからだ。これに対し反抗すべく日本の国力はあまりにも弱かつた。而もその弱さはそれから間もなく一九二三年の恐ろしき震災によつて増大された。その翌一九二四年には日本は更にその上の屈辱を被つた。それは一九〇七年以来日本が忠実に履行し来つたところの所謂紳士協約による合衆国に対する日本移民の制限が、突然合衆国国会の一方的法律によりて反故とされたことである。カナダはその例に倣つた。次いで一九二六年には支那赤化の徴候が現はれ来つた。支那が赤化すれば、対支貿易の維持と発展に国運の将来をすら賭けてゐる日本にとりては容易ならぬことである。かうした重ね〴〵の不祥事態の簇生にも拘らず、日本は世界の模範的市民といふべき態度を持続した。

不戦条約及ロンドン条約ニ関スル言論ノ概要

一、当時ノ社会状勢

独大使辞任ヨリ南京大使引受迄ノ中間十五年間ハ外交専門家ノ所謂第一次世界大戦ヨリ第二次世界大戦ニ至ル休戦時代ニシテ、ベルサイユ体制及華府条約体制ハ漸次ソノ固有ノ弱点ヲ露呈シ来リ従ツテ帝国ニ取リテモ国際政治ノ理解ニ乏シキ朝野ハ重大且ツ困難ナル外交事案ノ陸続起生ニ周章シ居タリ。

二、自己ノ立場

斯ル状勢下朝野共ニ低調ナル外交論或ハ政争ノ具トシテノ論争ヲ坐視スルニ忍ビス、自分ノ国際政治ノ三十年ノ経験ト退官後書斎人トシテノ研究ヲ基礎トシテ、朝野ニ対スル啓蒙的言論ヲ為スノ機会多カリシハ蓋シ止ムヲ得サル所ナリ。而レ共新聞、雑誌ヘノ寄稿、講演ハ本来自己ノ職業ニ非サルヲ以テ、自己ノ意見ニ対スル金銭的価値付ハ之ヲ好マサリキ。巷間自分ニ対シ外交評論家ト形容セシハ当然ナレ共、之職業的政治運動者ト何等関係ナク、独自独往ニシテ国家ノ大事ニ際スル孤高ノ一専門家トシテノ愛国的立証ナリ。

三、重要外交問題ノ言論ノ概要

㈠、不戦条約問題（「人民ノ名ニ於テ」問題）

昭和三年米国ノ提案ニ基キ日仏英独伊間ニ調印セラレタル戦争放棄ノ条約ニシテ、俗ニケロツグ(Frank B. Kellogg)、ブリアン(Aristide Briand)条約トモ称ス。本条約ノ主旨ニ対シテハ我国ニモ反対ノ意見無シ。

本条約第一条ニ締約国ハ「ソノ各自ノ人民ノ名ニ於テ」トアルヲ民政党（当時政友内閣）ノ一有力代議士ニ依リ憲法上天皇ノ大権ト両立セスト指摘サレシ為、政府ハ内閣ノ粗漏ヨリ生スル失態ヲ冷静ニ処理スルヲ忘レ多数党ノ威力ニ依リ葬ラントスルノ策ニ出デ、民政党ハ之ヲ以テ有力ナル政府攻撃ノ材料トシテ衆論ヲ煽動《センドウ》シタルヲ以テ事実以上ノ大問題トナレリ。

自分ハ之ヲ見ルニ忍ビス問題ノ文句ハ本条約ガ民主国タル米、仏両国間ノ条約トシテ立案セルヲ以テ異トスルニ足ラズ。又日独（ワイマル憲法下）伊ノ間ニ於テモ問題トナルハ日本ノミナリ。当時米国ガ本条約提案ニ際シ意見アラバ申出デラルベク之ニ対シ考慮ヲ辞セズト注意シアルニ、政府ハ之ヲ漫然無視シ調印セシハ事務的粗漏ナリ。之ヲ憲法ト両立スル手段ニテ前〔善〕後策ヲ講スルハ困難ナラス、問題ノ文句ハ日本ニ関スル限リ憲法ノ明文ニ鑑ミ「帝国ニ関スル限リ適用ナキ」旨ノ声明ヲ附シテ批准ヲ行ヘバ可ナリ。条約ノ実質ニ対シテスラ保留、修正迄加ヘテ批准スルハ日米間ノ常ナリトノ意見ヲ文筆ニ或ハ講演ニ以テ世論ニ教ヘタリ。

世間ノ一部ニシテハ憲法違反ナルガ故ニ批准シ得ストナシ、枢密院ニ於テスラ、代リテ中外ニ闡明スル方法アリトノ思惑起レリ。自分ハ有力者ノ求メモアリ、無理ナ措置《ソチ》ニ出デストモ附帯宣言ヲ附シテ批准ヲ行ヘバヨキ旨ヲ篤ト進言セルガ、結果ナリトハ断言セサルモ枢府ノ陛下（昭和天皇）ヘノ奉答モ自己ノ意見ト同一ニシテ本問題モ妥当ナル結末ヲ告グ。

(二)、海軍々縮問題

不戦条約問題、張作霖爆死事件ハ田中（義一）内閣ノ致命傷トナリ、代リテ昭和四年七月浜口（雄幸）（民政）内閣成立セルモ先ヅ蓬〔逢〕着セル大問題ハ一九三〇年倫敦ニ於ケル海軍々縮会議ナリ。本会議ハ各条約（ママ）ニ依リ未解決ノマヽ残サレタル補助艦ニ関スル制限ノ協定ヲ主トスルモノニシテ、先ニゼネバニ於ケル日米英三国会議ニ米英間ノ主張相容レズ以来曲折ヲ経テ、英国マクドナルド（J. Ramsay MacDonald）労働内閣ノ成立ト共ニ妥協ヲ見、是ニ二国主唱ノ下ニ仏国其他ニ補助艦制限ヲ目的トスル招請ヲ発ス。

吾政府ハ之ニ対シ欣然参加ヲ回答シ政府ハ補助艦ニ関シ、比率ハ米英ニ劣勢認ムルト同時ニ不脅威不侵略ノ精神ニ基キ左ノ三項ヲ国防上不可欠ノ最低条件トシテ要求スル旨ヲ全権任命ト同時ニ中外ニ闡明ス。条件トハ、(1)重巡対米七割、(2)補助艦総括的七割、(3)潜水艦七万八千噸独自保有ニシテ三大原則之ナリ。之ニ対シ国内ニ於テ頭（満）山門下ノ一派ハ三大原則既ニ帝国ノ東亜ノ地位ニ鑑ミ不都合トノ反対ヲ声明シタルモ、国論ハ政府ニ挙国一致ノ支援ヲ与ヘ三大原則ノ完〔貫〕徹ヲ庶幾スト云フニアリ。

自分モ右ノ趣意ニテ与論指導ノタメ或ハパンフレットニ或ハ識者会合ノ講演会ニ、外交問題トシテノ観点ヨリ意義ヲ明ラカニシ三大原則ノ完〔貫〕徹ノ容易ナラサルヲ説ケリ。又世間ノ一部ニ於テハゼネバニ於ケル米英ノ衝突ヲ思起シ両者ノ齟齬ヲモ或ハ見得ベク、コノ機会ニ漁夫ノ利ニ勉ムベシトノ低級ナル俗論低迷セリ。自分ハコノ謬想ヲ打破スル為仏国ノジークフリード教授其ノ他英国政治家ノ言説ヲ基礎トシテ、米英間ノ海軍問題ニ於ケル齟齬ハマクドナルドノ訪米ニ依リ氷解セルモノニシテ今回ノ会議ハ米英協定ノ範囲内ニ於テ他ノ三国殊ニ日本ノ補助艦保有量ヲ何処迄認ムルカニ在リト朝野ニ対シ啓蒙的言論ヲ行ヘリ。ソノ大要次ノ如シ。

(1)、三大原則ハ政府屢次ノ声明ニ徴スルモ吾方ノ最小限度ノ要求、即最後ノ切札ヲ形成スルモノナルコト明ナリ。未ダ会議ニ望〔臨〕マザルニ声明スルハ外交事務処理トシテ誠ニ常識ヲ逸ス。即最后ノ切札ヲ提議セバ、コノ要求完〔貫〕徹セザル時ハ脱退セザル限リ進退窮境ニ陥ルヲ以テナリ。

(2)、英国ノ吾ニ致セル会議招請状ニヨレバ米英間ノ海軍問題ハ不戦条約ヲ基礎トシテ妥結トノ意味ヲ謳フ。然ラバ米英以外日本トノ問題モ不戦条約ヲ基礎トシテ締結スベシ。米英ハ不戦条約ヲ基礎トシ他国ニハ比率ヲ以テ望ムハ合理ニ非ズ。比率トハ不敗ノ地位ヲ占メル意慾ヲ条約ニ妥張（ママ）シテ条約文ニ明（ママ）ハセルモノニシテ、各条約ハ世界平和ニ貢献セルモ一種ノ不戦条約ナリ。現ニ英米間ハ不戦条約ヲ基礎トシテナシタラバ吾国ニモ同ジ基礎ノ上ニ置カサルヘカラス。右ハ自明ノ理ナルニ不拘、政府ハ事前ニ言明シ容易ニ見込ナシト思ハレル三大原則ヲ最少限要求トシテ声明セルハ外交ノ手続トシテモ一ノ失策タルコト。

(3)、右ノ条理既ニ前項ノ如クナリトセバ吾ガ今次トルベキ方針ハ凡ソ左ノ如クナラサルベカラズ。

(A)、海軍問題ニ対スル三国ノ関係ハ不戦条約ヲ基調トスヘキコト
(B)、既ニ三国間ノ相互ノ戦争放棄ヲ前提トスル以上、現有ノ海軍力ニ対シ著大ノ縮減ヲ加フル事可能ニシテ然セサルベカラザルコト
(C)、対等ノ大国間ニ国防権ノ優劣ヲ認ムルノ不合理ナルト同時ニ、如何ナル国家ト雖モ現実必要ノ程度ヲ超エタル無用ノ虚飾ニ属スル増艦ヲ行フコトナカルベキヲ以テ三国各自ノ保有勢力、相互ニ相手方ノ常識ニ信頼、条約ヲ以テ比率ノ協定ヲ行フヲヤメ各自ノ増艦計画ノ自発的相互通牒ヲ以テスベキコト
(D)、米国海軍ノ主使命ハ極東ノ門戸開放政策ノ擁護徹底ニ在ルコト米政府年来ノ声明ニ明カナル処ニシテ、九国条約ハコノ点ニ関スル米年来ノ主張ヲ完全ニ体現セルノミナラズ、九国条約ガ闡明セル支那ノ保全及門戸開放政策ハ締約国共通ノ政策、共通ノ利害事項ニシテ、締約国中一国又ハ数国ノ特種利益ニ属スル問題ニ非ザルコト言ヲ俟タス。然ラバ九国条約ノ違背ハ締約各国間ノ協議、協力ニ俟ツヘキモノニシテ或ハ一国ハ数国ノ独自ノ処理ヲ許サヾルコト又自明ノ道理ナリ。従ツテ九国条約ノ主旨トスル支那ノ領土保全及門戸開放政策擁護ノタメ米国ガ特ニ他国ヨリ優勢ナル大海軍ヲ必要トスルノ従来ノ建前ハ再検討ノ要アルコト

倫敦ニ於ケル海軍々縮会議ニ関シテハ自分ハ大要叙上ノ見地ニ基キ国民ノ注意喚起ニ勉メタリ。斯ル意見ハ政府ニトリテモ亦三大原則立案者タル海軍当局ニ取リテモ余リ有難カラザル議論ナルモ、自分ハ国際政治研究者ノ立場トシテ国論啓発ノ考ヘヲ以テ独自ノ啓蒙的活動ヲ敢ヘテシタル次第ナリ。

果然倫敦ニ於ケル会議ノ進行ハ帝国ニ不利ニシテ三大原則ハ(a)、重巡六割、(b)、帝国海軍独得ノ潜水艦ニ於テモ五万二千七百噸パリテート切下ゲラレ遂ニ雲散霧消ニ帰シ、米国全権スチムソン《Henry L. Stimson》国務卿ヲシテ米上院ニ於ケル審査委員会ニ於テ「現在日本ハ巡洋艦ニ於テハ著シク優勢ニシテ重巡米国二ニ対シ日本ハ八ナリ。本条約ニ於テ

米国十八万噸ニ達スル迄日本ヲシテ十万八千四百噸ニ足踏ミセシムルニ成功セリ。斯ル協定ニ応諾シタル日本当局ノ勇気ニハ唯々脱帽敬意ヲ表スルノミ」ト述べ、又同僚全権ノ一人ニシテ倫敦会議最後ノ一幕タル日本《ママ》妥協ニ重要役割ヲ果セシリイド《David A. Reed》氏ハ、上院本会議ノ演説ニ於テ「今回ノ条約ハ日英両国ヨリ米国ニ好都合ナリ」ト言明シ、更ニ「潜水艦ニ関スル日米均等ハ日本ノ保有量ヲ減ジタルヲ以テ戦争使用能力著シク減少セリ」ト説明シ居レリ。

斯ノ如ク吾国ノ譲歩ハ米全権ヲ驚異セシメ、スチムソン氏ヲシテ吾ヲ冷評スル如キ脱帽云々ノ事実ガ新聞ニテ国内ニ報導《道》サレ国論沸騰スルヤ、政府ハ本条約ハ五ヶ年間ノ暫定条約ニ過ギズ、次回会議ニハ七割ハオロカ十割二十割ノ主張ヲモ保留シ来レリ等、老巧練達ノ政治家若槻《礼次郎》氏スラ斯ル放言ヲ敢エテスルハ政権保持ノ見地ヨリ国民ニ対スル弥縫ト□《二字アキ》ヲ事トシオル醜態見ルニ忍ビズ、自分ハ米上院ニ於ケル公聴録ノ要点ヲ外交時報紙上ニ紹介シ国論ノ啓発ニ資シタルコトアリ（本件外交時報掲載ノ拙文後段別紙《散逸》添附ノ通リ。上段ハ散逸シテ見当ラサルヲ遺憾トス）。

無題

現下の世界危局は経済的難題と政治的難題との交錯である。最近の歴史を一瞥せばこの二つの原因群が如何に密接に関聯してゐるかが分る。欧州大戦の跡始末は経済方面においては全然なつてをらなかつた。ヨーロッパの地図の画き換へと国際聯盟の創設に当り、ウヰルソン《Woodlow Wilson》十四箇条中の通商障壁撤廃に関する点を無視したことは、国家的利己心の温室中に経済国家主義の自由活動を許したと同じ意味になつた。主権国家の増加、戦前における経済単位の分割、厖大なる軍需工業の崩壊に伴ふ失業群の発生と資本の滅失、かうした事象はいやが上にも世界貿易に対する障壁を高くするの結果を来した。一方においては賠償及び戦債の支払は仮りに妥当の規模であつても貿易の自由を必要とする。然るに要求されたる賠償の額は所謂天文学的数字であつて、支払不履行が当然不可避的であつたのみならず、無理にも支払はせようとする努力、これに伴ふ種々の強制手段等が全体の経済機構に破壊的影響を与へつゝあつたが、一九二五年以後の一時的好景気によつてこれが世人の眼から蔽はれてゐた。賠償額は幾らか減じられたが、ドイツは自分の財力でこれが支払を行つたのではなく、国内の産業及び公共施設のために借入れた外債で支払を行つたのである。ドイツ以外の国も概して英米からの借金で太つてゐた。総ての仕組が技巧的に出来てゐて、資本の自由な流通と通商障壁の持続、この二つは早晩災厄をもたらすものだ。

そして経済上の崩壊と共に政治的の混乱が来た。日本やイタリーの侵略戦、ドイツのナチ革命、スペインの内乱、これらは皆不景気時代の象徴である。就中日本の場合においては例へばドイツにおけるよりも経済的難題が一層彰〔顕〕著である。日本の人口は七千万、一平方マイルの稠土はイングランド及びウエールスのそれの三分の二を僅かに超ゆるのであるが、日本の国土の少からざる部分は山地で耕作に適せず、而も人口増加は英国の停頓状態とは反対に毎年八十万の多きを算するのである。加ふるに日本は工業原料においても英国ほどに恵まれてをらず、鉄及び石炭も英国よりはずつと少量なるのみならず、人口二千三百万の朝鮮以外には数ふるに足るべき植民地をも持たない。随つて特権的マーケット市場を持たない。尚又日本は有力な海運業を有するけれども、これによつて海外から得る収入は、英国がその海運業並に海外投資から得る年収二億五千万パウンドとは比較にならぬほど少額である。

かうした事情に鑑みると、日本の経済の受けつゝある重圧の重大且つ継続的なることが分る。輸出市場獲得のための日本の努力はその競争国に対する悪意から出てゐるのではなく、緊急逼迫の必要に駆られてゐるからであり、又日本国民の生活水準の低いのは日本の経済的成功の原因といふよりは寧ろ日本の経済困難の結果であるのだ。国民生活の水準なるものは畢竟国民各個の収入を意味するものである。日本はその外国貿易を維持し増加することによつてのみ、その国民収入を維持し増加出来るのである。日本が輸出に困難を感ずれば感ずるほど輸入も困難になり、随つて国民の生活水準も低下することになる。輸出貿易の拡張によつてのみ日本は外国よりの輸入品に対する大きな市場で発展し、他の競争各国で維持されてゐる水準により甚だしくその国民生活水準を向上させることが出来るのである。満洲事変も畢竟何とかして経済的行詰りを打開せんとするの本能的衝動と間接の関係あることを否定する人は少からう。満蒙においては日本は新しき市場を自己の支配下に置き、かくしてこの市場での特権的地位と或る種の原料資源を確保し得たが、しかし日本の経済難題にとつては大した打開の効も奏しなかつた。そこでソ聯勢力下の蒙古に対して逐次に鋭鋒を向けることとなつた。即ち北支の陝西、山西地方にこそ大なる工業資源が存在するのであつて、これを物にせんがために、勢ひ日本は支那の北西地方にその強力なる戦略的境界を要求することになつた。しかしかうした資源は熟したる果物を樹からもぎ取るやうなわけには行かぬ。これが開発には時間を要し、又大なる資本財と継続的出費を必要とする。

こゝで一つ東亜問題の経済的要因を適正の視野において見直す必要がある。英帝国にとりてはアジヤ問題はヨーロッパ問題とはその重要性において比較にならないのである。一九三五年における英国の日支両国に対する輸出貿易は共計一千万パウンド以下であるに反し、ヨーロッパ諸国に対する輸出は一億四千万パウンドを超過してゐる。日本と支那は濠洲にとりては原始的産物の一大得意だと言はれるが、英国以外の北西ヨーロッパの地方はもつとよりよき濠洲のお得意である。東亜は日本自身にとりても経済的意味においては一般に想像されてゐるほどの重要性を持たない。一九三四年における全支の対日貿易高は日本の外国貿易輸出入総額の辛うじて五パーセントを算するに過ぎず、英領インドは輸出入いづれにおいても支那の二倍を算し、日本の対米輸出は対支輸出の三倍以上であり、輸入においては五倍の多きに達してゐる。であるから、支那及び満洲国がもつと〳〵富裕にならない限りは日本の経済的病気の治療に対してはほんの部分的の効果しか寄与出来なかつた。随つて東亜における日本の前進政策は、本質的には他の方面に対する日本の膨張政策の代換作用にはならない。経済的方面からいへばそれ自身に治療力を持たないところの根柢深き難題の症状たるに過ぎないのだ。

随つて若しも日本が敢て南進政策に出た場合には、言ふまでもなく真先にその鋒鋩を感ずべき地位にある英帝国及びアメリカ合衆国にとりてはこゝに一つの教訓がある。それは外ではない。日本の貿易に対し新たなる障壁を設くることは経済的には徒労で、政治的には自殺であるといふことだ。英米二国の継続的目標としては日本との間の通商障壁（関税及び割当制）の相互的緩和であらねばならぬ。

昭和十六年対ソ問題ニ関スル意見

一、対ソ問題

昭和十六年夏御用滞京中六月十日頃、近衛（文麿）首相ヨリソノ側近ノ一人下園佐吉氏ヲ使者トシテソノ週ノ土曜日夕鎌倉別荘ヘ秘密ニ来訪セラレ度シトノ申込アリ。承諾シ置ケルガ、超〔越〕エテソノ翌日夕方近衛公ヨリ、急ニ京都ニ赴クノ用件生シタルニ付帰京ノ後改メテ打合セタキ旨直接電話アリ。帰京後再ビ下園氏ヲ以テ、十六日首相官邸日本間ニ於テ午餐ヲ共ニシツヽ談話シタシ、本件アク迄秘密ニアツカハレ度シトノ来意アリ。当日約ノ如ク応訪シタルニ、当時日ニ増シ切迫シツヽアリタル「ソ独」ノ危機ニツキ、「実ハ極秘ノ話ナルガ、最近松岡（洋右）外相ハ陛下（昭和天皇）ニ拝謁シ独逸ハ近クソ聯ニ向ツテ開戦スベク、独逸ハ二三ヶ月ヲ出デズシテソ聯ヲ壊滅シ去ルノ確信ヲ兼（ママ）ネテヨリ有シ居ルニ付、戦争ハ数ヶ月内ニ片付キ独逸ノ勢力ハ極東ソ領ニ迄及ビ来ルノ虞アリ。之ニ対処スル為ノ見地ヨリ云フモ、独逸ノ対ソ開戦ト同時ニ帝国モソ聯ニ宣戦シ、機ヲ逸セズイルクーツク辺迄進出シ置カサルベカラズト考フル旨ヲ奏上シタル趣ニテ、陛下ヨリ自分ヲオ召シノ上外務大臣ヨリ云々ノ奏上アリ、首相ト話合ノ上ナリヤトノ御下問ニ付、自分ハ全ク夢想ダニセザルトコロニテ、右ハ外相ガ上述ノ意見ヲ懐抱シ居ルコトハ唯今ノ御言葉ニテ始メテ承知シタル次第ニテ、サリナガラ外相ガ如何ナル意見ヲ抱クニシロ、政府トシテハ斯ル重大ノ廟議ハ陸海軍首脳ノ意見ヲモ徴シ、該首脳トモ深重考慮ノ上何分ノ議ヲ決スルコトヽナルベキハ申上グル迄モナキ所ニ有之、文麿ニ於テモ篤ト研究考慮ヲ尽スベキ旨申上ゲ置キタル次第ナルガ、本件外相ノ意見ニ対シ貴下ノ御考ヘヲ内密ニ承ハリ度シ」トノコトナリ。

二、卑見

(1)、右ハ何等同盟条約ノ義務ニ属セズ。

(2)、独逸側ノ自信如何ニ不拘、二三ヶ月内ニソ聯壊滅ト云フガ如キハ全然考ヘラレサルコト。仮ニ欧露ヲ戡定シ得タリトスルモ、ソ聯側ハウラル以東ニ於テ頑然長期抗戦ニ出ヅベシ。

(3)、吾自ラ中立条約違反ノ科ニ坐スルガ如キ行動ハ外交ノ常識ニ反ス。

右三点ヨリスルモ外相ノ意見ハ到底問題トスルノ価値ナシ。尚篤ト考慮ノ上一両日中ニ改メテ御答ヘ申上グベシト答ヘタリ。

越テ十八日、ソノ前日着京ノ汪（兆銘）（主）首席御招待御会食ニ御陪食ノ御召シニ依リ参内ノ機会ニ、首相ヨリ再ビ本問題考慮ノ結果如何ト尋ネラレタルニ付、篤ト考慮ヲ重ネタルモ前日（ママ）申上ゲタル卑見ニ何等修正ヲ加フルノ要ヲ見ズト前提シ、ソノ理由ヲ大要下ノ通リ陳述セリ。

(A)、三国同盟第五条ニヨリ、ソ聯ハ本同盟適用ノ範囲外ニ置カレアリ。従ツテ仮ニソ聯ガ独逸ニ攻撃ヲ加フル場合ニ於テモ帝国ハ何等赴援ノ義務ヲ生セス、況ヤ今回ノ場合ハ独逸ガ進ンデソ聯ニ攻撃ヲ加ヘントスル所謂侵略戦争ナルニ於テオヤ。

(B)、独逸ハソ聯ニ向ツテ何等要求提出等ノ交渉ヲ為シ居ラズ、又最後通牒ヲスラ致サスシテイキナリソ聯ヲ叩付ケントスル計画ナルガ如シ、独逸ハ何故斯クモ無法ナル遣口ノ作戦ニ出ヅルカト云ヘバ、周知ノ如ク米国ハ既ニ開戦一歩手前迄ノ実質的援助ヲ英国ニ与ヘツヽアリ。結局独逸ハ米英聯合ノ海上封鎖戦ヲ余儀ナクセラルベキヲヒトラー（Adolf Hitler）ハ認識シ居リ、従ツテ北ハノールウェーヨリ仏、西国境線ニ至ル独占領下ノ五ヶ国ニ対スル食糧確保ハ戦ノ勝敗ニモ関スル重要問題ニモ鑑ミ、何ヨリモ喫緊ノ要務ニ属シ、コノ際急ニウクライナノ穀倉ヲ奪取シ、尚出来得ベクバ進ンデコーカサスノ油田ヲモ手ニ入レントスルノ考ヘヨリ、即換言スレバ対英（米）長期戦ヲ前提トシテノ対ソ作戦タルコト明カナリ。然ルニ吾方ガ今ニシテ早急ニ其ノ仲間入ヲ為サズンバ時期ヲ失スルカノ如キ考ヘハ事態ノ核心ニ対スル認識不足ノ愚論ナリ。

(C)、戦争ノ初期ニ於テハ無論独軍ハ破竹ノ勢ヲ以テ連戦連勝、結局モスコー、レニングラードヲモ攻略スルコトナランモ、右ハ独軍ノ成効ノ最大限度ニシテ結局バルチック自治政府、ウクラニヤ自治国或ハモスコーヲ首都トスル別所ノ政権ト云フガ如キ傀儡政権ヲ作リ出スコトナランガ、ソレ位ニテハ屈伏スルスターリン（Iosif V. Stalin）ニ非ズ。

既ニ既往五年計画ニヨリウラル以東ニ重要ナル軍需工業都市ヲモ作リ居ルノミナラズ、万一欧露ヲ永久ニ失フトモ、元来帝政露国ノ被征服国タルコーカサス人タル彼ニトリテハ、格別痛痒ヲ感ズル次第ニモ非サルベク、ウラル以東ノ広大ナル地域ニスターリン王国ヲ打建ツルモ亦男子快心ノ業タルヲ失ハズ、スターリントシテハソレ位ノ意気ハ有シ居ルニ相違ナシ。案スルニ独逸ハ支那事変ニ於ケル日本ノ二ノ舞ヲソ聯ニ於テ演スルモノト考ヘラル。ソレガ対ソ戦ノ最大限度ノ成果ナルベシ。

(D)、帝国外交ノ枢軸ハ三国同盟ト日ソ中立条約ノ二者ナリトハ政府ノ屢次声明セル通リナリ。同盟条約モトヨリ之ヲ尊重セサルベカラズ。中立条約亦等シク之ヲ尊重セサルベカラズ。凡ソ吾ヨリ進ンデ条約違反ノ責ニ坐スルガ如キ行動ニ出ヅルハ外交上大禁物ナリ。ベルギー中立担保条約ヲ指シテ一片ノ反古ナリト放言セル往年ノ独逸首相ノ一言ガ数個軍団ノ撃滅ヨリモ独逸ニ災セル前例モアリ。

(E)、帝国ノ対ソ開戦ハ英米ソノ三国同盟ヲ誘致スヘク、帝国ハ南北海陸双方面ニ於テ三大国相手ノ戦ヲ余儀ナクセラル丶モノト覚悟セサルヘカラス。現ニ南方ニ於ケル対英米作戦ニツイテノ自信モ無ケレバコソ、礼儀ヲ篤ウシテ米国トノ交渉取纏メニ腐心シ居ルコノ際、覿面ニ南北同時ニ三大国相手ノ戦火ヲ招クガ如キ狂暴ノ沙汰ト云ハサルヘカラス。

以上ノ理由ニ依リ外相ノ意見ノ用フベカラザルコト明瞭ナリト信ズ。尚ソ独戦破裂ノ暁ニハ国内一部ノ徒ガ予テ彼等ノ夢想シ居レル対ソ膺懲ノ機会到来トバカリ、アジテーションヲ起スベク、或ハ軍部ノ一角モ之ト呼応シテ世論ヲ煽ルガ如キ事アランモ計リ難キト存ゼラル丶モ、政府ハ之等ノ輩ノ蠢動ハ之ヲ無視シ確固自重ノ態度ヲ保持セラレンコトヲ望ム旨附言セルニ、近衛首相ハソノ点ハ大体懸念ナシ、軍部青年将校中ニハ外相ト同論者モアル様子ナレ共、首脳部ハ今ノトコロ自重説ナリ。尚且（ママ）ツテノ征露論者ト聞エタル荒木（貞夫）大将モ今度ハ自重説ナリト信ゼラル丶理由アリタリト答ラレタリ。

無題

〔脱アルカ〕

一、三国同盟第五条によりロシヤは本同盟適用の範囲外に置かれあり。随つて仮にソ聯がドイツに攻撃を加ふる場合においても帝国は何等赴援の義務を生ぜず、況や今回の場合はドイツが進んで露国に攻撃を加へんとする、いはゆる侵略戦争なるにおいてをや。

二、ドイツはソ聯に向つて何等要求提出等の交渉をなしをらず、また最後通牒すら致さずして、いきなりロシヤを叩きつけんとする計画なるが如し。ドイツは何故かくも無法なるやり口の作戦に出づるかといへば、周知の如く米国は既に開戦一歩手前までの実質的援助を英国に与へつゝあり。結局ドイツは米英聯合の海上封鎖戦下に長期抵抗戦を余儀なくせらるべきをヒトラー《Adolf Hitler》は認識しをり。随つて北はノールウエより南は仏西国境線に至るドイツ占領下の五箇国に対する食糧補給、食糧確保は戦ひの勝敗にも関する重要問題に属するに鑑み、この際急にウクライナの穀倉を奪取し、尚ほ出来得べくんば進んでコーカサスの油田をも手に入れんとするの考へより、即ち換言すれば対英（米）長期戦を前提としての対ソ作戦たること明かなり。然るに我が方がいまにして早急にその仲間入をなさずんば時機を失するが如き考へは事態の核心に対する認識欠如の愚論なり。

三、戦争の初期においては無論独軍は破竹の勢ひを以て、モスコー、レニングラードをも攻略することならんも、右は独軍の成功の最大限度にして、結局バルチック自治政府、ウクライナ自治国、或はモスコーを首都とする別種の政権等といふが如き傀儡政権を作り出すことならんが、それくらゐにては屈服するスターリン《（Iosif V. Stalin）》にあらず。既に既往の五年計画によりウラル以東に重要なる軍需工業都市を作りをれるのみならず、万一欧露を永久に失ふとも、元来帝政露国の非征服国たるコーカサス人たる彼にとりては格別痛痒を感ずる次第にもあらざるべく、ウラル以東の広大なる地域にスターリン王国を打樹つるも亦男子快心の業たるを失はず、スターリンとしてはそれくらゐの意気は有しをるに相違なし。要するにドイツは支那事変における日本の二の舞をロシヤにおいて演ずるものと考へらる。それが対ソ戦の最大限度の果実なるべし。

四、帝国外交の枢軸は三国同盟と日ソ中立条約の二者なりとは政府の累次声明せる通りなり。同盟条約固よりこれを尊重せざるべからず。中立条約亦等しくこれを尊重せざるべからず。凡そ我より進んで条約違反の責に坐するが如き行動に出づるは外交上大禁物なり。ベルギー中立担保条約を指して、スクラップ・オブ・ペーパー、一片の反故なり、と放言せる往年のドイツ首相の一言が、数個軍団の撃滅よりもドイツに禍ひせる前例もあり。

五、帝国の対ソ干渉は直ちに英米ソの三国同盟を誘致すべく、帝国は南北、海陸双方面において三大国相手の戦ひを余儀なくせらるゝものと覚悟せざるべからず。現に南方における対英米作戦についての自信もなければこそ、礼儀を厚うして米国との交渉取纏に腐心しをるこの際、覿面に南北同時に三大国相手の戦禍を招くが如き狂妄の沙汰と言はざるべからず。

以上の理由により外相《（松岡洋右）》の意見の用ふべからざること明瞭なりと信ず。尚ほソ独破裂の暁には、我が国内一部の徒が予ねて彼等の夢想しをれるソ聯膺懲の機会到来とばかりにアジテーションを起すべく、或は軍部の一角もこれと呼応して世論を煽るが如きことあらんも測り難きと存ぜらるゝも、政府もこれらの輩の蠢動はこれを無視、自重の態度を保持せられんことを望む旨を附言せるに、近衛《文麿》首相はその点は大体懸念なし、軍部の青年将校中には外相と同論者もある様子なれども、首脳部はいまのところ自重説なり、尚ほ曽ての征露論者と聞えたる荒木《貞夫》大将も今度は自重説なりと信ぜらる理由ありと応へられたり。

書翰

発翰

1．本多勢津子宛

昭和二十年九月七日付

封筒表：（消印）目黒／20・9・□（不明）／東京都　長野県軽井沢町一、三八一　島田別荘ニテ　本多勢津子殿

封筒裏：封　九月七日　東京市目黒区上目黒七ノ一一〇二（印字）　本多熊太郎（印字）

拝復　引続キ御元気ト存候。別紙充一（本多）よりノ手紙幸便到達候ニ付、お目ニカケ候。追々秋風相催シ候砌、御両人共折角気ヲ付ケラルベク候。東京モ愈々明日ヨリ敵占領軍入り込ミ来ルコトト相成候。草々可祝

九月七日

父より

勢津子どの

昭和二十年十一月十四日付

封筒表：（消印）目黒／20・11・14／東京都　長野県軽井沢町一、三八一　島田別荘　本多勢津子殿

封筒裏：封　十一月十四日　東京都目黒区上目黒七丁目一、一〇二　本多熊太郎（朱印）

寸啓　軽井沢段々冷気相催ウシ疎開ノ東京人モ追々引揚ケ居ル様子、其許モ近ク引揚ケ帰京ノ御心組ノ由尤モト存候。小供ハ至極達者ニテ成長ノ趣何ヨリニ存候。ジヤバの様子ハ新聞紙上散見ノ報導〔道〕ニ依ルニ、土民軍ノ独立騒キニテ「バタビヤ」周辺ニテモ時々銃火ノ声ヲ聞ク様ナレトモ、大体ニ於テ英軍ガ押サヘ居ル趣ニ付キ、充一等日本人ニハ格別危害ノ憂ヘモナキコトト安心致居候。唯輸送ノ都合上イツになつたら本国ニ帰来シ得ルヤ、今ノ所ニテハ一寸見当モ付キ兼ネ候ヘ共、飢餓線一歩手前ノ東京ノ此冬カラ春ヘカケテノ生活ヲ思ヘバ、寧ロジヤバに居ル方ガ差当リ好都合ナルニ非ル歟。情ケナキ次第ナガラ斯クモ観ジ得ル義ニ有之候。何レ御帰京ノ上何カト御話シ可致、母（広江）ヨリモ宜布申出候。

草々可祝

十一月十四日

父より

勢津子殿

2．松岡洋右宛（控）　封筒なし

昭和十六年四月十六日付

拝啓　御出発以来日夜不休ノ御活動ニモ拘ラス何ノ御疲レモナク英気颯爽ノ御帰程想望ノ下欣慰不能措候。

日蘇中立条約ノ成立ハ国民ノ最モ歓迎スル所ニ有之、兄カ渡欧ノ輝シキ御土産トシテ衷心ヨリ御成功ヲ慶祝申上候。

斯ウシタ芽出度凱旋ノ途中ニ近頃以テ面白カラサル事態ニ関シ清懐ヲ奉累候ハ不本意千万ニ有之候ヘトモ、事ノ重要ニ鑑ミ又御帰京ノ上ハ当然兄ノ御処理ニ俟ツ当面ノ要務タルニ鑑ミ、予メ兄ノ肚ヲ極メテ頂キ、着京ト同時ニ明快ナル御処断ヲ仰キ候事、為邦家将又乍失礼兄御自身ノ御為メニモ可然ト存候ニ付、宮崎（章）書記官ヲ差遣シ候間、御怱忙中特ニ一二時間ヲ御割愛相成リ、小生ノ云ハント欲スル処同官ヨリ御聴取相煩度、問題ハ㈠外政機構問題、㈡汪精衛渡日ノ希望申出ノ件、㈢国民政府行詰リノ現状、以上ノ三ツニ有之。小生直話ノ代リニ覚書体ニ筆録シタルモノヲ先ツ宮崎ヨリ老兄ニ読ミ上ケタル後手交可致様命令致置候間、其御含ミニテ宮崎ノ朗読御聴キ被下候様致度、左スレハ会談ノ時間モ大イニ経済的ニナリ得ルコトト存シ、右ノ方法ニテ使命伝達方同官ニ内命シ置キタル次第ニ候。筆録以外口頭補述ノ点モ一二可有之、御聴取願上候。先ハ右要件得貴意旁重ネテ光輝アル御帰程ヲ祝シ、為邦家一層ノ御加餐又御自重ヲ奉祈候。

草々不一

四月十六日

本多熊太郎

松岡仁兄

坐下

3．山本熊一宛

昭和十六年四月四日付　封筒なし

（欄外朱印）秘

山本東亜局長宛内状写

逕啓　日高（信六郎）公使昨三日夕帰来、機構問題ニ関シ御伝達ノ御意向承悉一先ツ安心致候。此上トモ御抜カリナク御善処相成リ、大臣（松岡洋右）ノ帰京ヲ俟タルル様冀上候。万一此場合協議中止ヲ言明難相成事情ニテモ有之候ハハ、適宜遷延策ヲ執ラレ案ノ全面ニ対シ保留的態度ヲ以テ一貫セラレ候様致度御工夫願上候。尚又事霞ケ関ノ存亡ニ関スル否明治以来ノ国是ノ破壊ヲモ一歩ヲ誤レハ招来スヘキ場合ニモ有之候ニ付、本省幹部一致結束ハ勿論又少クトモ在支重要総領事ニハ十分現場ノ情勢ニ即セル意見開申ノ機会ヲ与ヘラレ、事ノ成行カ如何ニ落着クニセヨ、凡テ霞ケ関ノ総意ノ表現トシテ行ハレ候様ノ御方略ニ出テラルルコト尤〔最〕モ望マシク、衆智ヲ集メ衆智ヲ結束シテ以テ強敵ニ当ルハ此際ノ吃緊事ナル可ト存候。此点ハ外相其人ノ為メヲ思フニ於テモ断シテ忽セニスヘカラサル義トシテ、乍僭越松岡フワン否松岡友人団ノ年長者ノ一人トシテ蛇足ヲ加エ置候。欠礼ノ段ハ千万御諒宥ヲ祈候。右日高氏ヘノ伝言御請旁所思申進候儘。不一

四月四日　　本多熊太郎

山本老兄　硯北

追而小生モ松岡君帰京ノ頃ニハ上京可致様先ニ大橋（忠一）次官宛内電ニ申添置候処、外相帰京匇々繁劇ノ極ヲ察シ、外相身辺ノ少シク閑ナルヲ俟テ緩々上京致スコトニ可仕、先ツ五月上旬或ハ中旬頃ト可相成候。追白

国立国会図書館憲政資料室所蔵

4．安達峰一郎宛

大正十年五月十二日付　封筒なし　（『安達峰一郎関係文書』（R27）584—7）

五月十二日　　本多熊太郎

安達老台史席

敬啓　其後御疎音申上候処、時下御両処弥御壮康被為入奉欣賀候。扨、今回転任ニ付キ早速慇懃之御祝電ヲ蒙リ御芳情感謝ニ不勝、厚ク御礼申上候。右ニ就テハ軍縮委員会ノ方甚た無理ナル御配慮相願、恐縮致居候ト同時ニ事情不得已次第幸ニ御仁諒ノ上可成早目ニ代理者御指示ヲ蒙リ得ル様奉悃冀候。併し余計ナル差出口乍ラ書記官級ノ代理者ナラバ（前回ニハ巴里より三枝書記官ヲ指定シ来リ、遂ニ已ムナク小生自身出馬トナリタルコトハ御承知ノ御儀ト存候）、寧ロ始メより出サヌニ若クハナク、殊ニ御熟知ニモ被為入候通リ、次回ノ会議ハ前回ノ引続トシテ愈々英（否寧ろロバートセシル《Lord Robert Cecil》）仏テーズノ真剣的抗争ニ可相成、若し小生ノ卑見ヲ述フルヲ得バ我方ハ寧ロ出席ヲ避ケ置ク方好都合トモ存居候儀ニ有之候。従テ代理人選自然御困難ノ場合ニハ、小生より今回ハ病気ニテ出席不能ノ旨ヲ聯盟本部当局ニ電告シ、同時ニ会議書類丈ケハ維納宛二部位郵送シ呉ルル様依頼スルコト或ハ却テ妙案カトモ被存候。但シ之ハ極メテ眼界狭キ小生自身ノ心付ヲ単ニ御参考ノ一端マデ申上候ニ不過、其段ハ別ケテ御含置願置候。

石井《菊次郎》大使モ已ニ帰任ノ途中ト存候。何時頃着巴ノ予定ナリヤ、何等御耳《ママ》及モアラセラレズ候ヤ。小生モ巴里トハ新任地ニ於ケル職務上特殊ノ干係ヲ有スルコトト相成候ニ付、赴任前一応石井子訪問打合モ致度希望ヲ有スルモ、目下ユーゴスラヴとの通商条約談判中ニテ、出来得ベクバ此方取片付ケノ上離任シ度考ニ有之。従テ巴里訪問ナドハ先ツ不可能？ト被存候。先ハ不取敢祝電拝謝旁如此。乍末令夫人《安達かね》御前ニ別ケテ御鶴声願上候。艸々不宣

安達大使閣下御坐右　本多熊太郎拝

大正十一年一月十五日付　封筒なし　（『安達峰一郎関係文書』（R27）584―1）

十一年一月十五日

尊翰拝承、其後申訳ナキ御無沙汰申上居候処、御清康御越年何より候儀ト奉拝賀候。戦後外政局面拡大ト共ニ、始終御繁忙東西席暖ルニ遑ナき之御状況御苦労拝察ト同時ニ、邦家ノ為メ多年之御蘊蓄ト御練達ヲ発揮セラルルノ時機ニ至ラレ候事、公私両情欣喜此事ニ御坐候。小生義モ着任以来、大体瓦全、端ナク亡国ノ廃墟ニ荒涼タル新年ヲ迎ヘ、感慨転だ切なるもの有之候。館務ハ館員諸子幸ニ勉強致呉候まゝ、小生ハ随意読書、悠遊閑居ヲ楽み居申候。公館買（借）入屢々蹉跌、今以テホテル生活ヲ続ケ居リ、内外各面社交上ニ甚た不自由致居候。従テ外交団中重ナル同僚諸使以外未だ知友モ出来不申、メンスドルフ伯ニモ知面ノ機ヲ得居ラサル次第ニ候ヘドモ、自然其内邂逅ノ折モ可有之、其ノ際ハ御来意相伝へ可申候。亡国ノ悲況日夕目ニ新ナルヲ看ルニ付ケ、国民ノ政治的自覚促進ニヨリ意義アル国政ヲ「イノギユレート」スルノ要、帝国ノ為メニモ切実其要アルヲ痛感致居候。森（新一）領事モ在欧十五年、一度ハ日本留学ノ要、本人モ相認メ居候まゝ、本省ニ稟請ノ結果、数月内ニ出発、賜暇帰朝可為致予定ニ相成居候。

先ハ右貴酬如斯。乍末令夫人御前へ小生夫妻の敬意御進致願上候。

匆々不備

大正十二年十二月十六日付　封筒なし　（『安達峰一郎関係文書』（R27）584—11）

二白　於墺都　本多熊太郎

安達老台侍史

朶雲拝展、爾来乍存御無沙汰申上居候処、益御壮剛御鞅掌為邦家欣喜此事ニ御坐候。此度伯林転任ニ関シ、早速

慇懃之御来詞ヲ玉ハリ、奉深謝候。独逸政府アグレマン已ニ去八日相取レ申候ニ付、其内発令可有之、来月中ニハ赴任ノ運ニ至ルベクト存候。新任国乗込之上ハ、貴任国トハ尤モ関渉有之候事故、向後一層ノ御指教偏ニ冀願仕候。墺国より土国、土国より独逸ト終始敗亡国等へノ形、之も何等かの宿縁と存居候。

乍末令夫人御前へ別ケテ表敬申上度、先ハ右貴酬旁奉祈時安。

十二月十六日　　草々頓首

大正〔十三カ〕年八月一日付　封筒なし　（『安達峰一郎関係文書』（R27）584―6）

朶雲欣誦、益御清穆奉大賀候。其後ハ当方ヨリコソ御無沙汰、申訳次第モ無之存居候処、月半バニハ当地ニテ拝鳳ノ機会ヲ得ベクトノ事、欣慰不過之僂指御俟申上候。旅程御決定次第、一両日前ニ御電知相煩度、ホテル等用意為致置可申候。

英京会議モ幾度カ停頓堂ヤラビツコ引キ乍ラ落着ノ彼岸ニ向ヒツヽアル模様金ガカノ世の中、一流政治家連ノ小田原評定モ金貸屋ノ一喝ニ制セラルルノ状、已ムヲ得サルノ世相トハ乍申、笑止至極に存候。ヒユース(Charles E. Hughes)国務卿愈々来伯ノ由にて、月曜日米大使(Alanson B. Houghton)より午餐に招待参リ候。同夜、朝香宮(鳩彦王、允子内親王)両殿下御着、五日間バカリ御滞泊、御観光ノ筈、何カト館内取込中に候。

先ハ右貴酬旁奉祈時安。乍末令夫人御前へ小生共ノ敬意ヲ御進献願上候。

八月一日　　草々不尽

本多熊太郎

安達老台史席

大正十三年十一月十三・十四日付　封筒なし（『安達峰一郎関係文書』（R27）584—8）

乞《（異筆）》返　十一月十三日

本多熊太郎

安達老台梧下

過日ハ恵翰辱誦、弥々御清壮之状ヲ悉クシ、欣慰此事ニ候。当方通商々議モドウヤラ来週より開議ニ至リ左右ニ有之、数月来本省に稟請ノ伊藤《（述史）》書記官補佐出張之件モ漸ク物ニ相成リ、先週末着伯、目下商議準備ニ必死勉強致呉居候。実ハ同官当地へ呼寄セノ儀、客臘已ニ老台より御勧告有之、小生モ時機ヲ俟チ居候内、大野《（守衛）》参事官小生留守中ノ失態ノため帰朝又ハ転任セシムルノ余儀ナキニ至リタルニ付、差当リ参事官代理トシテ伊藤ヲ差向ケ方電稟、爾来数次督促ヲ重ね居ルモ、例ノ本省流にて半歳ノ久シキヲ経テ今猶左右何レトモ確タル返事無之候。尤条約談判補佐丈ケハ漸ク小生ノ稟請ヲ容レタル次第ニ有之。お蔭にて小生モ大に肩カ軽ルク相成リ仕合致居候間、其身上ニ就テハ年来老兄ニモ御関語《（ママ）》ヲ垂レ居ラレ候事故、右貴聴ニ達し候事ニ御座候。

条約談判モ本省ノ無理解不用意プラス独逸外務省ノ対内的無力ノため、案外進捗六ケ敷カルベク、早クモ本年一杯ハ相懸カヽルベキ見込に候。川島少年子ノ訓令に瀕使さるゝ大使ノ身ノ上こそ哀レノ物ト存候。在米大使今に極マラサル様子、先以テ失態ト存候。乍去此際在米大使ヲ受任スルモノハ㈠余程ノ傑物カ、㈡余程ノ献身的特志《（ママ）》家カ、但シハ㈢余程ノ馬鹿者否お芽出度人物カノ三種其一ヲ出テサルベク、人選遷延モ無理カラヌ訳ト愚考致候事に候。呵々。自然其辺珍耳モアラバ御泄らし被下度候。先ハ右貴酬旁奉祈時安。令夫人御前へ宜布御鶴声願入

候。草々不宣

拝啓　昨日拙信書キ泄ラシ候まゝ寸楮追呈一寸お伺致度候ノ儀御座候。客年震災ニ際し救護品寄贈等骨折呉レ候各国官私有力者ニハ自然贈勲等ノ認証ヲ与ヘ可然哉ニ愚考致候処、貴任国関係ニ於テ老台より右様叙勲申立テ相成候向キモ有之候ヤ。若し然ラバ右ニ対シテハ已ニ政府より相当贈勲等ノ運ニ至リ居候ヤ否、其他此点ニ付キ参考トナルベキ点御寸暇ヲ以テ御内示相仰度、御多忙中勝手ノ儀、乍恐縮右御願旁奉祈時安候。草々頓首

十一月十四日　本多熊太郎

安達老台

史席

大正十三年十二月十日付　封筒なし　（『安達峰一郎関係文書』（R27）584—10）

十二月十日於伯林　本多熊太郎

安達老台侍曹

暫ク御無沙汰申上居リ候処、引続キ御壮栄御揃為在入《（ママ）》候事ト欣喜罷在候。当方幸ニ瓦全、乍末御休慮願上候。条約談判モ双方ノ話合により、伊藤子ト先方条約局諸長トヲ以テ委員会ヲ組織シ、先週来我提出案全部ニ渉リ予備討議続行中、已ニ若干纏リタル条文モ有之、今週末ニハ商議全体ノ運命モ明ト可相成見込ニ候。伊藤氏ノ博識ト

討論力ニハ独逸側モ舌ヲ捲キ居ル様子、大ニ心強ク相感居候事ニ候。御蔭にて小子ハ殆ド諸事安閑ノ有様、御一笑可被下候。

在米大使モ弥々松平《（恒雄）》と一決ノ噂アリ、蓋シ事実ナラント存候。釣合上より云ヘバ如何歟トハ思ハルルモ、此際ノ人選トシテハ、蓋シ上出来ニアラサル乎ト愚考仕候。同ジク電波通信ニ老台栄遷ノ件モアリ、当然ノ次第乍ラ其実現ヲ欣然待望ニ不堪。林《（権助）》男ハ辞意電申済ノ旨荊妻《（本多りき）》ヘモ御咄有之候趣、目下在英中ノ荊妻通信ノ端ニモ相見ヘ居候。左スレバ後任ハ当然石井子ト存セラレ候事ニ候。

ドラ、フロイエ伯已ニ在伊大使ニ任セラレ居ルモ、条約談判片付キタル上赴任トノ政府ノ希望ノよし、併し条約談判ハ果しテ年内ニ終結スルヤ否見込モ立タズト、過日来訪ノ際、コボシ居ラレ候。

先ハ右御左右伺旁寸楮拝呈仕度、乍末令夫人ヘ宜布御鶴声願上候。

草々頓首

十二月十日於伯林《（ママ）》使館認

大正〔十四〕年二月一日付　（『安達峰一郎関係文書』（R27）584—3）

封筒表：（消印）BERLIN N W／2.2.25.2-3／□《（不鮮明）》　Personnele　AMBASSADE DU JAPON BERLIN　Son Excellence　M. le Dr.
Adatci　Ambassadeur du Japon　1 Boulevard Miltaire　Bruxelles　安達大使閣下　親展

封筒裏：記載なし

一月三日

安達老台侍曹

本多生

謹賀新年

早速賀詞恵投ヲ蒙リ恐縮至ニ候。御揃ヒ御壮栄御超年忭賀ニ不堪、衷心より多幸ナル新歳ヲ禱上候。

日白条約モ愈々来春発効ニ至リ候次第、御苦辛当然ノ酬成リ喜上候。ユーゴ条約ニ就テハ双方首相、外相、商議委員、各省幇助館員、両外務省次官以下、本省関係官等、併セ十個ヅヽ相当贈勲一ノ事ニ調印当時打合有之、目下其推叙勲章交渉中ナルガ、巴爾幹ノ田舎豪傑連中々大ソレタ高勲ヲ貪リタガリ一寸手古ズリ居候。

チエツク条約ハ未タ調印ニ至ラズ、多分菊池（義郎）新公使ノ手ニテ調印ト相成ベクト存候。

日独条約ハ染料差別待遇ガ難関トナリ一先ツ停頓、一月十日以後ハ当然一応無条約干係ニ陥ルベク候。此難関ノ事ハ小生去九月以来累次本省ニ注意シ、予メ先方当然ノ逆襲ヲ受クベキ弱点是正ノ方商議ニ入ルノ方策切々偲々本省ニ警告致シタルモ、本省ノ小僧大家連馬耳東風、丸デ打テ合ハズ、遂ニ予想ノ通リ船ガ暗礁ニ否明礁に打突カリタル事ニ有之、其打突カリテカラ三週間後ノ今日、尚善後策モ立テズニ小生ノ方ハ他ノ総テノ条文ハ殆ド皆纏マリ乍ラ、此一事ノタメ商議ノ進メ様モナキ窮境ニ居ル次第ナリ。扨テ今ノ本省ノ遣口ニテハ一月十日マデニ条約モ暫定取極メモ無論出来サウモナシト想像ス。其場合ニハ如何ニ措置シ可然乎ト是亦数日前注意旁請訓シ置キタルモ、何レ当分梨ノ礫デ返訓モ来ラサル事ナラム、困入居候。

伊藤子ハ館務援助出張ト云フ事ニテ未タ転任ノ沙汰無之候。長岡（春一）不在代理者ノ必要モアリ、当分当地ハ転任六ケシカルベク、何レ例ノ本省流ニテ通商々議終了後ハ参事官欠員ノマヽ遷延？或ハ又無能有害ノ「プロヂヤーマン」でも舞込マセル事ト存居候。

ハロー氏ノ件誠ニ結構ニ存候。御序ノ節、小生祝意御伝ヘ置願上候。

乍末令夫人へ御鶴声願上候。荊妻ハ十一月末以来英国ニ出遊、今尚滞英中、自然御〔無脱カ〕沙汰申上居候。草々

本多熊太郎

二月一日

安達老台侍史　三日夜六会（異筆）

（別信カ）

其後御無沙汰申上居候処、御両処御変リモナク被為入候御事ト奉欣喜候。当冬ハ稀れに見るノ温寒甚た仕合ニ存候。貴地モ御同様ト奉存候。目下シーズンの盛りにて、隔日位ニヤレお茶だ、ヤレ「ヂナア」と引出サレ居候。明後三日第一回ノ晩餐会ニ引続キ、約三百五十名程ノ夜会相催し、次デ十日に第二回ノヂナア、夫レカラ三月中ニ今一回ヂナア、夫レヨリ先キハ周囲ノ雲行次第ナレドモ、何レ四月頃ニ今一回夜会又ハ昼間ノアトホームと晩餐ハ免レサル事ナラン。共和制以来大国大使館ガ宮廷ノ代理ヲ致居ル有様ノ当地にては、大使ノ「ソシヤル、ヲブリゲーシヨン」相当ニ重ク、必スシモ楽ニハ無之候。

林男帰朝ノ事、主義上政府ニ於テモ決定ノ模様、本件「イニシアーチヴ」ハ林翁より出テ、而モ男ノ辞意甚牢固タルモノアリ。実現ノ時機ハ後任者ノ決定次第、又其後任ガ何レヨリ行ク乎ニ依ルベシ。稍ヤ信憑セラルベキ筋ノ咄ノ如ク石井大使トセバ、今月中ニモ更迭実現ニ非ル乎ト存候。何レニ致セ、松井（慶四郎）男ト石井子ノ外世間ガ承知シサウナ候補者ナキ事故、此二人ノ内ト思ヘバ間違ナシト存候。

軍縮条約成立、蓋しヒユース退職ノ公表以来急転しタルモノヽ如ク見受ケラルル処、露国ノ意志ハ米国ヲ動カスノ槓杆ニ用ヒタルコト「イスヴスチヤ」ノ「コムメント」並ニ「チチエリン」ノ「イントルビユー」によりても明也。斯ル露紙ノ記事ハ当地ニテ一番先キニ相分カリ候事故、当リ前ナレバ、打電スベキナレ共、意外ノ成効ニ

本省有頂天ノ此際、頭上ヨリ冷水ヲ注《ソヽ》グガ如キ皮肉に取ラルルモ不妙、旁沈々黙々寧関諸子ノ欣舞雀躍ニ一任致居候。何レ数月内ニハ諸子モ「ハハア、ソウ?」ト思ヒ当ル事的〔覿〕面ナリ。

通商々議例ノ染料差別待遇ニテ不相変行悩み、此事ハ事前より小生ノ予告警告ヲ重ねし事故、今更本省ト議論でもなし、先ツ〳〵伊藤ト本省ノ自称俊材連ノ好イ取組ミと小生ノ冷然観望中ニ御坐候。

在露大使ハ多分一応落合（謙太郎）氏ニ持込ムベク、同氏健康上ノ理由でも称ヘ（利口ナレバ然カスベシ）断ハリタルトキハ、小幡（酉吉）に廻ハル事ト存候。貴見如何。

アロー総領事先日来伯、久振にテ面会、陞任ノ件大満足ニ見受ケ候。先ツ結構ナリシ事と存候。

先ハ右御伺旁乍末令夫人に宜布御芳声奉願候。草々拝具

大正十四年二月十九日付　（『安達峰一郎関係文書』（R27）584—2）

封筒表：（消印）BERLIN N W／19.2.25／10-11 N／40　Privié　AMBASSADE DU JAPON　BERLIN　Son Excellence　M. le dr Adatci　Ambassadeur du Japon　Bruxelles　1 Boulevard Miltaire　安達大使閣下　必親展

封筒裏：記載なし

敬復　早速ノ貴酬辱ク拝閲仕候。伊藤氏来書ノ節ハ、何分程克ク而モ剴切ニ御訓諭奉願上候。小生モ昨日別用寄信ノ折、夫人同伴ハ各般ノ見地より是非共望マシク、此際夫人同伴ノ為メノ都合トアラバ、当方ハ暫ク不自由ヲ忍びても何トカ工夫可致ニ付、一日ヲ急ギ赴任に及バズ、夫人側ノ都合ノ儘、赴任期相定メ可然旨申送置候。先ツ夫人同伴ノ第一プラクチカルの弁法ト思考致居候。

次ニ御尋越ノ条約干〔関〕係者推賞ノ件、実ハ相手ガ巴爾幹ノ新興国ニモアリ、且ツハ老台トハ異ナリ、小生ノ場合ニハ、小生自身ノ謎《ナゾ》ヲ掛クル様誤解サルル虞モ有之候まゝ、ユーゴ条約ニ関シテハ、別に関係館員功労者叙勲ノ申立テハ致サヾリシ次第に候。乍去日白条約ノ場合ハ、㈠謂ハヾ十又三年前ノ小村（寿太郎）条約改正談判以来ノ難題解決ニ有之、而モ当時ハ小国対手ノ条約訂正ニ関シテモ夫々叙勲アリタル義ナル上ニ、㈡老台自身ハ直接叙勲問題ニハ何等ノ利害ヲ有セラレサルニ鑑ミ（桐花章ハ慣例上、先ツ問題ニハナル問敷故）、単ニ館員功労者ノ認証ニ止マル次第ニ付、之ヲ申立テラルルニ何等遠慮セラルベキ理由モ事情モ無之哉ニ愚考被致候付キ、一ツ試ミニ御建言相成テハ如何歟ト被存候。右ハ甚た差出ケ間敷申分乍ラ、本件ハ当地ノ日独通商々議、又英仏伊等トノ通商々議ノ場合ノ先例ニモ相成候コト故、是非一ツ御奮発先蹤ヲ着ケラレ候コトニ願上度候。

先ハ右要件ノミ拝答旁奉祈台安。

草々頓首

二月十九日

本多熊太郎

安達老台

内啓

林翁後任ノ件、何等消息無之、併シ小生モ多分松井男位ニ落付クコトト想像致居候。

露国ハ佐藤（尚武）公使差向キ出張ノ旨本省ヨリ来電有之候。

大正〔十四〕年三月二十四日付　（『安達峰一郎関係文書』（R27）584—4）

封筒表：（消印）□（難読）／□（難読）／40　Personnelle　AMBASSADE DU JAPON BERLIN　□（難読）　Honda Son Excellence　M. le Dr. Adatci
Ambassadeur du Japon Bruxelles Boulevard Miltaire 1　安達大使閣下　私必親展

封筒裏：封蠟

三月二十四日於伯林
二十六日朝八時　本多熊太郎

安達老台史席

暫ク御無沙汰申上居候。余寒モ逐々易凌相成候折柄、御両処益御清安被為入候事と喜上候。近頃ハ又「セキュリチー」問題の蒸返へしにて世間五月蝿ク候処、火元ノ伯林に居リ乍ラ頓斗本問題報告モ出サズ、ドウ云フ訳カトノ御疑惑モ可有之候へども、主要関係国ニ横綱連ガ控ヘ居ラルル以上、謹ンデ電報料節約ノ本省訓旨ヲ奉体スルガよしとの考に外ナラズ候。

扨、之ハ極秘ノ御報乍ラ林男引退後ノ事ニ就キ客年暮以来珍田（捨巳）老伯ト往復ノ次第モアリタル処、去十九日同伯より「秩父宮（雍仁親王）殿下？御来英？御輔導役林男ニ内定セリ。同男ヘハ外務省ヨリ内報スベキニ付、是非承諾スル様勧告切望ス」トノ意味ノ私電到着ニ付、早速同男ヘ右勧告ノ私電並ニ小生ノ関知スル限リノ経緯書面ニテ男ニ申送置候。何レ昨今本省より同男ヘ右廟議決定ノ次第電示アリタルナラムト被存候。之ニテ男ノ前途モ一応相極マリ外交界耆宿トシテノ有終済美モ出来得ル次第御同慶ニ御座候。若し一木（喜徳郎）氏宮相ニ就任決定ト共ニ其跡釜ニ座シテモ相当ノ威信貫目アル仁ヲ要スルコトトナリ、珍田伯ノ斡旋其果ヲ結ヒタルモノト想像被致候。小生トシテハ何卒〳〵林男に於テ快然受諾セラレムコトヲ切望スルノミ。同男宛拙信ニモ其微意切々偲々致置候。

然ル処今朝巴里より転電ノ本国政局情報によれバ、内閣ハ研究会ノ反噬にて一大危地に陥リ居ル模様、夫レニ前述宮中ノ御詮議に促サレ、急ニ在英大使更迭ヲ速行ヲ余儀ナクセラレタルコトニモ有之。幣原（喜重郎）モチヨト面喰ヒ（政局危機トノ二重理由にて）、今以テ林男ニ打電ノ運ニ至ラサルニ非ル乎ト気遣ハル。小生ノ林男宛打電及呈書以来已ニ五日ヲ経過セルモ、同男よりハ今以テ何等消息無之候。但し「ノー、ニユース」即チ「グウド、ニユース」にて男モ台命一下即諾ト意向ヲ定メラレタルモノナラムト安心仕居候。

何レニ致セ之ヲ機トシテ兼テ世上ノ問題タル大使連ノ移動モ四月中ニハ行ハルルコトナラムト存候。但し内閣頓死ノ場合ニハ是非自然遷移可致乎。今度貴院トノ衝突如何ニ落着スルニセヨ、内閣ハ最早ヤ致命的負傷ニシテ、加藤（高明）首相ノ落第ハ不可争事実ト「エタブリル」サルルベク、政局ノ変転ハ案外速ニ到来スベキ様愚考被致候。

先ハ右御近状御伺旁如此に候。折角為邦御自愛相禱候。草々不一

二申、本文林大使ノ件何卒当分老兄限リノ御内含に願上候。伊藤マヅ謹直ニヤリ居リ候。妻君モ不遠来伯ノ模様に候。

大正〔十四〕年四月二十八日付　封筒なし　（『安達峰一郎関係文書』（R27）584―5）

敬啓

三十一日朝（異筆）

暫ク御無沙汰中上候処、御揃ヒ御壮健被為亘候御儀ト奉賀候。小生共モ幸ニ瓦礫目下セーゾンの終期ニ際し茲旬日位ノ間連夜ノ応酬ニ忙殺ツク〴〵外交官生活ノ疲倦ヲ感セスンバアラズ。御地モ御同様ニ存上候。

扨、林大使ノ件モ過日同大使よりノ来信に弥々去一日電命到達、既ニ宮内大臣（一木喜徳郎）より皇后陛下（貞明皇后）・摂政宮殿下（皇太子裕仁親王）へ上聞済ノ事故、是非承諾ヲトノコトにて、此上ハ拝辞ノ余地もナキ故、謹ンテ御請致タリトノコトニ有之。尚、殿下

奉迎ノ後八月一日出発離任、滞京一ヶ月位ニテ直チニ英京ニ引還へし年末より殿下ニ奉仕ノ事ニ東京ノ同意ヲ得ラレタル趣ニテ、皇后陛下にも御満足ノ御沙汰アリタル由ニ候。但し例により此事ハ当分未タ内密ノ議ト存候間、其御含に願上候。

後任ハ今尚未定ノ模様ニ候。石井子ヘハ客年末交渉アリタルモ、同子ハ断ハリタル趣、是亦林男ノ書中ニ相見え候。在露、在支、大使サヘ今以テ荏苒不定ノ様子故、在英大使ノ補任ノ如キハ先ツ早クモ秋冬ノ頃ナルベク、人事行政ノ不敏活ハ霞関ノ不可療的病魔と相見え申候也。

愈々ヒンデンブルグ（Paul v. Hindenburg）大統領と申ス事ニ相成リ、独逸ノ地金露骨ニ発揮セラレタル今日、例ノ英内閣ノペツト、ポリチツクたる保証協約モ堂（ママ）ナル事ヤラ、始メカラ物に成り左右モナク小生ニハ感セラレ居タルガ、弥々影ガ薄ク相成候様感セラルル次第ニ御座候。

新白公使過日来訪、今夕又拙邸ノ「ヂネー」に招キ置候。前任者ニ比し少シク支那ヅレシ居ルヤニ印象セラレ候。

先ハ右御無音御詫旁奉祈時安候。

草々頓首

四月廿八日　林（異筆）伊藤

本多熊太郎

安達老台

追テ小弟墺国赴任以来已ニ四閲（ママ）年ニ付、通商々議何トカ結着ノ上ハ欧洲ノ時局発展次第ニテチヨト賜暇帰朝仕度、先頃其旨本省ニ申進置候。唯今ノ処先ツハ九月頃出発ノ考に候。但し此の事ハ当分御含ニ願上候。

大正〔十四〕年八月十日付　封筒なし　（『安達峰一郎関係文書』（R27）584—9）

八月十日

安達老台梧下　　本多熊太郎

十二（異筆）日朝

啓上

海牙よりノ芳箋難有拝誦、爾来益御壮剛被為入、何よりノ儀に奉存候。小生不相変碌原、併し追々帰朝出発期ノ切迫ト共ニ何となく心忙ハ敷相感来候。通商々議モ本省ノ無頓着？又ハ審〔深〕思熟慮ニ念ガ入リ過ギルノ？何レニ致セ染料問題にて去一月中確然停頓以来、再三再四ノ電稟ニ対し何ノ回答モ無之、又当時独逸側より非公式ニ提出シタル極メテ謙譲的（少クトモ「トウン」ニ於テ）ノ妥洽案ニ対シテモ、「アキユゼー、レセプシヨン」スラ致サズ、随分相手ヲ馬鹿にしたる遣口ニ候。於是独逸側ハ新関税法案（今週中通過ノ見込）ニ於テウント日本主要品ニ増率ヲ擬シ、以テ我レニ対スル「プレツシヨン」ヲ加ヘントシツヽアリ。右法律ハ十月一日ヨリ実施ノ筈。是等ノ新事情ニ対シ、五月以来数次電申注意ヲ喚起シタルモ、是亦一言ノ回訓スラナシ。小生トシテハ此上如何トモ致方ナク、見ル〳〵対独輸入貿易ノ半滅（ママ）（少クトモ）ヲ目前ニ見ナガラ、空シク手ヲ束ねテ鶏朝スルノ外ナク、甚た以テ遺憾至極ニ候。

伊藤八日巴里より帰任、十月ニハ海牙工業所有権会議ニ委員トシテ参列ノ筈。小生ハ出発、伊藤ハ留守トスレバ、少クトモ十月海牙会議進行中ハ在独大使館ハ閉店同様云々、本省ハ一向無頓着ノ様子ナリ。

尚、小生ハ九月二十日過ギ出発、伊国或ハ南仏ニ少日子ヲ悠遊し、十月初メノ榛名丸にて帰朝ノ筈に候。自然其以前拝眉ノ機ヲ得難相ナリ。折角為邦家御自愛奉禱候。尚、令夫人御前ニ小生共両人ノ敬意ヲ捧ケ度。草々不宣

5．鮎川義介宛

昭和〔十三〕年二月二十日付　（『鮎川義介関係文書』（Microfish）141.126　戦前年次別書翰）

封筒表：（消印）目黒／□（不鮮明） 麹町区三番町六ノ一八 鮎川義介様 台啓 〔昭和16・3・21「物の見方考え方」のお礼〕付箋異筆

封筒裏：封 目黒区上目黒七ノ一、一〇二 本多熊太郎

敬復 時下愈々御壮剛奉忭賀候。陳者御高著「物ノ見方、考ヘ方」一本貴意ニカケサセラレ、特ニ御持タセ相蒙リ感荷ノ至ニ候。予テヨリ一読致度存居候コト故、早速敬繙、教益ヲ享クル処不少、厚く御礼申上候。尚、満洲重工業問題ニ関スル講述筆記印刷出来候ニ付、茲ニ御電覧ヲ邀ヘ度、之ト同時ニ事変開始以来ノ拙講速記二部序ヲ以テ附送致置候儘、御寸暇御一瞥ノ栄ヲ得バ、幸甚ニ存シ申スベク、先ハ右御挨拶旁奉禱時安候。

草々頓首

二月二十日

本多熊太郎

鮎川義介様

侍曹

6．石川安次郎宛

明治〔三十四～四十四〕年十二月十九日付 （『石川安次郎関係文書』（R25）5―10―123）

封筒表：石川大人

封筒裏：〆 本多熊太郎

拝啓
在米埴原（正直）書記官来遊ヲ機トシ、来ル廿三日午後七時、於拙寓粗餐差上度候間、御光来被下度、此段得貴意候。敬具

十二月十九日　　本多熊太郎

石川安次郎殿
　侍史

7．小川平吉宛

昭和十五年六月二十一日付（『小川平吉関係文書』（R2）57）

封筒表：相州平塚市花水庵　小川平吉様　御祝詞
封筒裏：封　旅行中　本多熊太郎　伊勢山田市大世古町　戸田家　□（不鮮明）田□（不鮮明）郎方　□（不鮮明）電話二五番　別邸　五五番

神都ヨリ遥ニ御喜ビ申上グ。

亜細亜ニ於ケル二大帝国（英、仏）ノ崩壊テフ新事態ニ即応シ、所謂支那事変処理ハ急速再検討再出発ヲ要スルコト御同感ト存ス。御賢慮ヲ乞フ。僕一昨夜名古屋公会堂ニテ五千ノ聴衆ニ之ヲ説キ、明二十二日又大阪市公会堂ニ講説セントス。国民ハ斯ル意味ノ東亜新秩序建設ノ為メナラバ如何ナル困苦犠牲ヲモ甘受スベキハ疑ヒナシ。二十七八日頃帰京、機ヲ見テ拝晤ヲ期ス。為邦折角御加餐ヲ祈ル。旅中新聞ヲ観テ不取敢一応ノ御喜ビ申上グ。

六月二十一日於山田

草々不悉

本多熊太郎

小川老台

史席

8．川上俊彦宛

明治〔四十二カ〕年十月二十日付　（『川上俊彦関係文書』（R６）書翰の部76）

封筒表：哈爾賓　川上総領事殿　托石川半山（安次郎）氏

封筒裏：〆　北京　本多熊太郎

拝啓　益御勇健御鞅掌之御儀奉賀候。陳者、此度報知新聞当地特派員石川半山氏貴方面ニ一遊相成候ニ付、諸事御好意ヲ被垂候様致度、同氏ノ文名ハ老兄ニモ夙ニ御稔耳ノ通ニ有之、予テ南北満洲視察ノ希望ヲ有シ居ラレタル処、此度日露両国ノ大星、中星ナド貴地ニ落合ヒ候トカノ世評ニ動カサレ、本社ヨリ出張ノ電命ニ接シタリトノ事ニ御座候。其ンナ事ハ如何ニテモ宜敷候ヘ共、兎ニ角北満ノ近況、却説ハ大和民族今後ノ活動上ニ関スル新見識ナド、半山氏檄大ノ筆ニヨリ江湖ニ伝ヘラレ候事ハ誠ニ望ま敷義ト致□（難読）考候ニ付、御取込ノ際恐縮ニ候へとも、御懇篤御接遇ノ上、御教示ヲ垂レラレ候様、別テ奉願上候。

先ハ本人紹介旁如此。北地寒凍甚早、為邦千万自重是祈候。

書翰

草々拝具

十月二十日

本多熊太郎

拝

川上老契

侍曹

9．関屋貞三郎宛

昭和十五年十二月六日付（『関屋貞三郎関係文書』（複製版）第七十八冊―1017）

封筒表：（消印）京橋／15・12・6／后4―8　（消印）麹町／15・12・6／后□（不鮮明）　麹町区紀尾井町三　関屋貞三郎様　御

親展　速達（鉛筆書き）　速達（印）

封筒裏：封　上目黒七ノ一、一〇二　本多熊太郎　六日夕

逕啓者、前夜ハ失礼致候。其節御電話御申上置候如ク、御互旅行ヨリ帰京後、尚御意見ヲ仰キタル上、親シク本人ニ面見可致心組ニテ罷在候処、其翌即チ一昨四日夕方、松岡（洋右）ヨリ至急当方ヘ来訪ノ電話アリ、何事ナラン乎、或ハ健康上ノ理由ヨリ何等相談ヲ欲スル気分ニテモ起リタルニ非ルナキヤト彼此揣摩ヲ試ミツヽ迎見、「先ヅ旧友間ニハソウシタ健康上ノ角度カラ乍蔭心配シツヽアリ。何レ其内親シク其辺ニ付我等友人ノ心持チヲ披瀝スベク考ヘ居ル処ナリ」ト小生ヨリ口ヲ切リタルニ、「ソンな御心配ハ御無用、事実又昨今ハ見ラルル通リニ元気ナ

リ。死生共ニ近公（近衛文麿）ト共ニシ、中道ニテ逃避スルカ如キ考ハ毛頭無之」ト手ヲ揮テ道破ノ後、扨申ス様、〃実ハ今夕ハ議論ナシニ是非共受諾ヲ願フベキ一事アリテ来レリトテ、駐支大使トシテ至急赴任ヲ乞フベク、海陸両部、首相モ一致、首相ト相談ノ上、唯今参内、委曲奏上、貴兄ノ性格等ニ関シテモ率直ニ奏上、辱クモ聖允ヲ賜ハリタルニ付、文句ナシニ受諾セヨ〃トノコトニ有之。事茲ニ至リテハ臣子ノ分トシ、殊ニ小生ニ於テハ一層恐懼感激、一身ヲ投出シテ天恩ノ万一ニ報効申上クルノ他《ホカ》採ルベキ道モ無之候儀ニ付、其旨松岡ニ答フルト同時ニ、彼レノ絶大ノ友誼ニ対シ衷心ヨリノ謝意ヲ表シ候処、松岡モ涙ヲ流シテ喜ヒ呉レ候。次テ昨朝、南京政府ノ「アグレマン」請求、今朝先方ノ「アグレマン」到着、早速親任式ノ手続相運ブベキ旨電話有之候。○前夜御話合ノ次第ニ鑑ミ、右ノ次第内啓御諒承相邀ヘ度、何レ不日拝眉委曲御話可申上候。尚、前夜一寸御噺申上候「演説」及之ニ関スル「パンフレツト」ノ件、昨朝其方面ノ有力ノ一人ニシテ、小生ニ負フ所アルモノ名古屋ヨリ来訪ニ付、ソレトナク小生憂慮ノ次第懇談候処、

〃アレハ大シテ御心配ニ及バズ、アツサリ何トカ葬リ去ルコトニナリマセウ、ドウカ御心配ナキ様ニ〃トノ言葉ニ有之候。是亦御含迄申添候。

先ハ取急キ右内啓旁奉祈時安候。

匆々拝白

十二月六日夕

本多熊太郎

関屋老台　御内報

昭和〔十九〕年六月十三日付　（『関屋貞三郎関係文書』（複製版）第六冊―119）

封筒表：都内麹町区紀尾井町三番地　関屋貞三郎様　台啓

封筒裏：封　六月十三日　（印字）東京市目黒区上目黒七ノ一一〇二　本多熊太郎

六月十三日　　本多熊太郎

関屋老台

渥美半島ノ休養地より今朝帰京。十日付尊墨拝誦、慇懃ナル御来詞感銘ニ不堪。老骨左シテお役ニ立ツベクトモ考エラレズ候ヘ共、若イ者達ノ考ヘニ素直ニ順従致シタル次第ニ有之候。茲許少時ハ文書堆裏ニ噞喁、所謂オープン、マインドヲ以テ各方面ノニュース、エンド、ヴイユースニ努メテ接着可致、従テ外交協会ノ集会ヘモ一二ヶ月ハ不参連続ノ已ムヲ得サル訳ニ有之候。其内心理一応落付き候上ハ、拝訪御高教ヲ仰キ度心組ニ御座候。東海方面麦作ハ概シテ豊稔、加フルニ漁村ハ近年ノ大漁、旁以テ人心断シテ萎微シ居ラズ、心強ク相感シタルコトニ御座候。先ハ貴書拝受ノ御挨拶迄、寸楮如此。時下為邦折角御加餐奉祈候。不宣

10・立花小一郎宛

明治〔四十一〕年六月二十一日付　（『立花小一郎関係文書』（R1）29―2）

封筒表：（消印）麹町／41・7・13／后2―3　Via Siberia Colonel Tachibana C/O Ministry of War Tokio Japan　東京陸軍省

立花歩兵大佐殿　直披

封筒裏：（消印）TSURUGA／12.7.08／JAPAN　from K. Honda Japanese Embassy London　本多熊太郎

山坐伏陵（山座円次郎）、尚京ニアラバ幸ニ此書ヲ転示セムコトヲ乞フ。至嘱至嘱。

爾来久闊御起居奈何。弟賜暇ヲ得テ本月一日、飄然大陸漫遊ノ途に上リ、白独墺ニ汗漫スル三週日、一昨夜帰英、再ヒ薄書堆裏ノ人ト成リ候。

「ウイン」ニ滞存《ママ》スル四日、「ステフワン」寺ノ辺、「シユタツトパルク」ノ裏《ウチ》、吾兄ノ曽遊ヲ偲フニ不堪、実《げ》ニも維納ハ欧洲ノ洛陽ニシテ、玆ニ史的感興アリ。玆ニ白馬銀鞍窈兆〔窕〕ノ佳人ヲ携フルノ快趣アリ。況ンヤウイン美人ノ優美ニシテ、温柔ナル極東遠来ノ遊子ヲシテ、万里覊旅ノ愁ヲ忘レシムルニ余リアルヲヤ。「プラター」ノ「プロムナード」ニ「シヨンブルン」ノ徜徉ニ四日ノ淹留、已ニ人ヲシテ十年幷州ノ感禁ヘサラシム。没風流ノ弟モ玆ニ於テ乎、一種ノ詩興起ラサルヲ得ス。竹枝二什、玆ニ老兄ノ一粲ヲ煩ハサントス。

　維納竹枝（一夜泊ノ南京サンニ惚レテノ節調ニテ歌フコト）

色に持《モ》つならウインの女
　姿やさしい女郎花
雨ヲ帯ビタル一本梨の（梨花一枝帯雨）
　ウイン女のほどのよきコト

ウインヲ辞シテ西巴里ニ向ヒ、暁ニ「ミユンヘン」ヲ過キテ斜陽ストラスベルヒに入ル。亡国ノ感胸裏ニ汾湧シ、車窓四顧思云フベカラズ。駄句アリ。

　扶眸遥望蘇城辺
　城塔依帯緑揃間

少女不記当年恨
斜陽徐喝相思感

臥薪嘗胆四十年、而モ仏南男児ノ意気、已ニ銷磨シテ二州ノ回復ハ遂ニ一片ノ空夢ニ属セル一方ニ於テ、旭日沖天ノ勢アル独逸帝国ノ独化政策ハ着々其功ヲ奏シ、仏蘭西民族ノ二州ニ住スルモノ、已ニ故国ヲ忘ルヽノ実況ナリト聞ク。車窓遥ニ顧望スレバ、無心ノ少女チユートン種ト見ウル倹夫ト相携サヘテ嬉々タルノ状アリ。戦《イクサ》ニハ負ケ度ナキモノナリ。

山座福陵霞関ニ愛想ヲ尽カシ、敢テ駐英参事官ノ閑職ニ就キ、夫妻相携サヘテ暫ク「テームス」河畔ニ午睡セントス。世事観シ来レバ総テ是レ夢、雄材大略福陵ノ如キヲシテ、此際此如法ノ発心ヲナサシムル。遂ニ是レ奈何トナス。

我輩ノ如キ終ニ欧州社交界裏ノ人ニアラス、遮莫読書三年、朝ニ「カイゼル」ノ雄心落〔勃カ〕々ヲ欽シ、夕べに英帝ノ応酬同融天下ノ形勢ヲ指掌ノ間ニ弄スルヲ嘆ズ。極東帝国ノ前程、愈々多望ニシテ弥々困難ナルノ際、我輩有為ノ徒ガ徐ロニ英気ヲ養成スル亦益ナシトセンヤ。

欧陸ニ放浪シ、「ウイン」ノ故都ニ汗漫シ、「ウイン」美人ト談笑シテ吾兄ノ徜徉ヲ想ヒ、蘇城ノ懐古ニ国家興亡ノ活教訓ヲ得テ、独リ之ヲ胸底ニ収ムルニ忍ビズ、感懐ノ一篇敢テ吾兄ノ瀏覧に呈ス。

平仄韻字総テ踏ミ外シノ駄句、幸ニ我兄ノ斧正ヲ経ルコト尚卅八年末燕京即事「半載紅塵尚未収」ノ一首ノ如キヲ得バ、幸甚公余、回教ヲ垂レヨ。頓首々々

六月廿一日　本多熊

立花老台
虎皮下

大正三年五月四日付（『立花小一郎関係文書』（R1）29―1）

封筒表：立花老台　御内披
封筒裏：封　哈爾賓　本多熊太郎

拝啓　今次ハ枢要ニ御栄遷、公私共ニ奉拝賀候。警務総監部ノ方ハ事務上従来関係不浅処、老台明石（元二郎）中将ノ後ヲ承ケラレシハ、貴我ノ聯絡上洵ニ小生ノ仕合トスル処ニ御座候。従前ヨリハ少敷劇職ノ様ニ想像致候処、折角御厭ヒ御鞅掌奉切念候。本国ノ政局、隈閣（大隈重信内閣）ノ成立ニヨリ一先段落ノ姿ナルモ、前途内外ノ多事多艱、洵ニ波瀾重盈ノ感アリ、我輩念ヲ君国ニ存スルモノ益自重、他日ノ貢献ニ資備スル処不可無ト存候。今次ノ政変ニ八代（六郎）君ノ挺起ヲ見、之ニ伴ヒ秋山（真之）ノ軍務局長転任ヲ見候ヘハ近来ノ快事ニ存候。一方ニ於テ栢蔭（明石元二郎）将軍ノ参謀本部栄転、又以テ我意ノ痛快トスル処ニ候。霞ヶ関方面ハ加藤（高明）男ノ就任ニヨリ省ノ威信ヲ回復シタルハ洵ニ大慶、今後海陸両部ト相倚リ相助ケ、対外三機関ノ調和的協戮ヲ実ニ見ルニ至ランコトヲ頤望スルアル而已。

小生モ当分ハ此処ニ閑居ナルベク、閑居決不閑噴火山暫時休火ハ何時カハ沖天万丈ノ紅炎ヲ吐クノ所以ト御一笑可被下候。明石将軍ヨリ奉天転任ノ祝詞アリタルモ、右ハ新聞辞令ニシテ事実ニアラス。又小生ハ浪人派又ハ部外同志ノ側ヨリノ候補者ナル丈ケ夫レ丈お役処側ノ候補者ニハ非ス。乍去実ヲ申セバ、今暫クハ余リ五月蠅クナキ処ニテ静思静修ノ已丈ヲ積ミ度、奉天云々抔ハ本省友人ノ方ヘ疾ク内々辞退ノ予防線ヲ張リ置キタル次第にて、于時水野一件不相変捗々敷ハ難参、幾ラカ金ニシテ遣リ度ト存じ、ほツ〳〵ト歩ヲ進メ居リ候。最近ノ成行別紙（散逸）外相（加藤高明）宛報告写差進候間、御承悉被下度、尚本件ニ関シ申上度細事モ候へども、之ハ次鴻ニ譲リ今次ハ先ヅ御栄遷ノ祝意ヲ主トシ、雑感如此に止メ候。草々不備

五月四日於哈爾賓　本多熊太郎

立花老台

虎皮下

11．田中義一宛

昭和二年三月一日付（『田中義一関係文書』（複製版）第三十五冊）

封筒表：（消印）渋谷／2・3・1／后8―10　青山北町四丁目六十五　男爵田中義一閣下　御直披

封筒裏：封　上目黒東山一〇八〇　本多熊太郎

敬啓　過日御下命ノ件、貴衆両院速記録ニ付、当局応答ノ趣旨等取調ベノ上、目下起草中ニ有之、数日内ニハ脱稿ノ運ニ至ルベキ見込ニ御座候間、御含相仰度、不取敢一応御耳ニ入レ置度、為此、

草々拝白

三月一日　本多熊太郎

田中総裁閣下

12．寺内正毅宛

大正元年十二月十七日付　（『寺内正毅関係文書』（複製版）第六冊―49）

封筒表：京城　伯爵寺内総督閣下　乞御親剪
封筒裏：封緘　哈爾賓帝国総領事館　本多熊太郎　拝寄

勤啓　時下冱寒之候、政躬愈々御健安、為邦奉恐賀候。陳者、北満貿易開始ノ計画ニ関シ西原亀三着哈以来、露国側ト交渉ノ成行並ニ其結果、東清鉄道長官ニ於テ、同庁商業部員ラドウィギン氏ヲシテ当地製粉業組合代表者（在奉天出張員）ト共ニ鮮地ニ出張セシムルニ至リ候次第ハ、昨十六日付外務次官（倉知鉄吉）宛拙電ニヨリ御承知被成下候通ニ有之候処、該拙電末段ニモ申述置候通リ、ホルワット長官ノ考ニテハ、独リ麦粉ノ類ノミナラス、我方ヨリ朝鮮経由当方面ヘ輸来セントスル綿布・綿糸等ハ勿論、要スルニ朝鮮北満間貿易関係樹立ノ大局ニ対シ、出来得ル限リノ調査ヲバ此際行ハントスル次第ニ有之、ラドイギン氏ノ受有セル訓旨モ其趣意ニ有之候様承知仕リ候。ホルワート将軍ハ鉄道長官トシテノ立場上、運賃政策トシテハ可成運賃ノ低減ヲ避ケ度、一般的ノ主義トシテハ寧ロ之ヲ嵩メントノ考ノ方ナルモ、日露関係ノ大局ト日露双方各自ノミノ利益ニ関スル場合、即チ今回問題トナレルカ如キ計画助長ノ為メニハ、彼我両者ノ特殊利益助長並ニ相互的交換ノ趣意ヲ以テ、特定ノ品物ニ特定運賃ヲ協定スルコトハ素ヨリ主義上賛成ニ有之、従テ同将軍ノ関スル限リ、露都本社ニ向テ右ノ意味ニテノ進言ト尽力ハ欣然之ヲ為スベク、付テハ其根拠トシテ、自己ノ親任スル専門吏員ヲ特派シ、親シク本計画ノ前途ノ見込等、並ニ計画実現ノ為、東清鉄道トシテ払フベキ犠牲（運賃低率ノ部〔歩〕合）ノ程度等取調べ度トノ希望ヨリ、今回ノ吏員派遣ト相成リタル次第ニ有之候。即チ北満朝鮮間貿易干係樹立ノ計画ニ具体的ニ予備的歩武ヲ進メタル訳ニ有之候ニ付テハ、閣下ニ於テモ右先方ノ態度ニ鑑ミ、ラドウイギン並ニ製粉業者、即チ今回ノ一行ニ対シ相当御助力ヲ給ハリ候様仕度奉悃願候。将又右様申述候如キ先方ノ考故、ラ氏ハ独リ京城ノミナラス、釜山、仁川等ノ商業地ヲモ巡遊視察、凡ソ二十日位ハ滞鮮ノ予定ノ由ニ有之候。一行ノ便宜ト且我官憲及当業者間会談ノ通訳ノ為、特ニ本官ヨリ当館小柳通訳ヲ付随為致候次第ニ付、一行各地旅行ノ際ハ地方官紳等ヘノ紹介方可然御照料奉願候。尚、「ラ」氏ハ先年「ウエンチエル」総裁本邦訪問ノ際、之ニ随行シ、東京ニテハ一タビ閣下ノ馨〔謦〕咳ニモ相接シタルこト有之候趣ノ処、同氏ハ西蔵、蒙古及北満地方経済事情ノ「オーソリテイー」ニシテ、屢々此等ノ地方ニ歴游シ、極東経済通ノ一人トシ、且ツハ東清鉄道庁商業部員中比較的高地位（中佐相当官ノ待遇）ニアリ、ホルワット将軍ノ信用薄カラサルモノニ有之候。旁以テ此等ノ類ヲモ御斟酌ノ上、機務御繁劇ノ此際、誠ニ願上兼候ヘ共、御公暇ヲ以テ緩々御引見相当ノ御待遇被成下候ハヾ、本計画進行上ハ素ヨリ、当方面露国側ニ対スル我方ノ関係上ニモ誠ニ好都合ト存、小官モ其余声ニ談シ得ル次第ト仕愚考候まゝ、茲ニ付申仕置候。尚、委細ハ西原ヨリ御聴取相願候外、一両日中ニ公信ニテ報告差上可申、先ハ差向キ本人紹介ノ為、蕪筆如斯。幸ニ御仁恕御推読奉冀上候。尚、時下為君国旦暮御加餐専念此事ニ御座候。草々頓首

十二月十七日　　本多熊太郎

於哈爾賓

寺内伯爵閣下

13．西原亀三宛

大正八年四月二十九日付　（『西原亀三関係文書』（複製版）第十四冊）

封筒表：在瑞西日本帝国公使館 LÉGATION DU JAPON À SUISSE BERNE（丸公印）　東京青山原宿町一七〇　西原亀三様　親展

LÉGATION DU JAPON À BERNE（印字） Via America K. Nishihara Enq. Harajuku Tokio Japan

封筒裏：封緘［LÉGATION DU JAPON À BERNE］ Sender：K. Honda Japanese Minister Berne　（消印）青山／8・6・14／后

10—12　（消印）TOKIO/14.6.19/JAPAN

三月三日付葉書拝誦仕候。不相変御元気国事御尽瘁之状欣慰不斜候。小生滞欧意外ニ長引キ已ニ満五年、瑞西転任ノ内命ノ際、一応帰国願出候へと、時局急転遂ニ一旦転任ヲ余儀ナクセラレ候処、先頃巴里ヨリ帰任後、予テ願出置候賜暇帰朝電促ノ結果、予備和約成立ノ頃合ヲ以テ出発ノ許可ヲ得候ニ付、五月十二三日頃当地発、二十日倫敦出帆、北野丸ニテ帰朝ノ筈ニ有之、遅クモ七月十日頃ニハ東京到着可致、久振リノ暢叙ヲ得ベクト楽居候。今回ハ先ツ当分日本ニ悠遊、其後ノ国情ノ変遷並ニ極東ノ近状ヲ活学問致ス考ニ候。寺内伯へもツイ〱御無沙汰申上候処、帰朝ノ上ハ国家内外ノ要務ニ関シ大分卑見申上度事有之、是非一二回ノ長談議ヲ許サレ度希望に候。御序ノ節宜敷先声ナシ置被下度候。

廿年ノ官遊、東京ニ帰ヘリテ差向キ借家サガシノ問題有之候。御出入ノ者ニデモ御下命ノ上、質素ナル浪宅見付置被下候ハヾ幸甚ニ候。家族ハ子女五人、共七人、下女二人位ノツモリ也。小供ハ皆相当ノ年嵩故、余リ家ヲ悪ク致ス間敷候。家ハ十間位ノ見当、屋賃ハ六七十円位以上ハ小生ノ資力ニテ出セ不申候。七月入京、一週日位ニテ直チニ海辺ニ参リ、九月中旬位ニ東京ニ落付ク筈に候。興津辺ニ別荘借入方或向ヘ申遣ハシ置候へども、大磯、国府津其他ヨリ近キ処ニテ御心当リモ無之候ヤ伺上候。

国家万端当国ヨリノ通信ハ真ニ不自由且ツ危険也。帰朝ノ上、万縷談論可申上候。

先ハ右貴酬ノ印マデ如此。且ツ勝手ナル私用御願致し恐縮千万、幸ニ私情御洞察御仁免被下度。早々不尽

四月二十九日

本多熊太郎

西原老台

侍史

大正八年七月四日付　（『西原亀三関係文書』（複製版）第十四冊）

封筒表：（消印）箱根宮ノ下／8・7・5／前0―9　東京青山原宿町百七十番地　西原亀三様　直披　THE FUJIYA HOTEL NATURAL HOT SPRINGS MIYANOSHITA JAPAN

封筒裏：（消印）青山／8・7・5／后6―7　（消印）神田／8・7・5／后3―4　箱根宮下富士屋ホテル　本多熊太郎

西原老契侍曹　本多熊太郎

葉書拝誦、重盈ノ御好意奉鳴謝候。当ホテルに三四日静養ノ上、八日頃平河町五丁目金座館へ落付クツモリに候。

久振ノ拝芝楽み居申候。

一、御配慮相願候東京住宅ノ件、貴諭ノ如ク老台八月中ニ御移転トノ御都合ナルニ於テハ、是非其跡ヲ引受申度、家主トノ関係ニ付き、今ヨリ宜敷御手配被下間敷ヤ、御好意ニ甘ヘ御依頼申上候。

二、大磯別荘借入ノ義ニ付テモ、彼是御高配奉感謝候。加藤氏別邸ノ都合、小生ヨリ寺内伯家人ニ直接電話逐問候テモ宜敷トノ御来示に候処、余リニ憚カリアル秋ノ気兼ねモ御座候まゝ、御配慮序デニ万事老契ニ御一任候間、御序ノ節、老兄ヨリ宜敷御問合之程願度候。

先ハ右要用ノミ申上度、書外拝芝万端ヲ期シ候。

草々不一

七月四日夜宮下

久振リノ帰朝、日本人心ノ小生ニ与フル印象已ニ甚々不面白、内外洵ニ多難ノ此際、此ノ調子ニテハ邦ノ前途懸念不堪候。

関門偶吟一絶御一笑マデ。

官遊廿歳倦萍蓬　亜雨欧雲
遍容蹤今日回槎心自暢刮眸
飽見故山容

大正八年〔七〕月二十五日　葉書　（『西原亀三関係文書』（複製版）第十四冊）

上欄：郵便はがき（印字）（消印）長田□（不鮮明）／8・7・25／后□（不鮮明）　東京青山原宿一七〇　西原亀三様

昨日安着、宿処ハ左ノ通に御座候。

信州柏原駅野尻村
小松屋旅館　本多熊太郎
過日御話致候金額、朝鮮銀行貴下勘定へ払込置候間、宜敷御願申上候。早々

大正〔八〕年七月二十九日付　封筒なし　（『西原亀三関係文書』（複製版）第十四冊）

付申
八月入京ノ節ハ田中陸相ニ数時間ノ会談ヲ得度、御序ノ節、予メ右御申入置被下候ハヾ幸甚。

二十五日付尊翰拝接、酷暑之砌、益御壮剛奉欣賀候。家屋ノ件種々御配慮奉恐縮候。材料等暴騰ニ付キ御来示ノ状況左モコソト被存申候。高橋氏ノ手許モ十分相察入申候。付テハ其辺老台ニ於テ御含相成置候旨、本人ニモ適宜御申聞ケノ上、諸事入念ニ致候様、此上共御注意相成置被下候ハヾ、仕合之至に候。

当地信越境上ノ旧駅、封建時代ニハ北国大名ノ通路ニ当リ、随分重要ノ地たりし由ナルモ、世局浪棄之変ト共ニ今ヤ一寒村ニ過キス、唯山村併得水郷路トモ可申歟、野尻湖畔ノ風物意想外ニ好適、気候モ頗ル涼快ニ御座候。交通不便ノ為未ダ成金者流ノ勢域ニ帰セズ、夏期静養ノ青年学生団ノ在ルノミ。従テ子女ノ為メニモ周囲ノ空気甚だ健全ナルヲ喜居申候。来月十日前後ニハ一寸入京可致、其節万接ヲ期し申候。先ハ右一寸貴酬ノ印まで。

草々不宣

七月廿九日　本多熊太郎

西原仁契
　史席

14・林出賢次郎宛

大正二年九月七日付　（『林出賢次郎関係文書』（R11）書翰の部20）

表：（消印）□《（不鮮明）》／□《（不鮮明）》／后8—10　大日本□《（破損）》　林□《（破損）》
（消印）□《（不鮮明）》／□《（不鮮明）》／前5—□《（不鮮明）》　北京日本公使館　林出通訳生殿　親展
裏：緘　哈爾賓総領事館　本多熊太郎　（消印）PEKING／6-9／26.10.13／□《（不鮮明）》

本日雑誌太陽誌上ニて新旧支那公使送迎撮影上久振ニて貴顔ニ接し、誠ニ眷々之情ニ不堪候。非常ニ御変り相成候事ニて、荊妻ハ一見して分らずと云ひ、両児ハ幸ニ見当申候。令閨の見えざるハ目下御目出度き御情態ニ有之候やと密ニ噂致居候。如何々々。其後久敷御無沙汰申上候者恐縮此事ニ御座候。定て国事御鞅掌御多忙の事と奉存候。昨年革命運動以来、今回南北の騒動。支那のみならず日本の為寒心すべき事と存候。殊ニ昨日の阿部《（守太郎）》政務局長之暗殺等、中々殺気を帯び来申候。願くハ東洋平和之為、御尽力願申上候。又、今回の山坐《（円次郎）》氏之御赴任ハ貴兄ニ取りて万事好都合之事と私ニ喜居候。動乱も其中熄み候なるべし。御静養御帰省之事も可有之、其時ハ春日野の辺嫩子山容を望み、閑ニ事変の御経験承度、今より待遠ニ不堪候。

先般御結婚之節ハ迂生旅行中ニて、唯一片の祝電のみを呈し置き、或ハ御在家の事もやと御待上候も、遂ニ御面会の機を失し、甚遺憾此事に御座候。其後定めし琴瑟和合万事御愉快ニ御暮之事と御察申上候。御子様の御誕生如何。御閑を見て御近況被下候ハヾ大慶此事ニ御座候。今尊容ニ接し、眷恋之情的然として生じ、先筆を走すこと如件。依て小生も雑誌養徳の拙者小影を御送附申上候。養徳ハ小生編輯を命ぜられ、凡て小子意匠を以て編輯せしもの。時下秋気至る。幸ニ邦家の為自念又是祈。

大正二年九月七日　熊□（難読）

林出賢様

玉案下

令閨ニも小子の好意を伝へられんことを。

御一笑

寐覚るとにはのあさ
に花見しときのこゝろを
いつもゝたまくも
ほし

此境遇ニ到らず修養の足らざる恐愧々々只希ふのみ。

公益財団法人徳富蘇峰記念塩崎財団所蔵

15．徳富蘇峰宛

大正〔十五〕年一月二十五日付

封筒表：京橋区日吉町　国民新聞社　徳富猪一郎様　直披

封筒裏：封　市外代々木初台五一二　本多熊太郎

敬啓　懸違ヒ久敷拝芝ヲ不得候処、居常御壮剛警世済時ノ筆陣ニ御活動、為邦家感喜此事ニ御座候。扨大谷光瑞師御入京ヲ機トシ、同人相会し少筵御催し相成候趣ヲ以テ、小生迄御案内ヲ辱ウし難有敬悉、是非参趨同師ノ行ヲ壮ニスルト同時ニ、久振にて先生其他諸賢ノ御高教ヲモ敬領致度ハ山々に候処、生憎当夜ハ貿易協会ヨリ予テノ依頼有之、同協会ニ於テ独逸ヲ中心トスル欧洲近情講話ノ兼約ニ相成居り、頓ニ残念至極乍ラ折角ノ御案内ニ負クノ余儀ナキ次第、何卒御諒恕相仰キ候ト同時ニ大谷師ノ壮行ニ対し、小生衷心ヨリノ「ベスト、ウイツシエス」先生より可然御披露被成下候ハヾ幸甚不過之。先ハ右得貴意旁奉祈時安候。草々頓首

一月廿五日　本多熊太郎

徳富先生

侍曹

昭和〔五〕年九月二日付

封筒表：（消印）目黒／5・9・2／后8－10　市外大森山王　入新井村新本宿二八三二　徳富猪一郎先生　御直披

封筒裏：封　東京市外上目黒東山一、一〇二　本多熊太郎　電話青山三二一五番

敬啓　残暑未難去候所、益御清勇奉欣賀候。陳者米国上院ニ於ケル倫敦条約説明外交時報ニ寄稿致置候所、幸ニ

御電覧ヲ邀ヘ得タルノミナラズ、日々紙上ニテ御紹介ノ高文唯今拝見、洵ニ不勝感節。曩ニ「軍縮ト日本」ノ小著ニ対シテモ御推賞ヲ辱ウシ候上ニ今又此ノ御後援ヲ給フ。小生ニ取リテハ実ニ百万ノ援軍トモ可申、深ク感荷罷在候。本記事続稿過日脱稿、別刷モ出来ニツキ（之ハ都合アリテ来十日過キマデハ知人、有力者等ヘノ配附ヲ行ハザルモノに候）一部半沢《玉城》氏ニ托シ御届ケ申上度候間、是非共御精読ノ栄ヲ得度、尚時機御見計ヒノ上、今夕ノ高文ノ追加トシテ紙上ニ御紹介被成下候ヘバ実ニ公私双情、小生ノ本懐ニ有之候。取急キ御挨拶旁右内啓得貴意度如此に候。艸々不尽

九月二日夕　　本多熊太郎

徳富先生

玉案下

昭和六年八月八日付

封筒表：（消印）目黒／6・8・8／后8—12　府下大森山王　徳富猪一郎様　侍曹

封筒裏：封　上目黒東山一、一〇二　本多熊太郎

敬啓　朝夕稍ヤ凌キ易ク相成候処、益御清安被為入欣喜此事ニ奉存候。伸者拙講世界ノ動キト日本ノ立場先頃左右ニ捧呈仕置候処、料ラスモ深甚ノ御共鳴ヲ邀ヘ、東日紙上過溢ノ御推奨相蒙リ感愧重至ニ不堪、先生ノ御紹介ノ為メ大分世間ノ注意ヲ惹キ候ト見エ、過日来書肆其他ヨリ出版元問合セヲ続接、実ハ書物トシテ世ニ問フ考ニ

テハ無之カリシモ、斯クナル上ハ寧ロ一般ニ公刊弘通致候方可然乎ト相考へ（聊カ調子ニ乗リ過キノ嫌ナキニ非ルモ）、近日中千倉書房ヨリ発兌被致候事ニ相成居候。附録トシテ旧作論文二種添付ノ筈ニ御座候。毎度乍ラノ御支援ニ対シ御挨拶申上旁右ノ成行貴聴ニ達し置度、先ハ右寸楮拝呈ノ機ニ付し、為邦家御自愛奉御禱候。

草々不一

八月八日

本多熊太郎

徳富蘇峰先生

梧右

昭和七年三月一日付（徳富蘇峰先生古稀祝賀会宛葉書）

表：（消印）渋谷／7・3・1／后8―12　東京麹町区丸ノ内　日本電報通信社（総務課内）徳富蘇峰先生古稀祝賀会御中

徳富蘇峰先生古稀祝賀会

三月十三日午後四時　於帝国ホテル

前約有之乍遺憾

欠席

本多熊太郎

発翰

昭和十二年一月二十五日付

封筒表：（消印）目黒／12・1・25／后8―12　麴町区有楽町東京日々新聞社内東亜調査会　徳富猪一郎様先生　台啓

封筒裏：緘　目黒区上目黒七ノ一、一〇二　本多熊太郎

敬啓者爾来懸違ヒ御疎曠打過申居候処、時下厳寒之候、先生益御壮剛御活動、為邦家忭頌不能措処ニ御座候。陳者御多忙中甚タ卒爾ノ御願乍ラ侯爵小村捷治君予テヨリ東亜調査会御催シノ講演会ニ御招キヲ蒙リ度旨ノ希望ヲ以テ先生ニ右御願方小生ニ依頼ノ次第有之候。親シク拝趨御願ニ及ブベキナレドモ、御寛洪ニ甘ヘ書中ヲ以テ乍略儀右小村侯ノ願意御取次申上候条、何卒次回即チ来ル廿九日ノ分ヨリ始メ毎会同侯ヘ御招引状御発送相願ハレ候様御仁配奉悃願候。先ハ右御尊意旁奉祈時安候。

草々頓首

一月二十五日

本多熊太郎

徳富先生

玉案下

○追テ小村捷治侯アドレスは

麻布区桜田町五十九番地

ニ御座候。

昭和〔十三〕年九月十八日付

封筒表：市内大森山王　徳富猪一郎先生　供覧御高評御礼
封筒裏：（東京市目黒区上目黒七ノ一、一〇二　本多熊太郎）（印）

（名刺）

本多熊太郎　東京市目黒区上目黒七丁目一、一〇二番地　電話青山(36)三一五番
蕪雑ノ小著御電覧ヲ賜ハリ候上ニ紙上ニ御懇篤ノ御推奨を辱ウシ、何共恐縮感荷ニ不堪。謹而御礼申上候。九月十八日

昭和十三年十月十九日付

封筒表：（消印）□（破損）19／□（破損）—8　市内大森山王　徳富猪一郎先生　台啓　「日支事変外交観」呈上　13・10・20（異筆）
封筒裏：封　上目黒七ノ一、一〇二　本多熊太郎

恭敬　時下弥御壮剛被為入奉欣賀候。伸者今般拙著
日支事変外交観
発刊ニ付テハ一部左右ニ奉呈致度、出版書房ニ申付、郵送申上サセ置候ニ付テハ、御寸暇御電覧ノ光栄ヲ得バ幸甚ニ存可申、此段得貴意旁奉祈時安候。

草々頓首

十月十九日　本多熊太郎

徳富先生

侍曹

昭和十三年十月十九日付

封筒表：（消印）目黒／13・10・19／后0―4　市内大森区山王　徳富猪一郎様　台啓　供覧　小村捷治侯書状在中

（異筆）13・10・20

封筒裏：（印）緘　目黒区上目黒七ノ一、一〇二　本多熊太郎　敬寄

敬啓者先日ハ誠ニ文字通りの忘言多罪、主催者へも御迷惑相カケ申候事と恐悚ニ不堪候。満洲へ出発のため中座せし小村捷治侯より別紙来翰本人の希望に基づき奉供高覧候。初めの二葉は無関係の事柄には候へ共、父君（小村寿太郎）銅像除幕式の模様略報ニ有之、先生にも「インテレスト」を御感じ被下候事と相信じ、其儘御目にかけ候次第。幸ニ御諒意奉仰候。時候外れの寒感も堂やら今朝からは何れへか相去り候模様、折角御加餐御自愛之程為邦為道切禱此事に御座候。草々頓首

十月十九日　本多熊太郎

徳富先生

史席

（別紙）

十月十七日付小村捷治発本多熊太郎宛書翰

拝啓

昨日来多忙を極め御便り認むるに時なく誠に失礼仕候。除幕式ハ滞りなく終了（御礼の御挨拶には、この像に二様の意義あり、一は即ち亡父の「考へる人」にして、その考への纏りて将に起ち上らむとする刹那の気持を表す、一は即ち此土地の此地点に選ばれし事にて日本民族が力強く大陸に第一歩を踏み出せし表徴なりと申述置候）、総裁社宅にて閣下の放送拝聴、感銘の余り総裁《（松岡洋右）》のあの電報と相成候次第に御座候。夜ハ協和会館と申する、総裁の前座にて「亡父の追憶」と題して一言、盛会に御座候ひき。万事松岡総裁の御好意衷心感謝罷在候。

右迄不取敢御報告申上ると共に切に御健康を祈上候。

匆々再拝

昭和十三年十月十七日

大連にて

小村捷治

本多閣下

侍史

二伸　出立に先ち開かれし東日の東亜調査会（？）に於て時間なき為申述べざりし愚案の要点左に認め申候間、

機会有之節徳富主催者へ御示し下さらは幸甚。

自分の述べたき二要点は、

㈠内政にありてハ第一に現下の経済統制を撤廃又ハ修正せられたし、然らすむは輦轂の下に如何なる不祥事を突発せしめすとも限らす。

㈡広東攻略に着手されしハ同慶且同感なれ共、同時に此際考へさる可らさるは戦線拡大に伴ふ後方地域の問題にして、一支那人は「日軍ハ中国を席捲せりと雖、その獲たるは点と線とのみ、平面は依然開放自由なり」と揶揄せりと聞く。進むも可なれと、後方一帯を粛清して以て「居直る」ことこそ更に急務なりと信ず。八月十三日上海大山（勇夫）事件一周年に方り、蔣（介石）の天下に布告して後方攪乱ハ全く意の如しと傲語せるは単なる強がりに非ず、現に河北省の税金ハ今なほ蔣政権に納めらるゝ事実に徴するも然り、鹿鐘[鍾]麟を河北省長に任命せる決して滑稽事に非さるなり、目下の急務中の急務と感ずる事ハ以上の二つに尽く。

以上

昭和十六年二月五日付

封筒表：（消印）東京中央／16・2・7／后4－8　大森区山王一ノ二、八三二　徳富猪一郎殿　（異筆）16・2・8

封筒裏：記載なし

拝啓　陳者二月十日（月曜日）午後四時ヨリ五時迄帝国ホテルニ於テ粗茶差上度候間、御来臨被下度、此段御案内申上候。敬具

昭和十六年二月五日

特命全権大使　本多熊太郎

御略服（墨書）

徳富猪一郎殿

（付箋）追而当日ハ新任中華民国特命全権大使褚民誼閣下ヲ主賓トシテ招待致置候。

昭和十七年九月二十七日付

封筒表：（消印）目黒／17・9・27／后0―4　大森区大森山王　徳富猪一郎先生　侍史　御見舞

封筒裏：市内上目黒七ノ一、一〇二　本多熊太郎

（名刺）

本多熊太郎　東京市目黒区上目黒七丁目一一〇二番地　電話渋谷(46)〇三一五番

御病気ノ御趣今朝ノ紙上ニテ拝悉、心痛ニ不勝、速ニ御回春邦家ノため切禱致候。不取敢御見舞迄。早々

徳富先生
　史席

昭和〔十八〕年七月一日付

封筒表：（消印）目黒／18・7・1／東京都　熱海市伊豆山字押出　徳富猪一郎先生　台啓

封筒裏：封　東京目黒区上目黒七ノ一、一〇二　本多熊太郎　七月一日

敬啓　爾来久敷御疎音申上居候処、御健康全ク旧ニ復サレ神采奕々ノ御壮容ハ随時御発表ノ御高論ノ行間ニ躍如、公私双情歓喜ニ不勝候。殊ニ現ニ連日ノ紙上ニ拝閲致居候英国悲劇余論ハ乍失礼近来稀覯ノ一大文字トシテ毎朝何ヨリモ先ツ敬読罷在候事ニ御座候。

小生儀モ一年有半ノ静養空シカラス、漸ク南京出使以前ノ健康ニ還リ徐ロニ読書修養ニ勖メ居申候。乍余事御休念相給リ度候。此度熱海ヘ御転住ノ御通報ニ預リ、国家ノ至宝保衛ノ見地ヨリシテ頗ル我意ヲ得タルノ感ニ堪エズ。久方振ニテ御左右拝候旁為邦家呉々モ旦暮ノ御加餐奉切念候。

匆々頓首

七月一日

本多熊太郎

徳富先生

史席

昭和〔十八カ〕**年七月十一日付**

封筒表：（消印）□（不鮮明）／□（不鮮明）7・11／□（不鮮明）　静岡県熱海市伊豆山打出（ママ）　徳富猪一郎様方　中島司様

封筒裏：封　七月十一日　東京市目黒区上目黒七丁目一、一〇二　本多熊太郎

拝復　八日付貴書拝接、老先生ノ御手書種々捧読感慨此事ニ御座候。別紙何卒先生ニ御転交奉願候。尚中スマデモ無之候ヘ共、折角御愛護其甲斐アリ一日モ速ニ病魔退散ヲ見ルヨウ切念罷在候。乍憚老夫人（静子）御前エモ宜敷御鶴声御願申上候。草々不備

七月十一日朝　　本多熊太郎

中島司様

(別紙)

敬啓者中島記室来翰同封ノ御手書捧読尊恙違和之段、愁悉誠ニ情ヲ為シ難ク、而モ此ノ病魔ト御健闘ノ真中ニ尚且ツ寤寐晩生ニ御想到被下候御隆情ハ何共感激ニ不堪。終生銘刻忘レ得サル所ニ御座候。最早阪地ヨリ国手モ馳セ参シラレタルコトナルベク、日ナラズ病魔退散ノ御事ト其レノミ切念罷在候。晩生義モ此一年有半ハ相次グ大患重症ヲドウヤラ突発、唯今ハ只管謹慎養痾ニ力メ居申候事ニ候。不取敢貴酬旁重而一日モ速カニ御回春奉切禱候。拝具

七月十一日　　本多熊太郎

徳富老先生

玉棍下

昭和〔十八〕年八月二十五日付

封筒表：（消印）京都／□（不鮮明）・8・25／京都市　熱海市伊豆山下　徳富猪一郎先生　御直展

封筒裏：封　八月二十五日　発信者　東京目黒区上目黒七ノ一、一〇二　本多熊太郎　株式会社京都ホテルにて　京都市河原町御池　電話代表上③五三〇〇番

粛啓　伊国政変ニ関スル高論ハ㈠及㈡客裏ニ敬読、炎熱下引続き経世の雄編御発出、先生の御壮剛を悦び上ぐると同時ニ、国民の一人として感謝感激之至ニ御座候。高文㈡の末尾一節実ニ惟り伊国民ニ対する警策たるに止らずと襟を正して敬読仕候事ニ御座候。旅中寸楮を以て御左右拝候旁如此ニ候。匆々不尽

八月念五　　本多熊太郎

徳富先生坐下

昭和〔十八〕年十一月八日付

封筒表：（消印）目黒／18・11・8／東京都　静岡県熱海市伊豆山打出（ママ）　徳富猪一郎先生　敬弔

封筒裏：〆　十一月八日　東京上目黒七ノ一、一〇二　本多熊太郎

（名刺）

本多熊太郎　東京市目黒区上目黒七丁目一一〇二番地　電話渋谷(46)〇三一五番

敬弔　十一月八日　多（花押）

昭和三十年五月十日付（故本多熊太郎氏追悼会葉書）

表：（消印）東京中央／30・5・10／後0－6　熱海市　徳富蘇峯先生

拝啓　陳者本年は故本多熊太郎氏の七周忌に相当致しますので、旧友知己相寄り追善供養の追悼午餐会を開き、故人の冥福を祈念致し度と存じますから、左記御含みの上、何卒御賛同御出席相仰ぎ度、此段御案内申上げます。

匆々

昭和三十年五月十日

故本多熊太郎氏追悼会

発起人

天羽英二、林久治郎、堀内謙介、波多博、日高信六郎、伊藤述史、川越茂、楠山義太郎、河野己一、門脇季光、松永直吉、野村吉三郎、中村豊一、岡部長景、太田耕造、重光葵、杉原荒太、下村宏、清水董三、徳富猪一郎、田中都吉、豊田貞次郎、宇治田直義、吉田茂

一、時日　五月二十日（金）正午

一、場所　丸ノ内日本倶楽部一階（帝劇裏角）

一、会費　金五百円（当日御持参のこと）

追て食卓準備の都合上十八日迄に御来否確示願上げます。

宮田武義氏より発起人たることを御願申上げました。（ペン書き）

来翰

1．青木一男

昭和十六年七月十七日付

封筒表：本多大使　閣下

封筒裏：南京　青木一男

拝啓　滞京中は種々御厚配に預り難有奉存候。扨て今回の内閣総辞職は意外にて一同驚愕仕候。然し政変の大体の真想〔相〕は大使館首脳部一同の観測一致し、従つて近衛〔文麿〕公に大命再降下の事も当初より予測一致し、対支政策に就ても今更変更等の事あり得べからざるものと確信致し居り候。只一時的にもせよ、支那側に不安を与ふる事は面白からざる次第に候ふも、右の事情判明と共に解消致すべく、現に汪〔兆銘〕主席以下至極楽観の模様に有之候。

大使閣下には十七日神戸出帆の御予定御延期の由拝承、寔に御尤もの処置と拝察仕り候。

殊に新内閣の対支政策に就き確認を取付け御帰任を願ふ事は何より望ましき点と存じ候。勿論近衛公の再組閣と云ふ事ならば形式上駄目を押す程度のものとは存ぜられ候。それよりも小生の憂慮禁ぜざるは大使閣下の進退に関する世評に有之候。閣下先般の御帰朝に際し、背水ノ陣を張られたる事は将ニ公知の事実にして、小生等亦陰かに同感を表したるものに有之候。然し閣下の絶大なる御努力は完全に其目的を達成せられ候以上、当然当地に於て計画の実現に指揮を執らるゝ事と期待申上居候。然るに当地に於ては何れより伝はるものか、大使は今度御帰任になるも永くは御留任あるまじなどの噂有之やに承はり、心外千万に感し居り候。実は一昨十五日畑(俊六)司令官閣下と会見の際も司令官より其の噂に付き御話あり、軍としても絶対御信頼の下に種々懸案解決の衝に当らるゝ事を期待し居る次第につき、万一噂の如き事ありては現地の事変処理計画上由々敷結果となるべし、東京政府か大使の進言に同意せられたる以上、斯の如きは途上一片の流説に過ぎざるべしとの御話有之候。今後多難なる現地問題の解決には是非共大使閣下の御奮発を願ひ、音頭を採つて頂く外なしと云ふ事に一致致し候。此結論は単に総軍のみならず各方面の期待の一致する所に有之候。斯の如き事を申上け候ふものゝ、閣下よりはツマラヌ世評など気にするなと御叱りを受けることゝ存じ候。只老婆心までに小生等の心境、現地空気の一端を御報告申上げ御任務終了次第速に御帰任あらん事を切願致す次第に御坐候。

当地も気候冷しき日相続き凌き易く一同喜び居り候。尚外務省外交顧問は政務官的のものにつき、昨日不取敢電報にて辞任の意思を表示致しおき候間、御含み下され度候。敬具

七月十七日　南京にて

青木一男

本多大使閣下

2. 天羽英二

昭和十六年十月十八日付

封筒表：THE GAIMUSHO TOKIO（印字）　南京　本多大使閣下　御直被
封筒裏：天羽英二

謹啓　先達御過労御臥床の趣心痛に不堪、其後御容体如何御伺申上候。平素ハ不計も頓と御無音に打過御申訳も無之、御海容被遊度候。就任以来日米交渉と省内機構整備等の為寸暇無之、日米交渉も先方の意嚮漸く明白、開談の途拓けたるや急激なる政変と言ふ始末にて、遂々御疎遠の次第に有之候。御懇書忝く拝誦、又毎々御来電により種々御苦心の御様子拝察、御蔭様にて駐支外交機構も安泰なるが御辞意の御電報拝読、我外交界の為誠に残念に堪へず、乍然只今の状勢にては強ひて御止めする勇気も無之、只東郷《茂徳》君と同郷同級の関係上、川越《茂》君あたりが登場する事となる可く、在外使臣も野村《吉三郎》氏も恐くは辞意ある可く、例に依り補充は多大の困難有之かと存候。日米交渉は米国の回答十月三日夜来着、将来必しも絶望ならず、焦点は駐兵撤兵問題なるが、之も実は交渉すればバ纏る希望も有之が、陸軍側は余り遷延しては困ると駄々をこねだし、結局十四日夜あたりより陸軍の決意が近衛首相に伝へられ、十五日小生東条《英機》陸相と長時間談したるも、此点は一歩も譲れずとの事にて十六日朝大体内閣ハ辞職決定、小生も同時に大臣《豊田貞次郎》迄辞意を洩らしおき、其後正式に辞職願を出し置けるが、後任者未決の内に発表すれバ騒き出す虞有之、発表せずに置候。一両日内に発表の事と存候。
日米交渉及政変の内情などは何れ拝晤の折に詳細譲るべきが、近衛氏が今少しくねばりたらばと遺憾に思居候。外相候補も重光《葵》君に反対あるらしく、東郷君も夫人《エディ》其他の関係にて異議あるらしく、結局小生の名前も「デマ」

に出たるものらしく、十七日は終日新聞記者の連問ありしも、前述の通り前日東条陸相と意見交換、間隔ある故、到底問題にならずと最初より打消しおきたるが、一時は見当がつかざりしものゝ如く今更でもあるまじきが、最初は閣下のお名前も流布せられ居り、小生も賛成し居たる状態に有之候。豊田（貞次郎）前外相は文字通り悪戦苦闘、然し善く健闘致されたるが交渉の前途開けたる場合に去るは同情に不堪、今後外交が国運を支配する中心となり、殊に国内政府機構改革の企図もあり、外務省も東亜総局と総務局とに二分せらるる案となり居るやの噂も有之、外務省としても仲々内外多事に有之候。小生就任当時心配せし省内の状態も一部の策動はあるも大体落着き来たり、此分ならバ誰か来ても大丈夫と存候。何れ其内御帰朝の事と拝察仕候。其頃は晴耕雨読の境遇と相成り居る可く拝趨万縷申述可く、先ハ御左右御伺旁折角於為邦家御自愛専一祈上候。萩原（徹）君の件拝承、貴意に副ふ可く微力を尽す可く候。拝具　辞職決定の上は更めて御礼申上べく候。

十月十八日　　天羽英二

本多大使閣下

昭和十六年十月二十一日付

封筒表：南京　本多大使閣下　御直披

封筒裏：記載なし

謹啓　貴電にて御辞意の程拝承。東郷外相ハ是非御翻意願度意嚮なるものゝ如く、小生にも相談有之候次第、此際閣下の後には適当なるもの見当らず、国家の為には御留任願度きも、諸般の事情及従来の経緯より或は御引留め難かしきかと申置候。一度御帰朝御相談ありては如何と存候。芳沢《（謙吉）》・重光両氏にも御打電ありし由にて話しありたるも同様申置候。実ハ極秘なるが、大島《（浩）》大使は所信を異にすとて辞意電報あり。野村大使も打合の名目にて帰朝方電報あり。無論此際は現地に引留方願ふべきも仲々人事も難問多く、小生は西《（春彦）》君と今明日事務引継の筈。書余は拝眉にて。時下御自愛祈上候。拝具　廿一日朝

英二

本多閣下

3．荒田泰次

昭和二十年十月九日付

封筒表：（消印）京都／20・10・10／京都府　東京都目黒区上目黒七ノ《（脱アルカ）》　本多熊太郎様

封筒裏：〆　十月九日　京都市上京区旧丸太町通寺町東入　京都市新町通揚梅南入《（印字）》　㊞荒田泰次《（印字）》

謹啓　時下秋冷之候閣下には益々御清栄之条大慶至極奉存候。其後御無音に打過ぎ恐入候。私今度我皇国の不利の下に終戦に相成残念至極乍先日帰宅仕候。不在中特別の御厚情を賜り幾重にも〱御厚礼申上候。今後は平和産業に一生懸命奮闘致可く、何卒宜敷御指導賜り度切に御願ヒ奉候。末筆乍再建国家の為一層御健康に御留意遊《（ママ）》被下度奉祈上候。

先は右御厚礼旁御挨拶迄如斯御座候。

十月九日

敬具
荒田泰次

本多熊太郎閣下
侍史

4．石井菊次郎

昭和年不明十月九日付　封筒のみ

封筒表：（消印）□《（破損）》　市内目黒区上目黒七ノ一、一〇二　本多熊太郎閣下

封筒裏：〆　渋谷区青葉町一五　石井菊次郎

5．板垣征四郎

昭和十六年八月八日付

封筒表：（消印）□《（龍カ）》山／16・8・□《（破損）》／★★★　東京霞ヶ関外務省　駐華大使本多熊太郎閣下　御直被　「航空」《（赤鉛筆）》

封筒裏：緘　（消印）□《（東カ）》京中央／16・8・□《（破損）》／后6□《（破損）》　朝鮮龍山　板垣征四郎　八月八日

拝復　酷暑之候益々御壮武奉大賀候。先般転出に際しては御懇電を辱ふし、今回は又特に結構なる紀念品御恵贈に預り、御芳情千万肝銘仕候。在寧中公私之御懇情誠に御礼の申尽も無之次第に御座候。赴任前上京之際は恰も政変に遭遇し、自然職務外御遠慮致し御訪問之機を失し、甚た御申訳無之候。新内閣の肚も定まり、不日御赴任

愈々本格的の御仕事も大に進捗可致拝察、日支両国之為慶賀之至りに奉存候。汪主席も訪日以来頗る元気の様子、何れハ閣下の御帰任を一日千秋御待申居ることゝ遥察罷在候。日支事変解決之国策之重点たるは申す迄も無之事に有之、又小生個人の立場よりも此際切に御自愛御苦労を御願致す次第に御座候。

先つハ段々の御礼申上度旁々如此に御座候。

敬具

八月八日　板垣征四郎

本多大使閣下

侍史

6．宇治田直義

昭和年不明九月三日付　封筒のみ

封筒表：本多老閣下　御侍史

封筒裏：緘(朱印)　麹町区霞ヶ関三ノ四(印字)　霞山会館内(印字)　日本外交協会(印字)　電話・銀坐五四八・二二九〇(印字)　九月三日　宇治田直義

7．大石正三

昭和二十年六月二十四日付

封筒表：(消印)□(不鮮明)　東京都目黒区上目黒七ノ一一〇二　本多熊太郎閣下

封筒裏：緘　宮崎県北諸県郡庄内町　有田三義方　大石中尉

拝啓仕候。

梅雨の候、又敵機屢々帝都を襲ひつゝある時、閣下始め御一同様には御変りは御座居ませんか、御伺ひ申し上げます。降つて私方は方南町の自宅去月二十五日の空襲にて焼失致しましたが、幸ひ母には別段異常もなく目下の処防空壕にて元気に暮して居りますから何卒御安心下さい。

扨て、私は目下九州の南の果て都城に来て作戦に従事しております。此処は沖縄へ一時間半一衣帯水の地です。従つて敵機の来襲も頻繁で天気の良い日に敵機を見ないことはありません。機種は大抵グラマンですが、一度落されてからと云ふものは絶対に低空へは降りて来ずに高度五千乃至六千米で何をすると云ふ当てもなく唯グル〳〵旋回してゐる丈ですぐに帰つてしまひます。

沖縄へも数回出動しましたが、滅多に敵と遭遇しません。余り敵機と遭はぬのですつかり油断して居りましたら、最期の出動に於て任務を終つて帰還の途中、突如上方からグラマンの奇襲に遭ひ尊い犠牲者を出しました。勿論此方も直に之と応戦数機を落しましたが、最初に出した犠牲者の尊い損害に比ぶれば何機落したとて、とても償ひきれません。油断さへしなければ滅多に敵に落される人ではなかつたのにと何時迄たつても残念です。今度こそは必ずこの報復をしてやらうと張切つてゐます。

敵の長所は編隊戦闘に巧みなのと無線が良く通じて交戦が長びくと無線で附近の飛行機の応援を頼んで忽ち大兵力となること、又飛行機の舵が良く利いて又突込みの初動速度が早いこと等が挙げられます。反面素質が余り良くなく、小隊長級を除いては殆んど青二才で隊長機がやられると、途端に烏合の衆となつてテンデバラ〳〵になつてしまひます。兎に角今度御遭ひする時はグラマンの御土産を沢山持つて行く心算です。楽しみに御待ち下さい。

先は近況御知らせ迄。折角御自愛の程を御祈り致します。皆様に宜しく。

尚六月十日附を以て中尉に進級致しました。御知らせ致します。

六月二十四日　　大石正三

本多熊太郎閣下

昭和二十年八月十日付

封筒表：（消印）山口小月／20・8・10／□（不鮮明）　東京都目黒区上目黒七ノ一一〇二　本多熊太郎閣下　速達（朱印）　検閲済（青印）　板橋（朱印）

封筒裏：緘　山口県小月郵便局気付　天風第三四二二二部隊　大石中尉　八月十日

拝啓　御変りありませんか。御案じ申し上げて居ります。扨て、私は今度当地に在つて勤務して居ります。数度の戦闘に幾多の戦友、隊長を失ひ無念やる方ありません。又今度は米国の原子爆弾に依る攻撃、又又九日にはソ聯との戦端が開かれ、一層噴〔憤〕激を新たにして居ります。戦敗国の哀れさをドイツ、イタリヤの例で見て居る我々は断じて神州は護らねばならぬ、の覚悟を愈々固めて居ります。

戦局益々急迫せる今日、吾々の任務は比較にならぬ程重要になつて参りました。粘つて〳〵粘り抜いて最后の勝利を得る迄は断じて目をつぶれません。最后の最后迄神州の空を護り抜く覚悟です。

もう一度先生に御目にかゝり御警〔謦〕咳に接し度く思ひますが、恐らく戎衣をまとひ東西に馳駆する身のその機会はないと存じます。残念です。
勝利の日迄大いに国事に御尽粋〔瘁〕の程願ひ上げます。私も益々戦友隊長の分迄働く心算です。
皆様方に宜しく。　頓首再拝
八月十日　大石正三拝
本多熊太郎閣下

8．大竹貫一

年不明十二月四日付　封筒のみ

封筒表：上目黒七丁目一一〇二　本多熊太郎先生　梧下
封筒裏：㊞(緘)〆　十二月四日　東京市日本橋区茅場町二ノ一一（黒印）　小甚旅館東京支店（黒印）（電話茅場町(66)七九七番）（黒印）　大竹貫一（黒印）

9．改造社『改造』編輯部

昭和十九年三月三十一日付

封筒表：目黒区上目黒七ノ一一〇二　本多熊太郎先生
封筒裏：緘　鶯谷二十六中村（青鉛筆）　渋谷大和田93（青鉛筆）　伊藤旅館（青鉛筆）　カズ田（青鉛筆）　東京市芝区新橋七丁目十二番地　改造社『改造』編輯部（印字）
電話芝(43)（印字）　一一二一番　一一二二番　一一二三番　一一二四番　振替東京八四〇二番（印字）　(16.3.1000)（印字）　昭和十九年三月三十一日　山田錠太郎

（封入物）

本多熊太郎「軍国外交雑俎」校正ゲラ五枚

10．加藤順次郎

昭和二十年七月七日付

封筒表：（消印）栃木壬生／料金収納／★★★　東京都目黒区上目黒七ノ一、一〇二　本多熊太郎様　拝謝

封筒裏：〆　栃木県壬生町万町大場方　加藤順次郎　七月七日

七月七日

謹啓　陳ハ二十六日付尊翰拝誦致候。同時ニ御恵与之貴著二冊も到達、御懇情之程感銘奉万謝候。「魂の外交」ハ其刊行当時韋編三たひ絶つまて愛読し、戯ニ之を我外交国定教科書と称して知友ニ反覆精読宜しく眼光紙背ニ徹すへしと勧告致候ものニ有之候処、過日の戦災ニて蔵書全焼転た寂寞を感し居候折柄、御贈与を辱ふし幸甚ニ不禁候。

扨、時艱ニして偉人を憶ふハ古今同しく、本日ハ已ニ蘆〔盧〕溝橋事件八周年ニ相当り感慨無量ニ候。大正・昭和時代ニ至りてハ文武朝野を通して傑出の士を見す、世界の大勢を達観し、我国の地位を考察して小異を捨て大同ニ就き、国家百年の大計を樹て同心戮力之を貫徹するニ直往邁進せさりしこと実ニ今日皇国危急興廃の関頭ニ直面せるものニして慨嘆ニ不堪候。

日本ハ今や世界三大強国の一なり、正義の国なり、君子の国なりと自称しなから官民の修養自覚未た足らすして大国民の襟度なし。機を見るの明なく事を処するの勇なく、物を知るの識なく、世ニ立つの信なくして転変極り

なき国際場裡ニ勝を制すること難し。我国家的欲求する限度限界を明白ニして正々堂々世界ニ声明する勇気を欠きてソ聯ニハ極東露領及ひ外蒙古ニ日本意図あるニ非すやと疑ハしめ、英国ニハ支那貿易を日本駆逐するニ非すやと疑ハしめ、支那ニハ満洲より北支ニ及ひ、更ニ支那全部を日本の支配下ニ置くニ非すやと怖れしめ、恐怖と疑惑の裡ニ彷徨せしむる程拙劣なる対外政策ハ無之候。又北支の特殊貿易即密輸入の如き米国の移民法ニ忍従して朝鮮人・支那人ニハ優越感を以て臨むか如き在郷軍人や国士志士を以て自負する鶏鳴狗盗の輩を使嗾して事端を惹起せしむるか如き大国民の態度ニあらす。固より相手国の客観的情勢を偵察するニハ哨兵斥候を要するも、其手段ニして目的ニあらす。日本の言ふ所ハ正しきか故ニ必す断行す、日本刀ハ伊達ニあらすとの信念を天下ニ抱かしむるハ焦眉の急務なり。張氏ニ秋波を送りなから李氏ニ媚態を呈する娼婦外交策ハ断然改めさるへからすと確信致候。

昭和八年松岡（洋右）君国際聯盟会議より帰朝し、日本ハ聯盟脱退するも孤立せすと雄弁を揮ひ居らるゝ際、小生ハ脱退ハ我国ニ取りてハ転禍為福千載一遇の好機なりと喜ひ、今や第二次欧洲戦争ハ一触即発の危機ニあり、我ハ隠忍自重して満洲国を名実共ニ独立国たらしむるニ努力せハ足る、戦争起らハ交戦国ハ我歓心を求むるニ汲々として最早独立認否の論争ハ自然消滅するハ明なりと友人間ニ快談壮語したるものニ御座候。然るニ十二年、今月今日又々蘆〔盧〕溝橋事件勃発し一時ハ驚きたり。其遠因ハ貴見の如く来るへきもの遂ニ来りたるニあれとも、近因ニハ大ニ疑あり。支那ハ満洲国独立ニ付て怨骨髄ニ徹し戦々兢々として疑心暗鬼を生し枯尾花も幽霊と見ゆる際、夜間演習を行ふハ人間の心理状態を無視する行動なり。万已むを得すとして之を行ふとせハ支那の将校を参観せしめて万一の不祥事を予防すへき手段を講するハ当然ならん。既ニ発砲あり。其正邪曲直彼我の間ニ解決せされハ夫婦喧嘩を仲人の裁決ニ任かす如く速ニ支那日本ニ関係薄き瑞士の如き中立国ニ満洲問題を離れて居中調停せしむへく、仮令仲裁人調停を好ます支那亦之ニ応せすとするも、我提議ハ公正ニして俯仰天地ニ耻する所なし。幸ニ支那同意せハ此機会ニ我ハ大ニ譲歩し、列国ニ先んして租借地返還、治外法権撤廃を断行し且若干借款までも与へ、我日支提携共助の誠意を彼の腹中ニ推進して事実ニ示さハ慢性の恐日病ニ罹れる支那なりと雖も、其心機を一転せしむへき効果ありしならん。碁・将棋の遊戯ニ於ても後手のみ打ちて勝てるものニあらす。閣下ハ外交界の長老、何卒朝野を率ゐて御指導あらんことを切望致候。敬具

蘆〔盧〕溝橋事件勃発を聞きて　乞笑正

もゝとせの後を思ハすいたつらによそのみなかめ進むはやりを
短くも橋ニよしあしあるものをひとよはかりと渡りそめにき
いつとても柳の下の鰌をハ夢みる人そおろかなりける
隴を得て蜀を望めるしれものよ満れハかゝる譬わすれて

加藤順次郎

本多先生
侍側

11. 金沢正夫

昭和十六年六月二十四日付

封筒表：（消印）海軍々用郵便／16・6・24／★★★　航空便（朱印）　軍事郵便（朱印）　公用（朱印）　東京市霞ヶ関　外務省気付　本多熊太郎閣下

封筒裏：㊂緘（青印）緘（青印）（消印）東京中央／16・6・30／后4—8　南京在勤海軍武官（青印）　海軍（印刷）

昭和十六年六月二十四日朝　南京海軍公館

金沢生

大使閣下

玉台下

謹啓

暑気次第ニ相加はり候処、益御清健ニ被為渉、日夜連続的御活躍遥ニ全幅ノ感謝を捧げ申候。南京残留部隊一同頑健、未だ頂点ニ達せさる当地之暑気は寧ろ適度之所ニて、相変らず微力を致し居り候間、御省慮被下度候。

今次汪主席訪日ニ就てハ一ニ閣下御尽瘁の賜たるは申す迄もなく、東京一部の空気中ニハ未だ割り切れざる残宰〔滓〕を有するやニ及聞候も、彼等の小乗的策謀も訪日ニ伴ふ各主脳部との懇談ニ依り対国府援助之再確認を見、加ふるニ国民大衆をして主席の引力ニて「国府育成強化」ノスローガンを与へたること、政治的意味ニ於て極めて重大なるものなり。閣下御努力之一部は優ニ達成せられたることを慶賀仕候。

杉原（荒太）君帰寧、在京事情多少諒解するを得て幾分不安有之しも、今朝公表之近衛汪共同声明ニて先々政治的帰結を了したるやニ認め、此之上ハ育成強化具体策ニ伴ふ些細の事は此の大道ニ依て逐次ニ解決して行けば可なるべしと愚考致候。

要するニ慾を云へは無限ニ候も、今日迄の成果ニて閣下年来の御初志は大部達成せられたるものと御満足相成り、些末の事は行き詰らねは分らぬ輩の縦横策議ニ委せられ可然と存ぜられ候ニ付、此上ハ成り行きニ委せられ可然かとの愚存ニ御座候。

愈独ソ開戦となり、世界之変局予断を許さず、我等現地勤務者ハ各種客観情勢を有利ニ利用して今こそ事変完遂ニ新たなる努力を傾倒すべき秋、汪氏訪日之事業を終り且育成強化之大体方針決定迄漕き付けられたる上ハ、此以上の事ニ余り御執着相成らず、御満足之上早々御帰任之程鶴首待望致居り候。

残留部隊之一事業たる華中興亜院との事務円滑を期する為、上海ニ於て両主脳部談合することと相成り、両中村君及小生赴滬之予定ニ候。

茲ニ遥ニ御奮闘ニ対シ満腔之敬意を表すると共ニ、次の活躍ニ備ふべく大局完成之上ハ早々御帰任相成度奉願上候。

敬具

昭和十六年七月五日付

封筒表：本多大使閣下　必親展託御船中佐（伝蔵）

封筒裏：緘　一六、七、五朝　金沢少将

昭和十六年七月五日　在南京大使館

金沢少将

本多大使閣下

謹啓　愈御清健ニ被為渉複雑機微なる中央之政局ニ任シ御任務御完遂之御努力容易ならざるものと遥ニ敬意を表シ候。御船中佐上京ニ託シ其之後当方ノ事情御報申上候。

一、汪主席帰寧後主席が訪日成果として出発前之腹案ニも増シて政治的十二分之収穫を得たるを満悦すると共ニ、国府内の鞭撻奮励ニ一層力を致シ居り、目下之南京ハ極めて明朗なる空気ニ有之候。但シ独伊其之他之承認は予想外ニ進展せる為、聊か面喰ひ之観有之、従来の純対日外交より進んで国際的活動（主トシテ儀礼之範囲乍ら）を要すること国府ノ現状として重荷之観有之候。

二、興亜院ニ於ては近く政務会議執行、当地よりも大使館勤務同院調査官として御舩・遠藤両君上京之処、今次の諮問事項ニ見るも又汪主席上京之際之同院態度ニ見るも、国府の現状及対支政策之大局ニ対する見解等「今更ソンナ考ヘデ」之観尠からず。大使館として別ニ期待すべきことなしと被存候。只現状同院存在する限り何とか適切ニ誘導すべき程度ニて、今次汪主席と帝国政府上層部間之諒解事項を彼等をして誠実ニ実行せしむる「実行方策ノ研討（検）」に重点を置かしむる如く御舩中佐ニは申付置候。

三、現在御留守の大使館としては先便申上置候通、華中大田（太田泰治）長官・落合（甚九郎）次長以下各局長と当方勅任官の会合をも為シ、相互協力ニ関シ十二分の諒解ニ達シ在る次第ニて、仕事の事も其の方針の下ニ重要事項ハ一々華中より相談ニ参り居り、此等の空気は一進展ニ御座候。

唯一昨日大使館ニて聴取シたる華中の「国策会社調整具体策」は猶小官等の考へとは相当の距離あり―中央ノ態度反映？―注視を要シ候。

会社調整ニ関シては御在京中上級関係者間ニ対シ此上ともよく〳〵御教示置き相成る要ありと痛感致候。

四、今朝之南京大陸ハ十七日閣下龍田丸ニて神戸御出発御帰任之報あり。同新聞寸評左ノ通。

〔新聞記事貼付〕本多大使近く帰任、中央を引きづった大使の決意と努力に満腔の敬意を表す

小官亦早々御帰任之御勇断有難く鶴首仕候。板垣（征四郎）参謀長も其の頃ニは転出（後任後宮（淳）中将）之事ともなるべく、御出発前之現地態勢を更ニ鞏固ニせられ、具体案促進之新段階ハ御帰任相ならねば不可能之事ニて、此

の意味ニ於て御帰任後の御活動を待望シ居る次第ニ候。

以上近況御報旁々暑中御見舞（当時《ママ》ノ温度標準ニて）申上候。本書を書きつゝある際、朝刊ニて御帰任を知り、ホツと一息仕り余事ハ拝眉ニ譲り可申候。

島田（嶋田繁太郎）長官目下出雲を率ひ北支巡航中ニて、来る十一日頃御帰投之予定ニ御座候。敬具

12．川島浪速

昭和十八年八月二十四日付　封筒のみ

封筒表：（消印）長野麻績／18・8・24／★★★　東京都目黒区上目黒一〇八〇　本多熊太郎様

封筒裏：緘　長野県東筑摩郡麻績《オミ》村聖山　朱印（不鮮明）　川島浪速

昭和十八年十月一日付　封筒のみ

封筒表：（消印）長野・山田／18・10・1／★★★　東京目黒区上目黒一〇八〇　本多熊太郎様　速達（朱印）

封筒裏：緘　信州上高井郡山田温泉山田館方　十月一日　川島浪速

昭和年月不明十一日付　封筒のみ

封筒表：（消印）長野□（不鮮明）／□・11／★★★　東京都目黒区上目黒一〇八〇　本多熊太郎様（朱枠）

封筒裏：緘　信州更級郡八幡村姨捨　川島浪速

13．菊池数馬

昭和二十年六月二十七日付

封筒表：（消印）須賀川／20・6・28／□（福島県カ）　東京都目黒区上目黒七ノ一一〇二　本多熊太郎様

封筒裏：六月廿七日　福島県岩瀬郡須賀川町西四ノ十三　松泉閣内　菊池数馬拝

拝啓

其の後御変りなく御元気の事と思ひます。先達ては御忙しい時、大変御迷惑を御掛けしまして誠に申し訳御座居ません。

尚、先達ての件も学校から先日追試許可が下たり、受験後進級致しましたから御放念下さい。

須賀川にも大分なれて来て勉強も空襲がないので思ふ様に出来ます。

呉々も御体御大切に。

右迄乱筆御許し下さい。尚、渋谷が焼けましたので便箋もなくノート一枚に書いた次第、御許し下さい。

敬具

六月廿七日

数馬拝

御祖父様

14．楠山又助

昭和十九年三月十六日付　封筒のみ

封筒表：（消印）日置荘／19・3・16／大阪府　東京目黒区上目黒七ノ一一〇二　本多熊太郎様
封筒裏：〆　大阪南河内郡日置荘村西八六六八　楠山又助

15．小村捷治

昭和十六年十一月十五日付

封筒表：（消印）東京中央／16・11・15／后8―12　京都市河原町三池　京都ホテルにて　本多熊太郎閣下　私用至急親展
速達《（鉛筆書き）》
封筒裏：〆　昭和十六年十一月十五日夜　東京市麻布区桜田町五九（印字）　小村捷治（印字）　電話赤坂四九五〇（印字）

粛陳。前略早速要用のみ認め申候。

只今（十五日午後七時二十分）奥様《（本多とし子）》より御電話にて御健康の模様承り、今だに血便の由、実に御案じ申上候。斯る状態持続の際ハ何より御安静を第一と致し、大体危険ハ割合に尠きものらし。以前知人同様の場合に存居候。何より御健康第一なれば、お急ぎにならず、十分御摂養祈上候。

（エメチンの如き適薬あれば御病気そのものよりも出血の方御注意専一と奉存候）。《欄外頭書》

三十年祭の儀に就てハ御任地より航空便その他にて不一方御配慮御好意に浴し、感銘の至りに奉存候。尚奥様のお談しにてハ使者（吉田福太郎氏の事に候べし）へ万事申含めらるゝ趣に候も、当方より申上得る程度は

〔決定の分〕廿四日、大臣官邸午餐後追悼談話会
合同のことハ徹底し居候。（欄外頭書）
廿六日、前十一時青山墓前祭（これは全く小村家の事）
後一時、次官々邸祭典（二—四時　一般）
廿六日—十二月六日　日本橋高島屋八階『故小村寿太郎侯卅年祭記念展覧会』と称す。
高島屋の熱意当方が驚く程に御座候。全く意想外のメモリアル・イヱ（ベ）ントに候。（欄外頭書）
〔未決定の分〕放送。全くお話にならず。二十六日も二十分出来るか否かのところ。外務省田代（重徳）参事官、情報局福田篤泰情報官聯絡を取り放送局と交渉中と存候。万一、大使御健康不可とあらば一そのこと葉山より金子（堅太郎）伯に願ふも一案か。石井（菊次郎）子に願ふか。（御両所にハ会見仕候。尤も放送の点などは触れ不申候。）金子伯葉山よりとでもなれば却て放送局も動くかと被存候。
放送局ハ如何なる事かトンと熱意を有せぬらしく候。（欄外頭書）
尚御気の毒なるハ信夫（淳平）氏の略伝（一代記的）の放送にて、今のところ全く見当相立たず、或ハ展覧会々期中せめても二回位連続できれば結構かと存居候へ共、これすら覚束なく候。
吉田（茂）氏の御親切実に感謝の至りに候。此状御覧の折、錦地に在らば何卒大使よりも同氏へ御犒ひの御詞賜り度候。吉田氏の御希望もあり、押しのため川越（茂）新顧問をこの方の顧問に仰ぎ申候。お含みまでに。
「魂の外交」記念版へは御依頼のまゝ拙き序を差加へ申候。目下印刷製本中、近く発売のことゝ存上候。先づ五千部とのこと。
背記御筆もアート紙によく出で候。（欄外頭書）

重ねて御安静を懇願仕候。匆々頓首

十一月十五日臨議召集の夜

麻布にて

小村捷治

本多大使閣下

御左右

附記（欄外右袖書）

（以上の事御参考迄《欄》に。委員へよろし《外》く御指図願上候《左》。委員長ハ西（春彦）次《袖》官。以下各局長《書》、門脇（季光）人事課長等。）

目下展覧会の説明文作製中。これまでは外務省に願へず、小生、例の伊藤専一君を助手に、些か擽ったけれども、自ら文案致居り、臨時議会もあり、頗る繁忙、但し健康ハ差支無之候間、御休神被遊度候。伊藤君も小村（寿太郎）研究家だけに実に熱心、但し数日用事にて帰郷中。帰り次第また手伝ふ筈。展覧会にハ写真類百五十点、遺品、参考品（これにハ背記屏風や魂の外交その他の書物もあり）外に或ハ外務省より御出品も可有之候。

昭和二十年六月二十日付　葉書

表：（消印）□（不鮮明）／20・6・20／★★★ 速達（印） 東京都目黒区上目黒七ノ一一〇二　本多熊太郎閣下

拝復。六月十日付尊信忝く拝誦。川島（浪速）先生へも御口添へ被下候由寔に恐入候。令夫人へも何卒よろしく。松村（光麿）様御無事に候や御見舞申上候。今般当地住居、川島先生その他の御親切により左記に決定、望外の好条件にて感謝罷在候。村内随一の旧家、名望家にして村助役、八十余才の老夫妻以下三夫婦揃へる芽出度且つ立派なる家庭の別館を占領、山村に稀らしく電話まで有之、鉄道電話利用の場合は姥捨駅長より直ちに連絡の筈に御座候。そのうちまた御便り可申上候。

長野県更級郡八幡村姥捨　宮坂豊春氏方

（電話　稲荷山二〇七）　小村捷治

二〇―六―二〇（長野市より出信）

16. 沢田廉三

昭和二十年十一月十一日付　封筒のみ

封筒表：（消印）□（不鮮明）／20・11・11／東京都　目黒区上目黒七丁目一一〇二　本多熊太郎閣下

封筒裏：封　本郷区切通町一　岩崎方　沢田廉三　十一月十一日

17. 重光葵

昭和年月日不明　封筒のみ

封筒表：東京都目黒区上目黒七ノ一一四二　本多熊太郎様

封筒裏：封　栃木県日光町山内　諸戸別荘　重光葵

18．嶋田繁太郎

昭和十六年六月七日付

封筒表：（消印）海軍軍用郵便／16・6・7／★★★　東京市目黒区上目黒七ノ一、一〇二　本多熊太郎閣下　軍事郵便（朱印）
（検閲主任印 松永（朱印））　航空

封筒裏：緘　軍艦出雲　嶋田繁太郎　（消印）目黒／16・6・10／前0―8　榛原製（透彫）

拝復

御旅行且は御活躍之御疲もあらせられず愈々御精進為皇国奉慶賀候。金沢（正夫）君に御託し之貴翰忝く拝読、御礼申上候。諸事予期以上に迅速適正に中央を御説得遊され候儀衷心敬意と祝意とを奉表し上候。汪主席の事着々進捗、之に依り該政府主要人々の意気を高むる事至大に御座候。此上は折角の企が最大有効なる実を収ん事を万禱仕候。其の外之件々ハ閣下の御努力に依り実現を確信罷在、当方としては極力御援助を期し居、南京にても最善の御協力を致されをる由御同慶之至に存上候。暑さに向ひ候折柄呉々も御自愛遊され度奉祈居候。

敬具

六月七日　嶋田繁太郎

本多大使閣下

昭和十六年九月十二日付

封筒表：南京大使館　本多大使閣下　私親展
封筒裏：緘　出雲艦上にて　嶋田繁太郎

謹啓
其ノ後御健康御回復遊され候事と存上、為皇国慶賀申上候。小生貴方面在任中は一方ならさる御懇情を辱し、御蔭を以て日々誠に愉快に過し得候段、謹て御礼奉申上候。御奮闘によりて着々国府成育の実情を視て帰還の事心強き限に御座候。先日は御心籠り之記念品を頂き御芳情感謝之至に不申堪、永く珍重思出と致へく候。尚昨日は中村（豊一）参事官を遠路御遣し御見送り下され忝く厚く御礼申上候。甚だ粗品失礼とは存候へとも、小生微衷のしるしニ金沢少将に小品托し御目に懸け候。御机側に侍セしめらるれは光栄不過之候。時局重大閣下の御活動に待つ所極て大に候へは呉々も御自愛の程奉万禱候。

敬具

九月十二日

嶋田繁太郎

本多大使閣下

19・須賀伝次郎

昭和十九年二月二日付　封筒のみ

封筒表：（消印）□（不鮮明）／19・2・2／★★★　東京都目黒区上目黒七ノ一、壱〇弐　本多熊太郎閣下　侍史

封筒裏：封　三重県松阪市魚町一、六五七　須賀伝次郎　昭和十九年二月二日

20．杉原荒太

昭和十六年四月十四日付

封筒表：本多大使閣下　恵披　機構問題（青鉛筆）

封筒裏：封　杉原荒太

拝啓

大使閣下にハ不相変御健康の御事と拝察致候。降而小生上海ハ予定通十日出発致候へ共、途中天候不良の為浜松に不時着、十一日着京致候。土田（豊）参事官ハ天候の都合により未着、同官着京迄ハ不取敢予備的行動をとることゝし、十二日（土）及十四日（月）の両日に亘り山本（熊一）局長初め局部長の大半及数名の課長連並に大橋（忠一）次官と例の問題に付一応の談合を交へ候。大使初め現地側よりの意見具申は効目ありたるハ事実にて、右現地側意見ハ四月十一日次官より総理（近衛文麿）に報告説明せるか、其の際総理は『支那に於ける我方機関のステータスは全面和平後ならざればバ明確ならず、今日興亜院案を強行するは支那側を刺戟し面白からず』と言はれ、尚『本件機構問題は内閣の命取りとなる虞ありと自分の所に申越せる旨もあり』と申されたる由に御座候（「興亜院案」とハ三月八日鈴木（貞一）案を指すものと被存候）。三月八日の鈴木案に関してハ其の後外務側及海軍側より該案にハ反対なる旨の意思表示を為し、爾後機構問題に関してハ関係庁間に何等話合進展し居らざる趣に有之候（尤も外務省側と話合が無いからとて他庁間に内密話合無之と断ずるを得ざるは勿論、表面上本件を寝せて居ることハ外相（松岡洋右）の帰朝迄ソットして

置き、其の帰朝を俟て一挙所謂政治的解決に持って行く作戦なるやも知れざるに付、必しも安心する材料にハならずと愚考せられ候)。山本局長ハ鈴木案の如きものハ絶対に通させないと力み、又大橋次官は現地側電報にある如き心配ハ要らぬと申され候。甚だ結構にて是非左様あらねばならぬことゝ存候へども、左様あらしめる為にハ所謂政治的解決でシテやられざる保障を確立することか必要であり、それが為にハ先づ此の際本件に関する省内一般の関心の熱度の高化及一致の所信の鞏化を図るの要緊切なるものあるを痛感しつゝある者本省内に於ても決して二三に止まらざる状況に有之候。土田兄着京の上、本格的活動に入り、逐次詳細御報告に及ぶべく候へども、以上不取敢御報告申進候。拝具

四月十四日

荒太

拝

本多大使閣下

侍史

昭和十六年四月二十日付

封筒表:本多大使閣下　恵披

封筒裏:封　杉原荒太

拝啓

十八日晩貴電拝誦。土田兄にも御見せし両人とも御趣旨を体し、益々奮闘努力する決心を固めたる次第に御座候。土田兄は十四日夕着京され、翌日より両名にて引続き幹部及主要課長を個別的に説きたる結果、本件に関し本省内の関心翕然として昂り来り候。十七日にハ両名にて山本東亜局長と麹町茶寮にて談合を重ね、其の際所謂政治的解決の危険を防止する為、本件に関してハ外務大臣に於て下僚の意見を徴せすして外部に対し「コミット」されざるやう大臣御帰京と共に直ちに東亜局長よりよく御願申上ぐると共に、右の趣旨を書物にして大臣に差上げ置くことを約束致候。十八日にハ次官官邸にて幹部（次官、東亜局部長全部出席、人事課長（門脇季光）、東亜局課長等（太田一郎、山田久就、根道広吉）列席）と現地側との会合を開き、二十一日にハ全課長会議を催すことゝ致候。右十八日会合の結果、今後具現を図るへき事変処理政策の要綱案を作成すると共に、機構問題の取扱に関しては従来の経緯に捉はれず、右政策具現の方法と睨合せて新に処理方案を作成することを申合せ候。

十九日東亜局長に於て及川（源七）興亜院長官代理と長時間に亘り話合の結果、『機構問題に関してハ従来の種々の案は総てスクラップとし、全然白紙状態に還元して今後の政策と睨合せ根柢的に新しく考へ直す』ことを申合せられたる趣に御座候。

全体の情勢はまだ〳〵安心し得る状態にハ無之、東亜局長も外務大臣帰朝後本件に関し大臣と話合を為し、大臣の御意見をも聞きて事態がも少しハッキリする迄小生の滞京協力方を希望し居られ候。

何れ詳細は二十二日発参上の土田参事官より口頭御報告申上ぐべく候へども、不取敢右御報告申進候。拝具

四月二十日

荒太

拝

本多大使閣下
　　侍史

昭和十六年四月二十三日付
封筒表：本多大使閣下　恵展
封筒裏：封　杉原荒太

拝啓

御懇電昨夜感激を以て拝誦致候。

前便を以て一寸申上置たる課長会議ハ予定通り二十一日開催致し、其の席上に於て「本件機構問題に関してハ一致協同してやってゆくこと」を申合せ候。別紙「対支緊急施策要綱案」は前便にて御報告申上けたる十八日会議の申合の結果、作成することゝなりたる政策に関する要綱案の原案として、命に依り小生に於て田尻（愛義）君の意見の一部を採り入れて起草したる一応の試案に有之、右に関しては一両日中に東亜局長等省内関係官と話合ふことゝ相成居候（第二、要領、甲、㈢の上海に於ける政府党機関の新設の点は田尻君の考案を一応採り入れたるものに候へども、此点は小生としてはも少しよく考へて見る必要ありと存居候）。右案起草に当りては大使閣下の懐抱せらるゝ御考と背致〔馳〕せざるやう努めたるつもりに御座候へども、何分不敏の為至らざる点尠からざるべく御叱正御垂示を仰き度御願申上候。

機構問題取扱方針案は目下起案中に有之候へバ、脱稿次第早速御届申上ぐべく候。

今日迄の経緯詳細土田参事官より御聴取頂きたることゝ拝察致候。
乍末筆大使閣下の御健祥を謹みて祈上候。

拝具

四月二十三日

荒太
拝

本多大使閣下

侍史

（別紙一・タイプ版）

（朱印）
外機密

対支緊急措置要綱（案）

昭和十六、四、二二

第一、方　針

新中央政府ト重慶政権ノ合流ニ依ル全面和平ノ招来ヲ促進シ、且世界情勢ノ逼迫急転ニ対処スル帝国綜合国力ノ弾撥性ノ鞏化ヲ図ル為、支那ニ対スル当面緊急ノ政治的施策ノ重点ヲ主トシテ占領地域乃至新政権治下ノ安定、局部和平ノ完成ニ向ツテ集中スルト共ニ、機ニ応シテ全面和平ニ転入シ得ル如ク所要ノ措置ヲ執ルモノトス。

第二、要　領

甲、局部和平ノ完成

㈠南京政府及華北政務委員会等ノ自主的活動ノ範囲ヲ広ク認メ、其ノ傘下ニ民衆ニ対シ指導性アル有為ノ人材ヲ結集シテ其ノ政治力ヲ高メシメ、之ヲシテ其ノ治下ノ民心把握ニ専念セシムルコト。

㈡右政治目標ハ主トシテ新政府側ニ対シ治下民政ノ安定ニ関スル経済施策ニ付、広汎ナル自主的処理ノ権能ヲ認ムルコトニ依リ達成セシムルコト。但シ我カ軍需及物動上ノ要求ニ関シテハ新政府側ヲシテ積極的ニ協力セシムルコト。

㈢占領地ニ於ケル物資流通ニ対スル現行制限（但シ武器、弾薬、ガソリン等特殊品ニ関スルモノヲ除ク）ヲ緩和スルト共ニ、非占領地域ヨリノ物資吸引ヲ可能ナラシムル如ク所要ノ措置ヲ執ルコト。

㈢我カ軍需及物動上ノ要求ノ実施ニ付テハ、上海ニ強力ナル我カ政府出先機関ヲ新設シ之ヲシテ担当セシムルコト。

㈣新中央政府ニ於テ国土守護ニ必要ナル十分ノ兵力ヲ維持シ得ル様我方ヨリ積極的ノ支援ヲ与フルコト。

㈤軍管理工場ノ返還、合弁会社ノ調整、南京其ノ他ニ於ケル占拠家屋ノ明渡等特殊事態ノ調整整理ヲ積極的ニ促進実行スルコト。

㈥支那側諸機関ニ対スル我方ノ指導振ヲ根本的ニ改善スルコト。

㈦独伊等ヲシテ速ニ南京政府ヲ承認セシムルコト。

乙、全面和平ノ招来

㈠対重慶工作ハ日蘇間中立条約ノ成立及欧洲戦局ノ推移等ニ伴フ国際情勢ノ新展開ニ対スル重慶側ノ動向ヲ見極メタル上本格的ニ行フコト。

㈡対重慶工作ハ外務大臣ノ主管トスルコト。

(三)全面和平ノ条件ハ大体別紙ニ依ルコト。而シテ右条件ニ依ル交渉及其ノ実行ヲ不可能ナラシムル如キ新ナル事態ノ発生ヲ見サル様留意シ、且既成事実ニシテ右条件ニ依ル交渉及其ノ実行ニ対シ支障ヲ及ホスモノアルニ於テハ、逐次之カ調整ヲ図ルコト。

(別紙二・タイプ版)

(昭和十六、四、二四)

外政機構統合問題ニ関スル省議決定ノ件（案）

（朱印）外機密

外政機構統合問題ニ関シ当省トシテハ別記方針ニ依ルコトト致度、仰高裁。

昭和十六、四、二四

外政機構統合問題ニ関スル方針

一、外政機構統合問題ニ関シテハ名実共ニ外交大権ノ一元的運用ノ常道化ヲ図ルヲ不動ノ目標トシ、之カ実現ニ付テハ漸進主義ニ依ル。

二、対支機構ニ関シテハ今日速急ニ之カ根本的改革ヲ実現スルコトハ困難ナル実情ニ在ルノミナラス、事変処理上却テ不得策ト認メラルルヲ以テ、差当リ左ノ「ライン」ニ依ル。

甲、中央機構

(イ)中央機構ハ一般情勢及事変処理ノ進行状況トモ睨合セ、機ノ熟スル迄従来ノ儘トス。

(ロ)興亜院連絡委員会及興亜院会議等ヲ積極的ニ活用シ、特ニ帝国ノ国際関係及外交ノ全局ヨリスル事変処理ニ対スル要請ヲ強ク反映シ、対支施策ノ適正化ヲ図ル。

乙、現地機構

(イ)現地機構ニ於テハ差当リ対支那側政務指導機関ニ関シ特ニ其ノ運用ノ改革ヲ図ルヲ急務トシ、之カ実現ヲ図ル。

先ツ第一着手トシテ南京、北京、上海等ニ於ケル対支那側政務指導ハ（顧問ニ依ルノ外）外交機関ニ於テ又ハ之ヲ経由シテ行フ態勢ヲ執ル。

対支那側政務指導ニ当リテハ支那側ノ自主的活動ノ範囲ヲ広ク認メ、有為ノ支那人ノ登場ヲ誘致スル如ク特別ノ考慮ヲ加フ。

(ロ)統帥系統ト行政系統トノ責任分野ヲ明ニシ、且軍ヲシテ其ノ本来ノ任務ニ専心邁進シ得シムル為、現地両系統機関ノ取扱事務ノ合理的配分整理ヲ行フ。

両系統機関ノ連絡協調ヲ密ニスル為、所要ノ措置ヲ執ル。

(ハ)対支政務施策ノ一元的統制ヲ期スル為、大使ノ連絡部長官ニ対スル区処権ノ範囲ヲ拡大ス。

(ニ)南京大使館ハ名実共ニ大使機関タル性質ヲ有セシムル如ク人員ノ配合、勤務職員ノ身分及服務関係等ヲ確定ス。

三、中央及現地ノ対支機構ノ根本的改革ハ先ツ前記二、ノ措置ノ実現ヲ見タル後、一般情勢及事変処理ノ進行状況ト睨合セテ之ヲ決ス。

中央及現地機構ヲ通シ外政機構ノ統合ニ名ヲ藉リ、実質的ニ外交大権ノ一元的運用ヲ分裂破壊ニ導クカ如キ内容ノ考案ハ絶対ニ之ヲ認ムルヲ得ス。

附記　外務省内部ノ機構改正ニ関シテハ別ニ之ヲ定ム。

昭和十六年四月二十五日付

封筒表：本多大使閣下　恵披

封筒裏：封　杉原荒太　四月二十五日

拝啓

前便を以て申進置たる機構問題に関する取扱方針案（依命小生に於て起草のもの）脱稿致候に付茲に御届致候。右案に付てハ曩に御送付に及びたる「対支緊急施策要綱（案）」と共に明日東亜局長等と会議を開くこと〻相成居候。右両案とも大使閣下の御趣意に背致〔馳〕するなきやを恐る〻次第にて、何分の御叱正御指示を仰き候。省内に於ては引続き若い所の方にも関心高まりつ〻有之、来週早々事務官会議を開き小生よりも話をすること〻相成居候。

山本局長は其の後も小生に対し誓って善処する旨確言し居られ、其の点甚だ結構のことに候。併し小生の懸念する所は同局長の誠意とは別個に本件が所謂政治的解決にもって行かる〻危険あることにて、小生の第六感よりすれバ其の危険性は未だ決して解消し居らざるのみならず、最近寧ろ増大する情勢にあるやに感じ申候。

本件の噂は世間にも可なり広まり居り、政客・新聞記者等の間にも相当注意を惹かる〻に至りつ〻ありと信ずべき理由有之候。土田参事官出発後も種々熟考を重ね候処、大使閣下に於て成るべく早く御上京頂いた方がよい情勢に在るものと判断致候に付、御尊慮を煩し度候。

拝具

四月二十五日

荒太

拝

本多大使閣下

侍史

昭和十六年四月二十八日付

封筒表：本多大使閣下　恵披

封筒裏：封　杉原荒太

拝啓

曩に及御送付置たる二案とも御異存無之旨の貴電昨日敬んで拝誦致候。

右案の中の「対支緊急施策要綱（案）」に関してハ一昨二十六日東亜局長、東亜一（太田一郎）、二課（山田久就）長、関係事務官、加藤（三郎）天津総領事、田尻参事官及小生等に於て約四時間に亘り審議を重ね候処、結局独伊等の国民政府承認方の件に関してハ意見纏るに至らざりしも、爾余の点に関してハ殆んど皆完全に原案の趣旨に一致致候。本案今後の取扱に関しては御前会議、大本営政府連絡会議等の議を経て統帥部に対しても拘束力ある決定とするの要あるも、其の持って行き方としては客年御前会議決定と関聯を持たせ、之が緊急実施の重点を明示決定する趣旨のものとして取扱ひ、それか為には本案第二、要領、乙の「全面和平ノ招来」の部分は之を除きたるものを適当整理して提案することが大体適当なるべしとの話合を為し、尚内容の問題と共によく研究することゝ致し候。機構問題に関してハ本日松本（後一）条約局長、東亜一、二課長、関係事務官、加藤天津総領事、田尻参事官及小生にて（山本局長は途中より鈴木企画院総裁及川興亜院長官代理と会見の為中座せらる）曩に御送申進置たる小生起草の案を基礎とし審議を重ねたる結果、本案の趣旨に異議なく唯本案三、の末項の趣旨を更に具体的に明示する意味合にて、㈠統合機関ハ名実共ニ外務大臣ノ完全ナル統制ニ服スルモノタルコト（外務系統以外ノモノカ実質上乗取リタルモノナラサルコト）、㈡現役軍人任用範囲ノ制限、㈢東亜部長官ノ現地機関ニ対スル直接指揮権ノ否認、㈣統帥系統及行政系統ノ責任分野ヲ明確ニスル為、統帥系統勤務者ノ兼職禁止、㈤北京其ノ他各地外交機関ニ対スル大使ノ完全ナル指揮権、㈥区処権ノ問題等に付ての外務省として堅持すべき主張を明記することを話合ひ、尚山本局長等も一緒に更に会議を開きて審議を続け、案を練ることゝ相成候。

本二十八日次官会議の後に及川興亜院長官代理より大橋次官に対し、『例の機構問題は従前の話を引続き進めることゝ致度し』との話あり。次官は『それは自分の聞いて居ることゝ違ふ、外務省としてはこれ迄の話を基礎としてその儘継続してゆくことは考へ居らず』との趣旨を以て答へ置かれたる趣にて、右を耳にせる東亜局長は早速電話を以て及川長官代理に対し、『去る十八日にあれ程明確に申合せをして置きながらどうしたことか』と詰り（十八日の申合とは二十日附拙信を以て御報告申進たるもの）、又及川長官代理よりの予ての申入に依り本二十八日午後山本局長に於て同長官代理と本件機構問題に関し会談致され候（会談に出て行かれる前、小生より鈴木案の如き考案には外務省は絶対反対なること、機構問題に関し外務省の態度は確固不動のものに硬化し居ることを先方に対し強く印象せしめらるゝ様依頼致置候）。

右会談に於て及川代理より『先般鈴木前長官代理より事務引継を受けたる際、鈴木より機構問題は各方面とも大体異議なき所まで来て居るに付、話を進めること可然旨言はれたるにより、本日外務次官にあのやうに話したる次第なるが、部下より聞けばそこ迄進んで居ないやうでもあり、旁本日は貴下よりよく今日迄の経緯を御聞き致度』とのことにて、山本局長より従来の経緯及外務側主張を説明し、『鈴木案の如き考へ方の案には外務省は絶対反対にして、斯くの如き案では外務省の省議は絶対に纏まらず、又万一斯くの如き案が無理押しせらるゝが如きことあらば、本多大使は其の職に留まられざるべし』との趣旨を強調し、最後に今日の急務は政策の方に力を入れるにある旨を説かれたる趣に有之候。

明朝山本局長に於て松岡外相に御会ひして汪主席渡日の件、機構問題、政策問題等を御話される予定にて、田尻君及小生より汪主席渡日の件に関しては早く回答を出すことゝ相成るやう大臣によく御話して頂き度旨局長に御願致置候。

土田参事官よりの来翰により、小生滞京の件に関する大使閣下の御意向謹んで拝承致候。

拝具

四月二十八日晩

荒太
拝

本多大使閣下
侍史

昭和十六年六月二十六日付

封筒表：（消印）南京／三十年六月廿六／十六／NANKING　東京市目黒区上目黒町七ノ一一〇二　本多大使閣下　恵披
（朱印）航空　（青紙シール）航空 PAR AVION

封筒裏：封　南京日本大使館　杉原荒太　六月廿六日　（消印）目黒／16・7・1／前0—8

拝啓
其の後大使閣下にハ御機嫌如何被遊候哉。謹んで御伺申上候。

降って私事帰任後雑務に取紛れ、本日やっと一段落つき申候。小生出発迄の状況は早速中村参事官及金沢武官等にも御報告致候。

汪主席御着京後の東京の空気の変遷如何かと興味を以て眺め居り、何とか全体の雰囲気か大使閣下の御方針の具体化を促進する方向に動く様切に祈り居り候。

大使閣下の東京に於ける随員団事務処理上必要の場合は何時にても御呼出頂き度御命令を御待ち申上候。

中村参事官は御留守を大事に御預りし立派にやり居られ候に付、御安心願上候。

拝具

六月二十六日

荒太
拝

本多大使閣下

御侍史

21. 鈴木達治

昭和年不明五月十六日付

封筒表：東京市上目黒町七ノ一一〇二　本多熊太郎閣下　願用

封筒裏：〆（消印）□（不鮮明）横浜市中区六ッ川町一三四　鈴木達治

拝啓　初夏の節閣下益御健勝奉恭賀候。

陳者或者御記臆（憶）ニ洩れ居るかと存候が、小生横浜高工校長在職の当時参邸致し、学生の為の小村侯爵ニ付き御講演御願申上候。其節御出張の御日時と差当り乍残念御来校を得ず候。一年有半前八聖段ニ於て安達（謙蔵）先生と御同席、親敷御話を承り候。猶同文会其他ニて御講演ハ時々拝承致し居るものニ御座候。

昨十五日御願有之参上致候処、生憎房洲方面へ御旅行御留守中ニて拝顔を不得候。横浜高等工業学校ニ大正十四年の発会ニて大陸会と申す全生徒の会有之候。大陸発展の為め其後微力を尽し申候。当時ハ後藤新平伯ニも会ハ色々御世話ニ相成り申候。会ハ小村侯の満洲経営の国策ニ示唆をを（ママ）受け、其国策を強化いたし度く念願いたし候。更ニ蔵前高工の先きの手島（精一）校長ハ小村侯の発意ニより支那留学生多数を高工ニ収容いたし、小生も其教育ニ当り申候。

大陸会ハ無形ニ小村侯の国策ニ感動いたしたるものニ候。其大陸会ガ特ニ今回の支那事変以来あるか無きかの不振の状態ニ相成り候処、近来学生の中ニ憤慨して大陸会更生の気運大ニ興り候為め、小生ハ校外より呼応し、此ガ為め先づ閣下の御講演を希望いたしたる次第ニ御座候。其れは閣下の御講演を拝聴いたし、又「魂の外交」等ニより小村侯と閣下の御関係を能く承知いたしたる為めに御座候。御留守中御伺申上候処、閣下最近御講演の為め非常ニ御多忙之御様子ニ候。大陸会更生の為め、是非閣下の御来校を祈願申上候。当方の予定ハ午後三時より又御都合ニて午後二時からニても宜布候。期日は本月二十五日を中心として其前後ハ好都合ニ御座候。何れ一両日中ニ電話ニて御都合御伺申上げ、其上ニて更ニ参上拝顔、当方の事情申上げ、幾重ニも大陸会御鞭撻を願上度、不取敢以書中右微意開陳いたし候。頓首

五月十六日夕　　鈴木達治

本多閣下

玉几下

22．高畑正

昭和年不明十一月十二日付　封筒なし

拝啓仕り候。

陳者先般拝芝の節ハ種々有益なるお話しを承り厚く御礼申上候。

扨、その際御引受けせる色紙の件、実ハ実川(時治郎)氏死去ノ為未そのまゝと致し候へ共、十六日同氏の葬儀相済み次第早速取り運び可申候間、それまで御猶予賜り度、先ハ右乍失礼以書中得貴意候。敬具

十一月十二日

高畑正

本多先生
　　侍史

23．高部義信

昭和二十年九月十五日付　葉書

表：（消印）□（不鮮明）20・9・16／□（不鮮明）　東京都目黒区上目黒七ノ一、一〇二　本多熊太郎先生　玉案下

新潟県南蒲原郡大崎村字籠場　佐藤信永方　高部義信

拝啓、愈々御清栄の御事と拝察いたします。お蔭を以て小生無事除隊、目下表記の処に落着いて暫く静養の心算で居ります。何もかも失つてさつぱりしましたが、頭はどうやらぼんやりして居るらしいので、ふり出しへ戻り、ついでに当分思ひ切りのんびりしてゐて見ようと考へて居ります。

取敢へず右御挨拶まで。　　敬具

九月十五日

24．宅野田夫

昭和十七年十二月十八日付

封筒表：（消印）赤坂／17・12・18／后0―4　目黒区上目黒七ノ一一〇二　本多熊太郎閣下　御直

封筒裏：封　昭和十七年十二月十八日　赤坂区青山南町三ノ六〇　宅野田夫　拝

（名刺表）

大東亜省所属　興亜医療研究所　嘱託　宅野田夫

（名刺裏）

目黒駅（ペン書き）ヨリ二三分　雅叙園ノ上通リ

東京市品川区上大崎四ノ二四〇　電話大崎（49）五三六六番

自宅　東京市赤坂区青山南町三ノ六〇　青山斎場前　電話　青山（36）三、五八二番

25．田尻愛義

昭和十六年四月二十八日付

封筒表：（消印）TOKYO／28・4・41／NIPPON　中華民国南京　日本大使館　本多大使閣下　御直被　航空便（朱印）

封筒裏：緘　麻布区本村町一四六　田尻愛義　四月廿八日　（消印）南京／三十年四月廿九／十七／NANKING　南京／三十年四月廿九／十八／NANKING

前略

上京以来の工作に付てハ土田・杉原の両君より直接又ハ書面にて御報告致したる通りにて、小生としてハ総理及大臣に会見の上変った進展もあらバ御報告致す考の下に今日迄失礼を重ねたる内情に御座候処、総理とハ未た会

見の機を得す残念に存候。

尤も翰長（富田健治）其他側近のものを通じ、㈠例の渡日及対国府当面の政策決定、㈡機構問題に関し充分総理の理解を得る様出来る限りの手段ハ講し居り、二十二日面会の節にハ翰長ハ㈠に付てハ総理も大使の書面を拝見し心配し居る旨申し居り、更に至急決意方に付拍車をかけ置き申候。陸海外興共に事務的にハ渡日のことハ異議なく武藤（章）軍務局長も去る二十二日懇談の結果、同意を得申候。残るハ大臣なるが、帰朝以来御多忙なる上、昨日来風邪気味にて本二十八日親しく懇談申上くる手配なりしも機会を失ひ、尚事務当局よりも未だ充分連絡つかさる模様にて、こゝ四五日決定をお待ち願ふことゝ相成るへく候。政策に関してハ大本営聯絡会議に持出す積にて、目下緊急対策案の省内部決定を急き居り候。内容ハ大体土田君より連絡申上けたる通りに候。㈡に付てハ小生等共同戦線を張り徹底的に省内の雑音ハ消え申候こと、両君より御報告申上けたる通りに有之、目下具体的対策案の最終的仕上を急ぎ居申候。

尚、重慶問題に関し色々と御電報の由仄聞致居候処、山の字ハ三月末帰京致居り、又過般貴地にて申上候如くその行動に懸念すへきことハ無之、各方面とり〳〵の色彩を帯ひたる憶測的諜報が多分に御耳を穢し居る情況と判断致候。本問題全般に付ハ前述の通り未た大臣に卑見を申述ぶる機を得さるも、大使の御考を支持し進言致度小生の意向なることハ貴地にて申上けたる通に御座候。

上記諸般の問題に関する過去一ヶ月来の大使の御深慮に依り大臣ハ充分に問題の複雑性を認識せられ、心配ハなきものと観測致居り候。尤も政局ハ色々と機微なる動きを示し居ることにもあり、今后の外交の発展の方向を誤りなく確立する上にも大使ハなるへく早目に御帰朝相成ること宜敷と存候。

先ハ失礼御詫ひ旁々近況御報申上候。

二十八日　　　　　　　　　　　　　　　　　　　　　　　　　　敬具

本多大使閣下　　　　　　　　　　　　　　　　　　　　　　田尻愛義

26．辰見富美子

昭和年月不明十六日

封筒表：（消印）□（不鮮明）16／□（不鮮明）　東京市目黒区上目黒七ノ一一〇二　本多熊太郎様　御中

封筒裏：〆　兵庫県武庫郡良元村伊子志山道六三六　辰見富美子拝

拝啓

毎日大変御暑い事でございます。

御叔父上様を始め皆様御元気に御暮しの事と存んじます。私達も御蔭様で元気で居りますから何卒御安心下さいまし。

姑に和歌山の本多の家から書留がまいりまして、母は常に変らぬ御叔父上様の御厚情に只々感謝致している次第でございます。

こんな時局に遭遇して何かと御心配遊ばされて居られます御叔父上様の御心境如何ばかりでございませう。主人は未だあれつ切り消息がなく、何処で戦つているやら分りません。

朝夕由紀子と主人の写真に向つて、何卒一心に戦つて下さつてお国の為めに立派なお働きをなさいます様うに、由紀子はこんなにおしやべりが出来ましたつて私が云へば、同じ事をまねて話します。母も由紀子を相手に淋しいなからも楽しい生活をして居りますから、何卒御安心下さいまし。母は何か御礼をと思つて考へて居りますが、何もこれと云つてなく大変恐縮でございますが、これ（ママ）其内に珍らしい物でもありましたらと思つて居りますから、悪しからず御許し下さいまし。

暑さきびしくなります折りから、特に御老体故御身体に充分御気を御つけ遊ばされて国の為めに少しでも長生き遊ばされます様う心から御祈り申上げます。

先づは右御礼まで。乱筆ごめん。

かしこ

27. 堤章

昭和二十年七月三日付　封筒のみ

封筒表：(消印) □（不鮮明）　東京都目黒区上目黒七―二二〇一　本多熊太郎閣下　親展

封筒裏：〆　堤章　名古屋市昭和区天神町一ノ一四（印字）　正剣社（印字）　電話瑞穂⑬一八八二番（印字）　振替名古屋二一三三四番（印字）　昭和20年7月3日

昭和二十年十月三十日付

封筒表：本多熊太郎閣下　松永持参

封筒裏：〆　堤章　名古屋市昭和区天神町一ノ一四（印字）　世界事情研究所（印字）　正剣社（印字）　電話瑞穂⑬一八八二番（印字）　振替名古屋二一三三四番（印字）　昭和二十年十月三十日

（添付メモ）

東京発　豊橋着

7・25―14・53―大阪行

10・40―17・58―米原行✓

8・30―14・02―下関行急行✓

22・40―5・14―大阪行

23・59―11・11―名古屋行

　但　小田原ニテ3時間半停車

謹啓　日々御無沙汰にのみ暮し居り何んとも申訳御座ゐません。一度上京と思ひつゝ一日の過ぎますのが知らず内に延引〳〵と相成り失礼のみ暮して居ります。今日閣下の御手紙を拝見致しまして御元気の由、一安心致しました。進駐部隊に対する聯区民各自注意と各方面への手配も一段落致しましたが、終戦事務局の俊島（倭島英二カ）参事官より申込みを受け、木村書記官より添書により仕事ノ外交工作を致し居る次第です。何日迄行きましても走り廻る人間に生れて来て居ります。

渥美の方も一度御来訪を申し来り居りますので、近日手配を致し御迎へ申し上ぐ考へです。来月十日前后が如何かと思ひます。

決定次第日定〔程〕御報告申し上げます。

今日は松永を使者と致し上京させました。何卒御引見被下度御願申し上げます。御用件之有時は、松永に申しつけ被下度、又日定〔程〕は閣下の御都合により何日にてもよろしく手配申し上げ申します。

奥様にもくれ〴〵よろしく御伝へ被下度。

家族一同無事帰名致しました。

栄様にもよろしく御伝へ被下度。

章

本多閣下

28．富井政章

昭和六年九月十四日付

封筒表：（消印）牛込／6・9・14／后0―4　市外上目黒東山一〇八〇　本多熊太郎殿　侍史

封筒裏：記載なし

（名刺）

御礼

富井政章

29．中村建誠

昭和二十年七月五日付

封筒表：（消印）東京中央／20・7・7／東京都　目黒区上目黒七丁目一、一〇二　本多熊太郎様

封筒裏：緘　七月五日　麹町区霞ヶ関　大蔵省　中村建誠

拝復　玉葉拝読、毎々老父の身上に付御配慮に与り御厚礼申上候。御申越の通り去る五月二十五日避難先赤坂区伝馬町に於て再び罹災、その後縁辺を頼り居り候も所辺益々危険予想せられ候に付、急遽手続を進め、去る六月二十二日当地発、郷里和歌山県有田郡湯浅町に疎開致させ候。附添の者の伝ふる所に依れば途中無恙安着、親戚・知友の厚意に依り何とか落つきたる模様に有之候。若し同町役場気付にて御音信賜はらば老父も定めし喜ぶことゝ存候。

先は一言御礼旁々御通知申上度如斯御座候。時節柄一層御自愛被遊様祈上候。敬具

七月五日　　中村建誠

本多熊太郎

玉案下

30．中村豊一

昭和十六年五月十四日付

封筒表：東亜局長気付　本多大使　閣下　必親展　JAPANESE EMBASSY NANKING（印字）
封筒裏：南京　中村豊一

五月十四日　中村豊一

本多大使閣下

拝啓
恙なく御安着の趣拝承慶賀至極に存じ候。御出発後の模様は変りたることも無之、本日周《仏海》副院長より接到の書信飜訳作成の上最近便の飛行機の機長に托送致すことゝ致し、明十五日上海発の飛行機に積込み確実に到着致す様特別に取計ひ候間、御諒承願上候。

原文（御携帯の分）と異なるは汪《兆銘》主席に於て修辞を相当変更致したると不在家屋を新に附加したる点に有之候も、全体として可なり筆を加へられ居り候間、今回御送付申上げたる分を御利用願上候。

御出発後の新聞記事切抜き若干御送付申上候。

影佐《禎昭》少将の話に依れは、汪主席は曩に山下《亀三郎》氏の内話を聞き六月を予期し居りしに、閣下よりは帰朝後時期を定むる旨御話しあり、右は六月より延期せらるにあらずやと心配致し居りたるに付、可然説明致し置きたる由に候。

尚汪主席は留守中の代理の事を定め置かざるへからざる必要も有之、成るべく早く御内報を得度き旨希望致し居り候。

御心遣ひの事とは存じ候も為念申添候。御健康切に祈上候。

取り急ぎ御内報迄。敬具

（別添1）

五月十四日南京大陸新報（切抜）

現地の進言書携へ

政府の奮起を促す

本多大使けふ帝都へ

【同盟東京十三日発】帝国は客年十一月卅日南京に還都せる国民政府との間に日華基本条約を締結し正式承認して以来重慶党軍に対して徹底的に武力制圧を加へると共に国民政府の育成強化を事変処理の大眼目として今日に及んだが国府の成長は日一日と観るべきものがあるにも拘はらず欧洲大戦の深刻化は支那事変の世界的性格を愈々決定的ならしめ最近の日ソ中立条約の成立は重慶ワシントン抱合拍車を掛け国府の予期する全面和平の実現には尚前途に多難が予想される実情である。斯かる時期に直面し我が事変処理方策も強化を要望されるに至りこの大陸施策の新展開に就いては最近我が外地陸海軍最高首脳部間に完全なる意見の一致を見本多駐支大使は現地三機関を代表して南京発十一日夕神戸に上陸京都に赴き京都ホテルに於て『対支方策進言書』とも言ふべき重要報告書の最後的仕上げを終へ十四日入京することになつた。同大使は着京後なるべく速かなる機会に松岡外相、東条陸相、及川《古志郎》海相と会見して

一、政府は既定の廟議に基き従来の施策の結果及び現在の情勢に即応する国民政府支援強化の大方策を確立すべし

一、政府は右の大方策に基き速かに現地機関をして具体的措置を講ぜしむべし

となす現地の主張を伝達し政府の奮起を促す筈であるが同大使の今後の動きは頗る注目される（写真は本多大使）

（本多熊太郎肖像写真）

国府の育成強化

今こそ全力を注ぐ秋

本多大使縦横談

【同盟京都十三日発】本多大使は京都で外務記者団と会見左の如き縦横談を試みた。

国民政府は昨年十一月三十日々華基本条約調印以来僅に半歳の間に大きな業績を挙げた、第一にあの条約調印は大英断である、又満洲国を承認し満、華間に大使を交換したことは汪主席にして始めてなし得たところであらう、其後国府は種々な誓約の下に良く日本と協力し来つた、軍事方面では去る三月の還都一周年記念を期し華北、広東、武漢の各方面の将領六十余名を集め軍事会議を開いた、将領中には嘗つての直隷派や安福派もあり系統は復〔複〕雑を極めたが然も大成功を収めた、最近清郷工作に乗出したのも意議〔義〕が深い、これは或る地区内の掃匪を国府の綏靖軍と日本軍とが共同作戦で行ひその地区の治安が恢復すれば支那側に治安維持を一任更に次の地区に移り斯くして遂〔逐〕次治安維持を支那の手に移し和平地区を拡張していくのである、これに依つて現地日本軍の負担を漸次軽減して行く訳で国府の軍事的業績として認めて良い、国府海軍の再建には故須賀〔彦次郎〕中将が尽瘁したが我が方は既に数隻の軍艦を返還し海軍将校の養成訓練に努力を致してゐる、財政方面では還都以来毎月剰余金を準備金として中央儲備銀行を設立したが同行は既に南京、上海、蘇州、杭州、無錫等に支店を開設しその発行紙幣は南京を中心に漸次流通圏を拡大しつゝある、国民政府の悩みは第一に民政問題である、事変では支那人の生活水準は一般に低下したがこれを国府側と重慶側と比較すると国民政府地区の江蘇、安徽、浙江、山西省の民衆の生活水準は事変前の三分の一乃至四分の一に低下してゐるのに対し重慶側区域では七分の一に低下してゐる、蔣介石は焦土抗戦臥薪嘗胆を標榜してゐるが和平救国のため蹶起した建前上和平のため臥薪嘗胆は当然と民衆に言へない苦しい立場にある、更に揚子江下流の三省は中国でも最も文化の高い地域で近代的産業に依存してゐるため生活苦に対する忍耐力が弱くなつてゐるのに反し重慶側地域は何時でも原始産業形態に還へれる、従つて単なる数字の比較は実際の生活水準低下を現してゐない、尠くとも汪主席としては和平地域の民衆生活が一歩一歩楽になつてゐることを事実を以て示して行かなければならない、そうでなければ民心把握は出来ない、今日は汪主席の民心把握工作に拍車をかくべき重大時期で民心把握のために我が占領地域内の諸施設を平常化することか必要だと思ふ、国府の育成強化は既に廟議で決定した不動の国策である、而し現に作戦してゐる実情から育成強化方針とこれの調和は仲々難しい場合がある、例へば米の問題だが物資搬出入許可制に依る非占領地域との経済隔絶の問題等軍が作戦上必要と認めて構〔講〕じた処置であるがその反面国府の民政問題に影響を及したことは否めない、だからこの後は作戦に支障なき範囲内で出来得るだけ統制を緩和し民政問題解決に協力して行くことが必要である、汪主席が如何に和平と楽土建設を約束しても現実に飯も食へぬ様では民心把握どころではない、畑支那派遣軍総司令官、島田支那方面艦隊司令長官と充分意見を交換した結果である、現に軍は具体的に育成強化の方法に就いて国府側と着々研究を進め実現を見たものさへある、外交方面に就いて積極的になすべきことが尠くない、例へば独伊をして速かに国府を正式に承認させることも可能にして且つ必要なことで又国府の育成強化のために進んで彼我の経済提携を実現すべき方途を講じなければならない、日華合弁の美名に隠れて一部の日本人だけが不当の利益を貪ぼる如きことがあつてはならぬ、現地軍官民の小さい一挙手一投足でも民心には意外な影響を及ぼすことを知らねばならぬ、蔣介石は国共が両立しないこと位は良く知つてゐる、然し仮令国共が分裂しても蔣は抗日を止めぬと思ふ、況んや最近米国の傾向をみるに蔣を遮二無二抗日へ駆り立てゝゐるではないか、日ソ中立条約は重慶に政治的に反響を与へたがこれで好転すると考へて楽解《ママ》することは慎まねばならぬ、ソ聯は重慶に飛行機を供給してゐたが今度はアメリカが供給することになつたから蔣は肚の中ではソ聯の援蔣の有無は大して問題でないと思つてゐるかも知れぬ、蔣は表面ソ聯と衝突を避けつゝも共産党弾圧はじりじりやるであらう、尚最近重慶側の軍隊の戦闘意識は非常に衰へ武器も粗悪になつたのは事実である、一時重慶直接交渉を目指す日支の政治ブローカーが動いた様だが既に基本条約締結して日華新関係の進むべき道が確立された以上は斯かる工作からは政府民間とも断乎として手を引かねばならぬ、国府を承認したのは決して一時の謀略ではない、一方で国府を承認してゐながら蔭でこれと背馳する様な言動を為すことは重慶、南京の両方面から不信を買ふ以外何の利益もない、重慶でも「和平果して可能なりや」の議論が行はれてゐるが日本が果して国政《ママ》にどれ位力を入れるかそれに依つて去就を決しやうといふ気持であらう、斯く言へば国府を育成強化することこそ全面和平の第一歩であることが明瞭であらう、徒らに全面和平を急ぐ必要はない、至誠に貫かれた日華提携の立派な標本を作り暫時これを拡大して行けば良い、吾輩に言はしむれば国府の存立如何延いては全面和平実現の如何は実に当面の国府強化の問題に懸つてゐると信ずる、

（別添2）

China Press May 12

Honda Denies Tokyo Plans Peace Parleys

A Statement categorically denying that Tokyo is planning to enter into direct peace negociations with the Chinese Government in Chungking was issued here by Mr. K. Honda, Japanese Ambassador to Nanking, before his departure for Tokyo.

Mr. Honda's statement, which was given prominent display by the Japanese-owned Sin Shun Pao Thursday, is generally believed here as significant in view of the persistant reports that certain elements in the Japanese Government have made renewed efforts toward direct peace negociations with Chungking.

Mr. Honda, who, according to the Sin Shun Pao, left yesterday for Tokyo, is scheduled to confer with the Japanese foreign Minister, Mr. Yosuke Matsuoka. Mr. Matsuoka, according to local reports, is said to be convinced following his return from Berlin that the only possible way of settling the "China Incident" is through direct peace talk with Chungking.

Sino-Japanese peace rumors in Shanghai were given added impetus yesterday following a United Press report from Tokyo quoting the semi-official Japan Times and Adertiser which stated in an editorial that Japan cannot conquer China by force and adovocated a policy of reducing the scale of hostilities and promoting peace.

The Japan Times and Advertiser is reportedly the semi-official mouthpiece of the Japanese Foreign Office.

"Irresponsible Elements"

Mr. Honda in his statement before his departure for Tokyo called those who are seeking to promote direct negociations with the Chinese Government as "irresponsible elements." Direct talks, he pointed out in his statement, would only "expose our weakness to our adversaries."

"The time for direct negociations with Chungking," he continued, "has passed, and those who are promoting such a policy are injuring our national policy. They should be impeached."

Mr. Honda told his interviewers that Foreign Minister Matsuoka has forcefully denied reports that direct peace negociations with Chungking are being contemplated.

The Japanese Ambassador's statement also pointed out that Japan will never adopt such a "faithless" action as abandoning the Nanking regime and entering into direct peace arrangements with Chungking. He said he will confer with Foreign Minister Matsuoka on this and other important questions upon his arrival in Tokyo.

(別添3)

Shanghai Times May 11th

ON WAY TO TOKYO

(本多熊太郎肖像写真)

Dr. K. Honda, Japanese Ambassador in Nanking, who sailed from Shanghai for Tokyo on Friday, bearing important proposals for a settlement of the China conflict. Dr. Honda, in an interview, disclosed that the Chungking Government had rejected all peace proposals except through United States mediation.

Compromise With Chiang Only Dream

Envoy Honda Adovocating Close Co-operation Of Japan With Nanking

---

(*Domei*)

Dr. Kumataro Honda, Japanese Ambassador to the National Government of China at Nanking, who sailed on Friday night for Japan, reportedly to confer with the Tokyo Government on measures to intensify co-operation between Japan and the Nanking Government, declared in an interview with the "Nichi-Nichi" prior to his departure that he was convinced that the closest co-operation between the Japanese and Wang Ching-wei Government was the sole formula for bringing about a final Sino-Japanese settlement.

Ambassador Honda declared that it would be a "foolish dream" to entertain any thoughts of a compromise with General Chang Kai-shek.

The Japanese envoy reportedly told the " Nichi-Nichi " that he had been reliably informed that General Chiang is in no disposition to accept "peace overtures" from Tokyo and feels that any such move should made through the United States.

Dr. Honda said that he had been informed by a "third Power representative who recently visited Chunking" that General Chiang was in no mood to accept peace proposals hastily in view of the world situation, and also the manner in which the anti-Axis Powers had been aligning their aid to Chungking.

At the same time, Ambassador Honda warnned against an overestination of reports of an unbridgeable rift between General Chiang and the Communists. He pointed out that the United States had Stranglehold on the Chungking regime since the resources of the Chiang-Soong financial clique were tied up in American banks.

Nippon Envoy Bearing Vital Plan To Tokyo

Important Proporsal For Settlement Of China Hostilities

NANKING HAS TO BE STRENGTHENED

Chiang Means To Keep Up Military Residence Against Japan

(*Reuter*)

TOKYO, May 10. — The Chungking Government has rejected all peace proposals except through United States mediation. Dr. Kumataro Honda, Japanese Ambassador in Nanking, is reported to have told the Shanghai Correspondent of the "Nichi Nichi" in an exclusive interview before sailing from Shanghai for Tokyo yesterday. Dr. Honda, it was previously reported, is returning to Tokyo with "important proposals for a settlement of the China conflict."

The Japanese envoy, according to the "Nichi Nichi" said general peace between Japan and China could only be restored by strengthening the position of the Nanking Government and stabilizing Chinese life.

Nanking Must Be Strong

"In settling the Sino-Japanese conflict completely, the National Government of Nanking must be strengthened so that its influence permeates the whole of China, with the inevitable consequence of amalgamation of the Nanking Government and the Chunking regime." Dr. Honda is said to have declared.

The "Nichi Nichi" continues that he deprecated the idea of entering into direct negociations with Chungking as "the height of folly."

"I will place information in my possession before the Japanese nation. Chungking wants the wholesale withdrawal of Japanese troops from China before entering into peace negociations," Dr. Honda declared according to the Japanese paper.

What Chiang Said

He is alleged to have told the "Nichi Nichi" that General Chiang Kai-shek told a "certain third-Power national" that if Japan wants peace, "you better come with peace proposals through the United States."

Dr. Honda, according to the "Nichi Nichi", admitted the impossibility of direct negociations between Japan and Chungking, and, at the same time, asserted that third-Power mediation was inadequate.

Referring to statements by the Japanese Premier, Prince Konoye, Dr. Honda pointed out that General Chiang Kai-shek knew that harsh terms would not be imposed by Japan upon him in the worst eventuality; therefore, General Chiang was not anxious for peace, but, on the contrary, meant to keep up resistance against Japan by aligning himself with Great Britain and the United States.

Daner of Delay

"Direct negociation with Chungking would only result in delaying the final settlement of the China affair by stiffening Chungking's anti-Japanese attitude. Therefore, Japan's first and foremost task is to strengthen the Wang Ching-wei Government at Nanking," Dr. Honda is reported to have added.

（別添４）

May 12th *Shanghai Times*

5

Local Japanese Paper On
Honda Peace Statement

Shanghai "Mainichi" Says Only Way To Terminate
China Conflict Is To Tear To Shreds Armed
Resistance Of Chungking Government

Echoning the statement reported to have been made by Dr. Kumataro Honda, Japanese Ambassador to China, to the local correspondent of the Tokyo "Nichi-Nichi" before his departure for Tokyo to confer with the central authorities, the Shanghai "Mainichi," local Japanese-language paper, stressed that the only way open for Japan to terminate the China conflict is to "tear to shreds the armed resistance of the Chungking regime until it has collapsed."

The Paper discerned in its editorial yesterday morning an intensification of Japanese military operations against the armed forces of Chungking in various parts of China. The development was believed by the paper to be indicative of the determination of Japan to crush the armd resistance of Chungking.

Pointing out that even today the key to the disposal of the China conflict rests solely upon the destruction of the enemy's military power, the Shanghai "Mainichi" expressed the belief that Chungking's military collapse may also be termed a prerequisite to the strengthening of the National Government under President Wang Ching-Wei.

The daily stressed that the more the resistance power of Chungking is weakened, the more it is necessary for Japan to intensify her military operations.

Presistent《(ママ)》 Operations

Describing the present widespread Japanese operations against enemy arms, the "Mainichi" expressed the conviction that the present Japanese operations in full swing in all parts of China are not being carried out on the assumption that Chungking's forces have been strengthened or reinforced.

The paper recalled a recent statement made by Shunroku Hata, Commander-in-Chief of the Japanese Expeditionary Forces to China, upon his return from an inspection tour of North and South China, that all available means deemed necessary for the entire collapse of Chungking's resistance, with stress on military operations, will be employed with firm determination.

Although admitting the impossibility of settling the China conflict by means only of military operations, the daily stressed that the disposal of the conflict without armed force is a mere "dream of idle civilians."

Only A Miracle

Solution of the China hostilities might have been possible without military force had it been undertaken prior to the beginning of hostilities, or before their development to the present stage, however, nothing short of a miracle could settle the conflict now no matter how great the political or diplomatic efforts made, the paper declared.

Recalling the remark made by Ambassador Honda recently that direct peace negociations with Chungking would be more injurious than benifical, the Shanghai "Mainichi" concluded by pointing out that not only direct negociations, but indirect negociations with Chungking would be more injurious than benifical since the hostilities have reached the present stage.

（別添５）

N. E. D. May 12

41

Proposal for Peace Talks Repudiated

Local Japanese Journal Supports Mr. Honda's Rejection of Feeler

Echoing the statement reported to have been made by Dr. Kumataro Honda, Japanese Ambassador to China, to the local correspondent of the Tokyo "Nichi-Nichi" before his departure for Tokyo to confer with the central authorities, the "Shanghai Mainichi," local Japanese-language paper, stressed that the only way open for Japan to terminate the China conflict is to "tear to shreds the armed resistence of the Chungking régime until it has collapsed."

The paper discerned in its editorial yesterday morning an intensification of Japanese military operations against the armed forces of Chungking in various parts of China. This development was believed by the paper to be indicative of the determination Japan to crush the armed resistence of Chungking.

Pointing out that even today the key to the disposal of the China conflict rests solely upon the destruction of the enemy's military power, the "Shanghai Mainichi" expressed the belief that Chungking's military collapse may also be termed a pre-requisite to the strengthening of the "National Government" under President Wang Ching-wei.

Intensification Urged

The daily stressed that the more the resistance power of Chunking is weakened, the more it is necessary for Japan to intensify her military operations.

Describing the present widespread Japanese operations against Chungking's armies as delivering a *coup de grâce* against faltering enemy arms, the "Mainichi" expressed the conviction that the present Japanese operations in full swing in all parts of China are not being carried out on the assumption that Chungking's forces have been strengthened or reinforced.

The paper recalled a recent statement made by Genaral Shunroku Hata, Commander-in-Chief of the Japanese Expeditionary Forces to China, upon his return from an inspection tour of North and South China, that all available means deemed necessary for the entire collapse of Chungking's resistance, with stress on military operations, will be employed with firm determination.

Although admitting the impossibility of settling the China conflict by means only of military operations, the daily stressed that the disposal of the conflict without armed force is a mere "dream of idle civilians."

Glimpse of Obvious

Solution of the China hostilities might have been possible without military force had it been undertaken prior to the beginning of hostilities, or before their development to the present stage; however, nothing short of a miracle could settle the conflict now, no matter how great the political or diplomatic efforts made, the paper declared.

Recalling the remark made by Ambassador Honda recently that direct peace negotiations with Chungking would be more injurious than benifical, the "Shanghai Mainichi" concluded by pointing out that not only direct negotiations, but indirect negotiations with Chungking would be more injurious than benifical once the hostilities have reached the present stage.

五月二十日　在南京　中村豊一

大使閣下

昭和十六年五月二十日付

封筒表：大公使室気付　本多大使　閣下　必親展　至急　（印字 JAPANESE EMBASSY NANKING）

封筒裏：封蠟　在南京　中村豊一

拝啓
東京方面に於ける御活躍の御様子拝承、順調に参り居る様子にて結構に存じ候。一日も早く御帰任の程待望致し居り候。当地の様子は相変らず多忙裡に過ごし居り候。暑気漸く加はり去る十八日の煙草組合の飛行機献納式には小学生か二十名程も日射病になる有様にて相当なるものに有之候。

目下南京政府の下半期分予算の内面指導の問題にて多忙に有之候処、其の内広東税関に於ては南支軍は十六品目につきては軍経理部長（古川武次）の証明にて軍需品として輸入し、相当代金にて販売し、其の差額を軍に於て使用せんとする計画あり。外務省よりも差当りの措置として已むを得ずんば将来の伸縮性を留保して一応是認することに相成居り候（十五日広東発大臣宛電報一六八号、十七日広東宛大臣発電報八二号）。然るに広東税関の収入は日本よりの軍機購入代金及今後の清郷工作費に予定致し居り、現在貯積せる千百万元は前者に充て、後者には将来の収入を当てに致し居り候ため相当影響あるべしと存じ、目下正確なる減少見込照会中に有之候。

国民政府の育成強化には固より財政権の確立が必要にて漢口、広東、厦門等に於て税関の収入を其の儘押へるか、又は勝手に免税を拡張せられては打撃大なるのみならず、政府の方針である税関の統一性も害することに有之候に付、将来とも関税を中央に集めて各地軍日々必要なる額は日本軍に対する軍事協力の意味合ひにて適当額の治安費を負担せしむるやう仕向けたく、斯くては軍の経済干渉を緩和し経済の運行を盛んにし、財政収入の増加を来たし、他方国民政府の地方に対する政治力の侵〔浸〕透と相成るべきに付、閣下に於かせられても事務当局を御指導願上候。

当地より意見上申致たしく〔た脱カ〕存じ候も、御留守中にもあり一応私信にて御報告申上、東京に於て閣下より事務当局に御下命願ふやう相定め候。日高（信六郎）公使・影佐少将・金沢武官等も同意に有之候。

汪主席渡日のことゝ相成候へは多分周仏海同伴のことゝ相成る様子にて、周より日高公使に話合有之候。此れ又一日も早く実現方切望致し居るは御想像の通りにて何分の御内意なりとも早く御内報願上候。御帰任後は調整のために事務増加致すべく存ぜられ候に付、予ねて御話し通り華中聯絡部よりの承命服務者をもっと直接大使の指揮に服せしむる様東京に於て然るべく御話し置き下されたく、或ひは大使館の意向を一層有効に反映せしむるために日高公使の華中聯絡部調査官兼任せしむるも一方法かと存じ候。

重慶工作に関する御訓令は汪主席よりは「東京よりの訓令の写しを頂きたい」と申し候に付、バラの上交付致し候。一札とられた型に有之候。此れは人の悪口に相成候間差控え候も、松岡（洋右）外相に頼まれたか、忠勤を励んだためか分らず候も、外相に御迷惑をかけ居る話種々伝はり居り候。詳細御面謁の際に譲り申し候。充分御休養の上御帰朝〔任〕待望致し居り候。先づは御報告迄。

不一

追申

杉原書記官引続き滞在の模様に候も、目下居留民関係にて調整の基礎となるべき不在家屋の問題ありて特務機関（原田久男）長に於て杉原書記官の帰任を切望致し居り、且つ余り長期に亘りての留守は目下民会の役員改選、徴兵検査等の総領事管掌事項の輻輳致し居る際につき、対居留民関係よりも如何とも思はれ候に付、東京に於ける業務も一応打切りて帰任する様御取計ひを得は好都合に御坐候（日高公使も同意見に有之候）。

昭和十六年六月二十九日付

封筒表：（消印）南京五／三十年六月廿九日／十七／NANKING　東京市麴町区霞ヶ関　外務省大公使室　本多大使閣下　御

書翰

直被　至急　航空　PAR AVION（シール貼付）

封筒裏：（消印）南京五／三十年六月廿九日／十七／NANKING　南京日本大使館内　中村豊一

六月廿九日

在南京　中村豊一

本多大使閣下

拝啓

酷暑の候に御坐候処、益々御健勝之段奉賀候。汪主席も非常なる成功裡に帰京せられ頗る満足の様子にて、一つに大使閣下の御尽力の賜ものと感謝致し居り候。

陳者過日の御来翰に依れは遠からず御帰任の趣拝承致し候処、暑気甚だしき候にて誠に御苦労に存じ居り候。今年は昨年に比して比較にならぬ程のすゞしさの由に有之、官邸は既に屋根一面及周囲に竹製の日覆を作り余程暑気を避け得る様に致し居り候。しかし何分御帰任の時分には更に暑気も加はるべく存ぜられ候に付、両三日前上海出張の砌り堀内《（干城）》公使ともお話し致し、大使閣下に於て御希望有之候へは此の夏の大半を上海にて御暮し被遊ることも一案に非ずやと存じ居り候。仏租界の官邸は庭もあり建物も相当本式の高級建築にて設備万端も整ひ居り候。目下堀内公使使用中に候も、大使御使用の場合には「ブロードウェー」に引越す等の途も有之候。大使閣下のためには「ブロードウェー」十六階は長期に亘る御滞在には不適当と存ぜられ候。警戒の点は官邸内の日本警察官を増加し、官邸外の仏国警察官を増加するときは大丈夫かと存じ候。廬山への話有之候も、此れは交通も不便の上警戒も如何かと案ぜられ、小時の御旅行には兎に角暑中のことは不適当かと存じ候。

何れに致し候も、暑気に向ふ折柄の御帰任は誠に御気毒に存じ候も、斯く迄大成功を挙けし国府の育成強化も大使閣下の御不在にては実行上支障を生すべく憂慮致し居り、例へ若干にても暑気を避けらるるの途も無之やと苦慮致し居り候。

何にかと御指図を賜らば準備致すべく候。金沢少将も御帰任を待望せらるると共に此の点を心配致し居られ候。

尚項事ながら華中聯絡部とは長官（太田泰治）着任以来幹部と大使館の往復交歓も頻繁に相成、金沢少将の格段の御配慮に依りて空気一新致し候。

今後御心配をかくることも尠かるべしと存じ候。又吉野（弘之）大佐は近く華中へ転出し、後任は補充せざる趣仄聞致候。

尚館員一同も御蔭を以て病人も出です精励罷在候間、御安心願上候。

乍末筆御健康祈上候。

敬具

昭和十六年十二月十九日付

封筒表：本多大使閣下

封筒裏：在中華民国（印字）大日本帝国大使館（印字）　中村参事官

昭和十六年十二月十九日

中華民国南京大日本帝国大使館

中村豊一　［中村豊一之印］

本多大使閣下

拝啓　時下弥々御清栄ノ段奉賀候。

陳者別添時局ニ関スル国民政府要人会談録（日高公使・陳公博、日高公使・汪主席、中村参事官・褚民誼、影佐少将・汪主席、影佐少将・陳公博・周仏海、影佐少将・梅思平）茲許閣下限リノ御参考迄ニ御高覧ニ供シ候ニ付、御査閲相成度候。敬具

（別添なし）

31．日東化学工業株式会社

昭和二十三年八月十九日付　往復葉書（往信）

表：（消印）神田局／料金別納郵便　目黒区上目黒七丁目一、一〇弐　本多熊太郎殿（ガリ版印刷）

株券引換御通知

拝啓　愈々御清栄の段御喜び申上げます。

永らく御待たせしましたが当社増資新株券並に併合株券が出来上りましたので左記に依り御引換致しますから御来社下さる様御通知申上げます。

記

一、引換開始　（1）株主名（イ）より（ム）まで　八月二十五日

（2）株主名（ウ）より（ス）まで　八月三十一日

二、引換方法

(1)増資新株式申込証拠金領収証（増資新株券引換の場合）
(2)提　供　株　券　領　収　証（併合株券引換の場合）｝共裏面株券

領収欄に住所、氏名御記入御調印（会社に届出の印章）の上御提出の事

三、郵送御希望の方は送料、書留、配達証明料を必ず郵券で御添附の事（株券壱枚迄は金五十五円、参枚を増す毎に金五円増）

四、併合に適しない端株に対しては競売手続申請中ですから終了次第代金を御清算の上御送附致します。

昭和二十三年八月十九日

東京都千代田区神田富山町弐番地（省線、都電、地下鉄神田駅下車日糖館内）

日東化学工業株式会社

32. 原田久男

昭和十六年六月二十三日付

封筒表：（消印）［　］（不鮮明）／16・6・25／［　］（不鮮明）　東京市目黒区上目黒七ノ一一〇二　［本多熊太郎閣下］（朱枠）　［航空便］（朱印）　［軍事郵便］（朱印）

［検閲済］（青印）　［棚橋］（朱印）　恭請親披

封筒裏：緘　（消印）目黒／16・7・1／前0―8　中支　南京特務機関長　陸軍少将原田久男　拝識

拝啓

弥々御健勝奉大賀候。

御帰朝後、現在帝国の直面せる広汎多端なる重大時局解決の鍵とも申すへき事変処理之核心ニ向つて日夜度縦横ニ御尽瘁之一端公私両方面より拝承致候。為君国感謝の至ニ不堪候。只管御自愛奉禱上候。

紛々たる論議を啓蒙して中正ニ指導する事ハ寔ニ難事ニ有之候も竟にハ其の落着くへき処ニ落着候ものと信し申候。御苦辛之程恐察罷在候。

汪主席閣下訪日之盛事を御指導相成候事誠ニ感謝の外無之、実ニ支那五千年史上未曽有なる「元首の渡日」として必すや招徠すへき重大性を予感仕候。此点閣下之御尽力ニ対し何と申上くる辞も無之候。

何卒各方面之理解ある協力を得て愉快にして希望ニ充てる旅行を全ふして帰甯せらるゝ様願はしき次第ニ奉存候。

昨日杉原総領事より東京之諸情勢ニ就き内聞致候。恰も其席上独蘇開戦之報ニ接し沈思黙考深甚なるもの有之候と共ニ、閣下御在京ニ関し吾人大ニ意を強ふ致候処ニ御座候。

御留守之首都南京ハ殊之外平調にて衆庶角（ママ）々此の政治的一大段階之次ニ来るへき好調発展を待望致し居る情況と可申上候。

先ハ遥ニ尊敬之微衷を表し旁々益々御自愛あらむ事を奉万禱候。匆々乱筆失恭

恐惶謹言

六月廿三日夜

原田久男

拝具

本多大使閣下

執事

昭和十六年十二月二十六日付　絵葉書

表上欄：郵便はがき（印字）　軍事郵便（印字）　検閲済（青印）　棚橋（朱印）　陸軍恤兵部発行（印字）　大日本印刷株式会社印刷（印字）　東京市霞ヶ関　外務省　大公使室　本多熊太郎閣下

裏画題：中華門外（南京）　熊岡美彦氏筆

御重任永々の御心労奉拝察候。此度の御勇退真ニ残念ニ存候。速ニ御快癒奉万禱候。真ニ重大の時局殊ニ外交上最大の効果を所期せらるゝ秋、為君国切ニ御献替奉祈念候。不尽

一二、二六

中支南京特務機関　原田久男

33・原勝

昭和〔二十〕年八月三十日付

封筒表：（消印）□（不鮮明）・8・30／□（不鮮明）　東京都目黒区上目黒七ノ一一〇二　本多熊太郎先生　速達（朱印）

封筒裏：緘　岐阜県高山市空町堀端　杉下千代方　原勝　八月三十日

拝啓

本日栃木県の矢沢氏より手紙をうけとり、事の意外に驚き且つ先生に申し訳なき思ひを致しております。八月十九日に東京を出発、同夜は森田氏の宅に一泊、翌朝矢沢氏を訪問、離れ屋敷借用の件申し入れました時、同氏及び御老母は快諾被下且つ炊事場も別に造作なし下さるとの話でしたので安心し、且つ同翌日矢沢氏が先生をお迎へに行つて下さる手順になり、御承知の如く其の日より東京向け一般の旅行は停止になりましたので、私は一切を矢沢氏に依頼して高山へ旅立ちたる次第であります。

それが本日の手紙で約束を断つて参り、その理由は先生の方へも詳細陳述御了解を得るに務めたとの報告なので、非常に恐縮してゐる有様でございます。

事のかうした行き違ひの為に先生に先生の最も嫌悪されてゐる屈辱の東京をお見せしてゐることを思ふと真に自分の至らざることに責任を痛感致しております。

直ちに上京、先生の御世話を申し上げなければと駅へ出かけましたが、依然六大都市は旅行停止にて困惑致しております。

先生の御指示があれば何事も致しますから折り返し御近況を御報せ被下度、御詫びかたぐ御願ひ申します。

敬白

八月三十日

原勝拝

本多先生

御机下

昭和年不明十月二十日付　封筒のみ

封筒表：（消印）□（不鮮明）／20・10・□（不鮮明）／★★★　東京都目黒区上目黒七ノ一、一〇二　本多熊太郎先生　速達（朱印）

封筒裏：〆　岐阜県高山市空町堀端　杉下方　原勝　十月二十日

34．本多熊之助

昭和二十年七月二日付

封筒表：（消印）池田／20・7・2／和歌山　東京都目黒区上目黒七丁目一、一〇二番地　本多熊太郎閣下

封筒裏：寿　七月二日　和歌山県那賀郡池田村　本多熊之助

拝啓　梅雨ニ而誠ニ不順の気候ニ御座候処、御両所様共御揃何之御障りも御座なく益々御健勝ニ被為在候御（ママ）を奉慶賀候。偖テ先般ハ敵機の空襲ニ（ママ）御受けなされ候様実ハ当方ニて老妻始メ一同常ニ相案じ居りたる次第ニ御座候。幸ニ御被害も御軽微なりし由何よりの御事ト存候。近頃ハ和歌山県ナゾモ度々の空襲を相受け申候も、田舎ニハ何等異状なく候間、御安心下され度候。亡母上の第三十三回忌法要之為メ御大層御送金被下、誠ニ難有恐縮の至りニ御座候。実ハ本年ハ母上の年忌ニ相当致候得ハ、今春の彼岸ニホンの心許りの法要として勢田姉上ニも参テ貰ひ、僧侶を頼んで読経して墓参して相営み、近隣及垣内へ聊かなから配り物を致したるも、御通知も不致誠ニ相済まず候。閣下より御大層にして頂きましたる事なれバ、当来盆ニハ必ず法要相営むべくト妻ト今より申して居ります。

時局益々切迫、万事御用心の程祈り上候。当方一同無事御安心下され度く、先ハ不取敢御礼迄。

敬具

熊之助

本多閣下
(今ハ田植の始りニて一週間すれバ終了致します。)《ママ》

昭和二十年九月六日付

封筒表：(消印) 池田／20・9・6／和歌山　東京都目黒区上目黒七丁目一、一〇二番地　本多熊太郎閣下　要用　速達(朱印)
封筒裏：封　九月六日　和歌山県那賀郡池田村　本多熊之助

拝復　去ル八月廿九日御差出ニ相成候御書翰本日五日午前八時到着拝見仕候。仰之如く戦局意外なる結果、何んと悲憤遣る方なき次第ニ御座候。閣下の御気性としてハ実ニ痛恨至極と奉察候。事茲ニ至而ハ何んと詮方なく遺憾千万之次第ニ御座候。殊ニ醜敵を御面前ニ見る事ハ御心境如何ニ御苦しく且憤怒ニ不堪事ト御同感ニ不堪候。今暫らくして汽車も混雑せぬ様且ツ内地の情況も平穏ニなり次第御帰郷の上緩々ト御静養なされ度、常ニ相思ひ居る次第ニ御座候得ハ何卒其の御運びなされ度御勧め申上候。決して食糧等ハ御心配なく御令室《本多とし子》御同伴ニ而御引越し被下度、田舎の事なれバ何ニも御馳走ハないが、米ヤ野菜の不自由御座なく候得ハ、是非御帰宅之程相待チ申居候。昭ハ去月廿六日解隊帰宅致し候。辰之進《本多》も近々の内ニ帰村出来得ルト待チ居ります。私も至極此地ニ而辰之進等応召以来不相変一町歩の田地を耕作、嫁女ト両人ニ而作柄も決して他の人ニ劣らず出来様も宜敷候。本年も豊作ならんト存じ候。辰之進帰宅次第御報旁々詳しく申述べく候。御互ニ此地ニ而老後ノ余生楽しく共ニ相語リ合ひ相過し度切ニ御帰村之程希望致候。先ハ不取敢御返事迄。

九月六日　熊之助

本多熊太郎閣下

35・本多辰之進

昭和二十年八月十四日付　葉書

表：郵便はがき（印字）（消印）鹿児島／20・8・14／□（不鮮明）　東京都目黒区上目黒七ノ一、一〇二　本多熊太郎閣下　軍事郵便（朱書）㊟東（朱印）

鹿児島郵便局気付　鋒一三五七四部隊東隊　本多辰之進（青印）

拝啓

暑気愈々相加り来り候。その後益々御勇健にて御過し遊さるゝ御ことゝ上（ママ）存候。扨而本日家よりの音信により小生この度応召に当り多大の御祝儀御送り戴きましたる由、爾後のこと毎々御心遣ひ頂き何んとも御礼申し様もなく厚く御礼申上候。なほ便りによれば、過日空襲により家屋の一部罹災遊されたる由、大事に到らず鎮火遊されたる次第、まづ何よりのことゝ上（ママ）存候。何卒万事御周〔用〕意周到に遊され度御願申上候。当地にても沖縄もあの通りの結果となりたる故一段と緊張致し、備あれば憂なしの言葉の通り万全を期して頑張りつゝ有之候。

暑さきひしき折切に御自愛遊され度。

御礼旁々御見舞まで、かくの如く御座候。不一

36・松永直吉

昭和十六年十一月十八日付

封筒表：（消印）東京中央／16・11・18／后0―4　名古屋市観光ホテル　本多熊太郎閣下　御直被　（貼紙）東新町万平ホテル内　（不鮮明）朱印
封筒裏：緘　東京市渋谷区猿楽町一八　松永直吉　（消印）名古屋／16・11・19／前8―12

拝啓
先以て無事御帰朝之段奉慶賀候。
承れば先般来南京ニて御罹病之趣異域風土之変と昨冬来間断なく心身を労せられたる結果と拝察、誠ニお気の毒千万ニ奉存候。此際十二分ニ御療養を遂けさせられ、速かに御快癒遊はされん事を奉祈願候。
近日中御入京之趣拝聞、御温容ニ接する機を鶴首致し候へ共、不取敢御見舞申上度如斯御座候。拝具
十一月十八日
松永直吉
本多賢台
侍史

37．矢野真

昭和二十年九月十五日付

封筒表：（消印）（不鮮明）／20・9・（不鮮明）　目黒区上目黒七ノ一一〇二　本多熊太郎閣下　御侍史
封筒裏：〆　（朱印）東京都淀橋区西大久保一ノ四一一　矢野真　電話四谷(35)四五〇七番

謹啓　時局急転直下誠ニ夢の如き事態ニ直面するに到り、自ら慰むるにその方途無之を嘆する仕儀と相成申候。却説過般故石井《菊次郎》子爵葬儀ニ際しては御懇篤なる御弔詞を忝ふし、御病中態々代理者を御派遣被下御芳情厚く〳〵御礼申上候。

実ハ早速御礼ニ参上可致候処、何分ニも石井家ハ夫妻《たま》一時ニ急逝致候為、家事万端ニ不明の事多く、弱年之嗣子《太郎》を助け、整理ニ斡旋する等中々に雑用多く、ぐす〳〵致し居る間ニ今回の大変と相成、閣下への御挨拶も今日迄相すまし不申御無礼之段、幾重にも御海容奉願上候。

何れ近々御面晤之上万縷申述度存居候も、玆ニ不取敢乍延引以寸信千万御厚礼申述度如斯ニ候。　敬具

九月十五日

矢野真

本多熊太郎閣下

御坐下

38．山崎靖純

昭和十六年五月七日付　封筒なし

拝啓　益々御清適の段奉慶賀候。

陳者、先般香港方面に旅行致し、時局の視察を致し候結果、小生としては従来「支那事変」と云ふ言葉に託されたるわが朝野の一般的意識と努力とに対して、今や一大覚悟を以て速かに重大な修正を行ふべき時に非ずやと痛感致したる次第に御座候。而も神機を逸することは此際の最大禁物かとも存じ候に付、こゝに尊堂を初め小生熟知の極めて少数なる有力当局者に意見の要点を開陳致し、是非共御参考に供し度次第に御座候。

固より未だ不備にして、盾の両面を語り尽さず、殊に研究せる対策の体系等に関する卑見に就ては他日に譲る積りに御座候も、時局の重大展開に鑑み不備のまゝ貴覧に供し候次第、何卒御諒承願上候。

先は右得貴意度如斯候。　敬具

昭和十六年五月七日　山崎靖純　拝

（頭書）大使へ

(別紙)

事変処理並に枢軸外交の観念と体系と方法とに関する根本的再検討

山崎靖純（私見）

第一、支那事変は単に支那事変それ自体として近く解決の見込無し。

理由

㈠　日支の和平条件が具体的に折合ふ見込はない。蒙疆、北、中、南支を通じて、日本側によつて余りにも多く且つ深く既成事実が出来上り過ぎて居る。これは今日の日本の政治力下に於て、到底、数名の政治家、軍人、官吏によつては急速に改変出来ない。しかも、この既成事実は今日の如く深刻に支那国民の反感を買つて居る場合には、如何なる条約を結んでも日本軍が撤兵すれば必ず破壊されるであらう。だが蔣政権側にとつては、右の既成事実並にその事実を保証すべき日本軍の駐兵を承認することは、傘下諸勢力の大分裂を起し、共産党につけ込む余地を与へるに過ないから、絶対に不可能である。

㈡　蒋政権が汪政権への合流、屈従することは勿論、それの媒介による日本との和平すらも、現段階に於ては、一般日本人の想像も許さぬ程の絶対不可能事である。

㈢　今日の如き深刻なる日支闘争の中に含まれてゐるこの両大民族の絶対的なる要請を、高く解決せんとする新しい原理、方式、雰囲気乃至一つの諦観が、未だ日本側にも出来て居ないが、支那側には一層出来て居ない。

㈣　米英は、彼等を出し抜いて、彼等の好まざる外交の体系と新秩序の原理下に、支那が日本と妥協を為すことを絶対に許さない。しかも、今日の蒋政権にとつては、それをも敢て犯して日本との和平を急ぐことの妙味は何処にも見当らない。

㈤　本年二月頃を転機として、アメリカの斡旋と保証との下に非ずしては如何なる日支の和平談をも直接的には行はないと云ふ秘密の約束が米支間に成立したと察すべき幾多の根拠を筆者自身は摑んで居る。

㈥　蒋政権の有力幹部は、もう一、二年、冬籠りの積りで欧洲が片づくのを待てば、必ず米英勢力は太平洋問題の処理に全能力を傾け始め、軈て全面的頽勢の挽回が可能になると信じ切つて居る。最近、特にこの信念に立つ者が有力な地位に着きつゝあることが目立つて来た。

第二、今後も支那事変のみに没頭する場合の見透し。

以上の理由から、筆者は、今や、日本は支那事変の本質に明白にぶつかつて来たことを確認すべき秋であると考へる。支那事変の本質とは米英が規制する所の秩序と日本との闘争である。故に過去満四年間努力し来つた方向と体系を持続して、今後も依然として、支那事変を単に支那事変としてのみ解決せんとしても、到底、解決の見込がないばかりか、左の如き重大行詰りに到達する惧れが頗る多い。

㈠　国力疲弊の累進。直接に支那事変に要する財政的出費は全予算額に比すれば左程に大ではないにしても、㈦限界点に於ける十数億の出費は非常な圧迫を持つものであること、㈡百万人以上の第一線的生産エネルギーが奪はれて居ること、㈧殊に支那の経済封鎖の為に支那の生産性が荒廃しそれが日本の経済に非常な打撃を与へて居ること等の諸点から、今日の形式に於ける支那事変の継続は経済の方面から日本の国力疲弊を加速度的に累進せしめる惧れがある。

㈡　支那国民の対日反感の深大化。支那国民大衆の生活苦は戦争による破壊作用と交流の杜絶との為に今や極度に激化して来て居るが、民衆は決して原理的に物を考へるものではなく、自己が経験せる事実に対して反射的に考へるものであるから、彼等は一般的には蔣を恨むよりも日本を益々恨むやうになり、それが長期化するに従つて益々深刻化して日本も問題の解決を弥々持て余すに至る惧れがある。

㈢　わが国民への精神的影響。わが国民は概して忠実に政府の方針に従つて来た。しかし生活の面に本格的な苦痛が次第に現れて来ると、政府の行為を検討し始めるであらう。その場合事変の意義や具体的帰着点を著しく不明確にしたまゝで、長く精神的動揺を防ぎ得るやを疑はざるを得ない。

㈣　一切の高次なる解決の手段と機会を失ふ。以上の理由から、今日のまゝの前後の動きの取れぬ状態を続けて居ると、㈦国力殊に国民の生活力は益々消耗され、㈡南方は米英の防備体系が次第に完成、強化され、㈧支那国民の対日怨恨は弥々深刻化すると共に米英の対支援助は欧洲戦の終了と彼等の南洋基地完成とによつて決定的に強化され、㈡日本国民の気力は消耗して、恰も敗北以前のフランス国民の如く嚢に懲りて膾を吹く底の無批判なる戦争回避意識となり、㈭ドイツ並にソ聯等によつて欧洲並に近東に完成される新しい『既成事実』

に並行する日本による新しい『既成事実』が出来上らざる結果、日本の基本的外交の歩調は乱れ、遂に総混乱に陥る可能性も考へ得る。

以上、述べたる如く、支那事変はも早やそれ自体の範囲に限局して解決する方策なく、しかも、それのみに没頭することは却つて日本の危局を早めるに過ぎないとすれば、支那事変の根本的対策としては速に別個の体系を樹立するの急務を痛感する。

第三、支那事変処理の新体系如何？　この課題は同時に今や急旋回を起しつゝある世界生活体系の新しい現実に適応する為の我が対外国策の新体系の一環として考案されねばならぬ。筆者は今、右の見地に立つて左の如き新体系を予想せざるを得ない。

(一)　支那事変の基本観念。支那事変の本質は日本国民と支那国民との絶対的闘争ではなく、それは日本と支那の英米的性格、換言せば英米的秩序体系の中に止まらうとする現代支那特権階級の代表者としての重慶政権との闘争である。この闘争は今や、支那が東亜に於て日本指導の新秩序体系に参加することは、そのまゝ米英の東亜からの全面的後退の前提となり得る可能性を示し、延ひて明確に米英と日本との闘争に発展して居る。しかも、今日の重慶政府の立場はも早や米英が屈するまではそれ等と運命的に不可分である。故に、何等かの意味に於て米英を屈服せしめずして、支那事変を処理する途はなく、日本としては支那に対してたゞ直接的にエネルギーを消耗するだけでは徒らに米英の陥穽に投ずるのみとなる惧れが非常に多い。

支那事変の本質は日本と米英との戦争であることを真正面から正視することを恐怖するが如き精神態度では、支那事変は日本の敗北となるであらう。

(二)　南太平洋と支那事変との不可分的関係。世界の通商、金融、生産が完全に自由性を失つて三、四の政治指導下のブロックとなつたことは、世界戦乱の原因であると共に結果でもあつて、それの永続発展性が世界史の根本的動向であることは理論的にも説明し得る。この時、ビルマ以東の南太平洋諸島を含む東亜共栄圏の組織を為すことは、東亜諸民族の為に絶対に必要なる新生活原則である。それは日本にとつては最早や選択の問題ではない。

重慶政権はソ聯とは種々の諸点に於て本質的に親和し得ない性格を持つて居る。我々はその関係の発展を決して深く憂ふる必要はない。しかし英米と重慶との接触は絶対に遮断せねば埒はあかない。だが、それを支那の民衆生活と経済とを破壊する方法に於てのみ為さうとすることは少しも問題の解決にならないで、紛糾の深化と日本の国力消耗にしかならぬ惧れがある。速に米英と支那との間に地理的な一大遮断地帯を作るより他はない。そしてこの事は南太平洋を含む東亜共栄圏の輪郭作製の運動とも合致する。

㈢　この輪郭を作ることゝ支那に於ける戦線の整理と支那内部の経済交流の自然的恢復とを不可分且つ並行的に促進すること。而してこの支那内部の経済活動の恢復を更に、北支、上海、福州、厦門、香港、澳門、広東等に自由に支那のジヤンクを出入せしめて、支那奥地の物資と東亜共栄圏の諸地域の物資との交流を可能ならしめるやうに導くことが肝要である。この事は第一には支那の経済活動の恢復を計ることが事変の長期性を確認した場合に於ける日本の対策でなければならぬことゝ、第二にはかゝる事変の収拾には政治工作よりも日支両国民の協同生活の現実体を先行せしめることが却つて最も有効であると考へられることに基くのである。

㈣　日本との協同を表明せる者に対して、日本も亦力強き支援と希望とを与へるべきであるが、これは先づ汪政権並にタイ国から具体的に実行すべきである。汪政権に対しては、特に日本との連絡下に極力その存在の有難さを支那国民に理解せしめるやうに働きかけるべきである。

㈤　東亜共栄圏は政治的に保証されない経済体系としては成立たない。政治的保証は軍事的保証を除いては成立たない。東亜諸民族の組織はその地方的指導者に白人を介入せしめては反逆は明白で永続し得るものではない。

しかし以上の如き努力は米英との衝突を回避しつゝ達成し得るものではないことを確認せねばならぬ。換言せば、支那事変は今や米英との対立に先づケリをつける努力の体系の中からのみ解決が生れ得るのである。

第四、日米国交調整果して可能か。支那事変をアメリカに仲裁せしめるが如きことは、東亜問題に対するアメリカの容喙権を日本が求めて再確認するに等しく、従つてそれは日本の総敗北確認以外の何ものでもない。従つて今日日米国交調整に於て日本側として折衝の目標になる点は、如何にしてアメリカをして東亜問題から手を引かしめ得るかゞあるのみである。しかし、私にはそんな折衝の可能性は考へられない。それは左の如き理由に基く。

㈠　根本的に考へれば、アメリカ合衆国が大西洋の岸から次第に西漸して太平洋岸を経て更に今や太平洋に対して非常に根強い関聯をもたざるを得なくなつてゐる。この事実は過去百年を貫いてゐる根本的発展動向であると考へられる。

これに対して世界の経済が完全に政治によつて束縛され、方向づけられるに至つてゐる今日以後の歴史段階に於ては、日本も亦、東亜諸民族の居住するビルマ以東の南方地帯を含めた大東亜共栄圏を指導するより他に絶対に生きるべき道はない。しかも今やソヴエートに、ヨーロツパに、アフリカに、乃至は南中北米に向つても極度に貿易が拘束され来つた今日に於て、我々の政治の保証によつて、東亜諸民族を単位とする自給圏を設けるといふことは、実にのつぴきならぬ現実になつてゐるのである。斯ういふ一つの大きな歴史的運命はもはや指相撲で解決される問題ではない。

(二) ルーズベルト《(Franklin D. Roosevelt)》大統領はアメリカの経済力の重大部分を所謂援英の為にさいてゐるが、如何にル氏と雖も、ヨーロッパの戦闘の進行状態を眺めて是を援助さへせばイギリスは必ず挽回するとは百パーセント信じては居まい。果して然らばイギリスがヨーロッパに於いて、決定的敗北に陥つた場合に、ル氏はなんと云つて国民に云ひ分けをする積りであらうか。畢竟、彼は太平洋に於けるイギリスの遺産相続を予定して居るのであらう。従つてヨーロッパに於けるイギリスの立場が失はれゝば失はれる程、それに反比例してアメリカの太平洋に於ける執念は加はるものと見るべきである。

(三) 過去十年に亘つて日本を侵略者と呼び続けたアメリカが、今更支那に於ける日本の立場を肯定するなぞといふことは、彼の対内、対外両関係に於て出来ることではないとエドガー・スノー《(Edgar Snow)》も言つて居る。また日支六億の両民族が強く団結すれば、それは東亜からの英米の総敗退になる可能性を意味する位ひのことは、今日のル氏が考へない筈もない。それ等の諸点から考へても、アメリカが援蔣政策を廃止したり、若くは蔣介石政権の面目に反する条件(例へば汪との妥協)に於て、日本の主張を認めるなどゝといふことは夢想だにも出来ることではない。

(四) ル氏にとつては、若し可能ならば大西洋、太平洋の同時作戦を避けて個々撃破を為したいと考へてゐることは想像し得る。しかし、大西洋の問題が英米に不利に一応終了したとしても、その次に彼が全能力を捧げて臨んでくる方向は太平洋であるとみなければならぬ。その時は、勿論、イギリスもその残存艦隊を引きさげて参加するであらう。日本が大西洋の出来事をよそ事に見て居ることは、断じて戦争回避の道ではなく、たゞ米英に最も都合のよい時期と条件とを選択せしめる事と日独伊関係を破壊するだけのことにしかならない。

39．山下亀三郎

昭和十六年四月二十日付

封筒表：本多大使閣下　御直　汪主席渡日ノ件（朱書）
封筒裏：〆　四月二十日上海ニ於て　山下亀三郎　東京榛原製（透彫）

謹啓　本日浅間丸来航ニ際し幸便を以て一書奉呈、敬意を表し上げ候。

先以て閣下之御健康を奉祝、過日錦地へ罷出候節、図らずも格外之御優遇を蒙りたるニ対し、茲ニ感激ニ不堪之情を具て奉感謝候。

御内話有之候汪（兆銘）主席閣下渡日之事ハ、不肖ながら両閣下之御意を体し関白（近衛文麿）ニも申上げ、必ず尊慮を貫瞰せしむ可く奉存候。

時間無之書ハ意を尽くさず候。□（難読）々御判読奉願上候。

早々敬具

四月二十日　亀三郎

本多大使閣下

昭和十六年四月二十八日付

封筒表：本多大使閣下　必親展
封筒裏：〆封蠟　南京山下鉱業会社出張所主任　牧野昭雄経由持参　四月二十八日午前　東京市芝高輪（黒印）　山下亀三郎（黒印）　封蠟

謹啓　益々御健ニ被為入候段、奉慶賀候。

重而貴官邸ニ於て之御懇遇を奉感謝候。

浅間丸ニハ褚(民誼)大使と同乗致候処、一旦神戸上陸、須磨弊荘ニ於て食事などを共ニ致たる為め再び浅間丸ニ引張り込まれ二十五日横浜着、帰京致たる次第ニて御挨拶も延引致候。不悪御諒承奉願上候。帰京直ニ関白へ拝顔致度く存候得共、松岡氏を飛行場ニ迎へられたる晩より風邪ニ冒され発熱臥床中と之事ニ有之候ニ付き遠慮致居り候処、昨朝電話ニ接し一時間半計り会談之結果、電報申上たる次第ニ有之候。

関白ニ対する貴翰及び過般来之電報ニ付而も色々御考慮も錬〔練〕られ居り五月中之内政及経済問題等之調整等より割出され、六月ニ入れバ汪主席を迎ふる之自信有之候之結論ニ到達致たる次第ニ有之候。

昨朝鈴木（貞一）氏と会談したる概念より綜合致候ても六月とハ事務的ニも考へられたるものと推測被致候。夕刻ニハ木戸(幸一)内府共緩々会談総而を綜合して理解を求め置候。

之を要するニ、汪政権を力付けねばならぬ決〔結〕論ニハ関白も内府も他意無之を認識致候。

然而今日ハ松岡外相共会談之筈ニ有之候処、昨夜出先きより風邪気味ニて帰宅後発熱、一両日ハ同席之見込ミ無之候故、私も今午後よりハ熱海ニ出懸け明後三十日後之事ニ可相成、松岡氏会談後之所感ハ直ニ電報申上く可く存居り候。

来月六日頃御帰京之事ハ関白より承り電報申上たる次第ニ候処、十三日付之貴電ニ接し候故、不取敢此金釘を以て得貴意置候。

此書面を御一読御諒解相成候事ハナカ〳〵御骨の折れる事ニて、千百之御読書より御困難ハ御推察申上候。

甚だ余計な事ニ候得共、此度御帰京之際ハ影佐少将・堀内（干城）公使も御帯同或ハ前後して御連行を可然奉存候。右迄

早々頓首

四月二十八日　亀三郎

本多大使閣下

昭和十六年四月二十八日付

封筒表：（消印）TOKYO／28.4.41／NIPPON　南京日本大使館　本多大使閣下　御直　（朱印）航空

封筒裏：〆　四月二十八日　（消印）南京八／三十年四月廿九日十八／NANKING　（消印）南京八／三十年四月廿九日十七／NANKING　東京市芝高輪（黒印）　山下亀三郎（黒印）　東京榛原製（透彫）

謹啓

念之為め今日之航空便ハ此翰と同時に貴地山下鉱業出張所主任ニ宛て置候間、同人持参、堤秘書ニ御渡可申上候。

早々頓首

四月二十八日　亀三郎

本多閣下

昨今不順寒にして今日ハ厚き毛シヤツニ室内ハ電気ストウブ、千駄ヶ谷（松岡洋右）も今朝ハ全くフウフウ頭上らぬ模様ニ有之候。

昭和十六年五月一日付

封筒表：南京日本大使館　本多熊太郎閣下　必親展　（消印）南京八／三十年五月四日十／NANKING　（貼紙）R Tokyo No. 677
（朱印）航空　（消印）TOKYO／1.5.41／NIPPON
封筒裏：封蠟　五月一日　山下亀三郎　東京市芝高輪（黒印）　山下亀三郎（黒印）　東京榛原製（透影）　封蠟

二十八日出ノ貴翰今朝拝読。不取敢御返電申上置候。

千駄ヶ谷（松岡洋右）よりハ今一日呼入をして明朝九時ニ面談を申来り、荻窪（近衛文麿）ハ今日より永田町ニ出勤致候故御示命之次第ニ仍りてハ函屋ハ如何様ニも動き可申候。

六月ニ入りてと云ふ事はアナガチ浮気沙汰より起りたる事ニハ無之乎と被存候（函屋ハ今日迄之込ミ入りたる事ニハ触れ居り不申候得共）。一週間以上も床の中ニ居り兎や角考もすれば、所謂今被命たら命がけ手練テクダも出せるものニ非ず、起き上てから仲間之相談も取り纏めてと云ふ処から余融（ママ）を取り六月ニ入りたらと云ふ次第ニて、函屋ニハ何でも物が云ふ旦那ともアツサリ六月ニ入れバいつでも宜敷がねと云ふ工合ニ出たものと直覧致候。函屋ハ何処迄も函屋が本職ニ候故、姉さんの云はるゝ儘を聴タ所キヽ下り、又相手之姉さんの云ふ事を聞てハ三度でも四度でも何でも云て行き真相を捕へ得たら御慰ミと存候。ダカラ函屋向き之事ハ何でもドシ／＼御申付け可被下候。

今日之御返電を待て後千駄ヶ谷ニ会見、一応も二応もヲシヤベリを拝聴して後、函屋之本音を吹き懸けて見る考ニ有之候。三宅坂（陸軍省）や内幸町（海軍省）之方はマゴ／＼すると函屋之癖ニと云はれてハイカヌから、此処ハ暫く避けて居り、西大久保之嫁、舅、新顔のサーベル二人を手ニ入れて何とか御役を勤め度く存居り候。

正妻を盛り立てねばならぬ事ハ十□（難読）迄も存候。四人の腹も見へ透され本家としてハドシテもコシテも遣らねばならぬ次第ニ候故、要ハ正妻之短気起さぬ事が先決問題ニハ候ハず哉。
函屋ハ旦那ニ□（難読）書くハ痛事ニ有之候。早々不一

五月一日朝　亀三郎

本多大使閣下

昭和十六年五月二日付　電報七通封入

封筒表：本多熊太郎閣下　必御直披　汪主席渡日（赤鉛筆）

封筒裏：封緘〆　五月二日朝　南京出張所経由　東京市芝高輪（黒印）　山下亀三郎（黒印）　東京榛原製（透彫）

郵便切手欄

昭和十六年四月廿六日午後五時卅五分発信

宛名欄

ナンキン」ニホンタイシカン」ホンダ　タイシ　カクカ

本文欄

フウジ　ヤスコシハツネツニテヒキコミヲラレマダ　アヘマセヌガ　アヘシダ　イフミシマス」カメ三ロウ

郵便切手欄

昭和十六年四月廿七日午後三時発信

宛名欄

ナンキン」ニホンタイシカン」ホンダ　タイシ　カクカ

指定欄

ニカ、ムニ

本文欄

コンニチハヘイネツトノコトニテオギ　クボ　ニテベ　ツトノママユルユルカイダ　ンイタセリ」ライゲ　ツハ
ナイセイトホカニモモンダ　イアルユエ六ガ　ツニイリオマチスルヨウイアリトノコトニテジ　ウブ　ンナルリ
カイヲユウセラル」カクカライツキ六ヒニウケウサルルヨウウケタマワリタルユエフミサシヒカエルオフクミネ
ガ　ウ」カメ三ロ

郵便切手欄

昭和十六年四月廿七日午後九時四十分発信

宛名欄

ナンキン」ニホン　タイシカン」ホンダタイシカクカ

指定欄

ムニ、ニカ、ウナ

本文欄

ハイケン」センダ　ガ　ヤトワアスカイケンノヨテイ」コンユウシンンサカテウエモヨクハナシオキタリ」ゴ　ニ

ウケウ一三ヒナラアスカナクギ（朱線）リウニテフミカキマス」ラウチウセンセイエモヨロシクオトリナシネガ　ウ」
ゴ　ケンコウヲシユクス」カメ

郵便切手欄
昭和十六年四月廿八日午後零時四十五分発信
宛名欄
ナンキン」ニホンタイシカン」ホンダ　タイシ　カクカ
指定欄
ムニ、ニカ
本文欄
コウクウフミトノデ　ンハイケンコチラヨリモイマコウクウフミセリ」センダ　ガ　ヤサクヤライフウジ　ヤハ
ツネツ二三ヒカイダ　ンオクレマス」サムクテストウブ　ツケテヰマス」カメ三ロ

郵便切手欄
昭和十六年四月廿九日午前九時五十分発信（熱海ヨリ）
宛名欄
ナンキン」ニホンタイシカン」ホンダ　タイシカクカ
指定欄

ムニ、ニカ
本文欄
ミタハナヨメニハワタシノカンガ　エトシテハナシテオキマシタガ　フミミタウエイカヨウニモハナシマスカホ
ノナガ　イシウトニハアスバ　ンサシムカエデ　アフヤクソクデス」カメ三ロ

郵便切手欄
昭和十六年四月三十日午後六時五十分発信
宛名欄
ナンキン」ニホンタイシカン」ホンダ　タイシカクカ
指定欄
ムニ、ニカ
本文欄
シウトワヨクリヨウカイシタ」センダ　ガ　ヤワムコウモアイタガツテヰルガ　セキガ　デ　テケウモマダ　ア
イマセヌ」カメ

郵便切手欄
昭和十六年五月一日午前九時五十分発信
宛名欄

ナンキン」ニホンタイシカン」ホンダ　タイシカククカ

指定欄

ウナ、ニカ、ムニ

本文欄

ケサフミチヤク」ソチラヨリギ　ジ　ユツテキニグ　ング　ンオシテコラレタシ」イツデ　モオギ　クボ　ノクサバ　ナノモヨウヲミニユキマス」センダ　カヤハアスアサ九ジ　ニアイマス」フミフトコロエイレテハナシノユキガ　カリデ　ハミセテヨロシキヤ」ナゾ　ハアノヘンニアルノデ　ハナイカ」ソコノラウチウサンノタメナラワタシノマゴ　コロハド　コマデ　モタテマスヨ

昭和十六年五月十八日付

封筒表：本多熊太郎閣下　御直

封筒裏：〆　五月十八日朝　東京市芝高輪（黒印）　山下亀三郎（黒印）　東京榛原製（透彫）

謹啓

外相官邸ニ於ける御会談ニ引続き陸相（東条英機）御会談之御模様ハ新聞紙ニて承知仕り、然而一昨夜千駄ヶ谷ニ於ての□（難読）水入らずの御対談、昨日ハ又大詰めとして関白との御会談、着々御成功を遂げられ候事、為国家祝福ニ不堪候。

茲ニ相模灘ニて生捕りたる小魚及野果と共ニ天下の白鹿為持上候御笑味被下候ひバ仕合ニ奉存候。

今日ハ熱海ニ参り老友と語り合、明日午後帰京可仕候。

右一筆早々頓首　亀三郎

五月十八日朝

本多大使閣下

昭和十六年七月十日付

封筒表：（消印）軽井沢／16・7・10／后4―8　東京目黒区上目黒七ノ十一　本多熊太郎閣下　御直　速達（朱印）

封筒裏：〆　七月十日午後　山下亀三郎　（消印）目黒／16・7・□（不鮮明）／前8―□（不鮮明）　信州軽井沢釜ノ沢　鳥有荘（茶色印）

拝啓　昨夕ハ御休養中ニ長時間御示教を蒙り恐縮ニ奉存候。

御下命ニ対てハ昨夜直ニ向井ニ諒解を求め置候間、左様御含ミ可被下、然而今日塙（雄太郎）へ当て別書認メ候間、乍御迷惑の（ママ）御判読之上、御投函之御運び奉願上候。

今朝離京既ニ涼気を満喫致居り候。

令夫人（本多とし子）へ宜敷く御伝へ願上候。時□（難読）生之ことハ松永へ御督促願上候。

右迄。早々頓首

七月十日午後　亀三郎

本多閣下

40・山田正一

昭和十七年四月十日付

封筒表：（消印）和歌山池田／17・4・11／后4—8　東京市目黒区上目黒七ノ一一〇二　本多熊太郎様　（朱印）親展

封筒裏：封　和歌山県那賀郡池田村長（印刷）　山田正一（印刷）（電話池田四番）（印刷）　昭和十七年四月十日

夜来風雨の為メ花落つる多少どころでなく殆んど散し尽し、今年の春もはや暮れかかり居り候。年がとると春秋も早く過ぎ行く様特に感ぜられ候。

先生益々御健康御回復の由誠に邦家の為め喜びに堪へず候。此度郷里国民学校講堂建設費として多額の御寄附なし被下難有厚く御礼申上候。村会議員、学務委員一同よりも宜敷と申居候。

次に此の春一度御帰郷被下事と御待ち申上候処、旅客の洪水時により又時局を御考へ被遊暫らく御延期被成由承り候。就てハ五月に入りて新緑清爽の季を見て御越し被下ては好都合と存候。而し五月二十一日は全国市町村会議員の選挙に相当する日と存候につき、五月下旬に向ふ方か好きかと存候。

右御礼旁々消息まで。

頓首

四月十日　　池田村長　山田正一

本多先生

玉案下

（別紙）

受領証

（割印）一、金壱仟五百円也

但シ池田村国民学校講堂建設費へ御寄附

右金額御芳志ニ預リ難有感謝ノ意ヲ表シ正ニ受領仕候也

昭和拾七年四月拾日

和歌山県那賀郡池田村長山田正一（朱印）池田村長之印

本多熊太郎殿

國學院大學図書館所蔵

41．山本熊一

昭和十六年十月九日付

封筒表：本多大使閣下　必親展

封筒裏：（朱印）緘　外務省　山本熊一

奉拝啓候。其後は久敷不得拝鳳日夕胆仰此事ニ御座候。時下御勁疾愈々御清穆王事御尽瘁被為在慶賀之至りニ奉存候。

陳者御懇書拝誦、首相（近衛文麿）書翰之件ニ付ては既に大臣（豊田貞次郎）より申上られ候様の事情ニ而、不用意の取計か閣下ニ至大の御迷惑を相かけ申候事、誠ニ申訳無之儀ニ有之申候。此種の間違は日米関係ニ於ても頻発、外交当局も屢々煮湯をのまさるゝ事も有之、其辺御賢察可賜候。日米関係は其後格別の進捗も無之、技術的ニは駐兵問題（其他仏印に於ける日本の動き）ニ集中の感有之候も、根本的には此際日米国交の調整可能なりや否やに在り、且日本の中央政治力如何ニありとも存せられ申候。但し何と申候も我対外関係の中心は支那問題ニ在りとの厳然たる事実か漸く今頃になり徹底すると共に、事変解決の方法か判然とし来りたることは大なる収穫と確信致し居り申し候。

今後情勢の推移は随時申上くへくも、不取敢小倉書記生に託し御左右御伺旁々御報申上候。

時局愈々重大の折柄、御加餐御奮闘の程乍蔭奉祈候。

敬具

十月九日

山本熊一

本多大使閣下
御侍史

42. 芳沢謙吉

昭和十六年十月八日付

封筒表：南京　本多大使閣下　御直披　托宇治田（直義）君
封筒裏：（透彫）緘　封　芳沢謙吉　（透彫）榛原製

敬啓　四日附貴翰今朝落掌難有拝誦。過日一時御不快之趣承及候処、既ニ御恢復、日夜公務御鞅掌之段、不堪欣

賀候。小生昨今寸暇無之出発準備ト送別宴ニ追ハレ居候始末ニテ御憫笑被下度、河内ニ於ケル借家ハ略ボ見当相附候得共、当地ニ於ケル小生「ミッシヨン」ノ予算ハ今日尚ホ外蔵両省事務当局間ノ交渉妥結ニ至ラズ、小生ヨリ外相ニ願出デ外相ヨリ蔵相（小倉正恒）ニ二回談判シ、其都度蔵相ヨリ無条件承諾ノ回答アリタルニ不拘、事務当局ハ外務当局ニ対シ同意シ来ラズ、従而未成立ニテ閉口罷在、凡ソ今日ノ官紀ナルモノヽ存在ヲ肯定スル不能始末ニ御坐候。日米交渉ニ付テハ唯仄聞スル丈ナルモ、米ヨリハ先週金曜回答シ来リタル趣ニテ、先方ハ日本ノ抽象的提議ノミニテハ満足セズ、具体的言質ヲ獲ントスルモノヽ如ク、総、外両相及ヒ外［務脱カ］省関係者ハ土曜以来連日評議ヲ凝ラシ居候。

（撤兵ハ最大問題ナルモノヽ如シ）（欄外頭書）

軍部ノ一部乃至右傾方面ニテハ大分痺ヲ切ラシ居候得共、政府方面ハ只管隠忍自重否遷延政策ヲ執リ居ルモノヽ如ク被見受候。右ノ如キ事体ト並行シテ目下頻ニ南部仏印ヘノ増兵行ハレ居リ、我々ニハ日本政府ノ方針何処ニ在リヤ全ク五里霧中ノ感有之候。

扨而御令息（本多充一）ノ件了承、小生ハ卅一日ノ黒龍丸ニ搭乗ノコトヽ本日決定致候ニ付、部下ニ令息ノ船室モ保留方命置候間、御安心被下度候。

那須（皓）博士ニ本日来訪ヲ求メ親敷詳細談候処、明後日迄考慮致度トノコトニテ分袂致候。自身引受難キ場合ニハ適当ノ人物ヲ推薦スル約束ニ御坐候。以上取急拝答旁々申述候。折角御自愛相祈候。敬具

十月八日午後　謙吉

本多盟契

昭和十六年十月二十一日付

封筒表：本多大使閣下　御直披　託日高（信六郎）公使

封筒裏：〆　芳沢謙吉　（透彫）榛原製

貴電拝誦、御心事ハ深ク拝察スル処ナルモ、事柄ガ事柄ナル為メ慎重ヲ要候ニ付、昨夜豊田（貞次郎）、天羽（英二）両氏ト会晤之折、兎ニ角帰朝セラルヽコトトシ、進退問題ハ老兄御着京後談合ノ上決定スルコトニ取極候間、御含被下度候。小生ノ出発モ一週日内ニ相延候為メ、目下内外準備ニ忙殺セラレ居候。今回ノ政変ハ其必要那辺ニ在リシヤ一寸了解シ難キ節モ有之候（日米交渉モ継続ノ由）。内閣ハ更迭シタルモ、政治ハ明朗化シタルニ非ズ。前途尚ホ幾段ノ雲層ヲ見受候。小生ハ万一開戦トモナラバ仏印ハ軍政官ニ任シ引揚クル意向ニ御坐候。

右取急ギ幸便寸楮得貴意候。匆々敬具

十月廿一日　謙吉

本多盟契机下

（欄外袖書）（今回ハ行違拝光ノ機ナキヲ遺憾トス）

43．吉田茂

昭和二十年十月十日付

封筒表：（消印）□（不鮮明）20・10・□（不鮮明）／□（不鮮明）　（印字）THE GAIMUSHO TOKIO　東京都目黒区上目黒七ノ一一〇二　本多熊太郎閣下　親展

速達（鉛筆書き）
封筒裏：相州大磯町西小磯　吉田茂

拝啓　其後御疎情ニ相過候処、愈々御清康奉賀候。陳者昨夕此地への出懸ニ御名紙〔刺〕拝受御懇情奉感謝候。自ラ不計茲ニ到リ慚愧之至ニ候得共、事情不得已次第ニ候。冬近ク内外之難民救護ニ夜も不被眠。近日得拝晤仰高教候心得ニ候。書余ハ其節ニ譲リ不取敢拝答之為此書申上候。御自重奉万禱候。頓首　大磯ニて

十月十日　吉田茂

本多老台
侍曹

44．谷〔カ〕橋貞男

昭和十六年七月二十九日付

封筒表：煩呈　本多熊太郎閣下　台展
封筒裏：〆　（朱印 東京市世田谷区　世田谷一丁目百十五番地　谷〔カ〕橋貞男　世田谷四八四一番）　七月廿九日

拝啓　益々御清穆奉賀候。一昨日ハ幸ニモ親シク謦咳ニ接シ種々御高教拝承ノ機ヲ得テ感謝此事ニ御坐候。不知シテ長座失礼仕候段御用舎（ママ）被下度候。偖而一昨夕帰宅仕候処、上海李敬和氏ヨリ航空便到来致居候。同書翰中ニ「（ママ）本多大使ト会見シテモ、例ノ海軍ヨリ故須賀（彦次郎）氏ガ援助支出シテクレタ金額ニ就テハ話サヌ様願度シ、何故ナ

レバ同ジ大使館ノコトヽテ自然話デモ出レバ自分（李氏）ト海軍トノ間ニ気マヅイコトノ生ズルヤウニナリテハ困ルカラ云々ト申越候。小生ハ早速大使ニハ御目ニ懸かるガ、ソレ等ノ点ニ就テハ決シテ懸念スルニ及バヌト申送リ置候。此点御参考迄ニ御耳ニ達シ置度一筆仕候。何卒御諒承煩度候。

次ニ一昨日在野中心人物ニ就而云々ノ御話ノ節、小生ハ言下ニ唐《（紹儀）》・呉《（佩孚）》亡キ今日適材ナシト申上候ガ、実際ノ中心人物ハ右両名以外ニハ無之候ガ、強イテ求ムレバ不充分ナガラ一老政客アリ。即チ薩鎮冰是也。彼レハ福建ノ出身ニテ、今事変勃発後蔣介石ノ懇請ニテ八十ノ老軀ヲ提ゲテ南洋華僑間ヲ遊説シテ、今日ノ所謂華僑ノ献金ノ端緒ヲ開キシモノハ実ニ此薩老人ノ力ニ依ルモノニ御坐候。華僑間ニ有スル彼ノ潜勢力ハ相当ノモノニ御坐候。出身ハ御存知ノ通リ海軍総長トシテ永年其椅子ニスワリ居リシモノニ御坐候。

矍鑠壮者ヲ凌ギ一見六十位ニシカ見ヌ元気モノヽ由ニ御坐候。南洋ニ於ケル薩ノ成績ノ意外ナルト人望ノ隆々タルトヲ凝視セル蔣介石ハ、薩ノ発展ヲ危惧スル余リ口実ヲ設ケテ彼ヲ四川ニ招致シ、到頭四川ノ白流井ニ軟禁同様封シ込メ居ル由ニ御坐候。

カネテ小生ハ薩ノコトヲ時折想ヒ出シテハ、彼レト成都ノ所謂四川軍閥ト提携セシメテハ奈何ト李敬和氏ニモ話ヲシテ見ヤウト思ヒ乍ラ、何時モ忘レテ其ノ儘ニ相成リ居ルモノニ御坐候。

薩鎮冰ノコトハ、小生ハ去十三年二月彼レガ南洋遊説ノ途ニ上ル時ヨリソノ消息ヲ聞キ、且薩ハ日本トノ提携必ズシモ不能ニアラズ、一度会見シテハ奈何ト勧メ来レル支那人有之候モ、当時小生ハ唐紹儀ト密接ナル聯絡中ナリシタメ、薩ノ如キハ要ナシト想ヒ其ノ儘ニイヽ加減ニアシライ置キシモノニ御坐候。実ハ軍人上リノ老政客位ニ内心馬鹿ニシ居リタルガ、ソノ後南洋ニ於ケル実績ヲ聞キ、彼レノ凡ナラザルニ驚キ居リシニ、更ニ蔣ノ猜スル処トナリシト聞キ、蔣ガ怖レル程ナラ猶更価値アルモノヲト更メテ薩鎮冰ヲ見直スニ至リシモノニ御坐候。

唐・呉ニ比スレバ格段ノ差有之候ガ、四川ノ劉存厚ニ比スレバ少シク優レルカト被存候。思ヒツキシマヽ御参考迄ニ一筆仕候。

尚ホ上海ヨリノ消息ニ拠レバ、最近上海ニハ南洋ヨリ現金ノ密輸送旺也トノコトニ御坐候。且租界ノ英米人ハ是又旺ンニ所有不動産ヲ売飛バシテ金ニ換ヘツヽアリトノコトニ御坐候。

先ハ右得貴意度、乱筆不文御判読煩度候。　不一

貞男

七月廿九日

本多大使閣下　侍□（難読）

二伸

別紙旧稿差上候。過去ノ出来事トシテハ御参考迄ニ御一読被下候ハヾ幸甚至極ニ存候。（散逸）

45. 差出人不明

昭和二十年月日不明　封筒のみ

封筒表：（消印）□（不鮮明）/20・□（不鮮明）　東京都目黒区上目黒七丁目一一〇二　本多熊太郎様　御侍史

封筒裏：記載なし

46. 汪兆銘

昭和十七年五月二十五日付

封筒表：本多大使閣下（朱枠）　国民政府（印字）　汪

封筒裏：記載なし

本多大使閣下久未晤聚惟従此間
大使館褚公問訊得悉
閣下清恙漸痙政躬日臻康泰至
以為慰大東亜戦争開始以来
貴国軍勢大振国力無遠不屈
閣下当為掀髯一笑也近事由　双□□（朱印）
褚民誼専使面詳恕不一々兆銘碌々
無能今歳六十生日曾作一絶句
　六十年無一事成不須悲慨不
　須驚尚存一息人間世種々還
　如今日生
録之以博一笑専此敬請
勉毎　　汪兆銘敬啓　双□□（朱印）　五月廿五日

（別添）

（名刺）

中華民国駐日本国大使館　随員　文亮

47．周仏海

昭和十六年七月六日付

封筒表：（消印）京都／16・7・6／后0―4　東京外務省　本多大使閣下親展　京都周仏海　速達（青印）　速達

封筒裏：（印字）*The Miyako Hotel, Kyoto, Japan*　（消印）東京中央／16・7・7／前0―8

先日ワザ〳〵御見送リニナッテ呉レマシテ実ニ恐縮千万デ有難御座居マシタ。聴ク処ニヨレバ、閣下ハ南京ニ一度御来ニナッテ両週間位居ラレテ、ソレカラ東京へ御返リニナッテ辞表ヲ提出スル御意向ヲ持ッテ居ラレルトノ事デ、私ハソレヲ聴イテ非常ニ心配シテ居リマス。勿論此カラ種種ナ具体的問題ニ触レルト種種ナ困難ガ有リマスガ、私ノ考ヘデハソノ難局ニ当リ得ルノハ閣下一人丈デ、ソノ外ニ幾何ラ考ヘテモ適任ナ人ハ一人モ居リマセンカラ、ドウゾ日本ノ為メニ中国ノ為メニ東亜ノ為メニ消極的ノ心理ヲ棄テ、尚一層奮闘シテ貰ヒタイノデス。

私ハ閣下ノ後輩デスカラ閣下ニツイテ努力ショウト思ッテ居リマス。

下手ナ日本文デ御手紙ヲ書イテ差上ゲルノハ甚ダ失礼デスガ、何卒勘弁シテ下サイ。

御健康ヲ祝福致シマス。

七月六日　於京都　仏海上

本多先生

（同封電報）
四〇八六　トウケウイウビン　大阪四（朱印）
三五　ナカノシマ　六　セ八・五二
中郵 1134
ガイムセウ」
ホンダ　タイシカツカ　（消印）東京中央／16・7・7／★★★
ブジ　ニツテイオンウレウシ」セウカンカモメニテゼ　ウケウス」イヌカイ
（受信）七　セ九一八（青印）　1479（緑印）

昭和十七年五月六日付
封筒表：本多閣下（朱枠）　中央儲備銀行総行緘（印字）
封筒裏：総行　南京中山東路一号（新街口）電報掛号（中文）五五四四（蒸）（英文）CENREBANK　電話二二五四一―五
二二二一〇

本多先生久別
光霽時切心儀敬維
新猷克壮
令望咸孚曷勝忭頌近値桜花盛放之

時想極
逸興遄飛之趣
雲天在望不尽依馳茲乗敝行駐東京
弁事処馮処長攸返任之便特修寸箋
奉候
起居至希
鑑照祗頌
勛安

周仏海［周仏海印］（朱印）　敬啓　五月六日

48．徐良

昭和十六年十二月一日付

封筒表：本多大使閣下　［特使］（青印）　東京市麻布区飯倉町六丁目十四番地（青印）　中華民国駐日本大使館（青印）

封筒裏：記載なし

敬啓者頃奉敝国国民政府汪主席来電一通囑為転達
閣下等因奉此相応抄録来電原文送請
台察是為至荷
右致

本多大使閣下

中華民国三十年十二月一日

中華民国特命全権大使徐良（朱印）〔中華民国駐日本国大使館印〕

（別紙）

照録国民政府汪主席来電原文

中華民国駐日本国大使館転本多大使勛鑑閣下奉使来華於両国邦交多所尽力甚感厚誼茲届中日
訂約一週紀念又承摯詞遥祝益感盛情特電奉謝並祝健康汪兆銘卅日

（欄外青丸印）〔AMBASSADE DE LA REPUBLIQUE CHINOISE／中華民国駐日本国大使館〕

昭和十七年一月十日付

封筒表：東京市上目黒七ノ一一〇二（青丸印）〔AMBASSADE DE LA REPUBLIQUE CHINOISE／中華民国駐日本国大使館〕（朱枠）〔本多大使閣下〕
速達（青印）　中華民国駐日本大使館緘（印字）　（消印）貯金局構内／17・1・13／前8—12

封筒裏：（消印）目黒／17・1・13／后0—4（青丸印）〔AMBASSADE DE LA REPUBLIQUE CHINOISE／中華民国駐日本国大使館〕

本多大使閣下年前奉訪以
尊体未愈未獲晤接為悵比日
興居如何至為系念頃奉本国主席

来諭対於
閣下在駐華大使任内熱心協力国民政府
強化深致謝意対於
閣下離任尤深惜別之感盼望早日恢復
健康嘱為転達
閣下即希
台察寒気日厲更祈
珍摂不宣専此敬頌
痊祺

徐良［良徐］（朱印）拝啓　一月十日

49. 中華民国駐日本大使館

昭和十六年十二月六日付　封筒のみ

封筒表：（消印）貯金局構内／16・12・6／前8―12　目黒区上目黒町七ノ一、一〇二　本多大使閣下

封筒裏：（東京市麻布区飯倉町六丁目十四番地）（印字）　（中華民国駐日本大使館）（印字）

50. 褚民誼

昭和十六年七月二十三日付

封筒表：本多大使閣下　（東京市麻布区飯倉町六丁目十四番地）（朱印）　（中華民国駐日本大使館）（朱印）

封筒裏：記載なし

（欄外朱印）本多

敬啓者頃奉敝国国民政府汪主席来電一件囑即転致

閣下等因奉此相応抄録来電原文送請

台察是為至荷

右致

本多大使閣下

中華民国駐日本国特命全権大使褚民誼（朱印）中華民国駐日本国大使館印

中華民国三十年　七月廿三日

（別紙）

照録汪主席来電原文

本多大使閣下勛鑑中日親善関係由於閣下之熱心与努力獲得一大進歩兆銘回国以来正在日夜企望輶軒返此共策進行忽聞消極惆悵無已茲聞閣下打消辞意慨荷艱鉅既歓且慰佇盼早日恵臨得承雅教以閣下之老成碩望明於料事勇於負責実現全面和平完成東亜復興之使命実可操左券謹電致敬並祝康健兆銘養

昭和〔十六〕年〔十二〕月日不明

来翰

封筒表：（消印）□（不鮮明）日本東京目黒区上目黒町七ノ一一〇二　大使　本多熊太郎閣下（朱枠）　印刷品（青印）　外交部緘（印字）

封筒裏：記載なし

本多熊太郎先生大鑑東瀛持節時経九月諸叨
雅教獲益良多旧雨盤桓如帰生之逢伍挙新知拝識若李白之慕荊州私衷至為快慰間于公余暇晷赴各大都市視察華僑状
況屢承各方熱誠款待並遊覧諸大名勝北自北海道南至九州高聳峻嶒如富士山美麗俊逸如日光松島令人心曠神怡飽饜
眼福遊蹤所経皆承当地各界歓迎備至凡此
貴国朝野人士稠叠殷拳之盛意皆鄙人永矢弗諼之感忱比者奉　命回国又蒙
盛筵致餞
枉駕握別桃花潭水無此情深欣謝曷已別後于上月廿七日安抵南京重長外交豈敢矜就熟駕軽之効惟益懍臨深履薄之虞
今所得掬誠奉告者対于中日両国敦睦之邦交尤当努力更求尽美尽善此実鄙人所刻不去懐者也尚祈不遺在遠時錫良箴
是所深盼専泐布候並申謝悃敬頌
台綏

褚民誼敬啓

1．青木一男留守宅気付有志一同（中村豊一宛）

昭和二十一年一月十五日付　封筒なし

拝啓　愈々御健勝の御事と拝察致します。就きましては御繁用中洵に御迷惑乍ら青木一男氏の為に弁護士用資料として別紙各項目に付き各関係の方々に御記述を御願ひ申上度く存じます。尚甚だ勝手がましう御座居ますが、期日切迫の関係もございますので、遅くも本月中に御届け下さいます様折入つて御願ひ申上げます。先は不取敢御願のみ申上げ失礼の段、平に御許し願上げます。

敬具

昭和二十一年一月十五日

東京都渋谷区代々木大山一、〇四九
青木一男留守宅気付
有志一同

中村豊一様

（別紙）

青木一男氏に関する関係者の見解

項目	要目	記述責任者
一、青木一男氏の生ひ立と人となり	少年時代のこと、性格と国家社会に対する考へ方	郷党　宮﨑先生 □（不鮮明）氏　永井氏

二、大蔵省時代	健全財政の代表たる高橋（是清）、三土（忠造）両相の秘書官として寵用せられ居りたること。然るに二・二六事件の為、高橋蔵相薨去せられた、馬場蔵相の下に財政政策の大変更を見るに際し、大蔵省より対満事務局に転出せしめられたること	三土氏 大野氏
三、対満事務局時代	満洲国の産業開発の為、主として米国と提携し門戸開放政策を採り、主に米国資本の導入を図らんとして閣議決定案に所要の修正を加へたること	竹内氏 山越氏 増山氏
四、企画院時代	劣弱なる国力を以て支那事変の解決を図らんか為に総動員法の制定、国家総動員計画の策定等の衝に当りたるも、謂はゞ既定の国策に準拠し、専門的知識を以て事変の処理に当りたるに過きす、又強烈なる軍部の要請に対抗し、寧ろ民生及生産力拡充の確保に努力せること	植村氏 山越氏 厚東氏
五、大蔵大臣時代	陸海軍の要求に係る昭和十五年度軍事費予算約□（アキママ）円に関し自邸に於て徹宵折衝し、之を約□（アキママ）円に削減せること	植木氏

六、南京時代	再三固辞したるも遂に阿部(信行)特派大使の顧問となり、後に南京政府の顧問となり、対支政策に付、終始大使館及軍の両面監督の下に支那側の民生安定其の他真の日華提携の具現に尽力せること	渡辺氏 福田氏
七、大東亜大臣時代	予て南京に於て親しく中国当局者と接触して抱懐せる対支新政策の□(不鮮明)因たる信念と具体的政策として遂行したること	杉原氏 愛知氏
八、対米英戦争に関する見解	戦争開始時に於ける行動 ポツダム宣言発表後の行動	中村氏

（参考）

一、以上各項を通じ青木氏の性格と公務に対する信念とは常に堅実にして合理的なることを特質とし、冒険的・積極的なることに対しては、常に警戒的・阻止的態度を以て臨めり。従て又同氏に対する一般の世評も「手堅き事務家」たることに一致し居れり。斯かる性格と信念とに依り支那事変及大東亜戦争に対しては当初より反対の立場に在りたることは明瞭なり。然れども大詔一旦出でては、日本臣民最高の義務として戦争遂行に全面的に協力せるは蓋し当然のことと謂ふべし。

二、尚各担当事項に関して青木氏自身の手記あるものは別紙御参考迄に同封し置けり。

2．酒井由夫（三沢敬儀宛）

昭和十六年月日不明

封筒表：東大物療内科　三沢教授殿（朱枠）　中央医院封緘（印刷）

封筒裏：〆　指導官　酒井由夫

前略

本多大使閣下を御紹介申上候間、御診療の程御願申上候。

大使閣下は先日来下痢に罹患致され居り候。只今は御全快致され居り候も、宮中御参内等の事も有之候に付、宜しく御願申上候。

指導官　酒井由夫

三沢教授殿

大陸には医学的に原因証明せられ居らざる下痢有之、是を長江赤痢と称し居候。佐藤（秀三）自然科学研究所長は食餌性失調と称し居られ、又軍医中にはビタミン欠乏症と称する者、又四種の細菌ありと称する者等有之候。主徴候は下痢最後に血便を出すを例と致し候。

治療法は種々にて一定せず、右御参考までに申上候。アメエバ赤痢とは全々〔然〕異なるものに御座候。

3．徳富猪一郎（本多熊太郎遺族宛）

昭和二十三年十二月二十日付

封筒表：本多先生御遺族御中

封筒裏：〆　十二月二十日　徳富猪一郎　託塩崎（彦一）君　熱海市伊豆山押出　一一九晩晴草堂　徳富猪一郎（朱印）

謹啓　本多先生御永眠ノ報ニ接シ愕然□（難読）胎候。従来御交誼ヲ辱クシ、特ニ日本皇国ノ開国進取ノ皇謨ニ付テハ其ノ大本大綱ニ於テ意見一致、ソノ為メ数々啓発示唆ヲ享受罷在候処、一朝幽明相隔今更悲嘆易極、早速霊前ニ拝哭スヘキトコロ、老病侵身不如意右専价《ブク》ヲ以テ御弔儀申上、花輪ナカラ香花ヲ御棺前ニ奉供仕候。先ハ不取敢右申上度、艸々敬具。

昭和廿三

十二月念

徳富生

本多先生

御遺族

御中

4．発起人（中村豊一宛）　封筒なし

昭和二十一年二月一日付

拝啓　陳者外務省先輩関係ノ戦犯裁判ニ関スル打合会ハ、過日御案内申上候通リ一月三十一日松島鹿夫司会ノ下

ニ多数（出席者別紙第一号ノ通リ）会合相成リ、発起人総代トシテ堀内謙介ヨリ本件趣旨ノ説明及挨拶アリタル後、外務省係官ヨリ本省ノ戦犯関係事務機構及資料等ニ関スル説明アリ。次テ高柳賢三氏（東大法学部教授）ヨリ裁判手続等ニ関スル説明アリタル後、参会者ノ質疑応答アリ。本件問題ノ取扱態度、弁護資料ノ蒐集、弁護士及助言者ノ協調連絡等ノ具体的問題ニ関シ意見ノ交換行ハレ、戦犯容疑者A「クラス」ノ個々人ニ付キテ資料等ノ整備ヲ急クト共ニ、右ト併行シA「クラス」全部ニ共通スル全般的問題ニ関シ至急研究ノ促進ヲ図ルノ必要アルヘシトノ意見ニ一致致候。右終ツテ後、戦犯容疑者トシテ指名セラレ居ル諸先輩ニ関シテハ、公務関係乃至私交上関係浅カラサリシモノカ各々小「グループ」トナリテ後楯トナル事ニ相成、別紙第二号ノ通リ「グループ」分属ヲ決定致候ニ付テハ、右ニ該当スル各位ハ各「グループ」毎ニ適宜集会乃至連絡ヲ遂ケ、本件趣旨達成ノ為ノ方法等個々ニ御研究相成様致度、尚各「グループ」ヨリ外務省側トノ連絡委員一名宛御選出ノ上、政務局大野（勝己）第一課長迄御通報相煩度候。尚本件ハ外務省関係ノ友情ニ結ハレタル先輩後輩ヲ一丸トセル外務省人ノ「コンミユニティー」ノ仕事トシテ推進スル趣旨ニシテ、政府機関タル外務省ニ於テ之ヲ遂行スル次第ニ非ラサル旨松島鹿夫ヨリ閉会ノ挨拶ニ於テ特ニ述ヘタル経緯有之候間、右趣旨御諒承ノ上外部ニ対スル取扱等ニ付テハ特ニ御注意相煩度候。敬具

昭和二十一年二月一日

（発起人）
堀内　謙介
栗山　茂
松島　鹿夫

中村　豊一
曽禰　　益
大野　勝己
福島慎太郎
湯川　盛夫

中村豊一殿

別紙第一号

当日出席者（敬称略、順序不同）

堀内謙介、矢野真、福間豊吉、岸倉松、中村豊一、友田二郎、三重実義、樺山資英、長谷川進一、吉沢清次郎、成田勝四郎、大野勝己、松本俊一、黄田多喜夫、栗山茂、福田篤泰、萩原徹、柳井恒夫、松島鹿夫、八木正男、古内広雄、牛場信彦、小野幸太郎、矢野征記、朝海浩一郎、武内龍次、内田藤雄、森重干夫、福島慎太郎、高木広一、佐藤日史、岡崎勝男、高柳賢三、太田三郎、杉原荒太、山田久就、秋元順朝、稲垣一吉

別紙第二号

昭和二二、一、三一協議済

（広田弘毅氏関係）

堀内　謙介

太（大）田　為吉
矢野　真
福間　豊吉
岸　倉松

（本多熊太郎氏関係）

中村　豊一
友田　二郎
木村　四郎七
三重　実義

（松岡洋右氏関係）

斎藤　良衛
木村　鋭一〔市〕
木部　守一
斎藤　音次
大橋　忠一
樺山　資英

（天羽英二氏関係）

松島　鹿夫

井口　貞夫
三宅　哲一郎
八木　正男
安東　義良
（白鳥敏夫氏関係）
森　　喬
筒井　潔
天城　篤治
古内　広雄
甲斐　文比古
牛場　信彦
（須磨弥吉郎氏関係）
井口　貞夫
小野　幸太郎
矢野　征記
朝海　浩一郎
（大島浩氏関係）
武者小路公共

宇佐美　珍彦
武内　龍次
古内　広雄
内田　藤雄
牛場　信彦
（村田省蔵氏関係）
田尻　愛義
森重　干夫
福島　慎太郎
高木　広一
佐藤　日史
真崎　秀樹
（青木一男氏関係）
中村　豊一
杉原　荒太
山田　久就
愛知　揆一（大蔵省文書課長）
福田　赳夫（大蔵省官房長）

秋元　順朝（大蔵省秘書課）
正示　啓一郎（大蔵省主計課）
長谷川　進一
加瀬　俊一
吉沢　清次郎
（東郷茂徳氏関係）
昌谷　忠
西　春彦
加瀬　俊一
成田　勝四郎
大野　勝己
松本　俊一
黄田　多喜夫
（谷正之氏関係）
栗山　茂
大野　勝己
福田　篤泰
萩原　徹

松本　俊一
柳井　恒夫
吉川　重蔵
（其ノ他戦犯事務関係）
岡崎　勝男
高柳　賢三
太田　三郎

（別紙）

3

TRIAL AND PUNISHMENT OF OFFENCES UNDER THE LAW OF WAR - THE MILITARY COMMISSION.

条約局第二課（青印）〔二十二頁・藁半紙・タイプ〕〔略〕

（別紙）

4

戦争法規（The Law of War）ニ基ク裁判及刑罰

軍事委員会〔軍律会議〕（The Military Commission）米国陸軍大佐「ウイリアム・ウインスロップ」著「軍事法及先例」（Military Law and Precedents）抄訳

（昭和二二、一、一一　条約局第二課）〔二十一頁・藁半紙・タイプ〕〔略〕

（別紙）

5

軍事委員会〔軍律会議〕（Military Commission）　条約局第二課（青印）〔二十四頁・藁半紙・タイプ〕〔略〕

5．山下亀三郎（塙雄太郎宛）

昭和十六年七月十一日付

封筒表：上海仏租界金神父路一一四　塙雄太郎様　御直　（朱印）航空　（朱印）書留

封筒裏：〆　七月十一日　東京高輪　山下亀三郎

拝啓　益御清祥奉慶賀候。過日御出京之節ハ御承知之通リ之始末ニて甚だ遺憾千万ニ御座候。扨て本多大使閣下ニハ来ル十六日離京御帰任相成リ、其途上海ニ於てハ公署ニ御止リ之上ニて、兼々軍之手ニ押収致居リ候物之中之を民国之手ニ還付す可きハ還付し、之を日支経済合作ニ可致物は合作とするが如く整調可被致御意見ニ有之事を承り、是レ全面平和之基礎工事共可申次第ニて、実ニ欣快ニ不堪候。就而は此件ニ関し大使之為ニ総テを打明る相談相手たる可き人物を小生より推挙せよと之仰せニ有之候故、小生ハ直ニ人格識見共ニ平素敬意を払ひ居り候老兄を御推挙申上げ置キ候。今朝向井氏ニも其旨詳述致置候。就而は小生微意之有る処も御酌ミ取リ之上、大使御着滬之節ハ直ニ御訪問之上、万事御聴取之上、御善処を御願申上候。

兼々申上候通り小生が微力なる一俗人たる身を以て一昨年来種々自発的ニ苦心致居り候ハ個人之信誼と経済道義を以て日本と民国間ニ新正なる経済トンネルを開通し、双互をして知らず識らず之間ニ此トンネルを辿らしめん為ニ外ならず候。十月初旬迄ニハ必ず哉結城《(豊太郎)》総裁も出滬之事と可相成、続て池田《(成彬)》老巨頭も出滬を促さんと存居り候。

然而正々堂々たる外交之大道路ハ本多大使全権としてか本多外相としてか其機洩す可らざる事と存候。

昨今之天気予報ハ二百十日前ニ大暴風来らんなど之警報も見へ候得共、来たらバ来る可し。小生ハ泰然自若として例年如く浅間山ニ入りて天狗を友ニ語らんと存居り候。

堀内《(干城)》公使ハ快男子也。御会之節ハ宜敷く御伝へ願上度く、杉浦氏之事ハ頭ニ有之候。右乱筆早々頓首

七月十一日　亀三郎

塙雄太郎様

令夫人にも宜敷く御伝へ願上候。

(別紙)

尚々虞洽卿之身辺ハ保証之手続きを取り、番頭徐をして四五日前香港ニ差遣置候。

周作民ニ御用之節ハ何時ニても代喜《(ママ)》を御使用可被下候。

杜月笙も八月中ニハ遅く共帰滬可致ものと存居り候。是ハ虞帰れバ明瞭可致候。

電報

往電

本多熊太郎（日高信六郎宛）
昭和十六年八月十七日付　封筒なし

十七（八月）日午前九時半発電
加藤電信官へ電話

大至急（館長符号扱）
本多大使ヨリ日高公使へ
関西出張ヨリ帰京途中ノ褚民誼大使ト十六日夕京都ホテルニ会見、二時間余ニ亘リ縷々懇談ノ結果、本人モ漸ク外交部長就任ノ義納得セリ。但シ本人ノ心境並ニ就任後ノ仕事振リ等ニ付キ汪（兆銘）主席へ伝言方本使へ依頼ノ次第アリ。又発令ノ時機方法等ニ付テモ至極尤モナル註文モアリ。其辺本使ヨリ篤ト主席ニ懇談スベク約束シアルニ付キ、ソレマデハ同大使身分ニ関聯スル手続キハ一切延期セラルル様致度、右大至急汪主席へ御伝ヘアリタシ。

来電

1．県忍

昭和十六年六月二日付　封筒なし

五六八　トウケウイウビン

六四　ナゴヤシヤクシヨナイ　九　セ一一、一五　名古屋（朱印）

中郵（青印）1866

ガイムシヨウキヅ　ケ」

ザ　イチユウカミンコクタイシ」

ホンダ　クマタロウ　（消印）東京中央／16・6・2／★★★

ミンコクヨリゴ　キソウノセンジ　ユカンノンブ　ジ　ゴ　トウチヤクゴ　アツセンノゴ

コウイヲシヤス」ナゴ　ヤシテウアガ　タシノブ

受信　703（緑印）　コ○五

2．山下亀三郎

昭和十六年四月二十七日付　封筒なし

表額　一六七　東京発四月二十七日后二時七分（黒鉛筆）
南京着〃〃五時（黒鉛筆）
ムニ一六二　トウケウ　八〇二　コ二、七

宛名　ナンキンニホンタイシカン」　日本大使館（黒鉛筆）
ホンダ　タイシ殿

著信番号　136

日附印　南京電報局／華中／30・4・27／電信／NANKING

指定　ムニニカ　大使館（朱印）　照校電報（朱印）　親展電報（朱印）

本文　コンニチハヘイネツトノコトニテオギクボ（近衛文麿）ニテベ　ツトノママユルユルカイダ　ンイタセリ」ライゲツハナイセイトホカニモモンダ　イアルユエ　六ガ　ツニイリオマチスルヨウイアリトノコトニテジ　ウブ　ンナルリカイヲユウセラル」カクカライツキ六ヒニウケウサルルヨウウケタマワリタルユエフミサシヒカエルオフクミネガ　ウ」カメ三ロ

（訳文）

今日ハ平熱トノコトニテ荻窪ニテ「ベツト」ノ儘緩々会談致セリ」来月ハ内政ト他ニモ問題アル故、六月ニ入リお待チスル用意アリトノコトニテ、充分ナル了〔理〕解ヲ有セラル。」閣下来月六日入京サルルヨウ承リタル故、文差控エル。お含願ウ。亀三郎

受信　コ二、四〇　五九　五九

昭和十六年四月二十七日付　封筒なし

表題　三二四　至急電報（朱印）　照校電報（朱印）　親展電報（朱印）

ウナムニ　一二〇　トウケウ　一二四九　コ九、五〇

宛名　ナンキン」ニホンタイシカン」

ホンダ　タイシ　大使館（朱印）

著信番号　265

日附印　南京電報局／華中／30・4・27／電信／NANKING

指定　ウナムニニカ

本文　ハイケン」センダ（松岡洋右）ガ　ヤトワアスカイケンノヨテイ」コンユウシンサカテウエモヨクハナシオキタリ」

ゴ　ニウケウ一三ヒナラアス　カナクギ　リウニテフミカキマス」ラウチウセンセイエモヨロシクオトリナシネ

ガ　ウ」ゴ　ケンコウヲシユクス」カメ

受信　コ九、三〇　一二　一二

昭和十六年四月二十八日付　封筒なし

表額　四〇五　日本大使館（黒鉛筆）
　ムニ　九一　トウケウ　一一一七　コ〇、五五　305（朱印）
宛名　ナンキン」ニホンダ（ママ）イシカン」
　ホンダ　タイシカクカ　照校電報（朱印）　親展電報（朱印）　下関（朱印）
　本田〔多〕大使閣下
著信番号　226
日附印　南京電報局／華中／30・4・28／電信／NANKING
指定　ムニニカ
本文　コウクウフミトノデ　ンハイケンコチラヨリモイマコウクウフミセリ」センダ　ガ　ヤサクヤライフウジ
ヤハツネツ二三ヒカイダ　ンオクレマス」サムクテストウブ　ツケテヰマス」カメ三ロ
受信　コ三、四三　三二　32（朱印）
昭和十六年四月二十九日付　封筒なし
表額　一一三　日本大使館（黒鉛筆）
　ムニ　九〇　アタミ　四三　セ一〇、一五
宛名　ナンキン」ニホンタイシカン」　四月二十八日后着（赤鉛筆）
　ホンダ　タイシ殿　照校電報（朱印）　親展電報（朱印）

本田〔多〕大使

著信番号　084

日附印　南京電報局／華中／30・4・29／電信／NANKING

指定　ムニニカ

本文　ミタハナヨメニハワタシノカンガ　エトシテハナシテオキマシタガ　フミミタウエイカヨウニモハナシマ
スカホノナガ　イシウトニハアスバ　ンサシムカエデ　アフヤクソクデ　ス」カメ三ロ

受信　セ一一丶三五　一一　一一

昭和十六年四月三十日付

封筒表：電報　TELEGRAM

封筒裏：11.40　大使館（朱印）　照校電報（朱印）　親展電報（朱印）　本田〔多〕大使　454

表額　六〇四　ムニ　六二　トウケウ　五一七八　コ六丶四六

宛名　ナンキン」ニホンタイシカン」
ホンダ　タイシカツカ　大使館（朱印）　照校電報（朱印）　親展電報（朱印）

著信番号　454

日附印　南京電報局／華中／30・4・30／電信／NANKING

指定　ムニニカ

本文 シウトワヨクリヨウカイシタ」センダ　ガ　ヤワムコウモアイタガ　ツテキルガ　セキガ　デ　テケウモ
マダ　アイマセヌ」カメ

受信 コ九丶五八　二九　二九

昭和十六年五月一日付

封筒表：電報　TELEGRAM
封筒裏：（消印）南京電報局／華中／30・5・1／電信／NANKING　103　大使館（朱印）　本多大使閣下　至急親展（朱印）　至急照校（朱印）

表額 一六四　ウナムニ　一七九　トウケウ　三一一八　セ九丶五〇

宛名 ナンキン」ニホンタイシカン」
ホンダ　タイシ
（黒鉛筆）本多大使閣下

著信番号 103

指定 ウナムニニカ　至急照校（朱印）　至急親展（朱印）

本文 ケサフミチヤク」ソチラヨリギ　ジ　ユツテキニグ　ング　ンオシテコラレタシ」イツデ　モオギ　クボ
ノクサバ　ナノモヨウヲミ　ニユキマス」センダ　ガ　ヤハアスアサ九ジ　ニアイマス」フトフ　トコロエイレ
テハナシノユキガ　カリデ　ハミセテヨロシキヤ」ナゾ

表額 一六四／二

本文　ハアノヘンニアルノデ　ハナイカ」ソコノラウチウサンノタメナラワタシノマゴ　コロハド　コマテモタテマスヨ

受信　セ一一、五〇　三三　三三

昭和十六年五月二日付　封筒なし

表額　四七四　ムニ　一五八　トウケウ　四三九三　コ五、五〇

宛名　ナンキン」ニホンタイシカン」

ホンダ　タイシカツカ　（朱印）大使館

著信番号　360

日附印　南京電報局／華中／30・5・2／電信／NANKING

指定　ムニニカ　（朱印）至急親展

本文　センダ　カヤ」三ジ　カンニワタリカイダ　ンヨクハラガ　ワカリマシタ」アナタモモウオワカリニナツテヲルコトトヲモワレマスカラココハリヤクシマス」タイダ　ンチウアナタヲイカニソンケイシテヲルカハナミダ　ガ　デ　マス」一ヒモハヤクサシムカイノハナシガ　一バ　ンチカミチトヲモイマス」モツトクリアゲ　テオタチ

表額　四七四ノ二

日附印　南京電報局／華中／30・5・2／電信／NANKING

本文　アリタシ
受信　ニ一〇、〇□（難読）　二九　二九

昭和十六年五月三日付
封筒表：電報　TELEGRAM
封筒裏：大使館（朱印）　至急照校（朱印）　至急親展（朱印）　本多大使閣下　親展電報（朱印）　325　午前4時受領
表額　五二〇七　ウナムニ　七三　アタミ　一〇四　コ八、七
宛名　ナンキン」ニホンタイシカン」
ホンダ　クマタロウ殿
本多大使閣下　至急照校（朱印）　至急親展（朱印）
著信番号　325
日附印　南京電報局／華中／30・5・3／電信／NANKING　121（朱印）
指定　ウナムニカ
本文　ヨクワカツタトノキデ　ンニセツシウレシクテコンヤブ　ンレウヲスゴ　シマス」ソチラモオヒトリコチラモ一リデ　フコウヘイハアリマセン」カメ
受信　セ一、二七　三三　三三

3．周仏海

昭和十六年六月六日付　封筒なし

（トウケウイウビン）　中郵 3225

八一七一　トウケウ　（朱印）5071

（朱印）官報　リム　五九　ナンキン　五四　コ一、四〇

トウケ（ママ）キヤウグ　ワイムシヤウ」

ホンダ　クマタラウタイシカクカ　（消印）東京中央／16・6・6／★★★　上海（朱印）タソ

オミマヒアリガ　タクカンシヤスタダ　ヘイワウンド　ウノタメマイシンアルノミマスマスゴ　キヤウリヨクヲ

コフ」シウフツカイ

コ三、一五　一六七

第三者間電報

1．有田八郎外務大臣発館長符号電報（堀公一総領事宛）

昭和十五年四月十五日付

封筒表：館長符号電（青鉛筆）　極秘○○　会計課（青印）　木本（朱印）　木村君（青鉛筆）

封筒裏：在中華民国（南京）大日本帝国大使館（印刷）

昭和十五年四月十五日午後九時着電

堀総領事殿　　有田大臣

（館長符号）　　月十万円宛（朱書）

（極秘）　五、六月分（朱書）

金弐拾万円（朱線）ヲ四回ニ分ケ五万円宛横浜正金ヲ通シ電送ス。右ハ阿部（信行）大使ノ機密費ニ付、一括シテ阿部大使ノ領収証ヲ作成、当方ニ送付アリタシ。従ツテ公使館機密費トシテ受入レ整理スルニ及ハス。尚今後同様ノ送金アルヘキニ付、今回ト同様ノ手続ヲ執ラレ度シ。

（欄外頭書）［　　］（難読）　松本（俊一）参事官　木本（朱印）

2．近衛文麿（影佐禎昭宛）

昭和十六年十月九日付

封筒表：電報　TELEGRAM

封筒裏：（消印）南京電報局／華中／30・10・14／電信／NANKING　ナンキン　ニホンタイシカン　キツケ　カゲサ　シヨウシヨウ閣下　del. 1 9/oct

表額　至急官報（朱印）　一　イリ　二一〇　トウケウイウビン　二三二九　八ヒ　コ八、一五

宛名　ナンキン」ニホンタイシカンキツケ」
　カゲ　サシヨウシヨウ殿　親展電報（朱印）
著信番号　1
日附印　南京電報局／華中／30・10・14／電信／NANKING　写（朱印）　十月九日　著信電報
指定　ウナニカ
本文　オウシユセキ（汪兆銘）ヘデ　ンタツコヒタルブ　ンシヨハコンニチマデ　ノシユセキトヨトノコジ　ンテキカンケ
イニカンガ　ミトクニナイジ　シタルシダ　イニシテゼ　ツタイニシユセキカギ　リノイトナリ」コレヲコウシ
キガ　イコウブ　ンシヨトド　ウヨウニカンガ
宛名　二
日附印　南京電報局／華中／30・10・14／電信／NANKING　写（朱印）
本文　ヘヲラルルフシアレド　ソレハダ　イナルゴ　カイニシテキケンキワマリナシ」シキウシユセキノゴ　カ
イヲタダ　シゼ　ツタイナンビ　トニモモラサザ　ルヨウオツタヘコウ」コノエフミマロ
受信　セ一丶八　三一

外交記録類

南京政府強化問題・対重慶和平工作問題

昭和十五年

十二月十九日本多大使ニ対スル陸軍大臣懇談要旨

本多大使ニ対スル陸軍大臣（東条英機）懇談要旨　（陸相官邸ニ於テ次官（阿南惟幾）ヨリ説明　昭一五、一二、一九）（青鉛筆書き）

（欄外朱印）極秘　（花押）太田　（花押）□　（当方ヨリ希望シ非公式ニ貰ヒ受ク　本多）（欄外頭書）

軍ハ中央及出先共貴使ニ全幅的協力スヘク決意セルニ就キ、南京御著任ノ上ハ出先軍ト常ニ隔意ナク御意見ヲ交換セラレ渾然一体事変処理ニ邁進セラレ度御願ヒス。重要事項ト認メラルヽ点ニ付、念ノ為卒直ニ軍ノ見解ヲ披瀝シ御参考ニ供シ度。

一、国民政府指導ノ理念ニ就テ

十一月十三日御前会議御決定ニ左ノ如ク明示セラレアリ。

「新中央政府ニ対シテハ一意帝国綜合戦力ノ強化ニ必要ナル諸施策ニ協力セシムルコトヲ主眼トシ、主トシテ我占拠地域内ヘノ政治力ノ滲透ニ努力セシムル如ク指導ス（朱線）。

重慶側ハ究極ニ於テ新中央政府ニ合流セシムルモ、新中央政府ヲシテ之カ急速ナル成功ニ焦慮スルカ如キ措置ハ採ラシメサルモノトス」

即チ新中央政府ニ対シテハ之ヲ以テ支那事変ノ解決政府タラシムル如ク重慶トノ対立関係ニ於テ帝国ノ施策ニ協力シ、日支一体トナリ重慶屈伏ノ実ヲ挙クル如ク指導スヘク、帝国トシテハ（朱線）新中央政府ノ育成強化ニ努メ、其ノ実力具備ヲ図ラシムル為無用ノ干渉ヲ避クヘキモ、該政府ヲシテ徒ニ其職分ヲ逸セシメ或ハ過度（朱線）ニ重慶トノ合作ニ焦慮セシムルカ如キハ共ニ指導上最モ戒メ、其施策ニ方リテハ飽ク迄モ帝国ノ綜合戦力強化ニ資セシムヘキモノトノ見解ナリ。

之カ為新中央政府ヲシテ北支蒙疆等ニ対シ所謂国権ヲ回収セントスルカ如キ方向ニ努力ヲ指向セシムルコトナク、（朱線）不取敢三角地帯ニ確乎タル地歩ヲ固メシムル如ク地ニ著キタル政治活動ヲ行ハシムルノ要アリト観察セラル。

中央政府要人ヲシテ三角地帯内ヲ縦横ニ巡閲シ、政令ヲ県以下ニ徹底セシムル如ク誘導スルハ効果アリト考ヘラル。

二、新条約ノ運営ニ就テ

新条約中特ニ重視セルハ附属議定書第一条第一項ノ戦争行為ニ伴フ特殊事態ノ存続ナリ。即チ之ヲ軽視シテ帝国ノ戦争遂行力ヲ減殺セシメルカ如キ措置ハ帝国トシテ忍ヒ得サル所ナリトス。

勿論戦争行為継続中ト雖、戦争行為ノ目的達成上支障ナキ限リ情勢ノ推移ニ応シ条約ノ趣旨ニ準拠シ特殊事態ヲ調整スヘキ事ハ同条第二項ニ明示セラレタル通リニシテ、此点ニ付テハ多大ノ御苦心ノ存スル所ト判断セラルルモ、日本側就中作戦軍ノ要求ヲ十分尊重シツヽ支那側ノ希望ヲモ参酌シ漸ヲ以テ摩擦ナキ様措置セラレ度。

十二月十九日本多大使ニ対スル参謀総長ノ懇談要旨

昭和一五、一二、一九

本多大使ニ対スル参謀総長（杉山元）ノ懇談要旨

（欄外朱印）**極秘**

（欄外頭書）大使　（欄外頭書）次長　（十九日午後二時半杉山総長ト対談（全然私的懇談）。辞去ノ際先方ヨリ非公式ニ本書ヲ交付ス）

統帥部トシテハ先程陸軍大臣ヨリ貴使ニ懇談セル事項ニ全然同一意見ナルモ、重ネテオ願ヒ致度ハ、軍ハ目下作戦遂行中ニシテ事変解決ノ為「軍ノ行動カ重要最大要素」タルヘキ現地ノ実情ニ鑑ミ、貴使ニ於テハ軍ノ目的達成ニ関シテハ万遺憾ナキ如ク協力セラレ度。

尚爾他ノ若干事項ニ関シ統帥部ノ見解ヲ披瀝セントス。

一、事変ノ目的完遂ニ就テ

支那事変処理要綱ニ基キ昭和十五年末ヲ目標トスル帝国ノ対重慶和平工作ハ之ヲ打切リトシ、帝国ハ爾今長期大持久戦ノ態勢ヲ強化徹底シ数十年ノ久シキニ亘ルモ重慶ノ屈伏ヲ見ル迄ハ抗日政権膺懲ノ矛ヲ収メサル決意ヲ確定セリ。従テ特ニ重慶ヲ対手トスル全面和平ヲ期待セラルルコトナク、一意支那事変処理要綱要領二（昭和十五年末ニ至ルモ重慶政権トノ間ニ和平成立セサル場合ノ施策）ノ精神ニ準拠シ、軍ト一体トナリ事変目的ノ完遂ニ邁進セラレ度希望ス。

二、重慶政権抗戦力推移ニ関スル観察

重慶政権ハ今ヤ最後ノ段階ニ逢着シアリテ英米ノ積極的援助及対日強圧ノ加重ニ依ル局面ノ変換ヲ希求シアル状態ニシテ、消極的持久抗戦ノ持続スラ困難ヲ感シアル状態ニ在リ。重慶政権ノ実力前述ノ如ク衰弱ノ極ニ在リト雖モ未タ二百数十ヶ師、二百余万ノ軍隊ハ蔣介石ノ強靭ナル統制下ニ在ルヲ以テ、蔣ニシテ強烈ナル督戦ノ下ニ反攻ヲ指令センカ、侮ルヘカラサル実力ヲ発揮スルコトアルヲ予期セサルヘカラス。然レトモ(朱線)我軍ノ中原占拠並対外補給路ノ遮断ニヨル物資ノ不足、通貨価値低下並国共相剋等ハ重慶政権ノ最モ苦痛トスル所ニシテ、英米ノ支援カ依然トシテ現在ノ程度ヲ出テサル場合、若クハ国際情勢ノ推移カ枢軸側ノ世界制覇ノ公算大トナル場合ニ於テハ対日、対汪(兆銘)屈伏ニ出テサルヘカラサルヘク、然ラサルモ尠クモ抗戦体制ノ漸衰乃至ハ崩壊ヲ見ル公算大ナルヘシト判断セラル。

三、対重慶和平工作ニ就テ

軍トシテモ全般情勢ニ鑑ミ当分ノ間中央出先共我方ヨリ対重慶和平工作ヲ行ハス、先方ノ出方ヲ静観シ機ニ応シテ善処スヘキ意見ニシテ、就中出先軍ニ対シテハ此種謀略工作ヲ禁止シアルニ付、此ノ点オ含ミノ上支那側ヲ指導セラレ度。

四、新中央政府ノ軍事的力量ニ関スル見透ニ就テ

1. 支那側武装団体ハ当分日本軍ノ作戦警備ノ補助タルノ役割ヲ担当シ得ルヲ以テ限度トスヘシ。

2. 情況之ヲ許セハ日本軍ノ後援ノ下ニ独自ノ力量ヲ以テ某区域ノ治安ヲ担任セシメ得ヘシ。

而シテ現状ハ全ク支那側武装団体ニ治安ノ一部ヲ担任セシムルカ如キ情勢ニアラス、一ニ占拠地域ノ治安ハ日本軍ノ全責任ヲ以テ保持セラレアルヲ認識セラレ度。

五、鉄道通信ニ関シ

日本軍ノ運用補給通信ヲ自主的ニ確保シ得ルヲ目的トス。

是カ為日本軍ノ駐兵地域ニ於ケル鉄道通信ハ軍ノ現存スル間ハ国営ニ移行セサルモノトス。

昭和十六年

一月三日本多大使汪主席会談要旨

本多大使汪主席会談要旨

（欄外朱印）
極秘

（欄外頭書）
外陸海総各相ニ内呈、青木顧問内談（一男）

昭和十六年一月三日 自午后六時 至七時半 於汪公館

大使　本日ハ友人ノ立場ニ於テ極メテ打解ケテ腹蔵ナキ意見ヲ承リ度シ。

汪　豊富ナル経験ト高邁ナル見識ヲ有スル大使ニ対シ、腹蔵ナク卑見ヲ述ヘ御高教ヲ仰ク機会ヲ得タルコトハ幸ナリ。本日ハ主トシテ支那国内ノ問題ニ付御話致度シ。現在欧洲ノ戦局次第ニ拡大シ何時終結ヲ見ルヘキヤ予断ヲ許ササル処ナルカ、日支間ニ於テモ事変依然トシテ存続シ今尚収拾シ得サル状態ニアルハ極メテ遺憾ニシテ、心中焦慮ニ堪ヘサル所ナリ。理想ヨリ言ヘハ日本ノ三国同盟締結ヲ機トシ、東亜ノ諸国家ハ之ニ参加シ戦線ヲ統一シテ生死ノ運命ヲ共ニスヘキコト当然ナリ。

支那カ今直チニ新秩序ノ建設ニ参加スルモ既ニ遅キニ過クル位ニシテ、例ヘハ地下ノ埋蔵資源ヲ開発スルニシテモ到底支那タケノ力ニテハ足ラス、充分ナル日本ノ援助ヲ得テ始メテ可能ナル次第ナリ。然ルニ重慶カ依然反省スル所ナク却ツテ吾々ヲ牽制スルニ汲々タル実情ニ在ルハ誠ニ遺憾千万ニシテ、ソレタケ国民政府還都ノ意義ノ大ナルコトト其ノ責任ノ重キコトヲ痛感スル次第ニシテ、此ノ点ハ常ニ自省シ居ル所ナリ。カカル情勢ノ下ニ於テ一般ノ者ハ此ノ際国民政府ニ自由ヲ与ヘ仕事ノ出来得ル様ニセサレハ不可ナリト主張シ、之ニ対シ一方ニ於テハ自ラ為スヘキ仕事ヲ為サスシテ先ツ自由ノミヲ要求スルハ虫ノ好スキル話ナリトノ非難アリ。自分ハ一昨年和平運動開始以来昨年度モ対重慶工作ニ重点ヲ置キテ仕事ヲナシ来リ、前途ニ相当ノ困難アルヘキコトハ之ヲ覚悟シ居リシカ、現在ノ立場ハ予想以外ニ困難ナリ。蓋シ最近一方ニ於テハ国際《(朱線)》情勢ノ変化ニ依リ重慶側ノ抗戦意識昂揚シ、之カ為メ和平運動ヲ牽制シツツアルト共ニ、他方支那一般ノ民衆ハ所謂和平トハ真ノ平和ニ非スシテ日本ノ要求ヲ容レ日本ノ征服ニ甘ンスルモノニ過キストノ心理ニ支配セラレ居ル為メ、困難ノ程度愈増加セル次第ナリ。右ハ目下ノ和平運動ニ対スル最大ノ障害ニシテ、之ヲ打破セサレハ国民政府存在ノ意義ナキ訳ナリ。国際問題ニ付テハ過日面会ノ際言及シタルヲ以テ、今日ハ支那国内ノ状勢ニ付御話致シ度シ。（続ク）

自分ハ一昨年六月訪日ノ際、近衛《(文麿)》公ト二人ノミニテ筆談ヲ以テ二時間会談セルコトアリ。其ノ当時ノ会談ノ内容ハ必要アル場合極メテ重要ナル方面ニハ漏スモ、差支ナキコトヲ打合セタルヲ以テ本日其ノ一端ヲ御話スヘシ。近衛公ハ「予ハ二回ニ亘リ声明ヲ出シタルニ支那側ハ何故之レニ感動シテ起タサリシカ、支那側ノ心理状態如何」ト問ハレタリ。之ニ対シ自分ハ元来支那ハ日本ノ輿論ニ対シテハ非常ニ神経過敏ナリ、例ヘハ曽テ或ル日本ノ一新聞記者カ支那視察談ヲ発表セル際、「朝鮮ヨリ満洲ニ来リ観ルニ満洲ハ将来朝鮮トナリ得ル可能性アリ。満洲ヨリ北支ニ来レハ北支ハ将来満洲トナリ得ル可能性アリ。更ニ北支ヨリ中支、南支ニ至レハ将来北支ノ如クナリ得ル可能性アルヲ感得セリ」ト漏セルカ如キハ痛ク支那人ヲ刺戟シ、日本ハ支那ヲ侵略スルモノナリトノ印象ヲ与ヘ居レリト述ヘタルニ、近衛公ハ日本ニハ斯ル思想ハ絶対ニナシト言ハレ、更ニ将来支那ニ新中央政府樹立セラルレハ現在ノ満洲ノ如キ形式ヲ取ラス寛大ナル態度ニテ臨ム方針ナリト断言セラレ、且ツ日本《(朱線)》ノ北支ニ対スル要求ハ日満支協力シテ国防資源ヲ開発スルニアリ、之ヲウマク処理セサレハ日満支ノ関係ハ円満ニ行カサルヘシト述ヘラレタリ。自分ハ日本ニハ棉花モ石炭モ鉄モ極メテ貧弱ナルニ拘ラス現在ノ如キ強大ナル国家トナレリ、之ニ反シ支那ハカカル資源ヲ持チナカラ利用出来サリシハ慚愧ノ至ナリ、之ヲ開発シテ（朱線）日支両国平等ニ其ノ利益ヲ享クルコトニ付テハ畢生ノ努力ヲ尽スコトヲ辞セス、此ノ点ハ日支合作ノ要点ナリト確信スト答ヘタリ。次テ近衛公ハ共同防共ノ問題ハ如何ニト問ヒタリ。自分ハ（朱線）華北ノ特殊性トハ即チ右資源ノ開発ト共同防共トノ二点ナリヤト反問セルニ、近衛公ハ力強ク「是」ト書カレタリ。次テ南支ノ経済合作ノ問題ニ付日本ハ欧米ヲ排斥スルモノナリト云フカ如キハ笑フヘキコトナリ、日本ノ資本ハ北支、中支丈ケニテモ手一杯ニシテ、日支ノ合作ニ依リ欧米ノ資本ヲ歓迎コソスレ排斥ヲスル意思ナシト述ヘラレタリ。

自分ハ河内ニ赴キタル後影佐（禎昭）、犬養（健）氏等ヨリ出馬ヲ懇請セラレタルカ、上海ニ到着後日本行ヲ決意セリ。即チ日本政府当局ノ考ヲ直接ニ聞カサレハ安心出来サリシヲ以テナリ。日本ニ赴キテ平沼（騏一郎）総理始メ陸、海、外、大蔵各大臣及近衛公、松岡（洋右）、松井（石根）氏等ニ面会セルカ、其ノ言フトコロ何レモ一致シ居リ、近衛公ノ如キモ前述ノ如ク極メテ明快ニ断言セラレタルヲ以テ、政府組織ノ工作ニ着手セル次第ナリ。現在自分ハ同志ニ対シ国民政府ノ立場トシテ常々二ツノ方面ヲ能ク区別シテ考慮セサルヘカラス、一ハ近衛声明ヲ基調トスル日支根本関係樹立ノ点、一ハ現ニ戦争状態存在シ居ル点ナリ、戦争存在ニ依ル特殊事態ハ日本ノ本心ニ非ス、已ムヲ得サル現実問題ナリト告ケ居レリ。阿部（信行）大使モ条約交渉ノ際此ノ点ヲ述ヘラレタルカ、識者ノ考ハ何レモ右ニ一致シ居ルコトヲ知ルニ足ル。即チ今後ノ工作方針ハ二ツノ方面ニ在リ。一ハ日支関係ノ根本的調整問題、例ヘハ東亜聯盟ノ運動ノ如キモノ、（朱線）一ハ戦争ニ依リ発生セル事態ノ調整問題、即チ作戦ニ支障ヲ及ホササルコトヲ考慮スルト共ニ（朱線）支那ノ民衆ノ苦痛ヲ除去シ自由ヲ与フル問題ナリ。之ヲ実行セサレハ民衆ハ政府ヲ支持セサルナリ。此ノ二ツノ方面ハ自分ハ常ニ之ヲ口ニシ仕事ノ方面ニ於テモ努力シ来レル次第ナリ。右ニ対スル閣下ノ御意見ヲ伺ヒタシ。

大使　今述ヘラレタル二大方針ノコトハ能ク了承セリ。日支間ノ根本問題ニ付最近起レル東亜聯盟運動ハ自分ハ未タ其ノ内容ヲ充分研究シ居ラサルニ付、本日ハ之ニ触ルルコトヲ避クヘシ。固ヨリ反対ニハ非ス。第二ノ戦争ニ依リ発生セル已ムヲ得サル事態ニシテ軍ノ必要ト両立シ得ル限度内ニ於テ国民ノ苦痛ヲ解除スル為メ調整ヲ加フル問題ニ付テハ、着任匆々ニシテ過去ノ経緯モ各地方ノ情況ヲモ未タ十分聞知シ居ラサレトモ、原則的ニハ固ヨリ異論ナシ。唯実際ニ斯ク斯クノ点ハ困ルカラ斯クスレハウマク行クト云フ具合ニ具体的ノ意見ヲ承レハ幸甚ナリ。作戦上ノ要求ヲ妨ケサル範囲ニ於テ民衆生活ノ安定ヲ図ルコトノ必要ハ同感ナリ。本使赴任ニ当リ帝国政府ハ極力国民政府ノ政治力ヲ育成強化スル方針ナルヲ以テ、右ニ協力スヘキ旨訓令ヲ受ケタリ。国民政府側ニ於テ政府ノ発展強化ニ障害アリト認メラルル点アラハ、軍事的関係ノ許ス限度ニ於テ之ヲ考慮スルニ吝ナラサルヲ以テ遠慮ナク申出ラレタシ。

汪　然ラハ具体的問題ノ一トシテ米ノ問題ヲ申上クヘシ。米ハ南京ニ於テ政府還都前一石三十元位ナリシカ、現在ハ七十元ナリ。之カ為一般民衆ハ生活難ニ陥リ居レリ。右米貨暴騰ノ原因ハ昨年ノ米収不良ナリシニ因ル点ナキニシモ非サレトモ、（朱線）軍側ノ統制ニ依ル点モアリト見サルヘカラス。固ヨリ軍ハ軍自身ノ用米ヲ調弁スル必要アリ。之カ買付ケヲ行フコトハ当然ナルモ、ソレ丈ケナラハ別ニ民食ニ影響ヲ及ホスコトナシ。結局（朱線）売買、運搬共ニ統制ヲ加ヘ居ル為メ、支那ノ奸商之ヲ利用シテ弊害ヲ生スルナリ。例ヘハ或ル支那商ハ木ノ搬出許可証ヲ軍ヨリ貰ヒ受ケ、之ニ点ヲ加ヘテ米ノ字ニ改メテ米ヲ運搬シ巨利ヲ博セルモノアリ。国民政府トシテハ日本軍ノ用米ハ其ノ要求ノ数量ヲ代ツテ買付ケ供給スルモ差支ナク、値段モ極メタ通リニテ供給スヘシ。其ノ損失ハ政府ノ負担ニ帰スルモ差支ナシトノ意見ニテ日本側ニ申入レ、既ニ七八月ノ日子ヲ費シ打合セヲナシツツアルカ、今年ハ少シテモ米価低落スルコトヲ希望シ居レリ。民食ノ問題解決セサレハ一般民衆ハ生活モ出来ス、政府ノ軍隊モ支ヘ得サルニ至ル惧アリ。又財政ニモ至大ノ影響アリ。現在軍隊ノ給料ヲ少シ増シタルモ、到底間ニ合ハス、ホンノ慰メタケナリ。

今回行政院ニ行政院院長、同副院長及財政、工商、農鉱、交通、鉄道各部部長ヲ以テ全国経済委員会ヲ組織スルニ決定セルカ、右委員会ノ任務ハ第一、日支間ノ経済合作問題ノ研究ト、第二、現在差当リノ経済対策ヲ立案スルニアリ。此ノ会議ハ顧問部ヲ置キ、日本側ヨリ適当ノ人物ヲ推薦シテ貰フ筈ニテ、阿部大使ニモオ願致シ置ケルカ、貴大使ニ於テモ是非御配慮願ヒ度シ。

大使　右顧問ニハ意中ノ人物ニテモアル次第ナリヤ。

汪　従来国民政府ト関係アリシ人ハ石渡（荘太郎）氏ト青木氏ナリ。此ノ二人ノ内何レカ一人テモ来テ呉レレハ幸ナリト考ヘ居レリ。右経済委員会ヲ立派ニ組織シ運用シテ行ケハ経済問題モウマク行クモノト期待シ居レリ。

大使　右ハ支那ノ機関ナリヤ。

汪　然リ。

大使　ヨク判レリ。此ノ外ニ尚承ルヘキコトアリヤ。

汪　次ハ軍事問題ナリ。現在和平運動ニ取リ必要ナルコトハ和平ノ保障ヲ得ルニアリ。和平ノ保障トハ土地ヲ守ルコトナリ。兵力ヨリ云ヘハ重慶ニハ二三百万アリ。国民政府ハ十万ニ足ラサレトモ、土地ヲ守ルコトハ出来得ヘシ。

重慶ハ其ノ失ヒタル土地ヲ遊撃ト焦土戦術ニ依リ攪乱シ居ルヲ以テ、吾々ハ兵力ヲ以テ之ヲ守ラサルヘカラス。即チ農村、農地カ吾人ノ対象ナリ。（朱線）日本軍ハ点ト線ヲ保持シ居ルヲ以テ、国民政府ハ面ヲ保持スルコトニ依リ日本軍ニ協力シタシ。斯クスレハ一般民衆モ国民政府ノ軍隊ニ親シムコトナルヘシ。此ノ点ハ建軍ノ基礎ナリ。

重慶ノ抗戦意識ハ十数年ノ訓練ニ出ツルモノニシテ、之ヲ改メテ国土守衛ノ観念ニ改ムルコトハ物質建設以上ニ大切ナル点ナリ。政府ノ軍隊増強ノ為メニハ目下欧米ヨリ武器ヲ求ムルコト能ハス。是非トモ日本ノ援助ヲ受ケサルヘカラス。軍隊精神ノ作興ニハ愛国精神ヲ基礎トスヘク、其ノ基調ハ支那ヲ顧ミ日本ヲ顧ミ東亜ヲ顧ミルコトヲ強調シテ従来ノ国民意識ヲ茲ニ向ケル必要アリ。此ノ点ハ政治訓練部ニ於テ訓練ヲ施シツツアリ。孫文ノ大亜洲主義モ茲ニ基クモノナリト信シ居レリ。自分ハ民国二十四年行政院ニ長タリシ時、中央政治会議ニ於テ此ノ趣旨ヲ述ヘタルコトアリ。右ハ広田《(弘毅)》大臣ノ議会ニ於ケル三原則ニ響応シタル心算ナリ。遺憾ナカラ遂ニ志ヲ果タサス、蔣介石モ当時ハ日支ノ衝突ヲ回避セント努力セル模様ナルモ、自分カ日支合作ヲ考ヘタルニ反シ、蔣ハ聯蘇ヲ考ヘ居リタリ。其後自分ハ兇弾ニ仆レ大亜細亜主義ノ実現ヲ果シ得サリシナリ。惟フニ支那ノ独立ハ東亜ノ解放ト一体不可分ノモノナリ。吾人ノ和平運動ノ思想ノ根本亦茲ニアリ。此ノ点ハ充分徹底シ居ルヲ以テ御安心願ヒ度シ。

一月十四日本多大使汪主席会談要旨

本多大使汪主席会談要旨

昭和十六年一月十四日自午後五時至同六時於汪公館

（欄外朱印）極秘

汪　前回ハ和平運動ノ経過並ニ当面ノ問題ニ付概略申述ベタルガ、本日ハ御参考ノ為右ヲ書キ物トナシ稍詳シク説明セルモノヲ御手許ニ差上度シ。其内容ハ物資統制ノ問題ト糧食管理ノ問題ヲ主トセリ。閣下ノ御参考マデ閲覧ヲ賜ラバ幸ナリ（トテ別冊ヲ大使ニ手交ス）。コノ書物ハ糧食ニ関スル項ハ行政院ニ於ケル糧食管理委員会ニ於テ一覧シ差支無シト同意セルモノ、物資統制ノ項ハ工商部中心トナリ他ノ経済関係各部ヨリ集メタル資料ヲ以テ作成セルモノナリ。軍事関係ハ目下種々ノ計画ヲ研究中ニテ軍事顧問団ニモ研究ヲ依頼シ居リ、未ダ成案ヲ得ザル為本日ノ間（ママ）ニ合ハザリシ次第ナリ。

物資統制及食糧問題ハ前回述ベタルトコロヲ具体的ニ記シタルニ過ギザルナリ。

大使　糧食問題殊ニ米ノ問題ハ過般政府側ト日本軍側トノ間ニ於テ話合ヒ成リ、先ツ蕪湖地方ニ於テ一定ノ軍用米ヲ政府ニ於テ買付クルコトトナリ、一月末マデニ所定ノ数量ヲ買付ケ得レバ松江、蘇州及ビ無錫ノ三地区ヲモ政府ノ自由買付地トシテ開放スルトノ趣キナルガ如何。

汪　然リ、一月末マデニ三万噸ノ軍用米ヲ調達スル条件ニテ話合タルナリ。唯本件ガ十月頃決定シ実施シタリシナランニハ問題ナカリシモ、其後交渉ニ日ヲ費ヤシ十二月ニ入リテ漸ク実行ニ移リタル為、時間ノ関係上仮令如何ニ努力スルモ今月末マデニ右数量ヲ集メ得ラルルヤ否ヤ極メテ困難ナリト思考セラル。尤モ梅（思平）工商部長ハ政府ノ立場上懸命ノ努力ヲ払ヒ必ズ成功セシメントス努力シ居レリ。

大使　何レニスルモ忍耐ト努力ト必要ナリ。只今ノ書キ物ハ本使ノ研究材料トシテ拝見シ、外務大臣（松岡洋右）ニ情況報告ノ際ハ一例トシテ話シ置クコトトスベシ。

汪　感謝ニ堪ヘズ。貴大使北支ニ出張シテ不在中、偶々重慶側ヨリ脱出シ来レル二名ノ人物アリ。此ノ者等ヨリ重慶側ノ近況ヲ聴取シタルヲ以テ此ノ序ニ御参考マデニ申上クベシ。一名ハ蘇蘊森ト云フ閻錫山部下ノ中将級ノ法務官ニシテ、山西ヨリ重慶ニ出デ更ニ桂林ニ赴キ同地ヨリ飛行機ニテ香港ニ至リ当地ニ来リタルモノナルガ、五十才前後ノ唐生智等ト同様保定軍官学校ノ第一期生ナリ。彼ハ十二月初重慶ヲ離レタルモノナルヲ以テ、最近ノ情勢ヲ知ルニ好個ノ参考ヲ提供シ呉レタリ。彼ノ談ル処ハ概ネ山西及陝西方面ノ情況ナルガ、共産党ト中央軍トノ衝突ハ新聞ニ報道セラルル程激化シ居ラズ。勿論相当ノ摩擦ハアルモ、未タ正面衝突スルマデニ至ラズ。元来閻錫山ハ反共ノ人ニシテ事変後已ムヲ得ズ共産党ト合作シタルモ、最近ハ容共抗日ノ誤ヲ悟リ反共意識旺盛ナル同人ト接近スルニ至リタル為、同人ハ俄ニ共産党ニ睨マレ圧迫ヲ加ヘラレ、遂ニ居タタマレズ山西ヲ脱出セル次第ナル趣ナリ。又彼ノ言フ処ニ依レバ現在蘇聯ハ山西、陝西、甘粛ノ所謂西北地区ニ於テハスデニ牢固タル地盤ヲ築キタルヲ以テ、今後ハ専ラ北支方面ニ於テ地盤ヲ開拓スル方針ヲ採ルニ決シ居ル趣ナリ。右ハ極メテ注意スベキ点ニシテ、現ニ共産党ガ多数ノ遊撃隊ヲ北支方面ニ潜入セシメ居ルニ徴シ恐ラク事実ナルベシ。尚、同人ハ閻ト自分（汪）トノ連絡工作ニ当リタキ希望ニテ当地ニ来レルモノナルガ、現在山西ニ於テハ閻ノ軍隊ト共産軍及中央軍ト入交リテ配置シアルヲ以テ、当方ト閻側トノ連絡容易ナラザル実情ニアリ。軍事顧問団ニモ同人ヲ紹介シ閻ト当方トノ連絡方法ニ付研究ヲ進メ居レリ。

他ノ一名ハ鄧翰ト称シ黄埔軍官学校ノ出身ニテ三十代ノ青年ナルガ、蔣介石ニ用ヒラレ軍事訓練方面ノ仕事ヲ担当シ、三民主義青年団組織ノ際ノ「メンバー」ナリ。彼ハ重慶側ノ物資統制ト食糧管理問題及軍隊ノ心理情況ニ付報告セルガ、彼モ十一月二十五日重慶ヲ出テ桂林、香港ヲ経テ当地ニ到着セルモノニシテ、最近ノ重慶ノ情況ヲ知リ居ル次第ナリ。彼ノ言フ所ニ依レバ重慶ニ於テハ曽テ米一石百元以上ナリシガ、其後政府ノ統制ニヨリ七八十元ニ引下ゲラレタル趣ニシテ、此ノ点ヨリ観ルニ重慶側ハ我国民政府側ニ比シ甚シク苦シキ立場ニ在リトハ言ヒ難キ模様ナリ。唯綿布ノ欠乏ニハ最モ困リ居ル由ニテ、民国二十六年無錫陥落シ同二十七年武漢ヲ撤退スルヤ、彼等ハ全ク綿布ノ生産地ヲ離レ織布機械ノ一部ヲ西南ニ移シタルモ其ノ運営捗々シカラズ。結局密輸ト地方産ノ土布トニテ間ニ合ハセ居ル訳ナルカ、何ントカ凌ギヲ付ケ居ル由ナリ。固ヨリ贅沢品ハ極メテ高価ニシテ、例ヘバ巻煙草「スリーキヤツスル」一鑵四十元ナルモ、一般ハ地方産ノ所謂土煙ヲ以テ間ニ合ハセ「ブランデイ」「ウキスキー」ハ一瓶七八十元ナルモ、之レ亦土酒アリ。石炭ハ欠乏シ居ルモ、奥地ニ於テハ冬季石炭ヲ焚ク習慣無ク目ボシキ工場モ殆ンド無キタメ薪炭ニテ辛抱シ、「ガソリン」ハ事変前ノ五六倍ニ騰貴シ居ルモ、ソ聯方面ヨリ駱駝ニヨリテ送ラレ全然手ニ入ラズト言フ訳ニモ非ザル由ナリ。要スルニ彼ノ報告ヲ綜合スルニ吾人ガ経済隔絶ノ方法ニ依リ重慶ヲ参ラスコトハ余リ有効ナラザル模様ナリ。即チ重慶側ハ農業地及山地ニ立籠リ居ルニ対シ、我々ハ商工業地区ニ居ルヲ以テ食糧ノ如キハ港ヲ通ジ重慶側ノモノヲ移入スル立場ニ在リ。経済ヲ隔絶スレバ奥地ノ食糧品ハ当方ノ手ニ入ラザルコトトナリ、其ノ価格従ツテ騰貴セザルヲ得ズ。却テ当方ガ困ル事態ヲ惹起スルニ至ルナリ。又彼等ノ占拠シ居ル地域内ニハ「アンチモニー」「タングステン」等ノ鉱産アリ。桐油ノ如キモ今尚輸出品ノ大宗ナリ。興味アル話トシテハ豚毛ハ飛行機ニヨリ香港ニ運搬シ米国ニ輸出セラレ刷毛ノ原料トシテ珍重セラレ居ル由、要スルニ重慶側ノ経済力モ容易ニ侮リ難キ状態ナリ。尚軍事方面ニ於テハ弾薬モ余リ欠乏シ居ラザル由ナルガ、右ハ此ノ一二年来大ナル戦争ナク消耗割合ニ尠ナカリシニ因ルモノナル趣ナリ。此レニ由リ判断スルニ重慶側ニ於テハ軍隊モ相当落着キ居リ、食糧モ喰ベルダケ有リトスレバ一般民衆モ一応安定シ居ルモノト見テ差支ナキモノノ如シ。支那ニハ古来偏安ト云フ語アリ。重慶ノ現状ノ如キハ即チ偏安ノ局面ヲ維持シ居ルモノト謂フヲ得ベシ。是レ彼等ガ農山村ヲ地盤トシテ生存シ居ルカ為メナリ。

次デ重慶側軍人ノ心理状態ニツキ彼ノ語ル所ニヨレバ、従来絶対抗戦ヲ主張セル彼等モ現在ハ抗戦ト和平トノ比較問題ヲ採リ上ゲテ研究スル態度ニ変リ、三民主義青年団ノ如キ専ラ軍隊ノ政治訓練ニ当リツツアル機関ニ於テスラ和平ハ希望アリヤ否ヤ、南京政府ハ将来性アリヤ否ヤ等ヲ公然討論セラルル状勢トナリ、従ツテ和平派モ漸ク頭ヲ擡ゲ来リタル由ナリ。又彼ノ報告ニ依レバ近来何応欽ノ勢力復活シ、之ニ反シテ陳誠、白崇禧ノ勢力減退セリトノコトナルガ、右ハ注目ニ値スル傾向ナリ。陳、白ハ元来聯「ソ」抗日ノ主張者ニシテ最モ強硬ナル態度ヲ持シ、日本ニハ絶対ニ降服セズト豪語シ居レル人物ナルガ、何ハ周知ノ如ク我々ト同様ノ考ヘヲ持チ居リ、唯勇気ニ欠ケタル点ダケガ吾々ト異ナルトコロナリ。最近陳誠ガ軍隊ノ政治訓練ヲ司ル政治部長ノ職ヲ辞シ、白モ何ノ下ニ参謀副長タリシヲ辞シタル事実アルニ鑑ミ、又重慶方面ノ情報ニヨルモ陳ト白トノ鼻息ハ従前ノ如ク強カラザル模様ナルヲ以テ、彼ノ言フ所或ハ事実カト察セラル。此ノ報告ハ自分ニトリ最モ耳新シキ情報ニシテ、自分（汪）ガ重慶ヲ離ルル頃ハ陳・白ノ勢力極メテ強ク、何ハ黙々トシテ蔭ニ隠レ居リタル実状ナリキ。

更ニ彼（鄧翰）ハ重慶脱出ノ理由トシテ自分（汪）ノ主張ガ終始一貫シ居ルニ敬服シタルガ為ナリト語レルガ、一般青年達モ同様ニ噂シ居ル由ナリ。尚彼ハ重慶方面ノ青年ノ動向トシテ、今ヤ抗戦ノ絶望ナルコトハ何人モ之ヲ認ムルニ至リ、単ニ和平ガ有望ナリヤ否ヤヲ問題トシ居リ、具体的ニ言ヘバ日本ガ果シテ支那ノ生存ヲ許スヤ否ヤヲ見極メント欲シ居ルモノナル旨語レリ。彼ハ雲南ノ産ニシテ龍雲ノ招ニヨリ他ノ者ト共ニ雲南ニ赴キタル機会ヲ利用シ脱出シ来リタル者ナルガ、彼ノ言フ所若シ真ナリトセバ重慶方面ノ空気ハ我々ニトリ有利ニ転回セルモノト謂フベク、軍隊ノ如キモ従来ハ羊ガ突然狼ニ出会ヒタル時ノ如ク到底遁ルル途ナシト思ヒ込ミ死物狂ヒトナリ居リシモノナルガ、今ヤ漸ク助カルカ助カラザルカヲ研究スル余裕ヲ生ジ来タレルモノト想像セラル。

大使　ソレハ結構ナル消息ナリ。軍人ノ心理状態ガ斯クノ如ク変リシヤ。

汪　然リ。変リタル模様ナリ。此ノ上ハ彼等ノ誤レル愛国心ヲ正シキ方面ニ導クコトニ努力セザルベカラズ。右ハ物質的建設以上ニ大切ナル問題ナリ。

大使　日本ガ支那ノ生存ヲ許スヤ否ヤニ付、疑問ヲ有シ居ルト言フガ如キハ意外千万ナリ。日本ノ真意未ダ彼等ニ徹底シ居ラザルハ遺憾ニ堪エズ。此ノ点ニツキ国民政府側ニ於テモ此上共充分ニ宣伝ニ努力シ、彼等ノ蒙ヲ啓ク様工夫セラレタシ。

汪　結局日本ノ振リ出シタル手形ガ額面通リニ通用スルヤ否ヤヲ疑ヒ居ルモノナルベシ。尚(朱線)蒋介石個人ノ考ハ依然変ラヌ模様ニテ、右ハ彼ガ欧洲ノ情勢ノ推移ヲ待ツヲ有利ト認メ居ルガ為メナルベシ。

他ニ一ツ報告シタキ情報アリ。最近上海方面ヨリ得タル情報ニ依レバ重慶側ニ於テハ米国ノ借款ヲ利用シ金庫券ナルモノヲ発行シ、之ヲ以テ外貨ヲ買ヒ得ル唯一ノ紙幣トナシ、法幣四元ヲ以テ一金庫券トナシ四金庫券ヲ以テ一米弗ト定メ、即チ十六元ヲ以テ一米弗ヲ買ヒ得ル仕組ミナルガ、右ハ国民政府側ニ於テ法幣ヲ集メ外貨ヲ獲得スルコトヲ防止スル計劃ナリトモ考ヘラル。金庫券発行ノ案ハ以前ヨリ伝ヘラレタルモノナルガ、当時ノ案ハ法幣トノツナガリヲ如何ニスルヤ明ナラズ、法幣ヲ手ニセル人民ニ不安ヲ与フル惧アリタルガ、今回ノ案ハ法幣ヲ以テ之ニ換ヘ、更ニ之ヲ外貨ニ換ヘルモノナルヲ以テ比較的進歩セル案ナリ。唯如何ニシテ国民政府側ノ法幣ヲ金庫券ニ換ヘルコトヲ防ギ得ルヤ、此ノ点ハ明カナラズ。斯カル事ハ技術上可能ナリヤ否ヤ専門家ニ非ザル我々ニハ納得行カザル点ナリ。

貴大使ニハ近ク帰朝ノ趣ナルカ、近衛総理及松岡大臣ニ面会ノ節ハ自分ノ心境ヲ御伝ヘアリタシ。即チ自分ハ今後益々困難ニ逢着スベキコトヲ痛感シ居ルモ、一方ニ於テハ政府ノ力ノ及ブ範囲内ニ於テ誠心誠意日本側ト協力シテ建設ヲ進メ和平促進ノ基礎ヲ築クニ努力スルト共ニ、他方ニ於テハ重慶側ノ人心ノ転向ヲ促進〔ス脱カ〕ル為メ一段ノ苦心ヲ払ヒ、右二ツノ工作ハ其ノ成敗如何ニ拘ラズ最善ノ努力ヲ尽ス覚悟ナリ。右ノ趣特ニ御伝ヘアリタシ。最後ニ経済顧問ノコトハ早目ニ決定推薦セラレタク是非御尽力ヲ乞フ。

大使　承知セリ。帰国ノ上ハ貴意ニ添フ様充分努力スベシ。


（別紙）

（欄外朱印）極秘　糧食管理問題覚書

糧食問題ハ実ニ国家目前最厳重ノ問題タリ。本会糧食管理ヲ実施スルコト僅々三ヶ月ニ過キサルモ、其ノ間ニ於ケル工作ハ寔ニ困難ヲ極メタリ。玆ニ其ノ経過ヲ略述スレハ左ノ如シ。

昨年四五月頃、各地ノ米価暴騰シ南京ノ如キモ一石三十元ヨリ六十元、最高七十元ニ上リ、六月ノ頃ハ極度ノ恐慌ヲ呈シ市場ニハ殆ント購入スヘキ米無キ状態ニ陥レリ。

汪主席ハ極メテ民食問題ヲ重視シ、工商部ニ命シテ関係各方面ト協議セシメ切実ニ研究ノ上有効ナル処置ヲ講シ、本件重大問題ヲ解決セムコトヲ期シタルカ、最初ノ希望トシテハ友邦ニ於テ実施シツツアル糧食統制ヲ完全ニ我国政府ノ手ニ移シ、友邦ノ軍需ハ政府ニ於テ責任ヲ以テ之ヲ供給シ、各地ノ民食モ政府ニ於テ全般的ニ「コントロール」シテ其ノ需要供給ヲ調節シ価格ヲ平定ナラシメ、民食ト軍需トヲ併セテ調弁セムコトヲ目標トシタルモノナリ。

然レトモ友邦ノ軍部ニ於テハ意見極メテ多ク、我政府ノ能力モ尚未タ不充分ナリト為シ、各方面ノ事態ヲ顧慮シテ遅々トシテ決セス、何回トナク往復商議シタル結果、漸ク一ノ諒解事項ヲ成立セシムルニ至レリ。其ノ内容ハ江蘇、浙江、安徽ノ三省及上海・南京両市ノ管轄区域ニ夫々軍需米区ト民需米区トニ分チ、軍需米区域ハ一ハ安徽省南部ノ蕪湖地方、一ハ蘇州、松江、常州区ノ各県トナシ、安徽省南部ハ二十九年十二月一日ヨリ国民政府ニ引渡シ、軍米三万噸ヲ代ツテ購入スル条件ヲ附シ、若シ三十年一月末迄ニ右数量ヲ取纏ムルニ於テハ蘇州、松江、常州区モ二月一日ヨリ完全ニ開放シテ民需米区トナスヘキ旨定メタルモノニシテ、右諒解事項ハ十月九日ニ正式ニ調印セラレタリ。

諒解事項成立後本会ハ管理ヲ開始シタルカ、一方ニ於テハ各種ノ管理規則ヲ制定シ、一方ニ於テハ各地ノ関係方面ト聯絡ヲ取リ誤解ヲ解クニ努メ、其ノ手続ノ繁瑣ニシテ交渉ノ多キコト言語ニ絶シ、関係者ハ東奔西走シテ席暖ル暇ナク、斯クシテ十二月ノ末ニ至リ民需米区域ニ於ケル友邦関係方面モ始メテ了解シ、本会ニ於テモ逐次管理ヲ実施シ得ル運ニ立至レリ。右聯絡交渉ノ為メ費シタル時間ハ数ヶ月ノ久シキニ亘リ、之カ為メ三万噸ノ米引渡シノ最後ノ期日迄ニハ僅カニ一ヶ月ヲ余スノミトナレリ。

此ノ一ヶ月間ニ於テ右任務ヲ完成スルニハ種々ノ困難アリ。即チ㈠二十九年度ハ各地減収ナリシ為メ産出量不足シ居ルコト、㈡現ニ米価日々騰貴ヲ見ツツアル為、先待チノ人気強ク売惜シミノ状態ニアルコト、㈢政府カ管理ヲ回収シタル時期ハ新米収穫ノ季節ヲ距ルコト数ヶ月後ナル為メ、其ノ間友邦ノ軍米ノ買付ニ依リ既ニ多量ノ米ハ吸収セラレ、殆ント「ストツク」無キニ至レルコト、㈣物資統制ノ関係上占領地区内ノ貨物ハ遊撃地区ニ到ルコト能ハサル為メ、遊撃地区ニ産スル糧食モ亦同様ニ封鎖セラルル結果トナリシコト、即チ遊撃区ノ人民ノ希望スル所ハ其ノ所有米ヲ以テ不足セル貨物ヲ得ントスルモノナルニ、今物資統制ノ関係ニテ貨物ヲ得ルコト能ハストセハ米ノ移出モ自然減少スル外ナキコト、㈤各省市ノ民食欠乏シ饑餓ニ瀕シ居ル為メ、政府ハ治安維持ノ関係上此ノ方面ニモ相当ノ量ヲ手当シテ救済セサルヘカラサルヲ以テ、米ノ配給ニ益々困難ヲ感スル実情ニアルコト等ハ何レモ米穀徴弁ノ最大困難ヲ来ス原因ナリ。

現在本会ノ管理下ニアル民需米区域ハ調査報告ニ依ルニ多クハ米不足ノ区域ニシテ、蘇北区各県ニ稍産出ヲ見ル外、安徽南部蕪湖地方ノミ従来長江ノ最大米市場トシテ本会ノ公米買上ケノ最大目的地ナルカ、事変後ハ同市場モ甚シク衰微シテ遥カニ従前ト異ナリ、其ノ商業機関モ殆ント破壊セラレ極メテ不健全ナル状態ニアリ。由来豊産ヲ以テ著名ノ地方カ其ノ現状此ノ如シトセバ、問題ノ容易ナラサルコト察スルニ難カラサルヘシ。

且ツ三万噸ノ軍需米ノ所定価格ハ市価ニ比シ大幅ノ開アリ。即チ軍需米ハ百「キログラム」麻袋トモ日本金三十円ヲ交付セラルル定メナルカ、麻袋代二円余ヲ差引クトキハ米価ハ二十八円弱トナリ、百「キログラム」ハ支那ノ枡ニ換算スレハ一石四分ノ一ナルヲ以テ、一石ハ八十「キログラム」ニ相当シ日本金二十二円四十銭トナリ、最近ノ相場ニ依リ法幣ニ換算スレハ三十八元強トナル。之ヲ現在各地ノ米価何レモ六十元前後ナルニ比スレハ其ノ差二十余元ノ多キニ達スル次第ナリ。殊ニ買付ノ時期極メテ切迫シ既ニ旧年末ニ迫リ気候寒冷ニシテ、人民ハ習慣上概ネ商売ノ決算ヲ済マセ年越ノ準備ニ忙シキヲ以テ、此ノ時期ニ大量ノ糧食ヲ買付クルコトハ平常ニ比シ百倍ノ困難アリト言ハサルヘカラス。

但、我政府ニ於テハ右任務達成ノ為メ所有犠牲ヲ惜マス、独リ買上価格ト軍需米価ノ差額ノ損失ヲ度外視スルノミナラス、支那軍警ノ需用米及救恤用米等ニ付テモ負担ノ加重ニ甘ンシテ努力シツツアリ。

友邦ノ米商ト支那米商トハ本会ニ於テ何レモ平等ニ之ヲ取扱ヒ、支那商人ハ組合ニ入会シテ米商タルノ資格ヲ取得シタルモノニ対シ許可証ヲ与ヘ、友邦ノ商人ニシテ米業ヲ経営スルモノハ大使館・領事館ノ証明ニ依リ本会ニ登記シテ許可証ヲ受クルコトトナリ居レリ。

本会ハ最大ノ決心ノ下ニ最大ノ努力ヲ払ヒ、極端ナル困難ヲ冒シテ使命ノ完成ニ邁進シツツアリ。現在商人ノ引受ケタル確実ナル数量ハ約五万石ニ達シ（二十九年十二月現在）、其ノ内一万石ハ目下引渡中ニシテ大体一月末迄ニ本会ノ手ニ入ルヘキ米ノ数量ハ十万石乃至二十万石ノ間ナル見込ナリ。若シ足ラサル場合ニハ別個ノ方法ヲ講シ之ヲ補充スル計画ナリ。

此ノ極メテ短カキ時間内ニ於テ、シカモ極メテ困難ナル環境ニ処シ予期ノ目的ヲ達成スルコトハ実ニ艱難無類ノ事業ニシテ、友邦軍部及関係方面ノ有力ナル援助ト諒解トヲ必要トスル所ナリ。

之ヲ過去ノ事実ニ徴スルニ、将来ニ於ケル糧食問題ハ権限ヲ統一シ管理ヲ強化スルニ非サレハ到底其ノ実効ヲ収メ難シ。若シ各地ノ生産消費ヲ政府ノ一手ニ依リ全般的ニ「コントロール」シ、需供ヲ調節スレハ価格モ落着キ恐慌状態ヲ呈スルニ至ラサルヘク、其ノ他ノ一切ノ問題モ刃ヲ迎ヘテ解クコトヲ得ヘシ。

中華民国三十年一月（アキママ）日

行政院糧食管理委員会

（別紙）

（欄外朱印）極秘

物資統制ニ関スル覚書

一、日本側ノ支那領土内ニ於ケル物資統制ノ経過

㈠民国二十七年（昭和十三年）十月二十六日ノ連絡会議ニ於テ「中支方面軍占領地域内一般商品出入取締規定」ヲ定メ、中支方面ノ物資ノ移動ニ対シ統制ヲ加フ。

㈡民国二十八年（昭和十四年）前記規定ヲ改メテ「中支方面占領地域内物品並一般商品搬出入取締規定」トナシ、上海ニ搬出入ノ商品ハスヘテ興亜院華中連絡部ニ申請シテ「商品取引許可証」ノ発給ヲ受クルヲ要スルコトトナル。

㈢民国二十九年（昭和十五年）一月十五日又登集団司令部ニ於テ「登集団及上海方面海軍部隊占拠地域内物資搬出入取締規定」（条文八ヶ条、附則三ヶ条ヨリ成ル）ヲ定メ、更ニ三月十二日之ヲ修正シテ四月一日ヨリ実施シ、各種ノ物資ノ運搬ニ付テハ必ス先ツ登集団経理部長又ハ海軍主計課首席武官ノ許可ヲ受クルヲ要スルコトトナル。

鶏卵ノ搬出ニ付テハ別ニ二月一日制定ノ「修正新鶏卵搬出許可手続暫行規定」及二月十二日制定ノ「中支那鶏卵搬出取締細則」（三月四日修正ヲ加フ）ニ依リ制限ヲ加ヘラル。

㈣民国二十九年（昭和十五年）六月一日ニ至リ前項四月一日実施ノ物資搬出入取締規定ヲ略修正スルト共ニ、別ニ「登部隊及上海方面海軍部隊占拠地域内物資搬出入取締ニ関スル特別規定」ヲ建ケ（マヽ）（条文八ヶ条、附則三ヶ条ヨリ成ル）ヲ定メ、六月十日ヨリ之ヲ実施シ物資ノ統制ヲ一層強化ス。

二、日本側ノ支那領域内ニ於ケル物資統制ノ現行弁法

日本側ノ物資統制ノ現行弁法ハ前項物資搬出入取締規定及物資搬出入取締ニ関スル特別規定ニ依ルモノナルカ、之レニ支那側商人団体ノ報告ヲモ加ヘ其ノ要点ヲ記セハ大略左ノ如シ。

㈠統制品目

(イ)運搬絶対禁止品目

規定第三条ニ基キ左記ノ品目ハ軍用品ヲ除ク外絶対ニ運搬ヲ禁止ス。

1、武器弾薬類

2、火薬及其ノ原料薬品（支那政府硝礦局ニテ許可セルモノヲ除ク）

3、阿片（支那政府戒烟局ニテ許可セルモノヲ除ク）

4、其ノ他作戦上ノ必要ニ依リ臨時ニ移動ヲ禁止スルモノ

(ロ)上海ニ搬入ノ場合制限ヲ加ヘラルル品目

規定第五条ニ基キ左記ノ物品ニシテ江陰下流各港ヨリ上海ニ運搬スルモノハ、登集団経理部長又ハ海軍主計課首席武官ノ許可ヲ受クルヲ要ス。

1、金属、鉱石類

2、米、麦、小麦粉、豆類（少量自家用ヲ除ク）

3、麻
4、牛、豚、羊
5、空瓶
6、煉瓦

(ハ)敵地ニ搬入スルコトヲ禁止スル品目
規定第八条ニ基キ前二項ノ物資及左記ノ各物品ハ敵地ニ搬入スルコトヲ絶対ニ禁止セラル。
1、自動車部分品
2、自動車
3、「ゴム」底足袋（大人用ノモノニ限ル）
4、貨物自動車
5、自動車用「タイヤ」
6、「ラヂオ」用蓄電池（大型ノモノニ限ル）
7、小型電球
8、電信用機械及材料
9、電話用機械及材料
10、懐中電灯
11、電池（小型ノモノニ限ル）
12、木材

13、「セメント」
14、石油、「ガソリン」
15、塩
16、紙類
(ニ)先ツ統税、塩税ノ納付ヲ要スル品目
規定第四条ニ基キ左記ノ物品ハ先ツ統税又ハ塩税ヲ納付シ、納税証ヲ有スルモノニ限リ運搬許可ヲ申請スルコトヲ得。
1、「マッチ」
2、「セメント」
3、綿糸布
4、煙草
5、酒
6、清涼飲料
7、「アルコール」
8、塩
右ノ内「マッチ」、綿糸布、煙草及塩ノ四種ハ上海ヨリ搬出スル場合、特別規定ヲ遵守スルヲ要ス。
(ホ)上海ニ搬入スル場合、特別ノ制限ヲ受クル品目
特別規定第二条ニ基キ左記ノ物品ニシテ江陰下流江岸ヨリ上海ニ運送スルモノハ少量自家用ヲ除ク外、

派遣軍経理部上海出張所又ハ上海海軍主計課首席武官ノ許可ヲ受クルヲ要ス。
1、卵及同製品
2、豚毛
3、禽毛
4、豚腸
5、桐油
6、茶
7、藺
8、生糸及生糸屑
9、葉煙草
10、皮革類
11、棉花（落綿及屑綿ヲ含ム）
(ヘ)上海ヨリ搬出スル場合、特別制限ヲ受クル品目
特別規定第六条ニ基キ左記物品ニシテ上海地域ヨリ搬出スルモノハ少量自家用ヲ除ク外、派遣軍経理部上海出張所又ハ上海海軍主計課首席武官ノ許可ヲ受クルヲ要ス。
1、金属（及素材料）
2、機械
3、石油、「カソリン《（ママ）》」

4、木材
5、石鹼
6、燐寸
7、蠟燭
8、塩
9、煙草
10、食用油
11、綿糸布
12、毛糸、毛織物、同製品
13、人絹糸布
14、砂糖
15、卵及同製品
16、豚毛
17、禽毛
18、豚腸
19、桐油
20、茶
21、繭

22、生糸及生糸屑

23、葉煙草

24、皮革類

25、棉花（落綿及屑綿ヲ含ム）

(二)物資統制ノ弁法

(イ)主管ノ機構

規定第二条及第五条ノ規定並ニ特別規定第二条及第六条ノ規定ニ基キ、上海搬出入ノ物資ノ許可ヲ主管スル機関ハ、陸軍警備区域ニ在リテハ派遣軍経理部上海出張所、海軍警備区域ニ在リテハ上海海軍主計課首席武官トシ、又規定第六条ニ依リ上海以外ノ陸軍占拠地域内ニ於テハ物資ノ移動ニ付テハ当該警備区域兵団長ニ於テ登集団司令官ノ認可ヲ受ケテ之ヲ処理ス。

尚、南京市商会整理委員会ノ報告ニ依レハ日本側ノ物資統制運搬販売ニ関スル証明書ノ発給ハ中支那物資販売協議会ニ於テ支持スルモノナル由。

(ロ)申請手続

特別規定第三条及第七条ニ基キ、物資ヲ上海地域ニ搬入シ又ハ上海地域ヨリ搬出セントスルモノハ、申請者ヨリ搬入又ハ搬出許可願書ヲ作製シ署名捺印ノ上、許可主管機関ニ向ツテ之ヲ提出スルヲ要シ、右申請書ニハ左記各項ヲ明記スルモノトス。

1、搬入又ハ搬出者ノ資格、住所及氏名

2、搬入又ハ搬出物資ノ品種、数量及価格総数

3、買付地又ハ送達地点
4、搬入又ハ搬出ノ目的
5、運搬経路及運搬方法
6、搬入又ハ搬出ノ期間

(ハ)審査手続

特別規定第四条及第八条ニ基キ許可機関ニ於テ前項ノ申請書ヲ受理シタル後、其ノ内容ヲ審査シテ利敵行為又ハ軍票価値維持上不利ナル事情ナキモノト認メタルトキハ物資搬入又ハ搬出許可願証ヲ発給ス。右許可証ニハ申請書所載ノ各項ノ外物資ノ包装、梱数、単価及許可証ノ有効期限等ヲ詳細記入スルモノトス（許可証様式ハ略ス）。

(ニ)運搬方法

申請者ハ許可証ヲ下附セラレタル後、直チニ運搬シ得ルモノトス。但シ運搬前及運搬後当該地主管機関ノ検査ヲ受ケ、検査官ヨリ許可証添付ノ表ニ日附及数量ヲ記入シ署名捺印スルモノトス。

三、支那商人ノ受クル苦痛

支那一般商人ノ陳述ニ依レハ其ノ受クル苦痛ハ大体次ノ如シ。

(一)手続ノ面倒ト言語ノ不通

物資ニ対シ統制ヲ加フルコトハ原則上已ムヲ得サルコトナルモ、日支両国ノ国情ハ尽ク相同シキ能ハス。従テ日本側機関ニ於テ統制ヲ主管スルコトハ支那一般商人ニ対シ不便ノ感ヲ与フルコトハ否ミ難シ。殊ニ言語不通ノ為「ブローカー」類似ノ者ニ委託シテ各種ノ手続ヲ代理セシメサルヘカラサルヲ以テ、之ニ対スル相当ノ手数料ヲモ要シ一般商人ハカカル面倒ナル手続ニ困リ居レリ。

㈡時間ノ空費ト資本ノ損失

支那商人ノ報告ニ依レハ日本側ノ規定ニ依リ貨物ヲ買付ケ運搬スルニハ必ス買出証明書ノ発給ヲ受ケ、且ツ事前ニ貨物税納付証ヲ提出スルヲ要シ、且ツ「ブローカー」ニ委託シテ次々ニ手続ヲ代行セシムル為時間ヲ空費シ、往々ニシテ一ヶ月又ハ二ヶ月ニシテ始メテ手続ヲ完了スル情況ナルヲ以テ、既ニ種々堪ヘ得サル損失ヲ受クルノミナラス、万一許可証ヲ下附セラレサル時ハ一方事前ニ貨物税納付証ヲ提出スル必要上既ニ貨物税ハ納入シ居リ、他方買付地ニ於テ売捌クコトモ叶ハス、ミスミス資本ヲ損失シ進退両難ニ陥ルコトトナル。

㈢物資ノ偏在ト標準ノ不明瞭

一般ノ物資ヲ上海ヨリ搬出スルニハ其ノ手続面倒ナル為、各地ノ機械製日用品ハ何レモ欠乏状態ヲ呈シ需要ヲ充スニ足ラス、物価暴騰スルト共ニ内地ノ土産品ハ渋滞シテ搬出スル能ハス。尚統制ノ品目、標準等ニ付一般商人ハ概ネ知悉シ居ラサル実情ニテ、各地ノ物資ハ足ラサル所ト余レル所ト入交リ配給極メテ不合理ナリ。之カ為メ金融ノ調整ト商業ノ復興トニ対シ莫大ナル影響ヲ与ヘ居レリ。

四、工商部ニ於テ接受セル各方面ノ物資調節疏通請願

工商部ニ対シ商人ヨリ直接又ハ各機関ヲ通シテ物資ノ調節疏通ヲ請願シ来ルモノ夥シキ数ニ上リ、其ノ内ニハ直接工商部ヨリ又ハ外交部ヲ経テ日本側当局ト接洽シ日本側ノ誠意アル協力ニ依リ救済方法ヲ講シ得タルモノアルモ、未タ全般的ノ手続及機構調整セラレサルヲ以テ、支那政府機関ノ責任ニ移シテ統制スルニ至ラサル限リ支那一般ノ商人ノ苦痛ハ到底合理的ニ之ヲ解決シ得サルヘシ。

工商部ニ於テ接受セル物資調節疎通請願ノ重要ナル件数ヲ分類シテ掲クレハ次ノ如シ。

㈠一般ノモノ　六件
㈡繭類　十七件
　㈠軍管理工場鉱山、敵産
　㈡民食問題
㈢生糸、綿糸及綿布類　五件
㈣家畜類　四件
㈤茶類　三件
㈥木材類　二件
㈦皮革類　二件
㈧豚毛類　二件
㈨鶏卵類　二件
㈩巻煙草類　一件
以上合計重要案件　四十四件

一月二十三日外務省東亜局第一課「日支新条約ノ規定ニ基キ今後具体化、措置乃至調整ヲ予想セラルル事項」（欄外右袖書）
（一六、一一、二三、亜一）

（欄外朱印）機密

日支新条約ノ規定ニ基キ今後具体化、措置乃至調整ヲ予想セラルル事項

	A 条約ノ規定ニ基キ具体化乃至措置ヲ要スル事項	B 条約ノ規定	C 具体化乃至措置ノ時期、方法
1	日満支三国ノ一般提携ノ具体化	共同宣言二、…互恵ヲ基調トスル三国間ノ一般提携就中善隣友好、共同防共、経済提携ノ実ヲ挙クヘク、之カ為各般ニ亘リ必要ナル一切ノ手段ヲ講ス	各事項ニ依リ順序方法ヲ異ニス
2	共同宣言ニ基ク約定ノ締結	共同宣言三、…本宣言ノ趣旨ニ基キ速ニ約定ヲ締結ス	〃
3	防共ニ関スル協力	基本条約第三条第二項 両国政府ハ前項ノ目的ヲ達成スル為、各其領域内ニ於ケル共産分子及組織ヲ芟除スルト共ニ防共ニ関スル情報、宣伝等ニ付緊密ニ協力スヘシ	必要ニ応シ協力ス
4	防共駐屯ニ関スル協定	基本条約第三条第三項 日本国ハ両国共同シテ防共ヲ実行スル為、所要期間中両国間ニ	(軍事協定)

		別ニ協議決定セラルル所ニ従ヒ所要ノ軍隊ヲ蒙疆及華北ノ一定地域ニ駐屯セシムヘシ	
5	撤兵ニ関スル協定	基本条約第四条第一項 両国政府ハ中華民国ニ派遣セラレタル日本国軍隊カ別ニ定ムル所ニヨリ撤去ヲ完了スルニ至ル迄、共通ノ治安維持ニ付緊密ニ協力スルコトヲ約ス	（軍事協定）
6	治安駐屯ニ関スル協定	基本条約第四条第二項 共通ノ治安維持ヲ必要トスル間ニ於ケル日本国軍隊ノ駐屯地域其他ニ関シテハ両国間ニ別ニ協議決定セラルル所ニ拠ル	（軍事協定）
7	艦船部隊ノ駐留ニ関スル協定	基本条約第五条 中華民国政府ハ日本国カ従前ノ慣例ニ基キ又ハ両国共通ノ利益ヲ確保スル為、所要期間中両国間ニ別ニ協議決定セラルル所ニ従ヒ、其ノ艦船部隊ヲ中華民国領域内ニ於ケル特定地域ニ駐留セシメ得ルコトヲ承認スヘシ	（軍事協定）
8	経済提携ノ具現	基本条約第六条 （資源開発ニ関スル便宜供与、物資需給ノ合理化、中華民国ノ産業、金融、交通、通信等ニ関スル日本側ノ援助乃至協力）	必要ニ応シ実施ス

9	治外法権ノ撤廃及租界ノ還付	基本条約第七条 本条約ニ基ク日華新関係ノ発展ニ照応シ、日本国政府ハ中華民国ニ於テ日本国ノ有スル治外法権ヲ撤廃シ、及其ノ租界ヲ還付スヘク・・・	日華新関係ノ発展ニ照応シ実施ス
10	内地開放	基本条約第七条 ・・・中華民国政府ハ自国領域ヲ日本国臣民ノ居住営業ノ為開放スヘシ	治外法権ノ撤廃トモ関聯シ現状ニ基キ調整セラルヘシ
11	基本条約ニ関スル約定ノ締結	基本条約第八条 両国政府ハ本条約ノ目的ヲ達成スル為、必要ナル具体的事項ニ関シ更ニ約定ヲ締結スルモノトス	必要ニ応シ措置ス （軍事協定ヲ含ム）
12	戦争行為遂行ニ対スル中華民国政府ノ協力	附属議定書第一条第一項 中華民国政府ハ日本国カ中華民国領域内ニ於テ現ニ遂行シツツアル戦争行為ヲ継続スル期間中、右戦争行為遂行ニ伴フ特殊事態ノ存在スルコト、及日本国ノ右戦争行為ノ目的達成上必要ナル措置ヲ執ルコトヲ了解シ、之ニ応シ必要ナル措置ヲ講スルモノトス	必要ニ応シ随時措置セシム

13	特殊事態ノ調整	附属議定書第一条第二項 前項ノ特殊事態ハ戦争行為継続中ト雖モ、戦争行為ノ目的達成上支障ナキ限リ、情勢ノ推移ニ応シ条約及附属文書ノ趣旨ニ準拠シテ調整セラルヘキモノトス	可能ノ範囲ニ於テ速ニ実施ス
14	臨時政府・維新政府等ノ弁シタル事項ノ調整	附属議定書第二条 調整ヲ要スルモノニシテ未タ調整セラレサルモノハ、事態之ヲ許スニ伴ヒ両国間ノ協議ニ依リ条約及附属文書ノ趣旨ニ準拠シテ速ニ調整セラルヘキモノトス	可能ノ範囲ニ於テ速ニ実施ス
15	日本国臣民ノ権利利益ノ補償	附属議定書第四条 中華民国政府ハ事変発生以来中華民国ニ於テ事変ニ依リ日本国臣民ノ蒙リタル権利利益ノ損害ヲ補償スヘシ	中華民国政府成育ノ状況ニ応シ措置ス
16	中華民国難民ノ救済	附属議定書第四条第二項 日本国政府ハ事変ノ為生シタル中華民国難民ノ救済ニ付、中華民国政府ニ協力スヘシ	必要ニ応シ協力ス
17	特殊事態ノ調整 (13ノ一部ヲナス	附属議定書ニ関スル日華両国全権委員間諒解事項 第一　徴税機関 第二　軍管理工場ノ移管	事態之ヲ許ス限リ調

	モノ)	第三　合弁事業ニ関スル是正ノ問題 第四　(貿易統制) 第五　交通、通信ニ関スル調整	整ス
18	南支方面ニ於ケル軍事協力	附属秘密協約第一、第二項 両国共通ノ利益確保ノ為、支那海ノ交通路ヲ維持シ其ノ安全ヲ擁護スルコトヲ必要ト認メ、条約第五条ノ規定ニ基キ両国間ニ別ニ協議決定セラルル所ニ従ヒ、華南沿岸特定島嶼及之ニ関聯スル地点ニ於テ緊密ナル軍事上ノ協力ヲ行フコトヲ約ス	(軍事協定)
19	厦門島及海南島並其ノ附近ノ諸島嶼ニ於ケル資源ノ開発利用	附属秘密協約第二条 中華民国政府ハ厦門及海南島並其ノ附近ノ諸島嶼ニ於ケル特定資源、就中国防上必要ナル資源ニ関シ両国緊密ニ協力シテ是カ開発生産ヲ図ルコトヲ約諾ス 右資源ノ利用ニ関シテハ中華民国ノ需要ヲ考慮シ、中華民国政府ハ日本国及日本国臣民ニ対シ積極的ニ十分ナル便宜ヲ提供シ、特ニ日本国ノ国防上ノ要求ヲ充足スルモノトス	必要ニ応シ実施ス

20	鉄道航空等ニ関スル日本軍ノ要求	附属秘密協定第二条第一項 中華民国政府ハ中華民国領域内ニ駐屯スル日本国軍隊ノ駐屯地域及之ニ関聯スル地域ニ存在スル鉄道、航空、通信、主要港湾及水路等ニ付、両国間ニ別ニ協議セラルル所ニ従ヒ、日本国ノ軍事上ノ必要事項ニ関シ其ノ要求ニ応スルコトヲ約ス	（軍事協定）
21	日本国軍隊ニ対スル便宜供与	附属秘密協定第二条第二項 中華民国政府ハ前項ノ日本国軍隊ニ対シ、両国間ニ別ニ協議決定セラルル所ニ従ヒ、駐屯ニ必要ナル諸般ノ便宜ヲ供与スルコトヲ約ス	（軍事協定）
22	蒙疆自治ニ関スル法令ノ制定	秘密交換公文（甲）第一、第二項 中華民国政府ハ蒙疆ノ自治ニ関スル法令ニ依リ蒙疆自治ノ権限ヲ規定スヘク、右法令ノ制定ニ付テハ予メ日本国政府ト協議スルモノトス	速ニ制定セシムルヲ要ス
		秘密交換公文（甲）第二ノ一 ……右委員会ノ権限構成ハ両国間ノ全般的平和克復後二ノ条項ヲ具現シ得ルヲ以テ限度トシ、之ヲ目途トシテ速ニ調整整理セラルヘキモノトス	

23	
華北政務委員会ノ権限構成	
秘密交換公文（甲）第二ノ二 …華北ニ於ケル華日協力事項中、華北政務委員会カ地方的ニ処理シ得ル事項ハ左ノ通トシ、右ニ関シテハ中華民国政府ハ日本国政府トノ協議ニ基ク法令ニ依リ之ヲ規定スルモノトス 甲、防共及治安協力ニ関スル事項 乙、華北ニ於ケル経済提携、就中国防上必要ナル埋蔵資源ノ開発利用並日本国、満洲国、蒙疆及華北間ノ物資需給ニ関スル事項 丙、日本人顧問及職員ノ招聘採用ニ関スル事項 丁、前記甲、乙、丙ニ掲ケラレサル事項ニ付テノ純粋ナル地方的処理ニ関スル事項	秘密交換公文（甲）第三ノ第一項 中華民国政府ハ前記条約及附属文書ノ規定ニ基キ、揚子江下流地域ニ於テ経済上華日間ノ緊密ナル合作ヲ具現スルコトトナリタルニ鑑ミ、且右ニ関聯シ華日協力ノ実現上、特ニ上海ノ占ムル重要ナル地位ニ鑑ミ、日本国政府ト協力シテ新上海
速ニ法令ノ制定ヲ要ス。	

24	新上海ノ建設	ヲ建設スヘク、左記各項ニ関シ別ニ協議決定セラルル所ニ従ヒ華日間ノ提携ヲ具現スルモノトス 一、華日経済協議会ノ設置 二、三、四、上海ニ於ケル文化事業、警察、財政、対外交渉等ニ関スル協力 五、上海ニ於ケル日本国軍隊駐屯ニ伴フ地方的処理	必要ニ応シ協定ス
25	華南沿岸特定島嶼等ニ関聯スル軍事上ノ合作及経済上ノ提携	秘密交換公文（甲）第四、第一項 中華民国政府ハ前記条約及附属文書ノ規定ニ基キ、華南沿岸特定島嶼、及之ニ関聯スル地点ニ於テ両国間ノ緊密ナル軍事上ノ合作、及経済上ノ提携ヲ具現スルコトトナリタルニ鑑ミ、両国間ニ別ニ協議決定セラルル所ニ依リ、現状ニ従ヒ左ノ処置ヲ執ルモノトス 一、海南島及附近ノ諸島嶼ヲ省域トスル省ノ設置 二、厦門特別市ノ設置 三、前記諸地域ニ於ケル華日協力事項中、軍事協力及経済提携ニ関スル事項ニ関スル地方的処理	成ルヘク速ニ処理協定スルヲ要ス （軍事協定ヲ含ム）

26	顧問ノ招聘	秘密交換公文（甲）ノ第五、第一項 中華民国政府ハ日本国政府トノ間ニ別ニ協議決定セラルル所ニ従ヒ、華日協力事項ニ関シ日本人技術顧問及軍事顧問ヲ招聘シ、並ニ日本人職員ヲ採用スルモノトス 同　第二項 前項ノ顧問ノ職権及服務規定ハ両国間ニ別ニ協議決定セラルル所ニ従ヒ、中華民国政府ニ於テ之ヲ定ムヘク、又前項ノ職員ノ任務ハ中華民国ノ法令ノ定ムル所ニ拠ルモノトス	速ニ顧問ヲ派遣シ右ニ関スル法令ヲ制定スルヲ要ス

二月二十一日近衛文麿発汪精衛（兆銘）宛書翰

（欄外朱印）写　汪氏ニ対シ本多大使ヨリ口頭伝達ス（欄外右袖書）　（欄外朱印）岩城

本多大使ニ托セラレタル御伝言ハ正ニ諒承致シマシタ。御苦心ノ程ハ重々御察シ申上ゲテ居リマス。何卒御健康ニ充分御注意相成リ御伝言ノ通リ御健闘アランコトヲ衷心ヨリ祈リマス。尚、本多大使ヲ私同様ニ考ヘラレテ同大使ト万事御相談相成リ、其ノ協力ヲ得ラレル様ニ希望致シマス。御申越ノ如キ御努力ニ対シテハ私ノ微力ヲ以テ為シ得ル限リ折角御協力致シ度、此ノ点ハ申添ヘル迄モアリマセン。終リニ只管閣下ノ御加餐ヲ祈リマス。

昭和十六年二月二十一日

近衛文麿

汪精衛閣下

三月八日本多大使発松岡大臣宛電報第七六八号

総番号 No.768　昭和16年3月8日後4時40分発

昭和16年3月8日起草

宛　松岡大臣　　発　本多大使

暗

（館長符号、極秘、私信）

㈠仏泰間調停首尾克ク奏効ノ模様ニ付テハ予テ御内話ノ欧洲御訪問ハ近ク御決行ノ御儀ト存セラル。邦家ノ為折角ノ御加餐ト十二分ノ御成功ヲ切禱ス。

㈡当方面ノ情勢ハ米問題ノ険悪化日増シニ甚シク、一昨年ニ於ケル北支ノ食糧問題危機ト同様ノ危険ナル発展ヲ見ントスルノ惧レ頗ル大ナリ。国民政府ハ専ラ我方ノ援助ニスガリ此ノ危機ヲ切抜ケルヘク切々哀願ヲ重ネツツアリ。当方ニテハ陸海並ニ興亜院連絡部ト協議シ之カ対策考究中ニシテ、近ク成案ヲ具シテ政府ノ御考慮ヲ仰クヘク準備中ナルカ、此際一歩ヲ謬ランニハ国民政府ノ運命ニモ関スヘキヤノ惧レスラ有之、大局的見地ヨリ至急適切ノ処置ヲ講セラルル様御出発前予メ軍部・興亜院其他関係首脳ヘ御申遣シヲ請フ。

㈢尚又軍ノ施行シツツアル物資搬出入取締ニ対シテハ国民政府ノ政治力強化ニ関スル廟議御決定ノ趣旨ニモ鑑ミ、作戦上ノ絶対的須要ト両立スル範囲ニ於テ出来得ル限リノ修正ヲ加ヘヤルノ時機ニ今ヤ逢着シ居ルヤニ思惟セラルルトノコトハ、滞京中閣下並ニ東条陸相、豊田（貞次郎）次官ヘモ一応ノ私見トシテ申述ヘ置キタルコトナルカ、最近国民政府側ヨリ全国経済委員会ノ仮決議トシテ一種ノ試案ナルモノヲ青木顧問ニ内示シ其ノ意見ヲ求メタル趣ニテ、同顧問ヨリ右ニ対スル指導方ニ付内議ヲ受ケタルニ付、同顧問ノ意見トシテ躁急ノ行動ヲ差控ヘ慎重機微ナル非公式方法ニヨリ徐ロニ大使館ノ考慮ヲ求ムヘキ旨注意セシメ置キタリ。米問題及本件ニ関スル事務的報告ハ別ニ電報スヘキモ、要スルニ経済方面ヨリ加ハリツツアル重圧的情勢ノ下ニ於ケル国民政府ノ苦悩ト同政府ニ対スル地方人心ノ動揺ハ相当ノ危険性ヲ包蔵セル現状ニアル次第御含置ヲ願度シ。

此機ニ付シ仏泰調停ノ御成効ヲ祝シ、御渡欧ノ御発途ニ際シ重ネテ御健康ト御成効ヲ祝福ス。（了）

三月二十三日本多大使汪主席会談要旨

本多大使汪主席会談要旨

昭和十六年三月二十三日午後七時半於汪公館

（欄外青印）大使
（欄外朱印）極秘

本多大使ハ汪主席ノ招キニ応シ汪公館ニ於テ晩餐ヲ共ニシタル後、大要左ノ通会談セリ（同席者汪側、周仏海、梅思平、林柏生、徐良、陳春圃、周隆庠、大使館側、中村（豊一）参事官、清水（董三）書記官）。

大使　其後重慶側ノ動キニ付何等情報ニテモアリヤ。

汪　重慶側最近ノ情勢ニテ最モ注目スヘキハ国共問題ナリ。元来蒋介石ハ本年三月初旬頃、共産党ヲ弾圧スル心算ニテ準備ヲ整ヘ居タルモノナルカ、右ハ最近蒋部下ノ者等ノ間ニ反共ノ風潮盛トナリ押ヘ切レヌ情勢ニアルヲ見テ決心シタルナリ。然ルニ三月八日、米国大使「ジヨンソン」（Nelson T. Johnson）蒋ト会見シテヨリ蒋ハ急ニ予定ノ計劃ヲ変更シ、共産党ト妥協スル方針ヲ採ルニ至レルナリ。右ハ香港ニ於ケル蒋派ノ者ヨリ出テタル情報ニ付確実ナルモノナリ。米国大使ハ其ノ時蔣ニ次ノ如ク告ケタル由ナリ。曰ク、支那ニ於テ国共ノ関係カ如何ニナルトモ米国トシテハ関知セサルトコロナリ、但シ国民党カ共産党ト分レ南京側ノ国民党ト合体シ、和平陣営ニ投ズルコトトナレハ、米国トシテハ抗日政権ノ方ヲ援助スル外ナシト。右大使ノ言ハ痛ク蔣ヲ嚇シ反共ヲヤレハ蘇聯ヨリ棄テラルルノミナラス、米国ヨリモ見放サルト云フコトヲ惧レ反共ヲ思ヒ止マルニ至レル訳ナリ。米国ノ策動誠ニ憎ムヘシ。但シ斯ル経緯ヲ経テ一応取止メトナリタルモノノ、今後如何ニシテ反共ニイキリ立チタル部下ヲ統制シ行クヤ。此ノ点ニハ相当ノ困難アルヘシ。斯カル情勢ナルヲ以テ、益々反共政策ヲ実行シ国共ノ分裂ヲ促進スレハ反共派ハ当方ヘ来ルコトトナルヘシ。

唯此ノ際、国民政府トシテ考慮スヘキコトハ日蘇不可侵条約ニテモ締結シタル時、支那トシテ対蘇国交調整ト反共政策トヲ如何ニ調和スヘキヤト云フ点ニアリ。

大使　日本ハ対蘇国交ト反共トハ二ツノモノト考ヘ居レリ。防共協定締結ノ際モ蘇聯ト共産党トヲ別個ノモノト解釈シ居レリ。

汪　支那ニ於テモ然リ。吾人ハ従来第三「インターナシヨナル」ニ反対シ来レルカ、蘇聯ニハ反対セルコトナシ。前述蔣ノ国共再妥協ハ来ル四月一日ノ八中全会ニ現ハルルモノト察セラルルカ、折角ノ重慶内部ノ反共態度カ米国ノ為挫折セルハ頗ル遺憾ナリ。米国ノカカル策動ハ憎ミテモ余アル次第ナリ。

大使　右ハ明カニ米国カ日本ヲ牽制センカ為メノ策動ニシテ、真ニ支那ヲ援助セムカ為ニ非ス。日本ハ欧洲ノ禍乱カ極東ニ波及スルコトヲ防ク為種々ノ施策ヲ運ラシ居ルモノナルカ、米国ハ反ツテ日本ヲ牽制セント欲シ「ルーズヴェルト」《(Franklin D. Roosevelt)》ノ如キモ今ヤ騎虎ノ勢ニ駆ラレツツアル模様ナリ。

最近重慶方面ノ軍隊ノ戦闘力ハ弱リシヤ。過般李宗仁軍ト交戦セル我軍側ノ観察ニ依レハ、装備モ悪クナリ弾薬モ不充分ニシテ士気阻喪シ居ル由ナルカ実情如何。

周仏海　李宗仁軍ハ蔣ノ嫡系ニ非サルヲ以テ、之ヲ以テ全般ヲ推スハ誤ナリ。我方ノ得タル情報ニ依レハ、中央軍ノ戦闘力ハ寧ロ増強シ居ルモノト見テ差支ナシ。即チ過去二ヶ年間ニ相当ノ訓練ヲ為シ得タルカ為ナリ。武器弾薬モ尚相当アリ。事変以来蔣ノ軍隊ハ南京陥落ト漢口陥落ノトキ何レモ崩壊ノ危機ニ見舞ハレタルカ、其ノ当時日本軍ノ長駆追撃ノ挙ナカリシ為、其ノ後建直シヲヤリタルナリ。

汪　軍事問題ニ関シ本日ハ特ニ閣下ニ申述ヘ御考慮ヲ願ヒ度件アリ。右ハ曽テ西尾（寿造）、板垣（征四郎）両将軍ニハ申入レ、畑（俊六）司令官ニモ近ク御話致度考ナルモ未タ其ノ機会ナシ。

由来日本軍カ各地ニ於テ作戦ヲ行ヒ敵ヲ掃蕩スルヤ、一応軍隊ヲ根拠地ニ引上クルコトトナリ居ル処、右ハ軍事上当然ノコトナルヘク、吾々門外漢ノ云為スル限リニ非サレトモ、之ヲ政治的ニ観レハ面白カラサル結果ヲ惹キ起シ居レリ。即チ常ニ重慶側ノ宣伝シツツアル日本軍ノ敗退トイフコトヲ如何ニモ事実ラシク人民ニ感セシメ、「最後ノ勝利」ヲ信セシムル虞アルト共ニ、一度作戦ヲ行ヒ引上ケタル地域ハ非占拠地帯ニ比シ一層人民ノ抗日意識ヲ高ムル傾向アリ。以上ノ事実ニ鑑ミ、吾々トシテハ或ル地方ニ於テ和平ヲ保障シ、更ニ之ヲ開展スル為メ日本軍ノ掃蕩終リタル後ハ国民政府ノ軍隊ヲ信用シ、之ニ爾後ノ治安ノ維持ヲ任セ援助セラルルコト最モ望マシキ所ナリ。譬ヘハ中国ノ軍警ハ猫ニシテ日本軍ハ虎ナリ。鼠ノ如キ匪賊ヲ捉フルニハ猫ヲ以テスルヲ可トシ、虎ノ如キ日本軍ニハ適セサルナリ。現在ハ虎カ猫ヲ嚇カシ、却ツテ鼠カ喜ヒ居ル状態ナリ。卒直ニ言ヘハ、虎ハ猫ヲ食ヒ猫ハ鼠ヲ食フコト能ハサル実情ナリ。斯クテハ共同防共ニアラスシテ共同容共トナルヘシ。

現在省主席モ県長モ病気ニ罹リタル猫ノ如ク鼠ヲ捉フ力ナシ。重慶側ハ国民政府管轄下ノ此ノ実情ヲ見テ何等為スニ足ラストテ嘲笑シツツアリ。此ノ際若シ前記ノ如キ計劃ヲ実行スレハ、一歩々々建設ヲナシ日本軍カ点ト線トヲ守リ国民政府カ面ヲ整備スルコトヲ得ヘク、是レ和平促進ノ途ニシテ最後ノ成功ヲ収ムル所以ナリ。若シ借〔仮〕リニ一ヶ年ノ裁〔歳〕月ヲ以テセハ、之ニ依リ局面ノ一変化ヲ見ルニ至ルヘシ。

大使　要スルニ日本軍ノ地方掃蕩後、国民政府ニ於テ治安ノ維持ニ当ラムト云フ意ナリヤ。

汪　然リ。現在重慶側ニハ二百万ノ軍隊アリ。我方ノ軍隊ハ二十万ニ過キス。其ノ使用シツツアル軍費ノ如キモ雲泥ノ差アリ。従ツテ武力ヲ以テ重慶ニ攻メ込ム訳ニハ行カズ、前記ノ如キ方法ニテ先ツ和平区域ヲ固メテ行ク事当務ノ急ナリ。

周仏海　目下総軍側ト清郷工作ニ付協議中ナリ。

汪　国民政府ニハ治安維持ノ能力アリヤトノ疑問ヲ持ツ人アルヘキモ、吾々ハ「和平区域内ニ於テハヤレル」トノ見込ナリ。地方ノ治安ヲ維持スルニハ地方ノ官吏ヲヨクスル必要アリ。ソレニハ悪質ノモノヲ淘汰シ有望ナル者ヲ訓練セサルヘカラス。之カ為メニハ政府ニ於テ任免権ヲ持ツ必要アリ。カクシテ始メテ人民ノ信望ヲ繋ク事ヲ得ヘシ。
現状ニテハ国民政府ノ存在ハ重慶ニ対シテアマリ打撃ヲ与ヘス。

大使　唯今ノ話ハ篤ト脳裏ニ留メ研究ノ上、必要アラハ総軍ナリ政府ナリニ進言スヘシ。国民政府ノ育成強化ノ任務ヲ有スル本使ニ取リテハ大切ナル一材料ナリ。

汪　欧洲戦局ノ前途如何。

大使　欧洲ニ於テハ近ク独逸カ英本国ヲ攻略スヘシトテ、英米側ニ於テモ之レニ備ヘ、独逸亦頻リニ宣伝シツツアルモ、果シテシカク容易ニ行ハルヘキヤ問題ナリ。独逸ハ英本国ノ攻撃ヲ宣伝シツツ実際ハ潜水艦ニ依ル海上「ゲリラ」戦ヲ以テ英国ヲ邪魔シツツアル状況ナリ。「バルカン」方面ニハ五十万ノ軍ヲ出シタルカ、海ヲ越エテ英国ニ上陸スルコトハ簡単ニアラス。況ンヤ英国モ相当堅固ニ防備ヲ整ヘツツアルニ於テオヤ。此ノ形勢ニテハ本年内ニ戦争ノ結果ヲ告クルコトハ不可能ト思考ス。今回松岡大臣ノ渡欧ニ依リ独逸側ハ一層攻勢ニ転スル如ク宣伝シ居ルモ、日本トテ態々独逸ノ為メニ戦争ヲナスモノニ非ス。南洋方面ニ於テ異変ノ起ラサル限リ戦争ニハナラサルヘシ。松岡大臣ノ渡欧ハ三国条約締結当時ノ約束ヲ果シタルマテニテ特別ノ使命アルニ非ス。日本トシテハ寧ロ太平洋方面ニ戦争ノ拡大スルヲ防カントスルモノナリ。次ニオ尋ネシタキハ国共ノ関係ナルカ、重慶側ハ如何ナル筋ニテ共産党ト妥協スル心算ナリヤ。

汪　抗日ヲ以テ妥協スヘシ。唯茲ニ注意スヘキコトハ共産党ハ抗日ヲ叫ヒツツ実際ハ日本軍トノ衝突ヲ避ケ（事変以来僅カニ一回山西ニ於テ衝突セルコトアリシノミ）、専ラ中央軍及人民ノ間ニ喰ヒ込ミツツアルコトナリ。察スルニ彼等ハ国民党ト同等ノ兵力ヲ保持スルニ至ル迄ハ軽挙妄動ヲ慎ミ、徐ロニ自己勢力ノ拡張ヲ図リ居ルモノナルヘシ。此ノ際重慶側ノ反共分子ヲシテ共産党ヨリ引キ離スコト必要ナリ。コレ現在ノ工作トシテ可能ナル唯一ノ途ナリ。

国共ノ関係ニ付テハ一方蔣個人ノ考ヲ知ル必要アリ。御参考迄ニ申上ケン。彼ハ「トラウトマン(Oskar Paul Trautmann)」ノ和平調訂〔停〕ノ時、自分ト対日和議ニ付テ激論シタルカ、彼ノ最後ノ一句ハ遺憾ナク彼ノ心境ヲ表ハシ居レリ。曰ク「自分等ノ主張スル抗戦ノ前途ニハ固ヨリ確タル自信ナシ。然レトモ貴公等ノ言フ和平モ同様ニ前途ノ見込ナキニ非スヤ。而シテ自分等ノ抗戦論ヲ以テスレハ仮令一寸ノ土地タリトモ残リタル所タケニハ自由アリ。貴公等ノ主張スル和平ヲ以テスレハ全土ヲ失フニ至ル惧アリ」ト。之ニ対シ自分ハ「君ノ意見ハ自分ノ所タケヲ考ヘ他ノ所ハ如何ニナルトモ拘ハヌトノ議論ニテ承服出来ス」ト述ヘタルカ、如何ニ議論スルモ蔣ハ固ヲ執ツテ動カサリキ。蔣ハ現在ニ於テモ依然此ノ考ニテ失ヒタル地方ハ軽ク之ヲ放擲シ、自分ノ地盤タケニテ其ノ地位ヲ保チ世界ノ情勢ノ変化ニ依リテ一賭博ヲ試ミントスルモノナリ。従ツテ極端ニ言ヘバ、蔣ハ共産党カ四川・雲南・貴州ヲサヘ侵ササレハ目ヲツムツテ居ルト云フ訳ナリ。

大使　米国大使カ抗日派ヲ援助スルト云ヒタル由ナルカ、米国カ共産党ヲ助ケントスルモ助ケル途ナカルヘシ。是レハ蔣介石モ判ラヌコトアルマシ。

汪　「ソ」聯ヲ通シ金銭ヲ以テ共産党ヲ助ケルト云フコトナルヘシ。一体蔣介石ハ英雄ナリヤ否ヤ。

大使　過日華北ニ赴キ曹汝霖ニ面会シタルトキ、曹ハ「蔣介石ハ元来ツマラヌ人間ナルカ、日本カ段々ト彼ヲ英雄ニ仕上ケタルナリ」ト云ヘリ。

汪、其他列席者（哄笑）

三月二十四日治安確保工作ニ関スル汪主席ノ提言

治安確保工作ニ関スル汪主席ノ提言

（欄外朱印）極秘

昭和十五年〔六〕三月二十四日

汪主席ハ三月二十三日本多大使ヲ晩餐ニ招待後、周仏海、徐良、梅思平、林柏生、陳春圃等同席ノ処ニテ、本件ハ西尾司令官及板垣総参謀長ニ既ニ申上ケ、畑司令官ニモオ話シタク存シ居ルモ未タ其ノ機会ヲ得ス、此ノ機会ニ大使ニオ話シ申上ケ御考慮ヲ願フ次第ナルカ、忌憚ナク卒直ニオ話シ申上クヘク、或ハ無遠慮ニ過クル言葉モ出ツヘキカ、予メ御寛恕ヲ乞フト前提シ、大要左ノ如ク申出テタリ。

一、現在日本軍ハ各地ニ於テ匪賊ノ掃蕩戦ヲ行ヒ、或ル地方ノ掃蕩ヲ終レハ一応引上クルヲ例トシ居ル処、右ハ軍事上ノコトハ素人ノ自分ニハ分ラヌモ、之ヲ政治上ヨリ観レハ面白カラサル結果ヲ来シツツアリ。即チ㈠重慶ノ宣伝シツツアル日本軍ノ敗退、重慶ノ最後ノ勝利ト云フコトヲ恰カモ事実ノ如ク民衆ノ脳裏ニ印象ツケ、重慶ノ所謂「最後ノ勝利」ヲ誤信セシムル惧アルト共ニ、㈡一度日本軍カ進出シテ退キタル地方ニ於テハ民衆ノ抗日熱ハ未タ占領セラレサル地域ニ比シ一層激烈ナル事実アリ。茲ニ於テカ吾人ハ一案ヲ考ヘタリ。其ノ要点ハ或ル地方ニ於テ先ツ㈠和平ヲ保障シ、次テ㈡和平ヲ開展スル為日本軍カ掃蕩ヲ終リタル後ハ右地域ヲ国民政府ノ軍ニ任セテ其ノ治安ヲ維持セシムルニアリ。卒直ニ言ヘハ中国ノ軍隊警察ハ鼠賊ヲ捕フル猫ニ譬ヘ得ヘク、日本軍ハ虎ニ譬ヘ得ヘシ。鼠ヲ恐レシムルニハ猫ヲ用フルコト最モ有効ニシテ、虎ヲ以テシテハ鼠ハ恐ルル処ナシ。現在ノ状況ハ猫ハ虎ヲ恐レテ蟄塞シ鼠ヲ捕フル任務サヘ忘レ居リ、却テ鼠ヲ喜ハシメ居ル実情ナリ。極端ニ言ヘハ虎ハ猫ヲ食ヒ猫ハ鼠ヲ食フコト能ハサル状態ニテ、益々鼠ノ跳梁ヲ見ルノ外ナシ。斯カル状況ニテハ共同防共ノ為メノ日本軍ノ協力モ反テ共同養共トナル惧アリ。

現在省政府主席以下県長・市長ニ至ル迄総テノ地方官ハ到底鼠ヲト捕（ママ）フル元気ナキヨロヨロノ病猫ニ似タリ。

斯カル病態ニテハ地方ヲ維持スルニ由ナク、重慶側モ之ヲ見テ国民政府ハ為スナシトシテ嘲笑シツツアリ。

若シ此際前述ノ如キ計劃ヲ実行スレハ一歩一歩地方ヲ建設シテ和平ヲ確保シ、更ニ和平ヲ拡大スルコトヲ得ヘシ。一般ニ日本軍ハ点ト線トヲ占拠シ居ルニ過キスト評セラレツツアルカ、日本軍カ点ト線トヲ維持シ国民政府カ面ヲ整備シ維持スルコトトナレハ茲ニ始メテ和平ノ基礎確立シ和平ノ促進亦可能トナルヘク、最後ノ勝利ヲ約束スルニ至ルヘシ。若シ此ノ面ノ整理ニ吾人カ一ヶ年ヲ費サハ、必ス局面ノ変化ヲ招徠スルヲ得ヘシ（大使ヨリ主席ノ意見ハ日本軍ノ匪賊掃蕩後、国民政府側ニ於テ当該地区ノ治安ヲ維持スルト云フ意ナリヤト尋ネタルニ、主席然リト答フ）（尚、周仏海ヨリ目下総軍側ト清郷工作ニ付相談中ニテ、清郷委員会モ不日成立ノ予定ナリト述フ）。

地方ノ治安ヲ確保スルニハ地方ノ官吏ノ質ヲ良クスル必要アリ。即チ悪キモノヲ淘汰シ、優良ノモノヲ訓練養成シ行カサルヘカラス。之ニハ国民政府カ官吏ノ任免権ヲ持ツ必要アリ。然ル後官吏ハ人民ノ信用ヲ博シ得ヘシ。若シ現在ノ如キ状態ニ放置スレハ国民政府ノ存在ハ何等重慶ニ動揺ヲ与フルコトトナラサルヘシ云々。

附記

大使ハ右ニ対シ、オ話ノ次第ハ篤ト記憶ニ止メ充分考慮ヲ凝ラシタル上、之カ処置方ニ付キ考案ヲ得タル後政府ニ具申シ、或ハ又総軍側ニ話スコトト致スヘシ。元来自分ハ国民政府ヲ育成強化シ其ノ政治力ノ侵透〔浸〕ヲ図ルニ協力スヘキ旨訓令ヲ受ケ居リ、其ノ職責上ヨリスルモ唯今ノオ話ハ重要ナル一材料ナリト述ヘ置キタリ。

四月七日本多大使新聞記者会見録

本多大使新聞記者会見録（ペン書き）（昭和十六年四月七日於上海邦人記者）

（欄外朱印）極秘

今カラ申スコトハ私ノ公表スルコトテアル。ソレニ付テオ尋カアレハ答ヘラレル範囲内ニ於テオ答ヘシ度イ。

――――○――――

本多大使ハ今回相当重要ナル用務ニ付テ政府ト協議ノ為ニ九日出帆、龍田丸テ上京ス。

――――○――――

上京ノ目的ニ付テ・・・

大使　国民政府ノ育成強化ト云フ政府ノ既定方針ヲ現在ノ情勢ニ鑑ミ此上一層効果的ニ推進具現スル、其点カラ若干政府ト協議シ進言スルコトカアル。ソレカ為ニ親シク外務大臣其他、場合ニ依ツテハ政府首脳ト話ヲシナケレハナラヌト考ヘテ居ル。ソレカ為上京スルコトニナツタ。

記者　国民政府ノ育成強化ヲ特ニ現在ノ情勢ニ於テ推進シナケレハナラヌ。其必要ニ付テ大使ノ立場カラ伺ヒ度イ。

大使　大使ノ立場テナクテ国策ノ見地ヨリ一層効果的ニ推進具現スルノ要ヲ認ム。

記者　ソレニ付テ和平運動ヲ推進スルトカ、日華基本条約ヲ運営スル上ニ於テ・・・

大使　色々調整シテヤルコトカアルノテアル。其調整ノ方ヲ真剣ニヤラナケレハナラヌ。私ノ任ヲ受ケタ時ノ訓令ハ国民政府ヲ育成強化シ、其政治力ヲ増強スル如ク働ケト云フコトニアツタノテアルカラ、色々アラウカ、今御覧ノ通リ国民政府管内ニ於ケル経済ニ付テ考ヘテ見ルト、今迄ノ維新政府当時以来惰性的ニ来テ居ルコトニ付多少検討ヲ加ヘル必要カアル。歴史ヲ抜キニシテザツクバランニオ話スレハ、此際国民政府ニウント力ヲ有タシテヤル――是ハ大使ノ言葉トシテ新聞ニ出テハ困ル――国民政府ニ活ヲ入レナケレハナラヌ。要スルニ一層国民政府ヲ育成強化シナケレハナラヌ。ソレニ付テ多少進言ヲスル。ソレニ対シテハ現地三機関殆ト完全ト観テ宜イ位一致シテ居ル。

記者　具体策ハアリマセンカ。

大使　公ニ言ヘナイ。要スルニ一面ニ於テ国民政府ノ政治力ヲ強化シテヤル。政治力トハ現地的ニ言ヘハ経済生活ノ振興テアル。他面ニ於テ為スヘキコトモアラウカ、マタ外務大臣ニ言ツテナイ。外務大臣ニ会ツテカラ話スコトニナツテ居ル。私ノ言フ意見ハ現地ノ国交ヲ斯ウ云フ様ニヤラナケレハナラヌト云フコトヲ言ヒニ行クノテアル。和平運動ト云フコトカ所謂重慶工作ヲ意味スルナラハ国策上困ル。所謂重慶工作、アア云フ行動ハ国策上甚タイカン。私ノ考テハ斯様ニ大キナ戦争ニナルト、アノ様ナ段階ヲ経ルノテアルカ、其結果ハ結局戦争ヲ長引カシメタタケテアル。責任ノ地位ニ居サル者カチヨイチヨイヤルト云フコトニナルト相手方ハ弱ツテ居ル。モウ一押シト云フコトニナツテ先方ノ弱点ヲ見出スコトニナル。欧洲戦争カ一九一六年カラ英吉利、仏蘭西、独逸側モ類似ノコトニ耽ツタカラ、アノ様ニナツタノテアル。一応アノ様ナ段階ヲ経ルノカ外交ノ段階テアルカ、既ニ其段階ヲ過キタ。私ノ任ヲ受ケタ時ノ訓令カラ言フト、サウ云フコトハ有リ得ル筈カナイ。若シ左様ナコトカ国家機関ノドレカノ指示ヲ受ケテヤツテ居ルトスレハ、政府方針ノ転換ナノテアル。所謂重慶工作ハ中央・出先共ニ一切之ヲ行ハスト云フノカ私ノ受ケテ居ル方針テアル。方針ヲ変更転換シタト云フ訓令ハ受ケテ居ナイ。又ソレカ正シイ方針テアルト考ヘ且ツ信シテ居ル。

記者　重慶ニ対シテハ一切有ユル工作ヲシナイト云フコトカ一ツノ対策テスカ。

大使　ソレハ政府ノ方針テアル。私カ言ヘハソウ云フコトヲスルノハ国策破壊者テアル。方針カ変ツタナラ変ツタト云フ通知カアルト思フ。私ハ其方針ノ下ニ働イテ居ルニ過キナイ。

欧羅巴戦争ノ瑞西工作、瑞典工作ハ適切ナ教訓ヲ残シテ居ル。全面和平カ一日モ速ニ来タランコトハ私ノ希望スル所テアルカ、全面和平ト国府強化トハ決シテ矛盾シナイモノテアル。国民政府ニアレタケ立派ナ日華条約カ出来テ居ル。然ルニ重慶ノ方ニ手ヲ出スト云フナラハ、国民政府ヲ作ツテ畏クモ陛下(昭和天皇)ノ御批准ヲ得タモノヲ一片ノ反古ト為シテ男女相通スルカ如キコトハ国家ノ信義ヲ全ウスル所以ニ非ス、三歳ノ童児ト雖モ欺クヘカラス。

記者　重慶工作ナントニ政府ノ意志ニ反シテヤルモノカアレハ、大キク言ヘハ治安ヲ破壊スルモノテアル。

大使　現在ヤツテ居ルモノカアル・・・

記者　誰カヤツテ居ルカ外務大臣ニ聞イタラ、サウ云フコトハヤツテ居ナイト言フ。

大使　大使ノオ話カラ推シテサウ云フコトカ行ハレテ居ナイト推測スルカ、其工作ハ国家機関ノ一部ノ意思ヲ反映シタモノテアルカ、ソレトモ或程度ノ・・・

記者　政府ノ方針ハ断シテサウテ無イ。「中央モ軍部モ一切禁止シアルヲ以テ」是カ訓令テアル。

大使　現在ソレカ論議サレルト云フコトハ何処カテヤツテ居ルト云フコトニナルト思フ。

記者　勿論斯ウ云フコトハアツタ。和平条約ヲ正式調印シ国府承認ヲ行フ迄ハ国民政府トノ諒解ヲ以テ双方協力シテ或ル程度協力シテ外務大臣ノ手テ一種ノ重慶工作ヲヤツタ。ソレカ失敗シタカラ、ソレテ打切ツタ。ソレテ国府ヲ承認シタ訳テアル。国民政府ヲ政府ラシイモノニシテ、其ノ所轄地域内ニ於ケル人民ノ生活カ重慶ノソレヨリモ良イ環境カ充実サレツツアルト云フコトニナレハ、全面和平ニ近付クモノテアル。今日政府モソレヲ思ヘハコソ、重慶ニ対シテ長期膺懲ノ方針テアル。其方針施行ノ下ニ我々働イテ居ル訳テアル。

大使　将来南京政府ト重慶トノ和平ヲ考ヘラレル訳テスカ。

記者　国民政府ト日本トノ関係ハ和平条約ニ示ス通リ同盟国テアル。サウ云フ点ニ於テ一家ノ関係テアル。先生達カ一緒ニ寄ツテ和平スル。是ハ寧ロ歓迎スヘキコトテアル。何処迄モ蔣介石ヲヤツツケルト云フテ国府ヲ煽テル訳テナイ。全面和平ヲ来ス途ハ厳粛ナル条約アリ、同盟関係アル国民政府ヲ其儘ニシテ変ナ姦通カ密通ノ様ナ手段テ：降参的媾和ヲ申込ムコトニアリヤ否ヤ常識問題テアル。事実トシテ重慶ト全面和平、和平促進セヨト云フコトカチヨイチヨイ世評ニ上ルカ、重慶工作ヲ意味スルナラハ大使曰ク、廟議決定ニ反ス。廟議決定ハ重慶ニ対シテハ長期膺懲ヲ採リ国民政府ヲ育成強化シテ東亜ノ大局ヲ決スルコトニアルノテアル。其方針ノ下ニ現地ノ機関ハ仕事ヲシテ居ル。少クトモ大使ハ其命令テヤツテ居ル。私自ラ観ル所ニ依レハ、戦争カ長期ニ亘ルニ従ツテ此種ノ工作ノ行ハレルコトモ前回ノ欧洲戦ノ場合ニ観タ。其結果ハオ互ニ一方ノ弱点ヲ見出スノミテ益々長期戦ニシタ。日支条約成立前ニ此種ノ工作ヲ試ミタト云フコトハ非難スヘキコトテナイ。今日ノ段階ニ於テハサウ云フ段階ヲ「パス」シテ居ル。論ヨリ証拠、重慶ハ頑張ツテ居ル。全面和平ト国民政府強化トハ矛盾シナイ……ヤルトスレハ……阿部（信行）・汪兆銘条約ナルモノハ国民政府ト日本ノ関係ヲ同盟国ノ関係ニ於イテ同盟国ト協力シテヤル。自分ハサウ云フ意見ヲ持ツテ居ル。

記者　最近ノ中心問題トシテ米ノ問題トカニ対シテ。

大使　現地機関一致シテ中央ニ働キカケテ漸ク六月末迄ニ五万噸（傍線）ノ外米ヲ日本カ世話シテ此方ニ持ツテ来ル。サウ云フコトモ既ニ既定ノ方針ニ依ツテ居ル。米ノ増産、農事改良等幾ラモ国民政府ヲシテヤラスコトカアル。現ニ農林省カラ専門家ヲ三、四人聘シテ既ニ米作改良法ヲ指導教授シテヰルノテアル。外交ハ黒イモノヲ青天白日ニスルト云フコトノ出来ルモノテナイ。堅実ニ一歩ツツ進メテ行クノカ私共ノ習ツタ外交テアル。ソレニハ政府ノ各機関協力一致シナケレハナラヌト思フ。吾々幸ト思ツテヰルコトハ、現地トシテハ軍首脳ト大使ト一致シテ居ルコトテアル。

新聞ニ書カサル様注意済ミ（欄外頭書）

記者　阿部条約カラ出発シテ日本政府カ国民政府ヲ飽ク迄育成強化スル、蔣ト直接交渉ヲヤラナイト決定シタ訳テスカ、今日再ヒ大使カ上京サレルト云フコトニ付テハ話ノ行違ヒト云フコトハナイカ。

大使　サウ云フ解釈ヲスルコトハ国交ニ不利テアル。今偶々和平問題云々ノ質問カ出タカラ、政府ノ方針ト吾々ノ立場ヲ御説明シタノテアル。

記者　国民政府育成強化問題ハ話カ違フノテハナイ。実地ノ情勢ノ変転ニ応シテヤラナケレハナラヌ。米ノ問題ノ様ナ局部的ノ問題テナイカ、日本カ約諾シタコトカ幾ラモアル。ソレヲ調整スヘキ時期ニ来テ居ル。斯ウ云フノカ私ノ意見テアル。重慶工作ト関係ハナイ。

大使　国民政府ニ活ヲ入レルコトニ付テ日本側ノ現地機構ヲ何等カ改訂スルト聞イテ居ルカ……

記者　機構問題ハ記事禁止ニナツテ居ル筈テハナイカ。

大使　現地三機関ノ首脳トハ陸海興亜院テアルカ。

記者　大使ト陸海テアル。興亜院ハ大使ノ区処ノ下ニアル。

大使　調整問題ニ付テ汪精衛氏カ東京ヲ訪問スルト云フ話カアルカ。

記者　汪氏モサウ云フ希望ヲ持ツテ居ル。然シ未タ発言ノ自由ヲ有セス。

大使　先程国民政府ニ活ヲ入レルト云フコトハ、従来軍ノ作戦上ノ見地カラ場合ニ依ツテ摩擦ヲ起ス場合カアリ得タ訳テスカ、此度陸海大使館ト……

記者　ソレハ現在ノ情勢ニ鑑ミテ私ノ申シタ通リ情勢ハ始終変ルモノテアル。国民政府ニ活ヲ入レナケレハナラヌ。是ハ目前ノ急務テアル。現地ニ於テ畑君等モ同感テアル——是ハ公表サレテハ困ル。観念論トシテ作戦ノ必要ハ絶対的ノモノテアル。作戦ノ必要ト両立スル範囲ニ於テ最大限度国民政府ニ同情的支援ヲ与ヘルコトタラウト思フ。

記者　現在ノ情勢テ以テ国民政府ニ日本カ活ヲ入レレハ、和平ノ急速ナル拡大ハ或ル程度見透アリヤ。

大使　日本カトレタケ育成強化スル為ニ腰ヲ入ルカ。其ノ限度カ即チ国民政府ノ力ノ限度テアル。日本政府ハ出来ルタケノコトハヤツテ居ル。ソレ以上何ヲヤツタラ宜イカ‥東京カラ言ツテ来ナイカラ黙ツテ見テ居ルト云フナラ、吾々六十老人カ司令官・大使ト云フテ此方ニ来テ居ル必要ハナイ。

記者　阿部条約カ調印サレテ本多大使カ来ラレル前ニ国民政府ノ強化、政治的ニ力ヲ与ヘル‥国民党中心テヤツテ行ク、支那ヲ独立国トシテ認メル‥東亜聯盟運動ト云フノカ大キナ問題テアツタ。モ一ツ経済方面テ南京政府ノ統治区域ハ日本ノ占領地域ト一致シテ居ル。日本モ退ク訳ニユカヌ。軍ノ現地自活ト云フカトカ強化サレル限リ南京治下ノ経済政策カ大キナ制限ヲ受ケル。従ツテ現状ノ儘テハ南京育成ハ経済的ニハ大キナ限界カアルト思フ。陸海外三長官ト相談シ合ツタ上テ進言スルト言ハレルノハ、一応軍事的ノコトハ現状ノ儘ニシテ引上ケナイテ‥所謂陸海軍当局トモ話合ハレタト云フコトハ、例ヘハ軍ノ配置ト云フコトモ含メタ広範囲ノモノカ‥

大使　軍ノ配置ニ「タツチ」スル必要ハナイ。

記者　東亜聯盟ノ問題テ結局南京側カ熱心ニナツテ居ルノハ独立性ノ尊重ト、モ一ツ国民党中心テ行クト云フコトテアルト思ハレルカ‥

大使　東亜聯盟テ汪精衛ノ要望ハ政治ノ独立、軍事同盟、経済提携、文化交流テアル。ソレタケニ反対論ノ余地ハ無イ訳テアル。

記者　日本テ東亜聯盟運動カアノ様ナ形ニサレテ以来、超国家的ノ議論ハイケナイ‥国防強化ヲヤル。サウイツタ方向ニ持ツテ行ツタ日本ノ現在ノ政治ノ動キト云フモノカ具体的ニ表レテ、石原（莞爾）サンノ如キ人カ予備ニナツタト云フコトハ…

大使　私ノ云フコトテハナイ。事情ノ変遷ト同時ニ東亜聯盟問題ノ取扱方ノ上ニモ変ツテ来ルモノテアルト思フ。汪精衛ノ四ツノ項ハ是ハ東亜聯盟以上ノ日満支協〔共〕同宣言ノ精神カラ鑑ミテ…ソレニ依ツテ何ウ云フ運動ヲ何ウ云フ組織テ起スト云フコトニナルカハ第二段ノコトテアル。東亜聯盟問題ニ付テハ目前ノ実務トシテ考ヘタコトハナイ。

記者　何日頃帰ラレマスカ。予想外ニ長クナルコトハアリマセヌカ。

大使　長イ方カ寧ロ宜シイ——問題カ実務化スルト云フコトテアル。

記者　必ラス帰ラレマスカ。

大使　ソレハ判ラヌ。

記者　松岡大臣カ此方ニ来ルト云フコトカ確テスカ。

大使　松岡カ来テモ仕様カナイ。

記者　独伊ノ新政権承認問題ハトウナツテ居リマスカ。

大使　マタ全然具体化シテ居ナイ。

四月十九日青木顧問汪主席会談要領

（欄外朱印）極秘

昭和十六年四月十九日午前十時ヨリ汪主席ト其公館ニ於テ二時間ニ亘リ会談ス。

青木顧問（一男）記ス

其ノ要領

一、汪主席ハ先ツ左ノ如ク所見ヲ述ヘタリ。

全国経済委員会ノ物資統制ノ問題ニ関スル試案ニ対スル貴顧問ノ御意見ハ了承セリ。最高顧問ハ物資統制ニ関スル中国側行政権ノ発動ニ関シ、日本軍ノ行フ統制ニ国民政府ノ参加協力セムコトヲ慫慂セラレタリ。此協力ノ能否ニ付テ国民政府内部ニ二派ノ見解対立セリ、協力不能論者ハ中国ノ経済前途ニ対シ深刻ナル悲観的観察ヲ懐クモノナリ。

此論者ハ日本ノ支那経済把握ハ単ニ戦時中ニ限ルモノニアラスシテ、戦後ニ於テモ継続シ支那ノ経済ハ永久ニ日本ノ独力統制下ニ立ツモノト観測スルカ如シ。即チ中国ハ第二ノ満洲国トナルコトヲ憂フルモノナリ。此点ハ北支ヨリ来ル者亦多ク同様ノ悲観的観測ヲ有スルニ於テ一致ス（殷同氏其他ノ例ヲ挙ク）。

主席ハ右ノ如キ悲観論者ニ対シ、然ラハ日支ノ経済提携・和平建国ノ運動ノ前途ニ失望スルモノナリヤト問フニ、論者ハ多ク然リト答フ。主席ハ然ラハ何故和平運動ノ陣営ニ残留スルヤト問フニ、曰クサラハトテ抗戦モ亦不可能ナリ、日本ノ政策転換ニ一縷ノ望ヲ属シテ残留スルニ外ナラスト。

右ノ如キ状況ナルヲ以テ新ニ有力者ノ和平運動参加ヲ求ムルコト不可能ナルノミナラス、国民政府下ニ現ニ参加セル者ト雖、熱意ヲ以テ其仕事ニ当ラセルコト極メテ困難ナル実情ニ在リ。

基本条約ハ日支合作ノ根本原則ヲ定メタルモノナリ。更ニ一歩ヲ進メ具体的計画ヲ樹テ之ヲ中外ニ宣明シ中国人ノ不安ヲ除去スルト共ニ、和平ニ対スル国民ノ信念ト熱意ヲ昂揚スルハ刻下ノ急務ナリ。全国経済委員会ハ現下ノ状勢下ニ於ケル日支懸案ノ調整ト共ニ戦後ノ合作、中国経済建設ノ遠大ノ計画ヲ処理セシムルコトヲ期待スルモノナルカ、現下ノ日支関係ヨリ見テ最高顧問ハ此仕事ハ可能ナリト思考セラルルヤ。

二、青木ハ右ニ対シ左ノ趣旨ヲ以テ答ヘタリ。

国民政府一部論者ノ悲観論並ニ主席ノ憂慮ハ、戦争継続中ニ於ケル現下ノ特殊事態ト戦後ノ日支基本関係トヲ混淆セルニ由ルモノト考フ。如何ニモ現在ハ日本ノ手ニテ支那経済ノ広汎ナル範囲ヲ支配スル如ク見ユルモ、之ハ戦争目的遂行ノ必要ニ基ク所大部分ニシテ、従テ事変終了ト共ニ解消スヘキモノ多シ。戦後ノ日支経済合作ノ態様ハ基本条約ニ定ムル通リニシテ日本ノ期待スル所自ラ限界アリ。帝国ハ中国ニ臨ムニ第二ノ満洲国ヲ以テスルモノニアラサルコトハ条約上明ナルノミナラス、歴代政府ノ方針並国民輿論ニ於テ一致スル所ナリ。戦争遂行ノ必要ヨリ来ル一時ノ変態ヲ以テ将来ヲ律スルコトノ誤ナルハ論ヲ俟タス。全国経済委員会ハ宜シク戦争継続中ニ於ケル日支懸案ノ調整並ニ協力ノ問題ト事変終了後ノ日支合作並経済建設ノ問題トノ両者ヲ区分シ、同時ニ攻究ヲ進ムルコトトセハ一部悲観論者ノ杞憂ヲ除去スルニ資スル所大ナルヘシ。而シテ此二問題ノ解決ニ対シテハ本顧問亦全力ヲ挙ケテ尽力スヘシ。

三、汪主席ハ更ニ左ノ如ク述ヘタリ。

日本ハ中国ニ臨ムニ満洲国ニ対スルト同様ノ考ヲ以テセサルコトハ一昨年訪日ノ際、近衛公モ親シク確言セラレタル所ナリ。当時公ハ日本ノ重キヲ置クハ国防上必要ナル資源ノ開発ニ在リ、右ニ関シテハ帝国ノ優先権ヲ要求ス、爾余ノ経済開発ニ付テハ日本ハ独占ヲ欲セス、英米ノ資本ヲ利用スルモ亦可ナリト述ヘラレタリ。之ニ対シ自分ハ資源ノ開発ニ関スル日本国ノ必要ハ十分之ヲ諒解ス、中国ノ重キヲ置クハ其主権ノ保持ニ在リ、日本ノ要求ハ事実上ノ必要トシテ之ヲ承認スヘシ、従来中国ハ余リニモ英米ノ資本ニ依存シ、之カ為メ日本ニモ不愉快ノ感ヲ与ヘタルモノト考フ、之ハ中日枢軸ノ成立セサリシカ為メ日支共ニ相手ヲ疑ヒ、結局英米依存ノ輿論ヲ馴致セリ、今後ハ日支堅ク結ヒ、其ノ上ニ必要ニ応シ英米ノ資本ヲ利用スルモ亦可ナルヘシト述ヘタリ。之ニ対シ公ハ完全同感ト答ヘラレタリ。

四、汪主席談話ノ続キ。

中国ノ経済建設ニ関スル右ノ新方針ハ、爾来自分ノ考トシテ各方面ノ権威者ニ話シタリ。其一人ニ燕京大学ノスチユワート《(John Leighton Stuart)》氏アリ。当時ス氏ハ日支両国鞏固ナル経済ブロックヲ結合セハ、其ノ他ノ国ハ最早投資ノ方法無キニ至ラサルヤト反問セリ。之ニ対シ自分ハ第三国ノ投資ノ余地ハ勿論存ス、只問題ハ中国カ之ヲ歓迎スルヤ否ヤニ在リ、又投資ノ形式ハ従来ト異ルコトハ之ヲ悟ラサル可ラスト語レリ。ス氏ハ投資ノ形式異ルト云フハ帝国主義的投資ヲ排スルノ意ナリヤト反問セルヲ以テ、然リト答ヘタリ。

永久ノ和平中国ノ独立ニ対スル信念確立スルニ非レハ、之レ以上同志ヲ獲得スルコト困難ナリ。中国ノ財界人中ニハ日支ノ経済合作ト云フハ、中国ノ資源ヲ日本ニ独占セシムルコトヲ意味スルニ過キストスル者少カラス。周作民ノ如キモ自分ノ上海在留当時、日本トノ和平交渉ニ当リテハ賠償金ノ事ハ議スルモ可ナリ、一般ノ経済合作ハ之ヲ避クルニ若カストノ意見ヲ述ヘタリ。自分ハ欧洲大戦ノ先例、中国ノ現状ヨリ観テ寧ロ賠償問題ノ実行不可能ナルヲ考ヘ、周ノ思想ノ何レニ存スルヤヲ疑ヒタル所、周ハ賠償金ナラハ限度アリ、経済合作ハ無限ノ譲渡ヲ意味スト答ヘタリ。

之ニ対シ自分ハ仮リニ賠償ノ議アリトスルモ経済合作亦必然随伴スヘシト述ヘタル所、周ハ或ハ然ラン、故ニ前途ハ暗憺タリト答ヘタリ。今迄周氏ノ名前ヲ挙ケテ此話ヲ他ニ漏セルコトナキモ、中国財界人ノ考方ノ一斑ヲ示スモノト云ハサル可ラス。故ニ現ニ上海租界其他ニ実力ヲ擁シテ形勢ヲ観望シ居ル中国財界ノ有力者ヲ味方ニ引入ルルニハ、中国経済ノ将来ハ彼等ノ想像スル如ク総テ日本ノ壟断ニ委スルモノニハアラサルコトヲ知ラシムルコトカ捷径ナリ。

日本ノ政府、外交、軍事ノ当局ニ於カレテモ中国ノ現状容易ニ打破シ難キハ単ニ英米依存ノ観念強キカ為ノミナラス、中国ノ民心把握未タ完カラサルニ由ル所大ナルコトニ留意セラレ、此点ノ打開ニ一段ノ努力ヲ傾注セラレムコトヲ望マサルヲ得ス。勿論抗日戦線ノ人士モ其結果ニ付キ確信アルニアラス。抗日モ前途見込ナシ、然シ和平モ亦望ミヲ繫クニ足ラス。故ニ惰性的ニ抗日ヲ継続スルト云フコトカ多数国民ノ共通心理ナリト考フ。故ニ和平ノ前途ニ対シ光明ヲ点スルコトカ此際最有効ナル手段ナリト考フ。最高顧問ノ提案ノ如ク全国経済委員会ノ仕事ヲ事変中ノ特殊事態下ニ於ケル日支ノ調整及協力ト将来ノ恒久的建設トニ二分シ、以テ将来ニ希望ヲ持タシムルコトハ確ニ一案ト考フ。

然シ右ノ案モ日本ノ軍当局及外交当局ノ十分ナル諒解援助ナクハ多クヲ期待シ難キヤニ考フ。

自分ハ近キ機会ニ渡日シ、日本政府当局ニ対シ経済問題ヲ中心トスル南京政府ノ困難ナル現状ヲ詳細説明シ、之カ打開策ニ付キ日本側ノ諒解ト援助ヲ懇請セムコトヲ企図シ居レリ。此問題解決セサレハ国民政府存立ノ意義亦其根源ヲ失フモノト考ヘ居レリ。勿論自分ハ現在戦争ニ基ク日本軍ノ需要ニ付テハ十分ノ諒解ヲ有スルモノナリ。此需要ニ支障ナクシテ而モ中国民衆ノ苦痛ヲ減シ、南京政府ノ立場ヲ改善スルコトヲ希望スルモノナルカ、之ハ果シテ両立シ得ルモノナリヤ、此点ニ付テノ最高顧問ノ卒直ナル御見込ヲ伺ヒタシ。

五、右ニ対シ青木ハ左ノ如ク答ヘタリ。

日支経済合作ノ根本趣旨及日本ノ中国ニ求ムル所ノ限界ニ付テハ自分モ近衛公ノ言ニ全然同感ナリ。日本政府ノ方針ハ今日ト雖モ勿論右ト異ル所アル筈ナシ。日本ハ中国側ノ犠牲ニ於テ支那ノ経済ヲ独占セムトスルカ如キコトハ夢想タニセルコトナシ。日支ノ合作ニ依ル資源ノ開発、産業ノ勃興ハ結局中国国民ノ国民所得ト購買力ヲ増加シ政府財政ヲ強化シ日支共存共栄ノ基礎タリ。日支経済提携カ中国ノ主権ト独立ノ尊重ヲ前提トスルコトハ条約ノ正文ヲ俟ツ迄モナキコトニシテ、中国人ノ間ニ斯ル点ノ疑惑今尚存スト云フコトハ実ニ遺憾ニ堪エサル所ナリ。想フニ前述ノ如ク戦時ノ必要ヨリ来ル現在ノ特殊事態ヲ以テ将来ヲ律スルノ誤ニ基因スルモノト考フル外ナシ。一方、戦争ノ必要ヨリ来ル軍ノ需要ト他方民衆生活ノ苦痛緩和並国民政府ノ育成強化ト云フ二ツノ命題ノ調整ハ事実種々ノ難問題ヲ包蔵ス。然シ日支両国カ共同ノ目標ニ向ツテ進ミツツアル今日、此問題ノ解決出来サル筈ナシ。又何トシテモ解決セサル可ラス。自分ハ昨年来南京ニ在リテ此種問題ノ本質ニ付キ若干ノ知識経験ヲ有シ、同時ニ今日迄何等カ政府ニ関係アル者トシテ帝国政府ノ方針ニ付テモ知悉シ居レリ。而シテ今回国府行政ノ最高顧問トシテノ招請ニ応シタル所以ノモノハ、此懸案ハ日支双方ノ誠意ト努力ニ依リ必ス解決ノ途アリ、又解決セサル可ラストノ確キ信念ヲ得タルカ故ニ外ナラス。此信念ナクシテ現職ニ留ルハ自分ノ良心ノ許ササル所ナリ。日本側モ事情ノ許ス限リ中国側ノ立場ヲ尊重シ、条約ノ精神ト現地ノ実情ニ基キ政策ノ緩和乃至調整ニ努メサル可ラス。然シ現下ノ状勢ニ於テ之カ実現ニハ相当ノ日時ヲ要ス。中国側モ日本ノ誠意ヲ疑フコトナク、暫ク忍耐ト努力ノ継続ヲ切望セサルヲ得ス。

六、汪主席ノ談。

自分モ軍ノ需要ニ付テハ十分認識ス。之ト両立シ得ル範囲方法ニ於テ調整ノ行ハルルコトヲ望ムニ外ナラス。次ニ条約ニ予定セル経済協議会ハ未タ進行シ居ラス。前述ノ事変下ノ日支協力乃至調整ノ問題ハ極メテ機微ナルヲ以テ、此協議会ノ議ニ付スルハ適当ナラサルヘキモ、将来ノ経済合作ノ問題ヲ討議シ、以テ日支ノ根本諒解ヲ明確ニシ、中国財界人ニ将来ノ光明ヲ認メシムルコトハ極メテ有益ナリ。故ニ至急協議会設置ニ付キ日本側ト話ヲ進メタシト思フカ、顧問ノ意見如何。

青木ハ右ニ付キ経済協議会ノ問題ハ未充分研究シ居ラサルヲ以、後日改メテ述フヘシト答ヘタリ。

七、汪主席ノ談。

前述スチユワートハ最近蔣《介石》ノ招ニ応シ重慶ニ赴ケリ。ス氏ハ日米戦争ハ米国ニモ何等得ル所ナシトノ論者ナリ。重慶ニテハ蔣ニ対シ直接和平ノ勧告ヲ為ス筈ナリ。重慶ニ出発ニ先チ上海ニテ陳公博ト会見シ、其際自分ノ意見ヲ陳氏ヨリ彼ニ十分伝ヘシメタリ。近ク結果判明スヘシ。

日ソ中立条約ハ松岡外相ノ大成功ナリ。只日本側トシテハ同条約ノ利益ヲ受クヘク、其害ヲ受ケサル様希望ス。殊ニ同条約ノ対米関係ヘノ影響ニ付キ深甚ノ配慮ヲ希望セサルヲ得ス云々。

四月二十二日南京在勤海軍武官・駐華大使館附海軍武官「在支不用日本租界国府還付」ニ関スル研究

（欄外朱印）軍極秘

南大武研資機密第九号（七部ノ内其ノ二）

昭和十六年四月二十二日

南京在勤海軍武官（金沢正夫）
駐華大使館附海軍武官

「在支不用日本租界国府還付」ニ関スル研究

一、目的
別紙板垣参謀長談ノ通

二、結論
此ノ際国府育成強化ノ政治的有力手段トシテ精査ノ上、不用日本租界ハ之ヲ還付スルヲ可トス。
但シ、右還付ニ依リ有用租界及我治外法権ニ過早ナル悪影響ヲ及ボサザル如ク措置スルヲ要ス。

三、理由

(イ)現在国府ノ実状ハ相当行キ詰リノ状況ニ在リ。一ニ我方ノ援助ニ依リ「カンフル」注射ヲ行フニ非ザレバ其ノ前途ノ危惧尠シトセズ。

(ロ)我方ノ国府育成援助ノ手段ハ大体ニ於テ

(一)日華条約ニ基ク政治的、経済的調整ヲ速ニ実施シテ国府基礎ノ強化ヲ図ルコト

(二)国府治下ニ於テ現状窮迫ノ状態ニ在ル民生ノ向上改善ヲ速ニ実現スルコト

ノ二方途ニ大別セラルル処、其ノ内中支国策諸会社ノ運営調整及物資搬出入ノ合理的緩和ニ関シテハ或程度ノ期待ヲ懸ケ得ルモ、現実作戦行動続行中ノ事態ニ於テ全面的ニ有力ナル調整実現ハ容易ナラズ。況ンヤ其ノ他ノ政治問題ニ関スル調整ニ於テオヤ。

(ハ)日華基本条約第七条ニ於テハ日華新関係ノ発展ニ照応シ、我方ハ治外法権ノ撤廃及租界還付ヲ約シ居ル処、現在ニ於ケル一般情勢ハ而ク是等ヲ全面的ニ履行スルノ秋ニ非ルコト勿論ナリ。然レドモ別表ニ見ル在支各地ノ日本租界ノ実情ヲ検スルニ、単ニ既往条約ノ権利ヲ保有スルニ止マリ、現在ノ実益ナク将来ヲ考察スルモ大ナル国家的利益ヲ構成セザルモノ尠カラズ。即チ斯カル不用租界ノ還付ハ考慮ノ価アルモノナリ。

(ニ)日華条約ニ依リ日華両国ハ強度結合ノ新関係ヲ庶幾シ在ルヲ以テ、既往ノ租界特権ニ依リ律セラルル程度ノ権益ハ価値大イニ低下セリ。只総テノ既得権益ヲ過早ニ調整スルノ無暴《ママ》ナルト同時ニ、不用不急ノ権益ヲ無意味且執拗ニ擁護スルモ無益ナルヤ明カニシテ、宝ノ持チ腐トナル惧ナシトセズ。

即チ国府育成強化ノ手段トシテ、適切ニシテ且我国家的損失尠キモノハ之ヲ割愛還付スルヲ賢明ナリトス。

(ホ)不用租界ノ還付ハ日華条約ニ基ク我方ノ誠実ナル履行ヲ示シ且国際性大ナルヲ以テ、対重慶・対第三国共ニ有力ナル政治的措置トシテ価値大ナリ。況ンヤ差当リ日華間ニ有力ナル政治的調整ノ手段尠キ実情ニ於テ特ニ然リ。

(ヘ)不用租界ヲ還付スルニ伴ヒ生ズベキ不利ナル点ヲ考察スルニ

(一)他ノ有用租界ノ保有ニ及ボス影響

(1)上海ノ如キハ揚子江下流地域ノ政治、経済強度合作ノ条約規定ニ依リ、又北京、天津ノ如キ華北ニ関スル特殊取極メニ依リ、必ラズシテ逐《ママ》一利権回収ノ目標トナルコトヲ避ケ得ベク、且将来我方ノ希望ニ沿フ如ク調整スルコト可能ナリ。

(2)第三国ガ我ニ倣ヒ租界還付ヲ行フ場合ノ影響

例ヘハ英国ノ天津及上海英租界ノ還付等ヲ予想スルモ、天津ノ影響ハ尠ク、上海ノ還付ハ絶対ニ実現セザルモノト推定セラル。其ノ他第三国ノ斯ノ種策動ニ対シ、大ナル不利ヲ予想シ得ズ。

四、在支日本租界ノ現状概要及還付スベキ租界調

別表ノ通。

（終）

（別紙）

（欄外朱印）軍極秘

南大武研資機密第一〇号（七部ノ内其ノ二）

昭和十六年四月二十一日　南京在勤海軍武官

駐華大使館附海軍武官

「在支不用日本租界ヲ此際国府ニ還付スルコト」ニ関シ板垣総軍参謀長ト会談要旨

本日先方ノ求メニ依リ往訪ノ際、同参謀長ヨリ「国府育成強化ノ一案トシテ本多大使ノ同意モアリ、海軍側ニ内協議致シ度」トテ（土橋《（勇逸）》参謀長《〔総参謀副長〕》陪席）

「板」昨夜三時間ニ亘リ大使ト懇談シタルガ、主題ハ汪主席訪日ノ件及我方ノ国府援助ニ関スルコトナリキ。主席訪日ニ関スル大使ノ意見（主席ノ訪日希望伝達及大使意見ニシテ、写大使ヨリ島田《（繁太郎）》長官宛別送）ニハ大体同意ニシテ、総軍ヨリモ右意見支持ノ為中央ニ打電ノ予定ナリ。又同意見中ニ在ル我方ノ国府援助（物資搬出入取締ノ合理的緩和、国策会社ノ調整其ノ他）ニ関シテモ主旨ニ於テ同意ナル旨答ヘ置ケリ。

国策会社ノ調整ハ時勢ヲ認識セザル重役等ヲ鞭撻（例ヲ挙ゲテ彼等ノ大部ガ私利ニノミ急ニシテ大局ノ考慮ナキコトヲ憤慨シ）シテ断然改善調整スルヲ要シ、又物資搬出入取締ニ関シテハ直接軍関係ノコトナルガ、適切ナル緩和方策ヲ折角研究シ逐次実施ニ移シ度努メツツアリ。

然シ乍ラ如何ニ誠意ヲ以ツテ国府援助ヲ為サントスルモ、是等政事経済上ノ調整ハ他方連続セル作戦行動進行中ナル故、種々ノ障害アリテ汪主席ノ希望ガ全面的ニ達成セラルル迄ニハ相当ノ時日ヲ要スルナラン。

他方国府ノ現状ハ御承知ノ通容易ナラザル難局ニ在リテ、我方トシテハ以上ノ調整ニ誠意ヲ以ツテ当ル一方、何カ有力ナル政治的効果アルモノナキヤト大使トモ意見ヲ交換シタリ。

其ノ間偶然ニ自分ノ思ヒ付キ（否此ノコトハ以前ヨリ相当研究シ居リタルコトナリ）トシテ此ノ際上海、

天津、北京等俄ニ還付シ能ハザルモノハ別トスルモ、長沙、福州、杭州其ノ他単ニ既往ノ日支条約ニ拠リ我権利ノミヲ保有シ、実質ハ租界ノ態ヲ為サズ有名無実ノ状況ニ在ルモノ尠カラズ。而モ遠キ将来ノコトヲ考フルモ、是非共保有スル必要ナキヤニ存ゼラル。

故ニ此ノ際、右不用ノ租界ハ此ヲ国府ニ還付スルコト我方ノ誠意ヲ表現シ対重慶ハ勿論、第三国ニ対シテモ大キナ「ゼスチユアー」トナリ、我腹ヲ痛ムルコトナク国府援助ノ有力ナル手段ナリト思考ス。

大使ハ右自分ノ意見ニ大ニ共鳴シ、是非現地三機関ノ合意ヲ以ツテ実現ヲ期シ度切望セリ。

就テハ貴官ニ対シ大使ヨリハ別ニ御話シアルナランモ、島田長官ニ御伝ヘ相成リ御協力ヲ得度、自分ヨリモ御話シスル次第ナリ。

「金」御主旨承知セリ。国府ノ援助ニ関シ真剣ナル御話シヲ承マハルヲ得、愉快トスル所ナリ。

権利ノミヲ保有シ有名無実ノ特定租界ヲ返還スルコトトシ、而モ有用ナル他ノ租界ニ累ヲ及ボスコトナキニ於テハ国府育成ノ一案ト思考セラルルモ、只今承マハリタル許リナルニ付、早速自分ニ於テ研究致シ方面艦隊ト連絡協議スルコトト可致。

只目下出雲作戦行動中ナルニ付、御返事ハ本月末トナルガ差支ナキヤ。

「板」差支ナシ。

実ハ大使五月九日出発上京ノ由（汪主席ハ訪日スルコトトナルモ、自然五月中旬以後トナラン）ナルニ付、其ノ際現地三機関ノ一致意見トシテ中央ト話合ヒ、若シ順当ニ進メバ主席訪日ノ際、我方ノ誠意表現ノ一トモ為シ得レバ一層妙ナリ。

「金」然ラバ差当リ現地三機関丈ケノ内協議トシテ進メ、中央ヘノ働キ掛ケハ避クルコトトスル方可ナラズヤ。

「板」然リ、中央ヘハ現地意見一致ノ上、協同シテ強ク働キ掛クルコトト致シ度。

「註」本会談後、本多大使ニ面会、主旨ニ付質問シタルニ、全然以上参謀長談ト同様ナルヲ確認ス。（終）

南大武研資機密第九号　別紙

在支日本租界ノ現状概要（中華民国ニ於ケル列国ノ条約権益、英修道著抜粋）

「註」左記中「◎」ヲ附スルハ還付方考慮セラルル租界トス

租界名	基礎条約	現状
天津日本租界	明治二十九年七月 日清通商航海条約	(一)支那街ニ接シ各租界ノ西北ニ位ス。全面積三一三、八〇〇坪 (二)天津日本居留民団ニ依リ学事、金融、祭祀、衛生及土地等ノ各事業ヲ経営ス (三)事変後日本橋架設セラレ、日本租界ヨリ仏租界ヲ経ズシテ東停車場ニ達スルヲ得、将来ノ躍進期待セラル
◎杭州日本租界	明治二十八年四月 日清媾和条約	(一)七十四地区ニ分チ全面積一三〇、〇〇〇坪 (二)地ノ利悪ク且従来排日運動ノ中心地タル関係上、日本人ノ進出発展微々タリ (三)拱宸橋ノ小区域ノミ稍々市街ノ体裁ヲ整フルノミ。日本領事館モ租界外ニアリ

		㈣滬杭甬鉄路完成ニヨリ大運河交通ヲ念トシタ租界地ノ価値ヲ劣弱ナラシメ、日本以外ノ列強ハ租界設定ニ至ラズ
◎蘇州日本租界	明治二十八年 日清媾和条約	㈠全面積九六、六四五坪八 ㈡事変前ヨリ本邦人ノ借地面積ハ該居留地ノ八割ニ達セルガ、実際ニ利用サレシ面積ハ約三割ニ過ギズ ㈢駅ト隔離セル為メ事変後モ城内居住ノ邦人多ク、依然租界利用者少シ
漢口日本租界	明治三十一年七月 漢口日本居留地取極書	㈠全面積一二五、四七二坪 ㈡明治四十年八月居留民団法施行セラレ、租界行政ニ当リツツアリ ㈢主要ナル邦人ノ銀行会社ハ概ネ旧英租界ニ存在シ、日本租界ハ邦人ノ小商業者乃至住宅地トシテ利用サレアリ ㈣事変ニ依リ破壊セラレタルモノ逐次復興シ、利用価値増加シツツアリ
◎沙市日本租界	明治二十八年 日清媾和条約	㈠全面積一一七、六〇〇坪 ㈡増水時浸水ノ危険アル土地状況ニ依リ、全部中国人農耕地ノ儘放置サレアリ ㈢川漢鉄路駅予定地附近ノ積リナリシモ、同鉄路建設セラルルニ至ラズ今日迄放置ノ儘ナリ

◎重慶日本租界	明治二十八年 日清媾和条約	㈠重慶府城朝天門外南岸、全面積一四三、〇〇〇坪 ㈡邦人経営生糸工場、海軍集会所等アルモ、領事館ハ重慶城内ニアリテ沙市ト同様、川漢鉄路駅ヲ目標トシテ設定セラレタルモ、重慶城ト隔離シ不便大ナリ
◎福州日本租界	明治三十二年四月 福州日本専管居留地取極書	㈠全面積二一〇、〇〇〇坪 ㈡福州在住日本人ハ該租界内ニ居住セズ、租界区域ハ中国農民ノ部落ノ儘ナリ
◎厦門日本租界	明治二十九年七月 日清通商条約	㈠厦門市街ノ東南端虎頭山一帯ノ地、全面積四〇、〇〇〇坪 ㈡該地域ハ事変前、華僑投資ニヨリ住宅地建設ノ予定ヲ以テ整地セラレタルモ、其ノ儘放置セラレアリ 面積狭小ナルト、条約ニヨル適当ナル調整ニヨリ保有価値小ナリ （終）

四月二十三日重慶工作ニ就キ周仏海ノ質疑提出ニ関スル件

重慶工作ニ就キ周仏海ノ質疑提出ニ関スル件

一、四月廿三日周仏海ハ影佐少将ニ対シ左ノ如ク質問シ、日本側ノ真意ヲ訊セリ。

1、十月中旬松岡外務大臣ハ影佐少将ヲ通シ汪主席ニ対シ、「銭永銘工作ハ汪精衛、周仏海モ同意ナリトノ前提ノ下ニ実施シアルモノニシテ、国民政府ノ諒解ナキコトヲ実施セントスルノ意思ヲ有セス」ト伝言セラレタリ。該工作ハ国民政府承認ト共ニ中止セラレタルモノト思料スル所、爾今重慶工作ハ国民政府ト完全ナル諒解協力ノ下ニ実施セラルルモノト考ヘ居レリ。

2、然ルニ最近日本政府ハ国民政府ト何等関係ナク重慶工作ヲ実施セラレアル情報少シトセス。其ノ例左記列挙ノ如シ。斯クノ如キハ松岡外務大臣ノ伝言ノ趣旨ト背致スル所ニシテ、日本側ノ国民政府育成ノ熱意冷却セリトノ情報ト対照シ、誠ニ不愉快ニ存スル所ナリ。

3、盛沛東ハ松岡外務大臣ノ委任ヲ受ケタル西義顕ノ代理ナリト称シ、上海ヨリ香港ニ到リ当時重慶ニ在ル銭永銘ニ対シ、銭ヲ追ヒ重慶ニ赴キタシトノ電報ヲ発セシモ、銭ハ之ヲ拒絶シタル趣ニシテ、銭ハ香港ニ帰来後李北濤ヲ周仏海ニ派シテ右事情ヲ述ヘ、右ハ国民政府ノ諒解セル所ナルヤ、並ニ西義顕来香ノ際、之ト会見スヘキヤ否ヤヲ問合セ来レリ。

周仏海ハ右ニ就キ日本側ヨリ何等聞キタルコトナク、国民政府トシテ関係ナシト回答セリ。

4、香港ヨリノ情報ニ依レハ、山崎靖純松岡外務大臣ノ意図ヲ受ケ赴香シ、重慶直接交渉ヲ工作中ニシテ、国民政府ヲ無視スルカ如キ条件ヲ提出セリト。

5、日本政府ノ意思ニ依リ某中将過般青島（一説ニハ上海）ニテ蔣介石直系某ト会見シ、条件等モ大体纏リタルモノノ如ク、王克敏モ之ニ関係アリトノ情報ヲ得アルモ、右重慶側ノ当事者ノ誰ナルヤハ詳ナラス。

二、右ニ対シ影佐少将ハ昨年十月ノ松岡外務大臣ノ伝言ヲ再確認スルト共ニ、国民政府ト無関係ナル重慶工作ハ松岡外務大臣ノ意思ナラサルモノト思料スルモ、右諸情報ノ真偽ハ予ノ関知セサル所ニシテ、直接本多大使ニ質問セラルルヲ本筋トスヘシト応酬セリ。

四月二十三日本多大使発松岡大臣宛電報第一四二九号

総番号No.1429　昭和16年4月23日前12時／分発　（欄外頭書）*Honda*

昭和16年4月23日起草

宛　松岡大臣　　発　本多大使

（暗）（館長符号）

必親展。

老兄近ク蔣介石ト直接和平商議ノ為メ重慶ニ赴カルルノ御考ナルヤノ聞込ミアリ。真逆トハ思ハルルモ、右ハ有ラユル観点ヨリシテ小生ノ断シテ賛成シ得サル所ナリ。何レ帰京ノ上委曲申述ブベキモ、不取敢一片ノ老婆心ヲ披瀝シ置ク。

四月二十六日国民政府強化問題其他ニ関スル梁鴻志ノ談話要旨

国民政府強化問題其他ニ関スル梁鴻志ノ談話要旨

（欄外朱印）秘　（欄外青印）大使　（欄外朱書）Strictly Secret　（欄外青書）要追加経済問題

昭和十六年四月二十六日清水記

国民政府監察院々長梁鴻志氏ハ四月二十五日本多大使ト約二時間ニ亘リ会談セルカ、同人ノ談話要旨左ノ如シ。

一、全面和平実現ノ途径

汪精衛氏ヲ中心トスル和平運動擡頭セル当時、自分ハ既ニ今日ノ如キ国民政府ノ行詰リヲ予見シ居リ、当時過大ニ汪氏ノ政治的効果ヲ期待スヘカラサルコトヲ警メタルコトアリシカ、今日国民政府ヲ通シテ全面和平ヲ実現スルコトノ困難ナルハ異トスルニ足ラス。昨年日高参事官着任当時、同参事官ハ重慶工作ハ国民政府ヲ通シテ行フ方針ナル旨語ラレタルカ、自分ハ其ノ到底見込ナキコトヲ述ヘ置キタリ。

今日全面和平ヲ実現スルニハ次ノ如キ三ツノ途アリト思考シ居レリ。即チ、

㈠日本カ独伊ト結ヒ更ニ蘇聯ト条約ヲ訂〔締〕結シタルニ満足セス、此際英米特ニ米国トモ国交ヲ調整シ、国際的ニ事変ヲ解決スルコト其ノ一ナリ。

㈡南京側ト重慶側トノ間ニ於テ政府相互ニ話合フコトハ困難ナルヲ以テ、民間ノ有力者ヲシテ和平会議ノ如キモノヲ主催セシメ、両政府ノ意思ヲ疏通シテ全面和平ニ到達セシムルコト其ノ二ナリ。

㈢国民政府ヲ強化シ、之ヲ拡大シテ遂ニ全面和平ヲ実現スルコト其ノ三ナリ。

右ノ内第一ノ途ハ松岡大臣カ蘇聯ヨリ帰国セル機会ニ米国ニ赴キ、対米外交ニ手ヲ打ツコトトセハ妙ナリ。第二ノ途ハ曩ニ周作民、銭永銘等試ミタルコトアルモ途中ニ於テ中止トナリ、反テ南京・重慶両方面ヨリ疑ハルルコトトナリ再起不能ナルヘキモ、是等トテ方法如何ニ依リテハ蹶起ヲ促スコト難カラス。其ノ他北支ニ於ケル湯薌銘、張東孫ノ如キ或ハ香港ニ於ケル李思浩ノ如キ物色セハ其ノ人無キニシモアラス。カヽル比較的両政府ノ色彩薄キ者ヲ選ヒ会同セシメテ和平会議ヲ開カシムルコトハ一妙案ト思考セラルル所ナルカ、若シ大使ニ於テ一案ヲ立テラレ自分ニ命セラルレハ、仮令院長ノ職ヲ辞シテモ奔走スル覚悟ナリ。尤モ本件ハ今日始メテ大使ニ申上クル所ニシテ、未タ汪主席ニモ其他ニモ話シ居ラス、暫ク大使ト自分丈ケノ含ニテ研究シタシ。

二、国民政府ノ内情ニ付テ

国民政府ノ強化ニハ政府ノ地位ヲ確立スル為メ日支間ノ調整問題アリ。此ノ方面ハ大使ニ於テ充分御配慮ノコ

トト信スルヲ以テ此ノ点ニハ触レス、次ニハ政府内部ノ組織及運用ヲ強化スル問題ヲ研究セサルヘカラス。右研究ノ参考トシテ国民政府ノ内情ヲ述フヘシ。

現在ノ政府ハ全ク汪主席ノ意ノ儘ニ動クモノニシテ、例ヘハ中央政治委員会ニ於テモ汪主席ノ提案及意見ニ対シテハ何人モ異議ヲ挟ムモノナク、極メテ簡単ニ決定セラルル実情ナリ。此ノ点ハ独乙、伊太利ノ如ク独裁制ナリト云フモ過言ニ非ス。次ニ国民党ノ問題ナルカ、元来政府成立当時ハ各党各派聯合ヲ標榜シ、事変前国民党中央党部カ政府ノ上ニアリテ絶対ノ権限ヲ有シタルヲ改メ、中央政治委員会カ政治ノ最高機関トナリタルカ、実際ノ情況ハ依然国民党カ中心勢力ヲ占メ、重要案件モ同委員会ニ附議スル前、少数ノ国民党幹部カ内協議シ方針ヲ定メ、之ヲ形式的ニ同委員会ニ持出スニ過キス。実際上ハ依然トシテ国民党党治ト異ルナシ。又政府ノ人事ヲ見ルモ重要ナル「ポスト」ハ党籍ヲ有スル者ノ内ヨリ之ヲ選フ為メ、一人ニシテ二三ノ重職ヲ兼ヌルモノアリ。又広ク党外ノ者ヲ誘致セサル憾アリ。

国民政府内部ノ強化ヲ考フル際ニハ篤ト此ノ現状ヲ知リ置カサルヘカラス。従ツテ単ニ強化ト云フモ今ノ儘汪主席ノ独裁制及国民党中心主義ヲ強化スルヲ可トスルモノナルヤ、夫レトモ名実共ニ各党各派聯合ノ方向ニ改ムルヘキモノナリヤ、政府強化ノ前提ヲ定ムルヲ要ス。

三、国民政府内部ノ改革問題

国民政府ノ内部ヲ如何ニ調整シ能力ヲ増進スヘキヤニ付一個ノ私見アリ。即チ、

㈠政府ハ人材ノ物色ヲ国民党内ニ限ラス、広ク党外ヨリ有為ノ者ヲ採用スルコト。

㈡兼職ヲ廃スルコト。例ヘハ立法院長カ上海市長トナリ、工商部長カ浙江省主席トナルカ如キハ之ヲ取止ムヘキナリ。

㈢政府機関ノ廃合ヲ実行スルコト。例ヘハ考試院、監察院ノ如キハ廃止シ、鉄道・交通両部ノ如キハ併合スルカ如シ。尚辺疆、僑務、振務ノ三委員会ノ如キモ廃止シテ可ナリ。宣伝部ノ如キハ現代ノ政治ニハ必要ナランモ、今ノ国民政府ニテハ空宣伝ヲ行フニ過キス。暫ク之ヲ廃スルモ可ナリ。社会部ノ社会運動ハ多分ニ社会ノ紛擾ヲ醸ス虞アリ。警政部ノ特務工作ニハ相当批難アリ。是レ等ハ何レモ是正ノ必要アリ。
㈣政府公務員ニ廉潔奉公ヲ実践セシムルコト。

以上。

（別添）

（JAPANESE EMBASSY NANKING 封筒）

（封筒表朱書）
厳秘重要

（本文）

民間会議之私見　（（朱書）五月六日梁鴻志ヨリ厳秘内交）

一、会議事件

甲　籲請中日両方先行停戦

乙　全面和平後之中日調整事件之検討

丙　今後樹立政府之適当制度

二、会員資格

以在野名流　各党中堅　文化、金融、実業、各界之領袖、各団体之代表　為基本会員　総額六十人至百人

尤以能与寧渝両方接近　及了解日方真意者為合格

三、会議産生

合於上列資格之人物　現在多散処於平、滬、渝、港、四処応先由熱心者分別接洽　請其了解　確認為此種会議為解決時局之惟一方法　然後彼此聯絡　商定会期地点及議題

又、在会議未成立前　寧渝両政府対於会議人物　須有充分諒解　予以便利及援助　尤頼於日方熱心者之暗中推動

昭和十六年四月二十六日清水記

四月二十六日国民政府ノ強化問題及汪主席ノ心境ニ関スル廉大使ノ内話

（隅）国民政府ノ強化問題及汪主席ノ心境ニ関スル廉大使ノ内話

（欄外朱印）秘　（欄外青印）大使　（欄外朱書）極秘

廉大使ハ四月二十六日本多大使ヲ来訪、種々会談セルカ、其ノ要旨左ノ如シ。

一、日支間ノ調整問題ノ促進ニ就テ

国民政府ノ現状ニ顧ミ日支間ノ調整問題ハ早急実行ノ必要アリ。此ノ点ハ大使ノ御努力ニ期待スル所ナルカ、汪主席モ此ノ点ハ非常ニ心配シ居リ、昨日同主席ニ面会ノ際モ此ノ点ニ付種々話アリタリ。

二、汪主席ノ心境

汪主席ハ将来ノ希望サヘアレハ、如何ナル困難ニモ屈セス勇往邁進スル性格ヲ有スル者ナルカ、現在ハ極メテ苦悶シ居リ、其ノ立場モ非常ニ困難ナル如ク見受ケラル。今後引継〔続〕キ勇気ヲ振ヒ起シ努力スルヤ否ヤハ一ニ繋

リテ将来ノ希望アリヤ無シヤニ在リト思考セラル。

三、国民政府ノ内情

今日ノ国民政府ハ国民党ハ固ヨリ各党各派、無党無派挙テ汪主席ヲ擁護シ、殆ント汪主席ヲ中心トシテ動キ居ルモノナルカ、其ノ間ニハ何等間隙ナシ。汪主席モ自分等（無党）ト面会ノ際ハ能ク其ノ言ヲ聴キ、又打明ケテ語ル風アリ。外界ニテハ汪主席ノ独裁云々ト言フモノアルモ、自分ノ観ル所ニテハ汪主席ニ充分ノ権力ト地位ヲ与フルコトコソ却ツテ政府ヲ強化シ、和平運動ヲ推進スル捷径ナリト信ス。

五月一日松岡大臣発本多大使宛電報第一四二号写

一五九三　（暗）　昭和一六年五月一日後八時着

（欄外黒印）大使　（欄外朱印）写

松岡大臣発

本多大使宛

対重慶方針問合ノ件

第一四二号（極秘、館長符号扱）

貴電第二六二号ニ関シ

二十四日枢密院会議ノ際顧問官ノ質問ニ答ヘ、本大臣ヨリ極メテ簡単ニ「日蘇中立条約ノ締結カ支那事変ノ処理ヲ大ナル目標ノ一ト為シ居ルコトハ勿論ノ儀ニシテ、速ニ全面和平ヲ実現致度キモノト考ヘ居ルモ、右意嚮カ外部ニ洩ルルコトハ工作上悪影響アルヲ以テ、此ノ場限リノ極秘ニ止メラレ度シ」トノ趣旨ヲ述ヘタルモ、新聞ニ伝ヘラルル如キ重慶政権ニ対スル政府ノ方針ナルモノヲ説明セルコトナシ。尚、重慶工作云々ニ関シ貴電第二六三号其ノ他種々御来示ノ次第アル処、本件ハ機微ナル関係モアリ電報ヲ以テハ其ノ意ヲ尽シ難キニ付、御帰朝ノ上篤ト御話シスルコトト致度シ。（了）

五月二日本多熊太郎発松岡洋右宛私信

（欄外頭書　二日クーリエにて空送、三日夕方先方着ノ予定）

拝啓　昨日接到ノ貴電ニテ御風邪モ大シタコトニ無之趣承知欣慰不過之、所謂重慶工作ニ関シ周仏海ヨリ影佐少将ヘ苦情沙汰ノ次第ハ先ニ電報、同氏来問ノ場合ノ応答方ニ付キ請訓ニ及置候処、老兄御引籠ノ為メニヤ回訓未到ノ内ニ昨一日午前周氏来訪、汪主席ノ名ニ於テ質問ノ次第有之、其概要ハ昨電稟報ノ経タル通リナルガ、右ハ重要ノ会談ナルニ鑑ミ別紙写ノ通リ談話要録進達、重ネテ及請訓置候処、事ノ敏捷処理ヲ期スル為メ玆ニ右写同封差進候間御高閲相煩度、老兄ハ平生余リ在外使臣ノ報告ハお読ミにナラヌ習慣ノ由ニ仄聞候ヘ共、此ノ分丈ケハ枉ケテ真面目ニ御精読奉悃祈候。

㈡、汪主席渡日ノ件ニ付テハ既ニ大連ニテ御接手ノ筈ノ小生覚書ニテ充分事情御承悉、殊ニ本件ニ付テハ陸軍モ海軍側モ全然小生ト一致ノ考ニテ、夫々中央ヘ電報ズミノ次第ハ是亦老兄御帰京直後ノ拙電ニテ御承知ノ筈ナルニ不拘、且又数日内ニ出発帰朝ノ予定ナルコト等夙ニ本省ニ電報シ置キタルニモ不拘、今以テ何等回訓ニ接セズ、恐ラク現地陸海軍ノ衷心ヨリノ賛同支援ヲ以テ、アレ程事情ヲ悉クシテ切々偲々ヲ重ネタル小生憂国ノ至情モ何等老兄ノ看取ヲ得ス、出発迄ニ帝国政府ノ返事ヲ先方ニ与フルコトモナシ得ズ、使臣トシテノ面目ヲモ丸潰シニサレテ此地ヲ去ルコトトナラン歟ト邦家ノ為メ深憂痛恨措ク克ハサル所ニ候。小生ノ面目ハ問題トスル価値ナシトスルモ、現地軍首脳ノ面目、汪主席ノ絶望的心理作用等々之ヨリ果シテ如何ナル事態ヲ醸成シ来ルベキヤ、思フテ茲ニ到レバ肌粟ヲ生スルモノ有之候。衷心ヨリ老兄ノ深思精慮ヲ乞ハサルヲ得ス、敢テ一片ノ婆心ヲ佈ク次第ニ候。右御聴旁速ナル御平復ヲ祈上グ。

草々不尽

五月二日於南京

熊太郎

洋右老兄

内報

(別紙)

外機密（朱印）　対重慶工作ニ関スル本多大使周仏海会談要録

極秘（朱印）

昭和十六年五月一日自午前九時半至同十時半於大使官邸

国民政府行政院副院長周仏海ハ五月一日本多大使ヲ来訪シ（日高公使、中村参事官、清水書記官同席）、大要左ノ通会談セリ。

全面和平ノ実現ハ固ヨリ国民政府側ニ於テモ熱望シ居ル所ニシテ、之カ為必要アルニ於テハ対重慶工作ニ付テモ全力ヲ挙ケテ当ラントスルモノナリ。現ニ昨年張競立カ銭永銘等ト共ニ重慶側ニ対シ打診ヲ試ミントシテ先ツ東京ニ赴キタル際モ、自分ヨリ特ニ紹介状ヲ認メ松岡大臣ニ紹介シタル程ナルカ、元来対重慶工作ニ付テハ国民政府ノ諒解ヲ得テ実行スヘキ旨松岡大臣ヨリ影佐少将ヲ通シ打合ノ次第アリ。右張競立等ノ工作ハ当時失敗ニ終リ対重慶工作ハ一時立消トナリタルカ、爾後若シ再ヒ工作ヲ進ムル必要アルニ於テハ是非国民政府ト連絡シ国民政府ヲシテ充分協力セシメラルルコトト期待シ居タリ。若シ国民政府ノ知ラサル間ニ工作ヲ進メラルルカ如キコトアレハ、国民政府トシテハ全ク協力ノ途ナク工作ノ円満ナル遂行期シ難カルヘシ。然ルニ最近得タル情報ニ依レハ、吾々ノ全然知ラサル間ニ日本側ニ於テ重慶工作ヲ行ハレツツアル形跡アリ。二三ノ事例ヲ申上クレハ左ノ如シ。

一、四月二十日自分ハ香港ニ在ル銭永銘ノ秘書李北濤ヨリ手紙ヲ受取リタルカ、其ノ内ニハ次ノ如ク述ヘ居レリ。曰ク、「四月上旬銭永銘重慶ニ滞在シ居リシ際、盛沛東上海ヨリ香港ニ来リ、再ヒ重慶工作ヲ行ヒ度趣ニテ銭ニ対シ連絡方申入レタルカ、盛沛東ノ云フ所ニ依レハ松岡大臣ハ渡欧ノ数日前、西義顕ニ対シ予ハ暫ク東京ヲ離ルルモ重慶工作ハ依然継続スル必要アルヲ以テ関係方面ニ連絡セヨト伝ヘタルヲ以テ、西ハ上海ニ渡来シ直ニ盛ヲ銭ノ許ニ遣ハシタルモノナリトノコトナリ。右盛ノ申入ニ対シ銭ハ西カ昨年一度失敗シタルニ拘ラス、再ヒ重慶工作ノ為来リタリト称スルハ解シ難シトテ盛トノ面会ヲ見合セ居ル次第ナルカ、右西ノ行動ニ付何等承知シ居ラルルヤ」ト。自分ハ全ク知悉セサル事ナルヲ以テ、不取敢「斯ルコトハ全然知ラス」トノ返事ヲ与ヘ置キタリ。

二、過日山崎靖純氏香港ニ赴キ大公報ノ張季鸞ニ面会シ、自分ハ松岡大臣ノ命ヲ銜ミテ来香セル次第ナルカ、重慶側ノ和平問題ニ対スル考方如何ト尋ネタルニ対シ、張ハ南京ニ国民政府アルニ非スヤト反問セルニ、山崎ハ「国民政府ノコトハ問題トスルニ足ラス、全面和平実現ノ為ナラハ何時ニテモ取消サシメテ差支ナシ」ト応酬セル旨ノ情報アリ。

三、某中将（喜多《（誠一）》中将トモ伝ヘラレ磯谷《（廉介）》中将トモ伝ヘラレ、或ハ及川《（源七）》中将トモ伝ヘラレ確実ナラス）カ某地ニ於テ（上海トモ伝ヘラレ或ハ青島トモ伝ヘラル）蔣介石ト接近シ居ル某支那人ト会見シ、対重慶工作ニ関シ相当委シク和平条件迄持出シテ話合ヒタル旨ノ情報アリ。

右全部確実ナルヤ否ヤ判明セサルモ、少クモ国民政府ノ全然知ラサル間ニ多少ノ工作カ行ハレ居ルコトハ事実ナルモノト観テ差支ナキモノノ如シ。

実ハ最近国民政府側ニ於テハ斯カル日本側ノ対重慶工作ノ噂頻リニ伝ハリ居ル一方、権威アル筋ノ観測トシテ日本側ニ於テハ最近国民政府強化問題ヲ忘レ居ル観アリ、少クモ国民政府ニ対スル熱ハ多分ニ冷却シ居ル旨ノ報告アリタル為メ、松岡外相ノ方針果シテ那辺ニ在ルヤ模索ニ苦シミ居ル実情ナリ。

対重慶工作ニ付テハ国民政府ニ於テ充分ニ協力スルノ用意アルコトハ前ニモ述ヘタル通リニシテ、若シ日本政府ノ方針ヲ国民政府ニ打明クルトキハ工作ニ支障ヲ来スヘシト考フルモノアラハ寧ロ大ナル錯誤ナリ。国民政府ニ秘シテ行《ヤ》ルコトコソ却ツテ成功ヲ妨クル所以ナリ。吾々カ必要ニ応シ全力ヲ挙ケテ重慶工作ニ協力スヘキコトハ昨年進ンテ張競立ヲ松岡大臣ニ紹介シタル経緯ヲ見ルモ明ナルヘシ。国民政府ハ日本側ト一体ノモノナルヲ以テ、安ンシテ吾々ニ対シ松岡外相ノ方針ヲ打明ケラレ度シ。即チ現在対重慶工作ニ全力ヲ挙ケテ当レト言フナラハソレモ良シ。又当分ハ専ラ国民政府ノ強化ニ全力ヲ尽セト言ハルルナラハ是レ亦可ナリ。何レカニハツキリ方針ヲ示サルル様希望シ居ル次第ナリ。

大使　唯今ノ話ハ行政院副院長タル閣下カ汪主席ノ旨ヲ含ミ述ヘラレタルモノト解シ差支ナキヤ。

周　然リ。実ハ本日大使ニ面会スルコトトナリタルニ付、昨日汪主席トモ打合セ、其ノ結果御話申上ケタル次第ナリ。

大使　唯今オ話ノ重慶工作ニ関シテハ大使トシテハ全ク知悉セサル所ナリ。果シテ松岡大臣カ重慶工作ヲ命シタル次第ナリヤ否ヤ、御希望ナラハ早速大臣ニ問合スヘシ。

周　左様御願致度シ。

大使　此ノ機会ニ汪主席及閣下ノ御含マデ申添エ置度ハ、自分カ大使ノ任ニ就クニ当リ受ケタル訓令ハ、帝国政府ハ重慶ニ対シテハ其ノ屈服ヲ見ル迄飽クマデ長期膺懲ノ態勢ヲ堅持スルト同時ニ、専ラ国民政府ヲ育成強化シ之ト協力シテ東亜大局ノ安定ヲ期スト云フニアリ。又赴任前、軍部首脳トモ懇談ノ際渡サレタル覚書ニモ「対重慶工作ハ軍部トシテハ中央地方共ニ一切之ヲ禁止シアルニ付、其ノ含ミヲ以テ国民政府ヲ支援セラルル様御願ヒス」ト明言シアリ。本使ハ着任以来右訓令ノ趣旨ヲ体シ、過般来汪主席及貴下ヨリオ話ノ調整問題等ニ付テモ折角努力中ニテ、現ニ現地陸海軍首脳トモ打合セノ上一致ノ歩調ヲ以テ之カ実現方急キ居ル次第ナリ。右帝国政府ノ方針ニ何等変更アリトハ本使ノ信シ得サル所ナリ。万一オ話ノ如キ事実カ幾分ニテモ之アリトセハ、其ハ帝国政府ノ方針転換ヲ意味スルモノニシテ、本使トシテハ自己ノ地位ニ付キ再考慮ヲ要スル立場ニアル訳ナリ。

周　最後ニ念ノ為メ申添ヘタキハ国民政府ノ対重慶工作ニ関スル考ヘ方ナリ。苟クモ政府ノ同人ハ一人トシテ全面和平ヲ希望セサル無シ。世間ニハ国民政府ノ連中ハ全面和平実現ノ暁其ノ地位ヲ失ハンコトヲ虞レ、内心重慶工作ヲ欲セサルナリト言フ者アル由ナルモ、政府ノ要人ハ絶対ニカカル考ヲ有セス、寧ロ如何ニシテ速ニ全面和平ヲ招徠スヘキヤニ苦慮シ居ル実情ナリ。従ツテ全面和平ノ為メ必要ナル対重慶工作ニ付テハ全力ヲ挙ケ、日本側ト協力スヘキハ勿論ノ儀ナリ。唯其ノ時期ト方法トニ関シテハ充分ナル検討ヲ加ヘ、従来ノ如キ失敗ヲ繰返ササルコト肝要ナリ。之レカ為ニハ貴我ノ連絡ヲ密ニシ絶エス情報ヲ交換シ、常ニ隔意ナク意思ヲ疎通シ置ク必要アリト思考シ居レリ。

大使　全然同感ナリ。現在自分ハ重慶ニ対シ働キカケサルコト却テ全面和平ヲ促進スル途ナリト思考シ居レリ。

蓋シ目下重慶ト和平ヲ話合フ可能性ナシト判断シ居レハナリ。

周　重慶側ハ日蘇条約成立当時相当動揺シタルカ如キ感アリシモ、最近ノ英米借款ニ気ヲ好クシ、再ヒ抗戦熱高マリツヽアル模様ナリ。

大使　本使モ同様ニ観察シ居レリ。此ノ際手ヲ出セハ、却テ彼等ノ気焔ヲ昂揚セシムルニ過キサルヘシ。

周　本日ハ卒直明快ナル御話ヲ承リ感謝ニ堪エス。会談ノ内容ハ汪主席ニモ伝フルコトヽ致スヘシ。

以上

余談

大使　先程御話ノ貴方情報㈢ニ及川中将ノ名モ出テ居ル処、上海辺ニ於ケル重慶工作「ブローカー」連ノ蠢動ニ付テハ時々自分ノ耳ニモ入リ居ルコトニテ、及川中将ノ浮名モ蓋シ此種「ブローカー」トノ関聯ニ於テ立チ居ルモノナランカ。

周　然リ。日本側ノ「ブローカー」ノミナラス、支那側ノ「ブローカー」共関係アルニ相違ナシト思ハル。

（了）

五月五日板垣支那派遣軍総参謀長発陸軍次官・参謀次長宛総参四電第二三三号写

（欄外朱印）極秘　（欄外青印）写

総参四電第二三三号

対重慶工作ニ対スル意見

昭和十六年五月五日

支那派遣軍総参謀長　板垣征四郎

次官（木村兵太郎）・次長（塚田攻）宛

曩ニ四月二八日総参四電第二一七号ヲ以テ重慶工作ニツキ周仏海ヨリ影佐少将ニ申シ込ミタル件ニ関シ具申スル所アリシカ、去ル五月一日周ハ更ニ本多大使ヲ訪問シ同様ノ申入レヲナシタリ。

（当日大使―周仏海会談記録ハ二日飛行便ヲ以テ大使ヨリ松岡外相ニ提出セル筈ナリ）

此ノ種重要政策問題ニツキ支那側要路ヲシテ疑惑ヲ抱カシムルハ国民政府ノ育成上並ニ治安維持上有害ナルヲ以テ、軍ハ占拠地域内ニ於ケル一切和平工作ニ対シ、要スレハ必要ナル弾圧ヲ加ヘ、不良分子ノ運動ヲ一掃致スヘキヲ以テ、右御含ミヲ請フ。

尚、全面和平ハ必ス日支直接交渉ニ拠ルヘク、第三国ヲ利用スルコトハ避ケサルヘカラス。然ルニ中央ニ於テハ米国ヲシテ干与セシムル案ヲモ考慮セラレアルヤノ風説アリ。

右ハデマト信スルモ、特ニ御伺シ度。

五月六日支那派遣軍総司令部「物資流動問題ニ関スル件」

（欄外朱印）極秘

物資流動問題ニ関スル件　昭和一六、五、六　総軍参謀部

一、方針

経済封鎖強化乃至敵側経済力破摧ノタメ戦線、特ニ遮断ヲ重視スル地域ニ於ケル経済遮断ヲ励行スルト共ニ、対租界物資搬出入ヲモ適宜規正シ一般海岸線、就中敵性諸港近傍並奥地連絡線ニ対スル交通ヲ遮断スル等ノ方策ヲ講ス。

物資搬出入ノ統制ハ対敵経済封鎖並軍ノ自活、軍票対策及国防必需物資ノ取得ヲ主眼トシ、占拠地域民生ノ

安定ヲモ考慮シテ之ヲ行フモノトシ、奥地遮断並海岸封鎖、就中貿易為替ノ統制度ニ応シ之ヲ規正ス。

而シテ国民政府自体当面ノ目標トシテハ日本側ニ協力シ、上海及前線（差当リ蕪湖―杭州ノ線）ノ取締ヲ強化シテ其内部ニ於ケル物資ノ疏通ヲ図ルヘク指導シアリ。

二、現状

現在前線ノ遮断不十分ノタメ占拠地域ノ物資ハ敵側ニ吸収セラレアルノミナラス、敵地物資及第三国物資ハ上海ヲ経由シテ交流シツヽアリ。之ヲ防クタメノ応急措置トシテ上海周辺ノ物資統制ヲ行ヒツヽアリ。以上ノ事態ハ又各地毎ノ局地封建的物資統制ヲモ併発シテ物資ノ流通ヲ阻碍ス。然レトモ全般的物資統制ノ強化ト共ニ、敵地ノ物資欠乏及物価騰起（貴）ハ最近加速度的ニ累加セリ。

然レトモ長期戦ノ見地ヨリハ占拠地域物資ノ有無相通ヲ要シ、之カタメニハ上海及前線ノ統制遮断施策ハ格段ノ強化ヲ要スルモノトス。

支那側ノ物資流通論ハ目前ノ偸安ニ堕シテ之ト前線及（朱線）上海ノ相関関係ヲ解セス。或ハ統制権回収ノ論アリ、或ハ自由交流論アリ。之カ啓蒙ニ頻次ノ指導ヲ要シタル処、最近漸ク理解ノ域ニ到レリ。

日本側一部経済人、特ニ奥地特産品ヲ管掌スル者ハ其特定物資ノミヲ見テ総資源ヲ知ラス、考フルコトナク自由交流論ヲナシ、物資統制ノ非ヲ唱フコト亦極マレリ。坊間伝ヘ（朱線）聞キテ之ヲ盲信スル者亦之有リ。（朱線）一部ト全局トヲ混同シ私利ト公益トヲ顚倒シ、戦時ト平時トヲ分弁セサルモノアリ。

過日支那側ハ左ノ原則ヲ提案セリ。

㈠物資流通ノ対策ニ関シテハ、如何ナル種類ノ物資ハ軍事上ノ必要ニ基キ統制ヲ受クルヲ要シ、如何ナル種類ノ物資ハ統制ヲ要セストイフコト、並ニ統制実施ノ方法等ニ関シ国民政府ト貴国在華関係各機関トニヨ

リ共同委員会ヲ組織シ協議決定ス
㈡物資流通管理実施ノ機関亦中日双方共同（朱線）ニテ之ヲ組織ス
㈢凡ソ運輸及配給機構ニ関シテハ須ク中日商人同等ノ待遇ヲ受ケシム
㈣和平区域内ニ於ケル民生日用品ハ能フ限リ之ヲ流通セシム
㈤対国際輸出物資ハ貴国ニ於テ国民政府ノ意思ヲ接受シ、能フ限リ其輸出ヲシテ外国為替ヲ取得セシメ、其日本対外貿易ト合作ノ必要アルモノハ日本側ト協議シテ之ヲ行フ

之ニ対シ（朱線）原則上ノ同意ヲ与フルト同時ニ、我方ハ左ノ原則ヲ提示シテ支那側ヲ同意セシメタリ。
㈠戦争遂行上ノ制約ハ已ムヲ得サルコト
㈡流動地域ハ外郭、即上海及前線ノ統制ハ日支協力シテ同時ニ之カ強化ヲ要スルコト
之カ為
㈠前線及上海ニハ固定統制遮断配置ヲ採ルコト
㈡物資ノ敵方流出ノ要点ニハ経済遊撃隊ヲ配置スルコト
㈢内部物資流動促進ノ具体的措置トシテ日支協力ニ依ル物資配給機構ノ合理化ヲ図ルコト

従テ今後ノ施策ハ以上双方ノ原作ニ基キ展開セラルヘシ。尚、其際支那側提案ノ五原則ニ対シ我方ノ開陳セル意見別紙ノ如シ。

而シテ目下ハ任援道ヲシテ蕪湖杭州間ノ遮断ノ配備ヲ、周仏海ヲシテ経済遊撃隊ノ準備ヲ、又梅子平ヲシテ物資配給機構ヲ夫レ夫レ研究セシメアリ。我方トシテハ経済戦的見地ヨリ統制品目ノ全面的再検討、上海及前線ノ日支協力具体案・統制実施ノ細部要項等ニ就キ研究ヲ促進シアリ。

五、六月ノ軍票価値変動機〔期〕ノ経過ト共ニ一斉ニ新施策ニ出ツル予定ナリ。

三、所見

物資ノ流動ト前線及上海ノ統制遮断トハ相互ニ相関聯セシメテ取扱フノ要アリ。

蒋介石ノ政令ハ前線ノ民衆ニ迄透徹シテ経済逆封鎖ヲナシアリ。我方ノ政治力之ニ及ハス、之ニ対スルニハ遮断ノ構ヘヲ必要トス。

新国家建設ノタメニハ国境ヲ考定セサルヘカラス。今様万里ノ長城ハ今次長期戦ニ課セラレタル課題ナリ。

乃チ日支一切ノ軍事・政治・経済並ニ民衆ヲ挙ケテ之ヲ組織シ、其目的ヲ貫徹セサルヘカラス。

而シテ之カ実行ニ方リテハ日本側トシテモ之ニ適スヘキ特別ノ兵力ト訓練トヲ要スルモノナリ。

之カ準備ナクシテ単ニ任務ノミヲ累加スルモ効果ナク、大目的ヲ逸シテ民怨徒ニ残ルノミ。

四、中央意志表示ノ参考

経済戦ノ本質ニ関シ啓蒙スルト共ニ、中央ハ現地ニ絶対信頼シアリ。又本件ハ主トシテ現地管掌ノ事項ナルヲ以テ（一部中央ノ要求、即軍票問題、物資取得問題等アリ）、愈々日支現地ノ協力ヲ密ニシテ現ニ進捗シツヽアル方向ニ於テ事変処理、民生安定ノ実ヲ挙クルコトヲ希望スル旨表示アルヲ可トセン。

（青鉛筆書き）
（別紙）

支那側提案ニ対シ、左ノ如キ意見ヲ附シ原則上同意ヲ表明セリ。

一、物資流通ニ関スル統制及実施方法等ニ関シ、共同委員会ヲ組織シ協議スルコトニ就テハ異存ナシ。仍テ国民政府側トシテハ地方ノ実情ヲ認識把握スル如ク実力滲透ニ努メラレ度。

二、物資流通管理実施機関モ亦中日双方共同シテ組織スル件ニ就テハ、物資ノ種類（直接的軍票交換用物資、間接的軍票価値維持物資、其ノ他民需物資、対日供給物資、第三国輸出物資等ノ区分）、配給地区（第一線地区、後方地区）等ノ実施ニ応シ事変処理上ノ必要度ヲ考ヘ、逐次調整スルコト異存ナシ。

三、中日商人同等待遇ノ件ハ異存ナシ。但シ軍票価値維持、物資ノ配給ニ就テハ事変処理上必要ナル制限ヲ附スルコトハ了承アリ度。

四、和平区域内ニ於ケル民生日用品ノ流通ニ関シテハ、出来得ル限リ自由ニスルコトハ賛成スル所ナリ。之カ為ニハ敵地ニ対スル遮断ヲ強化スルコトニ努メラレ度。

五、対国際輸出物資ニ就テノ国民政府側ノ希望ニ関シテハ異存ナキモ、敵地物資ノ第三国輸出ニ付テハ敵地遮断ノ趣旨ニ基キ規制スルモノトス。

五月六日松岡大臣発本多大使宛電報第一四八号写

二〇〇九　（暗）　昭和一六年五月六日前八時着

（欄外黒印）大使　（欄外朱印）写　　松岡大臣発

本多大使宛

第一四八号（極秘、館長符号扱）（大至急）

伊勢参拝ヨリ只今帰京シ五月二日附貴信拝読セリ。本大臣ハ昨年十一月末以来未タ嘗テ何人ニモ重慶工作ヲ依頼シタルコト無シ。尤モ今回訪欧ノ旅ヨリ帰リ二、三支那側及日本側ニテ策動シ居ルモノアリトノコトヲ耳ニシ居リ、之ヲ取調ヘ居ル様ノ次第ナリ。未タ悉クハ其ノ真相ヲ突止メ得ス、今少シク取調ヘタル上必要ト認メラルルナラハ是等ニ対シ適当ノ処置ヲ為ス考ヘナリ。周仏海等ニ於テモ重慶側ノ謀略ニ乗セラレ動揺?開始ノ様子、何レ他ノ問題ト併セテ貴大使ノ御帰京ノ際、御相談致スヘシ。尚他ノ問題ニ付テモ近々御帰京ノ際迄ニ十分考慮ヲ遂ケ、且親シク貴見ヲ承リタル上何分処置シ度シト存シ居ル次第ニシテ、決シテ貴大使ノ御立場ヲ軽視シタル訳ニテハ素ヨリ無之、其ノ辺御諒察願フ。（了）

五月七日清水書記官「大使ノ御参考トシテ現地事情ニ関スル私見」

（欄外頭書）極秘

大使ノ御参考トシテ現地事情ニ関スル私見

昭和十六年五月七日　清水書記官

一、事変処理ノ現段階ハ傍目ヲ振ラス専心国民政府ヲ育成強化スル以外ニ途ナシ。之カ為メ中央ニ於テハ左ノ三項ニ付確乎不動ノ方針ヲ定メ、且ツ切実ニ実行スヘシ。

㈠対重慶工作ヲ絶対ニ禁遏スルコト（国民政府カ重慶ニ対シ施策スルコトハ別問題ナリ）。

㈡所謂北支中心主義ハ国民政府ノ強化ニ至大ノ支障ヲ与ヘツヽアルヲ以テ、北支特殊性ノ限界ヲ明瞭ニシ、国民政府ノ育成ヲ妨害セサル様一定ノ方針ヲ確立スヘシ。其ノ他武漢地方及南支方面ニ於テモ謂無キ「セクショナリズム」ヲ放擲シ、国民政府ノ政令ノ及フ範囲ヲ出来得ル限リ拡大スヘシ。之カ為メ要スレハ軍及現地機関ノ配置或ハ人事ニ付考慮ヲ加フヘシ。

㈢蘇浙皖三省及上海・南京両特別市内ノ諸般ノ調整ハ急速ニ実行スヘシ。中央ニ於テハ政軍両現地当局ニ対シテ此ノ旨速カニ重大訓令ヲ発スヘシ。

二、国民政府ノ育成強化トハ先ツ政府ニ政府ラシキ立場ヲ与フルニアリ。而シテ日支基本条約ノ精神ヲ具体的ニ実行セシムルニアリ。人事問題ノ如キハ二義的ナリ（廉大使ノ談ニ、汪主席ハ政治ニハ其ノ立場ヲ獲ルコト第一義ニシテ、人事ノ刷新ノ如キハ次ノ問題ナリト言ヒタリトアルハ肯綮ニ当レリ）。殊ニ国民党云々ト云フカ如キハ枝葉末節ノ問題ナリ。国民党中心モ可ナリ、各党聯合モ可ナリ。斯ヽル政治技術ハ宜シク政府ニ一任スヘシ。日本ノ目標ハ日支ノ協力ニアリ。而シテ其ノ協力ハ国民的（民衆的）ナラサルヘカラス。支那ノ民衆カ喜ンテ協力スル底ノモノタラサルヘカラス。日支両国民ノ正シキ協力ヲ援助スルモノハ何党何派ナリトモ是レ吾友ナリ。

三、支那ノ旧軍閥・政客ヲ拉シ来ツテ事変ノ解決ヲ為サントスルカ如キハ近十年来ノ支那社会ノ変革ヲ知ラサルモノナリ。近代的知性ニ生クル支那識者ヲ動カスモノハ斯ヽル対人関係ニ非スシテ理想、希望、心構、態度、施策、実行ニアリ（不用意ニ東亜聯盟ヲ持出シ、不用意ニ又之ヲ引込ムルカ如キハ最モ拙、日支合作ヲ唱ヒツヽ、搾取ヲ事トスル国策会社ノ如キハ人心ヲ維ク所以ニ非ズ）。要ハ事ニ在リ、人ニ在ラス。

四、国民政府育成強化ノ為メニハ現地ノ軍ハ最モ関係アリ。軍ノ援助ナクンハ一事ノ為ス所ナシ。但シ軍ノ規律統制昔日ノ如クナラス、往々ニシテ総軍ノ意思ハ地方派遣軍ニ徹底セス、派遣軍ノ命令師団ニ徹底セス、師団ノ命令各部隊ニ及ハス。而シテ事務ノ実権ヲ握ルモノハ中佐・少佐以下ニアリ。憲兵隊ノ如キハ事務ノ決裁概ネ下士官ノ手ニアリ。大使館勤務ノ某調査官（中佐）ハ憲兵隊ニ赴ク毎ニ某軍曹ニ頭ヲ下ケサレハ事務運ハス閉口ナリト述懐シ居レリ。現地ニ於ケル調整ノ難関ハ実ニ茲ニ存ス。軍カ果シテ下士兵ニ至ル迄統馭シ得ルヤ否ヤハ調整ノ可能不可能ヲ決スル重点ナリ。

五、調整ニ当リ一大障害ヲ為スモノハ現地ノ実業家ナリ。一旦握レル利権ハ飽ク迄之ヲ手放スヲ肯ンセス、百方手ヲ尽シテ阻止スヘシ。彼等ハ必ス権益ノ擁護ヲ辞柄トシ、甚シキニ至リテハ国民政府ハ抗日政権ナリト誣ヒ政府ノ「アラ」ヲ探シ、之ヲ世ニ流布スル者概ネ此等ノ輩ナリ。之ヲ排除スル為メニハ現地当局ハ極メテ聡明ニシテ、且ツ勇敢ナラサルヘカラス。

以上。

五月八日本多大使陳公博会談要録

（欄外朱印）極秘

本多大使陳公博会談要録

昭和十六年五月八日自午前十一時至午後零時半於「ブロードウエーマンシヨン」

陳公博ハ五月八日上海ニ於テ本多大使ヲ訪問シ（堀内公使、中村参事官、清水書記官同席）、大要左ノ通会談セリ。

陳　一昨日南京ニ於テ申上ケタル通リ、燕京大学教務長「スチユアート《(John Leighton Stuart)》」最近重慶ヨリ帰着セルニツキ、昨夜周仏海ト共ニ面会セリ。本日ハ先ツ「ス」トノ会談ノ内容ヲ報告ス可シ。

「ス」ノ語ル所ニヨレハ、同人ハ重慶ニ九日間滞在シ蔣介石トハ三回会談セル由ナルカ、結局大シタ結果ヲ得サリシモノノ如ク、重慶ニ赴ク時ト異リ意気消沈ノ感アリタリ。彼ノ談話ノ内、参考トナルヘキ点次ノ如シ。

㈠蔣ハ今回ハ「ス」ニ対シテ国民政府ノ悪口ヲ云ハス、頻リニ南京ニ於ケル知人ノ動静ヲ聞クニ努メタル由ナルカ、右ハ従来曽テナカリシ態度ナリ。

㈡蔣ハ「ス」ニ対シ陳公博、周仏海両人カ如何ナル意見ヲ述ヘタルヤヲ尋ネ、尚今後モ両人ノ意見ヲ伝ヘラレタキ旨依頼セル趣ナルカ、之レ亦新ラシキ現象ナリ。

㈢蔣ト「ス」トノ間ニ於テ共産党問題ヲ談シタル際、「ス」ハ自分（陳公博）ノ意見トシテ従来国民党カ共産党ヲ容ルレハ必ス内部分裂ヲ来タシ、共産党ヲ排撃スレハ党内ノ統一結束ヲ見ルモノナリト述ヘタルニ、蔣ハ黙シテ答ヘサリシ由（蔣カ沈黙シテ聞ク場合ニハ首肯セルコトヲ表示スルモノナリ）。

㈣蔣ハ「ス」ト和平問題ヲ談シタル際、相変ラス最後ノ勝利我ニ在リト述ヘ、「ス」ヨリ和平ノ為日支米三国会談ヲ開キテハ如何ト提議シタルニ、蔣ハ右三国ノ外英国ヲ加ヘ四国会談トセサルヘカラスト強ク主張シ、且ツ右ノ如キ会議ヲ開ク場合ニ於テモ支那ハ「イニシアテイヴ」ヲ取ルヲ欲セス、先ツ日本ヨリ米国ニ申出テ米国ヨリ話アレハ之ヲ考慮スヘシト答ヘタル趣ナリ。

「ス」ノ談話ノ要点ハ大体以上ノ通リナルカ、之ヲ要スルニ重慶トノ和平ハ現在ソノ時機ニ非ス、欧洲戦局一段落ヲ告ケサル間ハ何人カ出テ話合ヲナスモ、重慶トノ和平ハ絶対ニ不可能ナリトノ結論ニ達セサルヲ得ス。「ス」カ快々トシテ楽シマサル様子ニ見受ケラレタルハ無理モナキ次第ナリ。尚「ス」ハ重慶ニ於テ孔祥熙トハ政治ヲ談セサリシカ、別ルルニ臨ミ南京ノ友人連ニ宜シクトノ伝言ヲ依頼セル由ナリ。「ス」ハ自分（陳）ニ対シ余（「ス」）ノ和平方案ハ日本側ニ伝ヘタリヤト質問セルニ付、自分ハ君ノ方案ハ個人ノ案ナリヤ米国政府ノ案ナリヤト反問セルニ、「ス」ハ右ハ全ク個人ノ案ナルカ、唯米国ハ和平ヲ欲シ戦争ヲ欲セサルコトタケハ米国政府ノ考ナリト断言シテ憚ラスト述ヘタリ。仍テ自分ハ「ス」ニ対シ、此ノ話ハ今回ハ「ストツプ」スル外ナシト告ケ置キタリ。

何トナレハ㈠「ス」ノ話ハ重慶側ニ偏シ国民政府側ノ言ヒ分ヲ殆ト無視シ居ルニツキ、公正ナル基礎ノ上ニ立チテノ話ト認メ難ク、㈡蔣カ依然最後ノ勝利ト云フカ如キ強カリヲ云フハ「ス」ノ口ヲ通シ米国側ニ

「プロパガンダ」ヲ試ントスル外交的「ジエスチユア」ニ過キス。即チ未タ蔣ニ和平ノ誠意ナキコト明ナレハナリ。

最後ニ自分ハ「ス」ニ対シ、蔣ノ希望アル由ナルカ、此際蔣ニ意見ヲ伝フル必要ナシト思惟シ居ルニ付、機会アラハ其ノ旨ヲ伝ヘラレテ差支ナシト述ヘ置キタリ。「ス」トノ会談ハ以上ノ通ニテ、周仏海ハ本日南京ニ帰リ右内容ヲ汪主席ニ報告スル筈ナリ。

大使

貴下ノ「ス」ニ対スル応対並ニ重慶ニ対スル観察ハ大使《ママ》モ妥当ナリト思惟ス。会談ノ内容ハ政府ニモ報告スヘシ。実ハ昨日当地ニ於ケル新聞記者トノ会見ニ於テ和平工作ニ関スル本使ノ意見ヲ簡明卒直ニ発表シ、今朝ノ新聞紙上ニ掲載シアリ。字句ノ点ニ於テ多少妥当ナラサル点アルモ、大体ノ意思ハ誤ナク伝ヘ居レリ。右ハ現地三機関ノ一致セル意見ナルヲ以テ、本使ノ帰朝ヲ前ニシ予メ日本朝野ニ告ケタル次第ナリ。今後ハ所謂対重慶工作「ブローカー」モ其ノ跡ヲ絶ツニ至ルヘシト信ス。

陳

今朝ノ新聞ニテ拝見セリ。尚此ノ機会ニ重慶工作ニ対スル私見ヲ述フヘシ。自分ハ事変後政府還都マテ香港ニ居リタルタメ、重慶工作ニ関スル見当ハ大体狂ハスト自信シ居ル訳ナルカ、自分ノ観ル所ニテハ重慶トノ和平ハ国民政府還都前後ヲ通シ曽テ其可能性ヲ発見セルコトナシ。而シテ現在モ依然其ノ希望ナシト観察シ居ル次第ナリ。固ヨリ和平運動ノ発展ノタメニ日支協力シテ主動的立場ヲ取リ、常ニ努力セサルヘカラサルコトハ勿論ナリ。唯今後和平工作ヲナスニ当リ、乗スヘキ機会ハ或ハ無キニシモ非サルヘシ。夫レハ共産党関係ノ問題ニ於テナリ。何故トナレハ「ス」カ今回蔣ト会談セル際、蔣ハ従来共産党ト云ヒシヲ今回ハ盛ニ共匪ト云フ言葉ヲ用ヒ「共匪ハ剿滅セサルヘカラス」ト強調セル由ナルヲ以テ、其ノ心理ヲ分析スルニ、蔣ハ未タ全面和平ノ決意ハ之ヲ有セサルモ、剿共ノ決心ハ既ニ之レ有ルモノト見ルヲ得ヘシ。

然リトセハ右剿共実行ノ際、何等カノ形ニ於テ初歩ノ工作ヲ講スル機会生スルニ非サルヤトモ思ハル。例ヘハコレハ全然私見ナルカ、現在重慶側ノ江蘇省主席王懋功ハ江西・福建・江蘇ノ省境ニ在リ、以前我々トハ相当懇意ナリシ間柄ナルカ、彼ハ江西、江蘇、安徽方面ノ前線将兵ニ対シ、窃ニ新四軍ノ解決ニ当リテハ如何ナル方法ヲ用フルモ可ナリト命令セル由ナリ。右「如何ナル方法ニテモヨシ」トハ、例ヘハ国民政府ノ軍隊ト一応停戦妥協スルモ差支ナシトノ意味ヲモ含メタルモノト解セラレサルニ非ス。「ス」モ昨夜話ノ際、重慶ニ対スル和平工作ハ現在其ノ見込ナキモ、南京ト重慶トハ反共ノ点ニ於テ或ハ初歩ノ和平工作ノ一端ヲ摑ミ得ラルルヤモ知レスト述ヘ居タリ。

大使　重慶側軍隊カ新四軍討伐ノタメ一時国民政府ノ軍隊ト妥協スルト云フコトハ、他方ヨリ見レハ日本軍トノ妥協ト云フコトニモナル訳ナルヤ。

陳　然リ。少クモ両軍カ何レモ共匪討伐ニ没頭シ、直接ノ衝突ヲ見合ハス形トナルヘシ。

大使　重慶側カ反共ニ出テタル場合、「ソ」聯トノ関係ニ変化ヲ生セサルヤ。

陳　蔣ハ従来ヨリ剿共ト対「ソ」聯国交トハ別問題ナリトノ建前ヲ取リ来レリ。但シ共産党ト「ソ」聯トハ実ハ密接ナル関係アルヲ以テ、蔣モ之ヲ考慮シ現ニ新聞紙上等ニ大袈裟ニ反共ヲ宣伝スルコトヲ慎ミ居レリ。然レトモ現実ニハ既ニ相当ノ影響現ハレ、重慶側要人達モ最近余リ「ソ」聯ノコトヲ口ニセス、英米ノコトノミヲ云ヒオルハ「ソ」聯ニ対スル失望ノ意ヲ表ハシ居ルモノナリ。香港ニ於ケル蔣ノ機関紙タル大公報及国民日報ノ論調ヲ見ルニ、最初ハ「ソ」聯及共産党ニ対スル批判ハ極メテ慎重ナリシカ、次ノ段階ニ於テハ共産党ニ対シ遠慮ナク批判スルコトトナリ、更ニ最近ハ共産党及「ソ」聯方面ニ対シ忌憚ナキ批判ヲ加フルニ至リタリ。右三段階ノ変化ハ重慶ノ対「ソ」関係ヲ示唆スルモノト謂ヒ得ヘシ。蔣カ従来

「ソ」聯ニ頼リシハ主トシテ飛行機ノ供給ナリシカ、既ニ「ビルマ」ニ米国ノ飛行機工場出現シタル以上、「ソ」聯ニソレ程頼ル必要無クナリタル次第ナルヘシ。

大使　重慶ノ反共ニ対スル米国ノ態度如何。過日汪主席ノ報告ニ依レハ、去ル三月八日「ジョンソン」大使ハ蔣ニ対シ国共ノ分裂ハ米国ノ関知セサル所ナルモ、米国トシテハ抗日政権ノ方ヲ支持セサル能ハスト告ケタル為、蔣ノ剿共ノ決心鈍リタリトノコトナルカ、今度彼カ反共ニ出ツルトセハ米国ハ果シテ如何。

陳　此ノ問題ニ付テハ蔣ハ「ス」ニ対シ、重慶ノ抗戦力量ハ反共ニヨリ減退セサルノミナラス、寧ロ内部ノ結束ヲ固メ得テ却テ抗戦力ヲ鞏固ナラシムヘシト説明セル由ナリ。斯ル説明ニヨリ米国モ敢テ干渉セサルニ非ザルヤト察セラル。

大使　「ス」ハ何日頃帰燕スルヤ。

陳　三日程当地ニ滞在シ帰燕スル由。

大使　日「ソ」条約ノ影響ニ付テ「ス」ハ何等語ラサリシヤ。

陳　本問題ニハ全然触レサリキ。

大使　「ソ」聯大使(Aleksandr S. Paniushkin)ハ蔣ニ対シ日「ソ」条約成セルモ、「ソ」聯従来ノ重慶援助ニハ変リナシト告ケタル趣ナルカ如何。

陳　右ハ事実ナルヘシ。過般「モロトフ」(Viacheslav M. Molotov)カ伯林ニ赴キタル際、「ソ」聯ハ欧洲ニ於テハ米国カ英国ヲ援助スル程度ニ独逸ヲ援助スヘク、極東ニ於テハ日本カ満洲ノ兵ヲ引上ケテ南進政策ニ進ム場合、「ソ」満国境ノ安全ヲ保障スヘシ、但シ右ヲ重慶攻撃ノ為用フルニ於テハ、満洲ノ安全ハ保障スル限ニアラスト述ヘタル旨ノ情報アリ。之レニ依ルモ、「ソ」聯ノ方針ハ重慶ヲ援助シテ抗戦ヲ継続セシムルコトニハ変リナカルヘク、唯其ノ援助ニ一定ノ限度アルヘキハ勿論ナルヘシ。要ハ日本ヲシテ引続キ消耗セシメントスルモノナルヘシ。

大使　本使モ同感ナリ。

陳　「ソ」聯ノ方針ハ独リ極東ニ於テノミナラス、欧洲ニ於テモ成ルヘク永ク資本主義国家群ヲシテ相戦ハシメントスルモノニシテ、最近独逸ノ「バルカン」進駐ヲ好マサルモ之カ為ナリ。此ノ意味ヨリ「ソ」聯ハ又頻リニ日米戦争ヲ希望シ居ル模様ナル処、日本ハ果シテ此ノ希望ニ副ハントスルヤ否ヤ。

大使　日本国民ノ大部分ハ、米国カ直接ニ日本ヲ攻撃セサル限リ独逸ノ為ニ米国ト戦ハントスル考ヲ有セス。日本ノ南方政策モ主トシテ経済的ノモノニシテ、蘭印トノ交渉モ要ハ物資ノ確保ニ外ナラス。然レトモ日米両国トモ未タ釈然タラス、各戒心ヲ緩メス太平洋ノ波浪依然トシテ鎮ラサル観アリ。

堀内　「ス」トノ会談ニ於テ「ス」ノ和平方案カ「ス」個人ノモノナリヤ、米国政府ノモノナリヤト尋ネタル際、「ス」カ政府ト関係ナシト答ヘタル趣ナルカ、自分ノ見ル所ニテハ然ラサルヘシ。自分ハ一昨年「ス」カ最初ニ重慶工作ニ乗出シタルトキ、北京ニ駐在シ居リシヲ以テ其ノ間ノ消息ヲ承知シ居レリ。彼ハ同年四月頃、香港ニ於ケル大学同窓会ニ出席スト称シ北京ヲ離レ重慶ニ赴キタルモノナルカ、七月ニ至リ例ノ張群引出案ヲ立テテ帰リ、其ノ携ヘ来レル蔣ノ「メツセーヂ」ナルモノヲ見タルニ、米国大使館ノ用箋ニ記シアリタリ。当時自分ハ「ス」カ米国大使館ノ手先トシテ働キ居ルコトヲ突止メタルヲ以テ、喜多（誠一）中将ニモ之ヲ注意セルコトアリ。彼ハ昨年三月ニ至リ再ヒ重慶工作ニ乗出シタルカ、其ノ言動ヲ見ルニ明カニ米国政府ト重慶政府トノ意ヲ承ケ日本ノ腹ヲ探ラントノ魂胆ニ外ナラス。当時彼ハ上海ニ来リテ何澄、周仏海等ニ面会シ、北支ノ日本軍当局ハ若シ重慶カ和平ニ応スルナラハ汪政権ニ対スル条件ヨリモ一層緩和シ、

陳

七・七事変以前ニ復帰スルモ差支ナシト言ヒ居レリト語リ、香港ニ至リテモ同様ノコトヲ言ヒ触ラシタルカ、其ノ時ハ遂ニ重慶ニ赴カスシテ終レリ。彼ノ所謂和平工作ナルモノハ、巧ミニ両方ヲ操リテ国民政府ノ強化ヲ妨クルニ終始シ居リ、明カニ「ワシントン」ノ指示ニ依リ動キ居ルモノト観サルヘカラス。従ツテ彼ニ対シテ其ノ心組ニテ語ラサルヘカラス。貴下ハ国民政府ノ重要ナル地位ニ在ルヲ以テ、其ノ一言一行ハ至大ノ影響ヲ与フルモノナルカ、「ス」ニ対シ如何ニ観察セラルルヤ。

公使ノ意見ニ全然同感ナリ。彼ハ単ニ米国大使館ト関係アルノミナラス、実ハ「ルーズベルト」大統領トハ深キ関係アリ。先年宋子文渡米シテ借款運動ヲ為シタル際モ、「ス」ハ同時ニ華府ニ赴キ宋ト「ル」トノ会見ノ前日、先ツ「ル」ト会見シ瀬踏ヲナシタル程ノ間柄ナリ。此ノ運動ノ結果、棉麦借款ノ成立セルコトハ御承知ノ通ナリ。彼ハ其ノ上重慶側ヨリモ月々手当ヲ貰ヒ居ルモノナルヲ以テ、米国ト重慶側トノ為メ働キ居ルモノナルコトハ疑ナシ。彼ノ今日迄ノ和平運動ヲ観ルニ第一回ハ国民政府ノ成立ヲ妨ケントシ、第二回ハ日本ヲシテ国民政府ヲ無視セシメントシ、第三回ハ国民政府ノ価値ヲ最低限度ニ止メントシ、其ノ為ス所ハ一貫シテ謀略ナリ。

実ハ自分ハ実業部長時代、燕京大学ノ教授連ニ仕事ヲ頼ミシ関係ニテ彼ヲ知リ、言ハハ十年来ノ知人ナルカ、彼ハ自分カ支那人トシテハハキハキシ居レリトテ相当敬意ヲ払ヒ居タル模様ナリ。且ツ自分ト彼トハ宋子文ノ如ク教会及経済方面ヨリノ関係ニテ知合ヒタルニ非ス。全ク友誼的ニ知リ合ヒタル仲ナルヲ以テ、自分ニ対シテハ多少打明ケテ語ル風モアリ。但シ彼ハ学者ノ看板ヲ掲ケタル政治家ト云フヘキ人物ニテ、現ニ今回モ自分ト相対ニテ語ル場合ト、周仏海ヲ交ヘテ語ル場合ト、其ノ話振ヲ異ニスルカ如キ政治家タル性格ヲ表シ居レリ。

堀内　一昨年燕京大学閉鎖問題起レルトキモ彼ト接触シタルカ、屢々食言スル有様ニテ到底紳士ニハ非スト思ハレタリ。

中村　彼カ宋子文ト共ニ米国ニ赴キタル当時、自分ハ偶々米国在勤ナリシカ、当時彼ハ各地ニ講演ヲ試ミ盛ニ抗日論ヲ吐キ、之ヲ利用シテ大学ノ経費募集ヲナシタルコトヲ記臆〔憶〕シ居レリ。

大使　本日ノ話ハ参考トナレリ。

陳　恐縮ナリ。大使ハ何日頃帰任セラルルヤ。

大使　東京滞在若シ永引ケハ、寧ロ仕事ハ順調ニ運フモノト見テ可ナリ。

陳　仕事モ早ク済ミ、早ク帰任セラルル様希望ニ堪エス。

以上。

五月九日堀内総領事発松岡大臣宛電報第七六八号

機　昭和十六年五月九日午前十時発電済

受信人　松岡大臣　　発信人　堀内総領事

件名　南京政府ニ対スル我方施策ノ件

第七六八号（至急、極秘(朱印)）

外信

本多大使ヨリ

(1)予定ノ通リ今九日龍田丸ニテ出発ス。書類整理ノ為二三日京都ニ滞在、十四五日頃入京ノ積リナリ。

(2)国民政府カ今ヤ殆ント行詰リノ窮境ニ在リ、此ノ際急速ニ活ヲ入レテヤルノ要アリトノ点ニ付テハ、現地陸海軍側モ期セスシテ本使ト所見ヲ一ニシ、此ノ見地ヨリ我方ヨリ施策ヲ必要トスル諸点ニ付テハ、過日来大使館側ト陸海軍側トノ間ニ共同研究ノ結果、幸ニシテ現地三機関一致ノ試案ヲ得タリ。右ハ現下ノ情勢対策ニ関スル陸軍大臣宛板垣総参謀長内状（発送前本使モ内覧済）ト共ニ、八日空路上京ノ土橋参謀副長携行ノ筈ナリ。支那方面艦隊司令長官（大川内伝七）トハ金沢（正夫）武官ヲ以テ終始緊密ノ聯絡ヲ取リ居タルカ、七日同長官ヨリ招待ノ晩餐会ニ於テ食前一時間参謀長モ列席懇談ヲ遂ケタルカ、同長官ニ於テ全然本使ト同感ナリトテ本使努力ノ成功ヲ祈ル旨ノ挨拶アリタリ。

(3)尚、華中連絡部井上（靖）次長ヲ招キ、同官内含マテ前記試案ヲ内示シ置キタリ。東亜局長（山本熊一）宛空送ス。

南総（外信）ヘ転電セリ。第六一号

五月九日堀内総領事発松岡大臣宛電報第七六九号写

（欄外青印）写

機　昭和十六年五月九日起案

九日発電済

受信人　松岡大臣　　発信人　堀内総領事

件名　国民政府ニ対スル施策ニ関スル件

第七六九号（極秘）（朱印）　館長符号扱（朱書）

（朱線）外信

本多大使ヨリ

往電第七六八号末段井上連絡部次長（現在長官代理）招致ノ機会ニ於テ左ノ通同官ニ申聞ケ置キタリ。右ハ南京出発前、畑司令官ニモ予メ内話済ミナリ。御含ミ迄。

（連絡部首脳者トシテ政治外交上ニ関聯スル何等カノ施策考案ヲ思付カル丶コトアル場合ニハ、総テ大使ト相談セラル丶様希望ス。又大使館員トシテノ貴官ニ対シテハ、例ヘハ所謂重慶工作ノ如キ行動ハ他ノ館員ニ対スルト同様、一切之ヲ禁止スルモノト心得ヘラレタシ）

支那派遣軍総司令部ハ所謂重慶工作ノ如キ国民政府育成上並ニ治安維持上有害ノ行動ハ、軍ノ占拠地域ニ於テ治安維持ノ立場ヨリ要スレハ之ヲ弾圧スル方針ニテ、其ノ旨中央ニ電報シタルコトハ已ニ御承知ト存ス。

冒頭往電ト共ニ北京、南総（外信）ニ転電セリ。（合第三九二号）

五月十六日在南京日高代理大使発松岡外務大臣宛電報第A号写

昭和十六年五月十六日着在南京日高代理大使発松岡外務大臣宛電報写

（欄外朱印）外機密　（欄外朱印）写

第A号（機密）

国民政府本年下半期（自七月至十二月）予算ハ目下同政府ニ於テ審議中ノ処、右ニ関シ五月十三日周財政部長ヨリ当館係官一同ニ対シ左記収支予想ヲ開陳シ、之カ協力方懇望シ来レリ。

記

一、支出

本年下半期支出見込ハ月額三千四百五十万元ニシテ、之ヲ上半期二千六百万元ニ比スレハ軍事費三百万元（朱線）、経済建設費（主トシテ合弁会社払込費用）百万元、総予備費（駐日駐満大使館経費等ヲ含ム）二百万元ヲ始メ軍隊装備費（朱線）、治安予備費、特務工作費（朱線）、税稽費、各部行政費、予備品等ノ合計月額八百五十万元ノ増加見込ナリ。尚、別ニ本下半期ニ於テハ軍事委員会ノ計画ニ基キ清郷工作トシテ、三角地帯内ニ日本軍ト協力シ模範的治安安定地域ヲ設定スルコトニ決定シアル為（三月十五日附第二三一号外務大臣宛拙信参照。尚、詳細ニ付テハ陸軍省軍務局ニ付御承知アリタシ）、六月以降五箇月間ニ亘リ各月ニ二百四十万元（朱線）、計一千二百万元ノ新規別途支出ヲ要スル次第ナリ。

二、収入

前項中一般支出ニ充当スヘキ財源トシテ月額関税二百万元、統税百四十万元、塩税五十万元、阿片税五十万元、蚕糸税二十万元、所得税三十万元ノ自然増収見込ノ外、別ニ砂糖特税（国内品及外国品ヲ含ム）七十万元、輸入葉煙草特税百万元ノ両税ヲ新設シ、此ノ合計六百万六十万元ノ増収ヲ期待シ、之ニ上半期基本収入二千六百万元ヲ加ヘ、総計三千二百六十万元ノ収入ヲ見込ミ居リ、前掲支出総計三千四百五十万元ハ右収入ニ応スル程度迄削減スル如ク努力中ナリ。又別途清郷工作経費ニ対シテハ、広東及厦門ニ於ケル関税余剰及煙草搬出許可緩和ニ依ル増収ヲ引キ当ツル如ク期待シアリ。

五月十六日在南京日高代理大使発松岡外務大臣宛電報第B号写

昭和十六年五月十六日着在南京日高代理大使発松岡外務大臣宛電報写

外機密（欄外朱印）　写（欄外朱印）

第B号

往電第A号ニ関シ

本件ニ関シテハ目下折角青木顧問其ノ他関係機関ト連絡ノ上研究中ナルモ、卑見一応左ノ通リ。

一、此ノ程度ニ於ケル一般支出ノ増加ハ各項目ニ付テハ其ノ合理化ニ付善処スヘキモ、全体トシテハ国府ノ発展強化並ニ物価関係等ヨリ観テ緊急已ムヲ得サルモノニテ、又自然増収見込モ過去ノ実績ニ徴シ相当確実性アル数字ト認メラル。

二、砂糖特税及輸入葉煙草特税ノ新税設定ニ関シテハ両税目トモ実質的ニハ輸入税設定ト見ラルル節アルヲ以テ、之ヲ特税トシテ統税扱スルコトハ一考ヲ要スヘク、仮令之ヲ必要トスル場合ニ於テモ予メ対外的工作ヲ要スヘク、時間的関係ヨリ観テ稍困難ヲ伴フモノト判断セラルル場合、之ニ代フルニ統税中巻煙草税、綿糸税ノ税率増加ヲ行フコトモ一案ト考ヘラル。此ノ場合前者ニ対シテハ搬出許可量ヲ或ル程度増加スルコトニ依リ、又後者ニ対シテハ通貨価値ノ下落、一般価格騰貴ヲ理由トシテ納税者ヲ説得スルヲ可トスヘシ（綿糸統税ハ従量税ニシテ、現在事変前ノ税率其ノ儘ナリ）。

三、尚、清郷工作経費中ノ広東及厦門海関剰余ノ中央ヘノ引渡ニ付テハ軍方面ヲ通シ広東等トモ連絡、現地意見取纏メ方努力中ナリ。

五月十七日松岡大臣発在南京日高公使宛電報暗第一六五号写

（欄外朱印）本多　（欄外朱印）外機密　（欄外朱印）写

発電昭和十六年五月十七日

重慶工作ニ関スル件

松岡大臣

在南京　日高公使

暗第一六五号（極秘）（館長符号扱）

機密第二〇四号貴信及往電第一四八号ニ関シ

日高公使へ

貴官ハ汪主席ヲ往訪ノ上、本大臣ノ訓令トシテ「本大臣ニ於テハ昨年十一月末以来何人ニ対シテモ重慶工作ヲ命シタルコトナク、今後ト雖モ汪主席ノ諒解ナクシテ所謂重慶工作ヲナスノ意向ナキハ改メテ申上クルノ要ナシト存ス。就テハ主席ニ於テモ本大臣ヲ信頼シ安心セラレ可然」旨申入相成度。

本多大使ト協議済。

五月十九日日高代理大使発松岡外務大臣宛電報第三二二号写

昭和16　五三四四五　（暗）　南京　五月十九日後発　本省　十九日夜着

外機密（欄外朱印）　本多（欄外朱印）　写（欄外朱印）

松岡外務大臣

日高代理大使

第三二二号（極秘、館長符号扱）

貴電第一六五号ニ関シ（重慶工作ニ関スル件）

日高ヨリ

十八日午後二時半本官汪主席ヲ往訪シ、御訓令ノ次第ヲ申入レタル処、主席ハ大イニ安堵ノ色ヲ示シ、将来共

タリ。（了）

（青線）対重慶工作ニ付テハ双方腹蔵ナク打開ケテ協力致スヘク、閣下並ニ本多大使ニ感謝ノ意ヲ伝ヘラレタキ旨申述ヘ

五月十九日日高代理大使発松岡外務大臣宛電報写

昭和十六年五月十九日後南京発
五月十九日後本省着㊝

（欄外朱印）本多（朱印）　（欄外朱印）写（朱印）

外機密　館長符号

日高代理大使

松岡外務大臣

東亜局長へ

金沢海軍武官ノ内話ニ依レハ十五日上海ニ於テ在支海軍首脳部集合、海軍側トシテ為スヘキ国民政府ノ強化ノ具体案ニ付協議シタル結果、海南省ノ設置、軍事同盟ハ未タ時期尚早ナルモ、厦門ハ既ニ治安モ確立セルニ付、現在ノ情勢ヲ其ノ儘承認セシムルコトヲ条件トシテ国民政府ニ還付スルニ異議ナク、其ノ時期ハ中央ニ一任シ、本多大使ノ対汪交渉ノ一環トシテ取扱フコトニ決定、尚出先海軍ニテハ還付ニ際シ軍事及経済協力協定ノ二種ノ取極ヲ予定シ居ルモ、大体中央ニテ原則的承認ヲ得タル上ハ詳細ハ出先ニテ決定スルコトトナルヘシトノ趣ナリ。右ハ尚出先限リノ決定ニテ未タ中央ニモ報告シ居ラサルニ付、其ノ承認ヲ得タル後、外務本省ニモ内報スヘク、夫レ迄ハ厳ニ南京限リノ御含ミニ願度シト述ヘタリ。

尚武官ハ大使ノ御考ヲ実行ニ移ス上ニ於テハ華中連絡部ノ管掌シ居ル事項モ鮮カサルニ付、其ノ協力ヲ一層有効ナラムシル為ニ東京ニ於テ新長官及新次長モ隔意ナク大使ノ御話ヲ承ハル機会ヲ作ル様斡旋致度キ内意ヲ洩ラシ

タリ。

右、本多大使ヘモ御伝ヘ請フ。（了）

五月二十二日在南京日高代理大使発松岡外務大臣宛電報第C号写

昭和十六年五月二十二日着在南京日高代理大使発松岡外務大臣宛電報写

（欄外朱印）外機密　（欄外朱印）写

第C号

往電第A号後段ノ二ノ増収計画中所得税ニ付テハ、所得税第一種（営利事業所得）及第三種（証券預金利子所得）ヲ七月一日ヨリ実施スル予定ナリ（現在第二種ノミ実施中）。

尤モ本税ハ中国人ヲ対象トシ日本人ニ対シテハ徴税セス、又日支合弁ノ国策会社ニ付テハ国民政府トシテ徴税ヲ行フ意図ヲ有スルモ、之等ノ内ニハ免税ノ既得権ヲ有スルモノアルニ付、不取敢研究準備ニ止ムル如ク指導シ居レリ。

五月二十四日本多大使発松岡外務大臣宛支大外機密号外

支大外機密号外

昭和十六年五月二十四日　（朱書）滞於東京

在中華民国

特命全権大使　本多熊太郎

外務大臣　松岡洋右殿

「日本政府ニ対スル希望」ニ関スル周行政院副院長来翰（訳文）送付ノ件

究極ニ於ケル日支全面和平ノ招来ヲ促進シ、且世界情勢ノ逼迫急転ニ対処スル帝国綜合国力ノ弾撥性ノ強化ヲ図ル為ニハ、先ツ差当リ局部和平ノ完成ヲ急務トシ、而シテ之カ為ニハ支那ニ対スル当面緊急ノ政治的施策ヲ主トシテ国民政府ノ政治力及和平能力ノ培養鞏化ニ向テ集中スルコト肝要ナリト認メラレ、右ニ関スル現地側試案本月九日附在上海堀内総領事発山本東亜局長宛公信極秘第一二七七号ヲ以テ送付ノ次第アリタル処、今般国民政府周行政院副院長ヨリ汪主席ノ命ニ依ル趣ヲ以テ「日本政府ニ対スル希望」ヲ送付越シ、右帝国政府ニ伝達ノ上各項逐一実現方別紙写（訳文）ノ通依頼越スト共ニ、右希望事項ノ外、帝国政府ノ国民政府強化方針、対重慶工作、東亜聯盟及軍器借款等ノ事項ニ付テハ汪主席自ラ陳述スル所アルヘキ旨申越シタリ。国民政府ノ政治的立場カ現在如何ニ切迫セル苦境ニ在ルヤニ付テハ屢次報告ノ通ニシテ、我方ニ於テ速ニ適当ノ措置ヲ執ラサルニ於テハ憂慮スヘキ事態ヲ発生スルノ惧アリ。前記「日本政府ニ対スル希望」ノ如キハ窮境ニ在ル国民政府ノ切実ナル叫ヒトシテ最小限度ノ要望ヲ表明セルモノト認ムルヲ得ヘク、此ノ際右ニ対シ我方ニ於テ切実ナル考量ヲ加フルコト事変処理ノ大局上緊要ナリト思料セラルルニ付テハ、中央ニ於テモ篤ト御工夫ノ上右希望実現方御配慮相成度、此段申進ス。

（別紙）

五月十四日日高公使発本多大使宛公文

（欄外丸朱印）

★JAPANESE EMBASSY★CHINA★在中華民国大日本帝国大使館

（欄外朱印）本多

（欄外朱印）極秘　（欄外朱書）部外秘　（欄外花押）多　（朱印）山本　（花押）太田

拝啓　陳者五月十三日附ヲ以テ周行政院副院長ヨリ貴大使宛送付越ノ国民政府ノ日本政府ニ対スル希望案訳文十部相添ヘ茲ニ送付スルニ付、御査収相成度、右得貴意候。敬具

昭和十六年五月十四日

特命全権公使　日高信六郎

在京

特命全権大使　本多熊太郎閣下

（別紙）

五月十三日日本政府ニ対スル希望送付ニ関スル周行政院副院長来翰（訳文）

部外極秘　外機密

日本政府ニ対スル希望送付ニ関スル周行政院副院長来翰（訳文）

拝啓　陳者別添送付ノ希望一通主席ノ命ニ依リ提出スルモノナルニ付、貴国政府ニ御伝達ノ上我方希望ノ各項逐一実現シ得ラルル様特ニ御援助賜リ度、此段御依頼得貴意候。敬具

五月十三日

周仏海

本多大使閣下

極秘（朱印）

日本政府ニ対スル希望訳文

貴国政府ノ国策カ国民政府ヲ強化シテ各般ノ政策ヲ実施セシメ、以テ民心ヲ収攬シ重慶政権ヲ破摧シ全面和平及建国ノ任務ヲ完成セシメントスルニ在ルコトハ国民政府同人ノ深ク了解スル所ナルト共ニ、其ノ真摯ナル態度ニハ極メテ感激スル所ナリ。国民政府ノ方針ハ右貴国ノ国策ト完全ニ一致セルモノナルヲ以テ、今日ニ至ルマテ微力ヲ尽シテ其ノ成功ヲ企図セルカ、国民政府還都以来既ニ一年余ヲ閲シ、其ノ間（朱線）模範軍隊ノ建設、匪軍ノ招撫、軍艦ノ接収、財政ノ整理、金融ノ安定、糧食ノ購入運搬、各工場ノ接収、文化資料ノ保管、放送局ノ接収、其他軍事、政治、経済、文化各方面ニ亘リ貴国在支各機関ノ援助ニ依リ相当ノ成績ヲ挙ケ得タルハ政府及人民ノ均シク感謝スル所ナリ。

然レトモ政府ノ負ヘル全面和平ノ任務ヲ完成セントセハ、政府ノ統一強化ヲ謀ルト共ニ各般ノ政策ヲ実施シ、以テ民心ヲ把握スルニ非サレハ其ノ功ヲ収ムルヲ得ス。現下ノ状態ヲ以テシテハ遂ニ此ノ遠大ナル目的ヲ達成スルコト能ハサルヘク、一念茲ニ及ヘハ真ニ寒心ニ堪ヘス。殊ニ外間流言甚多ク、或ハ謂フ貴国政府ハ今ヤ前述ノ国策ヲ忘却シ、（朱線）国民政府強化ノ熱意日ニ冷淡トナリツツアリト。或ハ謂フ貴国政府ハ国民政府ノ立場ヲ考慮セス、（朱線）直接重慶ニ対シテ秘密裡ニ和平ノ交渉ヲ進メツツアリト。是等種々ノ流言ニ対シ政府同人ハ絶エス不安ヲ感シツツアルノミナラス、人民ヲシテ国民政府将来ノ運命ニ対シ疑惑ノ念ヲ起サシメツツアリ。現在ノ情態ニ於テハ国民（ママ）ノ政令南京ヲ出ツル能ハスト謂フモ過言ニ非ス。若シ貴国ノ国民政府ニ対スル援助カ果シテ外間ニ伝フル如ク日ニ冷淡ニ趨キツツアリトセハ、焉ンソ能ク民心ヲシテ帰服セシムルコトヲ得ンヤ。焉ンソ能ク国民政府ヲ強化シ、以テ全面和平ノ使命ヲ完成セシムルコトヲ得ンヤ。唯ニ之レノミナラス、若シ現状ヲ改善セサレハ、国民政府ノ忠実ナル中堅分子ハ日ニ益々悲観シ、政府ヲシテ崩壊ニ至ラシムル惧スラアリ。斯カル惨事ヲ惹起スヘキ可能性ハ充分ニアリ。国民政府同人ハ徳薄ク能少ク、還都一年余ニシテ尚未タ重慶政権ヲ崩壊セシムルコト能ハス。尚未タ重慶方面大多数ノ民衆ヲシテ和平陣営ニ投セシムルコト能ハサル所以ニ付テハ、国民政府同人先ツ自ラ責ムヘキモノタルヲ深ク自覚シ居レリ。斯カル局面ヲ現出セルハ固ヨリ国民政府同人ノ能力薄弱ナルニ因ルモ、（朱線）環境ヨリ来ル種々ノ束縛ト障碍トニ因由スルモノナルコト亦否ムヘカラス。右ハ速ニ改善ノ必要アルコトヲ坦白ニ陳述セント欲スル所以ナリ。

貴国カ作戦遂行上必要トスル事項ニ関シテハ条約上既ニ明文ノ規定アリ。国民政府カ欣然之ニ協力スヘキハ当然ニシテ、何等言フヘキ所ナシ。然レトモ（朱線）作戦ニ関係ナキ事項ニ付テハ貴国カ国民政府ニ便宜ヲ与ヘ、以テ使命完成ノ目的ヲ達成セシメンコトヲ希望セサル能ハス。茲ニ特ニ重要且ツ緊急ナル事項ヲ列挙スレハ左ノ如シ。

甲、各種（朱線）日支合弁会社ノ調整ニ関スル事項

現在支那ノ民衆ハ何レモ貴国ノ支那ニ於ケル企図ハ経済侵略ニ外ナラス、名ハ日支合弁ノ会社ト云フモ実ハ経済侵略ノ方法ト道具ナリト思惟シ居レリ。斯カル観念ハ固ヨリ認識不足ニ基クモノニシテ当然矯正セサルヘカラサルモノナルモ、目前ノ不合理ナル状態ノ下ニ於テハ民衆ハ日支合弁会社ニ対シ大ナル疑惑ト恐怖感ヲ抱キテ之ニ参加スルヲ欲セス、之カ為巨額ノ遊資空シク租界内ニ眠ルヲ坐視スルノミニテ、之ヲ利用スル能ハサル実情ニアリ。是レ実ニ日支双方ノ重大ナル損失ナリ。一般民衆カ前述ノ如キ観念ヲ抱クニ至レハ、実ニ（朱線）貴国カ作戦ト直接関係ナキ合弁会社ニ対シテ調整ヲ肯ンセサルノ致ス所ナリ。国民政府還都一年有余ニシテ合弁会社ノ調整セラレタルモノ竟ニ一モナシ。我国人民カ貴国ノ誠意ヲ疑フハ実ニ原因無シトセサルナリ。斯カル現状ハ速ニ之ヲ矯正セサレハ不可ナリ。窃カニ惟フニ各種合弁会社ニシテ作戦上絶対必要アルモノハ其ノ調整ヲ稍遅ラスモ可ナリ。若シ夫レ作戦ト直接ノ関係ナキ会社ニ至リテハ、条約及内約ノ趣旨ニ基キ速ニ具体的調整ヲ加ヘラレンコトヲ希

望ス。

乙、（朱線）物資流通ニ関スル問題

現在一切ノ物資ノ流通ニ関シテハ、其ノ軍用品タルト軍用品ニ非サルモノタルトヲ問ハス、甚シキニ至リテハ軍事ト（朱線）全然関係ナキ商品スラ何レモ（朱線）厳格ナル制限ヲ受ケ、其ノ結果和平区域内ノ商工業ハ疲弊シ物価ハ暴騰シ政府ノ財源亦枯渇ニ瀕シ、（朱線）国民政府ノ基礎遂ニ漸ク根本的動揺ヲ見ルニ至ラントシツツアリ。

茲ニ作戦期間内ニ於テ一方作戦上ノ必要ニ鑑ミ、一方民生及財政ヲ顧慮シ貴国在支各関係、特ニ在支軍当局ト協力シテ上海及前戦ノ取締ヲ強化シ、内部ノ流通ヲ図ル為現ニ極力研究ヲ進メツツアリ。而シテ左記ノ希望事項ハ既ニ貴国在支軍当局ニ諮リ其ノ同意ヲ得タリ。

一、物資流通ニ関スル対策トシテ如何ナル物資ヲ軍事上ノ必要ニ基キ統制スヘキヤ。如何ナル物資ハ統制ヲ受クル必要ナキヤ。其他統制実施ノ方法等ハスヘテ国民政府ト（朱線）貴国在支各関係機関トノ間ニ共同委員会ヲ組織シテ之ヲ協議決定スルコト

二、物資流通ノ管理機関モ亦日支双方共同シテ之ヲ組織スルコト

三、運搬及配給ノ機構ニ付テハ日支商人同等ノ待遇ヲ受クヘキコト

四、和平区域内ニ於ケル生活必需品ハ充分流通セシムル如ク施策スルコト

五、物資ヲ海外ニ輸出シ外貨ヲ獲得スル為ニハ宜シク統制ヲ加ヘ、日支両国共通ノ目的ヲ達成セサルヘカラス。此ノ点ニ関シテハ貴国ノ協力ト援助トヲ希望シテ已マス。但シ日本ノ（朱線）対外貿易ト合作スル必要アル場合ニハ、当然日本側ト協議スヘキコト

同時ニ左記日本側ノ提案ハ我国ノ同意ヲ与ヘタルモノナリ。

一、作戦遂行ノ為制限ヲ加ヘサルヲ得サルモノアルコト

二、流通区域ノ外囲、即チ（朱線）上海及前線ノ統制ハ日支双方協力シテ其ノ強化ヲ謀ルヘキコト

之カ為

一、前線及上海ノ周囲ニハ固定的統制及封鎖ノ配置ヲ施スコト

二、物資ノ敵地流出ヲ防止スル為、重要地点ニ（朱線）経済警戒隊ヲ配置スルコト

三、日支協力シテ物資分配機構ノ合理化ヲ謀リ、具体的ニ内部物資ノ流通ヲ促進スルコト

現地ニ於ケル本問題ノ進捗状況ハ略上述ノ如シ。之ヲ要スルニ国民政府ノ希望スル所ハ現行統制ニ対シ再検討ヲ加ヘ且其ノ緩和ヲ図リ、統制ノ継続ヲ必要トスルモノハ両国協力シテ切実ニ合理的物資管理ヲ実行セントスル点ニアリ。今後貴国在支各機関ト共同協力シテ前記諸原則ヲ具現シ、以テ一般産業ヲ振興シ国民生活ノ安定ヲ図ルコトハ其ノ最モ希望スル所ナルト共ニ、貴国政府カ国民政府ノ熱意ヲ諒解シ協力援助シテ其ノ任務ヲ達成セシメンコトヲ望ンテ已マス。

丙、（朱線）国民政府ノ各級地方政府ニ対スル統馭力強化ニ関スル問題

現在国民政府ハ各級地方政府ニ対シ実際上尚指揮意ノ如クナル能ハス。華北及武漢一帯ハ固ヨリ論スル迄モナク、（朱線）華中及華南各省市ノ人事及内政スラ常ニ貴国関係方面ノ掣肘ヲ受ケ居ル実情ナリ。而シテ（朱線）貴国関係方面ハ又極メテ複雑ニシテ、聯絡上頗ル困難ヲ感スルモノアリ。軍事期間中地方政府ト作戦部隊トカ気息相通スル必要アルコトハ国民政府同人ノ能ク了解スル所ナルモ、軍事ト直接関係ナキ事項ニ付テモ亦其ノ掣肘ヲ受ケ、国民政府ノ強化ヲ阻碍スルノ結果ヲ招クコトハ我国民ノ解釈ニ苦シム所ナリ。茲ニ軍事ト行政ト両方面ヲ顧慮シ、左記数点ノ了解ヲ得ンコトヲ希望ス。

一、各級地方政府ノ人事異動（例ヘハ中央ニ於テ省政府主席、委員、庁長及特別市長、局長等ヲ動カス場合、省政府ニ於テ県長、市長等ヲ動カス場合）ハ事前ニ上級《（朱線）》ノ責任者ヨリ非公式ニ日本側関係方面ニ通知スルコトハ差支ナシ。但シ右ニ対シ干渉ヲ加ヘサルコトヲ希望ス。尚、日本側各関係機関ニ於テハ中央政府及地方上級機関ニ協力シテ其ノ政令ノ施行ヲ貫徹セシメラレンコトヲ希望ス。若シ貴国側ニ於テ苟クモ干渉ヲ加フルカ如キコトアレハ、啻ニ上級政府ノ威信地ヲ掃フテ其ノ指揮意ノ如クナル能ハサルノミナラス、政府ト日本側トノ間ニ齟齬ヲ生シ、下級官庁カ日本側ノ庇護ヲ利用シ往々ニシテ上級機関ノ政令ニ反抗シ、又ハ之ヲ軽視スルノ風ヲ醸成シ易シ

二、各級地方《（朱線）》政府内部ノ事務官ノ異動（例ヘハ省、市、県政府ノ科長秘書等）ニ付テハ特ニ日本《（朱線）》側ニ於テ干渉ヲ加ヘサルコトヲ希望ス。然ラサレハ各級官庁ハ其ノ内部ノ職員ヲ指揮スルコト能ハス、行政及軍事上至大ノ支障ヲ来ス虞アリ

三、現在国民政府所属ノ地方機関ハ常ニ当該地日本側各機関ノ庇護ヲ受ケ、中央又ハ上級機関ノ命令ニ反抗シ（例ヘハ県連絡《（朱線）》官カ県長ニ加祖《〔担〕》シテ省政府ノ命令ニ反抗シ、又ハ特務機関《（朱線）》カ省政府又ハ特別市政府ニ加祖《〔担〕》シテ中央政府ノ命令ニ反抗スルカ如キ）、之レカ為政令ヲ行使スル能ハス、且ツ行政系統ヲ紊乱セシムル実情ニアリ。斯カル習慣ハ急速ニ排除スルヲ要ス。尚、必要ノ際ニハ中央及上級地方機関ヲ援助シテ一切ノ政令ヲ推行シ、上級機関ノ威信ヲ強化セラレンコトヲ希望ス

丁、武漢《（朱線）》方面ニ対スル希望

武漢方面ノ現状ハ之ヲ華南華中ト比較シテ特異ノ点尠ナカラス。作戦上武漢カ其ノ他ノ地方ニ比シ特異ノ点アルコトハ已ムヲ得サルトスルモ、一切ノ状態ハ努メテ宜シク広東ノ現状ト同一ナラシメサルヘカラス。故ニ下記ノ

各点ヲ実行センコトヲ希望ス。現ニ貴国ノ在支軍当局モ大体ニ於テ右ハ実現ノ可能性アリト認メ、其ノ具現ニ協力スヘキ旨希望シ居レリ。貴国政府ニ於テ之カ促進ニ尽力セラレンコトヲ希望ス。

一、(朱線)省、市政府ノ人事ハ華中及華南ト同様、中央ノ自由処置ニ任セシムルコトヲ希望ス

二、現在中央ノ武漢ニ設置セル財政整理委員会ハ一有名無実ノ機関ナルヲ以テ、今後ハ各種ノ(朱線)中央税収ハ実際上国民政府ニ移管シ政府自ラ整理ヲ行ヒ、日本側各関係機関ハ之ニ掣肘ヲ加ヘス、専ラ援助ヲ与ヘ最低限度広東ノ現状ト同様、財政当局ヲシテ自由ニ職権ヲ行使セシムルコトヲ希望ス

三、省、市政府ノ日本人顧問ハ華中華南各省市ト同様トスル様調整ヲ加ヘラレンコトヲ希望ス

四、其他ノ一切ノ事項何レモ華中及華南ト同様ナル如ク希望ス

戊、(朱線)華北方面ニ対スル希望

全面和平恢復以前ニ於テハ作戦ノ妨ナキ範囲内ニ於テ華北ノ現状ハ(朱線)歩一歩内約ニ基キ之ヲ調整センコトヲ希望ス。

左記ノ諸点ハ特ニ緊急ナルヲ以テ速ニ促進方希望ス。

一、華北政務委員会及各総署督弁ノ人選ハ中央ニ於テ自由ニ処置スル権アルコト。其ノ手続ハ丙ノ㈠ニ依リ弁理スルコト

二、日支基本条約並ニ其ノ附属議定書、交換公文及内約ニ牴触セサル範囲内ニ於テ華北ノ(朱線)法令ハ中央ニ於テ調整シ之ヲ統一スルコト

華北ノ司法モ(朱線)亦中央ニ於テ統一スルコト

三、(朱線)河南省ハ約定ニ照シ中央ニ直属セシムルコト。(朱線)江蘇ノ徐海道一帯及安徽ノ准北一帯ノ原ト江蘇、安徽両省ニ属スル各県ハ速ニ夫々江蘇及安徽両省政府ノ統治ニ復帰セシメ、中国多年ノ省界ヲ混乱スルコト無キ様希望

ス

己、家屋ノ調整（朱線）ニ関スル問題

各地ノ家屋ハ其ノ権利者一時不在ナリシ為、日本側ニテ使用セルモノ甚タ多シ。其中一部分ハ貴国在支関係当局ノ援助ニ依リ既ニ解決ヲ見タルモノアルハ甚タ感謝ニ堪エサル所ナリ。然レトモ大部分ハ尚未解決ノ儘ナルヲ以テ、速ニ方法ヲ講シ貴国ノ作戦上必要トスルモノヲ除キ、特ニ軍事ト関係ナキ民有家屋ハ優先的ニ之ヲ返還シ、以テ民生ノ困難ヲ救済セラレンコトヲ希望ス。

以上ノ各項ハ平日何レモ貴国側在支各責任アル長官ト随時懇談シ誠意ヲ披瀝シテ意見ヲ交換シ、既ニ賛同ヲ得居ルトコロナルモ、相当ノ日時ヲ経過シテ今尚其ノ実現ヲ見ルニ至ラサルハ甚タ遺憾トスル所ナリ。前述ノ各事項中ニハ貴国中央ト関係アルモノアリ。又貴国在支各機関ニ於テ解決セラルヘキモノアルコトハ之ヲ承知シ居ルモ、種々ノ原因ニ依リ之カ推進ニ困難ヲ感シ居ルモノナルヲ以テ、特ニ列挙セル次第ナリ。其中貴国中央ノ関係事項ハ貴国政府ニ於テ方針及弁法ヲ確定シ、適当ノ措置ヲ取リテ貴国在支各機関ト国民政府トノ交渉ノ進捗ニ便ナラシメンコトヲ希望シ、茲ニ特ニ誠意ヲ披瀝シテ陳述シ、速ニ具体的回答ニ接センコトヲ期待スルモノナリ。又現地関係ノ事項ハ参考ニ供スル目的ヲ以テ其ノ実情及進行状況ヲ記述セルモノナルニ付、貴国政府ニ於テ之ヲ諒解シ援助促進セラレンコトヲ希望ス。

上述各項以外貴国政府ノ国民政府強化方針、対重慶工作、東亜聯盟及軍器借款等ノ事項（朱線）ニ付テモ具体的ニ協議スル必要アリト思惟スルモ、右ハ事態重大ニシテ且ツ根本的問題ナルヲ以テ、主席自ラ陳述（朱線）スル所アルヘシ。以上（此等ハ主席陳述后考慮スルノ形式ヲトルコト）（頭書）

五月二十四日在南京日高公使発在京本多大使宛公文

（欄外朱印）極秘

（欄外丸朱印）★JAPANESE EMBASSY★CHINA★在中華民国大日本帝国大使館

拝啓　陳者曩ニ周財政部々長ヨリ下半期予算編成ニ関聯シ、上半期予算ニ比シ相当ノ経費増ヲ予想セラルル為、之ニ応スル収入増ヲ計リ度趣ヲ以テ具体的増収案ニ付協議アリタル次第、並ニ右ニ対スル係官一応ノ見解ハ外務大臣宛電報ニテ御承知ノ通ナル処、今般係官ヲシテ対案ヲ作成セシメ茲ニ御送附候ニ付、折返シ何分ノ御指示賜度ク候。

右案ハ支那側並現地軍側ト協議ノ上、本省及興亜院宛報告致スコトニ手筈ヲ定メ、目下各方面ト聯絡中ニ有之候モ、大体趣旨ニハ異論ナキ模様ニ有之候。万一修正ヲ見タル際ハ更ニ御連絡致度。

青木顧問ニ於テモ御異議ナク候。為念申添候。敬具

昭和十六年五月二十四日

在南京　日高公使

在京　本多大使

（別紙）

（朱印）極秘

国民政府下半期予算充当経費捻出ニ関スル内面指導要領（案）

判　決

国民政府下半期予算編成ノ為メ所要ノ自然増収以外ノ新規財源ハ統税率ノ増加ニ依ル増収、広東（為シ得レハ厦門共）ニ於ケル海関剰余金並漢口送リ塩ニ対スル中央税増徴金等ヲ以テ充当スル如ク処置セシムルヲ適当ト認ム。

理由

一、財政部長内示セル一般予算中ノ増加支出ヲ考察スルニ、主トシテ治安工作上所要ノ軍事、警察等ノ強化及一部物価騰貴ニ伴フ経費等ニシテ、全般的ニハ（月三千四百五十万元ヲ三千二百万元程度ニ緊縮ノ予定）緊急止ムヲ得サルモノナルノミナラス、事変協力並ニ国民政府ノ強化育成上ヨリ見テ寧ロ適当ナルモノト認ム。

二、別個会計ニ属スル清郷工作費ハ所謂日支協力ニ依ル治安安定地域設定ノ為メノ新シキ試ミニ属シ、之レ亦適当ナル支出ト認メラル。

三、此等財源トシテ財政部カ増収ヲ企図シアルモノノ内、自然増収ニ属スル部分ハ一応妥当ト認ムルモ、新税トシテ計画シアル砂糖税及葉煙草税ハソノ名目如何ニ拘ラス、実質的ニハ輸入税ノ新設タルヲ免レス、且ツ円滑ナル徴収ヲ期スル為メノ施策期間等ヲ考慮セハ、時間的ニ困難ヲ伴フモノト認メラルルヲ以テ将来ノ問題ニ譲ルコトトシ、ヨリ合理的ト認メラルル統税ノ増徴並ニ広東（為シ得レハ厦門共）海関剰余金ニ依ラシムルヲ可トス。

四、新支出トシテ申出アリタル主トシテ遮断統制施設並ニ之ニ伴フ内部物資疏通促進施策ハ、国民政府ノ希望トシテ適当ナル施策ト認ムルヲ以テ、従来軍方面トノ協議ノ線ニ沿ヒ着手セシムルコトハ緊要ナル可シ。而シテ之レカ財源ノ捻出案ハ差当ノ対策トシテ概ネ妥当ト認メラル。

処理

一、新税収入ニ代ル可キ財源トシテ統税中ノ巻煙草税五割増、棉糸布税十割増ヲ暫定的（傍線）ニ実施ス。

二、巻煙草税五割増ノ為メニハ現在許可サレアル搬出量ヲ適度増量スルヲ要ス可ク、之レカ主タル相手方タル英米煙草トノ折衝ハ、軍ト密接ナル連絡ノ下ニ国民政府ヲシテ実施セシムルモノトス。日本系煙草会社トノ折衝モ之ニ準ス。

尚、右実施ノ場合ニ蒙ルコトアル可キ日本資本現地所在ノ煙草会社ニ対シテハ、要スレハ別途善処策ヲ考究スルモノトス。

三、綿糸布統税ハ一応十割増トス。

統税中ノ大部ハ事変以来増税ヲ実施シタルモ、綿糸布ニ対シテハ未タ之レヲ行ハス、従ツテ従量税タル該税ハソノ単価数倍ト成レル今日、依然従来通リノ額ニシテ財源的見地ヨリスレハ通貨価値ノ下落ニ依リ実質上従来ノ四分ノ一以下ノ収入タル現状ニアリ。新財源ヲ必要トスル此ノ際、右程度ノ増税又止ムヲ得サル可シ。而シテ之レカ実施ニ当リテハ治外法権国民タル邦人会社ニ賦課スルノ要アルヲ以テ、日本側現地官憲ハ本処置カ治外法権ノ根本問題ニ触レサル建前ノ下ニ時局下ノ暫定処置トシテ取扱フヘキ態度ヲ決定シ、ソノ協助ノ下ニ順序トシテハ国民政府ヲシテ当事者ニ折衝セシムルモノトス。

尚、右実現ノ上ハ別途農鉱部主管トシテ計画中ノ棉花改進費充当ノ棉花課税ハ之レヲ中止シ、本収入ヨリ支弁セシムルモノトス。

四、広東（為シ得レハ厦門トモ）海関余剰金ハ此ノ際ノ右需要ニ応セシムル為メ、之レヲ中央ニ帰属セシムル如ク措置スルモノトシ、之レカ現地案取纏メノ為メニハ特ニ広東ハ陸海軍最高機関、厦門ハ海軍機関ノ協力ニ俟ツモノトス。

五、別途追加支出申出アリタル遮断統制施設並ニ之ニ伴フ物資流通促進策ノ為メ必要トスル下半期所要経費ハ、一応ノ目途トシテ広東海関既存積立金ノ一部（兵器購買費ニ充当ノ残余）並漢口送リ塩ノ中央税増加部分（一担二円五十銭ノ予定）等ヲ彼此勘案ノ上決定シ、下半期予算ニ掲〔計〕上スルモノトス。

六、右各項ト財政部試案ニ依ル新規収入トヲ比較表示セハ左記ノ如クニシテ、若干ノ収入見込余剰ハ一応総予備財源トシテ茲ニハ留保スルモ、右ハ下級官吏ノ増俸（臨時手当）等ニ充ツル予定ナリ。

左記　（月額数字）

財政部試案			本案		摘要
a 一般財政	砂糖新税	七〇万元	煙草統税	三〇〇	差引余剰九〇内外
	煙草税	一〇〇万	綿糸布統税	一〇〇	
b 清郷費	広東海関余剰 煙草搬出寛和	二四〇万	海関余剰	一〇〇	
c 遮断統制施策並ニ之レニ伴フ物資流通促進費	広東海税既積充金ノ一部		同上	不明	収入ヲ限度トシテ施設ス
	漢口向塩ノ一部増税		同上	九〇	

五月二十七日本多大使発松岡外務大臣宛支大秘第二五八号写

支大秘第二五八号

昭和十六年五月二十七日

（頭書）大使　（青印）写

在中華民国

特命全権大使　本多熊太郎

外務大臣　松岡洋右殿

汪主席ノ東京六大新聞通信社整理部長等ニ対スル談話報告ノ件

今般華中鉄道ノ斡旋ニ依リ「読売」「国民」「都」「報知」ノ整理部長、「中外」ノ整理部次長、「同盟」ノ校閲部長当方面ノ視察ニ来レルカ、五月二十二日田華中鉄道副総裁同道（当館々員同行）、汪主席ヲ往訪セル処、汪主席ハ新聞ニ発表セサルコトヲ条件トシテ支那ノ現情ニ関シ別添ノ如キ感想ヲ述ヘタリ。

右報告申進ス。

本信写送付先　在支各総領事、杭州、蘇州、蕪湖、九江、満大

（別紙）

汪主席ノ東京六大新聞通信社整理部長等ニ対スル談話要旨

（昭和十六年五月二十二日）

国民政府ハ還都以来既ニ一年有余ヲ閲シタルカ、何等差シタル治蹟ナク慚愧ニ堪ヘサル所ナリ。

現下ノ支那ノ情勢ヲ概観スルニ天下三分ノ形勢ニ在リ。即チ㈠日本ヲ背景トスル国民政府ト、㈡蘇聯ヲ背景トスル西北ノ共産党ノ占ムル地方ト、㈢英米ヲ背景トスル西南ノ重慶政権是レナリ。右天下三分ノ形勢ハ事変後認メラレタル所ナルカ、欧洲戦争ノ拡大ニ伴ヒ益々明白ナル存在トナリ、従テ自分ノ重慶離脱当時予想セル全面和平ノ達成ハ実ニ容易ナラサル情勢トナレリ。今自分ハ此ノ三分立ノ形勢ニ関シ、物心両面ヨリ若干ノ検討ヲ加ヘ度シ。

先ツ思想的ニ見ルニ、自分等ノ率キル国民政府ハ和平反共建国ノ根本方針ヲ樹立セルカ、右ハ日本ノ言ハルル東亜新秩序ノ建設ト言葉ハ異レトモ同一思想ナリ。此ノ思想ハ国民党ノ思想ニシテ、孫文先生ノ所謂大亜細亜主義ハ正ニ之レナリ。次ニ共産党ハ言フ迄モナク共産主義ヲ遵奉シ居リ、蘇聯ノ第三「インター」ノ抱懐スル思想ナリ。又重慶側ハ英米側ノ資本主義・自由主義ヲ保持シ居リ、右ハ宋子文・宋美齢・宋慶齢等所謂宋一家ノ欧米心酔ノ思想ニシテ、之ニ蔣介石カ結合シ此ノ思想ニ支配セラレ、且之ヲ擁護セントシ居ル次第ナリ。

此ノ三者ノ思想ヲ比較スルニ、我々ノ抱懐スル和平反共建国ノ思想カ最モ正シキモノト確信シ居レリ。蓋シ此ノ思想ニ依リテコソ初メテ東亜ノ共存共栄ノ和平郷ヲ作リ得ヘケレハナリ。日華両国ノ今次ノ不幸ナル事件ハ、此ノ思想ノ欠如ニ起因ス。日華両国ハ骨肉相喰メハ必ス一方ハ傷キ、一方ハ仆ルヘシ。之ニ反シテ日華両国民相提携セハ自給自足ヲ遂ケ得テ他ニ対抗スルヲ得ヘク、合理的ナル和平ニ貢献スルヲ得ヘシ。自分ハ重慶脱出後、此ノ思想ノ普及徹底ヲ計レルカ、此ノ一年間ニ於テ相当ノ思想的共鳴者ヲ得、此ノ思想カ他ノ思想ニ比シ正シキモノナル自信ヲ深メタリ。

然レトモ共産主義ハ支那ニ移植セラレテヨリ既ニ二十二三年ヲ経過シ無産階級ニ滲潤シ、最近ハ表面民族主義的傾向ヲモ帯ヒ来リ軽視スヘカラサル共鳴者ヲ有シ、我々ノ和平反共建国ノ思想ヲ徹底セシムル上ニ於テ一大障害ヲ形成シ居レリ。又重慶側ノ思想ハ百年前ニ支那ニ紹介セラレタルモノニシテ国民ノ各層ニ残存シ居リ、是レ亦一朝一夕ニ排撃シ得ルモノニ非ス。共産主義ト自由主義トハ固々対立セル思想ナルカ、現在ニ於テハ抗日ノ「スローガン」ニ依リ連繫ヲ保持シ、我々ノ思想ト対立シ居ル状態ナリ。

次ニ三者ノ物質的方面ニ就キ検討スヘシ。

共産党ハ西安事変当時ニ在リテハ勢力極メテ微弱ニシテ、将ニ風前ノ灯ノ如キ観アリタルカ、事変後俄ニ勢力ヲ拡大シ、今ヤ三四十万ノ兵力ヲ有シ其ノ背後ニ外蒙古・蘇聯ヲ控ヘ新疆、甘粛及山西・陝西ノ一部ニ強固ナル地盤ヲ形成セリ。重慶ハ今尚百万ノ軍隊ヲ有シ、財政的ニモ英米ノ莫大ナル援助ヲ受ケ居レリ。客年来二回ニ亘リ米国ヨリ五千万弗宛ノ借款ヲ得タルカ、右ハ法幣ニ換算セハ十九億元ト言フ莫大ナル金額ニ上ル次第ナリ。武器弾薬軍需品ハ日本軍ノ封鎖ノ為減少セルカ、英国ハ「ビルマ」ノ領土ヲ開放シ、米国ヨリノ武器弾薬軍需品ノ輸送ニ便宜ヲ与ヘ居レリ。「ビルマルート」ハ日本軍ノ爆撃ニ依リ鉄橋ハ破壊セラレタルモ、夜間ヲ利用シ且応急ノ木橋ヲ随時随所ニ仮設シ輸送ニ努力シ居ル趣ナリ。飜ツテ我々ノ国民政府ヲ見ルニ、遺憾乍ラ此ノ三者ノ中ニテ勢力最モ微弱ナル存在ナリ。

共産党ト蘇聯トノ関係ハ密切〔接〕不可分ニシテ如何ナル場合ニ於テモ断絶スルモノニ非スト自分ハ信シ居レリ。最近松岡外相カ努力セラレテ日蘇中立条約ヲ締結セラレ重慶ニ相当ノ打撃ヲ与ヘタルカ、蘇聯ト中共トノ関係ハ断絶セラレス、依然トシテ密切〔接〕ナル連繋ヲ保持スヘシ。仮リニ中国共産党ノ思想カ普及シ天下ヲ取ルニ至ラハ、右ハ「ソヴイエト」聯邦中国政府トナルヘシ。又重慶ハ英米ノ為ニ自国ノ領土内ニテ日本ト戦争シ居ル次第ニテ、全ク英米ノ為ニ国帑ヲ費シ人民ヲ犠牲ニ供シ居レリト言フモ過言ニ非サルヘシ。

三者ノ勢力ハ叙上ノ如ク共産党モ重慶モ実力的ニ見テ国民政府ノ大敵ナリ。

三者ノ背後ニ在ル勢力関係ヲ見ルニ支那ニ直接勢力ヲ有スル点ヨリ見レハ、蘇聯及英米ハ日本ト比スヘクモ非ス。日本ハ最モ大ナル実力ヲ以テ支那ニ臨ミ居レリ。客年十一月三十日ノ日華間新条約ニ依リ、此ノ実力ノ最モ大ナル日本ト最モ微弱ナル国民政府トカ思想ヲ同クシテ相提携シ時局ヲ開拓スルコトトナリタルカ、自分ハ微弱ナル我カ政府ヲ顧ミ不安焦慮ノ念ニ馳ラレ、時ニハ東亜ニ於ケル和平ノ責任ヲ共同ニ担当セル我カ政府カ、斯ノ如ク微弱ニシテ生クルニモ非ス死ヌニモ非サル状態ヲ継続シテ果シテ存在ノ価値アリヤ否ヤニ付疑惑ヲサヘ持ツコトアル実情ナリ。

国民政府ノ実力ハ日本ノ実力ノ中ニ存在シ居レリ。之ヲ生カスモ殺スモ現在ニテハ日本ノ思ヒ通リトナルヘク、従テ実力ヲ有セシムルニハ日本ノ全幅的援助ニ俟タサルヘカラサル状態ナリ。

自分カ重慶ヲ離脱シ河内ニ在リタル際、影佐、犬養（健）、矢野（征記）ノ三氏カ来ラレ共ニ和平救国ノ方策ヲ協議セルコトアリタルカ、当時我々ハ此ノ我々ノ考ヘヲ実現セシムルニハ並大抵ノ業ニ非ス、到底短日月ニテ到達セシムルヲ得サルカ、或ハ五十年後ニ於テ或ハ百年後ニ於テ必スヤ日支両国民ノ子孫カ我々ノ考ヘノ正シカリシヲ認識スルノ日ノ来ルコトアルヘキヲ語リ合ヒタリ。

自分ハ幼少ヨリ革命党ニ加入シ現在迄革命ニ従事シ来レリ。革命ハ無力ヨリ実力ヲ産ミ出スモノニシテ、赤手空拳ヲ以テ天下ヲ取ル政治工作ナリ。自分ハ革命ノ熱情ヲ以テ事ニ当リ、殆ント一小勢力ノ国民党ヲシテ天下ヲ取ル迄ニ発展セシメタル一人ニシテ、此ノ熱情、此ノ覇気ヲ以テ和平反共建国ヲ推進シ居ル次第ニシテ、思想的ニハ我々ノ主義カ天下ニ共鳴ヲ得ルコトヲ深ク確信シ、此ノ点ニ光明ヲ感シ居ル次第ナリ。

日本ニ於テモ幸ニ我々ノ立場ヲ了解セラレ度、過般松岡外相カ莫斯科ニ於テ成功セラレ重慶ニ対シ少カラサル打撃ヲ与ヘタルカ、斯ノ如キコトカ米国トノ間ニモ成立スルヲ得ハ、我々ノ工作ハ著シク進展スヘク、更ニ大ナル光明ヲ増スヲ得ヘシ。

以上ハ卒直ナル自分ノ見解ヲ披瀝シ、諸君ノ参考ニ供シタル次第ナリ。

（昭和一六、五、二九）

五月二十九日日支合弁事業ノ調整ニ関スル件

極秘（朱印）

日支合弁事業ノ調整ニ関スル件

第一、方針

支那側財界人等ノ和平陣営ヘノ転向ヲ誘致シ、国民政府ノ和平能力ノ培養鞏化ヲ図ル政治的必要ノ緊切ナルニ鑑ミ、此ノ際中支方面ニ於ケル日支合弁事業ニ付、日支条約ノ規定及精神ニ準拠シ、速ニ調整ヲ行フモノトス。

第二、要領

調整ノ目標ハ差当リ中支那振興株式会社ノ関係子会社事業中、我方ノ戦争遂行ノ必要又ハ重要国策ニ緊密ノ関係ナキ部面ニ指向シ、概ネ左ノ要領ニ依リ国民政府側ト協議ノ上実施スルモノトス。

一、華中都市公共汽車股份有限公司

本公司事業ハ適当ノ条件ノ下ニ支那側公共団体（省、市、県政府等）ノ経営ニ移譲スルカ、又ハ地方ニ於ケル民族資本ノ誘致ニ之ヲ利用シ、公有民営的企業法ヲ採用セシム。

二、華中蚕糸股份有限公司

本公司ニ付テハ斯業ノ独占権ヲ廃止シテ之ヲ一般営利会社ノ地位ニ引直シ、且支那側現物出資ノ評価、出資比率、人事構成等ニ付調整ヲ行フ。

右現物出資ノ再評価ニ当リテハ輸出生糸ノ調整ニ関スル支那側協力ノ点ヲモ斟酌ス。

第三国市場ニ対スル日支両国ノ輸出生糸ノ調整ニ関シテハ、本公司自体ノ統制実施機能ヲ廃シ、別ニ両国間ノ協議ニ依リ適当ノ措置ヲ執ル。

三、華中水産股份有限公司

本公司ニ付テハ其ノ特権ヲ廃止シテ之ヲ一般営利会社ノ地位ニ引直シ、且出資比率等ニ付調整ヲ加フ。

本公司経営ノ上海及南京ニ於ケル魚市場ハ速ニ各市政府ノ経営ニ移譲ス。

日満支漁業政策ノ中支ニ於ケル統制実施ニ関シテハ本公司自体ノ統制実施機能ヲ廃シ、別ニ三国間ノ協議ニ依リ適当ノ措置ヲ執ル。

四、華中塩業股份有限公司
本公司ニ付テハ業務ノ重点ヲ海州塩ノ増産ニ置キ、且海州塩業ノ企業体トシテノ地位ヲ確立ス。

出資比率及人事構成等ニ付テモ適当ノ調整ヲ加フ。

本公司ノ現ニ行ヒツツアル中支全般ニ亘ル塩ノ買付及配給ノ統制ニ関シテハ、国民政府ノ塩務行政権尊重ノ趣旨ニ基キ速ニ之カ調整ヲ計ル。

五、上海恒産股份有限公司
本公司ノ業務中都市建設事業及港湾建設事業ハ成ルヘク速ニ上海市政府又ハ国民政府ニ移譲ス。

支那側現物出資ノ評価ニ付再検討ヲ加フルト共ニ支那側土着資本ノ誘致ヲ可能ナラシムル如ク工夫ス。

六、大上海瓦斯股份有限公司
資本構成ニ付支那側土着資本ニ対シ更ニ開放的態度ヲ執リ、其ノ誘致ヲ見ル如ク工夫ス。

七、華中水電股份有限公司
当面ノ問題トシテ支那側現物出資ノ再評価及人事構成ニ於ケル支那側参加ヲ考慮ス。

附記　本件調整実施ノ為、必要ニ応シ日支共同委員会ヲ設クルモノトス。

五月三十一日影佐少将ノ日高公使・中村参事官ニ対スル内話

（欄外青印）部外秘

（欄外頭書）本多大使

五月三十一日影佐少将ノ日高公使・中村参事官ニ対スル内話

五月三十日汪精衛ノ影佐少将ニ内話スル所ニ依ルト、李済琛ノ主任秘書李某（超民）カ密使トシテ来寧シ汪主席ニ対シ語ル所ニ依レハ、李済琛、李宗仁、白崇禧ハ元来汪精衛ノ和平建国ニ賛成ナリシモ、汪カ政府ノ建設ヲ急キタルカ為ニ之ニ参加シ得サリシ次第ナリ、若シ汪カ政府ヲ建設セスシテ外ヨリ之ヲ援ケタナラハ一層効果ナリシナラン、現在江西、安徽、湖北、湖南ニ亘リテ広西軍ハ約十分ノ七ヲ占メテ居ル（影佐少将ノ観測ニ依レハ十分ノ三位ナラン）モ、元来広西軍ハ先ツ立ツテ抗日ヲ主張セル経緯アルヲ以テ、今日和平建国ニ参加スルト云フコトハ重慶カ今尚抗日ヲ継続セル際ナルヲ以テ、頗ル「デリケート」ナル関係ニアリ、然レ共抗日ト云フモノハ抑々侵略ニ対スル対抗ナルヲ以テ、日本カ全面和平後撤兵スルコト確実ナルニ於テハ、抗日ヲ撤廃スルモ差支ナキ筋合ナリ、依ツテ先ツ日本ノ誠意ヲ見タシ、就テハ日本ハ其ノ誠意ヲ示ス証トシテ武漢ヨリ撤兵シ、其ノ地域ヲ広西軍ニ譲ルニ於テハ広西ハ和平建国ニ賛成スヘシト述ヘタリ。

之ニ対シテ汪ヨリハ、武漢ハ抑々日本カ血ヲ以テ購ヘル地方ナリ、従ツテ自分ヨリ斯カル条件ノ下ニ日本軍ノ撤兵ヲ日本側ニ持出スコトハ之ハ不可能ナリト答ヘ、更ニ話ヲ進メ李済琛カ若シ停戦ノ希望ヲ述ヘタル和平反共ノ通電ノ原稿ヲ汪精衛ニ提出スレハ日本軍ニ取次キ停戦成立ノ上ハ武漢ヲ地盤トシテ与フル旨ノ約束ヲ取リ付ケ、和平ノ通電ト停戦ノ命令ヲ同時ニ発表スル案ナラハ日本側ニ取次キテ然ルヘシト答ヘタリ。

尚李秘書ハ和平建国ニ賛成スルモ、当分ハ汪ノ政府ニハ参加セサルモ差支ナキヤ、日本ト汪カ締結シタル条約ハ修正出来サルモノナリヤ、又条約以外ニ密約アリヤ、支那ハ世界戦争ノ渦中ニ投スルコトナキヤ等ノコトヲ質問シタルニ付、汪ヨリ然ルヘク答ヘ置キタリ。

汪ノ質問ニ答ヘテ彼ハ満洲問題ハ今更言フモ野暮ナリ、北支問題ニ付キテハ自分等ハ北支ノ特殊化ニハ反対ナルモ、国防資源ニ付便益ヲ与ヘルコトハ差支ナイト思フト答ヘタリ。尚李ハ事変後日本カ全部撤兵スルコト事実ナラハ、和平運動ニ入ルコトハ確実ナリト繰返シ繰返シ述ヘ居リタリ。

汪ノ観察ニ依レハ、李宗仁、白崇禧、李済琛、閻錫山等カ全面和平運動ニ投シ来タルナラハ、龍雲モ又入ルコト確実ニシテ、斯クテハ全面和平ハ百歩ヲ進メルコト可能ナルヘシ、今回ノ申出ハ李、白等カ汪ノ和平陣営ト重慶ノ抗日陣営ノ中間ニアルモノニシテ、頗ル意義深キモノアリ、曩ニ四川ヨリ和平問題ヲ持出シ来タルモ、四川ハ馬腹長鞭遠ク及ハス、又四川軍ハ日本カ兵ヲ重慶ニ進メルコトヲ前提トシ居ルモ、今回ノ広西ノ申出ハ日本カ武漢ヲ撤退スルコトヲ前提トシ、元々広西ハ大体四川ト異リテ言フコトニ疑ヒカナイト思ハレル。

以上ノ話ニ対シテ影佐ヨリハ、今日日本ハ重慶ニ対シ大打撃ノ準備ナルヲ以テ、差当リ此ノ話ヲ持出ス勇気ナキモ、一応考量シ見ルヘシト答ヘ置キタリ。

六月本多熊太郎談話

(朱印)極秘

(国民政府発展の業績)

国民政府は去る三月三十日還都一週年を迎へたのだが、日本の承認を得てより可成りの仕事をしてゐる。還都一週年の間の仕事の中なんと言つても日支条約を締結したことは其の最も大きな業績として挙げなければならぬだらう。本条約の締結により日支提携の基本方針は確立した。今日満洲国と互に承認し大使を交換してゐる。之れは汪兆銘にしてはじめて出来たもので、満洲国の独立を承認する政治家は他に一寸いない。

日華基本条約の締結は東亜新秩序の建設上非常に飛躍的のものであることは勿論、現に戦争遂行中に条約を結んだといふことは非常な価値があり英断である。

建軍に就ても陸軍海軍共其の整備を急いでゐる。

還都一週年記念日に際しては、南京に第一回軍事会議を開いたが、旧直隷派、旧中央、旧安福派の将領と、北支、南支から将領が約二千名、汪兆銘の招集に応じて参集した。成立後年なほ若い国民政府としては非常な成功である。

近く清郷工作を始めるため清郷委員会が組織された。昨日の新聞に南京電報として載せられてゐたが、之れは一定地区を選んで日本軍の指導下に日支協力して治安を確立し、その上で国民政府軍が其の維持を図り、斯くして現地日本軍の負担を軽減するのだ。斯うすることが歩一歩和平に導く途なのだ。

尚、現地に於ては此方で想像してゐるやうに軍は必ずしも支那を虐めてゐるのではない。今は亡き大角（岑生）大将は非常に良い人であつたが、あの人が国民政府の海軍再建に力を注いでゐたが、今我が日本海軍の指導協力下に海軍将校の訓練をなしつゝある。

財政々策の現状は相当順調に進展してゐる。国府一ヶ月の予算は二千五六百万元だが、過去一年間に於ては月々の剰余金を残し、之を準備金として例の中央儲備銀行の設立を見た程である。之れは日本側の指導に依るもので、東京商工会議所の木村理事長が顧問となつてゐるが、既に上海、蘇州、杭州、無錫其の他重要都市五、六箇所に支店を設け、其の新法幣も流通区域を逐次拡大しつゝある。

重慶側が行員にテロを行つた事等は見様によつては同行が其の存在価値を示すものに他ならない。今後の日本のやり方如何では大いに力のあるものとならう。

国民政府の業績が着々挙つてゐることは以上でも明であるが、然し一面其の行政機構にしても厖大なものとなつてゐる。之れは将来の発展に備へた当然のものではあるが、現実は必ずしも総べてが地についてゐるとは言へぬ。

国民政府治下の地域は事実上日本の属国見たいなものだ。現在は保護政治が行はれてゐる。日華基本条約に就ても公表されない協定なり、其の他貴重なる幾多のものがある。支那は完全に日本のものである。一時的と言ふやうな考へ方は間違つてゐる。

現実に日本のものだ。今日本が手を退いたとすれば、忽ち無政府状態となる。共産組織は今尚華北の到る処にあり、北京は共産主義の一つの城郭見たやうなものである。肝心の治安は保ち得るどころではない。それで日本の制海権、制空権が必要なのだ。

作戦上日本軍の統制による部分が多いことは当然にしても、経済部門で何でもかんでも日本人の手に依らねば承知せぬやうなところが多すぎる。之れでは折角和平建国の熱意に燃える人々でも熱意が失せて来る。其の上日本の方針が兎角浮ついて明瞭を欠いてゐる様では動揺するのが当り前だ。こんなことでは到底駄目である。自分の今度の進言は此の国民政府を飽く迄育て上げる日本の方針をはつきりすることだ。何も難しいことではない。昨年締結した日華基本条約の精神を実施するにある。之は既に廟議で決定してゐることなのだ。此の根本方針をはつきりして更に現地にどし〳〵適用しなければならぬ。其の場合核心を為すのは民生問題だ。民心を把握することが肝要である。

戦争の過程に於て民心の把握といふことは非常に困難なものだ。国民政府治下の江蘇、浙江、安徽の地域では住民の其の生活水準は事変前の三分の一、或は四分の一に低下した。重慶側は七分の一に低下してゐる。一方は和平建国であり、他方は臥薪嘗胆、焦土抗日であるからには其の相違は当然であらうが、国民政府治下では生活水準も高く生活難も無いといふのでなければならぬ。それでこそ民衆もついて来るのだ。ところが現状は如何。其の旗印にも不拘、米が足らぬ、魚もない、水道も完備してゐない。之れが民衆には日本軍が占領してゐるからだと宣伝される。国民政府の危機だ。

日本としても斯る行詰りを打開せねばならぬ。現地の軍では既に実行にかゝつてゐる。今日政府もぐづ〳〵してゐる秋ではない。

地方経済の不振は一面対重慶作戦上の経済封鎖からも招来してゐる。従つて今後作戦上に支障を来さぬ限度で現在の物資搬出入規則を緩和して、地方経済の運営を図ることとなつた。口先だけで皇道政治、東亜新秩序の建設と言つただけでは支那民衆はついて来ない。又企業に就ても日支合弁の主旨を忠実に実行して支那人に活動分野を与へねばならぬ。

経済の大本を確保することは日支経済提携の主旨から当然であり、既に基本条約で其の大綱は取極められてゐる。南京の市街バスや上海の魚市場を日本人の手に取つて仕舞はねばならぬ必要が何処にある。忠勇なる勇士が屍を埋めたのはこんな利権ではあるまい。此の意味で治安維持を主眼に出来た臨時政府或は維新政府の時代のやり方は改めるべきだ。

国策会社の運営に就ても再検討を要する。僕は現地の誰よりも強硬な意見を持つてゐるんだが、国策会社の重役級の多くは日本官界出の恩給取りで、料理屋、花柳界等の一番の御得意は国策会社の連中で、其の素行が鼻つまみになつてゐるのが多い。全く困つたことだ。

外交上の育成策も軍の方でどし〳〵やつてゐるのに、ボンヤリしてゐる時ではあるまい。私はイデオロギーで外交をやることは嫌ひなのだ。政府は速に新しい政策を決めねばならぬ。

今度汪兆銘が日本に来る目的は、今後の日支提携合作に進む具体的方法に就き一般的に意見を交換するにある。茲で諸君の心得迄に言つて置くが、日本の内閣々僚或は政治家と同じ様に汪兆銘を見たら大変な間違ひなんだ。彼は行詰つたらサッサと退く人なのだ。呂《栄寶》満洲国大使が話した中に満洲国の進むべき道は日本と協力してやつて行く、この一つである、然し乍ら国民政府に対しては同じことは言ひかねると斯ういふことを言つてゐる。国民政府の大臣共は果して現状が何年続くかといふやうな考へから、なんでも金でもこしらへて置けといふやうな大臣が多い。お国はもつとシッカリとした指導原理の下に育成に当らねばならぬと言ふのだ。実に名言であると思ふ。

東亜新秩序の一環として独伊は国民政府を正式承認すべきだ。

之れは同盟条約第二条に拠る当然の結論だし、同時に日本の偉力発揮から言つても当然の措置だ。

(対重慶和平説)

日本の国民政府に対する方針が兎角はつきりせぬ印象を与へる時、重慶と直接和平等の雑音が入るのは害あつて益はない。巷間重慶との和平説が流布されてゐるが、媾和等と一時の浮気を起してはならぬ。重慶側に対して外務大臣が内的外的に和平工作に当つてゐるといふ消息がある。東京の相当の消息通がそんなことを言つてゐる。然しそんな馬鹿なことをする外相ではない。

蔣介石は最近アメリカの援助積極化によつて、共産党弾圧と併行して抗日戦争を十分続け得ると思ひ込んでゐる。従つて国共衝突が抗日力の弱化と思ふのは日本側の希望的観測に過ぎない。

たとひ国共は分裂しても抗日は捨てない。蔣は日支和平は日本軍の全面的撤退を第一条件としてアメリカを通じて申込めと豪語してゐるさうだ。そんな相手に和平工作が出来るものかどうか、支那側でもさうだが、日本人の中にも政府の意を受けたやうな顔をして策動してゐるブローカーが上海あたりにウロ〳〵してゐる。しかしそんな連中は何れも金儲け仕事だ。政府がそんな命令を出したことは全然承知してゐない。こんな活動は却つて重慶の強がりを増し、日本を見くびる位がオチだ。之れを真に受ければ日本の本心を疑ふのは当り前だ。和平工作をコソ〳〵やつてゐる輩は治安を妨害するものとして措置すると外相に言つてやつたところ、外相からそんなことを頼んだ事実は全くない、又必要を認めない、自分の方でも相当の処置をすると電信を打つて来てゐる。日本の方針は日華基本条約に明かな如く国民政府を守り立てゝ、先づ和平建国の実例を示し浮足立つてゐる重慶側の要人達を国民政府に合流させるのでなければならぬ。和平等と浮気な考へは断乎排すべきだ。然し此の考へが日本政府部内・民間の一部にある。

現に重慶側は戦争倦怠気分が漲り、日本軍を見ると直ぐ逃出す。武器も相当悪くなつたやうだ。

青年層には日支和平が可能なりやと真面目に研究されてゐるが、之れには英国あたりが日本に瞞されるなと水をさしてゐる。こんな時に一応決定した廟議を覆すやうなことをしたら何うい ふ結果になるか。

興亜院のことに関しては興亜院は軍司令官・大使等と対等の立場に居るものでもなければ、勿論軍略をやるところでもない。事実やつてゐることは間違つてゐる。尚、二道（途）政治云々は、そんな事実は全くない。機構問題のことだらう。外相には注意して置いたのだが、外務省の栄養不良の蒼白い顔をした連中が興亜院を呑まうとすれば却つて反対の結果となる。

揚子江開放問題に就ては開放はしないが、交戦権は第三国に遠慮して発動しなかつた。今揚子江は日本海軍の保護指導なしには安全に航行し得ざる状態である。揚子江開放は未だ考へて居らん。又開放せぬことになつてゐる。自分は交戦権は発動しなければならぬと思つてゐる。

(日ソ中立条約)

条約の出来た直後は重慶も確かに打撃を受けた。然し支那事変とは大して関係はない。ソ聯は援蔣を止めない。又日本も反共を止める訳ではない。スターリン《(Iosif V. Stalin)》の御機嫌と支那事変には何も関係はないのだ。援蔣はアメリカが一段と積極化して来てゐるから、日ソ中立条約成立を有頂天になつて喜ぶなどは大国民としてどうかと思ふ。唯、満洲国と外蒙の相互承認附属宣言は事変処理に相当の効果はあらう。之れは五年前からの自分の持論だ。

(東亜聯盟問題)

其の四大綱目たる政治の独立、軍事同盟、文化、交通、経済合作は誰しも異議の無いところだ。然し日本と支那では運動の方法に自ら相違のあることも当然であらう。日本では之れが或る種の政治運動化した嫌ひがあつた。東亜聯盟の機構は国際聯盟の機構を直訳的に持つて来たものだ。我が国情と相容れないことは当然である。又同聯盟に従来重きをなしてゐた石原《(莞爾)》君の問題を繞り陸軍部内に於ける経緯等、斯る際は此の運動も機構も改革して再出発すべきだ。運動の出方が拙かつた疑惑を一掃する必要があるではないか。

(事変処理と対米関係)

日ソ中立条約が出来るとアメリカは早速五千万弗の法幣安定資金を供与した外、重慶側に不利な事があると直ぐ手を打つのが最近のアメリカだ。最近の駐支大使の更迭も、既に前大使《(Nelson T. Johnson)》では本国政府の積極政策に追付けぬ為だ。カリ《(Lauchlin Currie)》特使にしても一時支那側に不利なやうな報告をしたとも伝へられたが、其の実際は正反対だ。遮二無二蔣を援けるのが今日のアメリカの政策だ。アメリカはビルマに飛行機組立工場を作つて蔣が最も欲しがつてゐる飛行機を送つてゐる。国共衝突にもアメリカは警告してゐる。そのやうな国と事変処理の話が出来るものではあるまい。自分は在野当時に第三国の干渉に依つて支那人を仕末しようといふことは非常な誤りだと発表したことがある。石井《菊次郎》・ランシング《Robert Lansing》協定で日本を持ち上げて後のワシントン会議で叩きつけたのがアメリカではないか。事変処理に第三国の干渉は絶対に不必要だ。全面和平といふものは短期間に出来るものではない。異民族がやつてゐると仮定すれば、少くとも支那を統一するに百年はかゝるだらう。

国民政府の人々もアメリカの出方には関心を持つてゐる。日本としては殊更に慎重に行動すべきだ。国民政府の要人達は国際情勢の動きに就ては絶えず勉強してゐる。一番勉強せぬのは日本の大臣である。彼等が特に日本の新聞雑誌を飜読してゐることは非常なものだ。うつかり怠けてゐると、支那人の方が日本のことは良く知つてゐる。南京政府の連中は年も若く、北支の連中よりは新体制だ。過去の歴史から戦は下手だと言つてゐる。以上

六月二日日高代理大使発松岡外務大臣宛電信第三五一号写

昭和16　五三七六三　（暗）　南京　六月二日後発
本省　六月二日後着

外機密（欄外朱印）　本多（欄外朱印）　電信写（欄外朱印）

松岡外務大臣　日高代理大使

第三五一号（館長符号扱、部外秘）

総軍ヨリノ極秘聞込ニ依レハ、大蔵省ニ於テハ軍票価値維持ノ為ニ新ニ軍票一億円法幣五千万元ヲ以テ軍票平衡資金ヲ設定シ、中支方面ノ軍票ヲ上海ニ於テ財務官ノ手ニ依リテ操作スルノ案ヲ樹テ総軍宛内意ヲ徴シ来リタルニ付、両三日前大体差支ナキ旨回答シタル趣ナリ。右ハ本省ニ於テ既ニ御承知ノ事カト存スルモ、為念内漏ス。

上海ヘ転電セリ。

六月四日日高代理大使発松岡外務大臣宛電信第三五五号写

昭和16　五三八一〇　(暗)　南京　六月四日前発
本省　四日後着

(欄外朱印) 外機密　(欄外朱印) 本多　(欄外朱印) 電信写

松岡外務大臣　　　　日高代理大使

第三五五号（館長符号扱、大至急）

四日国民政府ニ達シタル電報ニ依レハ周仏海ノ母（六十六歳）及妹婿等ハ郷里湖南ニ於テ蔣介石ノ為ニ捕ヘラレタル趣ナリ。上海ヘ転電セリ。

六月四日日高代理大使発松岡外務大臣宛電信第三五六号写

昭和16　五三八〇八　(暗)　南京　六月四日前発
本省　四日後着

(欄外朱印) 外機密　(欄外朱印) 本多　(欄外朱書) 懇電スミ　(欄外朱印) 電信写

松岡外務大臣　　　　日高代理大使

第三五六号（館長符号扱、大至急）

往電第三五五号ニ関シ

周仏海ハ多大ノ衝動ヲ受ケ訪日モ中止シタキ旨汪主席ニ申出居リ、目下慰留中ナルモ、周ハ国民政府ノ一大推進力ナルヲ以テ、彼カ消極化スルコトハ影響至大ナルニ付、慰留及激励ノ趣旨ヨリ予ネテ親交アル閣下、近衛首相及本多大使ヨリ早速御懇電ヲ賜ハルヲ得ハ幸ナリ。（了）

六月十五日広西軍及孫良誠（山東）トノ連絡ニ関スル汪主席談話要領

（欄外朱印）極秘　（欄外頭書）総陸海大臣ヘ手交　（欄外頭書）六月十八日於宮中　多（花押）

日高公使

広西軍及孫良成〔誠〕（山東）トノ連絡ニ関スル汪主席談話要領（六月十五日）

一、五月末李済琛ノ使者李乃超カ李宗仁、白崇禧及ビ陳斎棠ヲ代表シ来寧、自分ニ連絡シ来レル次第ハ影佐少将ヲ通シ御承知ノ通ナルカ、今次ノ代表ハ従来四川劉文輝ノ代表其ノ他トハ其ノ地位ニ於テモ又其ノ言フ所ニ於テモ意義ヲ異ニスルモノアリ。

(イ)李代表ハ従来重要ノ地位ヲ占メ、現在ニ於テモ李済琛ノ主任秘書タル信用スヘキ人物ナリ。

(ロ)其ノ齎シ来レル要点ハ李、白及李ノ三人ヲ根幹トシ、之ニ雲南・貴州ノ軍並ニ何応欽ヲ引入レントスルモノニシテ、之カ成功セハ蒋介石ノ全兵力ノ五分ノ三ヲ喰取ルコトトナル。

板垣総参謀長ヨリ本計画失敗セルトキハ日本軍ニモ軍事上ノ危険ヲ及ホス虞アリトノ意見アリタルニ対シ、同代表ハ敢テ危険ヲ負担スル決心アリ、日本軍ニ御迷惑ハ掛ケス、策戦ニモ邪魔セヌ覚悟アリト述ヘタリ。

本計画成功ノ場合、三ツノ結果予想セラル。

(1)蒋介石カ大局ヲ観テ辞職スル場合（最良ノ場合）

(2)蒋カ大勢ニ鑑ミ思ヒ切ツテ自ラ本運動ニ投スル場合

(3)蒋カ共産党ト結託シ実力ヲ以テ彼等ヲ攻撃シ来ル場合（最悪ノ場合）

之等ノ場合ヲ予想シ、先ツ日本軍ニ対シ武漢撤退ヲ要求セルカ（桂林爆撃ノ停止及安徽・湖北両省ニ対スル進撃ノ停止ノ要求ハ事実ニ現ハスコトナクシテ、日本軍ノ軍事行動ヲ求ムルハ無理ナリトテ取付ケサリキ)、之ハ日本軍側ノ拒絶ニ遭ヒ撤回セルカ、重ネテ要求シ来レル点ハ民国二十八年自分(汪主席)カ広東ニ於テ安藤軍司令官ト約束セル局部停戦ニ関スル件ハ現在モ尚有効ナリヤ、ニアリ。右ニ対シ自分ハ当時ヨリハ二年ノ時日ヲ経タル故更メテ畑、板垣両将軍ニ御話シタル処、依然有効トノ言明ヲ得タルニ付、板垣中将ヨリ自分宛ノ手紙ヲ貰ヒ、之ヲ代表ニ与ヘ持帰ラシメタリ(註、右書翰ハ暗号電報ニテ打合ハセノ上情勢許サハ之ヲ携行シ、然ラサレハ全文ヲ暗記シテ行ク手筈ナリ)。其ノ大意ハ、

(1)軍事上責任ヲ負ヒ得ル要路ノ者ヲ派遣セハ之ト停戦交渉ヲナスコト

(2)広西軍ノ防地ヲ尊重セラレタキコト

(3)和平ノ意思ヲ表明セハ友軍ト認メ、之ヲ援助シ差支ナキコト

自分ハ右ノ手紙ヲ手交シ英仏軍敗退ノ暁、独軍ヨリ武装解除ノ憂キ目ヲ見タルニ比シ、今斯カル条件ニテ和平ヲ実現スルハ絶好ノ機会ナレハ、熟慮断行セヨト説キ諭シタリ。

同代表ハ引続キ板垣将軍ニ面会シ(晩餐ヲ供セラル)現在上海ニ在リ、近ク出発ノ予定ナルカ、香港・桂林・重慶・老河口ヨリ安徽方面ニ廻ルニハ一ヶ月乃至四十日ハカカル見込ナリ。

此ノ事ノ成否ハ不明ナルカ、彼等ノ言分ニハ重要ナル理論ヲ含ムコトハ注意ニ値ス。

(1)広西代表ハ四川軍代表等カ日本軍カ前線ヲ攻撃スルコトヲ希望スルニ反シ、却テ日本軍ノ現駐地ノ後退ヲ希望スルコト

(2)両李及白ハ代表ヲ派遣スルニ当リ語ツテ曰ク、「今南京ニ行クハ危険ナリ。証拠トシテ書キ物ヲ与フル訳ニ行カサルモ、汝ハ汪主席ノ許ニ居テ働キタルコトアリ。会ヘハ分ルヘシ。汪主席ニ面会ノ上ハ「汪

主席ハ日本軍占領治下ニテ工作シ居タルコト故、万一失敗スルモ汪個人ノ没落ニ止マルヘキモ、我等ハ防地ヲ有ス。若シ失敗シテ日本軍ニ占領セラルレハ売国奴トナル次第ナレハ、其ノ間趣ヲ異ニスルモノアリ。其ノ為今直チニ汪主席等ノ許ニ入ルコト不可能ナリ」ト述ヘヨ」ト言ヘル由ナルカ、之ハ一理アリ。

⑶両李及白又曰ク「吾人カ和平ヲ口ニセハ部下軍隊ノ心理動揺シ、若シ蔣カ吾人ヲ攻撃セハ更ニ動揺ヲ来スヘシ。若シ日本軍カ其ノ機ニ乗シ進撃シ来ラハ総崩レトナリ、全支那ヲ挙ケテ日本ノ占領地トナルコトアルヘク、吾人ハ之ヲ憂慮スル次第ナレハ、吾人カ蔣ト戦フ場合ニモ日本軍ハ吾人ヲ攻メサル保障ヲ与ヘ得ラルヘキヤ」ト。之ハ誠ニ深刻ナル言ニシテ、日本軍ノ武漢撤退ヲ要求シ、又少クトモ停戦協定ノ成立ヲ見タル上決行スヘシト言フモ理アリ（如何ニモ李、白ラシキ言ヒ分ナリ）。最後ニ彼等ハ抗戦ニ付テハ蔣介石ノ命ヲ受ケタルカ、和平ニ付テハ汪ノ指導ヲ受クヘキ処、停戦成立後直ニ国民政府ニ加入スルコトハ出来ス、其ノ為ニハ適当ノ場所ニテ親シク自分（汪）ト㈠国民政府ノ改組及㈡日支条約一部ノ修正ニ付相談シタシトノコトナルニ付、自分ハ㈠国民政府ノ改組ニ付テハ責任ヲ以テ解決スヘシ、㈡条約修正ニ関シテハ、

㈦基礎的ノ条項ニ付テハ修正不可能ナルモ、㈺全面和平実現ヲ見サル間ハ必要ナリトシテ規定セラレタル条項ニ付テハ全面和平ニ一大巨歩ヲ進メタル次第ニモアリ、出来得ル限リ日本側ト相談スル様尽力スヘシト答ヘ置ケリ。

本件ニ付テハ畑大将ト二回、板垣中将ト四回会見、御相談シタルカ、先方代表ノ言分モシツカリシ相当望ミアル様思ハレ、両将軍トモ十中六七分成功ノ可能性アリト見居ラルル様子ナリ。

二、山東防衛司令孫良誠（旧山東省主席、目下部下約一万五千ヲ有ス）ハ先般代表ヲ遣ハシ、先ツ山東省主席ヲ要求シ拒絶ニ遭ヒ、次テ安徽省主席ヲ要求シ之モ断ハリタル処、山東省内ニテ現在重慶系ノ県長ヲ任命シアル四十八県ノ行政権ヲ要求セルカ、之ハ華北政務委員会ノ行政範囲ナレハ自分ヨリ与フル訳ニ行カス、其ノ他ノ要求（改編費月八十万弗ヲ含ム）ハ大体聴キ入ルルコトトシ、現在先方ノ返事ヲ待チ居ル状況ニテ、本県モ十中七八ハ成功ノ見込ナルルカ、自分ノ直感ニ依レハ、北支軍ハ孫カ已ムヲ得ス帰順シ自発的ニアラサル点ニ於テ本件ヲ重要視セサルモノノ如シ。

三、之等ノ方策成功セハ孫軍ハ結局一万二三千ナルヘキモ、李・白等ハ三四十万ニ及フヘク、蔣軍ノ半ハ以上ヲ占ムル事態ナレハ相当ノ費用ヲ要スルコトトナルヘキ（蔣ノ軍費毎日千五百万弗ニ比シ、国民政府ノ支出毎月二千四五百万弗ニ過キス）処、其ノ暁ニハ日本軍カ相当ノ兵力ヲ節約シ得ヘキニモ顧ミ、国民政府ヨリノ借款申出ヲ考慮出来ルコトトナレハ誠ニ好都合ナリト考ヘ居レリ。

六月十七日中村参事官発日高公使宛公文

（欄外頭書）Honda

維新学院解消ニ伴フ国立上海大学設立ニ関シ、別紙ノ通リ高裁案ヲ作成シタルニ付御覧ニ供ス。

本案ハ学校経営ナル専門事項ニ属シ、今後久シキニ亘リ関係ヲ有スル重大問題ナルカ、文化局長ニ於テ責任ヲ以テ作成シタルモノニ付、貴公使ニ於テ御同意ナルニ於テハ大使ノ御決裁ヲ仰カルル様御取計相煩度シ。

昭和十六年六月十七日

中村参事官

日高公使閣下

（別紙）

高　裁　案

昭和十六年六月十四日　起案

昭和十六年　決裁

審議会　補佐室　石黒（朱印）　主任官　椎野（朱印）　中森（朱印）　詫間（朱印）

大使　本多（朱印）　中村（署名）

中村　金沢（朱印）

日高公使（不在）（承知）日高（朱印）　伊東文化局長（承知）

土橋武官（不在）土橋（朱印）

維新学院解消ニ伴フ国立上海大学設立ニ関スル件

本件ニ関シテハ別紙ノ通リ処置致シ可然哉、仰御高裁。

（別紙）

維新学院ハ昭和十三年以来日本側ニ於テ、当時破壊セラレ居タル旧復旦大学建物ヲ修理シ、之ニ中支各地方ヨリ優秀ナル青年ヲ選抜シ入学セシメ、専ラ中堅分子養成ヲ目的トシテ教育シ来リ、現在マデニ約五百名ノ卒業生ヲ輩出、夫々各地方ニ於テ活動シ相当ノ成績ヲ挙ゲ来リタリ。然ル所国民政府還都ト共ニ、維新学院モ中華民国ノ学制ニ則リ四囲ノ情勢ノ変化ニモ即応セシムルノ必要ヲ認メ、之ガ改組ニ関シ興亜院華中連絡部ニ於テ研究ヲ進メ来リタルトコロ、ソノ案ニ基キ四月三十日大使館審議室ニ於テ協議、更ラニ之ヲ興亜院本院ニ移シ、去ル五月二十一日連絡委員会主任者会議ニ於テ左記ノ如キ処理方針ノ決定ヲ見タリ。

維新学院解消ニ伴フ国立上海大学設立ニ関スル件（昭和一六、五、二一）

連絡委員会主任者会議諒解

一、方針

維新学院ノ解消ニ伴ヒ同学院ノ施設ヲ利用シ、国民政府ヲシテ中国ノ農業ノ振興ヲ図リ且日華産業提携ニ必要ナル中国ノ人材ヲ養成セシムル目的ヲ以テ、国立上海大学ヲ設立セシムル如ク指導スルモノトス。

二、要領

一、維新学院ノ使用シツヽアル土地、建物、設備等ハ国立上海大学ヲ設立スル目的ヲ以テ国民政府ノ管理ニ移スモノトス。

二、国立上海大学ハ昭和十六年九月ヨリ開校ス。差当リ農学院ヨリ開設スル如ク指導スルモノトス。

三、国立上海大学ニハ所要ノ日本人教授ヲ招聘セシメ、之ニ要スル経費ノ一部ハ日本側ニ於テ之ヲ助成ス。但シ農学院完成ニ至ル迄ノ間、設備ニ要スル経費ノ一部ヲ助成スルコトアルベキモノトス。

依ツテ別冊国立上海大学設立計画書ニ基キ、国民政府ヲシテ国立上海大学ヲ設立セシムルヤウ指導シ、維新学院解消ニ伴フ件ヲ処置致シ度。

（別紙）

秘（朱印）　国立上海大学設立計画書　（略）

六月二十一日松岡外務大臣発在京本多大使宛亜一外機密第六九二号

（欄外朱印）外機密　（欄外黒印）九部ノ内一号　（欄外右袖書）別紙添附

亜一外機密第六九二号

昭和十六年六月二十一日

外務大臣　松岡洋右　外務大臣之印

在京

特命全権大使　本多熊太郎殿

国民政府強化ニ関シ本多大使ニ対スル回答ノ件

国民政府ノ育成強化ニ関シ今般別紙ノ通決定ヲ見タルニ付テハ、委細右ニ依リ御承知ノ上之カ具体化方此上共御尽力相成度。

本信写送付先　在京日高公使、在北京（大）、在上海

（別紙）

六月十一日興亜院連絡委員会諒解「本多大使ニ対スル回答」

（朱印）外機密

ナリ。

本多大使ニ対スル回答　（昭一六、六、一一）

国民政府ノ育成強化ニ関スル我政府ノ方針ハ何等変更ナク、中央各庁ニ於テモ鋭意之カ具体化ニ努力シ居ル次第ナリ。

五月十四日貴大使携行ノ「一般方針」ニ記載セラレ居ル諸案件ニ付、以下政府ノ見解ヲ列述スルコトトスヘシ。

第一、一般的事項

一、第三国就中我カ枢軸ノ盟邦タル独伊等ノ国民政府承認ニ関シテハ成ルベク速ニ之カ実現ヲ計リ度キ考ナリ。

二、対重慶和平工作ヲ実施スル場合ニアリテハ適（朱線）時国民政府ト連絡シ、以テ十分ナル協調ヲ図ルヘシ。

三、国民政府ノ実質的強化ニ関シテハ作戦上直接ノ必要及帝国綜合国力ノ強化ニ背馳セサル如ク各般ノ問題ニ付極力之カ速ナル具体化ヲ図ルヘシ。

第二、具体的諸問題

一、物資搬出入ニ関スル件

物資ノ敵地流出防止ニ対シテハ対重慶経済戦ノ見地ヨリ日支協力シテ益々之カ合理的強化ヲ図ルト共ニ、占領地内ニ於ケル物資流通ニ対スル現行制限ニ関シテハ合理的調整ヲ加ヘツツアリ。

而シテ軍票ノ価値維持方策ニ関シテハ中央ニ於テモ積極的合理化ニ努メツツアリ。

二、普通敵産又ハ我方管理ノ家屋等ニ対スル件

普通敵産及不在所有者ノ為管理中ノモノニ付テハ、逐次支那側ニ返還シツツアリ。

三、合弁会社経営ニ関スル件

軍事上及国防上特ニ重要ナルモノ以外ニ付テハ調整ニ異存ナキヲ以テ、現地各機関トモ協議ノ上具申セラ

レ度シ。

四、治外法権ニ関聯スル課税、経済統制等ノ暫定的調整

治外法権ノ原則トモ関聯スルヲ以テ慎重ニ取扱ヒ度ク、支那側ノ課税ヲ正式承認スルコトハ未タ其ノ時期ニ非ス。

経済統制ニ関シテモ其ノ合理的且適当ナルモノニ付テハ、我方行政権ノ発動トシテ之ヲ実施スル等ノ方法ニ依リ日支協力ノ実効ヲ挙クル如ク考慮中ナリ。

国民政府ノ財政強化方策ニ就テハ別途考慮中ナリ。

五、国民政府ト其ノ治下ノ諸機関トノ関係調整ニ関スル事項

日支新条約ノ精神及規定ニ準拠シ、各地域ニ対スル国民政府ノ権威ヲ浸透セシムルカ如ク調整ヲ図リツツアリ。

六、政治ニ関スル主権尊重原則ノ件

広ク人材ヲ求ムル意味ニ於テ各級地方政府ニ対スル国民政府ノ人事権ノ発動ヲ不必要ニ阻碍スルカ如キ意図ナキモ、治安トモ関聯アルヲ以テ自発的ニ日本側ニ連絡セシムル如ク内面指導スルノ要アリ。

七、国民政府ノ財政強化

治安確立、税制整備、統治地区内ノ経済振興ニ依ル民力涵養等ニ依リ国民政府ノ財政的基礎ヲ鞏固ナラシムル如ク此ノ上共協力スヘシ。

備考　以上諸問題中現地ニ於テ処理シ得ルモノハ現地各機関ト連絡ノ上処理シ、中央ノ指示ヲ侍ツヘキ事項ニ付テハ具体案ヲ中央ニ具申スルモノトス。

（別紙）

五月十四日本多大使携行在南京大使館作成「一般方針」

（欄外青印）極秘

一般方針

帝国政府既定ノ方針タル国民政府育成強化ヲ具体化スル為ニハ凡ソ次ノ三方面ヨリ考察スルヲ要ス。

一、国民政府ノ国際的地位ヲ向上セシムル為ニハ成ルヘク多数ノ第三国ノ承認ヲ速ニ招致スルコト、殊ニ我カ枢軸ノ盟邦タル独伊等ノ諸国ノ承認ヲ取付クコト。

二、対重慶工作ヲ施行スルニ当リテハ国民政府ト十分ナル協調ヲ取リ、之ニ着手スルヲ要ス、其ノ時期方法ニ付テハ遺憾ナカラシムル事ヲ期スコト。

三、国民政府ノ実質ヲ強化スル為ニハ各方面ヨリ之ヲ緊急具体化ヲ計ル必要アリ、之カ詳細ニ付テハ別ニ研究ス。而シテ其ノ内容ノ多クハ軍関係ノ事項ナルヲ以テ、之ヲ外部ヨリ迫リテ実施ヲ強フルガ如キハ固ヨリ不可ナルニ付、専ラ軍ノ自発的施策ヲ協力シ軍ノ負担ノ軽減ヲ計ル様措置スルヲ可トス、現ニ存在スル経済関係諸規則、殊ニ物資搬出入規則又ハ敵産ノ管理等ハ或作戦ノ過程ニ於テハ一時絶対必要ナリシモ、作戦ノ進展ト治安ノ確立ニ伴ヒ、今日ニ於テハ調整シ得ル事項モアリ、之等ハ国民政府ノ要請ヲ俟タス我方ノ自発的ノ措置トシテ実行ニ移スベキモノト思考セラル、又友邦トシテノ国民政府ノ健全ナル発展ヲ庶幾スル為ニハ、国民政府ガ確実ニ其ノ治下ノ民心ヲ把握スルコト緊要ニシテ、我方ニ於テモ亦国民政府ヲシテ対重慶作戦ノ遂行ニ協力セシムルト共ニ、可能ナル範囲ニ於テ国民政府ノ威信ヲ重カラシムル様之ヲ鞭撻シ、且之ニ協力スルヲ肝要トス。

今日ニ於テハ国民政府要人間ニ於テハ聊カ前途ニ対スル希望ヲ失ヒツツアルカ如キ報道頻リナルニモ鑑ミ、国民政府ヲ安心セシメ積極的ニ行政ニ専心シテ我方ノ事変処理ニ協力セシムル為ニハ、成ルヘク速ニ我方ニ於テ施策ヲ必要ト認ムル事態ハ速ニ之ヲ実行ニ移スコト一層効果的ナリト思考セラル。斯ル観点ニ立チテ国民政府ノ育成強化ヲ具体化スル為ニハ多々重要事項存スヘケンモ、凡ソ左ノ事項ニ着手スルヲ可トスヘク、又我方ニ於テ実行スル事項ハ何レモ条約又ハ其ノ関係書類ニ予定セラレタルモノニシテ、新ナル義務ヲ負担スル次第ニアラス。又其ノ実行ノ範囲及順序ハ重点ヲ国民政府ノ御膝元タル蘇浙皖三省ニ於ケル国民政府ノ実力浸透ノ実現ニ置クコト可然。

一、物資搬出入規則ノ再検討（之カ根源ヲナス軍票問題対策ノ再検討ヲ含ム）
二、敵産又ハ我方管理ノ家屋等ニ対スル再検討
三、国策会社経営ニ関スル再検討
四、治外法権ニ関聯スル課税、経済統制等ノ暫定的調整
五、国民政府ト其ノ治下ノ諸機関ノ関係調整ニ関スル事項
六、政治ニ関スル主権尊重原則ノ具現化
七、国民政府ノ財政強化ヲ計ルコト

尚、経済事項ノ調整ハ一朝ニシテ実現スルコト困難ナルモノアリ。其ノ間国民政府ヲシテ日支経済提携ノ前途ニ希望ヲ失ハシメサル為ニハ目前特殊ノ事態ノ必要ヨリ生起セル各種事態ノ改善調整措置ヲ講スルコトト並行シテ、将来ノ日支合作ノ方式等ニ関スル共同研究ヲ開始スルコト亦必要ナルヘク、之カ為ニハ全国経済委員会日本側顧問ノ指導ニヨル研究立案ヲ進メシムルト共ニ、内約ニ予見セルカ如キ日華経済協議会ノ組成ヲモ考慮スルコト可然。

以上ノ方針ニ基キ現地諸機関カ協力一致実行ニ当ルコトノ緊要ナルト共ニ、中央ニ於テモ最高方針ヲ決定セラレ直属機関ヲ督励セラレ、速カニ之カ実現ヲ命セラルル様措置セラレタシ。

一、物資搬出入規則ノ再検討

本件ハ経済戦遂行ノ為軍ノ管掌スル事項ニ属シ、上海周辺及接敵地点ニ於ケル取締強化問題ト一体不可分ノ関係ヲ有スルモノニシテ、総軍ニ於テハ之カ調整ニ関シ数次ニ亘リ支那側要路ト懇談ヲ重ネアルトコロナルモ、元来本件ハ制限ヲ受クヘキ物資ノ種類、統制ノ方法、制限ノ地域ノ三方面ヨリ特ニ左記ノ点目的別ニ検討ヲ必要トスヘシ。

1．物資ノ種類ハ本規則制定ノ目的ニ鑑ミ公平ナル見地ニ立チ、専門的ニ之ヲ取捨選択ス。

2．物資搬出入統制政策ノ樹立及実施ニ支那側機関ヲ参加協力セシム。

3．差当リ三角地帯ニアリテハ、占領地域内ニ於ケル一般物資ノ交流ハ原則トシテ制限スルヲ要セサル如クス。

改正案ヲ考慮スルニ当リテハ冒頭一般方針ニ述ヘタルカ如ク、現ニ統制ヲ実行シツツアル軍側ノ意見ニ依ル所大ナルモノアリ。吾人トシテハ主トシテ軍ノ措置ニ協力スルノ趣旨ニ出ツヘシ。

（第一調書A、B及C参照）

二、敵産ノ解除及不在者家屋返還ノ再検討

現ニ支那人ノ動産・不動産ニシテ制限ヲ受ケ居ルモノハ軍用敵産、普通敵産及敵産ノ決定ヲ受ケサルモ、所有者ノ不在ナル為ニ軍ニ於テ管理シツツアルモノニ分類スルヲ得ヘシ。

1．軍用敵産ハ軍自体ノ管理使用シ居ルモノ（約二千件）。

2．普通敵産ハ華中連絡部次長ヲ委員長トスル敵産処理委員会管理ニ任サレ居ルモノ（約二千件）及

3．不在者ノ為ニ陸軍特務機関及海軍復興班ニ於テ管理シ居ルモノ（敵産ノ約四倍ニ当ル）ノ三種類ニ分類シ居ルモ、此等ハ何レモ敵性アルモノ及軍事上ノ必要ニ依リ已ムヲ得サルモノノ外ハ保護管理ノ措置ヲ執レル迄ニテ、日支新関係調整ノ原則ニ即シ合理的方法ニ依リ支那側ニ移管セラルヘキモノナリ。

特ニ国民政府ノ首都タル南京ニ於テハ国民政府ノ権威ヲ高ムル見地ヨリモ積極的、具体的協議ニ入ルヘキモノナリ。

（第二調書参照）

三、日支合弁事業ノ調整

日支合弁事業ノ内、国有財産ノ評価適正ヲ欠クモノノ再評価又ハ不当価格ノ是正及出資ノ割合等ハ日支協議ノ上ニ於テ決定スヘキ事項ナルカ、支那側ノ申出ヲ待チ又ハ我方ヨリ進ンテ積極的ニ成ルヘク速カニ整理調整ヲ必要トス。

（其ノ詳細ハ別紙第三調書A及B参照アリタシ）

四、治外法権ニ関聯スル課税、経済統制等ノ暫定的調整

課税ヲ正面ヨリ承認スルヲ得サルモ、事前ニ充分日本側ニ協議セシムルコトヲ主眼トシ、我方ノ同意シタル種類及税率ニ関シテハ治外法権問題ニ触ルコトナク、公平ノ見地ヨリ日本人ニ対シテモ納入スル様積極的ニ指導スルコトニ暫定的ニ調整シタク、経済統制ニ関シテモ之レニ準シ取扱ヒタシ（第四調書参照）。

五、国民政府ト其ノ治下ノ諸機関ノ関係調整ニ関スル事項

差当リノ施策トシテハ三角地帯内ノ事項ニ重キヲ置クヘキモ、北支カ往々独立的傾向ニ走ル傾向アル為ニ、

国民政府ニ於テ過分ニ神経ヲ刺戟シツツアル事実アルニ鑑ミ、徐海道方面ノ調整ニ関シ総軍ニ於テハ既ニ秘密裡ニ準備ヲ進メツツアルモ、該地域ニ国民政府ノ政治力ヲ侵〔浸〕透セシムル様適当ナル是正ヲ計リ、南支及武漢方面ノ事項ニモ軍事上差支ナキ限リ漸次適当ナル調整ヲ加フルヲ必要トス（第五調書参照）。

六、政治ニ関スル主権尊重原則ノ具現化

本件ニ関シテ主タル問題ハ所謂人事権ノ確立ニシテ、往々地方ニ於ケル支那人ノ人事カ特務機関又ハ連絡官ノ干渉ヲ受ケ、中央政府ノ威力ヲ徹底セシメ得サル実例アリトスルカ支那側ノ主張ナルカ、総軍ニ於テハ固ヨリ斯ル意思ヲ有セラルル次第ニアラサルニツキ、軍ノ真意ヲ一層徹底セシメ、此等ノ関係ヲ条約ニ規定セラレ居ル如ク正常化ヲ計ルコト極メテ好マシト認メラル。

第六調書参照

七、国民政府ノ財政強化ニ関スル件

国民政府ノ財政ハ概要特別調書第㈠号記載ノ通リニシテ、新ニ創立セラレタル政府トシテハ相当健全ナルモノモ新政府カ実施スヘキ事業、例ヘハ治安維持ヲ目標トスル清郷工作、帰順兵ノ給与又ハ法幣ノ購買力減少ニ伴フ諸物価ノ昂騰ニ対シテ諸給与ノ増加等ハ何レモ巨額ノ経費ヲ要シ、且ツ緊密ナルモノナルニ付、我方ニ於テモ多大ノ鞭撻ヲ要ス。此レカ対応策トシテハ新政府ハ新税ノ制定ハ民心把握ノ見地ヨリシ困難ナルヲ以テ、物資ノ移動ヲ自由ニシ内外ノ経済活動ヲ繁ニシテ自然増収ヲ計ル様仕向クルコト又緊急事ナリト思考セラル。

尚、国民政府ノ財政中ニハ合弁会社ノ払込、補助金等我方関係ノ事業ハ民国三十年下半期ニ於テ約五千万元ニ達シ、財政収入額二千五六百万元ノ二ヶ月分、即チ財政収入ノ三分ノ一ニ達スルモノアルハ注目ニ値ス

（特別調書二）。

七月一日駐華帝国大使館「国民政府並ニ之カ指導ノ現況」

（朱印）極秘　（青印）01　昭和十六年七月一日

（青鉛筆書き）七月十一日於東京御舩（伝蔵）中佐ヨリ領　多（花押）

国民政府並ニ之カ指導ノ現況

駐華帝国大使館

国民政府並ニ之カ指導現況

一、国府施政ノ重点

国府ハ日華条約ノ締結ニ依リ日華間懸案事項ノ調整ヲ図リ、以テ其ノ政治力強化ヲ策スヘク努力シ来リタルモ、複雑ナル各種原因ニ依リ政治経済上有効ナル調整ハ進捗セス、而モ皇軍作戦上ノ要求ニ基ク現地経済施策（敵地ニ対スル物資流出ノ禁断、皇軍ノ現地調弁、軍票価値維持、以上各項ニ伴フ主要物資ノ経済統制）ノ影響次第ニ深刻ヲ加ヘ来リ（物資不足及物価騰貴、法幣暴落、実質所得ノ減少ニ因ル深刻ナル生活難）、民心ノ離反延テ治安騒乱ノ兆スラ懸念セラルル情勢ニ陥リタルヲ以テ、国府ノ施策ハ是等民生対策及逼迫セル国府経済状況ノ打開ニ専念シ、且是等ト表裏一体ノ関係ニ在ル治安工作ヲ最重視シ、斯クシテ治下民心ヲ安定シ国府ノ基礎ヲ堅メツツ逐次其ノ政治力ヲ周辺ニ迄滲透スルコトヲ施政ノ重点トナシ、全国経済委員会ノ活動、国軍ノ建設、治安工作ノ拡充ニ多大ノ期待ト努力ヲ傾注シ在ル現状ニシテ、之カ具現ニ必要トスル経費ノ捻出ニ苦慮シ、我方援助ノ下ニ速ニ国府ノ財政強化ヲ計リツツアリ。

即チ汪行政院長自ラ委員長（副委員長周仏海）トナリ、全国経済委員会ヲ設置シ、当面ノ緊急対策トシテ治下経済状況逼迫ノ緩和並民生ノ不安軽減除去ニ全力ヲ尽スト共ニ、国府財政経済ノ恒久的対策企劃ニ努力シツツアリ。

二、国府最近ノ動向

我現地諸機関ハ既定ノ諸方針ニ従ヒ事変ノ完遂ニ邁進スルト共ニ、国府ノ育成強化ト民心ノ把握ニ努力シ来リタル処、作戦行動ニ伴フ已ムヲ得サル拘束多キト共ニ複雑微妙ナル彼我ノ一般情勢ト相俟ツテ、日華条約ニ予見スル重要ナル政治及経済上ノ調整ノ如キモ遅々トシテ進捗セス、国府官民就中主流以外ノ中堅及理想派ノ新人等ハ国府主脳及我方ニ対スル不平不満怨嗟ノ声決シテ尠シトセス。指導上大ニ注意ヲ要スル所ナリ。従ツテ過去一ケ年建国匆々ノ裡ニ於ケル治績ノ挙否ハ兎モ角トシ、施政二年ニ入リタル今日、何トカ以上内外ノ難局ヲ打開スルニ非サレハ国府存立ノ意義ナシト為スハ国府主流要人ノ挙ツテ抱ケル観念ニシテ、悲壮ナル焦燥気分ニ満チ、国府ノ内部ニハ悲観的空気アリテ、過般来汪主席以下カ我国ノ一般積極的ナル援助ヲ要請シテ已マサリシモ亦玆ニ基クモノニシテ、其ノ要項左ノ通。

(イ)物資搬出入取締ニ合理的緩和ノ方法ヲ講シ、物資ノ流動ヲ促進シテ一般経済ノ復興ヲ助成サレ度
(ロ)現地軍ニテ実施中ノ主要物資統制ノ合理的改善ヲ行ヒ、中国側商社ヲモ参加セシメラレ度
(ハ)中支国策会社ノ運営ニ合理的調整ヲ加ヘラレ度
(ニ)敵産又ハ我方管理家屋等ニ対シ為シ得ル限リ善処アリ度
(ホ)徐海道地域ノ実質的行政権ヲ国府ノ権下ニ置カレ度等

而シテ今次汪主席以下主流要人ノ訪日ニ依リ如何ナル結果ヲ招来スルヤハ今後ノ問題ナルヘキモ、必スヤ国府将来ノ進展ニ対シ極メテ有効且強力ナル好影響ヲ与フヘク、既ニ独伊ノ国府承認スルアリテ国際的地位ハ向上シツツアリ。又対重慶弱化、国共分裂紛争激化促進並民心把握等好転ノ兆モ認メラレ、愈々日華提携強化ニ至大ノ効果ヲ齎スヘシト期待セラレアリ。

三、国府指導ノ現況

前述ノ如ク国府ハ現在相当ノ行詰リノ状態ニ在リ。我方ノ国府育成強化及国府指導ノ為ノ施策モ決シテ無為放任セルニ非サレ共、未タ以テ国府ノ難局打開ノ為充分ナラサルヤニ認メラルル次第ニシテ、今後ノ努力ニ俟ツ所大ナルモノアリ。即国府ノ要請ハ国府ノ現状並其ノ能力ニ符合セス、徒ニ国家独立ノ体面保持ニ惰シアルノ感ナシトセサルモ、此ノ点ニ付テハ中国側ノ認識ヲ是正スルト共ニ、我方ニ於テモ足ラサル所ヲ援助シテヤル親心必要ナリ。又事変遂行ノ為ノ我要求トノ調整ノ余地必スシモ尠カラサルノミナラス、現地ニ於ケル我官民ノ対中国側態度ニ於テモ反省ヲ要スルモノアリ。

現在南京ヲ中心トスル我方現地諸機関ハ連絡密且国府育成強化及民心把握ノ方策ニ関シテモ意見一致ヲ見、我方ノ要求ト照応シツツ国府ノ要請ニ対シ改善協力方積極的ニ具体化ヲ進メツツアリ。特ニ当面ノ緊急対策タル国府財政経済問題ニ関シテハ、国府単独ニ善処シ得ル領域甚タ尠ク、善意アル我協力援助ニ俟ツノ外ナキヲ以テ、国府要人ハ有力堪能ナル顧問ノ招聘ヲ熱望シアリテ、二月下旬青木顧問、続テ犬養、難波（理平）、橋井（真）、福田（赳夫）顧問等ノ就任ヲ見タル次第ナルカ、同顧問団ニ対スル国府ノ期待甚タ大ナルモノアリテ、顧問ヲ通シ内密ニ我協力援助ヲ求メツツアリ。其ノ主要事項前掲ノ通、我方ニ於テモ条約上政治顧問等ノ直接指導機関ヲ設置シ得サルヲ以テ、之等顧問団ト緊密ナル連繫ヲ持シ内外相呼応シテ日支円満裡ニ施策、以テ我方要求事項ノ完遂ニ努ムルコト極メテ緊要且最良ナリトス。

要スルニ事変下特殊事態ニ在ル国府ノ現状ニ鑑ミ、我方ノ強力且誠意アル援助ナキ限リ国府ノ存立ト発達トハ共ニ不可能ニシテ、又我方既定方針タル速カナル事変完遂ノ為ニモ国府ノ育成強化ニ依リ我カ脚下ヲ固ムルコト最モ緊要且捷径ナリト認メラルルヲ以テ、速ニ具体的方針ヲ実行ニ移シテ国府ノ現状ニ活ヲ入レ、彼等ヲ誘導シテ政治経済力一段ノ発展ヲ可能ナラシメ、国府ニ対スル帝国政府ノ誠意アル態度ヲ確認セシムルト共ニ、他方彼等ノ対日態度並ニ観念的思想ヲ是正シテ真ニ心カラナル日華提携ノ実現ニ全幅協力セシメ、以テ速カナル事変ノ完遂ヲ期スルコト極メテ緊要ナリト認メラル。

七月十一日外務省東亜局第一課「陳介其ノ他重慶側派遣外交官ノ取扱ニ関スル件」

（昭一六、七、一一　亜一）

（署名）太田

陳介其ノ他重慶側派遣外交官ノ取扱ニ関スル件

（欄外頭書）本多大使　多（欄外花押）　写（欄外朱印）　外機密（欄外朱印）

要旨

陳介其ノ他重慶派遣支那外交官ニシテ独伊等南京政府承認国ニ駐在スル者ノ取扱方ニ関シ、大島（浩）及堀切（善兵衛）大使ハ極メテ潔癖ナル考ヘ方ヲ有シ居リ、右ハ独伊駐在ノ支那側外交官従来ノ態度ニモ鑑ミ洵ニ尤モノ次第ナルカ、当方ニ於テハ汪主席、周仏海、本多大使及影佐少将等トモ連絡ノ上国民政府ノ現状及従来ノ全面和平ノ遣リ方等ニ鑑ミ、余リ窮屈ナル考ヘ方ヲ執ラサルコト可然シト認メ、其ノ趣旨ニテ大島及堀切大使等関係方面ニ電報セリ。要之スルニ大島大使等ニ於テハ従来ノ重慶側外交官ト駐在国関係方面トノ腐縁ヲ断切ラントスル点ニ重キヲ置キ居ルニ対シ、汪主席等南京側ニ於テハ後任補充ノ困難及重慶側ニ与フル影響等ニ重点ヲ置キ居ル所ニ喰違ヒアル訳ナルカ、最近ノ情報ニ依レハ重慶側ハ既ニ承認国ニ於ケル外交官、領事官ニ対シ全部引揚方訓令シ、又陳介及徐隋隣（駐伊代理大使）モ全館員ト共ニ引揚方決意シ、夫々所要ノ手続ヲ進メ居ル模様ニ付、陳及徐ニ付テハ寝返リ工作ハ実際上問題トナラサルヘク、差当ツテハ李平衡ノ起用如何カ残リ居レリ。

（別紙）

陳介其ノ他重慶側派遣ノ承認国駐在外交官ノ取扱ニ関スル経緯

（昭一六、七、一一　亜一）

一、発端

陳介ハ汪主席ノ外交部長時代ニ外交部ニ在職シタル者ニシテ汪トモ関係アリ。又客年九月軍ニ於テ在伯林満洲国公使ヲ通シ陳介ノ寝返リ工作ヲ為シタル経緯アル処、承認国ニ駐在スル重慶側外交官ノ南京側ニ依ル接収及南京側ニ靡カサル者ニ対スル第三国側ノ取扱振等ニ関シテハ、目下ノ所我方ニ於テ南京政府ノ為メ斡旋シヤル外ナシト認メラレタルニ付、念ノ為メ右ニ関スル国民政府側ノ意嚮確メ方六月二十八日南京大使館ニ訓電スルト共ニ右ヲ大島大使ニ転電セリ。

二、南京大使館返電

右ニ対シ南京大使館ヨリ「六月二十九日汪主席ハ陳介及徐隋隣（駐伊代理大使、徐樹錚ノ息ニテ独逸語ヲ能クシ夫人ハ独逸人）ハ自分（汪）ト最モ関係深キ人物ナルモ、自分ノ脱出以来往復ヲ絶チ、今日ニテハ彼等ノ心境モ知ルニ由ナク、又之ヲ説得スル道ハ日独伊ノ御尽力ニ依ル外ナキ状態ナリ。彼等ニシテ和平陣営ニ投シ来ル時ハ固ヨリ現在ノ地位ヲ保有セシムルニ異議ナシ。若シ陳介ニシテ承知セサル時ハ独逸ニハ一日モ速ク大使ヲ派遣スル要アルニ拘ラス、今日ニテハ本国ヨリ派遣ノ道ナク、欧洲ニ在ル者ヲ求メサルヘカラサル処、幸ニ陳公博ノ実業部長時代ノ司長ニシテ寿府ノ国際労働事務局ノ代表タル李平衡ハ予テヨリ南京ニ復帰シ度キ旨度々通シ来リ居リ、経歴ヨリスレハ大使タラシムルモ差支ナク、彼ナラハ必ス承諾スヘキニ付、在寿府日本総領事（小林亀久雄）ヲ通シ説得シ独逸ニ赴任セシムルコト可然シ。若シ陳介ニシテ承知セハ、李ハ駐伊大使トスルモ差支ナシ。書記官級ナラハ在独留学生中ヨリ求ムルコトモ可ナリ」トノ趣旨ヲ語レル旨電報アリ。

三、大島大使ノ意見

(イ)前記一、ノ南京宛訓電ニ対シ大島大使ハ六月二十九日左記趣旨ヲ電報越セリ。

「枢軸諸国ノ南京政府承認後ハ枢軸国駐在ノ支那使臣中南京側ニ寝返リスル者アリトスルモ、此ノ際蔣政権ニ属セシ者ヲ一掃スルノ明確ナル態度ヲ中外ニ顕示スルコト必要ト存セラル。陳介モ個人トシテ特ニ非難スヘキ点ナキノミナラス、才能アルヲ以テ若シ改心セハ支那ニ於テ彼ヲ用フルモ可ナルモ、親支独人トモ腐縁アルニ付、独逸ニ留任セシムルハ適当ナラス、館員モ志操正シキ青年外交官若干ヲ残シ其ノ他ノ大部分ハ変更スルノ要アリ。而シテ陳介ノ後任ニハ経済人ハ兎角当国ノ親支商人ト連絡シ面白カラサルニ付、真ニ日本ト協力セントスル人格良キ人物ヲ選任セラレ度シ。尚、斯カル考ヲ有スル向ナシトハ信スルモ、南京ニ寝返リシタル外交官ヲ残シ将来蔣政権ニ対スル工作ニ用セントスルカ如キハ戒メサルヘカラス。」

(ロ)七月一日大島大使発電報要旨

「独ノ国民政府承認後、汪主席ヨリ直チニ陳介ニ蔣介石ト離レ新政府ニ忠誠ヲ誓フヤ否ヤヲ確メタル後、若シ忠誠ヲ誓ハハ之ヲ起用セシムヘシ。但シ独逸ニ勤務セシメタルコトハ絶対ニ必要ナリ。尚、館員ノ人物ヲ調査シ、反日気分ヲ少シニテモ有スル者ハ悉ク之ヲ避ケ、志操正シキ青年外交官ニシテ新政府ニ忠誠ヲ誓ヒタル者ノミヲ使用スルコトト致度シ。」尚、大島大使ヨリハ在独支那大使館及漢堡総領事館員中抗日反満ノ色彩特ニ強キ者七名ヲ挙ケ、右人物ハ絶体〔対〕ニ退去セシムルノ要アリト認ムル旨意見ヲ具申越セリ。

四、本省訓電

右大島大使来電ニ対シテハ七月五日左記趣旨ヲ回電セリ。

「南京ニ寝返リタル外交官ヲ残シ、将来蔣政権ニ対スル工作ニ用ヒントスルカ如キ考ヲ有セサルハ固ヨリナルカ、従来汪精衛ニ於テ実施シ来レル全面和平ノ遣方（和平陣営ニ投合シ来ル者ヲ拒マス）及国民政府部内ニ於ケル人材ノ不足等ノ点ヨリ国民政府トシテモ蔣政権ニ属セシ者ヲ一掃スルノ明確ナル態度ヲ執リ得サル実状ニ鑑ミ、予テ汪主席ト打合ノ「ライン」ニ基キ前記一、ノ通南京宛訓電セル次第ナリ。」

五、南京側ノ意向

前記大島大使来電ノ次第ハ其ノ都度南京ニ転電シ置キタル処、七月四日中村（豊一）参事官ヨリ汪主席ノ談トシテ「此ノ際独伊等諸国ノ在外使臣ノ人選ハ万事日本政府ノ御助言ニ依リ決定致度、陳介カ独逸ニ在勤スルコト不可ナリト認メラルル事情アルニ於テハ、在羅馬徐代理大使ヲ転出セシムルモ可ナリ。独逸大使館ノミナラス、其他ノ公館ノ接収モ日本政府ニ御一任致度ク、執ルヘキ手続アラハ御教示ヲ得度」旨電報越スト共ニ、「現地ニ於テ見タル国民政府ノ内情ハ人材ノ欠乏甚シク、殊ニ外務部内ニ於テ感セラレ居ルニ付、蔣政権ノ一派ニ断然タル態度ヲ執ルモ後任ノ補充ハ甚シク困難ナリト観測スル」旨電報越セリ。

六、大島大使電報

右ニ関聯シ大島大使ハ更ニ七月五日直接南京宛左記趣旨ヲ電報セリ。

「汪主席ハ依然陳介ノ起用ヲ考慮シ居ル模様ナル処、同人ハ独逸ニ於ケル親支要人ト相当ノ腐縁アルヲ以テ、仮令国民政府ニ忠誠ヲ誓ヒ鞍換スルモ当国（伊ニ付テモ同様ト承知ス）ニハ留任セシメサルコト必要ト存ス。本国ニ於テ可然起用スルハ固ヨリ差支ナカラン。御承知ノ通リ「ヒ」《(Adolf Hitler)》総統及「リ」《(Joachim v. Ribbentrop)》外相等党首脳者ハ絶対ニ日本トノ提携ヲ企図シ、支那ニ対シ何等政治的関心ヲ有セサルモ外務省、経済界ニ支那同情者多ク、国民政府ノ承認ニ不同意ニシテ今以テ重慶政府トノ絶縁ヲ捨テス、又何等カノ機ニ乗シ経済的利益ヲ得ントスル慾心満々タルモノアリ。今次国民政府商人モ「リ」外相ニ於テ是等ノ反対ヲ無視シ、総統ノ決裁ヲ得テ迅速ニ決定セル次第ニ付、此ノ際親支要人ト連絡スル惧アル経済人ノ選任ヲ絶対ニ避ケ、衷心ヨリ帝国ト協力セントスル新人ヲ起用スル様汪ヲ御説得願度シ。」

七、南京側意向

右ニ対シ中村参事官ヨリ七月九日左記趣旨ノ二電アリ。

(イ)「八日重ネテ汪主席ノ意向ヲ質シタルニ、主席ハ陳介起用ハ日華条約締結後、緒民誼、周仏海等ヨリモ進言シ居リタル経緯アリ、且ツ全面和平ノ招来、和平陣容ノ強化ヲ第一義トスル現段階ニ於ケル国民政府トシテハ重慶ニ与フル打撃ノ重大ナル点ヲモ考慮シ、陳介帰順ノ場合ニハ先ツ之ヲ留任セシメ度、尤モ大島大使ノ御意見頗ル御尤モト思考スルニ付、交通機関回復シ本国ヨリ後任者派遣可能トナラハ直ニ帰朝セシメ度ク、又説得不可能ノ場合ニハ李平衡ヲ起用シ度、順序トシテハ陳介ノ帰順ノ内意ヲ確メ得タル後ハ徐《(良)》外交部長ヨリ任命ノ内意ヲ伝ヘ、其ノ回電ヲ待ツテ汪主席ヨリ親電ヲ発スルコトト致度、重ネテ大島大使ノ御配慮ヲ得度キ趣ナリ。」

(ロ)「国民政府殊ニ外交部ハ人材ノ欠乏甚シク、外国ヘノ使臣ノ任命ニハ余程困難ヲ感シ居ルニ付、仮令此際重慶派ニ毅然タル態度ヲ執ルモ後任者其ノ人ヲ得サレハ物笑ト相成ルヘケレハ、屢次ノ汪主席ノ意向御斟酌ノ上差当リ貴電ノ趣旨ニ依リ尽力方大島大使ヘ重ネテ訓令相成度シ。」

(以上二電ハ何レモ大島大使ニ転電済)

八、駐伊堀切大使ノ意見

堀切大使ハ大体大島大使ト同様ノ考ヲ有シ居リ、七月一日「陳介ハ仮令枢軸ニ好感ヲ有シ知日傾向アリトスルモ、最近迄蔣政権ノ代表者トシテ活動シ来リシモノナル以上、一応ハ帰国ノ上南京政府ニ明瞭ニ忠誠ヲ示シ、東亜ノ新秩序ヲ現実ニ感得シタル上ニ非サレハ是カ起用ハ尚早ヲ免レス。当地ニ対シテハ寧ロ庶政一新ノ見地ヨリ南京ニ忠実ナル新人ヲ任命セシメラレ度」旨、及七月八日「徐隋隣代理大使ニ関シテハ当国外務省事務当局ハ、同人ハ蔣政権ノ支持者ニシテ南京政府ノ代表者トシテ好マシカラスト認メ居ル」旨電報越セリ。

九、陸軍側ノ意嚮

駐独大使館附陸軍武官ニ於テ客年陳介ノ寝返リ工作ヲ斡旋シタルコト前述ノ通ナルカ、前記大島大使ヨリノ電報ニ関連シ陸軍省ニ対シ大体大島大使ト同様ノ考ヘ方（但シ大使ノ意見程厳格ナラス）電報アリ。陸軍省係官ヨリ連絡アリタルヲ以テ、右ニ対シテハ前記一、当方ノ訓電ハ同趣旨ヲ陸軍省ヨリ返電スルト共ニ、大使トモ連絡ノ上反日的色彩アルモノノ査報方取計ヒ置ケリ。

七月二十七日外務省東亜局第一課「支那事変完遂ノ為差当リ執ルヘキ措置（政府大本営連絡会議決定案）」

支那事変完遂ノ為差当リ執ルヘキ措置（政府大本営連絡会議決定案）

外機密（朱印）　本多大使用（鉛筆書き）　30部ノ内第9号

（昭和一六、七、二七　亜一）

一、方針

現下ノ国際情勢ニ鑑ミ、支那事変ノ徹底的解決ヲ計ル為メ帝国ハ第三国関係ニ関シ実質上交戦国トシテノ権利ヲ全面的ニ発動シ、以テ重慶政権ニ対スル軍事行動ニ支障ナカラシム。

二、要領

一、帝国軍艦ハ公海及支那領海内ニ於テ第三国船舶ヲ臨検シ、支那未占領地ニ向フ可キ戦時禁制品ヲ積載スルモノニ付テハ海戦法規ニ規定スル処置ヲ講ス。又帝国軍ハ第三国航空機ニシテ帝国軍ノ諒解ナクシテ支那領域内ヲ航空スルモノニ対シテハ、実力ヲ以テ適当ナル措置ヲ講ス。

之カ為メ政府ハ別紙甲号ノ如キ通牒ヲ関係各国政府宛発出ス。

二、支那未占領地内軍事的目標ニ対スル空爆其他ノ攻撃ニ際シ、第三国官民艦船又ハ公私財産ニ対シ与ヘタル損害ニ付テハ、帝国政府ニ於テ右攻撃カ軍事上必要ナル限度ヲ逸脱セリト認メタル場合、及重大ナル過失アリタリト認メタル場合ヲ除キ責任ヲ負ハス。従テ賠償及救恤等ハ之ヲ為ササルモノトス。

（備考）

支那ニ於ケル敵性租界ノ接収ニ関シテハ別途措置ス。

「関係各国政府」トハ国民政府ヲ承認セル以外ノ第三国政府トス。国民政府承認国ニ対シテハ右通告ノ写ヲ参考トシテ送付ス。

甲号

（外務大臣発在京各国大公使宛）

以書翰啓上致候。陳者帝国政府ハ重慶政権ノ徹底的壊滅ヲ図ル為、第三国方面ヨリ重慶政権ニ対シ同政権ノ交戦能力ヲ維持増進スルコトニ役立ツヘキ物資器材ノ供給セラルルコトヲ阻止スルノ愈々緊要ナルヲ認メ、爾今帝国軍ハ公海上及支那領海内ニ於テ第三国船舶ヲ臨検ス可ク、右臨検ノ結果、該船舶カ帝国法令ニ依リ戦時禁制品ト指定セラレタル材料及物件ヲ積載スルコト判明セル場合ニハ、帝国法令ノ定ムル所ニ依リ船舶及載貨ヲ処分致ス可ク、右措置ハ第三国船舶カ中立港ニ到達セントシテ航海中ノ場合ニ於テ其ノ載貨カ支那未占領地ニ仕向ケラレタルモノト認メラルル場合ニモ当然適用セラル可ク候。又第三国航空機ニシテ、予メ帝国軍ノ諒解ヲ得スシテ占領地タルト未占領地タルトヲ問ハス支那領域内ヲ航空スルモノニ対シテハ、帝国軍ニ於テ適当ト思量スル措置ヲ執ル可ク候。

右通報申進旁本大臣ハ茲ニ重テ閣下ニ向テ敬意ヲ表シ候。敬具

乙号

（外務大臣発在京各国大公使宛）

以書翰啓上致候。陳者重慶政権ノ徹底的壊滅ヲ図ル為、支那未占領地域ニ対スル帝国軍ノ攻撃ハ今後更ニ強化セラル可キ処、其ノ際帝国軍攻撃ノ結果トシテ貴国官民船舶及公私財産ニ不可避的損害アリタリトスルモ、帝国政府トシテ一切之カ責任ヲ負ハサル可キヲ茲ニ通告致候。然レ共帝国政府トシテハ貴国官民ニ不測ノ危害ノ及フコトヲ出来得ル限リ避ケンコトヲ希求スルヲ以テ、貴国官民ヲシテ支那未占領地域、殊ニ重慶政権ニ属スル軍事的目標ノ存在スル都市及地区ヨリ撤退セシムル様至急措置セラレンコトヲ勧告スルモノニシテ、右勧告ハ昭和十五

年六月十四日附通告ニ於テ帝国軍ニ於テ攻撃セサル可キ地区トシテ指定セラレタル重慶南岸ノ地区ニモ適用セラルルモノニ有之候。而シテ右重慶南岸ノ特定地区ニ付テハ、目下第三国外交機関等ノ所在シ居ル事実ニ鑑ミ、特別措置トシテ昭和十六年八月十四日迄ハ依然右地区ニ対シ帝国軍ニ於テ攻撃ヲ加フルコトナカル可キ旨申添候。
右通報申進旁本大臣ハ茲ニ重ネテ閣下ニ向テ敬意ヲ表シ候。敬具

七月本多熊太郎発周行政院副院長宛公文案

（欄外頭書）極秘　（欄外頭書）写二通頂キタシ　（欄外朱印）山本　（欄外花押）太田

敬復、陳者貴我双方相関ノ各案件ニ関シ、曩ニ汪主席閣下ノ命ニ依リ五月十三日附貴翰ヲ以テ貴政府ノ希望各項御開示ノ上御依嘱ノ次第敬承、右早速帝国政府ニ転達、此等問題ニ纏綿スル諸般ノ情勢ヲモ親シク当路ニ縷述シ、篤ト考慮ヲ求メ置キタル結果、茲ニ貴翰御開列ノ各項ニ関シ政府ノ旨意ニ依遵シテ左ノ通リ答覆スルノ光栄ヲ有シ候。

甲、各種合弁会社ノ調査ニ関スル件

本項ニ関シテハ軍事上必要ナルモノ以外ニ付テハ既定方針ニ則リ調整ヲ行フベク、本使ニ於テ現地各機関トモ協議ノ上速ニ之ガ具体化ニ努ムベシ。

乙、物資流通ニ関スル問題

現ニ行ハレツツアル物資搬出入取締ハ専ラ作戦上ノ必要ニ出発シ、軍ノ管掌ニ属スル事項ナルガ、物資ノ敵地流出防止ニ関シ貴方ト協力シテ之カ合理的強化ヲ図ルト同時ニ、和平区域内ニ於ケル物資流通ニ関シテハ特ニ民生ノ安定ヲ考慮シ、現行制度ニ対シ合理的ノ調整ヲ加フルコトハ我方ノ希望ニ有之、此点ニ関シ現地当局ト

貴方トノ間ニ已ニ協議研究ヲ進メラレ、或ル程度ノ了解ニ到達セラレタル次第ナルハ貴翰ニ依テモ欣悉スル所ニ有之、本使トシテハ尚此上トモ貴方ト隔意ナク連絡シテ軍其他関係方面トモ協戮ノ上、日華双方ノ協力ニ依ル本問題ノ妥結ニ努ムル考ナリ。

丙、国民政府ノ各級地方政府ニ対スル統馭力強化ニ関スル件

日華条約ノ精神及規定ニ準拠シ各地域ニ対スル国民政府ノ権威ヲ浸透セシムルコトハ夙ニ我方ノ方針ニ有之、各級地方政府ニ対スル国民政府ノ統馭力、殊ニ人事異動権ノ発動ニ不当ノ掣肘ヲ加フルカ如キ意図之ナキコトハ論ヲ俟タサル次第ニシテ、軍当局ニ於テモ亦現下ノ事態ノ容ルス限リ右方針ノ具現ニ努メツツアルハ本使ノ確言シテ憚ラサル所ナルモ、尚此上トモ前掲方針ノ円満徹底ヲ見ル様精々軍当局ト連絡シテ努力ヲ怠ラサルベク、之ト同時ニ本件ハ地方ノ治安トモ関聯スル所大ナルニ鑑ミ、重要ナル人事異動ニ付テハ貴翰御開示ノ如ク自発的ニ日本側ニ連絡セラルル様致シタシ。

丁、及戊、武漢及華北方面ニ対スル希望

武漢地区ハ現地ノ実情ニ即応シ、日華双方極力シテ調整ヲ図ルベク、華北方面亦治安ノ促進ニ伴ヒ、戦争遂行上支障ナキ限リ逐次調整ヲ図ル考ナリ。

己、家屋ノ調整ニ関スル件

本件ニ関シ貴翰御開示ノ御希望ハ本使ノ同情スル所ナリ。我方ニ於テハ敵性アルモノ及軍事上ノ必要アルモノヲ除キ、速ニ返還ヲ行フ様現ニ弁法攻究中ナリ。

以上各項以外貴翰末段ニ所謂根本的諸問題ニ関スル帝国政府ノ意向ハ主席閣下ノ御滞京中、我カ政府首脳者トノ隔意ナキ会談ニ依リ已ニ確然明瞭ニセラレタル処ニ有之、其ノ重要ナル一二ハ現ニ両政府ノ公表ヲ経、国民政府

強化ニ対スル帝国政府不動ノ方針ト日華協力、東亜新秩序建設ニ関スル双方ノ熱意ガ中外ニ赫灼セラレタルハ本使ノ閣下ト共ニ其ノ慶ヲ同ウスル所ニ有之。主席閣下今次ノ訪日カ従来世上ノ一部ニ低迷シタルコトアルベキ区区ノ紛霧ヲ一掃シ、貴我共通ノ指標タル全面和平ノ促成ニ巨大ノ歩武ヲ進メタルヲ見ルハ本使ノ衷心欣悦ヲ禁セサル所ニ有之候。此段拝答旁得貴意候。敬具

昭和十六年七月□《（アキママ）》日於東京

〔本多　熊太郎
打字不要〕

周　行政院副院長閣下

支那事変急速処理要綱

支那事変急速処理要綱

第一　我方機関ノ統一整備

南京政権ノ行ハルル地域ハ我軍占拠地域ヲ一歩モ出デズ、然モ其ノ占拠地域内中国人ノ真意ハ全ク汪政権ニ無関心ニシテ、毫モ積極的ニ之ニ協力支持ノ意向無シ。南京政府承認ヲ以テ名実共ニ支那事変処理ノ一段階タラシムルニハ、須ク支那民衆ニ対シ南京政府ノ信望ヲ煽立テ民心ヲ南京ニ集中セシムルヲ要ス。

現時支那民心ガ南京政府ニ無関心タル所以ハ、我カ対支機関ノ活動ガ余リニ支那ノ内政干渉ニ失シ、支那大衆ヨリ観レバ恰モ支那全土ヲ挙ゲテ日本ノ隷属下ニ置クノ感ヲ抱カシメ、率テ南京政府ハ純然タル日本ノロボツト政府ナルガ如キ印象ヲ与ヘタルニ起因ス。依テ

(イ)中国独立尊重ノ形式ヲ徹底スル為メ、我方機関ノ統一整備ヲ行フ。

(ロ)支那ノ民意特ニ伝統及慣習ヲ尊重ス。

△現時支那大衆ヨリ観タル我方機関ノ複雑不統一左ノ如シ。

◉軍司令部→特務機関→省、市、県公署
◉憲兵司令部→各憲兵隊→支那各警察機構
◉興亜院連絡部→軍機関依存→金融為替機関
→事業統制機関→海関（輸移出入ノ場合）
→支那大衆

◎我方機関ノ統一整備方法

理想トシテ興亜院ノ発展的解消ヲ為シ、国際法上許容セラレタル機関ノ他ハ原則トシテ支那版図ニ常置セズ。但シ日支両国間ノ新条約ニ基ク両国ノ経済提携実現ノ為メ、両国ヨリ夫々任命シタル興亜委員経済会議（諮問機関）ヲ新設常置シテ興亜院ニ代フルヲ可トス。

（傍線）興亜院ヲ存続ストセバ之ヲ我ガ在外機関タル大使館機構内ニ設ケ純然タル調査機関トス。

即チ我カ機関ノ統一整備左ノ如シ。

軍　事＝（日支軍事同盟ヲ提唱ス）軍機関ノ担当トスルハ勿論ナリ。

政治経済＝大使館中心主義

大使館—興亜院（調査機関）—領事館（領事館警察）
↕
中国政府……支那側警察……（連絡）支那大衆

即チ特務機関ノ行政監視又ハ干渉、憲兵ノ支那警察干渉ヲ全廃ス。特ニ憲兵ノ地方人ニ対スル警察権行使ハ危険千万ニシテ、其ノ正シキ権限行使サヘモ一般ニ反軍思想醸成ノ一因タル実情ニ鑑ミ、地方人関係ハ固ヨリ支那警察トノ連絡指導ハ支那大衆ニ比較的好感ヲ以テ迎ヘラルル領事館警察機構ヲ活用スベキモノトス。

第二　対支工作基本方針

(一)日支間ノ戦争状態ヲ支那ノ国内紛争ニ転向セシム。
(二)支那民心ヲ把握シ日本依存、和平救国ノ気運ヲ全面的ニ展開セシム。
(三)経済提携ニ依リ日支両国国民中特ニ農村、小資本商工業者ノ生活ヲ豊ニセシム。
右実践要領左ノ如シ。
(一)ニ付、
(イ)　支那ニ於ケル国共両派ノ相剋ヲ助勢シ、之ガ為メ蔣ヲシテ日本ト和シ日本ノ援助ヲ得テ共産派討伐ニ専念セシムルノ外ナカラシム。
(ロ)　支那各地ニ和平救国軍ヲ作リ蔣系ノ軍ノ駐在ヲ不能ナラシメ、其ノ解消ニマデ発展セシム。
(ハ)　各地方ニ自衛団ヲ作ラシム。
(ニ)　(ロ)(ハ)ノ合体勢力ヲ以テ蔣ノ下野工作ニ当ラシム。即チ表面ハ支那人間ノ工作トシ、蔣対日本軍ノ工作ノ形式ヲ避ク。
(二)ニ付、
(イ)　支那人起用　支那ハ支那人ニ統治セシムル形勢ヲ執ルベシ。
即チ支那人ノ郷土愛ヲ活用シ、郷土人ニ依リテ郷土ヲ護ラシムルハ支那人ノ満足スルトコロナリ。然ルニ今日ノ実情ハ必ズシモ然ラズ。特ニ華北ニ於テ然リ。華北人ノ熱望ハ特ニ伝統的ニ所謂「北人北治」主義ニシテ、「北支ハ北支人ノ手デ」トハ彼レ等ノ理想ナリトス。支那各地ノ政治機構ニハ常ニ其ノ土着人ヲ重用スルコトヲ忘ルベカラズ。

現状ヲ観ルニ、北支ノ各政治機構ノ主班ハ土着人アリ、外来人アリ。其ノ下僚タル支那人ハ軍系統機関ノ支援ニ依リテ単ニ日本語ヲ話セルノ一事ニ依リ、風雲ニ乗ジテ不相当ノ地位ヲ獲得シタル傾向アリ。事毎ニ其ノ主班ノ統制ニ従ハザルモノアリ。一般支那人中ノ上層階級人ハ斯カル劣悪ナル支那役人ト歓談スルヲ欲セザルガ故ニ之ヲ支援セズ。従テ治績挙ラザル因ヲ為セリ。須ラク

(1)北支ハ北支人ニ

(2)中南支ハ中南支人ニ

委ネ以テ各地方別ニ政治組織ヲ強化スルヤウ我ガ支援ヲ要ス。而シテ速ニ北支・蒙疆ノ特殊地域ヲ強化シ、以テ中南支ニ圧力ヲ加フルガ如ク指導ス。因ニ北支人中真ニ熱意ト手腕ヲ有スル有能人士ヲ挙グレバ、別紙（散逸）紳士名簿記載ノ如シ（徒ニ閲歴ノミ豊ニシテ現在活動力ヲ喪ヘル人士ハ採用セズ）。

(ロ) 北支同郷会設立

北支人ノ聯合結成ヲ図ル為メ、速ニ北支同郷会ヲ創立セシメ全支ハ固ヨリ在満北支人ヲモ之ニ結合セシメ、内外ノ支援ニ依リ其ノ強化ヲ図ル。而シテ彼レ等ノ連帯責任ヲ以テ北支ノ治安維持ニモ当ラシムベシト雖、其ノ目標トスルトコロハ北支政権ノ支援団体トスルニ在リ。現在ノ如ク支援団体無キ華北政務委員会ノ実蹟挙ラザルハ当然ナリ。

(ハ) 日本各宗派ノ仏教本山中、特ニ支那ニ縁深キ禅宗ノ如キハ須ラク北支ニ現存スル同宗派ノ支那仏教本山

ニ合体進出シ、次デ更ニ西漸シ印度ノ祖国ニ迄到ル様指導シ、日華合同ノ本山ヲ盛ニ要地ニ建設スベシ。特ニ五台山上ニハ日華各宗派合同ノ大本山ヲ建設シ、北支民衆ニ現存スル仏教信仰熱ヲ復活シ、以テ民心ヲ把握スルニ力ムベシ。

(ニ) 事変戦跡地ニ我方ノミノ忠霊塔建設ヲ為スハ支那民心把握ニ益セズ、却テ我ガ宗教家ノ蹶起ニ依リ「万霊等」ニ因ミテ万霊塔ヲ建立シ、日支人共ニ之ヲ葬ルノ雅量ヲ示スベシ。宣撫工作ニ優ルコト数等ナリ。

(ホ) 興亜紀念日ノ行事是正。支那ニ於テハ徒ニ日本式ニ消極的ナル謹慎主義ト為サズ、日支親善促進日ト為シ、必ズ日支合同ノ親善、社交等ノ気運ヲ醸成スルニ至ル行事ヲ決定シ、之カ為メニ必要ナル飲酒固ヨリ可ナリ。従来ノ如キ支那人ニ不向ナル姑息的紀念日ノ修正ヲ為スベシ。

(ヘ) 阿片ノ政治的処理。法律的処理ハ我ガ在留民ニ対スル個人的対策ニ過ギズ、支那大衆ニ対スル工策トシテハ自ラ別ナリ。即チ政治的処理ナリ。英米ノ策ノ上ニ出ヅルヲ要ス。

(ト) 支那財界ヲ大別シ北支、所謂天津財閥（山西財閥ヲ含ム）、中支、所謂浙江財閥、南支、所謂華嶠〔僑〕財閥ト為シ、先ヅ我方ニ近接スル傾向アル北支財閥ノ連合結成ヲ図リ（既ニ天津特一区中街ニ東亜実業同志会ノ名ニ依リ北支財閥ヲ聯合結成セシメ、支那第一ヲ誇ル社交倶楽部ヲ民間人ノミニ依リ設立ス）、其ノ結成力ニ依リ彼レ等ヲシテ中支財閥ニ働キカケシメ、天津ト浙江両財閥ノ同盟ニ依リテ華嶠〔僑〕財閥ヲ我ニ奪ヒ、以テ重慶支援ノ財閥ヲ一掃スル工作ヲ為スベシ。

(チ) 我ガ国内風光明媚ノ地ヲトシ中国財界人合同紀念トシテ中国村ヲ建設シ、彼レ等ノ有スル資金ヲ集中スル工業ヲ為ス。天津財閥ノミノ有スル外貨モ米弗七億ヲ下ラザルベシト云フ。況ンヤ上海ヲ中心トスル浙江財閥ニ於テオヤ。

(リ) 支那各宗教団体、特ニ「先天道」ナル迷信団体ヲ活用シ、農村ノ治安維持、特ニ共産系侵入防止ノ役割ヲ持タシム。現在信徒七百万ヲ下ラザルガ如シ。

(ヌ) 貧民救済ノ為メ民間慈善団体設立援助ヲ為ス。彼レ等ノ民心ヲ把握シ以テ情報ヲ集収シ、「テロ」防止ニモ役立タシムルノミナラズ、「テロ」ノ逮捕ニモ最モ便宜アリ。

(ル) 各地ニ自然科学研究ノ如キ学術機関ヲ設ケ、之ヲ純民間ノモノト為シ、官僚臭ヲ一掃シテ自由ニ研究ヲ為サシメ、指導者トシテ我方ノ有〔優〕秀ナル青年学徒ヲシテ之ニ当ラシメ、現時支那民衆ノ間ニ漸ク高マラムトスル独乙依存空気ニ備ヘ、他日ノ独乙科学ノ進入ニ一歩先ンジル要アリ。官設ハ内地ニ於テモ実績挙ラザルニ鑑ミ、極メテ自由ナル民間学術機関トシテ発達セシムルヲ要ス。

(オ) 日本美容術紹介。支那上層階級ノ夫人、令嬢ノ美容熱ヲ利用シ日本美容ヲ紹介シ、彼等ノ家庭ヲ先ヅ日本趣味化スベシ（東亜実業同志会館内ニハ既ニ其ノ設備中ナリ）。

(ワ) 日華国民同盟ノ提唱。

(三)ニ付、

(イ) 揚子江ヲ中心トスル紅幇系統ジャンクノ公会ヲ作リ、支流、湖沼、運河ニ於ケル貨物運送権ヲ三十ヶ年間彼レニ独〔占〕専セシメ一面奥地ノ治安工作ヲ図リ、他面其ノ運賃総収入中ノ一部ヲ以テ農村、小資本家ノ救済ニ充当セシム。但シ「客桟」制度ヲ多分ニ取入レ、利益ノ増大ヲ図ルヲ要ス（本項ニ付テハ一昨昭和十四年八月陸、海、外務ニ詳細ナル意見書提出済）。

(ロ) 日本内地ヲ凡ソ四区ニ分チ各区ヨリ調査員ヲ支那ニ派遣常駐セシメ、常ニ支那農村其ノ他ニ付物資需給関係ヲ調査シ、其ノ結果ヲ直接内地ノ各区ニ報告シ、日支間ニ大規模ノ物々交換ヲ計ラシメ、農村、小資本商工業者ノ利益ヲ増進セシム。

(ハ) 日支農村青年ノ交換指導。

(ロ)、(ハ)ニ付テハ専門的意見ノ詳細ヲ別ニ報告ス。

第三、外務省在支機関ノ改善要領

(一) 人事異動ヲ可及的避ケ、在任期間ヲ五年以上トス。

(二) 支那要人ハ勿論、支那大衆ト常ニ接触親交ヲ結ブヤウ指導スルコト。

(三) 速ニ無能ナル館員ヲ整理シ、面目ヲ一新スルコト。

(四) 警察ノ質ノ低下今日ヨリ甚シキハ無シ。須ク秘密監察制度ヲ劃立シ密ニ監察ヲ厳ニシ、一面指導員ヲ設ケテ質ノ向上ヲ図ルベシ。

(五) 邦人釈放者ノ保護監察機関ヲ設ケ、支那大衆ニ対シ我方面目保持ヲ図ルベシ。

以上

七月二十九日本多熊太郎「交戦権ノ発動ニ就テ」

(昭和一六、七、二九)（欄外右袖書）

交戦権ノ発動ニ就テ

重慶政権ニ対シ即時交戦国トシテノ権利ヲ全面的ニ発動スルヲ可ト認ムル理由左ノ如シ。

一、英米陣営対枢軸国ト二大陣営ニ分レ抗争シツツアル現下ノ世界情勢並ニ右国際情勢ト不可分ノ関係ヲ生スルニ至レル支那事変ニ対処セントスル帝国ノ対外政策ハ、世界新秩序ノ建設ヲ目標トセル枢軸国側ヲシテ最後ノ勝利ニ導ク様対処スルト共ニ、日支事変ノ速カナル解決ヲ企図スルニアリ。而シテ帝国ノ自主的立場上依然当面ノ最大関心事タル日支事変ノ処理ノ方策ハ、恰モ英米ガ日本ヲ枢軸側ヨリ離脱セシメント努力シツツアルト同様、帝国トシテハ重慶ヲ英米ノ陣営ヨリ離脱屈服セシムル様有ユル施策ヲ講セサルヘカラス。現在重慶ニ対シ更ニ大規模ナル積極的軍事行動ヲ行フコト諸般ノ考慮ヨリ不可能ナル現況ニ於テハ、英米カ今日日本ニ対シ執リツツアル手段ト同様、重慶ニ対スル経済圧迫ヲ強化拡大スルコト絶対ニ必要ニシテ、固ヨリ新政権ノ積極的育成、占領地ニ対スル我方各般ノ施策ノ改善等、他ノ重要ナル諸施策ト相俟ツテ重慶屈服ノ効果ヲ促進達成シ得ル次第ナルコト勿論ナリト雖モ、既ニ旧態ヲ脱シテ近代国家トシテノ形態ヲ保持スルニ至リ、近代的武力及経済組織ヲ以テ近代戦ヲ遂行シツツアル重慶政権ニ対シテハ、経済圧迫ノ強化コソ之ヲ屈服ニ導クヘキ最モ有効ナル手段タルコトハ論ヲ俟タサル所ト言ハサルヘカラス。現ニ客年九月、蔣介石カ奥地経済ノ危機ヲ最モ憂ヘ「ジョンソン」米国大使ニ対シ米国ノ経済援助ノ実挙カラサルニ於テハ支那トシテ到底抗戦継続ノ不可能ナル所以ヲ縷々訴ヘ、米国ノ対支援助ノ強化拡大ヲ切望シタリトノ確報ヲ得居ル処、今日重慶政権下ノ経済状況ヲ具サニ検討スルニ物資不足ニ基ク「インフレ」的傾向ハ顕著ナルモノアリ。法幣ノ対外価値カ一応平衡資金ニ依リ安定シ居ルニ拘ラス、其ノ対内価値ハ対外価値ニ比シ遥ニ下落シ物価ノ如キモ昨年初頭ニ比シ十倍乃至二十倍ニ昂騰シ居ル状況ニテ、右ハ明瞭ニ「インフレーション」ノ傾向ヲ示シ居ルモノト言フヘク、其ノ財政状況ヲ見ルモ当面ノ最重要ナル軍事予算約三十億中重慶政権ノ自力ニ依リ賄ヒ得ルモノハ約八億ニ過キス、其ノ他ハ総テ外国物資ニ依存スルニ非サレハ予算ノ執行不可能ノ有様ニテ、一般財政ニ於テモ同様殊ニ奥地経済建設資材ニ関シテハ顕著ナル外国物資ヘノ依存性ヲ示シツツアリ。斯ル状況ノ下ニ於テ此ノ際断乎交戦国トシテノ権利ヲ発動シ、援蔣物資ノ供給遮断ノ処置ヲ全面的ニ強化拡大スルノ措置ヲ講スルコトハ少クトモ今日事変処理ノ促進上、帝国ニ残サレタル唯一且ツ最重要ナル措置ト断セサルヲ得ス。

二、援蔣物資遮断ノ支那事変処理促進上ノ重要性ニ関シテハ前述ノ通リナルカ、然ラハ今日ノ国際情勢並ニ我カ当面ノ対外関係上其ノ実施ノ時期ヲ如何ニ決スヘキヤノ問題ヲ考察スルニ、抑々交戦権ノ発動ニ依リ叙上ノ如キ措置ヲ講シ得サリシハ主トシテ米国中立法ノ発動ヲ恐レタルモノナルカ、今日米国ノ対日政策ヨリシテ中立法ノ発動ノ如キハ何等問題視スルニ足ラス。主トシテ今次仏印トノ共同防衛ノ協定並ニ右ニ基ク帝国軍ノ仏印進駐ニ伴フ米国ノ対日政策ノ動向トノ関聯ニ於テ如何ニ考慮スベキヤトノ点ナルヘキモ、今次仏印進駐ニ対シテハ「ウエルズ《Sumner Welles》」国務次官ノ反駁的声明ニ於テ闡明シ居ル如ク、米トシテハ仏印ヲ共同防衛セントスル如キ危険ハ何等実在セサルヲ以テ、右ハ日本カ屢次其ノ言明ヲ覆シ実行シ来レル所謂膨張政策ノ現ハレナルコト疑ノ余地ナシト断定シ居リ、従テ米カ其ノ報復手段トシテ即時実施セル資金凍結法ノ運用モ皇軍ノ南仏印ニ対スル現実ノ進駐実行ヲ見ルト共ニ、日本ノ南進ノ意図実証セラレタリトノ見地ヨリ一段ト強化セラルヘキハ当然予期セサルヘカラズ。米国政府ニ於テ日本ノ南進ヲ疑ヒ居ル以上、対外関係上ノ考慮ヨリセハ先ツ現下ノ国際情勢ニ対処シ、帝国政府トシテハ愈々支那事変ノ完遂ニ全力ヲ傾倒スヘキ所以ヲ闡明ナラシメ置キ、本件交戦権ノ発動ハ右公表膺接シ仏印進駐前ニ於テ之ヲ実行スルコト寧ロ適切ナリトモ思考セラレタル次第ナルカ、今日ニ於テモ差当リ我方ノ真意ヲ隠蔽スルノ要アリトセハ、此ノ際同様ノ趣旨ニ依リ即時交戦権ヲ発動シ、仏印進駐ノ目的モ同時ニ其ノ重点カ対支圧迫ニ存スル所以ノ説明〔ヲ脱カ〕加ヘ、其ノ真意ヲ「カモフラージ」スルノ措置ヲ講スルコトコソ、寧ロ我方ノ立場ヲ米ニ対シ実証スル所以ナリト言ハサルヲ得ス。他面米ニ於テ資金凍結ヲ以テ圧迫ヲ加ヘ来リタルニ対シ、一応日本側ノ報復措置予期セラル居ル場合ニ於テ即時発動セシムルコト、同時ニ時期的判断上当ヲ得タルモノト云フヘク、今日ノ機会ヲ逸スルニ於テハ後日本件ノ実施ヲ必要トスル場合ニ於テ米ヨリ今日以上ノ反撃ヲ予期セサルヘカラサルハ明瞭ナリト言ハサルヲ得ス。先ニモ述ヘタル如ク米ノ資金凍結ノ措置ハ之ニ依リ皇軍ノ南仏印ニ対スル現実ノ進駐ヲ阻止セントスルノ意図ニ基クモノナルヲ以テ、現実ニ進駐ノ行ハレタル場合、必スヤ其ノ運用ニ依リ強度ノ経済圧迫ヲ伴ヒ来ルヘキコト明カナルヘシト予想セラルル処、仮ニ其ノ運用ニ多少ノ色気ヲ附シテ対日「アツピーズメント」ノ方策ニ出テ来ル場合ニ於テモ、既ニ一応懸念セラレタル船舶抑留ノ危険性ヲ前ニシテ船舶問題重視ノ関係上、到底邦船ノ対米就航ノ円滑ヲ期待スルコト不可能ナルヲ以テ、実質的ニハ貿易杜絶ト大同小異ノ事態ヲ生スルニ至ルヘシ。

飜テ叙上ノ如キ交戦権ノ発動ヲ行ヒタル場合、果シテ日米間ニ武力的衝突ヲ惹起スルノ虞アリヤト云フニ、帝国トシテ万一ノ場合ニ於ケル覚悟ノ問題ハ姑ク別トシ、情勢判断上断シテ武力的衝突ヲ惹起スルノ虞ナシト言フヘク、経済圧迫ノ強化ノ精々ナルヘキコトハ問題ナキ所ニシテ、果シテ然ラハ進駐自体ニ於テモ実質的ニハ貿易杜絶ノ状態ヲ惹起スルコト明ナリトセハ、前述ノ如ク其ノ差殆ンド不同一ト言ハサルヘカラス。斯ク観シ来レハ時期ノ問題トシテモ即刻之ヲ行フコトノ妥当ナルコト極メテ明瞭ナルヘシト信ス。

三、更ニ我々カ等閑視シ得サル問題ハ重慶ト英米トノ軍事協力ノ問題ナリ。確実ナル情報ニ依レハ英米ニ於テハ最悪ナル対日関係ニ対処シ著々航空機ノ輸送及飛行士ノ派遣ヲ為シ居ル外、支那各地ニ於テ飛行場ノ建設ヲ進メツヽアリ。其ノ所要建設資材ハ滇緬公路ノ建設ニ必要ナル資材等ト共ニ、着々輸送セラレ居ル模様ナル処、斯ノ如キ事態ヲ其ノ儘放置スル時ハ将来英米トノ間ニ不測ノ事態ヲ生シタル場合ニ於テ、右ハ我方ノ背面ニ対シ重大ナル脅威トナル次第ニシテ、現下ノ情勢ノ推移上軍事的見地ヨリ見ルモ速ニ処置スルノ要アル次第ニシテ、斯ル観点ヨリモ交戦権ノ即時発動ハ絶対ニ必要ナリト言ハサルヘカラス。

四、日本カ正式ニ宣戦ノ布告ヲ為サスシテ交戦権ヲ行使シ得ルヤ否ヤ、或ハ南京政府ヲシテ重慶ヲ交戦団体トシテ承認セシメ、之ト日本トノ軍事同盟ニ依リ形式ヲ整フル等妥当ナル措置ヲ講スルノ要ナキヤ等ノ論アル処、今日ノ事態ハ区々タル在来ノ国際法論ノ如キニ拘泥スヘキ時期ニ非ス。又如何ニ形式ヲ整フルトモ所詮在来ノ国際法ノ観念ヲ以テハ到底説明シ得サル部分生スルコトハ避ケ得サル次第ニテ、要ハ大規模ナル戦争状態ニ伴ヒ当然有スヘキ交戦権ノ範囲ヲ自衛上更ニ拡大強化シタルモノナリトノ建前ヲ以テ対処スレハ足ルヘキ問題ニシテ、国家ノ必要ノ為ニ国際法ヲ作ルモノニシテ、国際法ニ依リ国家ノ必要ヲ規律サルヘキモノニ非サルハ今次欧洲戦ノ経過ニ徴スルモ既ニ自明ノ理ナリト言ハサルヘカラス。

外政機構整備問題

13（青印）

昭和十五年

十二月十七日興亜院会議決定「国民政府承認ニ伴フ対支機構調整要綱」

国民政府承認ニ伴フ対支機構調整要綱

昭和一五、一二、一七

興亜院会議決定

極秘（朱印）

国民政府承認ニ伴フ対支機構ノ調整々備ヲ左ノ通リ実施ス。

甲、対支機構ノ調整ハ明年三月末迄ニ左記要領ニヨリ之ヲ実施ス。

㈠興亜院（本院）ハ之ヲ外政機構ニ統合ス（連絡委員会ハ現組織ノ儘外政機構ニ附置シ、且現興亜院会議ノ実質ハ之ヲ存置ス）。

㈡興亜院連絡部ハ之ヲ大使館又ハ領事館等外政機構内ニ統合ス。

㈢㈠及㈡ノ調整ト同時ニ外政機構ノ根本的改革整備ヲ実行ス。

乙、前記甲、対支機構調整ノ準備ハ直ニ之ヲ開始スルト共ニ右実現ニ至ル迄ノ過渡的措置トシテ不取敢左記ヲ実施ス。

㈠大使ニ対スル訓令ハ総テ外務大臣ヨリ之ヲ発ス（外務省及興亜院本院ハ緊密ニ連絡スルモノトス）。

㈡大使ハ特定事項ニ付キ各連絡部長官ヲ区処ス。

㈢現地軍、外務省及興亜院機関ノ連絡ヲ一層密ナラシムル為メ所要ノ措置ヲ講ス。

㈣特派大使ノ随員ハ之ヲ解散シ、別ニ大使館機構ヲ構成ス。

㈤外務省及興亜院ノ官制ハ差当リ之ヲ現状ノ儘トス。

㈥外務省、興亜院系統以外ノ在支政務諸機関ハ適宜之レヲ整理ス。

諒解事項

一、甲ノ㈠㈡及㈢ニ関スル具体的内容及配員等ニ就テハ別ニ協議決定スルモノトス。

二、乙ノ㈠ニ規定スル大使ニ対スル重要事項ニ関スル訓令ノ発出ニ付テハ外務省ハ予メ興亜院ニ協議スルモノトス。

尚、従来興亜院ニ於テ所掌セシ事項ニ就テハ依然興亜院ニ於テ之カ起案ニ任スルモノトス。

三、乙ノ㈡ノ特定事項トハ中央政府及其ノ直轄機関タル司法機関、教育機関及税収機関ニ関スル事項並治外法権及租界ニ関スル事項トス。

中支外政機構整備要領

（欄外朱印）極秘

中支外政機構整備要領

一、上海機関

㈠上海機関ノ性格左ノ如シ。

(1)大使ノ指揮ノ下ニ蘇、浙、皖三省地区ヲ担任地域トスル現地機関ナリ。

(2)大使館経済部ノ現地実務機関ナリ。

(3)蘇、浙、皖三省現地機関ニ相当スル上海特別市関係現地機関トス。

（経済ノ某部分ハ東京ヨリ直接指揮ヲ受ケシム。）

㈡上海機関ハ興亜院華中連絡部及上海総領事館ヲ解体シ、其ノ職員ヲ以テ編成ス。

㈢上海機関ノ特別組織別紙ノ如シ

二、蘇、浙、皖現地機関

三省現地機関ハ現総領事館或ハ領事館ヲ主体トシ、之ニ政務・経済指導力ヲ強化スル如ク編成シ、上海機関ノ指揮ヲ受ケ、軍特務機関ト密接ナル連絡協調ノモトニ本系統業務ニ服セシム。

三、漢口機関

漢口機関ハ漢口総領事館及興亜院出張所ヲ合体シ、第二項ニ準拠シ大使館直轄トス。

外政上海機関組織（案）

長	長	
次長	次	
部	官房	政務部
長	奏任	勅任
担当事項	一、秘書事務 二、庶務、人事、会計事務 三、文書発受事務 四、電信発受事務	一、政策樹立ニ関スル事項 二、関内事務連絡統制ニ関スル事項 三、重要人事、予算ニ関スル事項 四、日本側各機関トノ連絡ニ関スル事項 五、支那側機関ニ対スル政治的協力ニ関スル事項 六、居留民保護取締ニ関スル事項 七、情報蒐集ニ関スル事項 八、宣伝啓開ニ関スル事項
高等官数	四	二一

官				一	
長				一	
	経済部	文化部	司法部		警察署　警察署
	任　勅	任　勅			
九、調査ニ関スル事項 一〇、第三国関係事項（租界ヲ含ム）	一、物動、貿易、敵産、労務ニ関スル事項 二、原始産業ニ関スル事項 三、一般工業ニ関スル事項 四、交通通信、電気、水道、瓦斯、都市計画ニ関スル事項 五、海関、税務、金融ニ関スル事項	一、民生、思想、教育、宗教、学術ニ関スル事項 二、衛生、防疫、医療及救恤ニ関スル事項 三、天文、気象ニ関スル事項	邦人ニ関スル刑事、民事訴訟ニ関スル事項		一、警務 二、高等 三、司法 四、行政 五、経済
	三一	九	三	七〇	

（附）大使館中支警務部

中支所在現各領事館ノ警察事務ヲ統轄ス

警務部長―長官ニ於テ事務取扱

副部長―領事（内務事務官兼任）

第一課　総務―課長　領事

第二課　特高―課長　領事（内務事務官兼任）

第三課　行政警察―　警視

中支外政機関系統（案）

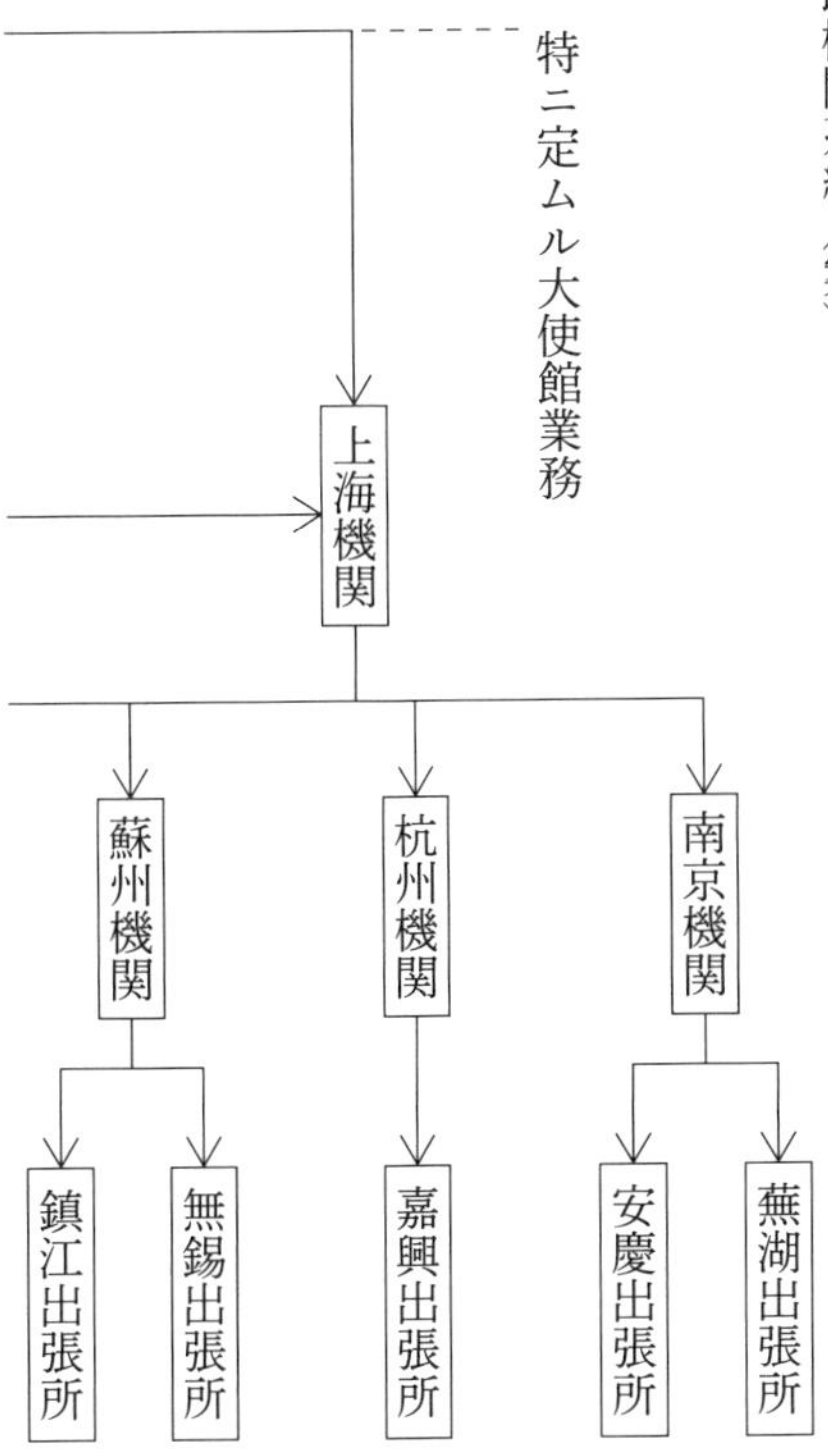

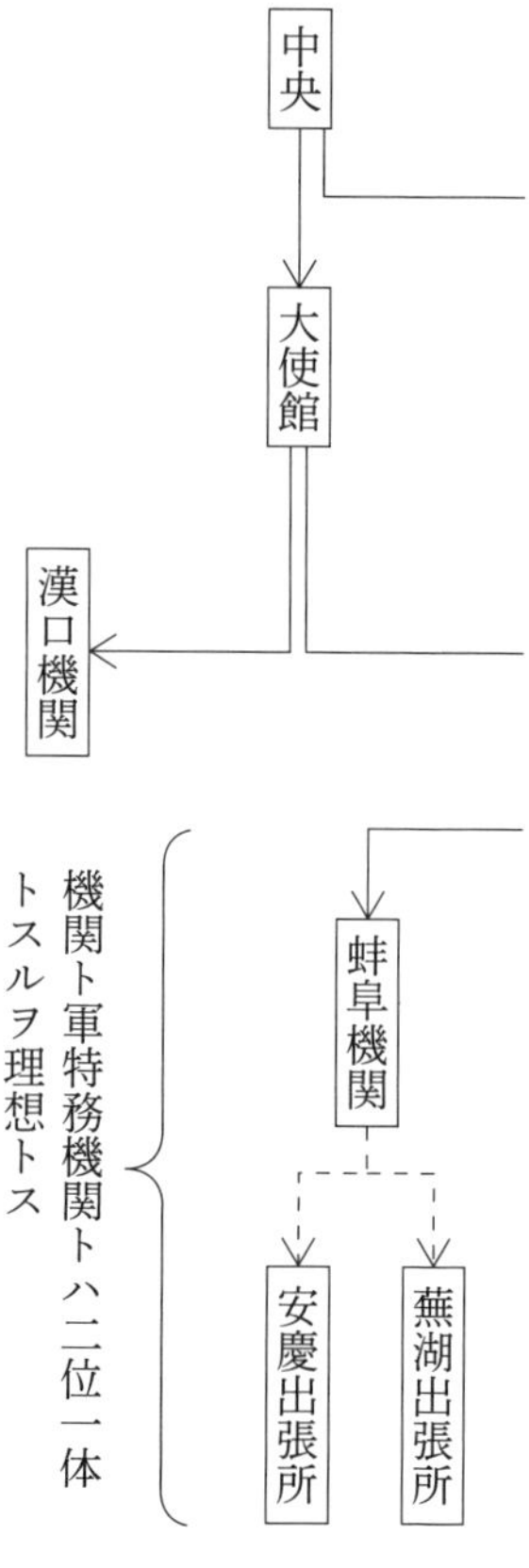

備考

一、固有名詞ハ仮定セス

二、特ニ定ムル大使館業務

(イ)上海租界対策事務

(ロ)国策会社関係事務

(ハ)物動関係事務

(ニ)企業営業関係事務

(ホ)通商貿易関係事務

(ヘ)水運港務事務

(ト)敵産軍管理関係事務

等

(チ)塩業塩務事務

昭和十六年

二月十五日外務省東亜局第一課「外政機構統合問題」　(昭一六、二、一五　亜一)

外政機構統合問題

(欄外朱印)極秘　(欄外頭書)本多大使　(欄外朱書)全面的異見アルコトヲ二月十八日松岡(洋右)外相ニ口述シ置キ　多(花押)

一、外政機構統合ニ関スル興亜院、陸、海、外、蔵各関係庁主務課試案ハ全部出揃ヒタルカ、各省主務者ハ其ノ立場上夫々各自ノ案ヲ固執シ居リ、此ノ上議論スルモ妥結ノ途ナキ現状ナリ。各省案ノ中、喰違居ル点ハ別紙(散逸)比較表ノ通ニシテ、最モ問題トナリ居ルハ

(1)対満事務局ヲ包含セシムヘキヤ否ヤ

(2)南洋局ヲ容ルルヤ否ヤ

(3)現役軍人ヲ任用スルヤ否ヤ

(4)現地軍ト出先外政機関トノ関係ヲ如何ニスヘキヤ

(5)中央長官ト出先機関トノ指揮関係ヲ如何ニスヘキヤ

等ナリ。

二、右ノ中、外務省トシテ堅持スヘキ条件ハ大体次ノ如キモノト認メラル。

(一)最少限度ノ条件

(1)外政大臣ノ現地外政機関ニ対スル直接指揮監督権。興亜院政務部第一課案ニ依レハ現地外政機関ハ凡テ

東亜部長官ノ統轄指揮ニ属ス（特命全権大公使ニ関シテハ特定事項ニ関シ指揮ス）ルコトトナリ居ル処、右ハ外政省ニ二人ノ国務大臣ヲ置クモノニシテ、外政ノ根本ヲ紊ルモノアルノミナラス、現在ノ興亜院対連絡部ノ関係ヲ其ノ儘ニシテ外務省ニ入リ来ラントスルモノナルヲ以ツテ、絶対ニ反対スヘキモノト認ム。

(2)現地機構ハ統帥部ト外政機関トノ二本建トスヘキコト

陸軍省主務者案ニ依レハ北支及蒙疆ニ於ケル特派公使、首席参事官及政務主任参事官（若ハ書記官）ハ軍ニ現職ヲ有スル武官ノ兼職ヲ認ムルコトトナリ居ル処、参謀長、同副長、第四課参謀等所在軍司令部ニ職ヲ有スル陸軍々人カ外政機構ノ長ヲ兼ヌルコトハ、統帥ト行政トノ関係ヲ混淆セシムルモノナルヲ以テ、絶対反対スヘキモノト認ム。

(二)第二次的条件

現地軍ト出先外政機関トノ関係

陸海軍及興亜院案ニ依レハ、現地外政機関ハ治安ニ関シ夫々所在陸海軍最高指揮官ノ区署ヲ受クルコトトナリ居ル処、現在官制ニ依リ治安ニ関スル軍ノ区署ヲ認メタルハ連絡部長官ノミニシテ、大使ニ関シテハ先般大使ニ対スル訓令中ニ治安ニ関シ陸海軍最高指揮官ノ区署ヲ受クヘキ旨ノ規定アリ。又領事館警察ニ関シテハ先年来憲兵ノ区署権ヲ容認シ居ルモ、右ハ何レモ官制上明文ノ規定アルモノニ非ス。今回現地外政機構ノ統合ニ関聯シ、軍ニ於テハ必スヤ所在陸海軍最高指揮官ノ現地外政機関ニ対スル区署権ヲ明文ヲ以テ確立センコトヲ主張シ来ルヘキ処、此ノ際勅令又ハ官制ニ依リ軍ノ区署権ヲ法文化スルコトハ、外政機構ノ活動ヲ著シク阻碍シ軍ニ対スル全面的屈服トナル惧アリ。従テ仮ニ一歩ヲ譲リ事変中ニ限リ治安ニ関スル軍ノ区署権ヲ容認スルトスルモ、其ノ際ハ尠クトモ治安ノ範囲ヲ限定シ、右ハ作戦及軍ノ警備ニ直接不可分ノ関係ヲ有スル事項ニ限ルヘキコトヲ明確ニ取極ムル要アリト認ム。

三、外務省トシテ再考方考慮シ得ヘキ事項

外政機構ノ統合ニ当リ最モ考慮ヲ要スル問題ハ、統帥部ト政府トノ関係ヲ明確ナラシメ統帥部ノ行政大権干犯ヲ許ササル点ニアリ。先ツ統帥部ト政府トノ権限ヲ明確ナラシムルコトヲナサスシテ、単ニ形式的ニ外政機構ノ一元化ヲ計ラントスルハ意味ヲナサス。従ツテ若シ現地軍ト外政機構トノ関係ヲ一層明確ナラシメ且北京、天津、南京、上海等総領事館所在地ニ於ケル特務機関ハ之ヲ外政機構ニ統合シ、特務機関ノ活動ハ前線ニ於ケル純軍政的事項ニノミ限定スルコトヲ得ルニ於テハ、外務省トシテモ此ノ際強ヒテ対満事務局ノ統合ヲ固執スル必要ナク、又南洋局除外ノ主張ニ対シテモ南洋ニ関スル外交ヲ除キ、南洋ニ於ケル行政、経済、技術、文化、即チ現在、拓南局及企画院等ニ於テ処理シ居ル事務ハ之ヲ大東亜共栄圏ニ共通ナル事務トシテ新設東亜部ニ移スコトヲ考慮シ得ヘク、尚又陸海軍々人ノ特別任用ニ関シテモ前記前提要件カ充タサルルニ於テハ、或ル程度其ノ範囲ヲ拡大スルコト已ムヲ得スト認ム。

二月十七日外務機構整備要綱

（朱印）外機密　外務機構整備要綱

（昭和一六、一二、一七）

興亜院（出先機関ヲ含ム）及対満事務局ヲ外務省ニ統合スルト共ニ、東亜共栄圏内勤務者ニ対スル特別任用令ヲ拡大スルコトヲ以テ目標トシ、左記要領ニ依リ処理スルコトトス。尤モ右実施ニ当リテハ将来ニ禍根ヲ残ササル限リ漸進主義ニ依ルヲ妨ケサルモノトス。

一、差当リ興亜院及対満事務局ヲ統合ス。外交内面指導権 但シ情勢如何ニ依リテハ、対満事務局ノ統合ハ之ヲ後日ニ譲ルモノトス。

二、東亜共栄圏内関係事務ニ従事スル本省員及現地勤務者ニ付テハ新ニ特別任用令ヲ拡張シ、一般民間、各省官吏及現役軍人等任用ノ途ヲ啓クモノトス。

三、現役軍人ノ任用ニ付テハ左記制限ニ依ルモノトス。

(イ)本省興亜庁ニ在リテハ課長以下ニ任用ス、尚右以外ノ共栄圏内関係事務ヲ処理スル局部ニ限リ事務官級ニ任用ス。

(ロ)支那ニ在リテハ特殊ノ事情アル場合ニ限リ公使以下ノ外交官又ハ領事官ニ任用シ得ルモ、現ニ軍務ニ従事スルモノノ兼勤ヲ許ササルモノトス。

(ハ)本省タルト現地タルトヲ問ハス、現役軍人ノ任用ハ事変中ニ限ルモノトス。

~~四、南洋ニ関スル事務中経済、技術、文化ニ関スルモノハ情勢如何ニ依リテハ大東亜共栄圏ニ共通ナル事務トシテ興亜庁ニ移ス様考慮スルモノトス。~~

五、興亜庁長官ノ現地機関直接指導権ハ之ヲ認メサルモノトス。

六、現地陸海軍最高指揮官ノ大使又ハ外務機関ニ対スル区署権ハ之ヲ認メサルモノトス。

但シ万止ムヲ得サル場合ニハ、或ル外務機関ニ限リ作戦及警備ニ直接関係スル事項ニ付テノミ之ヲ認ム~~ルコトトシ、而モ右ハ勅令制定等ニ依リ法的根拠ヲ明カニスル様措置スルモノトス。~~

七、新機構整備ニ伴ヒ昭和十六年度関係機構経費総額ノ中、少クトモ三割ヲ節減シ得ル様措置スルモノトス。

八、現地統帥部ト外政機構トノ権限分野ヲ明確ニシ特務機関ハ前線、主トシテ軍政ノ行ハルル地方ニノミ限定シ、其ノ他ノ地方ニ在リテハ悉ク之ヲ外政機構ニ統合スルモノトス。

外機密（朱印）

（在支機構）

外政大臣

駐支大使 ↔ 現地軍最高指揮官

北京特派公使 ↔ 現地軍最高指揮官 ―――― 管下総領事、領事 ↔ 現地軍

蒙疆特派公使 ↔ 現地軍最高指揮官 ―――― 管下総領事、領事 ↔ 現地軍

上海特派公使 ↔ 現地軍最高指揮官 ―――― 管下総領事、領事（厦門ヲ含ム） ↔ 現地軍

海南島特派公使 ↔ 現地軍最高指揮官 ―――― 海南島 ↔ 現地軍

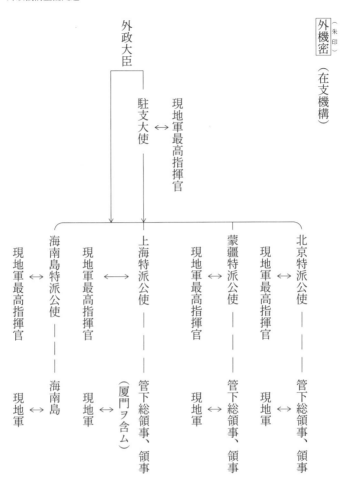

二月十九日外政機構統合ニ関スル件

（朱印）
外機密　□（花押）　外政機構統合ニ関スル件　太田（一郎）書記官ヨリ（鉛筆書き）

（昭和一六、二、一九）

二月十九日午後零時半、興亜院ニ於テ第六回外政機構統合委員会ヲ開催ス。

大西（敬一）政務部一課長ヨリ本主務者会議ニ於テハ成ルベク一個ノ成案ヲ得ル様努力ヲ進メ来レルカ、結局各省ノ意見対立シ之ヲ一案ニ纏ムルコト困難ナルコト判明セルヲ以テ、各省案ヲ其儘印刷ノ上、之ヲ一括シ上局ノ参考ニ提出スルコト可然ト認メ、別冊ノ如キ印刷物ヲ用意セル旨述フ。

右ニ対シ石井（秋穂）陸軍中佐ヨリ斯ノ如キ尨大ナル書類ヲ上局ニ提出スルモ、結局之ヲ閲了スル暇ナキヲ以テ、今少シク各省案ノ根本的ニ対立セル点ヲ明確ニシ度ト述ヘタリ。

仍テ太田ヨリ自分ノ見ル所ニ依レハ各省案ノ中対立シ居ル最モ主ナル問題ハ、

1、対満事務局ヲ包含セシムヘキヤ否ヤ

2、南洋局ヲ入ルルヤ否ヤ

3、現役軍人ヲ任用スルヤ否ヤ

4、現地軍ト出先外政機関トノ関係ヲ如何ニスヘキヤ

5、中央長官ト出先機関トノ指揮関係ヲ如何ニスヘキヤ

ノ五点ナリ。自分トシテハ右対立五点ノ中、

1、外政大臣ノ現地外政機構ニ対スル直接指導監督権

政務部第一課案ニ依レハ現地外政機関ハ総テ東亜部長官ノ統轄指揮ニ属スルコトトナリ居ル処、右ハ外政省

ニ二人ノ国務大臣ヲ置クモノトシテ外政ノ根本ヲ紊ルノミナラス、現在ノ興亜院対連絡部ノ関係ヲ其儘ニシテ外務省ニ入リ来ラントスルモノナルヲ以テ、絶対反対ナリ。

2、現地機構ハ統帥部ト外政機関トノ二本建トスヘキモノナリ。

陸軍省案ニ依レハ北支及蒙疆ニ於ケル特派公使、首席参事官及政務主任参事官（若クハ書記官）ハ軍ニ現職ヲ有スル武官ノ兼職ヲ認ムルコトトナリ居ル処、参謀長、同副長、第四課参謀等所在軍司令部ニ職ヲ有スル陸軍軍人カ外政機構ノ長ヲ兼ヌルコトハ、統帥ト行政トノ関係ヲ混淆スルモノナルヲ以テ絶対反対ナリ。

3、現地軍ト出先外政機関トノ関係

外政機構ノ統合ニ当リ最モ考慮ヲ要スル問題ハ、統帥部ト政府トノ関係ヲ明確ナラシメ統帥権ノ行政大権干犯ヲ許ササル点ニ在リ。先ツ統帥部ト政府トノ権限ヲ明確ナラシムルコトヲナサスシテ、単ニ形式的ニ外政機構ノ一元化ヲ図ラントスルハ意味ヲナサス。従テ興亜院ヲ外務省ニ統合スル以上、興亜院連絡部設置当時ノ経緯ニ遡リ、先ツ現地軍ト統合後ノ外政出先機関トノ権限分野ヲ明確ナラシムルト共ニ、特務機関ハ之ヲ廃止シ外政機構ニ統合シ以テ、軍カ治安ニ名ヲ藉リテ外政機関活動ノ分野ニ進出シ来ラサル様明確ナル取極ヲナスコト絶対必要ナリ。

4、南洋局統合ノ問題

右ニ関シテハ従来何辺モ繰返シ居ル如ク、南洋局ヲ新設東亜部ニ包含スルコトハ外務省トシテ承認出来ス。

5、対満事務局ノ問題

外政機構ノ統合ヲナス以上、少クトモ関東軍ノ有スル外交内面指導権ヲ外政省ニ移シ、軍ハ本然ノ任務ニ還ルコト必要ナルカ、外政機構ノ統合ヲ急速実現セシムル為、先ツ興亜院ト東亜局トノ統合ヲ図リ、情勢ノ如何ニ依リテハ対満事務局ノ統合ハ後廻シトスルコトモ考慮セラレサルニ非ス。

等ノ趣旨ヲ述フ。

右ニ対シ石井中佐ハ大体対立ノ要点カ明確ニナレルヲ以テ、右趣旨ニテ軍務局長（武藤章）ニ報告シ置クヘク、成ルヘク速カナル機会ニ関係局部長ニ於テ此対立ノ点ニ関シ意見ヲ交換スルノ運トナランコトヲ希望スル旨述ヘ、更ニ興亜院側ニ対シ只今指摘セラレタル中央長官ト出先機関トノ指揮関係ニ関スル興亜院案ハ、形式上ノ問題ニシテ実質ニ於テハ何等異ナル所ナキヲ以テ（太田ヨリ只今ノ議論ハ陸軍側ニ於テ東亜部長官ハ当然陸軍軍人カナルモノト考ヘ居ル故ニ起ルモノナリ。中央機構ニハ課長以下ニ限リ現役軍人ヲ任用セントスル太田試案ニ付テハ度々説明セル通リナリト注意ヲ促ス）、譲歩シテハ如何ト言ヘルニ対シ、興亜院側ハ右ハ興亜院トシテハ絶対ノ条件ナリト答フ。尚特務機関ノ問題ニ関シ石井中佐ヨリ軍トシテハ特務機関ヲ順次廃止シ、支那側ニ対スル内政干与ハ出来得ル限リ之ヲ避ケントスル方針ナルカ、事変継続中ノ特殊事態ニモ鑑ミ急速ニ実現ノ出来サルコトカ悩ミナリト言ヘルヲ以テ、太田ヨリ右陸軍ノ方針ハ洵ニ結構ナルニ付、青島ノ先例ニモ鑑ミ、此際先ツ北京、天津、南京、上海、済南等治安ノ恢復セル地方ヨリ順次特務機関ヲ廃止スルコトヲ実例ヲ以テ示サレンコト必要ナリト応酬ス。参謀長等カ現地機構ノ館長ヲ兼任スル問題ニ関シ、石井中佐ハ右ハ十一月十三日御前会議決定支那事変処理要綱中ニ「在支帝国諸機関ノ改善改廃ヲ断行シ施策ノ統制ヲ断行ス」ナル一項ヲ挿入セルハ、参謀長ノ兼任案ヲ前提トセルモノニシテ、本件ハ陸軍トシテ絶対譲歩シ難キ条件ナリ、尤モ曩ニ提出セル陸軍省主務者案ニ北支及蒙疆ニ於ケル「特派公使、首席参事官及政務主任参事官（若クハ書記官）ハ所在軍司令部ニ職ヲ有スル陸軍武官（参謀長、同副長、参謀ヲ含ム）ヲシテ兼任セシムルコトヲ得」ト記載シアルカ如ク、常ニ参謀長等ヲシテ兼任セシメントスルモノニ非スシテ、善ク参謀長及特派公使等ノ顔振ヲ見タル上、適任者ニ限リ兼任セシメントスルモノニシテ、又特派公使及首席参事官並政務主任参事官ノ三者全部ヲ（ママ）武官ヲシテ兼任セシメントノ趣旨ニモ非スト述ヘタルヲ以テ、太田ヨリ右ハ結局軍政ヲ布カントスルモノナルヲ以テ、斯ノ如キコトカ絶対条件ナルニ於テハ少クトモ現地ニ関スル限リ外政機構ノ統合ハ意味ヲナササルヘシト述ヘタリ。

次ニ太田ヨリ陸海軍及興亜院案ニ依レハ、現地外政機関ハ治安（又ハ軍事及警備）ニ関シ夫々所在陸海軍最高指揮官ノ区処ヲ受クルコトトナリ居ル処、所在陸海軍最高指揮官トハ何人ヲ指スモノナリヤ、小隊長又ハ駆逐艦ノ艦長等迄含ムモノナリヤト質問セルニ、石井中佐ハ陸□（破損欠落）ル限リ外政機構ニ関スル区処ハ総軍司令官、北支方面□（破損欠落）及駐蒙軍司令官ノ三人ニ限ルモノト心得ラレ差支ナシト言□（破損欠落）□（破損欠落）ハ藤井（茂）中佐ノ為欠席、新任木坂（義胤）中佐代ツテ出席セル為、□（破損欠落）ヲ述ヘス。）

（東亜局長（山本熊一）手記）

三月十日山本外務省東亜局長手記「外政機構整備ノ件」

外政機構整備ノ件（昭和一六、三、一〇）

外機密（欄外朱印）　三月二十二日田尻（愛義）参事官ヨリ内密手交（欄外頭書）　多（花押）

三月八日午后二時ヨリ五時迄興亜院ニ於テ本官、鈴木（貞一）政務部長、武藤軍務局長、石川（信吾）軍務局第二課長（岡（敬純）局長代理）及武内（竹内新平）理財局長会合、外政機構整備問題、就中対支機構問題ニ付、非公式協議会ヲ開催ス。会議ノ模様左ノ通リ。

一、鈴木政務部長ヨリ別紙甲号「対支機構整備案」（私案）ノ提出アリ。

二、右鈴木私案ニ対スル出席者意見ノ主ナルモノ次ノ如シ。

(イ)本整備案ハ事変遂行中ノ暫定案トシテ考究スヘキコト。
(ロ)興亜院会議及連絡会議等ハ実質的ニ存続スヘキコトヲ明瞭ニスヘキコト。
(ハ)興亜院本院ノ組織ハ一応ノ例示私案ト認ムルコト。
(ニ)興亜本院ノ人的配合ヲ明示決定ニハ反対ナリ。適材適処主義ト改ムルコト（外）。
(ホ)五、及六、項ヲ削除スヘキコト。
(ヘ)現地機構ニ付テハ全面的ニ賛否ヲ留保スヘキコト（外、海）。
（但シ如何ナル場合ニ於テモ北京、上海等治安ノ平常常態ニ在ル地域ニ於ケル特務機関長ヲ廃止スヘキコトニ付テハ意見ノ一致ヲ見タリ。）
(ト)附表ハ単ナル参考案ニ過キサルコト。
要スルニ、鈴木私案ニ付テハ出席者側ニ於テ反対意見乃至今後ノ研究ニ委ネタル事項少ナカラス。旁々当日会合者ノ意見ヲ参酌シ、本私案ヲ基礎トシテ一案ヲ作成シ、今後相談ノ原案トシ、随時此種会合ヲ続行シ、出来得レハ松岡外相欧洲ヨリ帰朝迄ニ成案ヲ得ル様努力スルコトトナレリ。
三、本官ヨリハ別紙乙号私案ヲ提示シ、此程度ナラハ省内ノ意嚮ヲ纏ムル様努力スヘキ旨ヲ述ヘタルモ、会議ノ模様ハ乍遺憾次ノ如ク看取セサルヲ得ス。従テ別紙丙号ノ如キ方針ニテ今後善処スル外ナシト認ム。
(イ)興亜院側意嚮ハ結局中央ニ付テハ外務省東亜局ヲ興亜院ニ吸収シ、其ノ機構ヲ拡大シ、現地ニ付テハ陸軍ニ追随セントスルニ急ニシテ何等誠意ノ認ムヘキモノ無シ。
(ロ)陸軍側ニ付テハ漸次軍ヲシテ政務ヨリ手ヲ引カシメントスル意図ノ何等見ルヘキモノナキノミナラス、寧ロ軍政中心主義ニ移ラントスルカ如キ傾向スラアリ。殊ニ北京、張家口ニ於テ軍司令部勤務タル特務部長ヲシテ特命全権大使ヲ兼ネシメントスルカ如キハ、寧ロ情勢ヲ逆転セシメントスルモノト謂フ外無ク、殊ニ対満内面指導ノ文官移譲及対満事務局ノ外務省統合ニ関シテハ論議ノ正シキコトヲ認メ乍ラ、部内反対ヲ云々スルカ如キ有様ニテ、真ニ国家的見地ヨリ機構改善ノ真摯ナル態度ヲ認メ得ス。

(ハ)海軍ハ興亜院外務省統合ニ依リ対支関係ヲ陸軍ニ左右セラルルニ至ルヘキコトノミ惧レ、其ノ結果陸軍トノ勢力均衡ヲ唱ヘサルヲ得サル立場ニ在ルノミナラス、自己ノ勢力圏内ニ於テハ陸軍同様ノ態度ニ出テントスル有様ニテ、真ノ意思ハ時機ノ熟スル迄機構改正ヲ俟ツコト賢明ナリトノ考ヲ有スルモノト察セラル。

甲号（欄外袖書）

対支外政機構整備案

一、興亜院ヲ外務大臣ノ管理ニ移シ、外務省東亜局ヲ興亜院ニ吸収ス。

二、興亜院ヲ総務課、政務部、経済部、交通部、文化部、調査部、技術部ノ一課六部ニ改組ス。

三、興亜院長官ノ補佐トシテ次長ヲ置ク。長官及同次長ハ共ニ陸、海軍現役将校ヲ以テ之ニ充当ス。

（爾他配員ハ概ネ現行ニ準ス。）

四、外務省ノ次官ヲ二名ト為シ、内一名ハ興亜院長官ノ兼任トス。

五、興亜院長官ハ外務大臣ノ名ニ於テ在支外務諸機関ヲ指揮ス。

六、興亜院長官ハ同院ノ人事及会計ヲ専行ス。

七、各連絡部ハ現組織ヲ甚タシク変更スルコトナク外務系統ニ移管ス。其要領概ネ左ノ如シ。

(一)蒙疆、華北ノ長官ハ夫レ夫レ特派公使ニ兼任シ、其本職ハ所在軍司令部附タラシム。

(二)華中連絡部ハ一部ヲ南京大使館ニ、大部ハ上海総領事館ニ合流改組ス。

(三)厦門及青島ハ夫レ夫レ総領事館ト為シ、其長ヲ海軍将校ヲ以テシ総領事ニ兼任ス。

(四)海南島ニ新ニ大使館分館ヲ設ケ、其長ハ海軍将校ヲ以テシ特派公使ニ兼任ス。

八、蒙疆、華北及海南島分館ニ対スル大使ノ業務指揮分野ハ別ニ定ムル処ニ依ル。

九、大使及特派公使ハ別ニ定ムル処ニ依リ指定地域ノ総領事及領事ヲ指揮ス。

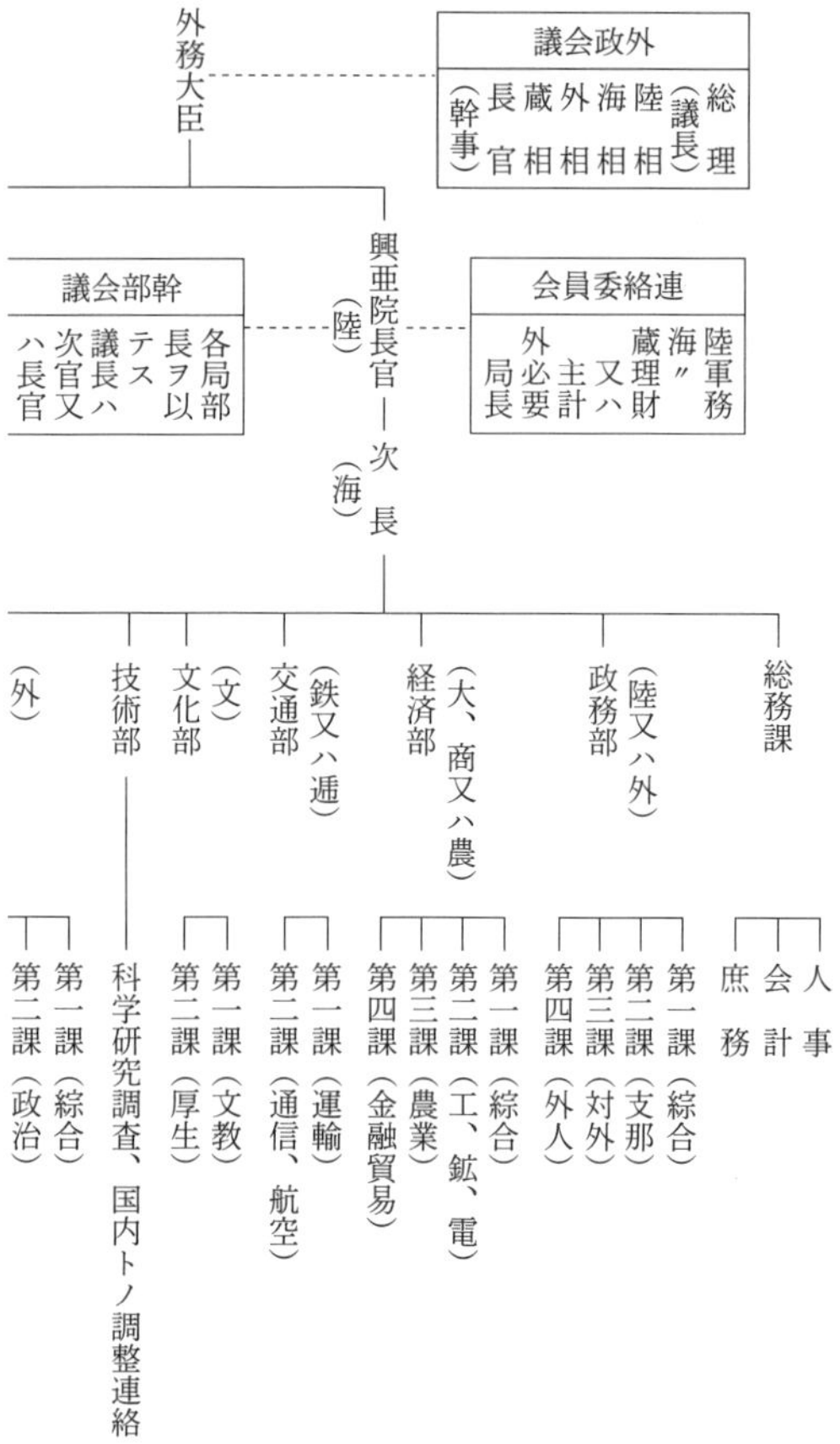

- トス
- 調査部
  - 第三課（経済）
  - 第四課（宣伝）

次官
- 官房
- 通商局
- 条約局
- 欧亜局
- 亜米利加局
- 南洋局

一、興亜院長官ハ外務大臣ノ名ニ於テ在支大公使其ノ他ヲ指揮シ、又長官名ニ於テ公館員ヲ区処ス
一、関係人事及会計ハ長官ニ於テ之ヲ処理ス
一、外務次官ノ定員ヲ二名トシ、内一名ハ興亜院長官ノ兼任トス

外務大臣（興亜院長官）

大使館（大使）

- 蒙疆分館（特派公使）
  - 従来ノ蒙疆連絡部ノ管掌業務ノ外蒙疆地域ノ領事ヲ指揮ス
- 華北分館（特派公使）
  - 従来ノ華北連絡部ノ管掌業務ノ外華北政務委員会ノ行政地域内ノ領事ヲ指揮ス
  - 青島出張所ハ総領事館ト為ス
- 上海総領事館（総領事）
  - 従来ノ領事館業務ノ外華中連絡部ノ業務ノ大部ヲ吸収ス
- 漢口、広東、天津等ノ総領事館ハ現事態ニ適応スル如ク夫々編組ス
  厦門連絡部ハ総領事館ト為ス
- 海南島分館 — 海南島全島ノ処理ニ任ス、新設

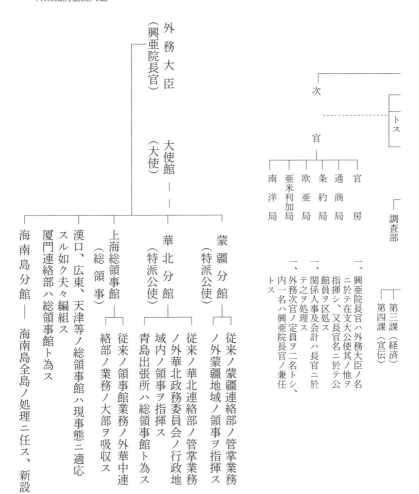

一、蒙疆分館及華北分館ノ長タルヘキ特派公使ニハ所在軍司令部将校ヲ以テ之ニ充当ス。
二、上海、青島及厦門総領事ハ所在艦隊司令部附将校ヲ以テ之ニ充当ス。
三、在支各機関ハ軍以外ノモノヲ除キ、他ハ凡テ大使館系統ニ移ス。

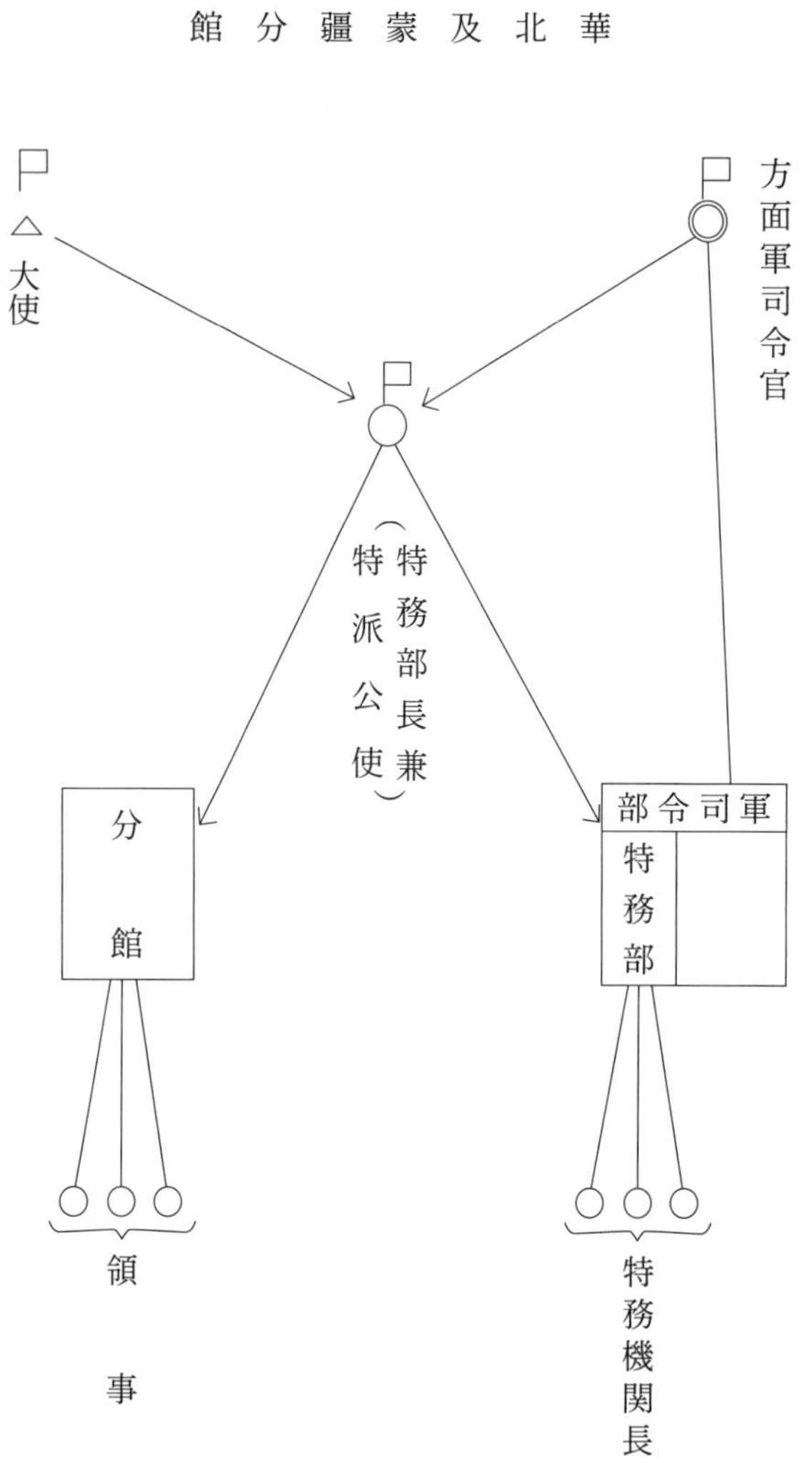

（欄外朱書）乙号

外政機構整備要綱　（昭和一六、一二、六）

我対外国策遂行ノ機能発揮ヲ合理活潑ナラシムル為、外政機構ノ整備一元化ヲ速ニ実現セシムルコトヲ基礎条件トシ、差当リ大東亜共栄圏建設ノ国策遂行ニ適応セシムル為、興亜院ヲ外務省ニ統合スルコトトシ、左記要領ニ依リ処理スルモノトス。

一、差当リ外務省ニ興亜院ヲ統合ス（興亜本院ト東亜局ヲ統合ス）。対満事務局其ノ他ノ管掌スル外政事務ハ時宜ニ応シ成ルヘク速ニ之ヲ外政機構ノ管掌ニ移スモノトス。

二、外政機構勤務者中東亜共栄圏内関係事務ニ従事スル者ニ付テハ新ニ特別任用令ヲ拡張シ、各省官吏、現役軍人並ニ一般民間ヨリモ之ヲ任用シ得ルノ途ヲ啓クモノトス。但シ現役軍人ノ任用ニ付テハ左記制限ニ依ルモノトス。

(イ)本省興亜庁（対支機構仮称）ニ在リテハ適材適処主義ニ依リ広ク任用ス。但シ人的配合ニ付テハ別途協議スルモノトス。

右以外ノ共栄圏内関係事務ヲ処理スル局部ニ在リテハ事務官級ニ任用スルコトヲ得ルモノトス。

(ロ)支那ニ在リテハ特別ノ事情アル地域ニ限リ館長ニ任用シ得ルモノトス。人的配合ニ付テハ別途協議スルモノトス。

(ハ)本省勤務者タルト現地勤務者タルトヲ問ハス、現ニ軍務ニ従事スルモノノ兼任ヲ認メサルモノトス。

(ニ)本省タルト現地タルトヲ問ハス、現役軍人ノ任用ハ事変中ニ限ルモノトス。

三、本省内ニ於ケル対満支機構ト、其ノ他ノ東亜共栄圏内事務管掌局部トノ連絡協調ヲ一層密ナラシムル如ク措置スルモノトス。

四、現地統帥部ト外政機構ト、ノ権限分野ヲ最モ明確ニシ、苟モ其ノ紛淆ヲ紊ルカ如キコトナキ様措置シ、特ニ左ノ諸点ニ留意スルモノトス。

(イ)特務機関ハ前線作戦地帯ニノミ限定シ、其ノ他ノ地方ニ在リテハ悉ク之ヲ外政機構ニ統合スルモノトス。

(ロ)現地陸海軍最高指揮官ノ大使又ハ外政機関ニ対スル区処権ハ之ヲ認メサルモノトス。但シ万止ムヲ得サル場合ニハ、特定ノ外務機関ニ対シ軍事及警備ニ直接関係スル事項ニ付テノミ之ヲ認ムルモノトス。

(ハ)現地外政機構ト統帥部トノ間ニ権限分野ニ関シ明確ナル取極ヲ為スモノトス。

五、統合後ニ於ケル外政機構人事ニ付テハ出身官庁ノ都合ニ依リ勝手ニ異動セシムルカ如キコトヲ避ケ、外務大臣ノ一元的統制ニ服セシメ、以テ機能ノ発揮ヲ円滑ナラシムルモノトス。

六、新機構整備ニ伴ヒ、昭和十六年度関係機構経費総額ノ中少クトモ三割ヲ節減シ得ル様措置スルモノトス。

（欄外袖書）
丙号

外政機構整備要綱ニ関スル準備要綱

我対外国策遂行ノ機能発揮ヲ合理活潑ナラシムル為、外政機構ノ整備一元化ヲ速ニ実現セシムルコト、特ニ大東亜共栄圏建設ノ国策遂行ニ適応セシムル為、成ルヘク速ニ興亜院ヲ外務省ニ統合スルコトトシ、左記要領ニ依リ処理スルモノトス。

一、外務省勤務者中東亜共栄圏内関係事務ニ従事スル者ニ付テハ新ニ特別任用令ヲ拡張シ、必要ナル学識経験ヲ有スル者ヲ広ク任用シ得ルノ途ヲ啓クモノトス。

二、先ツ興亜院ヲ外務省ニ統合スルコトトシ、之カ為中央部及現地共直チニ準備ニ取リ懸ルモノトス。而シテ左記諸点ニ付テハ特ニ留意スルモノトス。

(イ)新機構ニ於テハ其ノ経費ヲ少クトモ三割節減スルコトヲ目標トシ、人員ノ配置任免等ニ付、右目標ニ添フ様処理スルコト。

(ロ)現地ニ於テハ外政関係機構ト統帥部トノ権限分野ヲ明カニスル為、逐次情勢ニ応シ従来軍部取扱ニ係ル統帥関係以外ノ事務ヲ外務機構又ハ興亜院ニ移譲スルコト。

(ハ)中央現地共外務機構ト興亜院機構間ノ連絡ヲ一層密接ニシ、事実上統合ノ姿勢ヲ醸致スルコト。

三月二十六日近衛大臣発本多大使宛電報第九八号写

(欄外朱印)写　暗　電報　昭和一六年三月二六日午前九時着

本多大使宛　近衛(文麿)大臣発

(件名)(館長符号)

第九八号(外機密)

貴電第一七二号ニ関シ

大橋(忠一)次官ヨリ

外政機構統合ニ関スル関係省主任者会議ハ各省間意見ノ対立甚シク妥結ヲ見ルニ至ラス。依テ局部長間ニ更メテ話合ヲ進ムルコトトナリ、三月八日右会合ヲ催シタルカ、其ノ際鈴木政務部長政府討議ノ基礎トシテ提出セラレタル試案ハ、中央機構ニ関シテハ興亜院ヲ外務大臣ノ管轄ニ移シ東亜局ヲ吸収スルト共ニ、興亜院長官ハ外務大臣ノ名ニ於テ在支外務諸機関ヲ指揮スルコトヲ骨子ト為シ居リ、又現地機構ニ関シテハ北支及蒙疆ニ於テハ聯絡部設置前、北支軍ノ有シタル特務部ヲ復活シ、現在ノ聯絡部ノ各組織ハ其ノ儘トシテ聯絡部長官ヲシテ右復活ノ特務部長ヲ兼任セシムルト同時ニ特派公使タラシメントスル仕組ニシテ、之ヲ要スルニ中央ニ於テハ興亜院ノ実質ニ対シテハ何等調整ヲ加ヘス、寧ロ興亜省ノ実現ニ向ツテ進マントスルノ傾向アルノミナラス、現地ニ関シテハ軍ノ要望タル北支ニ於ケル軍政ノ施行ヲ事実上容認シ居リ、右ハ統帥ト政府トノ関係ヲ先ツ明確ナラシムヘシトノ当方主張ト根本的ニ相容レサル為、本件ハ未タ何等決定ヲ見ルニ至ラス。外相帰朝頃迄ニハ何トカ取纏ムル様関係方面ニ於テ更ニ努力スルコトトナリタルモ、当方トシテハ興亜院及陸軍側ニ於テ統合ニ関シ此ノ上誠意ヲ披露セサル限リ現状維持モ已ムナシトノ態度ヲ維持シ居レリ（海軍側モ同意見）。委細ハ田尻書記官ヨリ御聴取相成度。

（了）

三月二十七日外務省東亜局第一課「外政機構統合問題」

外政機構統合問題

（昭和十六、三、二七、亜一）

一、主任者会議ノ経緯

外政機構統合ニ関スル興亜院、陸、海、外、蔵各関係庁主任者ノ会合ハ一月十八日ヨリ二月十九日ニ亘リ関係庁主務課作成ノ試案ニ付討議ヲ重ネタルモ、遂ニ妥結案ヲ見ルニ至ラス。仍テ其ノ旨上司ニ報告スルト共ニ関係局部長間ニ於テ更ニ具体案ヲ練ルコトトナレル処、主任者会議ニ於テ最モ問題トナリタル点ハ次ノ五点ナリ。

㈠対満事務局ヲ包含セシムヘキヤ否ヤ。
㈡南洋局ヲ入ルルヤ否ヤ。
㈢現役軍人ヲ任用スルヤ否ヤ。
㈣現地軍ト出先外政機関トノ関係ヲ如何ニスヘキヤ。
㈤中央長官ト出先機関トノ指揮関係ヲ如何ニスヘキヤ。

外務省主任者ニ於テハ本件外務省ト興亜院トノ綜〔統〕合ハ、中央及現地機構ニ関スル話合ノ成立ヲ俟ツテ両々相並行シテ行ハルヘキモノニシテ、両者ノ何レカ一方ニ関シ話合成立セサル時ハ統合ハ不可能ナリトノ態度ヲ取ルト共ニ、右五点ノ中外務省ニ於テ最少限度ノ条件トシテ堅持スルハ左ノ二点ナルコトヲ強調セリ。

㈠外政大臣ノ現地外政機関ニ対スル直接指揮監督権

興亜院政務部第一課案ニ依レハ、現地外政機関ハ凡テ東亜部長官ノ統轄指揮ニ属ス（特命全権大公使ニ関シテハ特定事項ニ関シ指揮ス）ルコトトナリ居ル処、右ハ外政省ニ二人ノ国務大臣ヲ置クモノニシテ、外政ノ根本ヲ紊ルモノナルノミナラス、現在ノ興亜院本院対連絡部ノ関係ヲ其ノ儘ニシテ外務省ニ統合セントスルモノナルヲ以テ絶対反対ナリ。

㈡現地機構ハ統帥部ト外政機関トノ二本建トスヘキコト

陸軍省主務者案ニ依レハ、北支及蒙疆ニ於ケル特派公使、首席参事官及政務主任参事官（若ハ書記官）ハ軍ニ現職ヲ有スル武官ノ兼職ヲ認ム《(ママ)》コトトナリ居ル処、参謀長、同副長、第四課参謀等所在軍司令部ニ職ヲ有スル陸軍軍人カ外政機構ノ長ヲ兼ヌルコトハ、統帥ト行政ノ関係ヲ混淆セシムルモノナルヲ以テ、絶対反対ナリ。

二、局部長会議ノ経緯

前述ノ通リ本件機構問題ハ一応主任者会議ノ手ヲ離レ、局部長会議ニ於テ取上ケラルルコトトナリタルヲ以テ、東亜局長ニ於テハ右局部長会議ニ於ケル外務省側最後ノ腹案トシテ別紙ノ如キ私案ヲ作成シタルカ、右案ノ骨子ハ要スルニ外政機構統合ニ当リ最モ考慮ヲ要スル問題ハ統帥部ト政府トノ関係ヲ明確ナラシメ、統帥権ニ於テ行政大権ヲ干犯スルカ如キコトナキヤウ措置セントスル点ニアリ。

先ツ統帥部ト政府トノ権限ヲ明確ナラシムルコトヲナサスシテ、単ニ形式的ニ外政機構ノ一元化ヲ計ラントスルハ意味ヲナサス。右趣旨ノ下ニ東亜局長私案ハ中央機構ニ関シテハ進テ東亜局ヲ解体シ、興亜院本院ト渾然一体タラシムルト共ニ現地機構ニ付テハ統帥部ト外政機構トノ二本建トナシ、軍ニ現職ヲ有スル武官ノ兼任ヲ認メス、軍ノ外政機構ニ対スル区署権ニ関シ明確ナル取極ヲナスコトヲ統合ノ前提条件トシ、右ニシテ関係者ノ同意ヲ得ルニ於テハ外務省トシテモ差当リ対満事務局ノ統合ヲ固執セス、現役軍人ノ任用ニ関シテモ中央ニアリテハ適材適所主義ニ依リ広ク人材ヲ登用スルト共ニ、現地機構ニ関シテモ特別ノ事情アル地域ニ於テハ現役軍人ヲ館長ニ任用スルニ吝ナラストノ態度ヲ披瀝セルモノニシテ、東亜局長ニ於テハ右含ミヲ以テ関係方面ト接触ヲ続ケ来レリ。

三、鈴木政務部長私案ニ対スル外務省側ノ見解

三月八日関係省局部長会議ニ提出セラレタル鈴木政務部長私案「対支外政機構整備案」ニ関シテハ、同部長ノ説明通リ右ハ局部長会議ニ於ケル討議ノ一応ノ基礎トシテ提出セラレタル私案ニ過キス、右案ニ対シテハ当時東亜局長ヨリ指摘致シ置キタル通リ、外務省トシテハ種々ノ点ニ付異論アルモ前記一、主任者会議ニ於ケル経緯ニ鑑ミルモ外務省トシテハ最小限度左記諸点ニ関シ絶対之ヲ容認スルヲ得ス。

㈠中央機構

本案ハ興亜院ノ実質ニ対シテハ何等調整ヲ加ヘス、単ニ総理大臣ノ管理ヲ外務大臣ノ管理ニ移スコトヲ条件ニ現興亜院内ニ外務省東亜局ヲ吸収スルト共ニ興亜院ノ権限ヲ更ニ拡大強化シ、以テ興亜省ノ実現ヲ企図セントスルノ慊ヒアリ。同案ノ四、「興亜院長官ハ外務大臣ノ名ニ於テ在支外務諸機関ヲ指揮ス」トハ前述外務省側最小限度ノ条件タル外政大臣ノ現地外政機構ニ対スル直接指揮監督権ヲ無視シ、興亜院ノ原案タル東亜部長官ノ現地外政機構統轄指揮権ヲ実質ニ於テ其ノ儘復活セントスルモノニ外ナラス。

㈡現地機構

鈴木政務部長案ノ七ノ㈠ハ興亜院設置前北支軍ノ有シタル特務部ヲ復活シ、現在ノ連絡部ノ各組織ハ其儘トシテ、連絡部長官ヲシテ右復活ノ特務部長ヲ兼任セシムルト同時ニ、特派公使タラシメントスルモノナリ。右ハ陸軍省主務者案タル方面軍参謀長ノ特派公使兼任案ヲ焼直シタルモノニシテ、北支軍ノ要望タル北支ニ於ケル軍政ノ施行ヲ事実上容認シタルモノト云ハサルヲ得ス。

抑々興亜院ハ軍ヲシテ軍事ニ専念セシメ、支那ニ於ケル政治ハ行政機関タル興亜院ヲシテ之ヲ実施セシメンカ為ニ設置セラレタルモノニシテ、当時北支方面軍ノ強硬ナル反対ヲ押切リ軍ノ特務部ヲ廃止スルト共ニ、華北連絡部ヲ設置シタル所以ノモノハ、軍ヲシテ政治ニ干与セシメス、出来得ル限リ軍ノ負担ヲ軽カラシメントスルニアリタリ。然ルニ鈴木政務部長案ハ特務部ヲ復活シ、北支及蒙疆ニ於ケル軍政ヲ事実上容認セントスルモノニシテ、右ハ外政機構統合ノ根本義ニ反スルノミナラス、華北連絡部設置当時ノ北支方面軍ノ主張カ正当ナリシコトヲ自ラ承認スルモノナリ。

外務省ニ於テハ他省ニ率先シ進テ東亜局及現地機関ヲ興亜院ニ合体セシムルト共ニ、其ノ門戸ヲ開放シ、以テ外政機構統合ノ範ヲ示サントノ誠意ヲ披瀝シ来レル次第ニシテ、問題ノ重要性ニモ鑑ミ、松岡外相帰朝ノ頃迄ニハ何トカシテ局部長間ニ妥結案ヲ取纏メンコトヲ期待シ居ル次第ナルカ、前記二点ハ当方最小限度ノ前提要件ト根本的ニ対峙スルモノナルヲ以テ、右二点ニ関シ興亜院及陸軍側ノ深甚ナル考慮ヲ切望セサルヲ得ス。

昭和一六年三月二七日起草

三月二十八日本多大使発近衛大臣宛電報第一九四号写

総番号 No.1028–1083　昭和16年3月28日後12時発

（欄外朱印）写

宛　近衛大臣　　発　本多大使

転電送　北大、在支各総領事

（青印）合第七九号

件名　外政機構問題ニ関スル意見具申ノ件

暗　第一九四号

外政機構整備ノ件ニ関シテハ中央ニ於テ折角具体案審議中ノコトト被存処、事態ノ性質ト其ノ帝国外交ノ上ニ及ホスヘキ影響ノ重大ナルニ鑑ミ、僭越ヲ顧ミス敬テ左ニ卑見ノ概要ヲ稟申ス。

一、本件機構問題ハ帝国ノ対支国策乃至事変処理ノ根本方針ト本質上不可分ノ関係ニ在リ、右方針ヲ離シテ機構問題ヲ論スルヲ得ス。若シ夫レ支那ヲ我内政ノ延長タル特殊行政ノ対象トシテ、或ハ又軍政ノ対象トシテ、取扱フコトヲ以テ帝国ノ対支国策乃至事変処理ノ根本方針ト合致スルモノナリトセハ、本件機構モ宜シク右ニ相応シ内政機関又ハ軍政機構タル性格ヲ有セシムル如ク決定スルヲ要スヘク、而カモ右ノ場合ニハ斯カル機関ヲ外務大臣ノ管理ノ下ニ置クハ明カニ矛盾ナリト言ハサルヘカラス。然ルニ帝国既定ノ対支国策乃至事変処理ノ根本方針並ニ日華基本条約等ノ指示スル所カ支那ノ独立性及統一性ヲ尊重スルノ原則ヲ要素トスルモノナルコト照々トシテ瞭カナル以上、殊ニ況ンヤ国民政府承認後ノ今日ニ於テハ本件機構問題ノ取扱振ハ右原則ヲ破壊シ、又ハ之ヲ晦冥ナラシムルカ如キモノタルヲ許サス。此ノ点中央機構及現地機構ノ全体ニ亘リ筋道ノ透徹ヲ期スルコト、我国家意思ノ統一ヲ保持シ大義名分ヲ貫ク上ヨリシテ極メテ肝要ナリト存ス。

二、本件機構問題ヲ取扱フニ当リ基礎原則ノ一トスヘキハ統帥ト一般国務ノ系統ヲ明徴ニシ、統帥機関ト行政機関トノ責任分野ヲ明確ニスルニ在リ。蓋シ右ハ至尊ニ対スル輔弼責任ノ所在ヲ確定シ、健全ナル国家機能ノ発揮ヲ期スル上ヨリシテ絶対ノ条件ナレハナリ。今日重大ノ時局ニ於テ最モ切実ニ要請セラルル統帥機関ト行政機関トノ円満ナル協調ノ如キモ、此ノ両者ノ間ニ相互ニ其ノ責任分野ヲ明カニシ、互ニ之ヲ尊重スルノ精神アリテ甫メテ全キヲ得ルモノト言ハサルヘカラス。

統帥及国務ノ両系統ヲ明徴ニシ、両系統機関ノ責任分野ヲ明確ニスルノ要請ヲ具現スルニ当リテハ、単ナル表現的形式的ノ偽装ヲ許スヘカラス。指揮命令ノ系統及人的構成等各般ニ亘リ凡テ実質上ニ於テ右要請ノ精神ニ適合スルモノナラサルヘカラス。而シテ右ハ中央及現地ノ全機構ヲ通シ遵守セラルヘキ要綱ナリト思考ス。

三、本件機構問題ハ帝国外交ノ全体ノ上ニ於テ支那ノ占ムル地位及之ト全体トノ関聯ヲ外ニシテ之ヲ考フルヲ得ス。支那ニ対シ又ハ支那ニ関スル外交ノ機関カ帝国外交ノ他ノ分野ノ機関ヨリ実質上分離シテ存スルニ至ルカ如キコトアラハ、右ハ単ニ対支外交ノミナラス帝国外交全体ノ破壊ヲ意味スルモノト思ハサルヘカラス。

従テ本件機構具体案策定ニ当リテハ形式的統合ニ急ニシテ外政機構ノ実質的分裂ヲ来シ、帝国外交ヲ破壊ニ導クカ如キ重大過誤ヲ冒ササル様慎重工夫スルノ要アリト信ス。

四、本件機構問題ハ単ナル内国官庁ノ場合ト異ナリ、其ノ決定振如何ハ直ニ対外的外交的ニ重大ナル影響ヲ齎スモノナリ。第三国ニ対スル影響ノ問題ハ暫ク別トスルモ、儻シ本件機構カ実質上支那ノ独立性又ハ統一性ヲ無視スルカ如キ性格ヲ有スルモノトナル場合ニ於テハ、国民政府及重慶側ニ対シ如何ニ深刻ナル政治的悪影響ヲ及ホスヤハ火ヲ見ルヨリモ瞭カニシテ、帝国政府ノ庶幾スル全面和平招来ノ一大障害トナルニ至ルコト必然ナリ。従テ本件機構具体案決定ニ当リテハ斯ル政治的影響ノ観点ヨリモ深甚ノ省察ヲ加フルノ要アリト思料ス。

五、叙上諸点ノ要請ハ事変進行中ナルノ故ヲ以テ阻却セラルヘキ性質ノモノニアラスシテ、却テ事変中ナルカ故ニ之ヲ強調スルノ要益々緊切ナルモノアリト信ス。儻シ夫レ中央機構ニ於テ名ハ外政機構ノ統合ト言フモ実質上興亜省ノ如キモノヲ設ケ、其ノ長官カ事実上在支外政機関ヲ全面的ニ指揮スルノ権ヲ掌握スルカ如キ、又現地機構ニ於テ大使ノ業務指揮分野ヲ限定シテ大使ノ外ニ数多ノ地域ニ実質上謂ハハ割拠的ノ代表機関ヲ設クルカ如キコトアラハ、右ハ前述本使ノ所信ト全面的ニ衝突スルモノニシテ、前記理由ニ基キ断シテ国家ノ為ニ取ラサル案ナリト思考ス。

六、尚本使ノ所見ヲ忌憚ナク申進スルヲ許サルレハ、現下重大ノ時局ニ於テ真ニ国家総力ヲ最大限度迄発揮スルヲ要スルノ秋、統帥府及政府ノ間ニ最高国防会議トモ言フヘキ最高機関ヲ設ケ、政戦両略ノ運行ヲ根源ニ於テ完璧ナラシメラルル様中央ニ於テ御工夫アランコトヲ希望スルモノナリ。

北大、在支各総領事ヘ転電セリ。

三月三十日本多大使発近衛外務大臣宛館長符号電報写

（欄外朱印）写

総番号 No.□（アキママ） 昭和16年3月30日後3時30分発

昭和一六年三月三〇日起草

宛 近衛外務大臣 発 本多大使

暗 第（館長符号）号

大橋次官へ

機構問題ニ関スル御回電感謝ス。御苦心ノ程ハ重々御察シ致スモ、何分帝国外政上ノ重大問題ニ関スルコト故、此場合一先ヅ協議ヲ中止シ、松岡大臣ノ帰朝ヲ待タルル様御勧メス。本使モ其頃帰京シ、本件ニ関シ親シク同大臣ト御話シスル積リナリ。

三月三十一日本多大使発北京、在支各総領事宛電報暗合第八一号写

総番号 No.1113–25 昭和16年3月31日後5時30分発

（欄外青印）写

昭和一六年三月三一日起草

宛 北京、在支各総領事 発 本多大使

件名 対支外政機構整備問題ノ件

暗合第八一号

往電合第七九号ニ関シ

現ニ進行中ノ関係各庁間協議ノ基礎トナリ居レルハ興亜院鈴木長官代理ノ私案ト号スルモノニテ、其ノ内容別電ノ通リナリ（本省ヨリ田尻参事官ヲ以テ本使ニ伝達セルモノナリ）。尚大橋次官ヨリノ内電ニヨレハ、本省側所見ニテハ該案ハ興亜省ノ実現ニ向テ進マントスルノ傾向アルノミナラス、現地ニ於テハ軍ノ要望タル北支ニ於ケル軍政ノ施行ヲ事実上容認シ居リ、本省ノ主張ト根本的ニ相容レサル為メ、本件協議ハ未タ何等決定ヲ見ルニ至ラサルモ、外相帰朝迄ニ何トカ妥結スル様関係方面ニ於テ更ニ努力スルコトトナリ居ル趣ナリ。右次官来電ノ次第ハ貴官内密ノ御含マデ。

昭和一六年三月三一日起草

三月三十一日本多大使発北京、在支各総領事宛電報暗合第八二号写

総番号 No.1126-38　昭和16年3月31日後5時30分発

（欄外青印）写

宛　北京、在支各総領事　　発　本多大使

件名　対支外政機構整備問題ノ件

暗合第八二号（別電）

対支外政機構整備案

（三月十日山本外務省東亜局長手記中の別紙甲号文書を参照）

四月二日本多大使発近衛外務大臣宛電報第二〇一号写

総番号 No.□（アキママ）　昭和16年4月2日後9時発

（欄外青印）
写

昭和一六年四月二日起草

宛　近衛外務大臣　　発　本多大使

件名　外政機構問題

暗第二〇一号

三月三十一日夕、総司令官々邸ニ於テ畑（俊六）、板垣（征四郎）両将ト「インテイメート」ノ会食ノ際、食後ノ雑談中、本使ハ此頃東京ニ於テ軍部及外務省ノ部局長連ノ協議ニ上リ居ル機構改革案ナルモノハ却々振ツタモノナリト態ト諧謔ノ口調ニテ、之レデハ外務省ガ興亜院ヲ統合スルニアラスシテ興亜院ガ外務省ヲ併合スルコトトナル、営養（ママ）不良ノ弱イ蛇ガ大キナ鼠ヲ呑マントシテ却テ鼠ニ喰殺サレカカツテ居ルヤウナ感ナキヲ得ス（両将軍微笑ス）、夫ハ兎ニ角該案ニ依レバ、外務次官ノ一人タル興亜院長官ガ外務大臣ノ名ニ於テ大使以下在支外務機関ヲ指揮スルコトトナリ居レルガ、外務大臣ガ帝国外政中尤（最）モ重要ナル対支外交政務ノ指揮ヲ其ノ下僚ノ一人ニ白紙委任スト云フガ如キハ、国務大臣輔弼ノ責任ノ何タルヲ解セサルモノニシテ始メテ考ヘ及ブコトナリ、換言スレバ少クトモ憲法第五十五条ノ精神ヲ蹂躙スルモノナリ、又案第七項ハ明カニ在支外交機関ヲ軍部ノ手ニテバラバラニ解体サセヨウト云フノ意ト解スルノ外ナキノミナラス、支那国内ニ二ツモ三ツモ第二ノ満洲国ヲ拵エ、之ニ軍政ヲ施行スルモノト支那人及外国人ヨリ解セラルルモ何等弁解ノ余地ナシ、実ニ明治以来ノ国是ノ破壊ト云ハサルベカラズ、況ンヤ其ノ的（ママ）面ノ結果ハ当方面ノ関スル限リ恐ラク国民政府ノ崩壊ニ導クベク、北支ト雖トモ略類似ノ破綻ヲ見ルコトナラム、抑モ現在ニテモ軍ハ例ヘバ北支ニ於テ蒙疆ニ於テ又其他ノ占拠地域ニ於テ軍ノ思フ儘ニ云ハハ一種ノ事実的軍政ヲ施行シツツアリ、而シテ其ノ結果ニ対スル政治的外交的責任ハ一ニ大使タル拙者ガ負担シ居ル仕組ミニナリ居リ、拙者モ亦快ク其ノ負担ヲ肯ンジ居レリ、軍ノ鎧ハ大使ト云フ法衣ニヨリテ蔽ハレ居ル次第ニテ、軍部ニ取リ之程好都合ナ仕組ミハナカルベキ筈ナリ、然ルニ今ヤ此ノ法衣ヲ押シ退ケテ軍自ラ鎧兜ノ儘表面ノ責任的地位ニ躍リ上ラントス、我輩ノ常識ニテハ了解ニ苦ムトコロナリト語リタルガ、談話ノ要処要処ニ対シ両将軍トモ点頭《ウナヅキ》居タリ。若干ノ印象ヲ両将軍ニ与ヘタルモノノ如ク感セラレタリ。御参考マデ。

昭和一六年四月五日起草

四月五日本多大使発モスクワ在露大使宛電報第一号写

総番号 No.1196 昭和16年4月5日後6時発
（欄外青印）大使 （欄外朱印）写

宛 モスクワ在露大使 発 本多大使
件名 機構問題
暗第一号（至急）
松岡大臣へ
別電本省宛往電第二〇一号御覧置ヲ乞フ。

昭和一六年四月五日起草

四月五日本多大使発在蘇建川大使宛電報第二号写

総番号 No.1197 昭和16年4月5日後7時発
（欄外青印）大使 （欄外朱印）写

宛 在蘇建川大使（美次） 発 本多大使
件名 機構問題

暗第二号（別電）至急（青印）

大臣宛第二〇一号転電（一一五〇）。

四月六日本多大使発モスクワ在露大使宛電報第三号写

総番号 No.1200　昭和16年4月6日後0時30分発

大使（欄外青印）　写（欄外朱印）　　昭和一六年四月六日起草

宛　モスクワ在露大使　発　本多大使

件名　機構問題ニ関シ華中連絡部提案

暗第三号　至急

松岡大臣へ

往電第一号ニ関聯シ

(1)当大使館ヲ始メ上海・漢口両総領事館ノ乗取リ、当方面各領事館ノ解体、蘇浙皖三省主要都市ニ於ケル事実上ノ軍政施行ヲ意味スル所謂中支方面外政機構整備案ナルモノ最近華中連絡部ヨリ興亜院ニ提出セラレアリ。未タ部内ニ於テスラ秘密ニ付セラレ居ルモ、及川（源七）総務長官就任ノ上ハ之ガ貫徹ニ邁進スルモノト思料セラル（案文「テキスト」本使ニ於テ確実ナル筋ヨリ内密ニ入手シアリ）。

(2)機構問題ガ斯ル危険千万ノ展開ヲ示シツツアルノ事実ニ対シ、篤ト御考慮ヲ切望ス。（了リ）

四月七日上海堀内総領事発杉原総領事宛電報合第二九〇号写

一五二六　（暗）　昭和一六年四月七日後一一時一〇分着

（欄外朱印）写　上海　堀内（干城）総領事

杉原（荒太）総領事宛

外政機構問題ニ関スル件

合第二九〇号

（青印）外信

大臣宛第五三六号

南大発閣下宛電報第一九四号ニ関シ

本件機構問題ニ関スル卑見ハ曩ニ東亜局長出張ノ際、及曽禰（益）上京ノ際申入レ置キタル通リ、事変処理ノ根本義ニ反シ外交大権ヲ侵犯スルカ如キ機構改革ハ断シテ不可ナリト為スニ在リ。然ルニ冒頭電報興亜院案ハ正シク之ニ該当スルモノナルハ更メテ本官ヨリ累説スル迄モナク、南大発閣下宛電報第一九四号並ニ在北京参事官発閣下宛電報第二一六号ニ依リ決定的ニ闡明セラレアリ。

唯一言シ度キハ、外務省自ラノ政治力不足ナルヲ知リ縄張リ争ヒト目セラルルヲ惧ルルノ余リ妥協主義ニ陥ルカ如キコトアリテハ邦家ニ千載ノ悔ヲ残スモノニシテ、事変処理ノ根本義ニ立脚スル堂々タル主張ヲ堅持シ、飽迄押強ク闘ヒ抜クニ於テハ、此ノ種国策ノ大本ヲ無視スル一部「イデイオロギイ」乃至ハ策謀ノ如キヲ破砕スルハ難事ニ非サルヲ確信スルト共ニ、外務省自ラ情勢ヲ無視シ「外政」ヲ掌握セント焦慮スル余リ単ナル形式的小範囲ニテモ満足スルト共ニ、「外交」機関ヲ「バーゲン」ニ供スル如キ気配ヲ示スハ最モ禁物ニシテ、機ノ熟スル迄ハ機構問題ニ付テハ寧ロ消極的ニ現在「外交」機関組織権限ヲ確保スルト共ニ、之カ能率的運用ニ依リ国策完遂ニ最善ヲ尽スヲ目途トシ、此ノ点ニ付テハ毫末モ妥協ノ余地ナキヲ先ツ自ラ決意スルカ喫緊事ナルコト之ナリ。仄聞スル所ニ依レハ、松岡大臣御帰京迄ニ冒頭電報興亜院案ヲ基礎トシ何等カノ妥協案ヲ作成スル申合セナル由ナルカ、最近ノ内閣改組カ本件ニ如何ナル反響ヲ齎スヤ計リ難キモ、万一右ノ如キ申合セヲ押シ付ケラルルカ如キコトアラハ取返シ付カス、誠ニ憂慮ニ堪ヘス。依テ更メテ卑見ヲ具陳シ清鑑ヲ仰ク。

北大、南京ニ転電セリ。

昭和一六年四月一四日起草

四月十四日本多大使発近衛外務大臣宛電報第二二七号写

総番号 No.1287　昭和16年4月14日後5時25分発

(欄外朱印)写

宛　近衛外務大臣　　発　本多大使

件名　機構問題

暗第二二七号（極秘）

北支方面ノ政情調査ノ為メ本使ノ遣ハシタル諜者ノ回報、並ニ最近本使ヲ来訪シタル華北政務委員会中有力ナル一員ノ談片ヲ綜合スルニ、機構改革問題ガ政府ノ議ニ上リ居ルノ事実ハ支那側有力者ノ間ニハ薄ス薄ス漏レ居ルモ、概シテ右ハ大使ノ権力拡大ニ依ル対支施策ノ文治的一元化ヲ方向トスル改革ナリトノ希望的想像（ウイッシユフル、スインキング）ノ下ニ其ノ成行ヲ待望シツツアルモノノ如シ。従テハ全然之ト反対ナル事実的軍政施行ニ近キ色彩ガ聊サカタリトモ所謂機構整備ノ上ニ呈現セラルルガ如キ場合ニハ、支那側人心ニ及スベキ反動ハ頗ル寒心ニ堪エサルモノアリト思ハル。南京方面ニ於テハ本件ハ今日マデノ処支那側ニ於テ何等伺ヒ知ル所ナキモノノ如クナルモ、万一現ニ問題トナリ居ルガ如キ案ガ幾分ニテモモノニナルトセバ、其ノ結果ハ国民政府ノ自発的解消トスラナルベキヲ本使ハ真剣ニ憂惧スルモノナリ。

(二)《ママ》昨十三日畑総司令官ト閑談中別電在露大使宛第三号ノ件ヲ話シタルニ、同大将ハ本使ノ御話ニテ始メテ承知シタリトテ（ヘエー、乱暴至極デスナー）ト頗ル驚キ居タリ。尚ホ現ニ関係庁間ノ協議ニ上リ居ル機構整備案ニハ総軍ハ反対ニシテ、上京中ノ板垣総参謀長ヨリ陸軍主脳ニ其旨申入レシムルコトトナシアル趣ナリ。御参考マデ申添ウ。

四月十七日外政機構整備問題処理方針案

外政機構整備問題処理方針（案）

（昭和一六、四、一七）

外政機構整備問題ニ付テハ別紙要綱ニ依リ関係各庁ト商議スルコトトシ、若シ右ニ意見ノ一致ヲ見サル場合ニハ左記要領ニ依リ処理スルモノトス。

記

一、聖戦遂行中ニ在リ且支那ヲ中心トスル国際情勢混沌トシテ前途ノ見透シ容易ナラサル今日、強テ興亜院ヲ外務省ニ統合スルコトハ事変処理上面白カラサル影響ヲ及ホスヘキコトヲ理由トシ、本件ハ暫ク之カ実現ヲ見合スコトトス。

二、本省及出先機関一致協力ノ下ニ、支那事変処理ノ為ニハ別紙要綱ノ如ク対支機構ヲ改革整備スルノ必要アルコトヲ関係ノ向ニ徹底セシムル様努力ス。

三、今後ハ対支機構ニ関聯スル事項ハ次ノ如キ心構ニ於テ善処ス。

(イ)新機構ニ於テハ其ノ経費ヲ少クトモ三割節減スルコトヲ目標トシ、今後人員ノ配置任免等ニ付、右目標ニ添フ様処理スルコト。

(ロ)現地ニ於テハ外政関係機構ト統帥部トノ権限分野ヲ明カニスル為、従来軍部取扱ニ係ル統帥関係以外ノ事務ヲ逐次外務機関又ハ興亜院連絡部ニ移譲スルト共ニ、軍側ノ施設ヲ漸次整理スル様誘導スルコト。

(ハ)中央現地共外務及興亜院間ノ連絡ヲ一層密接ニシ、事実上統合ノ姿勢ヲ醸致スルコト。

(ニ)漸次特務機関ヲ廃止スルコト。

四、対支関係事務ニ従事スル者ニ付テハ新ニ特別任用令ヲ拡張シ、必要ナル学識経験ヲ有スル者ヲ広ク任用シ得ルノ途ヲ啓ク。

(別紙)

外政機構整備要綱(案)

(欄外頭書)
外機密　　(昭、一六、四、一七)

我対外国策遂行ノ機能発揮ヲ合理活潑ナラシムル為、外政機構ノ整備一元化ヲ速ニ実現セシムルコトヲ目途トシ、差当リ大東亜共栄圏ノ建設、就中支那事変処理促進ノ為、左記要領ニ依リ興亜院ヲ外務省ニ統合スルモノトス。

記

一、事変中過渡的措置トシテ差当リ外務省ニ興亜院ヲ統合シ(興亜院ト東亜局トヲ合体ス)、外局(仮称興亜院）トス。

対満事務局其ノ他ノ管掌スル外政事務ハ時宜ニ応シ、之ヲ外政機構ノ管掌ニ移ス。

二、興亜院会議及連絡委員会ノ実質ハ其ノ儘之ヲ存置ス。

三、興亜院ハ総務課、政務部、経済部、文化部、技術部ノ一課五部トス。

四、興亜院長官補佐トシテ新ニ次長ヲ置ク。

爾余ノ官職名ハ概ネ現行制度ニ準ス。

五、外務省ノ次官ヲ二名トシ、内一名ハ興亜院長官ノ兼任トス。

六、外務省ニ統合後ノ興亜院ハ其ノ組織・運営共ニ従来ノ外務省固有ノ部局ト有機的ニ融洽シ、完全ニ統合ノ実ヲ挙ケ、苟モ独立官庁タルカ如キ弊ニ堕スルコトナキ様措置ス。

七、在支連絡部ハ現組織ヲ甚敷変更スルコト無ク、大体左記ニ依リ外務系統機構ニ統合ス。

㈠蒙疆、華北、上海及海南島ニ駐支大使ノ指揮監督ヲ承クル特命全権公使ヲ任置シ、駐蒙公使ノ下ニ在張家口総領事館及蒙疆連絡部ヲ、駐北京公使ノ下ニ在北京大使館員、総領事館及華北連絡部ヲ、在上海公使ノ下ニ総領事館及連絡部ノ一部（一部ハ南京大使館ニ）ヲ、又駐海南島公使ノ下ニ同地総領事館ヲ夫々統合ス。

㈡厦門連絡部及華北連絡部、青島出張所ハ夫々所在地総領事館ニ統合ス。

㈢公使ハ別ニ定ムル所ニ依リ指定地域ノ総領事及領事ヲ指揮ス。

八、対支機構勤務者ニ付テハ新ニ特別任用令ヲ制定シ、各省官吏、現役軍人並ニ一般民間ヨリモ之ヲ任用シ得ルノ途ヲ啓ク。但シ現役軍人ノ任用ニ付テハ左記制限ニ依ル。

(一)本省勤務者タルト現地勤務者タルトヲ問ハス、現ニ軍務ニ従事スルモノノ兼任ヲ認メサルモノトス。
(二)本省タルト現地タルトヲ問ハス、現役軍人ノ任用ハ事変中ニ限ルモノトス。
(三)蒙疆、華北、上海及海南島大使館出張所次席並ニ青島及厦門総領事館首席領事ハ軍人ヲ以テ之ニ充ツ。

九、現地統帥部ト外政機構トノ権限分野ヲ明確ニシ、苟モ其ノ紛淆ヲ紊ルカ如キコトナキ様措置シ、特ニ左ノ諸点ニ留意ス。
(一)特務機関ハ前線作戦地帯ニノミ限定シ、其ノ他ノ地方ニ在リテハ悉ク之ヲ外政機構ニ統合スルモノトス。
(二)現地陸海軍最高指揮官ハ要スレハ特定ノ外政機関ニ対シ、軍事及警備ニ直接関係スル事項ニ付テノミ区処シ得ル様措置ス。
(三)現地機構ト統帥部トノ間ニ権限分野ニ関シ明確ナル取極ヲ為ス。

一〇、統合後ニ於ケル外政機構人事ニ付テハ出身官庁ノ都合ニ依リ勝手ニ異動セシムルカ如キコトヲ避ケ、外務大臣ノ一元的統制ニ服セシメ、以テ機能ノ発揮ヲ円滑ナラシム。

一一、新機構整備ニ伴ヒ、昭和十六年度関係機構経費総額ノ中、少クトモ三割ヲ節減シ得ル様措置ス。

四月二十四日外政機構統合問題ニ関スル省議決定ノ件

（欄外頭書）
外機密

（昭和十六、四、二四）

外政機構統合問題ニ関スル省議決定ノ件

外政機構統合問題ニ関シ当省トシテハ別記方針ニ依ルコトト致度、仰高裁。

（別紙）

昭和十六、四、二四

外政機構統合問題ニ関スル方針

一、外政機構統合問題ニ関シテハ名実共ニ外交大権ノ一元的運用ノ常道化ヲ図ルヲ不動ノ目標トシ、之カ実現ニ付テハ漸進主義ニ依ル。

二、対支機構ニ関シテハ今日速急ニ之カ根本的改革ヲ実現スルコトハ困難ナル実情ニ在ルノミナラス、事変処理上却テ不得策ト認メラルルヲ以テ、差当リ左ノ「ライン」ニ依ル。

甲、中央機構

(イ)中央機構ハ一般情勢及事変処理ノ進行状況トモ睨合セ機ノ熟スル迄従来ノ儘トス。

(ロ)興亜院連絡委員会及興亜院会議等ヲ積極的ニ活用シ、特ニ帝国ノ国際関係及外交ノ全局ヨリスル事変処理ニ対スル要請ヲ強ク反映シ、対支施策ノ適正化ヲ図ル。

乙、現地機構

(イ)現地機構ニ於テハ差当リ対支那側政務指導機関ニ関シ特ニ其ノ運用ノ改革ヲ図ルヲ急務トシ、之カ実現ヲ図ル。

先ツ第一着手トシテ南京、北京、上海等ニ於ケル対支那側政務指導ハ（顧問ニ依ルノ外）外交機関ニ於テ又ハ之ヲ経由シテ行フ態勢ヲ執ル。

対支那側政務指導ニ当リテハ支那側ノ自主的活動ノ範囲ヲ広ク認メ、有為ノ支那人ノ登場ヲ誘致スル如ク特別ノ考慮ヲ加フ。

(ロ)統帥系統ト行政系統トノ責任分野ヲ明ニシ、且軍ヲシテ其ノ本来ノ任務ニ専心邁進シ得シムル為、現地両系統機関ノ取扱事務ノ合理的配分整理ヲ行フ。

両系統機関ノ連絡協調ヲ密ニスル為、所要ノ措置ヲ執ル。

(ハ)対支政務施策ノ一元的統制ヲ期スル為、大使ノ連絡部長官ニ対スル区処権ノ範囲ヲ拡大ス。

(ニ)南京大使館ハ名実共ニ大使機関タル性質ヲ有セシムル如ク勤務職員ノ身分及服務関係等ヲ確定ス。

三、中央及現地ノ対支機構ノ根本的改革ハ先ツ前記二、ノ措置ノ実現ヲ見タル後、一般情勢及事変処理ノ進行状況ト睨合セテ之ヲ決ス。

中央及現地機構ヲ通シ、外政機構ノ統合ニ名ヲ藉リ実質的ニ外交大権ノ一元的運用ヲ分裂破壊ニ導クカ如キ内容ノ考案ハ絶対ニ之ヲ認ムルヲ得ス。

附記　外務省内部ノ機構改正ニ関シテハ別ニ之ヲ定ム。

五月九日外務省機構委員会「外政機構整備問題処理方針（案）」

（欄外朱印）極秘　　外政機構整備問題処理方針（案）

（外務省機構委員会、昭、一六、五、九）

対支機構統合問題ニ関シテハ、曩ニ昭和十五年十二月十七日興亜院会議ニ於テ「国民政府承認ニ伴フ対支機構調整要領」ノ決定ヲ見、爾来関係庁間ニ具体案ニ付意見ノ交換ヲ続ケ来リタル処、最近ニ於ケル国民政府ノ実情並ニ国際情勢ノ急転等ニ鑑ミ、当省トシテハ此際別記方針ニ依ルコトト致度。

右仰高裁。

（別紙）

外政機構統合問題ニ関スル方針

一、外政機構統合問題ニ関シテハ名実共ニ外交大権ノ一元的運用ノ常道化ヲ図ルヲ以テ不動ノ目標トス。

二、対支機構ノ統合ニ関シテハ国民政府ノ現情、日蘇中立条約ノ成立後ニ於ケル国際情勢等新事態ノ発生ニ鑑ミ、先ヅ対支政策ノ根本方針ヲ決定シ、之カ具現ヲ計ルヲ以テ第一義トシ、此ノ際速形式的統合ヲ急クハ事変処理上却テ不得策ト認メラルルヲ以テ、差当リ左記ニ依ル。

甲、中央機構

(イ)中央機構ハ一般情勢及事変処理ノ進行状況トモ睨合セ機ノ熟スル迄従来ノ儘トス。

(ロ)興亜院連絡委員会及興亜院会議等ニ対シテハ、帝国ノ国際関係及外交ノ全局ヨリスル事変処理ニ対スル要請ヲ強ク反映シ、対支施策ノ適正化ニ努ム。

乙、現地機構

(イ)現地機構ハ差当リ現状ノ儘トシ、運用ノ改革ヲ図ルト共ニ支那側ノ自主的活動ノ範囲ヲ広ク認メ、有為ノ支那人ノ登場ヲ誘致スル如ク措置ス。

南京、北京、天津、上海等現ニ外務機関ノ存在スル土地ニ在リテハ対支那側政務指導ハ外務機関ニ於テ又ハ之ヲ経由シテ行フ態勢ヲ執ル。

(ロ)統帥系統ト行政系統トノ責任分野ヲ明ニシ、且軍ヲシテ其ノ本来ノ任務ニ専心邁進シ得シムル為、現地両系統機関ノ取扱事務ノ合理的配分整理ヲ行フ。

両系統機関ノ連絡協調ヲ一層密ニス。

(ハ)対支政務施策ノ一元的統制ヲ期スル為、大使ノ連絡部長官ニ対スル区処権ノ範囲ヲ拡大ス。

(ニ)南京大使館ハ名実共ニ大使機関タル性質ヲ有セシムル如ク人員ノ配合、勤務職員ノ身分及服務関係等ヲ確定ス。

三、中央及現地ノ対支機構ノ根本的改革ハ先ツ前記二、ノ措置ノ実現ノ見タル後、一般情勢及事変処理ノ進行状況ト睨合セテ之ヲ決ス。

四、中央及現地機構ヲ通シ、外政機構ノ統合ニ名ヲ藉リ実質的ニ外交大権ノ一元的運用ヲ分裂破壊ニ導クカ如キ内容ノ考案ハ絶対ニ之ヲ認ムルヲ得ス。

統合ニ際シテハ最少限度左記条件ヲ堅持ス。

(一)新機構ハ完全ニ外務省機構内ニ融合シ、其ノ長官ハ外務大臣ノ指揮監督ニ服ス。

(二)現地機構ニ対スル指揮監督権ハ外務大臣ニ属シ、新中央機構ノ長官ハ右指揮監督権ヲ有セス。

(三)北京等南京以外ノ大使館機構ノ長ハ大使ノ統制ニ服ス。

(四)中央及現地機構ヲ通シ現ニ軍務ニ従事スル軍人ノ兼官ヲ認メス。又事変中ニ限リ現役軍人ノ任用ヲ認ムルモ、右ハ中央ニアリテハ事務官級以下、出先ニアリテハ首席館員ヲ除ク館員ニ限ルモノトス。

(五)大使ニ対スル陸海軍最高指揮官ノ区処権ハ之ヲ認メス。

備　考　(1)外務省内部ノ機構改革、(2)大東亜共栄圏内ニ於ケル特別任用ノ拡張、(3)海南島其ノ他特殊地域ニ於ケル我方現地機構等ノ問題ニ関シテハ別ニ之ヲ定ム。

「対支緊急施策要綱案」関係

昭和十六年
四月二十日対支緊急施策要綱案

対支緊急施策要綱（案）

昭和十六、四、二〇

（欄外朱印）極秘　（花押）本

第一、方　針

新中央政府ト重慶政権ノ合流ニ依ル全面和平ノ招来ヲ促進シ、且世界情勢ノ逼迫急転ニ対処スル帝国綜合国力ノ弾撥性ノ鞏化ヲ図ル為、支那ニ対スル当面緊急ノ政治的施策ノ重点ヲ主トシテ占領地域乃至新政権治下ノ安定、局部和平ノ完成ニ向ツテ集中スルト共ニ、機ニ応シテ全面和平ニ転入シ得ル如ク所要ノ準備ヲ整フルモノトス。

第二、要　綱

甲、局部和平ノ完成

㈠南京政府及華北政務委員会等ノ自主的活動ノ範囲ヲ広ク認メテ、其ノ治下ノ民心把握ニ専念セシムルコト。

㈡右政治目標ハ主トシテ治下民生ノ安定ニ関スル経済施策、就中食糧問題及通貨問題ノ処理ニ関スル相当広汎ナル自主権ヲ与フルコトニ依リ達成セシムルコト。但シ我カ軍需及物動上ノ要求ニハ協力セシムルコト。

之カ為占領地ニ於ケル物資流通ニ対スル制限（但シ武器、弾薬、ガソリン等直接戦闘用物資ヲ除ク）ヲ緩和シ、且地上資源ノ培養、流通、配給及調弁ニ付、支那側ヲ利用スルコト。

㈢我カ軍需及物動上要求実行ハ軍ニ一任セス、上海及北京ニ強力ナル我カ政府出先機関ヲ新設シ、之ヲシテ担当セシムルコト。

㈣軍需品ヲ除キ奥地トノ物資ノ流通ヲ緩和シ、㈢ノ目標達成ヲ促進スルコト。

㈤新中央政府ヲシテ国土守護ニ必要ナル兵力ヲ持タセルコトニ付積極的ニ支持スルコト。

㈥軍監理工場ノ返還、合弁会社ノ調整、南京ニ於ケル政府建造物ノ明渡等、特殊事態ノ調整整理ヲ積極的ニ促進実行スルコト。

㈦支那側ニ対スル我方ノ指導振リヲ根本的ニ改善スルコト。

㈧機構問題ニ付テハ別紙（散逸）ニヨルコト。

乙、全面和平ノ招来

㈠重慶トノ直接交渉ハ、日蘇中立条約ヲ中心トシ発展スヘキ国際関係ニ対スル重慶ノ動向ヲ見極メタル上本格的ニ行フコト。

㈡支那人ヲ仲介者トスルコトナク、日支責任者間ノ直接ノ交渉方式ヲ選フコト。

㈢国際関係ノ新展開ニ関シテハ別項ニ依ルコト。

㈣全面和平ノ条件ハ大体別紙（散逸）ニ依ルコトトシ、右条件ノ実行ヲ不可能ナラシムル如キ新ナル事態ノ発生ヲ妨止シ、且既成事実ヲ右条件ノ実行上支障ナキ様漸次調整シ行クコト。

㈤交渉ハ引続キ外務大臣ノ主管トスルコト。

四月二十三日対支緊急施策要綱案

対支緊急施策要綱（案）

昭和十六、四、二三

（欄外頭書）外機密

第一、方　針

新中央政府ト重慶政権ノ合流ニ依ル全面和平ノ招来ヲ促進シ、且世界情勢ノ逼迫急転ニ対処スル帝国綜合国力ノ弾撥性ノ鞏化ヲ図ル為、支那ニ対スル当面緊急ノ政治的施策ノ重点ヲ主トシテ占領地域乃至新政権治下ノ安定、局部和平ノ完成ニ向ツテ集中スルト共ニ、機ニ応シテ全面和平ニ転入シ得ル如ク所要ノ措置ヲ執ルモノトス。

第二、要　綱

甲、局部和平ノ完成

㈠南京政府及華北政務委員会等ノ自主的活動ノ範囲ヲ広ク認メ、其ノ傘下ニ民衆ニ対シ指導性アル有為ノ人材ヲ結集シテ其ノ政治力ヲ高メシメ、之ヲシテ其ノ治下ノ民衆把握ニ専念セシムルコト。

㈡右政治目標ハ主トシテ新政府側ニ対シ、治下民生ノ安定ニ関スル経済施策ニ付広汎ナル自主的処理ノ権能ヲ認ムルコトニ依リ達成セシムルコト。但シ我カ軍需及物動上ノ要求ニ関シテハ新政府側ヲシテ積極的ニ協力セシムルコト。

占領地内ニ於ケル物資流通ニ関スル現行制限（但シ武器、弾薬、ガソリン等特殊品ニ関スルモノヲ除ク）ヲ緩和スルト共ニ、非占領地域ヨリノ物資吸引ヲ可能ナラシムル如ク所要ノ措置ヲ執リ、且地上資源ノ培養、流通、配給及調弁ニ付、支那側諸機関ヲ利用スルコト。

(三)我カ軍需及物動上ノ要求ノ実施ニ付テハ上海ニ強力ナル我カ政府出先機関ヲ新設シ、之ヲシテ担当セシムルコト。
(四)新中央政府ニ於テ国土守護ニ必要ナル十分ノ兵力ヲ維持シ得ル様、我方ヨリ積極的ノ支援ヲ与フルコト。
(五)軍管理工場ノ返還、合弁会社ノ調整、南京其ノ他ニ於ケル占拠家屋ノ明渡等、特殊事態ノ調整整理ヲ積極的ニ促進実行スルコト。
(六)支那側諸機関ニ対スル我方ノ指導振ヲ根本的ニ改善スルコト。
(七)独伊等ヲシテ速ニ南京政府ヲ承認セシムルコト。

乙、全面和平ノ招来

(一)対重慶工作ハ、日蘇間中立条約ノ成立及欧洲戦局ノ推移等ニ伴フ国際情勢ノ新展開ニ対スル重慶側ノ動向ヲ見極メタル上本格的ニ行フコト。
(二)対重慶工作ハ外務大臣ノ主管トスルコト。
(三)全面和平ノ条件ハ大体別紙(散逸)ニ依ルコト。而シテ右条件ニ依ル交渉及其ノ実行ヲ不可能ナラシムル如キ新ナル事態ノ発生ヲ見サル様留意シ、且ツ既成事実ニシテ右条件ニ依ル交渉及其ノ実行ニ対シ支障ヲ及ホスモノアルニ於テハ逐次之カ調整ヲ図ルコト。

五月五日外務省東亜局第一課「対支緊急施策要綱(案)ノ決定ニ関スル件」

(朱印)
外機密

(昭和一六、五、五、亜一)

対支緊急施策要綱(案)ノ決定ニ関スル件

一、序言

汪《兆銘》主席ノ渡日希望ニ関聯シ、先般来興亜院側ヨリ汪主席渡日ノ際ノ具体的遣方及応対要領等ニ関シ、関係省間ニ於テ打合セヲナシ度旨申出アリタルニ対シ、当方ニ於テハ「支那事変処理要綱」ノ実施振ニモ鑑ミ、此際先ツ対支政策ノ重点ヲ何処ニ置クヘキヤノ根本方針ヲ決定スルコト肝要ニシテ、個々ノ具体的応対要領等ハ右ニシテ決定セハ直ニ書上ケ得ルノミナラス、徳王来朝ノ際ノ先例ニ徴スルモ、詳細ナルコトヲ書物ニスルコトハ上局ニ依ル政治的話合ノ実情ニ適セス、先ツ政策ノ根本ヲ決定シ、其レ以後ノコトハ外務大臣《松岡洋右》ニ一任シ、事務当局ニ於テ兎ヤ角文句ヲ附ケサルコトカ日蘇中立条約成立ノ経過ニ鑑ミルモ賢明ナリトノ趣旨ヲ以テ対応シ、以テ汪主席ノ渡日ニ引掛ケ何トカシテ対支政策ノ転換ヲハツキリ決定シ得ル様気運ノ醸成ニ努メ来レリ。

二、五月三日興亜院幹事会ノ情況

本多大使ヨリノ来電及来信等ニ依リ汪渡日ノ問題ハ愈々逼迫シ来レルヲ以テ興亜院側ノ希望ヲ容レ、五月三日ノ幹事会ニ於テ太田《一郎》ヨリ汪主席ヲ渡日セシムルヤ否ヤハ世界政策トモ関聯シ、一ニ外務大臣ノ判定如何ニ懸ルモノニシテ、事務当局ニ於テ云々スヘキ性質ノモノニ非スト思考スルモ、各方面ニ於テ興味ヲ有セラルル模様ニ就キ、実情ヲ御説明スヘシトシテ、㈠渡日ニ関シ汪精衛及本多大使ハ如何ニ考ヘ居ルヤ、㈡日支条約締結後ニ於ケル国民政府ノ現状、㈢支那事変処理要綱ノ実施振、㈣日蘇中立条約成立後ニ於ケル国際情勢及重慶ノ態度等ヲ説明スルト共ニ、事変処理要綱起案者ノ意図ニ徴スルモ将又其後ノ実施情況ヲ見ルモ、支那事変処理要綱ハ作文トシテハ「占領地域内ノ治安ノ粛正」「占拠地域内ヘノ政治力ノ浸透」「占領地域内ノ民心ノ安定」等ヲ記述シ居ルモ、施策ノ重点ハ国民政府ヲシテ帝国綜合戦力ノ強化ニ必要アル諸施策ニ協力セシムルコトノミニ注カレ居リ、換言スレハ日支附属議定書第一条第一項「戦争行為遂行ニ伴フ特殊事態ノ存在」ノミニ重点ヲ置キ、第二項「特殊事態ノ調整」ヲ疎ニシ居ルハ遺憾千万ニテ、此ノ四箇月間ニ於ケル支那事変処理要綱ノ実績ヨリ見ルモ、寧ロ国民政府ノ政治力ノ浸透、即チ我方占拠区域内ニ於ケル民心ノ把握ニ依ル新政府ノ育成強化ヲ図ルコトニ重点ヲ置クコトカ、却ツテ我方ノ目的タル帝国綜合戦力ノ強化ニ支那側ヲ協力セシムル所以ナルヘク、今後ノ遣方トシテハ先ツ国民政府ノ育成ヲ図リ、其ノ自然的結果トシテ我方ニ対スル協力ノ効果増大ヲ狙フ方カ賢明ナリ、本日御相談ヲ願フ為ニ持参セル「対支緊急施策要綱」（案）ハ右趣旨ニテ起案セルモノニシテ、是ハ別ニ支那事変処理要綱ニ反対セントスルモノニ非ス、又新ナル方針ヲ決定セントスルモノニモ非ス、要ハ支那事変処理要綱ノ読ミ方及取扱方ヲ国民政府育成強化ニ重点ヲ置イテ実行セントスルモノナリ、尤モ自分トシテハ現地出先官憲ニ対シ本案ヲ重カラシムル為、閣議決定更ニ進ンテハ大本営連絡会議決定ト致度積リニテ、尚又右緊急施策要綱サヘ決定スレハ之ニ依リ自ラ汪精衛ニ対スル応対要領モ決定スルノミナラス、右要綱ノ要領ニ規定シアルコトハ大体渡日ノ際、汪精衛ヨリ申出アルヘキ事項ヲ網羅シ居ルモノト考ヘ居レリトテ、別紙「対支緊急施策要綱」ヲ読上ケ、之カ字句ニ付詳細一時間ニ亘リ説明ヲ加ヘタリ。

三、陸軍側ノ意見

陸軍省主務者ハ別紙「対支緊急施策要綱」（案）ニ対シ左ノ意見ヲ述ヘタリ。

緊急施策要綱中ニ記載セラレ居ル方針ニ関シテハ勿論異存ナシ。但外務省案中ニハ帝国綜合国力ノ弾撥性ノ強化ヲ図ル為云々ト注意シアルモ、末尾ニハ育成強化ニ向ツテ集中ストアリ。如何ニモ此ノ点ノミニ重点ヲ置カレ居ル様ニモ受取ラルルヲ以テ、育成強化以外ニ帝国綜合国力ノ強化ヲ図ル意味ヲモ謳ハルレハ更ニ好都合ナリ。
次ニ要領ニ関シテモ軍ニ於テハ現ニ右ノ如キ考方ヲ以テ実行ニ当リ居リ、唯事変継続中ノ特殊事態ノ為不充（ママ）分目的ヲ達シ得サル次第ナルモ、趣旨ニ於テハ異存ナシ。尤モ要領

㈠「支那側ノ自主的処理ノ範囲ヲ広ク認メ」ヨトノコトナルカ、此ノ点モ結構ナルカ、如何ナル部門ニ於テ如何ナル程度ニ於テ之ヲ認メントスルモノナリヤ。充分支那側ノ意向ヲ聴取致度ク、出来得ルモノハ成ルヘク支那側ノ要望ニ応シ差支ナシ。

㈡ノ第二項「物資流通ニ対スル現行制限ノ緩和」ニ関シテハ、軍トシテハ重慶政権ニ対シ武力及経済凡ユル方面ヨリ圧迫ヲ加フルコトヲ必要ト考ヘ居リ、従ツテ重慶側ニ物資ノ流入スルコトハ依然希望セサルモ、占領地域内ニ於テハ民心把握ノ為出来得ル限リ制限ヲ合理化セントスル意向ニテ善処シ居レリ。尤モ出先軍ノ末梢部分ニハ中央ノ意図充分徹底セス、支那側ニ種々不便ヲ与ヘ居ル点モアル可キヲ以テ、最近総軍第四課ニ於テハ課長ヲ始メ参謀ヲ各地ニ派遣シ実状調査中ニシテ、近ク開催セラル可キ参謀長会議ニ於テ右調査ノ結果モ判明ス可キカ、末梢部分ニ於テハ詰マランコトニテ支那側ニ不便ヲ与ヘ居ルカ如キ点モ多々有ル模様ニ付、右様ノ点ニ付テハ調査ノ結果判明次第、之ヲ是正スルニ吝カナラス。

㈢ノ軍票価値維持ノ点モ素ヨリ軍ノ希望スル所ニシテ、従来ヨリ軍票金庫等ニ関シ種々意見出テタルカ、軍トシテハ単ニ政府ニ於テ積極的措置ヲ執ルト云フノミニテハ不満足ニシテ、票ノ値下リ等ニ依リ軍カ損失ヲ蒙リタル場合ニハ、政府ニ於テ責任ヲ以テ補償シテ呉レルトノ見透シカハツキリ付カサル限リ政府ニ任セ切レサル訳ナリ。軍トシテハ一日モ此ノ問題ヲ早ク政府ニ移シテ安ンシテ一任シ得ルカ如キ機構ノ出来ンコトヲ希望シ居ル次第ナリ。

㈣ノ国民政府ノ保持ス可キ兵力ニ関シテハ軍ニ於テハ別ニ妨害ヲ為シ居ル次第ニ非ス。尤モ空軍ニ関シテハ従来重慶側ヨリ飛行機ニテ逃ケ来レル者ハ大体旅費稼キヲ目的トシ、再ヒ逃ケテ帰ルト云フ実状ナルヲ以テ、空軍ノ充実ニハ警戒ヲ加ヘ居レリ。

㈤ノ軍管理工場等ノ返還ニ関シテハ、総軍ニ於テハ漸進主義ニ依リ話合着キタルモノヨリ一ツ一ツ返還スルノ方針ニテ、又北支ニ於テハ宣伝上ノ効果ヲモ狙ヒ近ク一括シテ大規模ニ返還スルコトトナリ居リ、軍トシテハ出来得ル限リ特殊事態ノ調整整備ヲ促進実行スル考ナリ。

之ヲ要スルニ外務省案ニ記載シ居ル所ハ何レモ支那事変処理要綱ノ考方ト其ノ軌ヲ一ニシ居リ、軍中央部ニ於テハ出来得ル限リ右ノ「ライン」ニテ実行方苦慮シ居ル次第ナルヲ以テ、方針要領共別ニ異存ナシ。但之ヲ更メテ正式ノ閣議決定又ハ大本営聯絡会議決定トナスハ、実施期間僅ニ四箇月ノ支那事変処理要綱カ如何ニモ最初ノ企図ノ如ク実行セラレ居ラストノ印象ヲ外部ニ与フルコトトモナリ、又新決定ヲ為スコト自体カ却ツテ出先軍側ヲ刺戟シ面白カラスト考フ。仍ツテ対支政策ノ変更ト解セラルルカ如キ新決定トナスコトニハ反対ナリ。尚、太田課長ハ大本営決定トスルニ非サレハ現地軍ニ於テ言フコトヲ聞カストノ意味ヲ言ハレタルカ、右ハ心外ニシテ陸軍大臣（東条英機）ノ了承セルコトニ関シテハ陸軍省ハ責任ヲ以テ現地軍ヲ抑ヘル心算ナリ。

陸軍側ノ考方ハ叙上ノ通ニテ、卒直ニ申上クレハ外務案ニ記載サレアルカ如キ事柄ハ何レモ本多大使ニ於テ総軍ト十分懇談サルレハ出先限リニテ相当程度解決ノ出来ルコトニシテ、態々大使及主席ノ上京ヲ煩ハス程ノコトニ非スト思考ス。何レニセヨ陸軍トシテハ汪精衛ノ渡日ヲ阻止スルコトハ今日ノ情勢ヨリ見テ出来サルヘク、汪渡日ノ上ハ儀礼ノ点ハ抜キニシ、先ツ汪ト関係大臣トカ膝ヲ交ヘテ懇談シ、先方ノ言フコトヲ充分聴取シテヤルコトカ必要ニテ、其ノ際本外務省案ノ方針及要領ノ趣旨ニテ各大臣カ応酬セラルルコトニ関シテハ何等異存ナシ。

四、興亜院側ノ意向

興亜院側ノ意向ハ大要左ノ通リ。

外務案ノ趣旨ハ結構ナルモ、但シ之ヲ実行ニ移ス場合ニハ今少シク詳細ナルコトヲ決定シ置クノ要アルヘク、又本多大使来信ハ汪精衛ノ言フコトノミヲ採上ケ居ル処、日本側トシテモ種々汪ニ対シ言ヒ度キコトアリ。此点ニ関スル本多大使ノ応酬振判明セス。外務案ノ趣旨ニ依ツテ応酬スル場合、仮令汪精衛ハ日本側ノ立場ヲ善ク諒解スルトシテモ、汪精衛帰国後部下ニ対シ汪精衛ノ申入レタルコトニ関シ日本側ハ何テモ彼テモ諒承セリトノ誤解ヲ与フルカ如キコトアリテハ、今後ノ対支施策上面白カラサルニ付、例ヘハ(1)如何ナル部面ニ付テ如何ナル程度ノ自主的処理ノ権能ヲ欲スルヤ、(2)物資流入ニ対スル現行制限ハ如何ナル点ニ於テ特ニ支那側ニ苦痛ヲ与ヘ居ルヤ、(3)軍票ノ価値維持ニ付キ政府ニ於テ如何ナル積極的措置ヲ具体的ニ執ルヘキヤ、(4)特殊事態ノ調整整備ト云フモ支那側ハ特ニ如何ナル事項ノ調整整備ヲ希望シ居ルヤ等、詳細汪精衛ノ意向ヲ承知致シ度シ。本多大使来信ニ依レハ「偖テ汪精衛氏渡日ノ上ドンナ問題ヲ持出スカニ付テハ本使ニ於テ大体見当カ付キ居レリ」トアル処、右具体的内容ヲ承知致シ度シ（海軍側ハ外務案ニ対シ異存ナシ）。

五、事務当局ニ於ケル本案ノ取扱振

最後ニ太田ヨリ只今陸軍省主任者ノ御話ニ依レハ、支那事変処理要綱ノ読ミ方ハ外務省起草ノ本案ノ趣旨ト全然同一ニシテ、軍ニ於テモ其通リ実行シ居リ、又今後モ其通リ実行スル考ナリトノコトヲ聴キ、極メテ心強ク感セリ、本案ヲ新ナル決定ト為スコトニ付テハ異存アルカ如キヲ以テ、本外務案ハ差当リ「汪精衛渡日決定ノ場合、汪ヨリ国民政府育成ニ関スル帝国政府ノ根本方針ニ関シ質問アリタル場合、総理(近衛文麿)及外務大臣等ニ於テ帝国政府ノ意図ハ此通リナリト応酬スル為ノ枠トシテ取扱フコトトシテハ如何」ト諮レルニ、関係省トモ異存ナカリキ。仍ツテ次回（五月七日）会議ニ於テハ右趣旨ニテ本案ヲ取扱ヒ、若シ字句ノ修正等ヲ要スル点アラハ互ニ研究ノ結果ヲ持寄ルコトニ打合セタリ。尚ホ興亜院側ノ希望タル詳細ナル応対要領ヲ決定スルコトニ関シテハ、右国民政府ノ育成強化ニ関スル根本方針サヘ決定スレハ後ニハ上司ニ於テ可然ク取計ハルヘク、詳細ノコトヲ上局ニ連絡シ置クモ実際応対ニ当ルヘキ汪精衛及総理大臣等ハ具体的ノコトハ承知セサルヘク、又論議モセサルヘキヲ以テ、其ノ必要ナカルヘシト存スルモ、支那側ニ対スル今後ノ誤解ヲ防止スル意味合ニテ、別ニ右根本方針ノ枠内ニ於テ詳細具体的ノ応対要領ヲ書面ニ認メ置クコトハ異存ナシト述ヘ置キタリ。

六、本案今後ノ取扱方ニ関スル事務当局ノ希望

本案審議ノ情況ハ叙上ノ通ニシテ、事務当局トシテハ汪精衛来朝ヲ機トシ此ノ際日蘇中立条約成立後ニ於ケル国際情勢ヲモ考慮ニ容レ、支那事変処理促進ノ見地ヨリ何トカシテ明確ニ対支政策ノ転換ヲ決定シ置カント努力シ居ルモ、本問題ハ結局客年十一月十三日支那事変処理要綱決定ノ際、詳細上司ニ御報告申上ケ置キタル通リ、処理要綱ノ作文ノ点カ問題トナルニ非シテ、起草者ノ意図シ居ル気持及要綱実施者ノ気分ノ持方カ最モ問題トナル次第ニシテ、客年十一月十三日御前会議ノ際モ外務大臣ヨリ汪政権ヲ傀儡政権トセサル様十分念ヲ押シ置カレタル経緯ハアルモ、前記三ノ如ク軍ヨリ「処理要綱ノ精神ハ外務案ト同シモノナリ」ト云ハルレハ夫迄ノコトナリ。従ツテ今日ノ処、対支緊急処理要綱（案）ヲ其ノ儘正式ノ閣議決定又ハ大本営連絡会議決定トナスコトハ遺憾乍ラ機未タ熟セサル感アルモ、本案討議ノ経緯ハ叙上ノ通リナルヲ以テ、事務当局ニ依ル本案ノ折衝ト併行シテ、外務大臣ヨリ本案ノ趣旨（体裁及字句ハ情勢ニ依リ適宜修正セラレ

度）ヲ総理及陸、海《（及川古志郎）》、大蔵大臣《（河田烈）》等ニ説明セラレ、右ヲ五相会議諒解トセラルルト共ニ、更ニ進ンテハ政府大本営連絡会議ノ席上参謀総長《（杉山元）》及軍令部総長《（永野修身）》ニモ説明セラレ、政府及統帥部連絡会議諒承ノ意味合ニテ関係者ノ花押ヲ得ラルル様御尽力相成度、サスレハ尠クトモ対支政策ノ根本方針ニ関スル解釈ニ関シ一本取付ケ置ク意味ニ於テ今後事務当局ノ施策上極メテ好都合ナリト存ス。

（別紙）

対支緊急施策要綱（案）

昭和十六、四、二八、亜一

外機密《（朱印）》

第一、方　針

日支新条約締結後ニ於ケル国民政府ノ状況並ニ最近国際情勢下ニ於ケル重慶政権ノ動向ニ鑑ミ、究極ニ於ケル日支全面和平ノ招来ヲ企図シ、且世界情勢ノ逼迫急転ニ対処スル帝国綜合国力ノ弾撥性ノ鞏化ヲ図ル為、昭和十五年十一月十三日決定「支那事変処理要綱」ニ準拠シ、支那ニ対スル当面緊急ノ政治的施策ノ重点ヲ主トシテ局部和平ノ完成、即チ占領地域内民心把握ニ依ル新政権ノ育成強化ニ向ツテ集中ス。

第二、要　綱

㈠南京政府及華北政務委員会等支那側ノ自主的活動ノ範囲ヲ広ク認メ、其ノ傘下ニ民衆ニ対シ指導性アル有為ノ人材ヲ結集シテ其ノ政治力ヲ高メシメ、之ヲシテ治下民心ノ把握ニ専念セシムルコト。

㈡右政治目標ハ主トシテ新政府側ニ対シ、治下民生ノ安定ニ関スル経済施策ニ付広汎ナル自主的処理ノ権能ヲ認ムルコトニ依リ達成セシムルコト。

占領地内ニ於ケル物資流通ニ対スル現行制限（但シ武器、弾薬、ガソリン等特殊品ニ関スルモノヲ除ク）ヲ緩和スルト共ニ、非占領地域ヨリノ物資吸引ヲ可能ナラシムル如ク所要ノ措置ヲ執ルコト。

我カ軍需及物動物資ノ調弁ニ付テハ出来得ル限リ支那側諸機関ヲ利用スルコト。

㈢軍票ノ価値維持ニ付テハ政府ニ於テ積極的措置ヲ執ルコト。

㈣新中央政府ニ於テ国土守護ニ必要ナル十分ノ兵力ヲ維持シ得ル様、我方ヨリ積極的ノ支援ヲ与フルコト。

㈤軍管理工場ノ返還、合弁会社ノ調整、南京其ノ他ニ於ケル占拠家屋ノ明渡等、特殊事態ノ調整整理ヲ積極的ニ促進実行スルコト。

㈥支那側諸機関ニ対スル我方ノ指導振ヲ根本的ニ改善スルコト。

（昭和十六、五、二一）

五月二十一日対支緊急施策問題取扱方針

（欄外朱印）外機密　（欄外朱書）May.22nd　（花押）多

対支緊急施策問題取扱方針

第一、根本方針ニ関スル取扱

一、対支緊急施策ノ根本方針ニ関シ、此ノ際中央ニ於テ其ノ要綱ヲ定ムルコト。

二、右要綱ノ内容ハ概ネ南京大使館作成「一般方針」ノ骨子及「対支緊急施策要綱案」（昭和十六、四、二八、亜一）ノ趣旨ヲ採リ入レタルモノトスルコト。

三、右要綱ノ形式ハ決定、申合、諒解事項等適当ノ方法ニ依リ差支ナキモ、必ス統帥部ニ対シテモ拘束力アルモノトスルコト。

四、右要綱ハ客年十一月十三日御前会議決定「支那事変処理要綱」ノ現段階ニ於ケル実施ノ重点ヲ明示スル趣旨ノモノトシテ取扱フヲ妨ケサルコト。

五、根本方針ノ審議決定ハ関係事務当局間ノ事務的折衝ニ依ラス、大臣ノ政治的処置ニ依ルコト。

第二、具体的措置ニ関スル取扱

対支緊急施策ノ具体的措置ニ付テハ概ネ広ク現地当局ノ裁量ニ任スヲ本則トスルコト。

第三、大使館作成「一般方針」ニ関スル取扱

「一般方針」ノ具体化ヲ促進スル為、現地関係官ヲ東京ニ招致シ、中央ト所要ノ事務的折衝ヲ遂ケシムルコト。

第四、周《（仏海）》行政院副院長ノ「日本政府ニ対スル希望」ニ関スル取扱

一、右希望事項中特ニ合弁会社ノ調整ニ関スル事項ニ付テハ、基本方針及大綱ヲ中央ニ於テ正式決定ノ上措置スルコト。

右調整ハ専ラ政治的理由ニ依リ必要ナルニ鑑ミ、高等政策ノ問題トシテ取扱フコト。

二、右合弁会社ノ調整ハ先ツ主トシテ中支那振興会社ノ関係子会社中特ニ調整ヲ要スルモノニ付実施スルコト。

✓「之カ為必要ニ応シ日支共同委員会ノ如キモノヲ設クルコト」

第五、軍器借款問題ニ関スル取扱

本件ハ支那側ノ正式申出ヲ俟テ処置スルモ、現実問題トナルモノト予定シテ内部的研究ニ着手スルコト。

汪兆銘訪日関係

昭和十六年

三月十五日本多大使発近衛外務大臣宛電報第一四九号

昭和一六年三月一五日

宛　近衛（文麿）外務大臣　発　本多大使

件名　汪（兆銘）主席渡日希望ニ関スル件

暗　第一四九号（極秘、館長符号扱）

㈠清水（董三）書記官十四日別用ニテ周（隆庠）外交次長ト会談ノ際、同次長ヨリ主席ノ旨トシテ『近衛公ニハ議会終了後当地御訪問ノ御内意ヲ有セラルルヤノ趣曩ニ仄聞ノ次第モアル処、松岡（洋右）外相ノ渡欧等ノ事情ニテ実現難カシカルヘキヤニ存セラルルニ付、予テノ希望通リ主席自ラ此際日本ヲ訪問スルコトト致度、日本側ノ意嚮如何アルヘキヤ、内々伺ハレマジクヤ』ト内話アリ。清水ハ右ニ対シ『大使ニ御話シ致シ置クヘシ』ト答ヘ置キタル趣ナリ。

㈡本件汪主席ノ来朝希望ニ関シテハ滞京中、松岡大臣ヨリ従来ノ経緯並ニ政府ノ御意嚮モ承リ居レルカ、其節同大臣ニ申上ケ承認ヲ得置キタル如ク、本使ノ私見トシテ『目下ノ情勢ニ於テ汪主席ノ来朝ハ第二ノ満洲国皇帝タルノ現実暴露ナリトテ、重慶側ニ取リ好箇ノ宣伝材料ニ利用セラルヘク、帝国政府ノ切望スル国民政府ノ地位強化ノ観点ヨリシテ好マシカラサル逆効果ヲ呈スヘキヲ虞ル』トノ趣旨ニテ、後日ノ機会ヲ待ツ様程良ク説得スルコト機宜ニ適スヘキヤニ存セラル。右様取計ヒ差支ナキヤ。何分ノ御指図願度シ。

㈢八日附松岡大臣宛本使内電㈢末段ニ申述ヘタル如キ情勢下ニ於ケル国民政府ノ苦境ハ、汪主席ヲシテ其ノ宿望

タル渡日実行ニ一段ト焦慮ヲ加エシメツツアル次第カト思考ス。（了）

昭和一六年四月一一日起草

四月十一日本多大使発近衛外務大臣宛電報第二二二号写

総番号No.1264　昭和16年4月11日後5時／分発

（欄外朱印）写

宛　近衛外務大臣　　発　本多大使

件名　汪主席渡日希望ニ関スル件

暗　第二二二号（極秘、館長符号扱ヒ）

往電第一六六号ニ関シ、本件ハ汪主席ニ於テ一応本使ノ意見ニ聴従、暫ク見合セト申ス形チニ相成リ居ルモ、右ハ本使ニ対スル礼譲ヲ重ンジテノコトニシテ、渡日希望其レ自体ノ断念ニアラサルハ申スマデモナキ処ニ有之。若シ何等カノ機会ニ於テ先方ヨリ「曽テノ御意見モ左ルコトナガラ、兎ニ角首相（近衛文麿）閣下ノ御意向ヲ伺ヒ呉レタシ」トノ申出ニ接シタルトキハ、本使トシテ之ヲ断ハルベキ筋合ニ無之ノミナラス、現下内外ノ情勢ハ転タ右ノ希望ニ熱ヲ加エシメツツアリト看取セラルル節モ多分ニ之レ有リ。殊ニ国民政府支援ニ関スル日本側ノ熱意冷却ノ傾キアルヤノ疑念ガ最近国府部内ニスラ段々濃厚ヲ加エツツアルハ、本使ノ見ル所ニテモ乍遺憾事実ニ有之。旁々以テ主席トシテハ速ニ此種ノ疑雲ヲ一掃シ、国民政府ノ立場強化ヲ中外ニ昂揚スルノ要ヲ痛感スルト同時ニ、内外ノ重要問題ニ関シ親シク閣下ノ高教ヲ仰キ、又政府要部ノ諸公トモ隔意ナキ接哈ヲ遂ケントスルノ希望ニ燃エ居ルベキハ想像ニ難カラサル処ニシテ、或ハ近ク渡日希望ヲ改メテ申入レ来ルコトアルヤモ難計ト存ス。其場合我方トシテ之ヲ阻却スルコトハ、当方面目下ノ政情ヨリ観テ好マシカラサル影響ヲ多分ニ招来スルノ虞レナシトセズ。若夫レ宮中方面ノ関係ニ至テハ、汪氏ノ渡日ハ主トシテ行政院長ノ資格ヲ以テ日本政府首脳ト接触ノ為メナリトノ建前ヲ採リ（事実亦其ノ通リナリ）、単ニ一日位ヒ適当ノ方法、形式ノ下ニ元首トシテノ御待遇ヲ賜ハルコトトスル等、然ルベク善処ノ途ナシトセサルベク、其ノ辺ニ付テハ汪氏自身敢テ虚栄的期待ヲ持チ居ルベシトハ思ハレ申サズ。何レニシテモ汪主席渡日ノ問題ハ昨年来段々ノ行掛リモ之アルノミナラス、我方ニ於テ之ヲ迷惑ガリ居ルカノ如キ感想ヲ与フルコトハ此際殊ニ禁物ト愚考セラルルニ付、未タ何等改メテノ申入ニ接シタル次第ニハ非ルモ、此場合御参考ノ一端マデ敬ンテ所見申上ケ置ク。

四月十二日周仏海発日高信六郎宛書翰訳文

訳文

拝啓　汪主席ノ東京行ノ件ニ関シ、其ノ理由トスル所ハ既ニ汪主席ヨリ昨日本多大使ニ面談致シタル通リ、現実ノ状態ヲ調整シ目前ノ情形ヲ改善シ、国民政府ヲシテ更ニ一層自由ニ其ノ職権ヲ行使セシメ、中国人民ヲシテ更ニ一層速カニ生活ヲ改善スルヲ得セシメ、以テ事変ノ解決ヲ促進シ全面和平ニ到達スル為メニハ、汪主席東京ニ赴キ貴国当局ト意見ノ交換ヲ行フ必要アリト謂フニ有之候。

過日承リタル所ニ依レハ、近衛総理ノ御意見トシテハ汪主席東京ニ赴カルヽコトハ他国ヨリ傀儡ト看ラルヽ惧アリトノ事ニテ、右近衛総理ノ御好意ハ中国側同志一同ノ感佩ニ堪エサル所ナルモ、汪主席カ傀儡タルヤ否ヤハ全ク国民政府カ能ク自由ニ職権ヲ行使スルヤ否ヤヲ以テ断スヘク、渡日ト否トニハ無関係ニ有之候。即チ若シ国民政府ニシテ自由ニ職権ヲ行使シ能ハストセハ、汪主席カ渡日セサルモ恐ラクハ傀儡ノ譏ヲ免レ難カルヘク、之ニ反シ若シ今回ノ赴日ニ依リ国民政府ヲシテ更ニ自由ニ職権ヲ行使シ、以テ其ノ政策ヲ実施セシムルヲ得ルニ至ラハ、決シテ渡日ノ為メニ傀儡ノ誚ヲ蒙ルコト無キ次第ニ御座候。
尚、元首ノ資格ヲ以テ旅行スルコト不便ナル点アリトセハ、行政院々長ノ資格ヲ以テ赴クモ差支ナキコト、「ヒットラー」（Adolf Hitler）カ総理ノ資格ヲ以テ伊太利ヲ訪問シタル先例ニ倣フコトモ出来得ヘク、唯貴国天皇陛下（昭和天皇）ニ拝謁ノ時ノミ元首ノ資格ヲ以テ待遇セラルレハ宜シキ次第ニ有之候。中国側同志ニ於テハ局面打開ノ為メニハ如何ニシテモ汪主席ノ今回ノ旅行ヲ遂行セサルヘカラサルモノト認メ居ルモノニシテ、若シ依然トシテ現在ノ情況ノ儘推移スルニ於テハ、国民政府ノ任務ハ完成スルコト能ハス。全面和平モ遂ニ期スヘカラサルコトトナルヘク、斯クテハ国民政府ハ最早ヤ存在ノ理由ヲ失フコトト可相成候。中国側同志ニ於テハ現下ノ現勢（ママ）ニ対シ極メテ悲観ト失望トニ駆ラレ居ル実情ナルニ付、是非汪主席東京ニ赴キ貴国当局ト懇談セラレ、此ノ行詰レル局面ヲ何トカ打開シ得ラルル様希望シ居ル次第ニ御座候。
右特ニ申進候。敬具

四月十二日　周仏海

日高先生

四月十六日本多熊太郎発近衛首相宛書翰控

（欄外頭書）四月十八日上海行飛行機々長ニ托送ス　多（花押）

粛啓　時下政祉愈々御安康為邦家欣慰此事ニ奉存候。伸者汪精衛氏渡日希望ノ件ニ就テハ曩ニ電稟ノ次第モ有之候処、予測ノ如ク果シテ先方ヨリ改テ右希望申入ノ上、閣下ニ取次方懇嘱ニ接シ候ニ付、本日別紙写甲号（散逸）ノ通リ本省宛極秘信ヲ以テ委曲具報致置候間、御高慮ノ上何分ノ御指図相給ハリ候様奉願上候。尚又別紙乙号写（散逸）ハ本件御考量上ノ参考資料トシテ附送申上候義ニ有之、甲号ト併セ御電覧ヲ奉邀度、此段敬デ内啓得尊意旁奉祈時安候。

草々拝白

四月十六日於南京

本多熊太郎

近衛首相閣下

四月十六日本多大使発近衛臨時外務大臣事務管理宛支大外機密第一八一号

支大外機密第一八一号

（欄外青印）極秘

昭和十六年四月十六日

在中華民国

特命全権大使　本多熊太郎

臨時外務大臣事務管理

内閣総理大臣　公爵　近衛文麿　殿

汪主席ノ訪日希望ニ関スル件

国民政府ヲ繞ル内外ノ情勢ニ考フルニ、本件汪氏ノ希望ニ関シテハ近ク同主席ヨリ本使ニ向テ改メテ首相閣下ニ執リ次キ方求メ来ルヘキヤニ思料セラレタルニ付、去ル十一日発第二二二号拙電ヲ以テ本使観測ノ基ク所ヲ具シ御考量ノ一端ニ資シ置キタル次第ナル処、之ヨリ先汪主席ヨリ十一日夜晩餐ノ招待ニ接シ居タルニ付定刻参館シタルニ、陳公博・周仏海ノ両人モ同席シアリ。扨ハ何等カ重要ノ談ヲ持込ムモノカト感シタルカ、開宴ニ先立チ両人タケニテ別室ニテ十分間許リノ懇談ヲ願ハレ間敷ヤトノコト故、快諾ノ上導カレテ階上ノ書斎ニ入リタルニ、主席ヨリ外交部次長（周隆庠）ノ通訳ヲ以テ極メテ真剣ナル態度ニテ渡日ノ希望近衛公ヘ伝達方依頼アリタリ。其ノ要旨左ノ如シ。

汪主席ハ先ツ昨年条約成立当時自分ノ日本訪問ニ付日支双方間ニ談議カ始マリタルカ、結局日本宮中ノ御都合即チ民主国元首ノ来朝ハ前例ナク、宮中ノ御待遇方ニ付篤ト研究ノ要アリトノコトニテ、先ツ陽春四月頃ニハ何トカ決定ノコトトナルヘシトテ荏苒今日ニ及ヘルカ、宮中ノ当路カ自分ノ接遇方ニ付斯クモ慎重研究ヲ尽サルルハ畢竟中国元首トシテノ自分ノ地位ヲ重視セラルルノ美意ニ出テタルモノトシテ感佩ニ堪ヘサル所ナルモ、自分ノ渡日ニ関シテハ重点ハ儀礼ノ方面ニ非スシテ内容、即チ渡日ノ目的夫自身ニアリト前提シ、

㈠自分ハ今回主トシテ行政院長ノ資格ニテ、中日関係当面ノ要務ニ就キ親シク近衛首相・松岡外相等ト商量ノ為メニ日本ヲ訪問セントスルモノニテ、恰モ「ヒトラー」ノ「ムソリーニ」(Benito Mussolini)訪問ト類似スト云フヘク、「ヒトラー」カ盟邦ノ首相ト要談ノ為羅馬ニ赴キ其ノ滞在中伊国皇帝(Vittorio Emanuele III)ニ敬意ヲ表セル如ク、自分モ滞京中天皇陛下ニ敬意ヲ表スルノ機会ヲ与ヘラレ、其当日一日タケ元首トシテノ御待遇ヲ賜ハルコトトモナラハ本懐之ニ過キス。満洲国皇帝（溥儀）ノ場合ノ如ク停車場ニ天皇陛下ノ御出迎ヲ賜ハルカ如キハ恐懼至極ノコトトシテ自分ノ思ヒモ寄ラサル所ナリ。要スルニ自分ノ重キヲ措クハ儀礼ニ非スシテ内容ニ在リ。

㈡国民政府ハ現ニ幾多ノ困難ヲ克服スルノ必要ニ逢着シ居レリ。是等ノ困難ヲ克服シ、日華基本条約ノ目的タル日支合作ノ大道ニ直進スル為ノ要務ニ付親シク近衛首相ノ御指導ヲ仰クコトカ自分渡日ノ主要目的ナリ。勿論本多大使ノ当地ニ居ラルル限リ大使閣下ト御話スルコトハ親シク近衛公ト御話スルト同様ナル訳ナレトモ、何

分近衛公ニハ已ニ二年ノ久シキ久闊ニ相成リ居リ、且又松岡外相其他日支問題関係ノ閣僚諸公ニモ面ノアタリ充分ニ当方面ノ事情ヲ披瀝シ、教ヲ請ヒ度キ熱意ヲ有スル次第ナリ。

㈢若シモ日本政府ニ於テ国民政府ノ存在カ全面和平招来ニ関スル日本側ノ方針具現ノ上ニ障碍トナルトノ御意向ナラハ、自分ハ潔ク現地位ヨリ退クヘク、中途半端ノ生殺ハ耐エ得サル所ナリ。同志モ亦自分ト考ヲ一ニスルモノナリ。

㈣従テ万一ニモ日本側ニ於テ自分ヲ東京ニ接受スルコトヲ迷惑トセラルル事情アリトセハ、全然個人ノ資格ニテ渡日シ、東京以外適当ノ地ニ於テ近衛・松岡両相ト会見スルコトトセラルルモ異存ナシ。実ハ打開ケテ申上クレハ国民政府ハ今ヤ全ク行詰リ居ル現状ナリ。

㈤先頃大使閣下ヨリ此際ノ渡日ハ「ロボット」ナリトノ逆宣伝ヲ招キハセヌカトノ御注意モアリ、御懇切ノ御忠言一応御尤ト存スルモ、一身ノ毀誉褒貶ハ自分ノ意ニ介スル所ニアラス。否生命ノ危険スラ自分ノ度外視スル所ナリ。御承知ノ如ク自分ハ今日迄既ニ数回モ生命ノ危険ヲ体験シ来レルモノニテ、自分ノ同志モ均シク同様ノ覚悟ヲ以テ事ニ当リ居ル次第ナリ。

一昨年日本ニ赴キタルモ五月ナルカ、松岡外相モ其頃迄ニハ帰京セラルルコトナルヘク、五月ニハ是非共渡日決行ノコトニ致度シ、何卒此旨懇ニ近衛公ヘ御伝ヘヲ願フトノコトニ付、本使ハ之ヲ快諾スル旨ヲ述ヘ、此ノ場合本使ヨリモ一言スヘキコトアリト前提シ、

「先程ヨリノ御話ノ中ニ日本政府ニ於テ和平政策ノ具現上国民政府ノ存在ヲ障碍視スルカノ如キ御感想ヲ有セラルルヤニ印象セラルル御言葉アリタルカ、日本政府ニ於テハ断シテ斯ル考ヲ有スルモノニ非サルコトハ本使ノ名誉ニ掛ケテ保証スル所ナリ」

ト言明シタリ。之ニ対シ汪ハ辱ク拝承スル旨感激ノ色ヲ以テ答ヘタリ。

汪主席カ斯クモ沈痛ノ口吻悲壮ノ態度ヲ以テ苦衷ヲ吐露シテ渡日ノ希望ニ関シ首相閣下ノ仁慮ヲ仰クヘク本使ニ対シ切々偲々スル所以ノ動機ハ、已ニ往電第二二二号ニテ御看取相成リ居ラルヘキ通リ、全ク国民政府ノ行詰リニアリ。其ノ行詰リノ概況ハ該拙電ニ一斑ヲ叙シアルモ、猶ホ少シク之ヲ詳説センニ、実ハ去ル二月下旬東京出発帰任ノ際、暇乞ノ為東条(英機)陸相ヲ訪問ノ節、本使ハ、

現在ノ如キ我方ノ遣口ヲ其儘継続シ行キ、其ノ間国際情勢ノ進展カ不幸ニシテ日米衝突ト云フカ如キ場面ヲ持チ来シタリトセハ、国民政府ハ其ノ即夜ニモ崩壊スヘク、悪クスレハ其儘英米ニ掻キサラハレテ了フコトトモナラム。之ハ現地二週間ノ観測ニ基ク自分ノ真剣ノ憂慮ナリ。大使トシテ公式ニ政府ノ注意ヲ喚起スルノ必要ニ逢着スルヲ欲セサルカ故ニ、軍部首脳ノ地位ニ居ラルル一友人トシテ此ノ場合自分ノ所感ヲ披瀝シ置ク

ト述ヘ、又豊田(貞次郎)海軍次官ニモ同シ言葉ヲ以テ同様警告ヲ与ヘ置キタリ。右ハ其ノ当時松岡外相ニモ咄シ置キタルコトナルカ、帰任ト同時ニ本使ノ一驚ヲ喫シタルハ僅々一ケ月ノ不在ノ間ニ国民政府ヲ繞ル当方ノ雰囲気カ著シク陰惨ヲ呈シ居ルコトニ有之。而モ其ノ陰惨サハ逐日深刻ヲ加フル一方ナルノ事実ニ鑑ミ、斯ノ情勢ノ包蔵スル危険素ヲ松岡外相送行ノ拙電中ニモ指摘シ、其ノ留意ヲ促シ置キタル次第ナルカ、外相宛該拙電ニ略述セル米問題並ニ軍ノ物資搬出入統制下ニ於ケル一般ノ生活難ハ、最近ニ於ケル軍票ノ暴騰ニ一層拍車ヲカケラレテ今ヤ単ニ国府治下一般大衆ノミナラス、軍隊・警官等ノ生活モ亦全ク窮苦ノドン底ニ追ヒ詰メラレツツアリ。兵丁、警官等ノ武器携帯逃亡ノ「ケース」亦少カラス。政府各部ニ於テサエ課長以下中小ノ官吏ハ粥ヲススリテ其ノ日ヲ送リ居ルノ有様ニテ、政府ノ威信ハ日ニ日ニ地ニ墜チツツアリ。斯カル経済上ノ事由ニ加フルニ、否之ニモ増シテ汪精衛氏ヲ苦悶セシメツツアルハ、国府成立一週[周]年ヲ迎ヘタル今日ニ於テ日支条約及ヒ附属協定ニ約束セラレ

アル各種ノ要調整事項ハ何一ツトシテ調整具現ノ端緒ヲスラ見タルモノナキノミナラス、「日本側ノ態度ヲ見レハ日支基本条約ハ全然之ヲ高閣ニ束ネテ又顧ミサルモノノ如ク、加フルニ今猶ホ例ノ重慶工作トカニ憂身ヲ窶シ居ルヤノ消息モ伝エラレ（之ハ本使ノ耳ニモチョイチョイ入リ居ル所ニシテ、中ニハ必スシモ一片ノ「デマ」トモ思ハレサル情報スラアリ）、彼此以テ国府支援ニ関スル日本側ノ熱意冷却トコロカ全然冷却シ了リタリ」ト云フ様ナ頭ニ汪主席自身モ日増シニ傾キツツアリ。近来汪氏ノ意気銷沈ハ会フ度毎ニ其ノ度ヲ加ヘツツアルハ本使ノ実感ナリ。汪氏スラ已ニ然リ。陳公博、周仏海ノ如キ汪ノ「ライトハンドメン」モ亦「我等ノ面子ハ総潰レナリ、何トカシテ貫ハネハ最早ヤ遣ツテ往ケナイ」トノ苦衷ヲ忌憚ナク本使ニ披瀝シ居ルノ実情ニ有之。況ンヤ他ノ院長、部長連ニ至ツテハ、何レモ生活難ト虚器ヲ擁シテ何等為スヘキ仕事ヲ持タサルノ憂悶トニ不平ノ熱ヲ昂揚シツツアル部下ノ統御ノ致方モナク、一人トシテ浮足ナラサルモノナシトハ独リ本使ノミナラス、当地ニ於ケル相当眼アル日本人ノ殆ント全部ノ観測ナリトス。

右様ノ事情ナルヲ以テ今回汪主席ノ渡日申出テハ極メテ深刻ナル決意ノ下ニ為サレタルモノニ有之。断シテ区々姑息的ノ辞令ヲ以テ一時逃レノ応酬ヲ為スヘキ場合ニ無之ノミナラス、我カ政府ニ於テ宜シク一大英断ヲ以テ断然先方申出ノ建前（行政院長トシテノ来朝、滞在中聖上ニ拝謁ノ当日一日位元首ノ待遇ヲ賜ハルコト）ニテ欣然歓迎ノ旨回答方成ル可ク速ニ御訓示ニ接スル様切望ス。実ハ「日本側テ我々ノ存在ヲ御迷惑トセラルルナラハ何時ニテモ引キ下リマス、実ハ我々ノ政府モ最早行詰リマシタ」トノ一言ハ、先方ニテハ頗ル深刻ノ意気ヲ以テ吐露シ居ルモノニテ、申サハ一種ノ最後通牒トモ見做スヘキモノニ有之。漫然タル回避的回答ノ結果ハ極メテ好マシカラサル事態ヲ招来スヘキコト明瞭ナリ。而モ日本側ノ国府支援ノ誠意ヲ紳士ノ名誉ヲ以テ保障シタル本使トシテハ、此際我政府ニ向テ斯ル回避的回答ノ結果ニ対シ真ニ真剣深刻ナル御考慮ヲ求メサルヲ得サル訳ナリ。

一言ニシテ言ヘハ、汪ノ渡日目的ハ首相閣下及松岡外相ノ口ヨリ端的ニ日本政府ノ肚ヲ突止メントスルニアリ。而シテ首相及外相トノ会見ニ於テハ、国府ノ存亡ニ関スト彼等ノ認ムル若干ノ問題ノ解決方ニ付日本政府ノ意向言明ヲ求ムルコトナラン。万一ニモ是等問題ニ対シ先方ヨリ観テ空虚ナル「ブラテイチユード」ヤ漫然タル遷延策的応答シカ得ラレサルノ暁ニハ、彼等ハ遅滞ナク国府解消ト出テクルモノト御見極メノ上、今ヨリハツキリト対策ヲ決メ置カルルコトヲ切ニ御勧メ申上ク。本使ノ此ノ見透シニハ当地ノ総軍側モ海軍側モ大体同感ナルコトヲ申添ヘ置ク。

扨テ汪精衛氏渡日ノ上ドンナ問題ヲ持チ出スカニ付テハ本使ニ於テ大体見当カ着キ居レリ。其ノ辺ニ付テハ五月上旬帰京ノ節親シク委曲申述フルコトトスヘキカ、本件汪氏渡日ノ希望申入ニ対シテハ右ノ点トハ切離シ、成ル可ク速ニ欣然歓迎ノ御回示ニ接スル様御賢慮願上ク。尤モ本使ハ松岡外相ノ帰朝モ近キニアルコト故、東京側ノ回答ハ或ハ同外相帰朝ノ上ノコトトナラムモ難計、其ノ点ハ含ミ置カレ度シト注意シタルニ、汪主席モ之ヲ諒トシタリ。為念申添置ク。（了）

四月本多熊太郎発松岡洋右宛上申書

（欄外朱印）極秘

一、機構問題

自分ノ意見ハモスコー宛電報ノ畑（俊六）・板垣（征四郎）両将軍ニ対スル談話ニテ其要ヲ尽セリ。所謂興亜院案ニ対シテハ法制的又政治的観点ヨリシテ全面的反対ノ意見ヲ条理ヲ尽シテ本省ニ電稟スルト同時ニ、大橋（忠一）・山本（熊一）両氏ニ対シテモ事外務省ノ存亡ニ関シ、又一歩ヲ誤レハ明治以来ノ国是ノ破壊ヲモ招クノ惧スラアルニ鑑ミ、対処案ノ全面ニ対シ保留的態度ヲ一貫シ、大臣ノ帰京ヲ待ツ様内電或ハ私信ヲ以テ一再勧告シ置ケルカ、米問題ニテ上京中ナリシ日高公使ノ帰任ニ託シ山本局長ヨリ「大臣御帰京迄ハ何処迄モ頑張リ抜クニ付、大使ニ於テモ御安心アル様」トノ伝言アリタルニ付、折返シ別紙甲号（本書一〇一―一〇二頁参照）ノ私信ヲ以テ一層ノ注意ヲ促シ置キタリ。興亜院案ニ対シテハ北京土田（豊）参事官・上海堀内（干城）総領事ヨリモ夫々最モ強硬ノ反対意見ヲ本省ニ電稟セルカ、恐ラク他ノ主要地総領事ヨリモ同様ノ申出アリタルコトト思ハル。小生ノ此問題ニ対スル態度ハ、

一、外務省現職員中先進者ノ一人トシテ即チ霞関人トシテノ立場、

二、不祥乍ラ天下ノ公人ノ一人トシテ国家利害ノ全局ヨリシテノ考察、

三、老兄親友中ノ年長者ノ一人トシテノ友情、

此ノ三ツノ基礎ニ立脚スルモノニ有之。右三個ノ観点何レヨリスルモ斯ル愚暴ナル提案ニ耳ヲ傾ケタルスラ已ニ非常ノ間違ナルニ、之ト妥協ヲ試ミントスルカ如キハ沙汰ノ限リト存スル次第ナリ。本案ニ対シテハ小生ノ有スル各般ノ消息ニ依ルニ、海軍ハ現地中央共ニ反対ニシテ現状維持ヲ選フモノニ有之、又支那派遣軍総司令部モ同様反対ニシテ、最近師団長会議ノタメ上京ノ板垣総参謀長ヲシテ軍ノ反対意見ヲ陸軍省首脳部ニ申入レシムルコトトナシアル旨畑司令官ヨリ承知セリ。又本案ノ如キ「ライン」ニ依ル在支機構整備ハ忽チ国民政府ノ崩壊ニ導クヘク、華北政務委員会ト雖モ少クトモ容易ニ拾収シ難キ破綻ヲ呈スルニ至ルヘキハ小生ノ信シテ疑ハサル所ナリ。事茲ニ至レハ支那事変ノ処理完遂ドコロカ、我カ占拠地域ノ全部挙ケテ無政府状態ニ陥ルノ結果、更ニ百万ノ増兵ト十年ノ長期戦ヲ見ルコトトナルヘク、我傀儡政権ノ顛覆トコロテハナク、日本自身ニ於テモ内閣ノ顛覆以上ニ恐ルヘキ一大反動ヲ見ルニ至ルヘキヲ小生ハ衷心ヨリ憂惧スルモノナリ。要之本件鈴木（貞一）案ナルモノハ何等軍部ノ総意ヲ反映スルモノニ非ス。一二野心家ノ謀略的意図ヨリ出

テタルモノニシテ、之カ排斥ハ独リ海軍ノミナラス陸軍部内ノ大多数ノ欲スル所ナラン。若夫レ霞関人ニシテ少シク血ノ気ノアルモノニ至テハ、何レモ光輝アル伝統ヲ有スル霞関カ「場当リ」人気取リ主義ノ（之ハ鈴木中将ニ対スル畑大将ノ評語ナリ）一二軍人ノ手テ打壊サルルヨリハ、我々自身ノ手ニテ叩キ壊シテシマヘトノ感情ニ燃ヘ来ルコトナルヘシ。思ウニ本件ハイツ迄モ大橋・山本両人ノ手ニテ独断専行シ切レルモノニアラス。真相一度霞関一般ニ洩レ亘リタル暁ニハ、嘗テノ貿易省問題以上ノ騒キヲ現出スルニ至ルコトアルモ亦怪シムニ足ラス。国家ノタメ霞関ノタメ、将又老兄ノタメ小生ノ深憂ヲ禁セサル所ナリ。右様ノ次第ニ付、老兄トシテハ宜シク適当ノ理由ノ下ニ暫ク本問題ヲ当分冷蔵庫ニ仕舞ヒ置クコトニ賢慮御一決、御帰京ト同時ニ直チニ本件協議中止ノ御下命アランコトヲ御勧メス。

二、汪兆銘渡日問題

本件ニ付テハ曩ニ滞京中老兄ト打合セ置キノ次第モアル処、数週前汪腹心ノ一人タル外交部次長ヨリ清水書記官ヲ経テ我方ノ意向伺ヒ方求メラレタルニ付、為念近衛首相ニ一応ノ指図ヲ仰キタル上、全然小生ノ私見トシテ、此際ノ渡日ハ第二ノ溥儀ナリトシテ重慶側ノ宣伝材料ヲ提供スル虞レアリトノ旨ヲ軽ク清水ヲシテ外交部次長ヘ致サシメ置キタルカ、東京御出発前ノ拙電末段ニ申述ヘタル如ク米問題、軍ノ物資統制ニ主トシテ起因スル民生問題ノ緊迫等ニテ国民政府ノ立場日ニ増シ困難ヲ加ヘ、下述ノ如ク国民政府モ最早行詰リノ窮状ニ陥リ居ルノ一方ニ於テ、日本側ノ国民政府支持ニ関スル熱意カ全ク冷却シ居ルトノ印象ハ一層汪兆銘ノ煩悶ヲ加ヘ、此際日本ニ赴キ親シク近衛公及政府ノ真意ヲ突止メントスルノ考ヨリ小生一応ノ阻止ニモ拘ラス、改メテ渡日ノ申出ヲ為シ来ルヘキ情勢日ニ増シ濃厚ヲ加ヘ来レルニ付、予メ近衛公ノ肚ヲ決メサセ置キ度トノ愚意ヨリ別紙（本書五一四—五一五頁参照）写乙号ノ如ク去ル十一日東京ニ打電シ置キタリ。之ヨリ先汪主席ヨリ十一日夜晩餐ノ招待ニ接シ居タルニ付定刻参館シタルニ、陳公博・周仏海ノ両人モ同席シアリ。扨ハ何等カ重要ノ談ヲ持込ムモノカト感シタルカ、開宴ニ先立チ両人タケニテ別室ニテ十分間許リノ懇談ヲ願ハレ間敷ヤトノコト故、快諾ノ上導カレテ階上ノ書斎ニ入リタルニ、汪ヨリ外交部次長ノ通訳ヲ以テ極メテ真剣ナル態度ニテ渡日ノ希望近衛公へ伝達方依頼アリタリ。其ノ要旨左ノ如シ。

汪ハ先ツ昨年条約成立当時、汪ノ日本訪問ニ付日支双方間ニ談議カ始マリタルカ、結局日本宮中ノ御都合、即チ民主国元首ノ来朝ハ前例ナク宮中ノ御待遇方ニ付篤ト研究ノ要アリトノコトニテ、結局先ツ陽春四月頃ニハ何トカ決定ノコトトナルヘシトノコトニテ荏苒今日ニ及ヘルカ、宮中ノ当路カ自分ノ接遇方ニ付斯クモ慎重研究ヲ尽サルルハ畢竟中国元首トシテノ自分ノ地位ヲ重視セラルルノ美意ニ出テタルモノトシテ感佩ニ堪ヘサル所ナルモ、自分ノ渡日ニ関シテハ重点ハ儀礼ノ方面ニ非スシテ内容、即チ渡日ノ目的夫自身ニ在リト前提シ、

㈠自分ハ今回主トシテ行政院長ノ資格ニテ、中日関係当面ノ要務ニ就キ親シク近衛首相・松岡外相等ト商量ノ為メニ日本ヲ訪問セントスルモノニテ、恰モ「ヒトラー」ノ「ムソリーニ」訪問ト類似スト云フベク、「ヒトラー」カ盟邦ノ首相ト要談ノタメ羅馬ニ赴キ其ノ滞在中伊国皇帝ニ敬意ヲ表セル如ク、自分モ滞京中天皇陛下ニ敬意ヲ表スルノ機会ヲ与ヘラレ、其当日一日タケ元首トシテノ御待遇ヲ賜ハルコトトモナラハ本懐之ニ過キス。要スルニ自分ノ重キヲ措クハ儀礼ニ非スシテ内容ニ在リ。

㈡国民政府ハ現ニ幾多ノ困難ヲ克服スルノ必要ニ逢着シ居レリ。是等ノ困難ヲ克服シ、日華基本条約ノ目的タル日支合作ノ大道ニ直進スルタメノ要務ニ付キ、親シク近衛首相ノ御指導ヲ仰クコトカ自分渡日ノ主要目的ナリ。勿論本多大使ノ居ラルル限リ大使閣下ト御話スルコトハ親シク近衛公ト御話スルト同様ナル訳

ナレトモ、何分近衛公ニハ已ニ二年ノ久シキ久闊ニ相成リ居リ、且又松岡外相其他日支問題関係ノ閣僚諸公ニモ面タリ充分ニ当方面ノ事情ヲ披瀝シ、教ヲ請ヒ度キ熱意ヲ有スル次第ナリ。

㈢若シモ日本政府ニ於テ国民政府ノ存在カ全面和平招来ニ関スル日本側ノ方針具現ノ上ニ障碍トナルトノ御意向ナラハ、自分ハ潔ク現地位ヨリ退クヘク、中途半パノ生殺シハ耐エ得サル所ナリ。同志モ亦自分ト考ヲ一ニスルモノナリ。

㈣従テ万一日本側ニ於テ自分ヲ東京ニ接受スルコトヲ迷惑トセラルル事情アリトセハ、全然個人ノ資格ニテ渡日シ、東京以外適当ノ地ニ於テ近衛・松岡両相ト会見スルコトトセラルルモ異存ナシ。実ハ打明ケテ申上クレハ国民政府ハ今ヤ全ク行詰リ居ル現状ナリ。

㈤先頃大使閣下ヨリ此際ノ渡日ハ「ロボット」ナリトノ逆宣伝ヲ招キハセヌカトノ御注意モアリ、御懇切ノ御忠言一応御尤ト存スルモ、一身ノ毀誉褒貶ハ自分ノ意ニ介スル所ニアラス。否生命ノ危険スラ自分ノ度外視スル所ナリ。御承知ノ如ク自分ハ今日迄既ニ数回モ生命ノ危険ヲ体験シ来レルモノニテ、自分ノ同志モ均シク同様ノ覚悟ヲ以テ事ニ当リ居ル次第ナリ。

一昨年日本ニ赴キタルモ五月ナルカ、松岡外相モ其頃迄ニハ帰京セラルルコトナルヘク、五月ニハ是非トモ渡日決行ノコトニ致度シ、何卒此旨懇ニ近衛公ヘ御伝ヘヲ願フトノコトニ付、小生ハ之ヲ快諾スル旨ヲ述ヘ、此ノ場合拙者ヨリモ一言スヘキコトアリト前提シ、

「先程ヨリノ御話ノ中ニ日本政府ニ於テ和平政策ノ具現上国民政府ノ存在ヲ障碍視スルカノ如キ御感想ヲ有セラルヤニ印象セラルル御言葉アリタルカ、日本政府ニ於テハ断シテ斯ル考ヲ有スルモノニ非サルコトハ本使ノ名誉ニ掛ケテ保証スル所ナリ」

ト言明シタリ。之ニ対シ汪ハ辱ク拝承スル旨感激ノ色ヲ以テ答ヘタリ。

三、国民政府ノ行詰リ

去ル二月下旬東京出発帰任ノ際、暇乞ノタメ東条陸相ヲ訪問ノ節、小生ハ、現在ノ如キ我方ノ遺口ヲ其儘継続シ行キ、其ノ間国際情勢ノ進展カ不幸ニシテ日米衝突ト云フカ如キ場面ヲ持チ来シタリトセハ、国民政府ハ其ノ即夜ニモ崩壊スヘク、悪クスレハ其儘英米ニ掻キサラハレテ了フコトトモナラム。之ハ現地二週間ノ観測ニ基ク自分ノ真剣ノ憂慮ナリ。大使トシテ公式ニ政府ノ注意ヲ喚起スルノ必要ニ逢着スルヲ欲セサルカ故ニ、軍部首脳ノ地位ニ居ラルル一友人トシテ此ノ場合自分ノ所感ヲ披瀝シ置ク

ト述ヘ、又豊田海軍次官ニモ同シ言葉ヲ以テ同様警告ヲ与ヘ置キタリ。右ハ其ノ当時老兄ニモ御咄シ致シタル様記憶スル処、帰任ト同時ニ小生ノ一驚ヲ喫シタルハ僅々一ケ月ノ不在中国民政府ヲ繞ル当方面ノ雰囲気カ著シク陰惨ヲ呈シ居ルコトニ有之。而モ其ノ陰惨サハ逐日深刻ヲ加フル一方ナルノ事実ニ鑑ミ、斯ノ情勢ノ包蔵スル危険素ニ関シ御送行ノ拙電中御留意ヲ乞ヒ置キタル次第ナルカ、該拙電ニモ略述セル米問題並ニ軍ノ物資搬出入統制下ニ於ケル一般ノ生活難ニテ、啻ニ国府治下一般大衆ノミナラス、軍隊・警官等ノ生活モ最近ニ於ケル軍票ノ暴騰ニ一層拍車ヲカケラレテ、今ヤ全ク窮苦ノドン底ニ追ヒ詰メラレツツアリ。兵丁、警官等ノ武器携帯逃亡ノ「ケース」亦少カラス。各部課長以下中小ノ官吏サエ粥ヲススリテ其ノ日ヲ送リ居ルノ有様ニテ、政府ノ威信ハ日ニ日ニ地ニ墜チツツアリ。斯カル経済上ノ事由ニ加フルニ、否之ニモ増シテ汪精衛氏ヲ苦悶セシメツツアルハ、国府成立一周年ヲ迎ヘタル今日ニ於テ日支条約及ヒ附属協定ニ約束セラレアル各種ノ要調整事項ハ何一ツトシテ調整具現ノ端緒ヲスラ見タルモノナキノミナラス、日本側ノ態度ヲ

見レハ日支基本条約ハ全然之ヲ高閣ニ束ネテ又顧ミサルモノノ如ク、加フルニ今猶ホ例ノ重慶工作トカニ憂身ヲ窶シ居ルヤノ消息モ伝エラレ（之ハ小生ノ耳ニモチヨイチヨイ入リ居ル所ニシテ、中ニハ必スシモ一片ノ「デマ」トモ思ハレサル情報スラアリ）、彼此以テ国府支援ニ関スル日本側ノ熱冷却ドコロカ全然冷却シ了シタリトスラ云フヨウナ頭ニ汪兆銘自身モ日増シニ傾キツツアリ。近来汪氏ノ意気銷沈ハ会ウ度毎ニ其ノ度ヲ加エツツアルハ小生ノ実感ナリ。汪氏スラ已ニ然リ。陳公博、周仏海ノ如キ汪ノ「ライトハンドメン」モ亦「我等ノ面子ハ総潰レナリ、何トカシテ貫ハネハ最早ヤ遣ツテ往ケナイ」トノ苦衷ヲ忌憚ナク小生ニ披瀝シ居ルノ実情ニ有之。況ンヤ他ノ院長、部長連ニ至テハ、何レモ生活難ト虚器ヲ擁シテ何等為スヘキ仕事ヲ持タサルノ憂悶トニ不平ノ熱ヲ昂揚シツツアル部下ノ統禦ノ致方モナク、一人トシテ浮足ナラサルモノナシトハ独リ小生ノミナラス、当地ニ於ケル相当眼アル日本人ノ殆ントノ観測ナリ。右様ノ事情ナルヲ以テ今回汪主席ノ渡日申出テハ極メテ深刻ナル決意ノ下ニナサレタルモノニ有之。断シテ区々姑息的ノ辞令ヲ以テ一時逃レノ応酬ヲナスヘキ場合ニ無之ノミナラス、近衛公及老兄ニ於テ一大英断ヲ以テ断然先方申出ノ建前（行政院長トシテノ来朝、滞在中聖上ニ拝謁ノ当日一日位ヒ元首ノ待遇ヲ賜ハルコト）ニテ欣然歓迎ノ旨回答方老兄御帰京後早速御訓示ニ接スルヨウ切望ス。実ハ「日本側テ我々ノ存在ヲ御迷惑トセラルルナラハ何時ニテモ引キ下リマス、実ハ我々ノ政府モ最早行詰マリマシタ」トノ一言ハ、先方ニテハ非常ノ決意ヲ以テ吐露シ居ルモノニテ、申サハ一種ノ最後通牒トモ見做スヘキモノナリ。漫然タル回避的回答ノ結果ハ極メテ好マシカラサル事態ヲ来スヘキコト明瞭ナリ。而モ日本側ノ国府支援ノ誠意ヲ紳士ノ名誉ヲ以テ保障シタル小生トシテハ、此際老兄及近衛公ニ向ツテ斯ル回避的回答ノ結果ニ対シ真ニ真剣深刻ナル御考慮ヲ求メサルヲ得サル訳ナリ。

一言ニシテ云ヘハ、汪ノ渡日目的ハ近衛公及老兄ニ対シ日本政府ノ肚ヲ突止メニ行クニアリ。而シテ首相及老兄トノ会見ニ於テハ、国府ノ存亡ニ関スト彼等ノ認ムル若干ノ問題ニ付キ日本政府ノ意向言明ヲ求ムルナラン。万一是等問題ニ対シ空虚ナル「プラティチュード」ヤ漫然タル遷延策的応答シカ得ラレサルノ暁ニハ、彼等ハ遅滞ナク国府解消ト出テ来ルモノト御見極メノ上、今ヨリハツキリト対策ヲ決メ置カルルコトヲ切ニ御勧メス。小生ノ此ノ見透シニハ当地ノ総軍側モ海軍側モ同感ナルコトヲ申添ヘ置ク。

扨テ汪精衛氏渡日ノ上ドンナ問題ヲ持チ出スカニ付テハ小生トシテ大体見当カ着キ居レリ。何レ五月上旬帰京ノ上親シク委曲申述フルコトトスヘシ。

附記

露都宛テ電報シタル上海連絡部ヨリ興亜院ヘ提出ノ中支外政機関整備案ハ別紙（散逸）丙号ノ通リナリ。総軍ニテハ何等知ル所ナク、畑大将モ小生ノ話テ始メテ承知シタリトテ「乱暴至極デスナー」ト呆レ居タリ。以上。

昭和一六年四月二二日起草

四月二十二日本多大使発松岡大臣宛電報第二五二号写

総番号No.1417　昭和16年4月22日後5時／分発

大使（欄外青印）　写（欄外朱印）

宛　松岡大臣　　発　本多大使

件名　汪主席訪日ニ関スル件

暗　第二五二号（大至急、極秘、館長符号扱）

輝ヤカシキ御帰京ヲ祝ス。汪主席ノ訪日希望申出ニ関シテハ近衛首相ヨリ御聴取リ相成ルベキガ、本件ニ付テハ当地総軍側モ海軍側モ共ニ外機密第一八一号拙信具申ノ趣旨ニ同感ニシテ、夫々其旨中央ヘ電稟ニ及ヒタル趣ナリ。即チ現地三機関一致ノ意見トシテ、成ルヘク速ニ該拙信末段ノ通リニ御詮議御回訓相成ルヨウ特ニ御配慮願ヒ上ク。

四月二十二日在南京大使館附海軍武官発海軍省軍務局長及び軍令部第一・第三部長宛電報

4月22日

着信艦所　発信（青印）　極秘（朱印）　暗号（朱印）　親展（朱印）

着信者　軍務局長（岡敬純）　軍令部一、三部長（福富繁、前田稔）

受報者　CSF参謀長（大川内伝七）

発信者　大使館附海軍武官（金沢正夫）

記事　園辺複写

通信文

去ル十一日汪席ハ本多大使ニ対シ深刻ナル国府ノ苦境ヲ訴フルト共ニ、当面幾多ノ困難ヲ克服シ日華合作ノ大道邁進ノ為ノ要務ニ関シ我政府主脳ノ高教ヲ仰キ度トテ、予テ懸案ノ訪日希望伝達方申入レタルヲ以テ、大使ヨリ此際右希望ヲ欣然容認方意見具申セリ。

汪主席ノ右希望ハ真剣ナル決意ノ下ニ為サレタルモノニシテ、此際寧ロ我方ヨリ積極的ニ誠意ヲ示サルルヲ可ト認ム。尚、総軍ヨリモ同様意見具申セリ。

委細支大外機密第一八一号大使公信参照。（終）

五月一日松岡大臣発本多大使宛電報第一四一号写

一九五二　（暗）　昭和一六年五月一日後一〇時四〇分着
（欄外青印）大使　（欄外朱印）写　　　松岡大臣発

本多大使宛

汪主席訪日希望ニ関スル件

第一四一号（館長符号扱）

貴電第二五二号ニ関シ

本大臣帰朝後漸ク訪欧事務ノ後仕末ヲ略終リ、目下次ノ段階ニ於ケル諸工作考慮中ナルカ、右ニ付テモ色々御話シ致度キニ付、成ルヘク早目ニ御帰朝ヲ願ヒ度ク、本件ニ関シテモ其ノ際御相談ノ上決定致度シ。（了）

昭和一六年五月二日起草

五月二日本多大使発松岡外務大臣宛電報第二八三号写

総番号 No.1547　昭和16年5月2日前11時50分発
（欄外青印）大使　（欄外朱印）写

宛　松岡外務大臣　　発　本多大使
件名　汪渡日ニ関スル件
暗　第二八三号（館長符号扱）（大至急）

貴電第一四一号唯今拝見セリ。本件ニ就テハ大連ニテ宮崎（章）ヨリ手交ノ本使手書、四月十六日付空送ノ外機密第一八一号拙信、同二十二日発往電第二五二号、同日空送ノ外機密第一八五号ニテ詳細事情ヲ具シテ意見具申シアリ。此上尚ホ御相談ノ要アリトハ本使ノ理解ニ苦ム所ナリ。本使及現地陸、海主脳ニ於テハ一日モ速ニ外機密第一八一号末段稟請ノ趣旨ニ副ウテノ明快ナル御決定ヲ翹望シ居ル次第ナリ。貴電末段ニ関シテハ前掲拙電及拙信ヲ今一応御精読願ウト申上クルノ外ナシ。尚ホ本使ハ七日出発、上海ニ二泊、龍田丸ニ乗船、十三日入京ノ予定ナルコトハ既電ノ通リナリ。出発マデニ汪主席ニ対スル帝国政府ノ回答方御訓示ヲ得ルヤウ翹望ス。

五月三日松岡大臣発本多大使宛電報第一四三号

一九九〇　（暗）　昭和一六年五月三日後四時着

松岡大臣発

本多大使宛

汪主席渡日希望ニ関スル件

第一四三号（至急、館長符号扱）

貴電第二八三号ニ関シ

詳細拝誦セルモ一応本大臣ノ之ニ関スル意見モアリ、御帰朝ヲ俟チ親シク右ヲ貴大使ニ述ヘタル上何等決定致度シト存シ居ル次第ナリ。例ヘハ本大臣ハ寧ロ早目ニ機ヲ見テ敬意ヲ表シ旁々自ラ汪氏ヲ南京ニ往訪シ然ルヘキカト考ヘ居ル処、斯カルコトモ所詮電報若クハ書面ニテハ十分意ヲ尽シ兼ヌルカト思ハレ、旁々前電通リ追電シタル次第ナリ。

或ハ以上ノ趣旨ヲ以テ此ノ際ノ汪氏ニ対スル返事トセラレテハ如何カト存スルモ、貴方ノ機微ナル事情ニモ鑑ミ然ルヘク御取捨願度シ。（了）

五月四日日高公使汪主席会談要録

（欄外朱印）極秘

日高公使汪主席会談要録

昭和十六年五月四日自午後四時至同五時半　於汪公館

公使　今日ハ特別ノ用件アル訳ニハ非ス。近ク本多大使モ帰朝セラルルコトトナリ、重要ナル問題ニ付テハ固ヨリ大使トノ間ニ話合セラレ居ル次第ナルモ、大使ノ補佐ヲナシツツアル関係上何カ承ルコト等モアラハ承リタシト存シ参上セル次第ナリ。尚主席ノ渡日ノ件ハ外務大臣ヨリ電報ニテ大使ノ帰国後相談シタシト申来リ居リ、要スルニ時期ノ問題ト思料セラル。此ノ点ハ何レ大使ヨリ詳細オ話申上クル筈ナリ。

汪　今回渡日ヲ思ヒ立チタルハ当地ニ於ケル日本側機関トノ連絡不充分ナリト感シタル為メニ非ス。貴国政府当局ト叮重ニ懇談セムカ為メナリ。過日本多大使ヨリ周仏海ニ内話セラレタル処ニ依レハ六月中トナルヘキ趣ナル処、準備ノ都合モアリ、大体ノ日取成ルヘク早目ニ判明スレハ好都合ナリ。

公使　本多大使ヨリ周氏ニ内話セル処ハ山下亀三郎氏ノ近衛公トノ会談ヲ伝ヘタルモノナリ。大使モ主席ノ渡日ニ付テハ非常ニ尽力シ居ルヲ以テ、帰朝後直チニ決定ヲ見ルモノト思ハル。

汪　五月六月頃ニ至レハ欧洲ノ情勢ニ変化ヲ来シ、引イテ極東方面ニモ影響ヲ与フルコトナキヤ。

公使　仮令欧洲ニ変動アリトスルモ、欧洲ノ範囲内ノ問題ハ俄ニ極東ニ波及セサルヘシ。極東ニ影響ヲ与フルハ寧ロ米国ノ問題ナルヘシ。

汪　昨日陳公博ノ報告スル所ニヨレハ燕京大学ノ「スチユアート」重慶ニ赴ク途中、上海ニ於テ陳公博ニ面会セル際、陳ハ「ス」ニ対シ日米戦争ハ日米両国ニトリ利益ナキノミナラス、中国ニトリテモ利益ナキ旨告ケタル処、「ス」ハ全ク同感ナリト云ヘルニ付、陳ハ重ネテ然ラハ米国カ重慶ヲ支持シテ抗戦ヲ継続セシムルコトハ矛盾ナラスヤト反問セルニ、「ス」ハ然リト答ヘ、重慶ニ赴キタル上ハ努力スヘシト語リタル趣ナリ。尚、最近周作民モ陳公博ト会見シタルカ、近ク香港ニ赴ク予定ナル由ナリ。

公使　最近米国カ重慶トノ借款契約ヲ発表セルハ日「ソ」条約締結ニ対スル対抗手段ト見ラルル処、果シテ然リトセハ右ハ全ク米国ノ見当違ナリ。日本カ「ソ」聯ト条約ヲ締結セルハ平和ヲ希望スルカ為ニシテ、決シテ進ンテ米国ヲ攻撃センカ為ニ非ス。然レトモ日本側ヨリ平和ヲ云ヘハ、米国ハ却ツテツケアカリ、愈々強硬ナル態度ヲトリ日本ヲ牽制セントスル傾アリ。斯カル米国ノ態度ハ痛ク日本国民ヲ失望セシメ居レリ。米国カ強ク出レハ日本カ屈服スルモノト考ヘ、日本側ノ平和政策ニツケ込ムカ如キ態度ヲ取ル限リ日米間ノ国交ハ容易ニ調整スルコト能ハサルヘシ。

汪　同感ナリ。日本ノ南方政策ニ関シテモオトナシク出レハ米国ハ強クナリ、コチラカ強ク出レハ米国カ引込ムト云フ情況ナリ。

今日自分カ支那ヲ大観シテ憂慮シ居ルコトハ、現在ノ支那ハ「ソ」聯ヲ背景トスル共産党ノ西北地区ト、英米ヲ背景トスル蔣介石ノ西南地区ト、及ヒ日本ト不可分ノ関係ニ在ル我カ国民政府ノ地区トニ三分セラレ、而シテ日本ノ勢力カ支那ニ於テ圧倒的ナルニ拘ラス、其ノ支援ヲ受ケツツアル国民政府ノ勢力カ最モ劣弱ナル状態ニ在ルコトナリ。武力ニ於テモ重慶ハ二百万ヲ有シ、共産党スラ二三十万ヲ擁シ居ルニ対シ、我々ハ還都以来僅ニ一年有余其ノ兵力固ヨリ謂フニ足ラス。殊ニ国民思想ノ点ヨリ観ルニ、欧米思想ノ浸潤ハ既ニ二十年ニ及ヒ、共産主義思想ノ宣伝亦相当ノ歴史アリ。国民全般ノ思想ハ殆ト欧米思想ニ非サレハ即チ共産思想ナリ。我々ノ和平思想ニ至リテハ運動開始以来僅ニ一年ニ過キス。而カモ一般民衆ハ之ヲ単ナル理想ト看做シ深ク之ニ期待シ居ラス。即チ民心把握ノ点ヨリ云フモ、我々ノ方ハ最モ微力ナリ。日本カ今次事変ニ莫大ナル犠牲ヲ払ヒテ然モ其ノ得ル所斯クノ如シトセハ、日本トシテモ実ニ採算ニ合ハサル話ナラスヤ。

公使　唯今ノオ話ニハ誠ニ感動セリ。国民政府カ斯ル状態ニ在ルニ付テハ日本側ニモソノ責任アリ。日本トシテハ大ナル決心ヲ以テ国民政府ノ強化ヲ図リ、今日以上ニ援助セサルヘカラサルコトハ本多大使モ熱心ニ主張セラレ、最大ノ努力ヲ払ハレツツアリ。国民政府カ還都以来一年有余ニシテ何等ノ成績ヲ挙ケ得サルニ対シ、ソノ責任ヲ痛感スト常ニ云ハルル主席ノ言葉ハ即チ我々大使館ノ責任ナリトモ感スル位ナリ。日本側ニ於テモ更ニ大ニ努力スヘシ。然レトモ国民政府側ニ於テモ先ツ蘇浙皖三省及ヒ上海・南京等ノ地区内ニ於テ善政ヲ布キ、又ハ布クノ熱意アルコトヲ如実ニ示ササルヘカラス。日本側ノ熱意ト国民政府側ノ熱意トカ同程度ニ高マリテ始メテ協力ノ実ヲ挙ケ得ヘキナリ。過日宣伝部長（林柏生）・外交部長（徐良）等カ蘇州ニ赴キ地方政府ト接触シ、或ハ日本側関係当局ト懇談セラレタルカ如キ極メテ有意義ナリ。今後モ各部ノ責任者カ進テ地方視察等ニ赴ク位ノ熱ヲ出スコト必要ナリ。

汪　同感ナリ。次ニ一重要ナル消息ヲオ伝ヘシタシ。此ノ消息ハ更ニ検討ノ上総軍側ニモ伝ヘタキ積リナルカ、取敢ス「ニュース」トシテ申上クヘシ。実ハ最近四川ノ劉文輝ノ秘書長雲南ヨリ「ビルマ」ヲ経テ約四十日ヲ費シテ当地ニ到着シ今朝面会セルカ、同人ノ語ル所ニヨレハ四川軍ハ劉文輝、鄧錫侯及潘文華ノ部隊合セテ十二三万アリ、之ニ雲南ノ龍雲ノ軍隊ヲ合スレハ約二十万アリ、右四人ハ一致シテ和平ヲ希望シ国民政府ニ呼応セントシテソノ連絡ノタメ派遣セラレテ来レリト語レリ。而シテ同人カ劉ヨリノ伝言トシテ述フル所ニ依レハ、「我々ハ汪先生カ河内ニ於ケル通電以来発表セル和平ノ文献ヲ窃ニ香港ニ於テ入手シ拝見シ、ソノ主張ノ正シキヲ知リ蔣介石ノ抗戦ニ反対セント欲シ居ルモ、環境上ナカナカ困難ナリ。即チ四川・雲南ノ武力ヲ合セテモ蔣ニ対抗スルコト能ハス、且ツ両省軍隊ノ間ニハ中央軍ヲ配置シ、殊ニ四川ニ於テハ胡宗南軍ヲシテ吾々ヲ監視シ居ル状態ナレハナリ。仍テ我々カ発動スル為ニハ日本軍カ宜昌ヨリ四川省内ニ進出シ、蔣介石ニ武力圧迫ヲ加フルコトヲ希望ス。但シ蔣カ重慶ヨリ逃亡シタル時ハ、直ニ日本ノ軍事行動ヲ中止シ地方ノ破壊ヲ免ルル様致シタシ」トノコトナリ。之ニ対シ自分ハ右思ヒ着キハ面白キモ、態々日本軍ノ出動ヲ要求シテ万一四川軍カ起タサル時ハ日本側ニ対シ申訳ナシ、且ツ日本軍カ四川省内ニ進出スル場合、蔣モサル者ナレハ或ハ四川軍ヲ前線ニ出シ、或ハ四川軍ト中央軍ヲ入レ混セテ戦ハシムルコトモアルヘク、斯ル場合ハ如何ト反問セルニ、彼ハ凡ユル場合ヲ考慮シ計劃ヲ立テ居ルヲ以テ、何卒四川軍ヲ信用セラレタシトテ長時間種々意見ヲ述ヘタルカ、同人ハ昨夜南京ニ到着セルハカリニテ再会ヲ約シテ辞シ去レリ。作戦ノ話ノ序テ今一ツ申上ケタキコトハ、今朝ノ新聞ノ報道ニ依レハ日本軍ハ一度占領セル温州ヲ放棄セル由ナルカ、右ハ誠ニ面白カラサルコトニテ、斯ル次第ニテハ軍事ノコトハ相談スルコトハ難シト感シ居レリ。

公使　四川省ノ話ハ近来愉快ナル「ニユース」ナリ。四川軍トノ連絡ニハ従来須賀（彦次郎）少将カ極メテ熱心ナリシカ、既ニ没シテ亡シ。オ話ノ通リ果シテ四川軍カ機会ヲ逸セス発動スルヤ否ヤカ問題ナルヘシ。

汪　此ノ秘書長ハ自分モ事変前ヨリ知リ居ル人間ニテ、彼カ劉文輝ノ信頼厚キコトハ自分カ曽テ劉トノミ語レルコトヲ逐一知リ居ルニ徴シテモ明ナリ。尚改メテ同人ノ話ヲ聞キ研究スル積リナリ。又彼ノ報告スル所ニヨレハ「ビルマルート」ハ世間ニ騒カルル程ノモノニ非スシテ、右「ルート」ヲ通シテ輸送セラルル資材ノ数量モ尠キ由ナルカ、大ナル鉄橋ハ破壊セラレ居ルタメ臨時ノ橋ヲ架ケ、主トシテ夜間輸送ヲナシツツアリ。要スルニ右「ルート」ヲ通スル英米ノ物資ノ供給ハ大シタモノニ非スト云フ結論ナリ。唯注意スヘキハ「ビルマ」ニ米国ノ飛行機製造工場アリ。其ノ製品ヲ重慶ニ供給シツツアルコトナリ。重慶側ニ於ケル米国派ノ連中（支那ノ学界ニ米国ノ勢力大ナルコト御承知ノ通）ハ之ヲ見テ抗戦ノ前途ヲ楽観シ、吾々ノ方面ニ於ケル日支合弁事業ノ如キハ物ニ成ラスト観察シ居ルトノコトナリ。此ノ話ハ極メテ参考トナレリ。

公使　商震カ「ビルマ」ニ赴キ英支軍事協定ヲ結ヒタリトノ説アリ。之ニ対シ英国大使（Sir Archibald J. K. Clark Kerr）ハ自分ノ関スル限リ斯ル協定ニ署名セルコトナシト断言シタルカ、右ニ付何カ情報ナキヤ。

汪　別段ノ情報ナキモ、想フニ重慶ニトリテハ「ビルマルート」ハ唯一ノ国際「ルート」ナルヲ以テ、之ヲ確保スルコトニ一生懸命ナルカ如シ。最近郭（泰祺）大使ヲ召喚（還）セルモ、之ト関係アルモノノ如シ。且ツ今ヤ英米ハ全ク一体トナリ、米国カ英ニ代リテ其ノ役ヲ果シ居ルモノト察セラル。

公使　然リ。上海ニ於テモ最近堀内総領事等努力シ工部局参事会員ノ改選ヲ見タルカ、面白キ現象トシテハ其ノ人数ノ割当ヲナスニアタリ、日支対英米ノ観念ニ基キ明カニ英米カ一体トナリ居ルコトナリ。尚、支那側参事会員ノ選出ニ重慶側ノ抗議ヲ一蹴シテ日本及国民政府側ノ要求ヲ容レタルコトハ、新シキ動向ト云ヒ得ヘシ。

此ノ間外交部長ヨリ準備工作ノ必要上「タイ」国ニ人ヲ派遣シタキ旨申出テアリタル処、右ハ領事又ハ外交官トシテハ面倒ナルヘキニ付、他ノ適当ナル方法ヲ講究スヘキ旨答ヘ置キタリ。考試院院長問題ハ何等進展シ居ルヤ。

汪　王揖唐氏ヨリ辞表ヲ提出シアルモ、王ハ其ノ後任ニ江亢虎ヲ据エルコトハ賛成シ難シト特ニ申来リ居レリ。仍テ後任問題ニ付梁《(鴻志)》、温《(宗尭)》両院長トモ相談ノ結果、王克敏ヲ推スコトトシ、同人ノ内意ヲ尋ネタル処、同人ハ青島ニ於テ梯子ヨリ顚落シ怪我ヲナシ、北京ニ赴キ医者ノ診断ヲ受ケタルニ、相当ノ日時静養ヲ要スト言ハレタル趣ニテ断ハリ来レリ。或人ハ陳中孚ヲ推シ居ルモ、新タニ政府ニ参加セル者カ一躍院長ノ地位ニ就クコトハ他ノ振合上モ如何カト思ハルルノミナラス、曩ニ同人ヲ国民政府委員ニ任シ兼ネテ革命殉没日本人追悼会籌備委員長ニ任シタルトキモ、其ノ立場上自分ノ名ヲ出スコトハ見合ハサレ度ト申出テタル程ナルヲ以テ、到底受ケサルモノト認メラレ、是レ亦問題トナラス。目下種々考慮中ナリ。

公使　王ト江トノ間ニハ種々ノ経緯アリ、相当対立シ居ル様ニ聞キ及ヘリ。

汪　然リ。カカル内情ヲ話スコトハ誠ニ恥ツカシキ次第ナルカ（トテ考試院内部ノ実情ヲ語ル）。

以上

五月五日本多大使汪主席会談要録

本多大使汪主席会談要録

昭和十六年五月五日自午后六時至同六《(ママ)》時於主席公館

本多大使ノ一時帰朝迫リシ為、汪主席ハ五月五日大使ヲ晩餐ニ招待セルカ、特ニ求メニ依リ開宴前一時間ニ亘リ大要次ノ如ク会談セリ。

大使　主席渡日ノ件ニ関シ今日ニ至リテモ尚明確ナル返事ヲ齎シ得サルハ遺憾ナルカ、外務大臣ヨリハ本使速ニ帰朝ノ上協議シタキ旨申越シ来リ居ルヲ以テ、本使着京ノ上正式ニ決定スル考ト思料セラル。過日周仏海氏ト面晤ノ際、閣下ニ伝達シ置キタル通、山下亀三郎氏カ帰国後近衛総理ト面会シ本件ニ対スル意向ヲ質シタルニ、総理ハ五月ハ内政諸問題、殊ニ経済問題ニテ多忙ナレハ、六月ニ入リ主席閣下ヲ歓迎シタキ意向ナル旨漏シタル趣ナリ。旁々松岡大臣モ数日間病臥セル由ナレハ、渡日ノ時期ニ付テ未タ確定シ居ラサルモノト察セラルル次第ナリ。

右ハ自分カ大使トシテ主席ニ申上ケ得ル範囲ナルカ、次ニ個人ノ資格ニ於テ友人トシテ其ノ間ノ事情ヲ申述フヘシ。松岡大臣ハ本件ニ付主席並ニ本使ニ対シ未タ正式ノ回答ヲ寄スルニ至ラサルニ対シ申訳ナシト思考シ居ル模様ニテ、其ノ気持ハ数回ノ電報及書信ノ往復ニモ現ハレ居レリ。例ヘハ大臣ハ実ハ自ラ南京ニ赴キ主席ヲ訪ネ会談センカトモ考ヘ居ル位ナルカ、何レニスルモ速ニ本使ノ帰朝ヲ希望ストモ言ヒ来リ居レリ。次ニ全然本使ノ想像ナルカ、最近近衛内閣ハ政局不安ノ為動揺シ居リ、既ニ後継内閣ノ顔触トシテ松岡、平沼《(騏一郎)》等ノ呼声スラ伝ヘラルル程ニテ、斯ヽル際主席ノ渡日ヲ見ルモ落付イテ話スル気持トナラサル気配アルニ非スヤト推セラルル節アリ。尚是レ亦自分ノ想像ナルカ、客月十一日閣下トノ会談ノ内容ヲ言々句々其ノ儘書面ニ認メ近衛大臣ニ送付スルト共ニ、其ノ写ヲ作成シ人ヲ大連ニ派シテ松岡大臣ニ之ヲ手交シ、主席今回ノ渡日ハ国民政府ノ行詰ヲ打開スル為親シク近衛総理及松岡大臣ト懇談センカ為ニシテ、其ノ取扱ノ如キハ行政院長ノ資格ニテ差支ナク、唯陛下ニ謁見ヲ賜ハル際元首ノ待遇ヲ受クレハ足ル次第ナルヲ以テ、東京到着迄ニ腹ヲ極メ速カニ明確ナル返答ヲ寄セラルル様希望シ置ケルカ、畑総軍司令官モ本使ノ意見ニ全然同感ナリトテ直チニ右意見ヲ支持スル旨軍中央ニ電報シ、海軍亦同様ノ措置ヲ取リ、陸海外現地機関一致シテ強硬進言ヲ試ミタル為、松岡大臣モ少シ怖ヲ感シタルニ非スヤト察セラル。

以上ハ何レモ自分ノ想像ナリ。尚過日周仏海氏ト会食ノ際ノ談話ニ於テ、汪主席渡日ノ際如何ナル話ヲ持出ス考ナリヤ、自分ノ察スルトコロ恐ラク調整問題ナルヘキカ、貴見如何ト問ヒタルニ、同氏ハ然リ、例ヘハ国策会社ノ調整、物資統制ノ調整、蘇北・皖北地区ノ行政調整、其ノ他地方行政ニ関スル調整等種々ノ問題アリト述ヘラレタルカ、本使ハ汪主席ノ言ハントスル所ハ一層根本的ノ問題ナラン、単ニ事務的ノ問題ヲ以テ応酬スルニ於テハ官僚連トノ接衝ニ終リ効果ナカルヘキ旨ヲ答ヘ置キタリ。然ルニ偶々一昨晩板垣総参謀長ト会食中、外務省ヨリノ電報ニ接シ、事務当局ニ於テハ汪主席来朝ノ際ノ準備ヲ為ス必要アル処、事務当局トシテ応酬ノ必要モアルニ付、主席ノ言ハントスル腹案ヲ四項ニ分チ至急返電アリタキ旨申来レリ。想フニ事務当局ハ大臣ヨリ主席来朝ノ報ヲ聞キ、周章テヽカヽル電報ヲ寄セ来レルモノナラン。自分トシテハ「主席ハ君等事務当局ト話スル為赴クニ非ス」ト一蹴スルモ可ナリトサヘ考ヘタルモ、夫レニテハ余リ非道キヲ以テ、唯簡単ニ「何レ帰朝ノ上詳シク報告スヘシ」トノミ回電シ置ケリ。事務当局ヨリ斯ヽルコトヲ申来ル位ナレハ、大臣トシテ既ニ主席渡日ノコトヲ決定シ居ルモノト推セラル。

尚、昨晩影佐（禎昭）少将ヨリ周仏海氏ノ記セル日本政府ニ対スル希望ト題スル案文ヲ受取リ一覧セルカ、今朝同少将トモ相談ノ結果、本使ノ参考トシテハ是レニテ結構ナリ。字句ハ多少如何カト想ハルル点アルモ、内容ニ付テハ何等言フヘキ所ナシ。尤モ官僚連カ卒然之ヲ一読セハ、或ハ国民政府カ議論ヲ吹掛ケタルカ如キ感ヲ抱クヤ図リ難キモ、右ハモト〳〵行政院副院長ノ私案トモ謂フヘキモノニシテ公文ニハ非サルヲ以テ、本使ノ参考トシテハ充分ナリ。若シ本使宛ニ改メテ提出セラルル場合ニハ、是レニ書翰トシテノ前書ヲ附セラルレハ結構ナリ。本使不在中モ代理ハ之ヲ置カサルコトトナリ居ルヲ以テ、本使名儀〔義〕宛ノ書面トセラレ差支ナシ、受取リタル際ハ直チニ東京ニ送付スル様手配シ置クヘシ。

汪　周ノ私案ナルモノハ自分モ昨晩一読シテ大使ト同様字句ノ訂正ノ必要ヲ直感セリ。実ハ今朝影佐少将ヨリ右ハ既ニ大使及総軍司令官ニ手交セル旨ヲ聞キテ驚キ、斯ヽル文句ニテハ面白カラサル印象ヲ与ヘタルヘシト尋ネタルニ、同少将ハ右ハ非公式ノモノナレハ心配スルニ及ハスト答ヘラレタリ。凡ソ文章ハ率直坦白ナルコト固ヨリ可ナルモ、粗略ナル点アリテハ却テ読者ヲ引付クル力ニ乏シキモノナルヲ以テ、自分トシテハ之レニ少シク手ヲ加ヘ国民政府ノ責任等ニモ言及シ、人ヲシテ一読首肯セシムルカ如キ体裁トナス考ナリ。唯内容ニ付テ何等御意見アリヤ御伺シタシ。

大使　内容ハ結構ナリ。差支ナシト思考ス。

汪　元来日支間ノ問題ニ関シテハ南京ニハ貴大使駐劄セラレ居ルヲ以テ、正式ニハ貴大使ト接衝シ側面的ニ総軍司令官ト話合ヘハ事足ル訳ナルモ、今回ノ渡日ハ全般的問題ニ付政府当局ト懇談スル必要ヲ感シ居ル為メナリ。

以下（欄外頭書）「」内

「凡ソ人ノ世ニ生クルヤ、其ノ生クルニ足ル価値ナカルヘカラス。国民政府亦然リ。国民政府ノ存在ニハ其ノ存在ヲ意義付ケル理由ナカルヘカラス。自分ノ渡日ハ即チ斯ヽル根本問題ヲ検討センカ為メニシテ、国民政府ノ現状ハ正ニ其ノ研〔検〕討ヲ必要トスルノ時期ニ達セリト信シ居レリ。支那ノ現状ヲ観ルニ、(1)米国ノ支援スル重慶政権ト、(2)「ソ」聯ノ支持スル共産党ト、及ヒ(3)日本ト不可分ノ関係ニアル吾カ国民政府ト天下三分ノ形勢ニアリ。而シテ日本ノ支那ニ於ケルヤ、米国及「ソ」聯ニ比シ強力ナル地位ヲ占メ居ルニ拘ラス、之ト不可分ノ関係ニアル国民政府ハ他ノ二者ニ比シ遥ニ劣弱ナル情態ニアリ。共産党スラ三十万ノ軍ヲ擁シ、重慶ニ至ツテ大ナル兵力ヲ有スル上ニ米国ヨリ巨額ノ借款ヲ得テ、其ノ財政的基礎吾国民政府ヲ凌キテ余アリ。国民政府ハ共産党程ノ武力スラナク、蔣介石程ノ財力モ之ヲ有セス。殊ニ民心ノ帰向ヲ察スルニ、米国ト「ソ」聯ハ深ク支那国民ノ信頼ヲ受ケ居ルニ、日本ハ乍遺憾今尚民心ヲ把握シ居ラス。此ノ点ヨリ見ルモ、吾人ノ和平区域内ハ最モ劣勢ナリト謂ハザルベカラズ。斯ヽル国民政府ヲシテ果シテ他ノ二者ニ勝ヲ獲セシムルニ足ルヤ否ヤ。茲ニ於テカ深刻ニ国民政府ノ存在価値ヲ検討スルノ要アリ。国民政府ニシテ真ニ其ノ力ヲ増強シ、何等顧慮スル所ナク前進シ得ル態勢ヲ整フルヲ得バ、茲ニ始メテ其ノ存在ノ意義アリト謂フニ足ルヘシ云々。」

更ニ一言シタキハ米国ノ問題ナリ。過般日蘇中立条約成立スルヤ、米国ハ以前ヨリノ交渉ノ結果トハ言ヘ、故ラニ此ノ時期ニ蒋介石トノ借款成立ヲ発表シ、日本ニ対スル面《ツラ》当テヲ試ミタリ。実ハ一ヶ月程前、燕京大学ノ「スチュアート」氏重慶ニ赴ク途中上海ニ立寄リ陳公博ト会見セル際、陳ハ「日米戦争ハ日米両国ニ取リ何等益ナキノミナラス、支那ニ対シテモ益ナシ」ト告ゲタルニ、「ス」ハ之ニ賛成シ重慶側ニハ何カ伝フルコトナキヤト問ヒタルヲ以テ、陳ハ「日米戦争ハ支那ニ取リ何等利益ナキ旨ヲ告クヘキナリ」ト答ヘ置キタル趣ナリ。右陳ノ応酬ハ事前ニ自分ト打合セタル結果ナルカ、右詳細ハ過日青木顧問ヲ通シ御伝ヘシタル通ナリ。「ス」ハ既ニ上海ニ帰着シ今晩又ハ明晩滞滬中ノ周仏海ト会見スル筈ナルカ、来京中ノ陳公博モ明後日帰滬シ「ス」ト面会スル予定ナリ。「ス」ヨリ報告ヲ得タル上、更ニ対策ヲ講究スルコトト致度シ。現在如何ナル事ヲ言フモ重慶ハ到底吾人ノ言ニ耳ヲ借〔貸〕サスト思惟セラルルカ、吾人ハ飽ク迄誠心誠意ヲ以テ彼等ノ反省ヲ促ス態度ヲ捨テサルナリ。唯注意スヘキハ之カ為メ重慶ニ乗セラレ、又ハ重慶ノ謀略ニ引掛ルコト無キ様心掛ケル事ナリ。昨年王克敏カ重慶ト話合ヲナシタルトキ、重慶側ハ日本カ汪ヲ殺シテカラ話ニ乗ルヘシト言ヒ来レリ。其ノ時自分ハ、自分ヲ殺スナラ蒋介石自ラ出テ来テ自分ヲ殺シタラヨカラウト冗談ヲ言ヒタルコトアリ。最近モ重慶側ハ国民政府ヲ取消サハ話合ヲナスヘシト執囲《イキマキ》居ル由ナルカ、是レハ全ク彼等ノ謀略ナリ。果シテ蒋ニシテ和平ノ決心アラハ国民政府ノ存在ノ如キハ意ニ介スルニ足ラサル問題ナリ。吾等ハ寧ロ蒋介石ノ出テ来ラサルニ、早クモ和平陣営カ崩壊センコトヲ惧ルルモノナリ。吾等ハ一昨年国民政府ノ成立ノ為メ東京ヨリ先ツ北京ニ赴キ王克敏ト会談シ、南京ニ至リテ梁鴻志ト協議スルノ手続ヲ踏ミタリ。蔣介石ニシテ果シテ誠意アラハ吾人ト相諮ルニ何ノ妨カ是レアラン。吾人ノ対重慶工作ノ要点ハ是レノミナリ。
最近四川軍ノ代表ナル者来寧シ、日本カ更ニ武力ニ依ル重慶圧迫ノ手段ヲ講スレハ四川方面ノ軍隊発動スル形勢ニアリトノ観測ヲ齎シ種々要望スル所アリ。右ハ昨日日高公使ニ詳細報告シ置ケルヲ以テ、御承知ノコトト存ス。

大使　日高公使ヨリ報告アリタリ。

汪　右代表ハ今朝再ヒ来レルヲ以テ、四川軍カ実際ニ動クコト確実ナラサレハ軽々シク日本側ニ持出シ得ル問題ニ非スト告ケ置キタリ。若シ相当ノ見込アル模様ナラハ総軍側ニモ相談スル心算ナリ。

大使　結構ナリ。本使不在中ハ日高公使随時連絡スル筈ナルヲ以テ、隔意ナク相談セラレタシ。尚今夕ノ主席ノ話ハ充分ニ了解セルヲ以テ、東上ノ際ハ能ク其ノ旨ヲ含ミ努力スヘシ。

汪　感謝ニ堪エス。

以上。

昭和一六年五月六日起草

五月六日本多大使発松岡外務大臣宛電報第二九四号写

総番号 No.1596-7　昭和16年5月6日後3時／分発

(欄外黒印)大使　(欄外朱印)写

宛　松岡外務大臣　　発　本多大使

件名　汪主席訪日ニ関スル件

暗　第二九四号（極秘、館長符号扱）

五日夕、汪主席ノ招宴（国府首脳連陪席）ニ於テ主席ヨリ食前約一時間両人ダケニテ懇談ノ希望アリ。其機会ニ貴電第一四三号ノ内容ヲ程克ク織込ミ、何レ本使帰京ノ上主席御迎ヘノ日取リ等決定スルコトトナルベシト述ベ置キタリ。左様御含ヲ乞フ。主席ノ談話中左ノ一節ハ頗ル深刻ナル含蓄ヲ有スト認ムルニ付、茲ニ電報ス。

凡ソ人ノ世ニ生クルヤ、其ノ生クルニ足ル価値ナカルヘカラス。国民政府ノ存在ニハ其ノ存在ヲ意義付ケル理由ナカルヘカラス。自分ノ渡日ハ即チ斯カル根本問題ヲ検討センカ為メニシテ、国民政府ノ現状ハ正ニ其ノ検討ヲ必要トスルノ時期ニ達セリト信シ居レリ。支那ノ現状ヲ観ルニ、(1)米国ノ支援スル重慶政権ト、(2)「ソ」聯ノ支持スル共産党ト、及ヒ(3)日本ト不可分ノ関係ニアル吾カ国民政府ト天下三分ノ形勢ニアリ。而シテ日本ノ支那ニ於ケルヤ、米国及「ソ」聯ニ比シ強力ナル地位ヲ占メ居ルニ拘ラス、之ト不可分ノ関係ニアル国民政府ハ他ノ二者ニ比シ遥ニ劣弱ナル状態ニアリ。共産党スラ三十万ノ軍ヲ擁シ、重慶ニ至ツテハ大ナル兵力ヲ有スル上ニ米国ヨリ巨額ノ借款ヲ得テ、其ノ財政的基礎吾国民政府ヲ凌キテ余アリ。国民政府ハ共産党程ノ武力スラナク、蔣介石程ノ財力モ之ヲ有セス。殊ニ民心ノ帰向ヲ察スルニ、米国ト「ソ」聯ハ深ク支那国民ノ信頼ヲ受ケ居ルニ、日本ハ乍遺憾今尚民心ヲ把握シ居ラス。此ノ点ヨリ見ルモ、吾人ノ和平区域内ハ最モ劣勢ナリト謂ハサルヘカラス。斯カル国民政府ヲシテ果シテ他ノ二者ニ勝ヲ獲セシムルニ足ルヤ否ヤ。茲ニ於テカ深刻ニ国民政府ノ存在価値ヲ検討スルノ要アリ。国民政府ニシテ真ニ其ノ力ヲ増強シ、何等顧慮スル所ナク前進シ得ル態勢ヲ整フルヲ得ハ、茲ニ始メテ其ノ存在ノ意義アリト謂フニ足ルヘシ云々。

五月二十八日堀内公使発松岡外務大臣宛電報第五三六六三号

昭和16　五三六六三　（暗）　上海　五月二十八日前発
本省　二十八日前着

（欄外朱印）外機密　松岡外務大臣　　堀内公使

館長符号

東亜局長（山本熊一）へ日高ヨリ

汪主席渡日、独伊ノ国府承認問題ニ関シテハ本多大使御帰朝後既ニ御方針決定シ、育成強化ノ具体案ニ付テモ同様進捗ノ趣キ総軍幹部ヨリ内報ニ接シ居ル処、支那側ヨリ大使御帰朝後ノ成行キヲ待チ侘ヒ居リ、殊ニ渡日問題ニ付テハ夫レトナク種々探リヲ入レ来リ居ルニ付、何分ノ経緯至急御内報ヲ得ハ幸ナリ。（了）

五月三十日松岡外務大臣発日高代理大使宛電報第一七三号

昭和十六年五月三十日発

（欄外朱印）外機密　在南京　日高代理公使　　松岡大臣

汪渡日ノ件

第一七三号

二十八日附館長符号貴電ニ関シ

日高公使へ東亜局長ヨリ

一、汪主席ノ渡日ニ関シテハ大体六月十五日頃東京着ト予定シ（支那側ノ内意ヲ夫トナク御確ノ上折返シ回電アリタシ）、其ノ資格ハ行政院長トスルモ、宮中ノ御都合ヲ伺ヒ一両日ヲ限リ皇室ノ賓客トシテ一国ノ元首ニ準スル待遇ヲ与フルコトト致度考ニテ、詳細宮内省其他関係方面ト打合中ニ付、決定次第追電スヘシ。

二、独伊ノ国府承認問題ニ関シテハ大臣渡欧中独伊側首脳部ニ対シ、「何レ帰国後現状ヲ考察シタル上ニテ必要アリト認メタル際ハ即刻南京政府承認方申入ルルコトトナルヤモ知レス」ト述ヘタルニ対シ、「其ノ際ハ何時ニテモ帝国政府ノ希望ニ従ヒ承認ヲ実行スヘシ」ト確答セル経緯モアリ、我方ヨリ申入ルル場合、恐ラク承認スルモノト認メラレ、主義上ノ問題トシテハ関係方面トモ何レモ異存ナキ所ナルモ、最近ノ国際情勢、特ニ日米ノ関係ニ鑑ミ、目下右申入ノ時期ヲ慎重考慮中ナリ。

三、国民政府ノ育成強化ハ支那事変処理要綱ノ精神ニモ鑑ミ、固ヨリ異存ナキ所ニシテ、当方ニ於テハ詳細ノコトハ成ルヘク現地機関ノ施策ニ一任ストノ方針ヲ以テ関係方面ト折衝中ナリ。

以上貴官限リ御含迄。

六月一日日高代理大使発松岡外務大臣宛電報

昭和十六年六月一日後後 南京発 本省着

外機密　館長符号

（欄外朱印）外機密

日高代理大使

松岡外務大臣

東亜局長へ

貴電第一七三号ノ㈠ニ関シ

汪主席ノ内意ヲ確メタルニ、御来示ノ通ノ予定ニテ差支ナキ趣ナリ。

尚、主席ハ全面和平未タ実現セサルコトナレハ、万事簡素トシ形式張リタル接待ヲ抜キニシ、主トシテ多数人士ト親シク意見ノ交換ヲ致度キ希望ヲ有ス。

一行ノ顔触判明次第追電スヘシ。（了）

六月二日松岡外務大臣発在南京日高公使宛電報第一七七号写

総番号　二〇四一三　符号（暗）　昭和十六年六月二日後七時発　主管　亜一、二、三
（欄外朱印）外機密　（欄外印刷）極秘　（欄外印刷）往電写　（欄外頭書）本多大使　（欄外袖書）東　（欄外袖青印）電信課作成

在南京　日高公使　　松岡外務大臣

汪主席渡日ノ件
第一七七号　至急、（朱線）外機密、館長符号扱
日高公使ヘ東亜局長ヨリ
汪主席ノ訪日ニ関シ、三十一日ノ興亜院連絡委員会ニ於テ別電第一七八号ノ通リ決定ヲ見タルカ、右ハ正式ニハ三日ノ興亜院会議及閣議決定後上奏御裁可ヲ経タル上ニテ国民政府側ニ通告セラルヘキモノニ付、其ノ通リニテ御取扱相成度シ。
右別電ニ関聯シ
㈠六月中旬以降トアルハ準備ノ都合モアリ、相当ユトリヲ置カントスル趣旨ニシテ、期日モ切迫シ居ルニ付、十五日頃ノ着京ハ困難ナルヘク、当方トシテハ二十日以降カ適当ト考ヘ居レリ。
㈡滞京日数ハ十日間位ニテ結構ト存スル処、支那側ノ意嚮回電アリタシ。

㈢宿舎ニ関シテハ主席及側近ノモノハ支那大使館（元首トシテノ待遇時ニハ別ニ考慮シタキ考ナリ）、其ノ他ノ随員名回電アリタシ。

㈣警衛上ノ見地ノミヨリスレハ飛行機ニ依ルヲ便トスヘキ処、梅雨ノ候ニモアリ、宮中ニ於ケル儀礼ノ点ヲモ考慮シ、船便ニ依ル方安全ナリト思考ス（出来得ル限リ横浜着ヲ希望ス。八幡丸ハ十九日横浜着ノ筈。尚、帝国軍艦ニ依ルコトハ諸般ノ関係上至難ナリ）。

㈤新聞ニハ注意事項トシテ掲載禁止方手配済ナルカ、警戒及歓迎ノ両方面ヲモ考慮シ、主席支那出発ノ頃ニハ解除シタキ考ナリ。

㈥主席訪日ノ際ニハ貴官及清水書記官等ニ同行ヲ願フ予定。

其ノ他御気付ノ点アラハ電報アリタシ。

六月二日松岡外務大臣発在南京日高公使宛電報第一七八号写

総番号　二〇四一四　符号　（暗）　昭和十六年六月二日後七時発　主管　亜一、通三

（欄外朱印）外機密　（欄外印刷）極秘　（欄外印刷）往電写　（欄外袖書）東　（欄外袖青印）電信課作成

在南京　日高公使　　松岡外務大臣

汪主席渡日ノ件

第一七八号　至急、外機密、館長符号扱（朱線）、別電

一、汪精衛氏ノ訪日ハ六月中旬以降ニ於テ行ハルルモノトシテ諸準備ヲ進ム。

二、汪精衛氏訪日ノ際ハ元首トシテノ待遇ヲ賜ハル如ク配慮ス。但宮中ニテ御接待ヲ賜ハル期間ニ限ル。

三、汪精衛氏ニ対スル応対ニ関シテハ別ニ興亜院会議ニ於テ打合セヲ行フ。

諒解事項

一、汪精衛氏ト応対スル日本側ノ範囲ハ差当リ総理、陸、海（及川古志郎）、外、蔵（河田烈）ノ五大臣ト予定ス。

二、一般ノ歓迎ハ之ヲ抑制セス、且所要ノ指導ヲ為スモノトシ、元首トシテノ待遇時ハ国旗ヲ掲揚セシム。

六月二日松岡外務大臣発在南京日高公使宛電報第一八〇号写

総番号　二〇四一一　符号（暗）　昭和十六年六月二日後七時発　主管　亜一、二、通三

外機密（欄外朱印）　極秘（欄外印刷）　往電写（欄外印刷）　電信課作成（欄外袖青印）

在南京　日高公使　　松岡外務大臣

汪渡日ノ件

第一八〇号　外機密（朱線）、館長符号扱、大至急

日高公使ヘ東亜局長ヨリ

六月一日発館長符号貴電並往電第一七七号ノ㈠及㈣ニ関シ

尠ク共主席及側近ノ者ハ十四日上海発八幡丸ニテ横浜ニ直行スルコト最モ好都合ト存セラルル処、何分ノ儀回電アリ度。若シ右可能ナルニ於テハ貴方ニ於テ船室留保方御手配相成度（右御回電ヲ俟チ、当方ニ於テモ留保方逓信省其ノ他ト折衝致スヘシ）。

秘（朱印）

中華民国国民政府主席兼行政院院長一行訪日行事日程表（内部関係者用）

暦日（曜）	時間	行事	摘要
六月十六日（月）	午前	八幡丸神戸入港	出迎ハ総、外、陸、海相代表者、地元関係者、本多大使代理
	午前	下船 甲子園ホテル	島津（久大）事務官、属官一名先発 歓迎準備、自動車ノ用意ハ兵庫県知事（坂千秋）ニ依頼ス 昼食、晩餐ハ「ホテル」ニ於テ行フ
	午後八時五十八分	神戸駅発	一等寝台車二台ヲ増結ス
	〃 九時三十五分	大阪駅（諸団体ノ歓迎アリ）	寝台割当別表㈠ノ通リ
	午後十時十九分	京都駅（大阪ニ同シ）	
六月十	午前八時四十五分	東京駅着 一行全部一応中華民国大使館ニ入ル	朝食ハ車中ニテ行フコト 中央廊下使用 出迎ハ総理、外、陸、海、蔵各大臣ハ必ス、其他ノ閣僚ハ任意トス 自動車割当別表㈡

七日(火)	午後四時	随員中□（ママ）名ハ帝国ホテルニ入ル 汪主席、中華民国大使館出発、霞ケ関離宮ニ入ル	部室（ママ）割別表(三)
	午後六時三十分	晩餐	於離宮
六月十八日(水)	午前十一時二十分	記念撮影	
	午前十一時三十三分	霞ケ関離宮出発、宮城ヘ参入 御会見、御会食	
	午後一時三十分	天皇陛下御答訪トシテ皇族御差遣、 宮城御出門	
	午後四時	汪主席、離宮御出門、中華民国大使館ヘ	
六	午前九時	汪院長、中華民国大使館出発、大宮御所ヘ	恐ラク皇太后宮大夫（大谷正男）ノ御受ケアル筈
	午前九時四十五分	大宮御所ヨリ答礼ノ御使、中華民国大使館着	汪院長御受ケノコト
	午前九時三十分	各宮家ニ汪院長ノ名刺ヲ送達ノ為、随員三名三班ニ分レ大使館ヲ出発	自動車運転手ハ外務省ヨリ出ス

九　十　月		
午前十時三十分	中華民国大使館出発	汪院長並随員全部、但シ記帳ハ汪院長ト各部長トス
午前十時四十分	明治神宮参拝	
午前十一時二十分	明治神宮発	
午前十一時四十分	靖国神社参拝	右同シ
正午	靖国神社発	
午後十二時二十分	中華民国大使館帰着	
午後十二時三十分	午餐　於中華民国大使館	
午後二時二十分	中華民国大使館出発、汪院長並各部長及周次長、宮相（松平恒雄）、総理、外相、陸相、参謀総長（杉山元）、海相、軍令部総長（永野修身）、蔵相、枢密院議長（原嘉道）訪問 （時間下記ノ通リ）	時　分 宮内省着　二、三〇 同　発　二、四〇 総理官邸着　二、五〇 同　発　三、〇〇 外相官邸着　三、〇五 同　発　三、一五 陸相官邸着　三、二〇 同　発　三、三〇

日	午後適当ナル時間ニ	汪院長ノ名刺ヲ右以外ノ各大臣、東京市長（大久保留次郎）、東部防衛司令官（稲葉四郎）、警視総監（山崎巌）、憲兵司令官（田中静壹）ニ届ケル	参謀本部着　三、三五 参謀本部発　三、四五 海軍省着　三、五〇 （ココニテ軍令部総長ヲモ訪問） 同　発　四、一五 蔵相官邸着　四、二〇 同　発　四、三〇 枢密院着　四、四〇 同　発　四、五〇 中華民国大使館着　五、一〇
(木)	午後六時四十五分	中華民国大使館出発、総理官邸へ	
	午後七時	晩餐 於総理官邸	総理主催
六	午前九時三十分	汪院長、中華民国大使館出発	
	午前九時四十分	総理官邸着	
		総理ト懇談	

月二十日㈮	午前十時五十分	総理官邸出発、外相官邸へ 外相ト懇談	
	午前十一時五十五分	外相官邸出発、陸相官邸へ	随員ハ「ホテル」ヨリ陸相官邸へ
	正午	午餐 於陸相官邸	陸相及参謀総長主催
		午餐後、陸相ト懇談、各部長ハ別室ニテ陸軍側ト懇談	
	午後二時三十分	陸相官邸出発、中華民国大使館帰着	
	午後六時四十五分	中華民国大使館出発、外相官邸へ	
	午後七時	晩餐 於外相官邸	外相主催
		晩餐後、汪院長、外相ト懇談	随員ハ晩餐終了後「ホテル」へ
	午後十時	外相官邸出発、中華民国大使館帰着	

六月二十一日(土)	午前十一時四十五分	中華民国大使館出発、海相官邸へ	
	正午	午餐 於海相官邸	海相及軍令部総長主催
		午餐後、汪主席、海相ト懇談	
		各部長ハ別室ニテ海軍側ト懇談	
六月二十二日(日)	午前八時—九時	放送 近衛総理 汪行政院院長	(場所未定)
六月二十三日(月)	午前十一時四十五分	中華民国大使館出発、蔵相官邸へ	
	正午	午餐 於蔵相官邸	蔵相主催
		午餐後、汪院長、蔵相ト懇談	
	午後二時三十分	蔵相官邸出発、中華民国大使館帰着	
	午後六時四十五分	中華民国大使館出発、帝国「ホテル」へ	
	午後七時	晩餐	各界人主催

		於帝国ホテル	
	午後九時	帝国ホテル出発 中華民国大使館帰着	
六月二十四日(火)	午後七時	晩餐 於中華民国大使館	汪行政院院長主催
六月二十五日(水)	午前八時四十分	中華民国大使館出発、東京駅へ	帝国ホテル宿泊ノ随員ハ午前八時迄ニ 中華民国大使館ニ集合ノコト
	午前九時	東京駅発（ツバメ）	
	午後五時	大阪駅着 直ニ甲子園ホテルニ向フ	
	午後六時三十分	甲子園ホテル出発、晩餐会会場へ	
	午後七時	晩餐	大阪各界人主催
	午後九時	宴会場出発、甲子園ホテルへ	
六月二十	午前十時	甲子園ホテル出発、神戸港へ	（神戸港ニテ打合ノコト）
	午前十一時	神戸出帆	

六日㈭	（神戸丸）

国民政府主席兼行政院院長汪精衛閣下一行氏名

（朱印）秘

一、汪　精衛　国民政府主席、行政院院長
二、周　仏海　行政院副院長兼財政部部長（選任官）
三、徐　　良　外交部部長（特任官）
四、林　柏生　宣伝部部長（特任官）
五、周　隆庠　外交部常務次長（簡任一級）
六、陳　君慧　行政院参事庁庁長兼全国経済委員会委員兼秘書長（簡任一級）
七、陳　国琦　行政院簡任秘書（簡任三級）
八、陳　常燾　行政院簡任秘書（簡任三級）
九、彭　盛木　財政部参事（簡任三級）
一〇、楊　惺華　財政部総務司司長（簡任三級）
一一、羅　広霖　中央医院院長（簡任三級）
一二、王　懐份　外交部簡任秘書（簡任五級）
一三、薛　逢元　外交部亜洲司司長（簡任六級）

一四、鍾任寿　宣伝部参事（簡任八級）
一五、汪錦元　外交部専員（薦任待遇）
一六、王恩貴　外交部専員（薦任待遇）

六月三日日高代理大使発松岡外務大臣宛電信第三五四号写

昭和16　五三七八九　暗　南京　六月三日後発　本省　三日後着

外機密（欄外印刷）　本多（欄外朱印）　電信写（欄外印刷）

松岡外務大臣　日高代理大使

第三五四号（極秘、館長符号扱）

汪主席渡日ノ件ニ関シテハ、客年十二月新聞記事掲載並ニ通信ノ禁止ヲ命令シアル処、更メテ左ノ通リ命令相成リ、厳重実施方御取計相成度シ。

一、汪主席渡日ノ件ハ之ヲ予想セシムルカ如キモノト雖、追テ通知スル迄新聞記事掲載並ニ通信ヲ一切禁止ス。

二、右解除後ト雖、本邦滞在ノ確定日数、帰国ノ予定日、経路、上陸地等ニ付テハ汪主席ノ南京着迄之カ掲載並ニ通信ヲ禁止ス。

上海ヘ転電セリ。

六月四日外務省東亜局第一課「日満支三国総理会談ニ関スル件」

外機密（欄外朱印）　六月四日興亜院幹事会ニ提出スル外務案（欄外頭書）　不提出（青鉛筆）

日満支三国総理会談ニ関スル件

（昭和一六、六、四　亜一）

一、客年十二月汪主席ヨリ訪日方申出アリタル際、企図セラレタルカ如キ趣旨ノ三国総理会談ハ、日満ノ特殊関係其ノ他諸般ノ状勢ニ鑑ミ、主義トシテ面白カラスト認ム。

二、事情已ムヲ得サルニ於テハ左記趣旨ニ依リ三国総理ノ非公式会談ヲ行フ。

㈠時期

汪精衛氏訪日ノ行事（参内及五相トノ会談）大体終了シタル頃（会談ハ汪院長離京ノ両三日前ト予定シ、其ノ頃張《（景恵）》国務総理ニ於テ着京スル如ク手配スルモノトス）。

㈡場所

総理官邸。

㈢会談ノ内容

日満支共同宣言ノ範囲（日満、日支、又ハ満支間ノミノ問題ニハ成ルヘク触レサルモノトス）。

㈣発表

会談ノ内容ヲ㈢ノ趣旨ニテ適宜発表スルモ、三国総理ノ共同声明ハナササルモノトス。

㈤訪問

汪院長及張国務総理間ノ訪問ハ儀礼ノ範囲ニ止メ、満支間ノ問題ニ関スル会談ハ出来得ル限リ之ヲナササル様措置スルモノトス。

㈥張国務総理ト日本要路トノ懇談ハ右三国総理会談終了後行ハルルモノトシ、行事ノ詳細ニ関シテハ別ニ定ム。

六月十二日汪精衛ニ対スル応対ノ件

東亜局長（欄外袖朱印） 山本（朱印） 東亜局第一課長（欄外袖朱印） 太田（三郎）

外機密（欄外朱印） 次官（欄外頭書） 本多大使（欄外頭書） 別紙第二ノ如キ愚痴ヲ述ブルハ政治的没常識也 本多 大臣ニハ別ニ提出済（欄外頭書）

汪精衛ニ対スル応対ノ件　（十六、六、十二）

六月三日閣議決定ノ三、「汪精衛氏ニ対スル応対ニ関シテハ別ニ興亜院会議ニ於テ打合セヲ行フ」ニ基キ六月十三日閣議前、午前九時ヨリ興亜院会議開催セラレ、及川（源七）総務長官心得ヨリ応対振ニ関シ別添書類ニ基キ打合アル予定ナリ。

別添書類中別紙一、「国民政府側ニ対スル応対資料」ハ興亜院側ノ希望モアリ、汪精衛氏ト会見セラルル総理、陸、海、外、蔵各大臣ノ応酬ノ参考資料トシテ作成セラレタルモノニシテ、第一「一般的事項」ノ冒頭及東亜聯盟運動ノ点ヲ除ク外、大体ニ於テ（応対ノ関係上二三字句ノ修正ヲ為セリ）「外務大臣ノ本多大使ニ対スル回答」ト同趣旨ナリ。

別紙二「国民政府側ニ対シ要望スヘキ事項」中第一「汪精衛氏以下ニ積極的ニ要望シ又ハ了解セシムヘキ事項」ハ、関係大臣ニ於テ汪精衛氏ト会談ノ際、国民政府ニ対シ日本政府カ有シ居ル率直ナル気持トシテ適宜発言セラルルコト可然シトノ興亜院及陸軍省等事務当局ノ意見ニ依リ作成セラレタルモノナリ。

同第二「機ヲ見テ汪精衛氏以下ニ納得セシムヘキ事項」ハ、右第一ノ国民政府側ニ対スル日本側ノ気持ノ根拠トナリ居ル具体的事例ヲ関係大臣ノ御参考迄ニ蒐集附記セルモノナリ。

六月十一日興亜院連絡委員会諒解「汪精衛氏ニ対スル応対要領」

30部ノ内第23号

（朱印）
極秘　汪精衛氏ニ対スル応対要領

〔昭和一六、六、一一・興亜院連絡委員会諒解
昭和一六、六、一三・興亜院会議打合案〕

一般要領

汪精衛氏ノ訪日ハ日本側ノ真意ヲ打診セントスル相当真剣且機微ナル企図アルヤニ判断セラルニ付キテハ、此ノ際昨秋ノ廟議決定ニ準搬シ、成シ得ル限リ具体的ニ其ノ要望ニ対フルト共ニ、我方ヨリ要望スヘキ事項ハ之ヲ卒直簡明ニ提示シ、時局処理ニ関シ帝国ノ意図スル処ヲ十分納得セシムルモノトス。之カ為考慮セラルル応対資料別紙一ノ如ク、国民政府側ニ要望スヘキ事項ノ骨子別紙二ノ如シ。

別紙一

〇国民政府側ニ対スル応対資料（朱線）

第一、一般的事項

国民政府ノ育成強化ニ関スル帝国既定ノ方針ハ何等変更ナシ。

特ニ最近ニ於ケル国際情勢ノ激変ハ益々国民政府ノ迅速ナル発育強化ヲ必要トシ、帝国ハ朝野ヲ挙ケテ国民政府ノ発展ヲ期待シアリ。

然レ共世界情勢ハ急迫シ、帝国トシテハ一面重慶政権ノ屈服ヲ図ルト共ニ、他面帝国綜合国力、殊ニ弾撥性ア

ル国防力ノ確保増強ニ努メツツアル次第ナルヲ以テ、国民政府トシテモ之カ打開ノ責任ヲ分担スルノ覚悟ヲ以テ我帝国ノ本企図ニ協力スルノ要アリ。

尚、帝国政府ノ意図シツツアル処左ノ如シ。

一、第三国、就中我カ枢軸ノ盟邦タル独伊等ノ国民政府承認ニ関シテハ、成ルベク速ニ之カ実現ヲ図リ度キ考ナリ。

二、対重慶和平工作ヲ実施スル場合ニアリテハ適時国民政府ト連絡シ、以テ十分ナル協調ヲ図ル如クスヘシ。

三、国民政府ノ実質的強化ニ関シテハ、作戦上直接ノ必要及帝国綜合国力ノ強化ニ背馳セサル如ク各般ノ問題ニ付極力之カ速ナル具体化ヲ図ルヘシ。

四、貴国ノ東亜聯盟（朱線）運動ニ関シテハ日満華共同宣言ノ趣旨ニ副フ如ク、其健全ナル発展ヲ期待シアリ（昭和一六、一、一四閣議決定参照）。

日本ニ於ケル興亜国民運動ハ大政翼賛会ヲシテ行ハシメツツアルモ、未タ貴国ノ運動団体ト直接連絡スルノ域ニ達シアラズ。

第二、具体的諸問題

政府トシテハ左記方針ニテ現地機関トモ密ニ連絡シ、之カ具体化ニ努メツツアリ。尚、詳細ハ本多大使ヨリ聴取アリ度。

一、物資搬出入ニ関スル件

物資ノ敵地流出防止ニ対シテハ、対重慶経済戦ノ見地ヨリ日支協力シテ益々之カ合理的強化ヲ図ルト共ニ、占領地内ニ於ケル物資流通ニ対スル現行制限ニ関シテハ合理的調整ヲ加ヘツツアリ。

二、普通敵産又ハ我方管理ノ家屋等ニ対スル件
普通敵産及不在所有者ノ為管理中ノモノニ付テハ逐次返還シツツアリ。
三、合弁会社経営ニ関スル件
軍事上及国防上特ニ重要ナルモノ以外ニ付テハ調整ニ異存ナキヲ以テ、現地日本側機関ト協議ノ上具体的申出ヲ望ム次第ナリ。
四、治外法権ニ関聯スル課税、経済統制等ノ暫定的調整
治外法権ノ原則トモ関連スルヲ以テ、慎重ニ研究致度シ。

経済統制ニ関シテモ、其ノ合理的且適当ナルモノニ付テハ日支協力ノ実効ヲ挙クル如ク顧慮シアリ。

国民政府ノ財政強化方策ニ就テハ別途ニ考慮シアリ。
五、国民政府ノ財政強化
治安確立、税制整備、統治地区内ノ経済振興ニ依ル民力涵養等ニ依リ国民政府ノ財政的基礎ヲ鞏固ナラシムル如ク此ノ上トモ協力スベシ。
六、国民政府ト其ノ治下ノ諸機関トノ開係調整ニ関スル事項
日支新条約ノ精神及規定ニ準拠シ、各地域ニ対スル国民政府ノ権威ヲ浸透セシムルカ如ク調整ヲ図リツツアリ。
七、政治ニ関スル主権尊重原則ノ件
広ク人材ヲ求ムル意味ニ於テ各級地方政府ニ対スル国民政府ノ人事権ノ発動ヲ不必要ニ阻碍スルカ如キ意図ナキモ、治安トモ関聯アルヲ以テ、自発的ニ日本側ニ連絡セシムル如クセラレ度。

別紙二

〇国民政府側ニ対シ要望スヘキ事項

第一、汪精衛氏以下ニ積極的ニ要望シ又ハ了解セシムヘキ事項

一、帝国政府ノ国民政府支援強化ニ関スル方針ハ確乎トシテ今日モ微動ダニシアラス。然レトモ帝国ハ目下対重慶戦争遂行中ナルト、他面緊迫セル国際状勢ニ対処センカ為、綜合国力ノ弾撥性保持ニ努力シアルヲ以テ、日支条約ノ調整等直ニ国民政府ノ要望ヲ全面的ニ容ルルコト能ハサルモノアルモ、積極的ニ為シ得ル限リノ調整ヲ企図シアルニ付、徒ニ帝国ノ国民政府支援ノ熱意冷却セリト誤解シ、或ハ前途ヲ危懼スルカ如キコトナク、我方施策ニ積極的ニ協力セラレ度。

（頭書）如此キコトヲ言フ様ナ気持テハ育成強化ノ実ハ挙ラズ

二、帝国ハ目下武力的ニ又経済的ニ重慶側ニ強圧ヲ加ヘ、以テ其屈服ヲ企図シアルハ既ニ承知セラルル所ニシテ、全面的和平ノ為ニハ本施策ヲ以テ根本方策ト定メアリ。

国民政府ニ於テモ帝国ノ正式承認ヲ機トシ其性格変化セルコトヲ自覚シ、重慶ト対立抗争ノ性格ニ於テ密ニ我企図ニ協力セラレ度ク、中国側ノ自主的政治活動ハ固ヨリ希望スル所ナルモ、其施政ハ密ニ本主旨ニ吻合スル如ク指導セラレンコトヲ希望ス。

第二、機ヲ見テ汪精衛氏以下ニ納得セシムヘキ事項

本件ハ積極的ニ云フヲ要セサルモ、先方トノ応対中要スレハ機ヲ見テ応酬シ其反省ヲ求ムヘキモノトシ、（朱線）参考迄ニ附記スルモノナリ。

一、中国側ノ自主的活動範囲ノ拡大ハ望ム処ナルモ、中国側ノ現況ハ帝国ノ戦争遂行上ノ要求ニ密ニ順応シ得サルモノ多キヲ以テ、当分ノ間帝国側ノ指導ヲ必要トスル実情ナルコトヲ認識スルノ要アリ。
1、日本ノ軍需及物動物資ノ調弁ヲ支那側ニ一任サレ度要求…本年初ノ中支米買付ノ如キ支那側ハ遅ク時期ヲ失ス。
2、物資搬出入取締規定ノ緩和ノ要求…支那側ニ為サシムルモ、日本ノ経済戦ノ要求ニ順応シ得ス。
3、合弁会社調整ノ要求…バス会社委譲ノ如キ日本側ハ要求ニ応シ度キモ、事実ハ支那側財力上経営困難ナル点アリ。
二、臨時及維新両政府等ノ弁シタル事項ニ就テ動モスレハ之ヲ否認セントシ、或ハ之カ飛躍的調整ヲ図ラントスルカ如キ傾向アルハ遺憾ニシテ、却テ調整ノ具現ヲ困難ナラシムルモノナリ。
1、民国二十六年十一月十九日以前ノ国民政府諸法令通用ヲ飛躍的ニ強行セントスルモノアリ。
2、特別市ノ件…特別市条例ノ変更ヲ加ヘントセルカ如キ例アリ。
3、礦産税賦課ノ要求…華中鉄礦、准南炭坑ニ課税ヲ要求シ来レルモ、維新政府ノ法令ニ抵触シアリ。
4、法院ノ件…華北ノ法院モ直ニ南京司法行政院ニ直轄セシメントス。
5、合弁会社ノ件…評価当初ノ経緯ヲ考慮スルコトナク、出資比率評価等ノ変更ヲ行ハンコトヲ主張ス。
6、維新学院経費未払…維新政府時政府補助セシモ、国民政府ハ再三要求シ未タ支給セス。
三、主権回復ノ方面ノミヲ以テ国民政府強化ノ手段ト見倣シ、帝国ト提携シテ東亜新秩序ヲ建設セントスルノ熱意ヲ欠クニ至ル如キコトナキ様充分注意アリ度。
1、華北、蒙疆地域ニ対スル国民政府ノ政治力ヲ急速ニ浸透セシメントス（法院直轄ノ例、華北政務委員会条例停頓ノ例)。
2、河南省、徐海道等ヲ直ニ国民政府ニ移管セントス。
3、武漢地区ノ人事課税ニ関スル要求。
4、厦門市政府接収ノ要求。
5、日本人ニ対スル課税ヲ当然ノ権利トシ要求(酒税、飲料水等)。
6、儲備銀行券ヲ徐海道ニ流通セシメントセル例(中合セニ反シ)。
四、政府機関ノ無意味ナル形式的整備ニ熱中スルコトナク、漸ヲ遂ヒ行政力ノ浸透強化ヲ図リ、以テ経費ノ節約ニ留意スル要アリ。
1、現政府ノ組織カ既ニ国民党収容ヲ主トセルカ加キ感アリ。
2、京滬、滬杭甬鉄路管理局設置ノ要求…鉄道部ノ他ニ此ノ管理局ヲ設クルモ仕事ナク、人件費ヲ増スノミナリ。
3、上海ニハ政府ノ各種弁事処設置セラレアルモ、単ニ形式的ノ存在ニ堕シアルモノアラサルヤ。
五、日支基本条約ノ具体的調整ハ、日支相互ニ本条約及諸取極ノ精神ヲ十分ニ理解スルコトニ依リ円満ナル遂行ヲ期スヘキヲ以テ、国民政府ニ於テモ官吏ノ指導上十分配慮ヲ望ム。
1、法院ノ件…河南省ノ法院、華北ノ法院ヲ直ニ南京司法行政院ニ直轄セシメントスル精神上面白カラサルモノアリ。
2、教育関係…教科書ヲ維新政府時代ヨリ日本側ト研究準備セルモノヲ使用セス、故ラニ事変前ノモノヲ使用セルカ如キ例アリ、又学校ニ就テモ教育ノ独立ト称シ日本ノ援助ヲ敬遠セントス。

3、其他下級官吏ノ言動ニ条約ノ精神ヲ了得シアルヤ否ヤヲ疑ハシムルモノ少カラス。

「汪精衛氏ニ対スル応対要領」ニ対スル外相ノ「コメント」

（欄外朱印）極秘　（欄外頭書）本多大使

「汪精衛氏ニ対スル応対要領」ニ対スル外相ノ「コメント」

六月十三日興亜院会議ニ於テ討議セラレタル「汪精衛氏ニ対スル応対要領」ノ第一頁ニ大臣ノ手記セラレタル「コメント」左ノ通リ。

別紙殊ニ第二ノ如キ大臣カ言及スヘキモノニ非ス。一般要領ヲ含メテ応酬セハ可ナリト外相述ヘ、首相、陸、海、大、何レモ同感。花押

外相ヨリ此際三億円「クレヂット」設定ノ議ヲ出シ何レモ賛成。

花押

六月十五日日高公使汪主席会談要領

（欄外頭書）極秘

六月十五日汪主席トノ会談要領　日高公使

一、汪主席ヨリ昨日周仏海トモ相談セルコトナルガ、過日周仏海①ヨリ本多大使宛書翰ヲ以テ開陳セル希望条項ニ対シ、日本政府ヨリ何等カノ意思表示（返事）ヲ与ヘラレ得ヘキヤ、又近衛総理②ト会談ノ後、同総理ト共同声明ヲ発スルコト可能ナルヘキヤ、今回ハ東京ニ於テ一般民衆ニ対スル「ラヂオ」放送（公会堂其ノ他ニテ

直接民衆ニ接触スル機会ヲ与ヘラルレハ尚更結構ナリ）ノ用意アリ。其ノ内容ハ大体十三日本船ニ於テ上海日本側官憲ノ招宴席上為シタル挨拶ノ趣旨（註、十二日総軍司令部宣伝将校ニ対スル演説ト同趣旨ナリ）ヲ更ニ熱ヲ込メテ説ク積リナルガ、共同声明ニ付テハ一昨年訪日ノ際ニモ考慮セラレタルカ、当時ハ秘密裏ニ渡日セル為結局沙汰止ミトナリタルモ、今回ハ公式ニ訪問セルコトニモアリ、共同声明発表モ可能ト思ハレ実現方希望ニ堪ヘス、左スレハ吾人ノ努力ニ明確ナル目標ヲ与フルコトヽナリ、極メテ好都合ト思ハルト述フ。

（欄外頭書）
①
② 共同声明ノ点ハ局長ヨリ外相ニ所托アル筈　太田

二、日高ヨリ今回渡日ノ上面会セラルヽ日本ノ主要人物ニ対シテハ遠慮ナク卒直ニ実状ヲ述ヘ希望ヲ開陳セラレ、平常《イツモ》ノ如キ婉曲ナル外交辞令的言廻シヲ為サレサル方却テ有効ナラスヤト思考セラル、右ハ畑総司令官・影佐顧問等モ全然同感ナル次第ニモアリ、僭越乍ラ遠慮ナク申上クル次第ナリト述ヘタルニ、主席ハ実ハ先日周仏海ヨリ大使ニ差上ケタル希望条項ニ付テモ、之カ発送ニ当リ随分躊躇セリ、自分トシテハ自己ノ努力ノ足ラサルコトヲ棚ニ上ケ、他人ノ責任ノミヲ論スルハ面白カラスト考ヘタルモ、万事卒直ニ申上クル方此ノ重大時局ニ処スル途ナリト決心シ、敢テ其ノ儘差出シタル次第ナルカ、唯今ノ御話モアリ、東京ニ於テモ卒直端的ニ御話致スヘシト述フ。

三、主席ヨリ日本側ニ於テ事変処理並ニ国民政府ニ関シ疑念乃至悲観ヲ抱ク向アルヤニ聞及フ処、真相如何ト問ヒタルニ対シ、日高ヨリ最モ露骨且卒直ニ御話申スヘシトテ、(イ)日本ニ於ケル悲観論ハ国民政府ノ成立及条約ノ調印ヨリ全面和平カ速ニ将来〔招〕セラルヘシトノ過大ナル期待ヲ抱キタル向カ、其ノ後全面和平ノ進捗捗々シカラサルヲ見テ失望シ、右ハ国民政府カ無力ニシテ軍政財界ノ人士ヲ糾合シ民心ヲ収攬スル力ナシト認メ居ルニ依ルモノナルヘク、(ロ)又懐疑論者ニ二種アリ、一ハ現国民政府当局者ハ自己ノ一味ニ依リテ和平ヲ齎サント欲シ重慶ノ要人乃至政府カ投シ来ルコトヲ欲セス、換言スレハ南京政府ハ全面和平・事変解決ノ障害ヲ為スト認ムルモノニシテ、二ハ南京政府ハ和平抗日ニシテ結局抗戦抗日ヲ実行シツヽアル重慶政府ト本質的差異ナシト為スモノナリ、右ハ本官個人ノ私見ナルカ、日本ニ於テ話ヲサルヽ場合ニハ此ノ点御注意アリテ然ルヘシト述ヘタルニ、汪主席ハ一度干戈ヲ動カシタル以上、数ヶ月ニシテ戈ヲオサムルノ困難ナルコト、及十数年ニ亘ツテ官民ノ間ニ植付ケラレタル排日思想カ一朝ニ改メラレ難キコト等ハ、冷静ニ考フレハ何人ニモ諒解セラルヽ事ナルヘク、之等ノ点モ卒直ニ開陳シテ見テハ如何ト思ヒ居レリ、従来自分ハ国内ニ於テ各人己レヲ責ムル方面ニ重キヲ置キテ説キタルカ、日本国民ニ話掛クル場合ニハ根本的思想ハ同様ナルモ、話シ振リヲ多少変ヘ実情ヲ説明シ、思フ所ヲ国民政府ノ立場ヨリ親切ニ説明シ、事毎ニ内幕ヲ分析シテ御話致スコトハ如何ニヤ(過日畑、板垣両将軍ニ対シテモ、広西軍ヨリノ連絡ニ関聯シ、彼等カ日本軍ヲ疑ヒ居ル実情ヲ卒直ニ説明シ、却テ好ク事態ヲ了解シテ貰ヒタルコトモアリ)。

右ニ対シ日高ヨリ、私見ニ依レハ主席訪日ノ対象タル日本人ニ三種アリ、第一ハ軍政ノ枢機ヲ握ル政府要路ノ人々ニシテ、之等ノ人々ニハ主席親シク懇談セラルヽ筈ナレハ、其ノ際ニハ卒直露骨ニ実情ヲ説明シ所信ヲ述ヘラルヽモ何等誤解ヲ起ス虞ナシ、第三類ハ一般多数ノ民衆ニシテ、彼等ハ極メテ素直ナル性格ヲ有シ、近衛声明、三国共同宣言、日支条約其ノ他両国政府ノ声明等ヲ真面目ニ額面通リ受取リ、日本政府ニ信頼スルト同時ニ、国民政府乃至汪主席ニ対シ好感ヲ抱《イダ》キ居レリ、彼等ニ対シテハ両国提携ノ理想並ニ主席ノ信念ヲ説カルレハ素直ニ之ヲ受取ル人々ナリ、第二類ニ属スル者カ一番注意ヲ要スル部類ニシテ、又一番実務ニ当リ居ル人々ナリ、即チ官吏・軍人・代議士・実業家ノ一部等多少トモ政治ノ実体ニ触レ居ルモノニシテ、前述ノ如キ疑惑ヲ抱キ居ルモノモ正ニ此ノ類ニ属スルモノ多シ、此レ等ノ人々ニ対シテハ誤解無キ様適当ナル説明振リヲ要スヘシ、主席カ自ラ罪スル心ヲ以テ国民政府ヲ卒〔率〕ヒ居ラルヽ事ハ日本朝野ニ極テ好感ヲ与ヘ居ルカ、更ニ国民政府ハ日本政府ヲ助ケ事業完遂ニ協力スル決意ヲ以テ努力シツヽアル処、有効ナル協力ヲ為シ得ルノ為ニハ日本側ノ助力ヲ得テ、其ノ政治力及財力ヲ強化スルコト絶対必要ナル次第ヲ然ルヘク説明セラルヽコト適当ナルヘシト述ヘタルニ、汪主席ハ第三類ノ人々ニ対シテハ「ラヂオ」放送ニ依ル手段ヲ与ヘラレ居ルモ、第二類ノ人々ニ呼掛クル機会極メテ少シト嘆シタルニ付、日高ヨリ此ノ点ニ付テハ周、徐、林各部長其ノ他ニ於テ主席ノ意ヲ体シ各方面トノ接触ニ際シ十分説明セラルヽコト然ルヘク、主席自身モ首相及陸、海、外、蔵相ノ招宴並ニ主席主催ノ閣僚・参議・財界人等ノ招宴ノ場合ニ於テ相当多数ノ第二類ニ属スル代表的人物ニ接セラルヽ機会アルニ付、其ノ際ニ於ケル挨拶ハ主トシテ之等第二類ノ人々ヲ目標トシテ話シ掛ケラルヽコト然ルヘキカト思フ旨ヲ述ヘタルニ、主席ハ唯今ノ御話ハ大分参考ニナリタリト述ヘ居タリ。

（主席ハ食事ノ際ニ於ケル挨拶ハ余リ長クナラヌ様、常ニ注意シ居ル旨ヲ述ヘタルニ付、之等ノ宴会参列者一同ハ主席ノ言ハント欲スル所ヲ聞キタキ人々ナレハ、遠慮ナク話サルヽコト可然ト注意セル結果、大体通訳ヲ入レ合計三十分見当ニテ挨拶スヘシト言フコトニ落着キタリ。）

六月汪主席訪日会談要録

五〇部ノ内第二四号

昭和十六年六月

汪主席訪日会談要録

極秘（朱印）

目次

以上

汪主席訪日会談要録

昭和十六年六月　清水書記官記

一、首相トノ会談（第一回）

六月十九日午後九時　於首相官邸

同席者　松岡外相、周仏海、周隆庠、清水書記官

汪　今夕懇談ノ機会ヲ得タルハ幸トスル所ナリ。先ツ卒直ニ愚見ヲ開陳セム。

第一ニ全面和平ノ工作ニ関スル問題トシテハ従来蔣介石ニ対シ秘密裡ニ又ハ公開的ニ種々ノ手段ヲ講シ、或ハ米国人（例ヘハ「スチユワート」ノ如キ）等ヲ通シ日本ノ真意ヲ伝ヘ其ノ反省ヲ促シタルカ、今日迄未タ見ルヘキ反響ナシ。今年三月国共分裂ニ瀕セル時、和平工作ノ余地アリト思惟シ一種ノ期待ヲ掛ケタルカ、米国ノ策動ニ依リ遂ニ国共ノ分裂ハ表面化セスシテ終レリ。即チ当時米国ハ蔣ニ対シ国共分裂ノ暁、若シ国民党カ和平ニ参加スルカ如キ事態トナラハ米国ハ抗日政権ヲ支持スル外ナシト警告シタル為、蔣ヲシテ分裂ヲ思止マラシムルニ至リシナリ。爾来現在ニ至ル迄有ユル努力ヲ払ヒツツアルモ効果ナシ。然レトモ荏苒蔣ノ来ルヲ待ツノミニテハ事変解決ニ益ナキヲ以テ、重慶部内ニ働キ掛ケ其ノ切崩シヲ行フ工作モ併行シテ行ハサルヘカラスト考ヘ居レリ。今此ノ方面ノ切崩工作ノ状況ヲ報告致スヘシ。元来蔣ニ対スル工作ト其ノ部下ニ対スル切崩工作トノ間ニハ一ツノ矛盾アリ。即チ余リニ蔣ヲ顧ミレハ其ノ部下ハ当方ニ来ラス、又部下ヲ切崩サントスルニハ蔣トノ関係ヲ断絶セサルヘカラス、其ノ何レカ一方ニ徹底セサレハ何レモ成功セサル破目ニ陥ル惧アリ。尚重慶軍隊ノ切崩ニ付テハ彼等軍隊特有ノ一種ノ心理状態ニ注意スル必要アリ。例ヘハ最近李済琛ノ秘書長李超民ナルモノ李宗仁、白崇禧、李済琛ノ代表トシテ南京ニ来レルカ、同人ハ雲南ノ龍雲及四川省ノ将領トモ話合ノ上来レル趣ニテ、蔣ノ直系以外ノ是等軍隊ヲ提ケ和平ニ参加セムトテ連絡ニ来レルモノナリ。自分ハ同人ヲ板垣参謀長ニモ紹介シ面会セシメ置キタルカ、同人ノ述ヘタル意見トシテ参考トスヘキ点ハ次ノ如シ。

曰ク「世上一般ニ蔣ノ統制力ニ依リ重慶側ノ抗戦態勢ヲ維持シ居ルカ如ク信シ居ルモ、右ハ認識不足ニシテ直系以外ノ軍隊ハ全ク蔣ノ命ニ服従スルヲ欲セサル気持トナリ居リ、直系軍ニ於テスラ何応欽ノ軍隊ノ如キハ肉〔内〕心蔣ノ命ニ服スルヲ潔シトセサル状態ナリ。然ラハ是等反蔣ノ軍隊カ何故和平運動ニ参加シ来ラサルカト云フニ、簡単ニ言ヘハ日本ヲ信用セヌト云フ一点ニ係リ居レリ」ト。又同人ハ李済琛ノ伝言ナリト称シテ次ノ如ク述ヘタリ。「自分（李済琛）カ今尚主席ニ追随シテ和平ニ参加スルニ至ラサルコトニ付キテハ是非御了解ヲ請フ。何トナレハ自分ト主席トハ其ノ地位、境遇自ラ異ナルモノアレハナリ。主席ハ身体一ツニテ日本軍ノ占領地ニ入リ成功スレハ素ヨリ幸ナルカ、失敗スルモ自分一人ノ失敗ニ止マルニ反シ、吾々ハ二三十万ノ軍隊ヲ擁シ、之ヲ養フ地盤ヲ有スルヲ以テ、万一和平運動ニ参加セル結果、日本軍ニ是等ノ態勢ヲ奪ハルルニ至レ（ママ）、売国奴ノ汚名ヲ着ルノミナラス、部下軍隊ノ生活ヲ奪フコトトナリ、軽々シク動キ得サル立場ニアリ。従テ日本側ヨリ確カナル保障ヲ得ル迄ハ和平ニ参加スルヲ得ス。蔣ノ庇護ノ下ニアル以外途ナキ次第ナリ」ト。尚同人ノ言フ所ニ依レハ、彼等ノ考慮シツツアル方法トシテハ第一蔣ヲ打倒スル案、是カ成功スレハ最モ良シ、第二蔣ヲシテ和平ニ参加セシムル案、但シ此ノ場合ニ於テハ和平ノ内容ハ変質スル虞アリ、第三蔣ト共産軍トノ聯合セル勢力ニ対シ実力ヲ以テ抗争スル案、此ノ場合ハ内戦ヲ惹起スノ三ノ案ナルカ、第三ノ場合、若シ日本軍カ攻撃シ来ラハ総崩レトナル惧アリトテ、此ノ点ヲ最モ心配シ、彼等ノ地盤ヲ保障スル為、先ツ宜昌及武漢ノ日本軍ノ撤退ヲ希望スト申出テタリ。右要求ニ対シテハ余ハ直チニ之ヲ拒絶セルカ、同人ハ日本カ遅カレ早カレ撤兵スルモノナラハ、寧ロ此ノ機会ヲ利用シ撤退スル方得策ナラスヤト述ヘタリ。右日本軍ノ撤退ノ件ハ同人ヨリ板垣参謀長ニモ申述ヘ種々研究シタルカ、結局日本側カ同人ノ言ヲ信用シ宜昌・武漢ヲ撤退セル後、万一蔣ニ取戻サルル如キコトアリテハ国家ニ対シ申訳ナシト云フコトトナリ、協議ノ結果、次ノ三点ヲ承諾セリ。

㈠局部和平（一昨年広東ニ於テ安藤（利吉）軍司令官ト協議セルカ如キ方法）ノ方法、即チ局部停戦ハ差支ナキコト、

㈡日本軍ハ和平ニ参加セル軍隊ノ駐防地区ヲ尊重スルコト、

㈢和平参加ノ軍隊ニ対シテハ之ヲ友軍トシテ取扱フコト、

以上三点ハ板垣総参謀長ヨリ手紙ニ認メ、同人ニ手交シテ帰ラシメタリ。右ニテ先方カ承知スレハ軍事代表ヲ派遣シ来リ、局地的停戦協定ヲ結ブコトトナル次第ナリ。尚同人カ帰リテ其ノ返事ヲ齎ス迄ニハ約四十日間ヲ要スル見込ニテ、去ル十五日上海ヲ出発セリ。序デ乍ラ同人カ南京ニ来リテ国民政府ノ政治力ガ如何ニモ微弱ナリト感ジタルモノノ如ク、此ノ点ハ吾々モ慚愧ニ堪エサル所ナルカ、彼ハ或ル人ニ対シ、南京ニ於テハ家ヲ借リテ住ムニモ汽車ニ乗ルニモ日本ノ同意ナケレハ何モ出来サル状態ニテ、迚モ話ニナラサル次第ナラスヤト感想ヲ洩シタル由ナリ。

惟フニ国民政府ノ強化ハ此際絶対ニ必要ナリ。重慶側ヲ引入ルルニシテモ引入レサルニシテモ、何レニスルモ当面ノ急務ナリト信ス。現在蔣介石ハ一日千五百万元ノ経費ヲ以テ抗戦ヲ継続シツツアルカ、其ノ十分ノ九ハ軍事費ナリ。而シテ是等ノ金ハ英米ノ借款ニ頼ルモノニシテ、此ノ点ヨリスルモ蔣ノ欧米依存ハ今ヤ財政的依存ニ迄発展シ居ル状態ナリ。自分ハ六年前「リース　ロス」(Frederick William Leith-Ross)ノ幣制改革ニ反対シ、唐有壬モ極力之ニ反対シ、遂ニ吾等両人共兇弾ニ見舞ハレタルカ、吾等ノ反対セル理由ハ右新法幣政策ヲ採レハ必ス日支ノ戦争ヲ惹起スヘシト思料シタレハナリ。果シテ其ノ後政府ハ欧米依存ノ態勢ヲ取リ、今ヤ軍事費迄英米ノ財力ニ依存スルコトトナリタル訳ナリ。李宗仁等ノ軍隊カ仮ニ我方ニ参加スルトスレハ約四十万以上ノ軍隊アリ。其ノ維持費ヲ支出スルコトハ容易ナラス。固ヨリ斯ル軍隊カ参加スル場合ニハ一ケ月分ノ兵餉ヲ前渡シスルコト例トナリ居

ルモ、其ノ後ノ維持費ノ目当ナケレハ彼等トシテモ容易ニ動カサルナリ。即チ国民政府カ微力ニテハ此点ヨリスルモ軍隊ノ誘致ハ困難ナル訳ナリ。斯ル気持ハ蔣モ恐ラク同様ナルヘシ。即チ蔣カ日本ト和平スレハ亜米利加ヨリスル財源ハ忽チ杜絶シ、財政上直チニ破滅ヲ見ルノ状態トナルコトヲ恐レ居ルモノト想像セラル。仍テ今回和平ノ推進ニハ財政ノ基礎ヲ確立スルコト必要ナルカ、由来財政ノ力ハ行政上ノ権力ト表裏一体ヲナスモノニシテ、国民政府ノ現在ノ行政権ノ程度ニテハ財政力強化モ極メテ困難ナリト言ハサルヘカラス。過日周仏海氏ヨリ本多大使宛手紙ノ形式ヲ以テ此点ニ関スル具体案ヲ申入レタルカ、其ノ内容或ハ過分ノ要求ニ亘ル嫌ナキニシモ非サルヘキモ、要ハ国民政府ニ相当ノ権力ヲ与ヘサレハ全面和平ノ実現困難ナリト考フレハナリ。事実上吾々ニ力アレハ重慶側ノ軍隊来ラストモ差支ナク、若シ力ナケレハ重慶側ノ軍隊来ルモ無駄ナリ。国民政府トシテハ貴国ノ援助サヘアレハ相当ニ仕事ヲヤリ得ル自信アリ。例ヘハ中央儲備銀行及宣伝部等ノ活潑ナル工作ノ如キハ貴国ノ援助ニ依リ成功ヲ納メツツアル実例ナリ。広東省ノ財政整理ノ如キモ貴国ノ援助ニ依リ円満ニ進行シツツアリ。固ヨリ目下日本軍ハ中国ニ於テ作戦継続中ナルヲ以テ、右作戦ニ支障ヲ来スカ如キコトハ要求セス。唯作戦ヲ妨ケサル範囲内ニ於テ行収〔政〕・経済各方面ニ亘リ、更ニ一層ノ自由ヲ与ヘラレンコトヲ希望スル次第ナリ。勿論吾々ハ事態ノ如何ニ拘ラス決シテ絶望セス、周仏海氏ノ如キハ重慶側ヨリ母親ヲ監禁セラレ居ルニ拘ラス、確乎タル決心ノ下ニ和平運動ニ携ハリツツアリ。国民政府ノ首脳部ハ何レモ同様ノ固キ決意ノ下ニ和平運動ニ当リツツアルモノナルカ、国民政府存在ノ価値如何ニ付テハ真剣ニ考慮スル必要アリ。若シ果シテ国民政府ノ価値ナシトセハ、速ニ政府ヲ取消シ別途ノ和平運動ヲナスニ若カス。即チ国民政府ノ存在カ東亜及日本ニ取リ価値ナキ存在ナラハ、如何ニ努力スルモ仕事ノ仕甲斐ナキ次第ナリ。現在ノ状態ニテハ（青線）是以上存続スルコトハ殆ト不可能ト云フヘク、之レカ為メ吾等個人カ犠牲トナルコトハ悔ユル所ナキモ、事変ノ解決カ頓挫スルコトハ返ス返スモ残念ナリ。尚、具体問題ニ付テハ周仏海氏ヲシテ説明セシムヘシ。

首　今晩時間ノ都合ハ如何。

清　既ニ予定ノ時間トナレリ。今晩ハ到底話合終ラサルヘキヲ以テ、更ニ第二回ノ機会ヲ作ラレテハ如何。

首　賛成ナリ。

汪　賛成ナリ。

外　大体只今御話ノ国民政府強化ノ必要ナル所以ニ付テハ能ク了解セリ。首相モ同様ト察セラルルカ、我方ニ於テハ極力援助スルコトト致スヘク、御互ニ確ツカリト手ヲ握リ努力スルコトト致度。何レ詳シキコトハ次ノ懇談ノ機会ニ譲ルヘシ。

二、陸相トノ懇談

六月二十日午後二時於陸相官邸

同席者　周仏海、木村《兵太郎》次官、武藤《章》軍務局長、佐藤《賢了》軍務課長、周隆庠、清水書記官

汪　本日ハ軍事上ノ話ト大局ノ話トニ分ケテ述ヘ度シ。軍事上国民政府ノ当面セル問題ハ三ツアリ。第一ハ散兵ノ収編問題、第二ハ重慶側軍隊ノ誘致工作、第三ハ建軍問題ナリ。散兵収編ハ世人余リ之ヲ重視セサル傾アルモ、実際上ハ地方ノ擾乱ヲ防止シ治安ヲ恢復スルト共ニ日本軍隊ヲシテ奔命ニ疲レサラシムル利益アリ。従テ政府ニ於テモ之ニ注意シ、最近成立セル清郷委員会ノ如キモ此ノ目的ヲ以テ専ラ散兵ヲ帰服セシメ、其ノ良好ナルモノハ之ヲ訓練シ、其ノ悪質ナルモノハ之ヲ粛清スル方針ニテ進ミ居レリ。幸ヒ総軍司令部、第十三軍等ノ援助ニ依リ前線ハ日本軍ノ手ニ依ツテ討伐ヲ行ヒ、後方ハ国民政府ノ手ニ依ツテ之ヲ確保スル仕組トナリ居

リ、此点ハ国民政府トシテ深甚ノ謝意ヲ表スル次第ナリ。第二ノ重慶軍隊ノ誘致工作ニ付テハ種々努力シツツアルモ、彼等ノ根拠地カ日本軍ニ奪ハルルコトヲ懸念シ躊躇スル普通的心理状態ヲ有ス。即チ彼等ハ退却スルモ軍力タケハ依然トシテ之ヲ保持スルコトニ専念シ居ル訳ニテ、重慶側軍隊ノ結束ノ固キハ蔣ノ統制力ノ優レタルカ為メニ非スシテ、寧ロ巧ミニ斯ル心理状態ヲ利用シ居ル結果ナリ。簡単ニ言ヘハ日本軍ニ討タルルヨリ蔣ニ追随スル方得策ナリトノ気持ニテ、容易ニ和平ニ参加セサルナリ。若シ彼等カ日本ニ対スル恐怖観念薄ラキ漸次日本ニ対スル信頼ノ念ヲ増スニ至ラハ、蔣ノ手ヨリ離ルルコト必然ナリ。最近李宗仁、白崇禧、李済琛等雲南、四川ノ蔣〔将〕領ト連絡シ西南独立ノ運動ヲ起サントシテ、其ノ代表ヲ派遣シ来リタル次第ハ影佐少将ヨリ報告アリタルコトト察スルニ付、今日詳細ハ述ヘサルモ唯要点ノミヲ申上クヘク、彼等ハ日本軍カ武漢及宜昌ヲ彼等軍隊ノ地盤トシテ護ラレ度ト希望セルニ対シ、自分ハ直チニ之ヲ拒絶セルカ、右代表ハ再三之ヲ要求シテ已マス、結局板垣総参謀長ニモ相談シタル処、総参謀長モ右地盤ヲ再ヒ蔣ニ取ラレテハ日本軍カ又戦争ヲ繰返スコトトナリ面白カラストテ反対セラレタリ。彼等ハ第二ノ要求トシテ桂林ノ爆撃及第五戦区（湖北、安徽ノ李宗仁、軍隊ノ駐防地点）ノ攻撃ヲ停止セラレ度ト申出テタルカ、是亦拒絶シ、右ノ如キ要望ハ先ツ和平ノ事実ヲ示シタル後ニアラサレハ日本側ニ取次クコト能ハスト答ヘ置キタリ。尚彼等ノ言フ所ニ依レハ、彼等カ和平ノ旗揚ヲスレハ蔣ノ直系軍ト衝突スルヤモ図ラレス、或ハ直系軍ト共産軍ト聯合シテ吾等ヲ撃ツヤモ知レス、其ノ時日本軍カ進出シテ我方ノ地盤ヲ奪ヒ、吾等ノ軍隊ニ打撃ヲ与フルコトトナリテハ困ルト洩シ、彼等カ日本軍ヲ恐ルル気持ハ想像外ナリ。結局右代表者カ南京ニ滞在中、話合ノ結論ハ何時モ日本軍ヲ恐レルト云フ一句ニ尽キタル感アリ。結局先ツ日本軍トノ間ニ局部和平ヲ進ムルコト最妥当ナル行方ナリト云フコトトナリ、畑司令官、板垣総参謀長トモ相談ノ結果、是ダケハ承諾スルコトトセリ。若シ彼等カ之ニ賛成ナラハ軍ノ代表ヲ派遣セヨト回答シテ帰ラシメタリ。尚其ノ際、右代表者ハ和平参加後、広西ノ駐防地区維持ノ保障ヲ得度シト申出テタリ。蓋シ彼等ハ曩ニ江北ノ李長江カ帰順セル後、其ノ地盤カ日本軍ノ為ニ占領セラレ六十元代〔台〕ノ米価ハ忽チ百元以上ニ騰貴シタリトノ話等ヲ聞込ミ、彼等モ和平参加ノ上ハ斯ル憂キ目ニ遭フニ非スヤト懸念シタルカ為ナルヘシ。自分ハ之ニ対シ、日本軍カ泰県ヲ占拠シタルハ共産党ニ取ラレタルモノヲ再ヒ日本軍ノ手ニ依ツテ取戻シタルモノナリト種々解釈ヲ加ヘ説明シタルカ、代表者ハ容易ニ納得セス、畑司令官モ若シ日本軍ト停戦スレハ友軍トナル訳ナルヲ以テ、当然援助スヘク安心シテ可ナリト言ハレタリ。斯クシテ右代表者帰リタルカ、其ノ返事ヲ携ヘ帰ル迄ニハ約四十日ヲ要スル見込ナリ。其ノ結果如何ハ予想シ得サルモ、彼等カ一度ニドツト来ルコトナキニシモ非ス。第一革命当時モ斯ル例ハアリタリ。

第三ノ建軍問題ハ政府トシテ是非必要ト感シ居レリ。蓋シ精神的訓練ニ欠ケタル軍隊ハ用フルニ足ラサレハナリ。自分ハ軍隊精神トシテ愛国心ト親日トノ結合セル精神ヲ吹込ミタキ希望ナリ。即チ中国ヲ愛シ、日本ヲ愛シ、東亜ヲ愛スル三ツノ愛ヲ結合セル精神ヲ以テ軍隊精神ノ基礎トナス必要アルコトヲ痛感シ居レリ。新シク軍隊ヲ作ル場合ニ於テモ、又従来ノ軍隊ヲ収容スル場合ニ於テモ、右ノ如キ訓練ハ絶対ニ必要ナリト信ス。尚建軍ニ関聯シテ日本側ヨリ武器借款ヲ得度キ希望ナリ。尤モ借款ト云フモ新ニ金若クハ武器ヲ買フニ非スシテ、日本軍カ現地ニ於テ鹵獲セル武器ノ供給ヲ受ケ、之ヲ借款ノ形式トシ度キ希望ナリ。以上カ今日申上ケ度キ軍事上ノ三点ナリ。

次テ大局上ノ問題ハ国民政府ノ強化問題ナルカ、若シ国民政府ニシテ力ナケレハ中国ニ取リ益ナキノミナラス、日本ニ取リテモ益ナカルヘシト信ス。所謂折角ノ努力モ骨折損トナルヘク、然ラハ寧ロ政府ヲ取消シ別途ニ和平運動ヲ行フニ如カス。因ヨリ吾等ハ異常ナル決心ヲ以テ運動ニ当リツツアルモノニシテ、周仏海氏ノ如キモ母ノ監禁ニ屈セス依然トシテ工作ニ従事シツツアル次第ナルカ、斯ル決心及努力モ何等ノ価値ナシトスレハ之ヲ止ムルニ如カスト信ス。政府存在ノ意義ハ国家・民族ヲ救フト共ニ国民ノ苦痛ヲ排除スルニアリ。是カ為ニハ可能ナル範囲内ニ於テ政府ノ強化ヲ図ラサルヘカラス。吾々ハ固ヨリ完全ナル自由ヲ要求スルニ非ス。唯出来得ル限リノ自由ヲ与ヘヨト云フニアリ。此ノ点ニ付テハ過日本多大使宛手紙ニ於テ稍々具体的ニ中央権力ノ増強、物資統制ノ緩和、財政権ノ確保等ニ付述ヘ置キタルカ、右ハ決シテ朧ヲ得テ濁ヲ望ムノ気持ニ非ス、日本ト協力シテ事変解決ヲ分担シ度キ為ナリ。日本トシテモ無力ナル国民政府ヲ道連レトシテハ結局困ル破目ニ陥ルヘシ。右手紙ニ認メタル希望条項ニ付テハ日本側ノ回答ヲ得度シ。

尚今回自分ノ訪日ニ当リ、近衛総理ト共同ノ声明ヲ発シ度キ希望ニテ、既ニ内々申込ミ置キタルカ、是亦好意的ノ御配慮ヲ得度シ。

次ニ東亜聯盟運動ノ件ナルカ、我等ハ日本内部ノ東亜聯盟運動ノ実情ヲ知悉セサルモ、中国側ニ於テハ中日ノ関係ヲ一致ノ方向ニ導ク為意義アリト信シ発起シタルモノニシテ、其ノ綱領ノ如キモ其ノ意味ニ於テ極メテ妥当ト信シ居レリ。又中国側ニテ発起セル東亜聯盟運動ナルモノハ超国家的ノ組織ニ非ス。既ニ中日満三国間ニ諒解アル問題ニ付一致ノ方針ヲ取ル為、例ヘハ理事会ノ如キモノヲ設ケ、之ヲ研究セシメントスルニアリ。尚又「ゼネバ」ノ国際聯盟ノ如キモノトモ異ナリ、原則上定マレル三国ノ共通問題ヲ実際的方面ニ於テ協議セシムルモノニシテ、固ヨリ日本カ其ノ中心トナリテ指導スルモノナルコト当然ナリ。同運動ニ付テハ昨年十二月、念ノ為近衛総理宛親書ヲ以テ其ノ意見ヲ尋ネタル処、日本ニ於テハ大政翼賛会ヲシテ此種ノ運動ニ当ラシメ、中国ニ於テハ国際聯盟トシテ発起スルコト差支ナシトノ返事ニ接シタルヲ以テ、右運動ヲ開始シタルモノナリ。要スルニ聯盟運動ノ標榜スル四大綱領ハ、中国一般民衆ニ対シ新シキ精神ヲ与フルモノトシテ意義アリ。即チ政治独立ノ一綱目ニ依リ中国ハ決シテ滅亡スルニ非サルコトヲ明ニシ、其他三ツノ綱領ニ依リ中日満三国ノ共同目標ヲ明カニシタルモノナリ。本件ニ付テ何分ノ貴見ヲ伺ヒ度シ。尚、後ニ周仏海氏ヨリモ補足的ノ話ヲ申上クヘシ。

陸　御話ノ次第ハ能ク了解セリ。先ツ軍事上ノ問題ニ付、第一散兵ノ収編ニ関シテハ目下戦争継続中ナルヲ以テ、我方トシテハ作戦ニ妨害ナキ限リ是カ具体化ハ賛成スル所ニシテ、詳シキコトハ現地ノ軍司令官ト相談ノ上実行セラレ度シ。対重慶工作ニ関シテハ何レ外務大臣ヨリモ御話アルコトト信スルカ、今後共貴方ト十分連絡協議ノ上之ヲ遂行スル方針ニ変リナシ。今日御話ノ一部軍隊ノ帰順ノ件ハ戦争ニ附随スル行為ト見ルヘキモノナルヲ以テ、日本軍側ト十分連絡ノ上有効適切ナル施策ヲ行フコトヲ希望ス。自分モ李済琛ノ代表ノ申出テ来レル和平工作実現スレハ全面和平ニ影響アリト認メ、一大期待ヲ掛ケ居ル次第ナリ。尚閻錫山ニ対スル工作ニ付テモ期待ヲ有ツ次第ニテ、是等帰順工作ニ付テ一段ノ努力ヲ御願致度シ。山西方面ノ日本軍司令官トシテ最近岩松（義雄）中将任命セラレ本日発表トナリタルカ、閣下ノ閻錫山宛信書ヲ携行致シ度シトノ申出アリ、影佐少将ニ話シ置キタルヲ以テ宜シク御願致度シ。尚広西軍代表者ノ和平参加問題ニ付、総軍司令官ノ執リタル措置ハ自分モ同意ナリ。今後共連絡ヲ密ニシテ成功ヲ期セラレ度シ。李長江帰順後ノ日本軍側ノ態度ニ付御話アリタルカ、右ニ付テハ詳細ヲ知ラサルモ、作戦中ノ関係ニテ斯ルコトモアリタルヘク、今後一層現地軍側ト連絡セラレ度シ。建軍ノ必要ニ関スル御意見ハ同感ナルカ、全面和平実現シ曩ニ締結セル日支条約ノ実施ヲ見ル迄ハ依然トシテ戦争継続シ作戦中ナレトモ、後方ノ治安ハ出来得ル限リ国民政府ニ委セ、日本軍ハ之ヲ側面ヨリ助ケル姿勢ニ移ル様折角計画ヲ樹テツツアル筈ナリ。従テ国民政府ノ建軍ハ散兵ノ収編トモ関聯シ一日モ速カニ之ヲ行フ必要アリト感シ居レリ。現地日本軍側トシテモ十分ニ協力スル心組ト察セラル。尚之ニ関スル借款ハ出来得ル限リ好意ヲ以テ考慮スヘキニ付、具体案ヲ作成シ軍側ニ提出セラレ度。尚帝国政府トシテハ武器ニ対シテノミナラス、政治的ノ意味ニ於テハ借款ヲモ考慮スヘシトノ議アリ。右ハ全ク国民政府ヲ強化シテ事変解決ニ役立タシメント考フレハナリ。何レ外務大臣ト懇談ノ機会ニ具体的ノ話アルコトト信ス。軍隊精神訓練ノ趣旨ハ極メテ適切ナル御意見ナルカ、軍隊精神ノ基礎ハ国民教育ニ在リ。先ツ抗日教育ノ根本的是正カ必要ナリト信ス。今日御話ノ愛国、愛日本、愛東亜ノ方針ニテ国民教育方面ニ十分力ヲ致サレ度、是レ日支提携実現ノ一大関鍵ナリト思考ス（談茲ニ至ルヤ、汪主席紙片ヲ取出シ自ラ「メモ」ヲ取ル）。

次ニ全局ニ対スル所見ヲ述フヘシ。先ツ周仏海氏ノ母堂ノ監禁セラレタルニ付テハ本大臣モ極メテ心痛シ居ル所ナルカ、周部長カ之ニ屈セス和平運動ニ勇往邁進セラルル勇気ト至誠ニハ感激シ居ル次第ナリ。国民政府強化問題ニ付テハ御意見ノアル所大体同感ナリ。周部長ノ手紙ノ中ニ認メタル個々ノ問題ニ言及スルコトハ之ヲ省略スルモ、日本政府トシテハ大体同感ナリ。尚右ニ対スル返事ハ帝国政府ヨリ本多大使ニ対スル訓令トシテ示サルル筈ナルニ付、了承セラレタシ。近衛総理トノ共同声明発出ノ件ハ政府内ニ於テ目下研究中ナルカ、同声明ヲ以テ重慶側及第三国ニ確乎タル両国提携ノ信念ヲ表示スルコトハ極メテ有意義ナルヘク、自分ハ個人トシテハ右声明発出ノ趣旨ニハ賛成ナリ。

尚此ノ機会ニ二三附言シ度キ件アリ。事変処理ニ対スル帝国政府ノ根本方針ハ昨夜ノ晩餐会ニ於ケル総理ノ挨拶並本日ノ午餐会ニ於ケル自分ノ挨拶ニモアル通リ、聊カノ変更モナキコトヲ諒解セラレ度、日満支善隣友好関係樹立ニハ是非トモ新中国ノ出現ヲ希望シ居ル次第ニテ、帝国ハ長期戦ヲ辞セス飽ク迄之ヲ支持スル準備アリ。中華民国トシテモ右建設ニハ日支両国ノ緊密ナル連絡ノ下ニ之ヲ遂行セラレンコトヲ希望ス。尚強力ナル新中国ノ建設ノ為ニハ国民政府ノ人力・財力ヲ益々強化スル必要アリ。此点ハ特ニ留意セラレ度、日本モ能フ限リノ援助ヲ惜ムモノニ非ス。要スルニ国民政府強化ニ対スル帝国ノ既定方針ニ何等ノ変更ナク、現下ノ国際情勢ハ益々其ノ必要ヲ痛感セシメツツアリ。尚激変スル国際情勢ノ変化ニ対応スル為ニハ、帝国トシテハ弾力性アル国防力ノ強化ヲ絶対ニ必要トスル次第ナルニ付、国民政府ニ於テモ是カ責任ヲ分担セラレ、帝国ニ協力セラレンコトヲ希望ス。

東亜聯盟運動ニ関シテハ近衛総理トノ間ノ書翰ノ往復ハ自分モ承知シ居レリ。中国ニ於ケル運動カ日満支共同宣言ノ趣旨ニ添ヒ発展センコトヲ期待スルモノナリ。日本側ニ於テハ右運動ヲ大政翼賛会ヲシテ行ハシムル方針ニテ目下準備ヲ進メツツアルカ、未タ直接中国ト連絡スルノ域ニ達シ居ラス、聯盟ノ機構問題ニ関シテハ本日ノ御話ハ参考トシテ今後研究ノ資料トスヘシ。

周　物資搬出入統制問題ハ直接人民ノ生活ニ触ルル問題ナルカ、軍側トノ関係大ナル問題ナルヲ以テ特ニ軍側ノ援助ヲ御願致度シ。

陸　本件ニ付テハ既ニ総軍司令部及大使館側トノ協議ニ依リ立案セル通リ、上海以外ノ占領地帯内ニ於テハ適当緩和スルコト本大臣モ同感ナリ。唯方針ヲ樹テテモ其ノ実行カ末梢迄行亘ルニハ相当ノ時日ヲ要スヘク、此ノ点ハオ互ニ一層努力セサルヘカラス。要スルニ重慶側ニ対シテハ日支協力シテ経済封鎖ヲ強化スルト共ニ、和平区域内ニ於テハ合理化シ度キ積リナリ。

三、外相トノ会談（第一回）

六月二十日午後九時　於外相官邸

同席者　褚《（民誼）》大使、周仏海、徐良、周隆庠、清水書記官

汪　国民政府ノ強化ニ関シ外交上ノ措置トシテ独伊両国ノ承認ハ特ニ必要ナリト思惟スルカ、此ノ点ニ付テハ日本側ノ援助ヲ得度シ。

外　是迄独伊カ重慶政府トノ縁ヲ切ラス大使ヲ重慶ニ駐在セシメ置キタルハ、重慶側ノ情報ヲ取ル上ニ於テ便宜ナリトモ思考セラレタル点モアリ、勿論独伊両国ハ日本ノ立場ヲ能ク諒解シ、自分ガ曩ニ訪問ノ際モ「リッペントロップ」(Joachim v. Ribbentrop)氏及「チアノ」(Gian Galeazzo Ciano)氏ト十分意見ヲ交換シタル結果、結局東亜（彼等ハ時々亜細亜ト云フ言葉ヲ用ヒタリ）ノコトハ日本ニ一任スヘシ、松岡大臣ニ一任スヘシト明言セリ。斯ル状態ナルヲ以テ、日本ノ要望ニ依リテ彼等ハ直チニ承認ノ手続ヲ執ルニ吝ナラザルベシ。

汪　重慶ニ大使館ヲ置クコトハ有害無益ナリ。重慶ヨリ出ツル情報ニ基キ当方面ノ事態ヲ判断スルカ如キコトアリテハ、寧ロ彼等ノ認識ヲ誤ラシムル惧アリ。従ツテ情報ヲ取ル為ノ大使館存在ト云フカ如キハ意味ナシト云ヒ得ヘシ。

外　独伊ノ国民政府承認問題ハ主席ノ意見ニ基キテ決メル方針ニテ、今日迄待チ居リタル次第ナリ。主席ニシテ希望セラルルナラハ、両三日中ニ政府部内ノ議ヲ纏メ両国駐劄ノ我カ大使ニ電訓シテ至急承認ノ手続ヲ取ラシムベシ。独伊両国ノミナラズ枢軸国側各国家ヲシテ全部承認セシムル様取計フヘシ。是ハ今回主席ノ訪日ニ対スル自分ノ差上クル土産ナリ。実ハ自分ハ欧洲ヨリ帰リタル後南京ニ赴ク積リニテ、主席ノ訪日ニハ終始反対シ来レルナリ。其ノ反対ノ理由ハ自分ナラハ南京ニ赴キ何等ノ土産ヲ持チ帰ラサルモ差支ナキモ、主席カ来レハ手ブラニテハ帰レス、何等カ土産ヲ持チ帰ラサレハ面目立タストノ考ニテ反対セルナリ。本多大使ヨリハ既ニ満洲ニ於テ手紙ヲ受取リ、即時主席ノ訪日ヲ歓迎スヘキ旨申越シアリタルモ、大使ヨリ直接報告ヲ聞キタル上ニ決定シ度シト考ヘ、帰朝後直チニ大使ノ帰朝ヲ促シ、大使ヨリ親シク訪日ノ熱望ヲ知リ、自分モ之ニ賛成スルニ至リシ次第ナリ。此際自分トシテハ是非土産ヲ準備シ度ク、今ノ独伊ノ承認問題ハ其ノ一ツトシテ差上ゲル積リナルカ、此ノ外ニ尚希望スルモノナキヤ、武器借款ト云フ話モアリタルカ…

汪　本日陸相ト懇談ノ際、武器借款ノ話ヲシタルカ、右ハ現金ノ借款ニ非スシテ、日本軍ノ現地ニ於ケル鹵獲武器ノ供給ヲ受ケ軍隊建設ノ基礎トナサンカ為ナリ。

周　武器借款以外ニモ自分ハ財政部長トシテ、日本ヨリ政治借款ヲ供与セラルルコトハ重慶側其他ニ対シ政治上至大ノ意義アリト思考ス。右ハ固ヨリ国民政府ノ財政困難ノ為ニ非ス、又強テ日本ヲ苦シメントスルモノニ非ス、全ク政治的効果ヲ狙ヒタルモノナリ。

外　宜シ、三億円ノ「クレヂット」ヲ設定スルコトトスヘシ。而シテ武器借款モ此ノ中ニ含メ民需方面ニモ利用シ得ラルル様スヘシ。若シ現金ヲ欲スルナラハ、ソレモ或ル程度考慮シテ差支ナシ。先ツ三億円トスヘシ。必要アラハ第二回ニ又相当額ノ「クレヂット」ヲ設定スルモ差支ナシ。我方ハ米国ノ如キ「インチキ」ニ非ス、正直ニ言フ丈ケノ「クレヂット」ハ之ヲ供給スル積リナリ。大体日本ノ財政ヨリスレハ一年ノ経費百数十億ニ達シ、其ノ中ノ三億円位ハ物ノ数ニ非ス。是ニテ主席ニ差上クル土産ハ結局承認問題ト借款問題ト二ツ出来タル訳ナリ、握手スヘシ。

（トテ汪ト握手ス）

汪　感激ニ堪エス。尚今回ノ来訪ニ関スル共同声明ハ是非出ス様取計ハレ度、二三日中ニハ決定スル様致度。

外　実ハ声明ノ原案ニ自ラ手ヲ入レ、本日近衛総理ニ交付シ置キタリ。近衛総理ニ於テ字句ノ決定ヲ見ルニ至ルヘシ。其他何等希望アラハ遠慮ナク申出テラレ度シ。自分ノ出来得ルコトハ何事ニテモ尽力スヘシ。

汪　周仏海氏ヨリ本多大使宛ノ手紙ハ其ノ内容聊カ言ヒ過キタル点アルヤモ計ラレサルカ、政府部内ノモノハ頻リニ其ノ返事ヲ待チ居ル実情ナルニ付、政府側ノ回答ヲ得ラルレハ幸ナリ。

外　本件ハ本多大使ヨリ報告アリタル時、自分ハ直チニ同意セリ。政府ニ於テモ本日ノ閣議ニ於テ大使ニ対スル訓令案ヲ通過シタルヲ以テ近ク大使ニ訓令スル手筈ナルカ、右ヲ以テ帝国政府ノ返事ト見做サレ度。

汪　感謝ニ堪エス。

徐　今回ノ訪日ノ機会ニ泰国公使《Phya Sri Sena》ト面会シ懇親ヲ図リ度キニ付テハ貴方ノ斡旋ヲ希望ス。泰国ニハ多数ノ華僑居住シ居ルヲ以テ、将来ノ工作ノ為一応面会シ置キ度キ希望ナリ。

外　ソレハ他日ニ譲ル方可然シ。現在泰国ノ要路ハ殆ト英国ノ代弁者ト言フモ妨ケス。例ヘハ過般ノ仏印泰国間ノ調停交渉ノ際等モ泰国代表ハ頻リニ英国側ニ情報ヲ提供シ、我方トシテモ其ノ間非常ナル苦心ヲ払ヒ、其ノ間ヲ縫フテ辛シテ調停ニ成功シタルカ如キ経緯アリ。此ノ状態下ニ於テハ泰国トノ折衝ハ極メテ慎重ヲ期スル必要アリ、泰国トノ外交工作ニ付テモ今後日支相互ニ十分連絡シ研究ノ上、之ニ対処スルコト可然シ。

徐　能ク了解セリ。然ラハ南京ニ帰リタル後能ク研究シ、大使館側ト相談ノ上工作スルコトト致スヘシ。

外　十分本多大使ト相談セラレ度、同大使ハ自分ノ唯一ノ外交顧問ニシテ自分ト同一人ト考ヘ万事相談セラレ度シ。

汪　本多大使カ斯ノ如ク外務大臣ヨリ信任セラレ居ルコトハ大使トシテモ働キ甲斐アル次第ナルヘシ。

四、総理トノ会談（第二回）

六月二十一日午前八時　於荻外荘

同席者　松岡外相、周隆庠、清水書記官

外　昨夜御話ノ承認問題ト借款問題ハ只今総理ニモ報告シ置ケリ。
汪　昨夜ハ外務大臣ヨリ右二ツノ問題ニ付御話アリ、喜ヒニ堪ヘス、一同非常ナル勇気ヲ鼓舞セラレタル感アリ。尚船中日高公使ニモ申述ヘ、東京着後本多大使ニモ申述ヘタル次第ナルカ、今回ノ訪日ノ機会ニ共同声明ヲ発表致度ク、之カ理由ヲ述ヘンニ第一、外間ニ於テハ自分ノ貴国訪問ニ対シ種々ノ憶測ヲ逞シウシ「デマ」ヲ飛ハス者アリ、仍テ此際訪日ノ目的ヲ明カニスル必要アルヲ痛感シ居レリ。第二、重慶側ニ於テハ国民政府ガ還都後一年余ヲ経タルニ拘ラス、何等為スコトナシトテ日支双方ノ信用ヲ失墜セシムル様宣伝シツツアリ、斯ル宣伝ヲ打倒スル意味ニ於テ戦争継続中ト雖、着々建設ヲ進メツツアル国民政府ノ態度ト、之ニ協力スル日本ノ確乎タル方針ヲ示スコト適当ナリト考ヘ居レリ。又全面和平実現セサル間ハ人民ノ苦痛ハ完全ニ除去シ難カルヘキモ、其ノ間ニ於テモ出来得ル限リノ方向ヲ講スルコトトシ、民衆ニ和平ノ希望ヲ懐カシムルコト必要ナリ。政府トシテモ斯ル事態トナラハヤリ易クナルヘク、殊ニ事態カ長期戦トナリタル今日政治工作ヲ重視セサルヘカラス。又此ノ際、右共同声明ニヨリ国民政府ト日本軍側トノ相互ノ関係モ益々緊密トナリ得ヘシ。
首　共同声明発出ニハ賛成ナリ。昨日案文ヲ受取リ大体目ヲ通シタルカ、尚一応字句ノ点ヲ検討致度。
汪　少クモ二十四日ニハ発表致度シ。若シ二十三日発表セハ最モ適当ト思考ス。
周　「ラヂオ」放送ハ二十二日ノ予定ナルモ、之ヲ二十四日ノ晩トナシ、共同声明ヲ二十三日ニ致シ、二十四日朝刊ニ掲載スルコトトセハ最モ有効ナルヘシ。
外　賛成ナリ。
汪　昨年十二月東亜聯盟運動ニ関スル総理ノ返事ヲ受ケタルカ、支那ニ於ケル聯盟運動ノ状況ヲ報告致スヘシ。支那側ニ於テハ国防、経済、文化ニ亘リ両国一致シテ共同ノ目標ニ向ヒ進ム為メ聯盟運動ヲ提唱セルモノナルヲ以テ、右ハ固ヨリ超国家的ノ組織ニ非ス、又国際聯盟ノ如キモノニモ非ス、日満支三国間ニ決定セル大方針ニ基キ、小サキコトヲ理事会ヲシテ協議セシメ実行セシムル仕組ヲ作リ度シトノ意嚮ニ出テタルモノナリ。但シ今日ハ全ク思想運動ノ域ヲ脱セス、専ラ民衆ノ啓蒙運動トシテ実施シツツアル訳ナリ。

首　中国側ニ於テ発起セル東亜聯盟運動ノ根本精神ハ所謂近衛声明ノ具体化ニアル点ヲ諒承シ、自分ハ賛成ヲ表スル者ナリ。唯日本ニ於テハ従来此ノ種運動ニ当リタル者ノ間ニハ不純ナル動機ヲ以テ政治運動ヲ展開セントスル者アリ。政府トシテハ一応之ヲ清算シ純粋ナル思想運動トシテ再出発セシメ、将来ハ支那側ト連絡シ新東亜建設運動ニ邁進スル様致度キ希望ナリ。従テ先ツ大政翼賛会ヲシテ之ヲ統制セシムルコトトシ、目下準備中ナリ。

汪　我方ニ於テハ既ニ聯盟総会ノ組織モアリ、日本側ト連絡スル必要上翼賛会中ノ一部局又ハ或ル人ヲ指定シテ連絡ノ責任ニ当ラシムレハ好都合ナリ。

首　承知セリ、考慮スヘシ。

外　結局東亜局長ノ職ニ或ル永井柳太郎氏ヲ連絡係トスル方適当ナラン。

首　然リ、永井君ニ連絡スルコト最モ適当ナルヘシ。

汪　要スルニ何処カ一ツニ連絡場所ヲ決メサルトキハ種々ノ行違ヒヲ生スル虞アリ。此ノ点ハ早ク手ヲ廻スコト必要ナリ。

周　大政翼賛会ノ中ニ連絡責任者ヲ一人設ケラルレハ問題ナキ次第ナリ。

外　東亜聯盟運動ハ先ツ暫クハ日支双方別々ノ団体ニテ之ヲ行ヒ、興亜運動ト云フ立場ニ於テ相互ニ連絡スル方法ヲ執ルコト最モ適当ナルヘシ。

首　東亜聯盟運動カ日本ニ於テ問題トナリタルハ同運動カ超国家的運動トナラントスル虞アリタルコト、即チ主権ヲ晦冥ナラシムル虞アリ、加ヘテ民族平等ノ主義ノ下ニ朝鮮独立運動ノ如キ気配スラ見エタルヲ以テ問題トナリタル次第ナリ。中国ノ東亜聯盟ノ如ク明瞭ニ近衛声明ヲ基礎トスルモノナラハ何等差支ナシ。要スルニ日本側ニ於テハ、此ノ運動ニ参加セル人々ノ運動ノ方向及動機カ区々ニシテ一致セル所ナカリシ憾ミアリタル次第ナリ。

（食事ニ入ル、此ノ間雑談）

（食後）

汪　重慶ノ内情ヲ申上クベシ。重慶側ノ抗戦継続ハ結局兵力ヲ散佚セサラントスル将領ノ気持ト当局ノ財力トニ基クモノナリ。兵力ノ分散ヲ恐ルルコトハ独リ蔣介石ノミナラス軍隊共通ノ心理ナリ。蔣カ対日媾和ノ条件トシテ日本軍隊ヲ蘆〔盧〕溝橋事変前ノ位置ニ復帰セシメヨト主張スルカ如キ、又李済琛ノ代表カ武漢、宜昌ノ日本軍ノ撤退ヲ要望スルカ如キ、何レモ和平後ニ於ケル彼等ノ兵力ノ分散ヲ恐ルルカ為ナリ。財力ノ継続ハ英米カ後楯トナリ居ル為ナルカ、蔣カ和平ニ乗出スコト能ハサル理由ハ若シ一ト度彼カ和平ニ参加セハ英米ノ援助立所ニ止マリ法幣暴落シ、軍隊ハ離散シ総崩レトナルヲ恐ルルカ為ナリ。有力ナル部隊カ我方ニ容易ニ帰順セサル理由モ此ノ財力カ問題ナリ。即チ国民政府側ニ確乎タル財力ナケレハ一時ニ多数ノ部隊ハ帰順シ来ラサルヘシ。

外　広西軍ノ実力ハ如何、其ノ配置如何。

汪　李宗仁ハ老河口ニアリテ湖北・安徽ノ第五戦区ヲ統率シ約七個師ヲ有ス。尚四川・雲南ノ両省ノ将領ハ李宗仁ノ命ニ服スル状況ニアリ。李済琛ハ桂林ニ在リ部下約六個師ヲ有ス。白崇禧ハ重慶ニ在リ、龍雲ノ軍隊ノ精鋭ハ概ネ雲南省外ニ在リ、四川軍ハ大体省内ニ在ルモノト省外ニ在ルモノ約半ハス。自分ハ過日李ノ代表ニ対シ、若シ君等ニシテ事実上和平運動ニ参加スルニ於テハ国民政府ハ必ス援助ヲ与フヘシ、万一財力ノ足ラサルコトアリテモ日本側ニ於テ援助スルモノト確信スト述ヘ置キタリ。察スルニ斯ル事態トナラハ貴国政府ニ於テモ必ス援助セラルルモノト信ス。今ハ架空ノ問題ナルヲ以テ真面目ニ相談スル訳ニハ行カサルモ、若シ斯ル事態トナラハ改メテ御相談スルコトモアルヘシ。今回ノ訪問ハ条約締結後最初ノ公式訪問ナルヲ以テ形式上相当厄介ナリシモ、今後ハ飛行機モアルコトナレハ必要ニ応シテハ度々簡単ニ訪問シ度キ考ヘナリ。

外　仮リニ二十ケ師ノ軍隊来ルモノトセハ年額如何程ノ軍費ヲ要スルヤ。

周　日本金三千万円位ナルヘシ。

外　ソレ位ナラハ知レタモノナリ、問題ニ非ズ。

周　本日此ノ機会ニ国民政府管轄区域内ノ実情ヲ申上クヘシ。第一ニ自分ハ日本ノ友人トシテ日本ノ為ニ採ラサル点ヲ挙ケ御参考ニ供シ度シ。事変以来現地ニ於ケル日本人ヲ見ルニ下級ノ者ハ相当腐敗堕落シ居ル傾向アリ。例ヘハ経済封鎖、物資搬出入統制ノ如キモ之等ノ者ニ依リ破壊セラルルコト尠ナカラス、甚シキハ遊撃隊ト結托シテ利益ヲ貪リ、或ハ奸商ト結託シ賄賂ヲ取リ暴利ヲ貪ル者アリ。斯カル風潮ヲ放置スルトキハ将来此等ノ者カ日本ニ帰リテ日本ノ社会ヲ腐敗堕落セシムルニ至ルヘク、日本ノ為ニモ憂フヘキ現象ナリ。或ル人ハ清朝明ヲ亡ボシテ百年後漸ク腐敗ノ徴ヲ現ハシ遂ニ三百年ニシテ倒レタルカ、日本ハ戦争開始後僅ニ三年ニ過キス、既ニ斯ル腐敗化ノ現象アルハ其ノ前途思ヒ遣ラルト述ヘタル者アリ。此ノ点ハ日本ノ将来ニ取リテモ由々シキ問題ナルヘシ。

汪　現地ニ於ケル日本ノヤリ方ニ付テハ改善スヘキ点アリ。例ヘハ上層部ニ於テ決定セル方針ハ下層部ノ事務当局ノ手ニ移レハ忽チ駄目トナルカ如キコトモアリ。

周　今回ノ三億円ノ借款モ愈々契約ノ際トナラハ、事務当局ヨリ細カク制限ヲ付セラレ、遂ニ政治的ノ意味ヲ失フニ至ルコトヲ恐ル。例ヘハ借款償還ノ保証ノ為、日本ヨリ財政監督ヲ国民政府部内ニ設クルト云フカ如キ条件ヲ提出セラルルトキハ、国民政府ハ愈々日本ノ傀儡政権トナリタリトノ批評ヲ受ケ、却テ面白カラサル影響ヲ受クルニ至ルヘシ。

外　斯ルコトハナシ。細部ノコトハ何レ研究スヘキモ、関係大臣ノ関スル限リ今回ノ借款ハ極メテ寛大ナル条件ニテ供与シ度シトノ話合アリ、事務当局ノ手ニ移ルトキハ動モスレハ余リニ細カクナル傾キアルヲ以テ、実ハ其ノ研究モ止メサセタル位ナリ。今回ノ話ハ最初上ヨリ出タルモノナレハ大丈夫ナリ。総理、陸海軍大臣モ皆同様ノ意見ナリ。

汪　現地ノ日本人ニ悪質ナル者アル為、支那人ノ悪質ナル者ハ之ヲ背景トシテ悪事ヲ企ラムナリ。

外　本多大使、畑司令官トモ相談セラレ努力シテ斯ル者ヲ粛清セラレ度シ。大使モ斯ルコトニハ相当ノ熱ヲ有スルモノト察セラル。

汪　此ノ際原則ヲ定メ、日支両国人結託シテ悪事ヲ働キタルトキハ、両当局協同シテ之ヲ逮捕処分スルコトトセハ改善シ得ヘシ。最近上海ニ於テ郵便局ノ公金ヲ日支両国人共謀ノ下ニ掠奪シタルコトアリシカ、幸ヒ日支両検察当局ノ協力ニ依リ、之ヲ一網打尽ト為シ、右公金ハ一文モ失フコトナク郵便局ノ手ニ戻リタルコトアリ。斯ル事例ヲ二三回繰返セハ一般ニ好影響ヲ与フルニ至ルヘシ。

外　ソレニハ勿論反対ナシ。

首　賛成ナリ。

外　何人モ斯ル原則ニハ賛成ナルヘキモ実行カ大切ナリ。結局現地ニ於テ大使及司令官等ト充分協議ノ上実効ヲ挙ケラレ度。

周　今一ツハ自分ハ東亜ノ同志トシテ日本ニ対スル批評ヲスレハ、現在中国人ハ日本ノ官憲ヲ批評シテ「左右不聯繫」「上下不貫徹」「前後不接連」ノ通用語アル位ニ日本ノ官憲ハ横ノ連絡極メテ悪ク、例ヘハ興亜院ニ於テ同意セルモノ大使館ニ於テ通ラス、軍ニ於テ賛成セルモノ興亜院ニ於テ之ニ反対スト云フカ如キ例多々アリ。上下貫徹セストハ上層部ノ意嚮下ニ徹底セス、下ノ行フコト上ノ趣旨ニ副ハサルコトヲ謂ヒ、前後不接連トハ前任者去レハ後任者ハ有ユル政策ヲ変更シ、其ノ善悪ヲ問ハス、根本ヨリヤリ直スコトヲ謂フ。之ヲ以テ此ノ一二年間吾々ハ非常ナル苦痛ヲ嘗メタリ。此ノ点ハ日本自体トシテモ充分改善ノ余地アリト信ス。

汪　今周部長ノ御話ノ通リ、例ヘハ過般広東ニ於テ華僑工作ノ一端ニ資センカ為、泰国ノ華僑ヲシテ二十数万元ヲ出サシメ暹羅米ヲ輸入スルコトトナリ、陸軍特務機関ノ賛成ヲ得テ之ヲ買付ケ澳門ニ運ヒ入レタル処、同地ノ日本海軍側ニ反対セラレ、結局広東ニ運搬スルコトヲ得サルニ至リシ例モアリ。

首　只今周部長ノ言ハレタルコトハ特ニ現地ニ於テ甚シト云フニ非ス、実ハ日本国内ニ於テモ斯ル傾向アリ。之カ現在日本ノ欠点ニシテ所謂新体制運動ノ必要モ此ノ点ニアル次第ナリ。

五、海相トノ会談

六月二十一日午後一時半　於水交社

同席者　海軍次官（沢本頼雄）、海軍軍務局長（岡敬純）、中村先任副官（勝平）、周仏海、周隆庠、清水書記官

汪　今回ノ訪日ハ条約締結ノ御礼旁々政府当局ト懇談ノ要務ヲ帯ヒテ来レル次第ナルカ、貴国海軍ニ関シテハ曩ニ中国軍艦ノ返還ヲ受ケ、威海衛ノ軍事根拠地ノ問題ヲ解決セラレ、最近又飛行機ノ贈呈ヲ受クル等、国民政

府ニ対スル援助ニ対シ感謝ニ堪ヘス、玆ニ国民政府ノ名ニ於テ深甚ナル謝意ヲ表スル次第ナリ。

中国ノ海軍建設ニ関シテハ寺岡（謹平）顧問トモ相談ノ上実施シ度キ心算ナルカ、如何セン国民政府ノ財力不足ニシテ思フ様ニ行カサルコトハ吾々モ亦顧問団モ遺憾トシ居ル所ナリ。政府部内ニ於テモ政府カ陸軍建設ニノミ経費ヲ支出シ、海軍ノ建設ニ力ヲ入レサルハ如何ナル訳ナルヤト批難スル者アルモ、要スルニ海軍ノ建設ハ経費余リニ大ニシテ今ノ段階ニテハ政府ノ手ニ負ヘサル実状ナリ。陸軍方面ハ治安ト関係アリ、緊急ノ必要アル為急カサルヘカラサルモ、海軍ハ根本的ニ存在セサルヲ以テ其ノ建設モ自ラ後廻シトナル訳ナリ。固ヨリ財政ニ余裕ヲ生シタル暁ニハ建設ニ掛リ度キ希望ナリ。而シテ其ノ建設ノ順序モ先ツ江防ヲ先ニシ、沿海ヲ後廻シニスルト云フ順序ヲ立ツル必要モアルヘシ。尤モ一方ヨリ考ヘレハ海軍ヲ整備スルコトハ、匪賊ヲ粛清シ密輸ヲ防遏シ産業財政ノ発展ニ効果アルヲ以テ生産的ナリトモ言ヒ得ヘシ。尚現在海軍部ニハ人材ニ乏シク部長ノ如キモ陸軍出身ノ任援道ヲ以テ是ニ充テツツアル状態ナルカ、最近日本軍ノ福州攻略モアリ、此ノ方面ヨリ人材ヲ誘致シ度キ心算ナリ。要スルニ海軍ノ建設ハ今後ノ問題ナルカ、貴国海軍ノ援助ヲ受ケ度。

次ニ全局ニ亘ル問題ナルカ、国民政府還都当時ハ日支双方トモ是ニ相当ノ期待ヲ掛ケ全面和平ノ希望鬱勃タルモノアリタリ。吾人ハ其ノ当時ヨリ前途ノ容易ナラサルコトヲ想像シ居タルカ、其後欧洲戦争勃発シ、殊ニ三国同盟締結以来ハ事態ハ益々困難トナリ、米国ハ日本牽制ノ為重慶側ニ前後一億米弗ノ借款ヲ与ヘ、重慶側ハ之ヲ以テ交戦軍隊ヲ維持シツツアリ。重慶側カ軍費一日一千五百万元ヲ費シツツアルニ対シ、国民政府ハ還都当時一箇月ノ経費僅カニ一千六百万元、現在ニ於テモ二千五六百万元ニ過キス、全面和平ノ前途愈々容易ナラス。更ニ西北ニハ共産軍ノ勢力三四十万ヲ算ヘ、前二者ニ比シテ国民政府ノ力ハ余リニ微弱ナリ。玆ニ於テカ国民政府強化ノ問題ヲ考慮セサルヘカラス。固ヨリ日本軍ノ作戦途上ナレハ其ノ強化ニモ相当ノ困難アルヘキハ已ムヲ得ストスルモ、現在ノ状態ニテハ国民政府ノ存在ハ和平運動ニ役立タサルノミナラス、支那自身ヲ救フコトモ出来サルナリ。況ヤ日本ニ協力スルカ如キハ思ヒモ依ラス。従テ今ヤ国民政府トシテハ之ヲ取消スカ強化スルカノ一ヲ択ハサルヘカラサル分岐点ニ在リ。何レノ途ヲ採ルヤハ一ニ日本ノ意思ニ委セル外ナキ次第ナルカ、若シ日本ニ於テ強化ヲ必要トスルニ於テハ其ノ原則ニ付討議シ度キ心算ニテ、今回貴国ヲ訪問セル次第ナリ。即チ作戦ヲ妨ケサル範囲内ニ於テ国民政府ヲ強化スルコト出来サルモノナリヤ。作戦上出来サル点ハ已ムヲ得ストシテ出来得ル点ハ之ヲ実行スル様協議シ度ク、例ヘハ日本ノ手ニ於テ行フモ国民政府ノ手ニ於テ行フモ同様ナル効果ヲ挙ケ得ヘキ仕事ハ国民政府ニ於テ之ヲ為シ、日本側ニ於テ為スヨリ国民政府側ニ於テ為ス方利益トナル事項アラハ是亦国民政府ニ於テ実行スル方可ナルヘシ。是等ノ点ニ付テハ周仏海ヨリ本多大使宛ノ書面ニ認メ提出シ置キタルカ、其ノ要点ハ行政方面ニ於テハ政府ニ相当ノ自由ヲ与ヘ、中央地方ノ行政系統ヲ建直スコト、経済方面ニ於テハ物資搬出入統制ノ如キニ検討ヲ加ヘ、軍ニ於テ実行スルコト政府側ニ於テ実行スルコトト区別シ、其ノ適正ヲ図ルコトニ在リ。右ノ案ニ対シテハ日本政府ノ回答ヲ得度キ希望ナリ。万一此ノ希望ガ達成サレサレバ政府ノ力ヲ増強セシメ難ク、政府ノ力ヲ増強シ得サレハ重慶側ノ切崩シモ行ヒ難キ次第ナリ。尚今回ノ訪日ヲ機会ニ共同声明ヲ出シ度キ希望ナルカ、右ハ内外ニ対シテ戦争中ニ於テモ着々建設ヲ進ムル意気込ヲ示サンカ為ナリ。本件ハ今朝モ総理ニ申入レ、目下総理ニ於テ声明案文ヲ点検中ナリ。尚政府強化ニ伴フ武器借款ノ問題ナルカ、日本側ニ於テハ一歩ヲ進メ政治的ノ「クレヂツト」ヲモ設定セラルル意向ノ如ク承ハレリ。要スルニ国民政府強化ハ事変解決ノ能力ヲ持タシメ、兼ネテ人心ヲ収攬シ重慶側ヲ動揺セシムルニ役立ツモノト信シ、率直ニ貴国側ニ要望スル次第ナリ。

海　オ話ノ趣旨ハ能ク了解セリ。自分ノ意見モ大体閣下ト同様ナリ。従テ更メテ申上ケルコトナシ。唯国民政府ノ強化ニ付海軍ノ建設ノ必要ナル所以ヲ申述ヘ度シ。遠クハ三国時代、呉カ長江ノ水軍ヲ擁シテ魏ノ曹操ヲ打挫キタルコトアリ。五代ニ於テモ南京陥落ハ主トシテ水軍ノ功ト謂フヘク、清朝ニ入リテハ太平天国ノ乱ニ曽国藩ハ陸上ヨリ攻メテ効無ク、退イテ洞庭湖ニ水軍ヲ養フコト二箇年、遂ニ之ヲ以テ南京ヲ攻略セリ。清朝初期ニ於テモ江南ノ鎮圧ニハ江陰ニ水軍ノ根拠地ヲ設クルヲ必要トセル程ナリ。斯ル歴史上ノ事例ニ鑑ミルモ、速ニ江防艦隊ノ建設ニ着手セサルヘカラス。政府ノ財政困難ナリト雖モ、江防艦隊ノ建設ナラハ不可能ニ非サルヘシ。

汪　経費巨額ニ上リ、ソレカ問題ナリ。計画ハ立案中ナリ。

海　現在電撃作戦ノ時代ニ於テ軍事上ヨリスルモ江防艦隊ハ是非必要ナリ。

汪　然リ。蒋介石ノ北伐ノ勝利モ長江艦隊ヲ握リタリシ為ナリ。要ハ経費ノ問題ナルカ、武器借款ニ付テハ既ニ陸軍大臣トモ話合ヒタリ、海軍建設モ此ノ内ヨリ何トカナラサルヤ。

海　江防艦隊ニ要スル装備等ニ付テハ武器借款ニ含マシムルモ差支ナキモノト思ハル。

六、蔵相トノ会談

六月二十三日午後二時

同席者　周仏海、大蔵次官（広瀬豊作）、周隆庠、清水書記官

汪　本日ハ主トシテ財政問題ニ付オ話致度シ。先ツ重慶側ノ財政状態ヲ説明シ国民政府ノ財政強化ノ問題ニ触レ度キ心算ナルカ、国民政府財政強化ノ問題ハ後刻周部長ヨリ説明アルヘキニ付、自分ヨリ先ツ重慶側ノ情況ヲオ話致スヘシ。嘗テ六年前「リースロス」中国ニ来リ孔祥熙、宗〔宋〕子文及蒋介石ト協議ノ上法幣制度ヲ確立シタ

ルカ、是レ取リモ直サス今回ノ事変ヲ惹起セル一大原因ナリ。当時一部ノ者ハ是ニテ日本ト戦フモ大丈夫ナリト意ヲ強フシタルカ、一部ニ於テハ大変ナル事態トナレリ、斯クテハ日支ノ国交調整ハ水泡ニ帰シタリト憂ヒタリ。当時ハ蔣ノ勢力隆々タリシ時代ナリシモ、自分ハ行政院長兼外交部長トシテ極力是ニ反対シ、二週間ニ亘リ反対ヲ持シテ下ラス、遂ニ十二月「テロ」ニ遭ヒ、次イデ唐有壬モ暗殺セラルルニ至リ、蔣ハ行政院長トナリ、遂ニ「リースロス」ノ計画成功シ、自分ハ欧洲ニ逃レタルカ、其ノ後一年有余ニシテ事変発生スルニ至リシナリ。即チ今回ノ事変ハ法幣ヲ以テ戦ヒツツアリト言フモ過言ニ非ス。従テ英国ハ如何ニ苦シクトモ法幣援助ノ態度ヲ変ヘス、英国ノ力ノ足ラサル所ハ米国之ヲ援ケ、昨年十二月五千万米弗、今年三月五千万米弗、合セテ法幣十九億元ノ借款ヲ与ヘタリ。重慶側ハ之ヲ以テ軍隊ノ給養ヲナシ居リ、反蔣ノ軍隊スラ之カ為蔣ヨリ離ルルコト能ハサル事態トナリ居レリ。即チ反蔣軍隊ト雖モ蔣ヲ離ルレハ軍費ヲ貰フコト出来ス、サレバトテ正規軍タル以上遊撃隊ノ如ク、地方ヨリ金ヲ取立ツルコト能ハサルナリ。此ノ軍費ノ支給カ軍隊維持ノ根本問題ナリ。即チ軍費ノ支給ヲ受クル目当テナケレハ彼等ハ容易ニ和平ニ参加セサルナリ。

国民政府成立以来軍隊ノ切崩シ工作何故ニ遅々トシテ進行セサルヤト言フニ、是レ固ヨリ政府ノ責任トシテ感スル所ナルモ、蔣カ一日一千五百万元軍費ヲヤスヤス使ヒ居ル現状ニテハ如何トモスヘカラス。国民政府ハ成立当時月額経費一千六百万元、最近ニ至リ漸ク二千六百万元ニナリタルニ過キス、蔣モ実ハ内心相当困リ居ルモノト察セラルル《（ママ）》。即チ蔣カ和平ニ参加スレハ英米ノ援助ハ直ニ止ルヘキヲ以テナリ。国共分裂ニ瀕シタル際モ米国ノ一言ニ依リ蔣ハ思ヒ止リタル程ナリ。反蔣軍隊カ国民政府ニ参加シ来ラサルハ国民政府ノ財政的基礎ノ薄弱ナルヲ見テ軍費ノ点ヲ懸念スルカ為ナリ。右ハ軍事上ヨリ見タル点ナルカ、全般的ニ見ルモ国民政府ノ政治的財政的基礎カ今日ノ如キ状態ニテハ全面和平ニ到達スルコト極メテ容易ナラス。然ラハ如何ニシテ蔣ト英米トノ関係ヲ断絶セシメ得ヘキヤ。最近ノ日蘇条約或ハ日米国交調整等ヲ以テ之ヲ促進スルコトモ考慮シ得ラルヘキカ、是亦直チニ効力ヲ挙ケ得サルヘシ。米国ノ参戦ハ問題ナルヘキモ、米国ハ参戦ノ如何ニ不拘、終始重慶ヲ援助スヘキコト疑ナシ。斯シテ英米側ト重慶トノ関係ヲ断絶スルコト不可能ナリトセハ事変ノ解決ハ国民政府強化ノ外途ナカルヘシ。一言ニシテ言ヘハ重慶ノ来ルト来ラサルニ論ナク、国民政府ノ強化ハ絶対ニ必要ナリ。国民政府強化ノ具体案、殊ニ財政方面ニ付テハ周部長ヲシテ説明セシムヘシ。

周　国民政府財政力強化ニ付テハ先ツ第一ニ国民政府ヲシテ財政、行政ノ権力ヲ持タシムルコト必要ナリ。之ニ関シ考慮スヘキハ中央儲備銀行ノ強化ナリ。中央儲備銀行ハ成立後著々其ノ成績ヲ挙ケツツアルモ、其ノ本来ノ任務ヲ達成スルニハ更ニ一段ノ努力ヲ払フヘキ余地アリ。即チ重慶側ノ法幣ヲ打倒スルニハ中央儲備銀行ノ新法幣ノ増強必要ナリ。然ルニ新法幣ノ使用ニハ種々ノ制限アリ困難ヲ感ジ居ル実情ナリ。現在新法幣ノ流通区域ハ華北ニ及ハス、僅カニ三角地帯一帯ニ止マリ居ル処、三角地帯ト雖モ鉄道ノ如キハ新法幣ノ使用ヲ許サス、電気、水道、瓦斯等亦然リ。斯カル制限ハ何トカ緩和セラルルコトヲ希望ス。殊ニ華中鉄道ノ如キハ新法幣ヲ使用シテハ如何カト思フ。是ハ主トシテ軍票ノ関係ナルヘキモ、北支ハ暫ク別トシテ、少クモ中南支一帯ニハ新法幣ノ流通ヲ図ルコト急務ナルヘシ。旧法幣ヲ打倒スルニハ結局新法幣ヲ以テセサルヘカラス。軍票ハ一時的ノモノナルヲ以テ根本的ニ期待シ難シ。殊ニ現在ノ状況ニテハ是以下ニ軍票ノ価値カ下落スルコトナカルヘキヲ以テ、新法幣ノ流通ヲ増加セシムルコトニ依リ重慶側ノ金融権ヲ漸次我方ニ掌握スル様工夫セサルヘカラス。

尚財政ノ強化ノ問題トシテハ税制ノ問題アリ。即チ旧税ノ整理ト新税ノ措置ナルカ、是等ハ何レモ青木顧問ト相談中ナリ。今回近衛総理、松岡大臣ヨリ三億円ノ「クレヂット」設定ノ話アリ、右ハ政治上極メテ好影響アリト信ス。但シ余リ厳重ナル条件ヲ附セラルル時ハ政治上ノ効果ヲ失フヲ以テ、此ノ点ハ大臣ニ於テモ考慮セラレ度ク、例ヘハ条件ノ一トシテ財政監督ヲ政府ニ入ルルカ如キコトトナリテハ面白カラス。尤モ外相ハ斯カルコトハナシト言明セラレタリ。同借款ニハ政治上ノ意味ヲ持タセ度ク、尚同借款ハ一度ニ之ヲ使用スルモノニ非サルヲ以テ、出来ル限リ寛大ナル条件ニテ契約スルコトト致度シ。

蔵　新法幣ノ強化ニハ固ヨリ種々ノ方法アルヘシ。但シ旧法幣ヲ打倒スル際、新法幣ノ価値ハ如何ニナルヤ。例ヘハ旧法幣ト新法幣トノ間ニ値開キヲ生シタル時ハ其ノ関係ヲ何時打切ルヤ。右値開キハ実際問題トシテハ毎日少シツツ生スルモノナルヘキニ付、容易ニ之ヲ打切ルコト出来サルヘシ。打切ルコト出来ストセハ其ノ過渡期間如何ナル措置ヲ執ル積リナルヤ。右ハ極メテ難カシキ問題ナルヘシ。

周　旧法幣ト新法幣ト「オープン・レート」ニ於テ同価値ナル場合ニ於テモ所謂闇相場ハ出来ルコトトナルヘシ。既ニ今日之ヲ見越シテ新法幣ヲ買込ム傾向アル位ナルカ、右闇相場ノ開キカ大キクナリタル時、之ヲ打切ルコト出来得ヘシ。

蔵　安慶、九江方面ハ軍票ノミ使用シ居ルヤ、尚蚌埠方面ハ如何。

汪　安慶、九江方面ハ総テ軍票ナリ。蚌埠ニハ聯銀券、軍票、旧法幣、新法幣雑然トシテ行使シアリ。

蔵　借款問題ニ付テハ外相ヨリ相談ヲ受ケタルカ、之ヲ機会ニ我方ヨリ財政監督ヲ国民政府ニ派遣スルカ如キ考ハ毫モナシ。唯其ノ形式ニ関シ果シテ政府ヨリノ借款トスルカ、其ノ他ノ方法ニ依ルカハ研究ノ要アリ。政府ヨリノ借款トスル時ハ議会ノ通過ヲ要スル次第ナリ。民間ヨリノ借款ト為スカ如キ場合ニハ担保ノ如キ問題生スルヤモ計リ難キモ、何レニスルモ厳格ナル条件ヲ附スルカ如キコトハナシ。

尚右借款ヲ「クレヂット」トシテ設定スル場合、国民政府側ニ於テ必要ナルハ物資ナルヘク「ペーパー」ニハ非サルヘシ。武器ト云フ話モアリタルカ、結局第一ハ武器、第二ハ物資、第三ハ通貨ト云フ順序ナルヘシ。米モ必要トアレハ外米ヲ購入セサルヘカラス。是モ此ノ中ヨリ用立テシ得ヘシ。形式方法等ニ付テハ何レ研究スルコトト致スヘシ。尚右借款ノ発表ハ国際的ノ影響モ考ヘ、日本国内ノ影響ヲモ考慮シ、何時如何ナル形式ヲ以テ発表スヘキヤハ追テ協議スルコトト致度シ。

汪　承知セリ。

七、外相トノ懇談（第二回）

六月二十四日午前八時　於外相私邸

同席者　周隆庠、清水書記官

汪　最初ニ報告シ度キコトアリ。昨日伊太利情報官ニ会見セル処、同情報官ハ自分ニ「チアノ」宛電報ヲ発スルコトヲ奨メタリ。此ノ点ニ付御意見承リ度シ。

外　如何ナル内容ノ電報ナリヤ。

汪　反共ヲ表明セルモノナリト言ヘリ。当時自分ハ返答ヲ留保セリ。其ノ際自分ハ反共ト対蘇聯国交トノ問題ナリト言タルニ、彼ハ右二ツノ観念ヲ一ツニセラレテハ如何ト提議セリ。

外　斯カル電報ノ発出ハ中止スル方可ナラン。反共ト対蘇聯国交トハ依然トシテ分離シ置ク方将来ノ為適当ナルヘシ。

汪　然ラハ貴見ノ通取止ムヘシ。

（食事ニ入ル。終リテ更ニ会談継続）

外　現下ノ欧洲情勢ニ付、過般自分ノ訪問ノ際得タル印象其ノ他ヲ申上クヘシ。先ツ三国同盟ナルカ、三国同盟ハ元来東京ニ於テ相談纏リタルモノナルカ（機密ナル会談ハ此ノ邸内ニテ行ヒタリ）、独逸ノ顔ヲ立テテ伯林ニテ話合出来タル如キ形式ヲ執リタルモノナリ。右同盟ノ重大ナル目的ノ一ツハ米国ノ参戦ヲ抑ヘントシタルコト、今一ツハ日蘇ノ国交ヲ調整セントシタルニアリ。日蘇ノ国交ヲ調整セントスルコトハ独逸モ亦之ヲ希望シ、建川《美次》大使ヲシテ日蘇不可侵条約締結ニ当ラシメタルカ、蘇ハ容易ニ之ニ応セス、昨年十二月「モロトフ《Viacheslav M. Molotov》」伯林ニ赴キ「リツペントロップ」ヲ訪問セル際、「リツペントロップ」ヨリモ日蘇国交調整問題ニ付「モロトフ」ニ勧告シ、蘇聯ヲシテ三国同盟ニ同調セシムル様劃策シタルカ、不侵略条約ノ交渉捗々シカラス、自分カ伯林訪問ノ際モ本件ニ関シテ「リツペントロップ」ト打合セタル処、「リツペントロップ」モ中々困難ナルヘシト述ヘタリ。然ルニ当時欧洲ノ情勢変化モアリ、又自分モ卒直ニ蘇聯首脳部ト話合ヒタル結果、急速ニ議纏マリ日蘇中立条約ヲ締結セルニ至リシ次第ナリ。

独「ソ」ノ関係ハ欧洲ニ赴カサル前ハ両国ノ経済協定ノ存在間ニモ鑑ミ関係相当ニ円満ナルモノト思ヒ居リシニ、独逸ニ至ルヤ其ノ全ク相反セルニ一驚ヲ喫シタリ。自分ガ独逸ニ至リ知リ得タルコトハ、昨年十二月「モロトフ」訪独ノ際、「ソ」聯ノ提出セル条件ハ悉ク独逸側ニ於テ之ヲ拒絶セルノミナラス、最近独逸ノ「バルカン」ニ対スル外交攻勢及「バルカン」方面諸国ヲシテ三国同盟ニ参加セシムルコト、其他土耳古ノ包囲ノ軍事態勢間ニ付テハ当然事前ニ「ソ」聯ノ諒解アリタルモノト想像シ居リシニ、是亦想像ニ反シテ独「ソ」ノ間ニハ何等ノ話合ナク、独逸ガ一方的ニ敢行シタルコトヲ知レリ。同時ニ独逸ハ既ニ百四十箇師ヲ「フインランド」ヨリ「ルーマニア」ニ至ル様ニ配置シ居リ、独「ソ」ノ関係ハ一触即発ノ勢ニアルヲ見タリ。之ニ対シ

「ソ」聯ハ独逸ノ武力ヲ恐レ、極メテ慎重ニ構ヘテ開戦ノ口実ヲ与フルヲ避ケ居リタリ。自分カ「ヒツトラー」ニ会見セルトキモ、「ヒツトラー」ハ独「ソ」衝突ノ時期ハ明言セサルモ、自分ハ当時既ニ今日ノ事態トナルヘキヲ予想セリ。

汪　三国同盟ハ米国ノ参戦ヲ牽制スル目的ニ出テタルコトハ了解セルカ、独「ソ」開戦ハ却テ米国ノ開戦ヲ誘発スルコトトナラサルヤ。

外　三国同盟カ米国ノ参戦ヲ牽制スルノ効果アルコトハ明カナルカ、今回ノ独「ソ」開戦ニ依リ米国ノ参戦ヲ早ムルコトトナルヤ否ヤ未定ナリ。過日米国大統領(Franklin D. Roosevelt)ノ炉辺閑談ヲ見ルニ其ノ中ニ於テ日本ニ言及セス、右ハ興味アル一ツノ含ミトモ考ヘラル。元来自分ハ大統領トモ知合ノ間柄ニテ、若シ米国ガ参戦スルカ如キコトアラハ日本モ直チニ立タサルヲ得ス、斯ルコトハオ互ニ慎ム方可然キ旨強ク勧告セル次第モアリ。是ダケノ理由ニハ非サルヘキモ、兎モ角米国ハ慎重ニ構ヘ居ルモノト考ヘラル。凡ソ外交問題ハ国際間ノ利害関係以外人的関係カ重大ナル役割ヲ演スルコト、「ヒツトラー」「ムツソリーニ」ノ例ニ於テ見ルカ如シ。幸ヒ欧米ノ政治家モ自分（外相）カ嘘ヲ言ハヌ人間ナルコトヲ承知シ居リ、其ノ言フコトハ信用スルニ足ルトノ印象ヲ与ヘ居ルヲ以テ、自分ノ言フコトハ相当ノ影響アリト信シ居ル次第ナリ。

独逸ノ「ソ」聯ニ対スル方針ハ過般訪独ノ際、独逸政府当局ヨリ詳細之ヲ聞キタルカ、彼等ノ言フ所ヲ綜合スルニ、第一「ソ」聯ノ共産主義ハ絶対ニ独逸ノ容認シ得サル所ニシテ、二年前一応「ソ」聯ト手ヲ握リタルハ当時ノ情勢上已ムヲ得サルニ出テタルモノナリ、第二ニ「ソ」聯ノ飽クナキ領土的野心ハ欧洲及亜細亜ノ新秩序建設運動ノ一大障碍ヲナスモノニシテ、之ヲ此ノ儘放任スレハ将来ニ大ナル禍根ヲ残ス惧アリ、仍テ独逸トシテハ一度「ソ」聯ヲ撃ツ場合ニハ中途ニシテ之ヲ廃セス、「ソ」聯邦ヲシテ四分五裂ノ状態ニ陥ルル迄徹底的ニ之ヲ叩キ付クル積リナリト云フニアリタリ。当時自分ハ之ニ答ヘテ曰ク、「ソ」聯ノ主義カ絶対ニ独逸ト相容レスト云フモ、元来主義ナルモノハ時勢ト共ニ変化スルコトモアリ、又鉄砲ヲ以テ主義ヲ打倒スルト云フモ不可能ナルヘシ、但シ「ソ」聯ノ野心ニ至ツテハ固ヨリ之ヲ打破セサルヘカラス、自分モ早クヨリ「ソ」聯邦ハ当然民族単位ノ少クモ五、六ノ国家ニ分裂スヘキモノナリト考ヘ来レルモノニテ、独逸ノ右方針ニハ根本的ニ賛成ナルカ、唯今日迄其方法手段ヲ発見セサリシナリト答ヘ置キタリ。独逸当局ハ「ソ」聯ノ内情ヲ能ク知悉シ、又早クヨリ第五列ヲ「ソ」聯内ニ活躍セシメ、一度戦ヘハ「スターリン」《Iosiv V. Stalin》政権ハ忽チ崩壊シ数個ノ小独立国家ニ分裂スルノ手配ハ十分整ヘ居ルモノノ如ク、極メテ自信アル態度ニテ之ヲ語レリ。

今回ノ独「ソ」戦争ニ依リ「ソ」聯邦カ崩壊シテ数個ノ国家ニ分裂スルコトハ、独リ欧洲ノ情勢ニ一大変革ヲ来スノミナラス、我カ亜細亜方面ニ於テモ千歳〔載〕一遇ノ機会ニシテ、日本ト中国ハ此際速カニ事変ヲ解決シ、外蒙ハ固ヨリ「ウラル」以東ヲ亜細亜ニ取戻シ一大共栄圏ヲ樹立スルノ機会ニ遭遇セルモノナリ。ソレニ付ケテモ重慶政権カ今尚対日抗戦ヲ継続スルカ如キ洵ニ惜ミテモ余リアル。蒋介石等カ何故此ノ世界ノ大勢ニ醒メテ日本ト手ヲ握ラサルヤ歯痒ク思ヒ居ル次第ナリ（外相声ヲ励マシテ語ル）。

汪　然リ、早速重慶ヨリ人ヲ上海辺ニ出サシメ十分話合ヲシテハ如何（ト膝ヲ乗リ出シテ言ヒ出シタルカ、急ニ声ヲ落シ）、唯米国カ承諾セサレハ到底蒋ハ話ニ乗ラサルヘシ。

外　米国ニ対シテハ蒋ヲ説ク様奨メツツアルカ駄目ナリ。

汪　今回ノ独「ソ」開戦ニ依リ独逸ノ英国ニ対スル手カ暫ク緩ム時ハ英国ニ立直ル機会ヲ与フル惧ナキヤ。

外　「ヒットラー」ハ所謂電撃作戦ノ大家ナレハ、恐ラク「ソ」聯ヲ撃チタル後返ス刀デ英国ニ向フナラン。

汪　「ソ」聯ハ国土広ク、例ノ退却戦法ヲ取リ、ヂリ々々《（ママ）》後退スルニ於テハ戦争ハ長期戦トナル惧アルヘシ。

外　独逸ノ計画ニテハ長期戦トナラス、極メテ短期間ニ解決スル自信アル模様ナリ。今回ノ独蘇戦ノ内情ヲ見ルニ、今ヤ独逸ハ諾威、希臘、北阿弗利加ニ亘リ所謂西欧羅巴ヲ押ヘタルカ、是等占領区域内ノ食糧ノ不足ハ一大問題ナリ。元来欧洲ハ食糧ニ不足シ、之ヲ南米、北米ヨリ補充ヲ仰キタルモノナルカ、現在是等ノ供給モ絶エ、独逸ハ最後ノ手段トシテ「ウクライナ」「コーカサス」ノ穀倉ヲ確保スル必要ヲ感シ、「ソ」聯ニ要求スル所ナク俄ニ戦争ヲ開始シタルモノナリ。是独「ソ」開戦ノ近因ナルヘキモ、前述ノ通リ此ノ戦争ニ依リ「ソ」聯邦ハ瓦解スルノ危機ニ瀕スヘシ。斯ル世界ノ変転ニ際シ亜細亜民族ノ解放ハ今ヤ目前ニ迫レリ。此際日支両国ハ小問題ニ捉ハレス、大局ヨリ合作シテ共同ノ使命ニ邁進スヘキナリ。ソレニハ先ツ日本ハ私ヲ去リ我ヲ棄テルコト必要ニテ、近衛総理モ自分モ全ク其ノ気持ニテ当リ居レリ。蔣介石ノ如ク英米ニ依存シ、其ノ最後ノ勝利ヲ期待スルカ如キ見方ハ既ニ時代錯誤ナリ。対重慶工作ハ昨年十二月末ヲ以テ全ク成功ノ望ナキニ至レリ。万一今後何等カ手ヲ打ツ必要アルトキハ必ス閣下ト相談ノ上実行スル事ト致シ度シ。

汪　此際御参考迄ニ申上ケ度キハ去ル二十二日頭山（満）翁訪問ノ際、他日和平運動ニ関シ蔣介石ト自分トノ間ニ個人的問題起リタル時ハ其ノ解決ヲ翁ニ一任シ度シト述ヘ置キタリ。此ノ事ハ近衛総理、松岡外相、畑司令官、板垣参謀長ニタケ御報告申上ケ度シ。

外　今後モ種々ノ問題起レル時ハ現地ニ於ケル本多大使、影佐少将、青木顧問ト腹蔵ナク相談セラレ度。本多大使ハ全然自分ト同一ノ人間トシテ取扱ハレ度、影佐少将ハ御承知ノ通リ閣下ノ和平運動開始ニ当リ自分ヨリ奨メテ出馬セシメタル人間ナリ。青木顧問亦自分ヨリ奨メテ顧問ノ職ニ就キタルモノナルカ、経済工作ヲ一元化セサルヘカラストノ意見ヲ有チ、此点自分ト全然同一ノ理想ヲ有ツノミナラス、極メテ実直ナル人間ナレハ十分信頼シテ差支ナク、此ノ三者夫々外交、軍事、経済ノ最高顧問格トシテ交際ハレ度。

固ヨリ日本人ノ間ニモ分ラヌ人間ヨリ(ママ)実際ノ仕事ニ当リ腹モ立チ困ルコトモアラムト察セラルルモ、ソレモ一時ノコトニシテ、又日本ノ(ママ)平等ト云フモ一挙ニ之ヲ平等ノ地位ニ招来(ママ)ス能ハス。現実ニハ一歩々々改善スルノ外ナシ。日本人ノ気持ヲ改ムルコトハ吾々モ充分努力ヲ払ヒツツアル訳ナルカ、閣下ニ於テモ此点ヲ能ク認識シ忍耐シテ事ニ当ラレ度シ。実際ヲ言ヘハ日本国内ノ一部ニハ汪政権ニ対スル反対スラアリ、自分モ相当ニ奮闘シタル経緯モアル位ナリ。結局本多大使ノ熱ノアルヲ見込ミ大使ニ就任ヲ請ヒタル次第ナリ。

広西派ノ和平参加運動ニ対シテハ閣下ニ於テ責任ヲ取ラレ実行セラレテ差支ナシ。我方トシテモ十分援助スル用意アリ。

六月二十四日近衛首相汪主席特別会談要録

（欄外朱印）機密

近衛首相汪主席特別会談要録

六月二十四日午后九時　於首相官邸

同席者　周隆庠　清水書記官

汪　今朝ハ外相ト詳シク外交問題ヲ話合ヒタリ。今夜ハ御暇乞旁々他ニ承ルヘキコトアラハ承リ度シ。尚一言報告シ度キコトハ去ル二十二日頭山翁ト会見ノ際、他日全面和平実現ノ際、若シ蔣介石ト自分トノ間ニ個人的問題起リタル時ハ、自分ノ一身上ノコトハ頭山翁ニ一任シ解決シテ貰ヒ度シト云フコトヲ話シ置ケリ。右ハ南京ニ於テ畑、板垣両氏ニモ諒解ヲ得タル所ナルカ、念ノ為申上ク。

次ニ今朝外相ト話合ヒタルカ、蔣ノ和平転向ハ米国カ動カサレハ到底見込ナシト思料セラルル処、独蘇ノ戦争勃発シテヨリ二ツノ見解アリ。一ハ重慶側カ宣伝シ居ルカ如ク、英米蘇三国カ一緒トナリ重慶ヲ援助スルニ至ルヘシトノ見方、他ノ一ハ蘇聯ノ重慶ニ対スル援助ハ駄目トナリ、重慶ハ専ラ米国ノ援助ニ頼ラサルヘカラサル破目トナルヘシト云フ見方是ナリ。右第二ノ見解ニ従ヘハ、米国ノ援助サヘ切レレハ重慶ハ参ルト云フ訳ナリ。

前回会談ノ際、蔣ニ対スル工作ト蔣ノ部下ニ対スル工作トニハ其ノ間ニ矛盾アリト申述ヘ置キタルカ、今日ノ情勢ニ於テハ結局両方同時ニ進ムルコト必要ニシテ、矛盾モ時ニハ因果関係ヲ有シ好結果ヲ来スコトモアリ得ヘシト思考ス。尚蔣ニ対スル工作トシテハ、対米工作ニ依リ亜米利加ヲシテ蔣ニ働キ掛クルコトトナレハ効果アルヘシト考ヘラル。蓋シ蔣モ独蘇戦争ニ於テ独逸カ勝利ヲ占ムヘキコトハ知リ居ル所ナルヘク、又日本ノ条件カ根本的ニ受諾シ能ハサルモノナラハ格別、然ラストセハ全ク米国トノ関係アルニ依ルモノナルヘキヲ以テナリ。唯米国ヲ動カシテ蔣ヲ和平ニ参加セシムル場合、特ニ注意スヘキコトハ和平運動カ之カ為変質セサルコトナリ。

若シ迂闊ニ米国ヲ引入ルルカ如キコトアリテハ将来ニ禍根ヲ胎スヘシ。況ンヤ蔣介石、孔祥熙、宋子文等首脳部ハ従来ヨリ米国ト特殊ノ関係アルニ於テオヤ。固ヨリ斯ル場合ニハ吾々モ充分努力シテ和平ノ質ノ変ラサル様尽力スヘシ。現在日支両国ノ同志カ折角心力ヲ傾倒シテ和平運動ニ努力シツツアル際、米国ノ為之カ変質ヲ見ルコトアリテハ遺憾ナリ。幸ヒ日本側ノ同志ハ有力ナルヲ以テ、固ク結合シテ之ヲ防止スルコトハ出来得ヘシ。

尚今後連絡ノ為、必要トアラハ随時飛行機ニテ飛来リ相談スルコトト致度シ。

首　日支両国ノ問題ニ関シ第三国ヲ加入セシメサレハ解決シ得スト為スカ如キハ遺憾ナリ。自分ハ外国ノ力ヲ藉ラスシテ、汪先生ヲ中心トシテ全面和平ヲ実現セシムルコト最上ナリト信ス。唯最近ノ推移ヲ見ルニ、或ル程度米国ヨリ重慶側ニ勧告スルト云フコトカ効果アル途ナルカ如キ観測モアリ、外務大臣モ自分モ此ノ点ヲ考慮シ居ル次第ナリ。但シ米国ニ口ヲキカセルコトニ依リ、米国ヲシテ将来日支関係ニ容喙セシムルカ如キ端緒ヲ開クコトハ面白カラス。重慶部内ニハ多数ノ親米派ノ居ル関係モアリ、汪先生ノ力カ必要ナリ。尚日支問題ニ米国カ条件ナト言ヒ出スコトハヤラセヌ積リニテ、唯和平ヲ勧告シテ聞カネハ援助ヲ打切ルト言ハシムレハ足ルト思フ。尤モ亜米利加トノ話ハ今尚ホ仲々進行セス、（青線）今後ノ推移ニ付テハ随時閣下ニ通報シ打合セルコトト致度シ。（欄外頭書）①

汪　蒋ノ和平転向ノ問題ト同時ニ考慮スヘキハ広西ノ和平運動ノ問題ナリ。広西派ハ寧ロ蒋カ先ニ和平ニ転向スルヲ懸念シ居ル状態ナルモ、吾々同志カ固ク結束シ居ル以上、蒋ニ対スル工作ト広西ニ対スル工作ハ之ヲ同時ニ行フモ差支ナシト信ス。唯此ノ際最モ必要ナルハ同志ヲ以テ核心ヲ結成スルニアリ。

首　同志ノ核心ヲ結成スルトハ具体的ニ如何ナル意味ナリヤ。

汪　日本側ノ同志ハ閣下ニ於テ之ヲ指定セラレ、中国側ハ自分カ責任ヲ以テ之ヲ定メ、是等同志カ成功不成功ヲ問ハス飽ク迄和平ノ為ニ努力スルト云フコトニアリ。

首　ソレハ秘密ナリヤ。

汪　然リ、蒋カ来テモ宜シ、来ナクテモ宜シ。是等ノ同志ハ同一ノ理想ト方針ノ下ニ不断ニ努力スルコトトシ、何等ノ組織ヲ持タスシテ可ナリ。現在重慶方面ニモ日本ト全面和平実現ノ後、和平ノ内容カ変化スルコトヲ憂慮シ居ルモノモ少ナカラス。尚ホ吾々トシテハ欧洲戦争終了後日支事変ヲ解決スルト云フ方法ハ極メテ拙劣ナリト思考シ居レリ。

首　欧洲戦争終了以前ニ事変ヲ解決シ度キ気持ハ同感ナリ。

汪　今マデ話合ヒタル所ヲ要約シ、次ノ三点ヲ今後ノ方針ト致度キ処、貴見如何。

一　対重慶工作ノ方途発見セル時ハ直チニ貴方ニ通報スヘシ。日本側ニ於テモ何等カ方法ヲ発見セル時ハ我方ニ通報シ相互ニ密接ニ連絡スルコト。

二　蘇聯ニ対シテハ国民政府ハ日本ニ比シ自由ナル立場ニアルヲ以テ、独蘇戦争ニ対スル国民政府ノ宣伝方針トシテハ独逸側ニ傾キタル態度ヲ以テ進ムコト。

三　対蔣介石工作ノ如何ニ拘ラス、蔣ノ部下ノ切崩シ運動ハ之ヲ実施ス。但シ将来蔣カ来ル場合如何ニスルヤト云フ彼等ノ懸念ニ対シテハ其ノ地位ハ十分保障スルト云フ言質ヲ与フルコト。

尚今日外相ヨリ現地ニ於テハ本多、影佐、青木三人ヲ十分信頼シテ相談セヨト言ハレタカ、是ハ甚タ結構ナリ。此ノ三人アレハ連絡上十分ナリ。吾々ノ方モ大体陳公博、周仏海、林柏生アタリヲシテ連絡ニ当ラシムルコトト致スヘク、今後両方ノ連絡ニ齟齬ヲ来スカ如キコトナカルヘシ。

首　結構ナリ、李、白、閻等ニ対スル工作ハドシドシ進メテ差支ナシト存ス。前述米国ヲ通スル対蔣工作モ異議ナキ次第ナリヤ。

汪　異存ナシ。唯和平ノ質カ変ラヌ様呉々モ注意スル様致度シ。

首　同志ノ核心カ堅固ナラハ大丈夫ナルヘシ。

汪　米国カ日支合作ニ依ル東亜ノ新秩序ヲ承認シ、東亜ノ枢軸ヲ攪乱セサル前提ニ非サレハ不可ナリト信ス。

首　同感ナリ。

六月二十四日近衛首相汪主席会談中ノ一節

近衛首相汪主席会談中ノ一節

六月二十四日午後九時　於首相官邸

近衛総理ハ全然二人限リノ話トシテ米国ヲ通スル和平工作ニ関シ、大要左ノ通汪主席ト意見ヲ交換セリ。

首　重慶ニ対シテハ或ル程度米国ヲ利用シテ和平ヲ勧告セシムルコト効果的ナルヘシトノ観測モアリ、二月以来種々話ヲ進メツツアルカ、唯米国ヲシテ口ヲ聴カセルコトニ依リ、将来日支両国関係ニ総テ米国カ喙ヲ挿ムカ如キ端緒ヲ開クコトハ極力之ヲ防止セサルヘカラス。殊ニ重慶ニハ親米派ナルモノ相当ノ勢力ヲ有スルヲ以テ、他日和平ノ内容カ変質セサル様汪先生ノ力ハ特ニ必要ト思考ス。元来吾人ハ日支ノ問題ニ亜米利加カ条件ナトニ「タツチ」スルコトハ不可ナリト思惟スルモノニシテ、唯亜米利加ヲシテ蔣介石ニ対シ和平ヲ勧告シテ、聴カサレハ亜米利加ハ援助ヲ打切ルトノ旨ヲ以テ蔣ヲ動カスタケノコトニ止メ度シト考ヘ居レリ。米国ヨリノ註文トシテハ日本ノ支那ニ於ケル駐兵問題カ出テ居レリ。是ハ最モ困難ナル問題ナリ。元来米国ハ外国ノ軍隊カ支那ニ駐屯スルコトニ対シ終始反対シ居ルモノナルヲ以テ、仮令防共協定ニ依ルモノト雖モ正面ヨリ米国ヲシテ之ヲ認メシムルコトハ相当困難ナルヘシ。

汪　米国トノ関係ニ付テハ二ツノ重要ナル問題アリト思考ス。一ハ三国同盟ト米国トノ関係ナルカ、現ニ米国ハ日本カ三国同盟ニ加ハリ米国ヲ牽制シツツアルヲ恨ミ、重慶ヲ援助シテ逆ニ日本ヲ牽制シ居ル状況ナルヲ以テ、此ノ点ニ於テ日本ト米国ノ立場ハ相容レサルモノアリ。然レハトテ日本モ今更枢軸国家群ヨリ離脱スルコトハ出来サルヘク、又米国モ三国同盟ニ賛成スルコト出来サルヘシ。此ノ点ハ根本的ノ一難関ナルヘシ。第二ハ日支ノ経済提携問題ナルカ、米国トシテハ之ヲ以テ多年主張シ来レル門戸開放、機会均等主義ニ反スト云フニ相違ナシ。例ヘハ上海工部局参事会長「フランクリン」(Cornell Sidney Franklin)ノ如キモ日支経済合作ハ之ヲ承認シ得スト述ヘタリ。要スルニ米国人ハ日支経済提携ヲ以テ経済「ブロック」又ハ経済独占ナリト思惟シ居ルモノノ如シ。尤モ此ノ点ハ説明ノ仕様ニ依リテハ彼等ニモ或ル程度諒解出来ルニ非サルヤトモ思ハル。其ノ他今首相ノ言ハレタル軍隊ノ駐屯問題ハ二箇年間ニ撤退スル約定アルヲ以テ、之ヲ説明スレハ米国ニモ納得行ク筈ナリ。

首　今回ノ話合中米国ハ日本カ三国同盟ヲ離脱セヨトノ要求ハ何等提出シ居ラス、経済合作ノコトハ今閣下ノ言ハルル通リ説明出来得ル問題ナリ。結局駐兵問題カ最後ニ残ルト思ハルカ、何トカ妥結シ度キモノト考ヘ居レリ。

以上米国ヲ通スル和平工作ハ未タ閣僚ニモ報告シ居ラサル次第ナルニ付、絶対秘密ニ御願致度シ。米国ニ於テハ「スチムソン」(Henry L. Stimson)ニ話ヲシテ「ス」モ賛成セリトノ電報アリ。

汪　秘密ノ点ハ安心セラレ度シ。吾々和平傘下ノ同志ハ曽テ秘密ヲ漏ラセルコトナク、昨年条約締結交渉ノ際モ七月ヨリ十月マテ全然外部ニ漏ルルコトナカリシ位ナリ。日本ノ支那ニ於ケル駐兵問題ニ関シテハ蒋介石ハ和平ノ条件トシテ蘆〔盧〕溝橋事変前ニ還レト主張シ居リ、李宗仁、白崇禧ノ如キモ武漢、宜昌ノ日本軍撤退ヲ要求シ居レリ。是等ハ何レモ我儘ナル議論ニテ、一方的ノモノニ過キス。日本ヲ安心サセル事実ヲ示ササレハ話ニナラスト思ハル。尚ホ所謂特殊駐兵地点ハ未タ詳細ニ決定シ居ラサルモ、要ハ日本ト支那トノ信頼ノ問題ナリト諒解セラレ、即チ極メテ弾力性アルモノト思考セラル。

首　今後米国ヲ通スル和平工作ノ進展ニ付テハ随時閣下ニ通報シ充分打合セ度シ。唯目下ノ所、本件話合ハ却々進行セサル状態ナリ。

汪　結局米国ハ現在如何ナル気持ナルヤ。

首　察スルニ米国カ現在日本ニ対シ多少其ノ態度ヲ緩和セントシツツアルハ、大西洋方面ニ於テ対英援助ヲ強化シ、一方南洋方面ニ対スル日本ノ進出ヲ防カントスル下心ニ出ツルモノナルヘシ。従テ迂闊ニ是ニ乗ル時ハ恰モ第一次欧洲大戦ノ際、米国カ日本ヲ誘ヒテ聯合国側ニ参加セシメ、石井《(菊次郎)》「ランシング《(Robert Lansing)》」協定ヲ結ヒ日本ヲ喜ハシ置キテ、後ニナリテ其ノ必要ナキニ至ルヤ、忽チ右協定ヲ破棄スル如キ目ニ合ハサルルヤモ測リ難シ。今次ノ対日態度緩和ノ如キモ一時ノ便宜ノ方法トモ解セラレサルニ非ラス。此ノ点充分注意スル必要アルモ、唯当面ノ問題解決ノ為効果アリトセハ、之ヲ利用スルコトモ一法ナルヘシ。

独蘇ノ関係ニ付テハ自分ハ余リ楽観シ居ラス。軍部ノ人ノ間ニハ今回ノ戦争ハ二三箇月ニテ終了スヘシトノ見込ヲ立ツル者アルモ、這回ノ戦争ハ武力戦ノミニテハ恐ラク解決シ得サルヘク、蘇聯カ仮ニ敗退スルトシテモ何等カノ政権残存シテ活動スルコトモアリ得ヘク、又「スターリン」政権カ果シテ崩壊スルヤ否ヤモ疑問ノ点ナシトセス。我国ニ於テモ現ニ独逸ニ加祖シテ蘇聯ヲ討ツヘシト云フ論者アルモ、独蘇戦カ果シテ長期トナルカ短期トナルカ茲一二箇月ノ経過ヲ見サレハ判明セス。実ハ吾々トシテモ予定カ狂ツタトモ言ヒ得ヘク、即チ三国同盟ノ基礎カ今回ノ独蘇戦争ニ依リ変更セラレタリトモ言ヒ得ヘシ。此ノ際日本カ北モ南モ敵ニ廻ハスコトハ面白カラス。尤モ所謂強硬論者ナルモノハドチラカ一方ニ偏シ、英米ヲ討ツヘシト主張スル者ハ蘇聯トノ戦ヲ主張セス、蘇聯ヲ討ツヘシト主張スル者ハ英米トノ関係ヲ緩和スヘシト云フニアリテ、南北両面ヲ敵トセヨト云フ議論ハ極メテ少ナシ。結局現在二派ノ議論ニ分レ居ル次第ナリ。

元来三国同盟ハ蘇聯ヲ味方ニ引入レ英米ト対立スル点ニ基礎ヲ置キタルモノニシテ、第五条ニ蘇聯ト戦争ヲセサル規定アルモ之カ為ナリ。然ルニ今ヤ独蘇開戦シ、却テ米蘇接近ノ可能性濃化スルニ至リ、言葉ヲ換ヘテ言ヘハ蘇聯ヲ英米側ニ追込ミタル事態トナリタリ。従テ日本トシテハ相当難シキ立場ニ立チタル次第ニテ、若シ果シテ戦争カ二三箇月ヲ以テ終了スル場合ニハ問題ナキモ、若シ相当長期ニ亘ル場合ニハ日本ハ英米蘇ヲ敵トスルニ至ルコトモアリ得ヘシ。此ノ意味ヨリスルモ、日支事変ヲ速ニ解決シテ日本カ後顧ノ憂ナク南北何レニ対シテモ自由ニ動キ居ル姿勢ヲ整フルコト必要ナリ。差当リテハ暫ク自重的態度ヲ執ル外ナカルヘシ。

汪　日支事変ヲ速ニ解決スル為一層努力セサルヘカラサルコトハ固ヨリナルカ、中日同志カ堅固ナル軸心ヲ結成スルコトハ国際関係ノ変化如何ニ不拘必要ナリ。此ノ軸心ヲ充分ニ強化スルコトハ国際ノ変化ニ応シ得ル唯一ノ途ナリ。

米国ハ元来日本ヲ敵ニ廻ハス理由ハ無カルヘシ。日本ノ所謂南進政策ハ決シテ日本カ南洋ヲ独占スルモノニ非サルヘキヲ以テ、米国モ飽ク迄是ニ反対スル必要ナカルヘシ。

日米関係カ好クナル時ハ独逸ハ是ニ対シ失望スル次第ナリヤ。

首　多少失望ノ気持ヲ持ツヘシ。併シナカラ日本トシテハ凡テ独逸ノ希望ノミヲ聴ク訳ニハ行カス。例ヘハ独逸ヨリハ是迄屢々新嘉坡ヲ攻撃スル様要求アリタルカ、日本トシテハ出来スト言フテ今日ニ及ヘリ。

汪　今朝外相ノ話ニ依レハ、独蘇開戦ニ依リ独逸ノ対英攻撃一応緩和サレタル為、米国ハ慌テテ参戦スルコトナカルヘシトノ観測アリト聴キタルカ、是ハ正鵠ヲ得タル観測ナルヘシ。唯自分ハ蘇聯ノ国土尨大ナルヲ以テ蘇聯特有ノ遊撃戦法ニ依リ長期戦トナルニ非スヤト問ヒタルカ、外相ハ独逸ニハ短期間ニソ聯ヲ叩キツケル自信アリト言ハレタリ。尚只今ノ米国トノ話合ニテ蔣介石カ是ニ乗ツテ来レハ結構ナルカ、一方広西派ノ工作モ今進行中ニテ、彼等ハ寧ロ蔣カ和平ニ乗出シ来ルヲ懸念シ居ル状態ナリ。但シ前述ノ通リ吾々同志カ結束シ軸心ヲ結成シ居レハ、両方ノ工作ヲ同時ニ行フモ心配ナシト思フ。我方ノ対米工作ニ付テハ燕京大学ノ「スチユワート」ヲ通スル筋モウマク行カス、其ノ効果期待シ難キ所ナルカ、工部局ノ「フランクリン」モ既ニ上海ヲ去リテ何等ノ結果ヲ見ス、今ノトコロ唯松岡外相ノ方ニテ何等カ方法ナキヤト案シ居ル次第ナリ。

首　「スチユワート」ニ対スル蔣介石ノ信用程度如何。

汪　蔣ハ「ス」ノ話ヲ信用ハスルモ、「ス」ノ話ト米国政府ノ方針トハ同シカラサルヲ以テ、余リ「ス」ノ話ヲ当ニセサルモノノ如シ。尚「ス」ハ「ルーズヴエルト」ト友人関係アルモ、全然在野ノ人間ナルヲ以テ、「ルーズヴエルト」カ凡テ「ス」ノ言フコトヲ聴クトハ限ラス、結局我等自ラ全面和平ノ実現ニ努力シ、一方閻錫山ニテモ広西派ニ対シテモ出来得ル限リノ工作ヲヤリ度シト思ヒ居レリ。

首　広西派・閻錫山等ニ対スル工作ヲ実行スルコトハ問題ナシ。蔣介石ニ対シテハ米国ヲ通シテ工作ヲ試ミルコトニ異存ナキヤ。

汪　異存ナシ。唯和平ノ質カ変ラサル様充分注意スル様致度。

首　先刻言ハレタル通リ同志ノ結合鞏固ナレハ変質スルコトヲ防止シ得ヘシ。尚米国ヲ利用セントスル場合、独伊カ国民政府ヲ承認スルコトハ差支ナキヤ。此ノ点如何ニ観察スルヤ。

汪　大シタ関聯性ナカルヘシ。蔣カ和平ニ参加スル場合ハ国民政府ノ改組（人的改組）タケナリ。重慶政府ト国民政府トノ合体ハ右承認ノ有無トハ関係ナカルヘシ。米国トシテハ固ヨリ独伊ノ国民政府承認ヲ喜ハサルヘキモ、重慶ト南京ト合併スル場合、承認ノ有無ハ問題ナカルヘシ。勿論米国カ重慶以外ノ政権ハ之ヲ認メス取消スヘシト云フナラハ致方ナキモ、調停スルト云フ以上国民政府ヲ認メサル訳ニハ行カサルヘシ。

首　米国ハ固ヨリ重慶ニ義理アリ。一方日本モ国民政府ト不可分ノ関係アリ。従テ米国カ調停ノ場合、重慶タケヲ認メ南京ヲ認メスト云フコトハアル筈ナシ。唯独伊タケカ国民政府ヲ承認シテ居ル場合ニハ、之カ為米国カ国民政府ニ敵意ヲ持ツコトトナラスヤトノ意味ナリ。

汪　元来亜米利加ハ実利主義ノ国家ナルヲ以テ、独伊カ国民政府ヲ承認スレハ却テ国民政府ヲ重ク見ルニ至ルヘシトモ察セラル。過日広西ノ代表ハ日支条約ノ条件ハ余リ苛酷ナルヲ以テ、之ヲ改正スルコトハ出来サルヤ、国民政府ハ改組シ得ラルルヤ、即チ抗戦ハ蔣ノ指導ヲ受ケ和平ハ汪ノ指導ヲ受クト云フ建前ニテ改組出来サルヤト問ヒタルニ付、自分ハ之ニ対シテ、

一、条約ノ基本ハ変更ヲ許サス、唯戦争ニ附随スル臨時ノ規定ニ付テハ相談ノ余地アルヘシ、

二、国民政府ノ人的改組ハ問題ナシ、

ト答ヘ置キタリ。米国ニ対シテモ同様ノコトヲ申入レテモ差支ナシト思フ。米国カ調停ニ立チタル場合、重慶・南京何レヲモ之ヲ取消ス訳ニ行カサルヘク、結局ハ国民政府改組ト云フ話ニ落着クヘシ。故ニ今ヨリ同志ノ核心ヲ結成シ、之ヲ主体トスルコト肝要ナリ。地位ノ如キハ別問題トシテ和平ノ変質ヲ防クニハ絶対必要ナリ。或ル者ハ蔣カ南京ニ来ル場合ニハ今迄ノ和平運動ノ同志ハ亡命スルノ外ナカルヘシト言フ者アルモ、実際ハ然ラス、蔣カ一ト度和平ニ参加スレハ忽チ軍ノ統制力ヲ失フヘク、従テソレ程心配スル必要ハナカルヘシ。吾々ノ憂慮シ居ルハ斯ル地位ノ問題ニ非スシテ、日支和平ノ内容ノ質ノ変ルコトナリ。此ノ変質ハ吾々同志ノ許スヘカラサル所ナリ。斯ル場合、同志ノ核心カ堅固ナラハ重慶ノ者カ如何ニ参加スルモ差支ナシ。尚、先刻申述ヘタル頭山翁ニ依頼セル話ハ之ト全ク別問題ニシテ、蔣ト自分トノ間ノ個人的問題ニ限ル次第ナルニ付、此ノ点誤解ナキ様願度シ。

尚米国カ調停スル場合、日支合作ヲ承認スル前提ノ下ニアルニ非サレハ危険ナリ。米国ハ須ラク東亜ノ枢軸ヲ承認スヘク、而シテ東亜枢軸ノ結成ハ米国ニ害ナキコトヲ知ルヘキナリ。万一米国カ東亜枢軸ヲ攪乱スルカ如キコトアリテハ一大問題ナリ。此ノ点ニ関スル貴見如何。

首　米国ヲシテ東亜ノ枢軸ヲ承認セシムルコトハ出来得ヘシ。

汪　吾々モ帰リテ大イニ努力スヘシ。幸ヒ本多、影佐、青木氏等現地ニ居ルニ付、随時隔意ナク相談スルコトト致スヘシ。

首　郭泰祺ハ既ニ帰国セリヤ。

汪　其ノ後ノ消息ハ判明セサルモ、郭カ米国ニ渡リタルハ英米問題カ又ハ日米問題カ何カノ工作ニ関聯アルモノト推セラル。同人ハ曽テ自分カ河内ニ於テ「テロ」団ニ見舞ハレタル時、電報ヲ以テ自分ヲ見舞ヒタルコトアリ。同人ハ蔣ノ「テロ」手段ニ付テハ非常ニ反対シ居リシ人間ナリ。然ルニ右電報ヲ発シタルコトヲ蔣ニ発見セラレ、同人モ其ノ以後ハ全ク自分トノ消息ヲ絶ツニ至レリ。或ル方面ノ情報ニ依レハ郭カ米国ニ渡リシハ日支調停ノ探リニ行キタルモノナリトノ噂ナリ。

首　当方ニ於テモ最近斯カル情報ニ接シタリ。尚情報ニ依レハ重慶ノ外交ハ最近対米一本槍トナリ、蔣ハ宋子文ニ全権ヲ委任シテ活躍セシメ、重慶ト米国トノ外交問題ハ全ク華盛頓ニ移リ、重慶ニ於ケル米国大使館ハ単ニ情報調査方面ヲ担当スルニ過キストノコトナリ。

汪　宋子文ハ最モ日本ヲ諒解セサル人物ノ一人ナリ。

首　尚情報ニ依レハ、蔣介石ハ今月初メ宋子文ニ対シ米国ノ日支調停問題ニ対スル左ノ如キ秘密原則ヲ申含メタル趣ナリ（トテ情報ヲ記セル罫紙ヲ「カバン」ヨリ取リ出シ読上ク）。

一、米国カ進ンテ日支調停ヲ重慶側ニ申込ムコトハ差支ナキモ、我方ヨリハ之ヲ申出ササルコト、

二、停戦委員会ハ日支英米四箇国ノ代表者ヲ以テ之ヲ組織スルコト、

三、停戦ノ際ハ停戦ノ線ヲ劃定シテ日本軍ハ其ノ線マテ撤退スルコト、

四、非占領地区内ニアル各政権ハ自然消滅トスルコト、
五、支那ノ主権ヲ侵害セス、且建国綱領ニ反セサル範囲内ニ於テ媾和談判ニ応スルコト、
汪　蔣カ「スチユワート」ニ伝ヘタリト称セラルル所モ大体右ト同様ナリ。「スチユワート」ヨリ得タル消息ハ既ニ本多大使、日高公使等ニモ話シ置キタルヲ以テ、貴方ニモ報告アリタルト信ス。其ノ時モ蔣ハ日支英米四箇国ノ代表者ヲ以テ委員会ヲ組織スヘシト云フ話ヲ持出シタル趣聞キタルヲ以テ、吾々ハ英米ヲ入ルル以上、独伊ヲモ入ルルコトヲ主張スヘキナリトテ笑ヒタルコトアリ。独伊両国カ国民政府ヲ速ニ承認スルコトハ此ノ点ヨリスルモ必要ナリト思考ス。尚今情報ニアル如キ蔣ノ料簡ニテハ到底話トナラサルヘシ。
首　米国モ斯ノ如ク双方ヨリ攻立テラレテハ板挟ミトナリ、困リ居ルコトナルヘシ。
汪　今ノ情報ニシテ確実ナリトスレハ重慶側ハ未タ何等反省シ居ラスト考ヘラル。

日米交渉関係

國學院大學図書館所蔵
昭和十六年
九月二十六日本多大使発豊田外務大臣宛電報写
（欄外朱印）写　総番号 No.3527　昭和16年9月26日発
昭和16年9月26日起草

宛　豊田《貞次郎》大臣　　発　本多大使

暗（館長符号、大至急）

今回ノ会議ニ参集ノ総領事及連絡部長官等歓迎ノ為メ汪《兆銘》主席主催ノ晩餐会席上、主席ヨリ来ル三十日席ヲ北極閣上主席公館別館ニ設ケ緩ル〳〵寛談ヲ得タシトノ招請ヲ受ケタルガ、日米交渉問題ガ当然先方ヨリ話題ニ上ボルベキハ想像シ得ル処ニ有之、応対上万一ニモ政府ノ御迷惑トナルガ如キ過チナキ様本使ノ心得マデニ本交渉ニ対スル政府ノ御方針、並ニ所謂近衛《文麿》メッセーヂ以来米国側トノ話シ合ノ内容等ニ関シ大体ノ要旨ナリトモ御内示相仰キ度シ。大至急何分ノ御回電ヲ乞フ。○尚ホ先般汪主席滞京中、近衛首相ヨリ主席ニ対シ（アメリカトノ話シハ今尚ホ仲々進行セス、今後ノ推移ニ付テハ随時主席ニ通報シ打合セルコトヽ致度シ）ト告ケ、更ニ「米国ヲ通スル対蔣《介石》工作ニ異議ナキヤ」ト念ヲ押サレタルニ対シ、汪主席ヨリ「異議ナキ」旨ヲ答フルト共ニ、「但シ和平ノ質ガ変ハラヌ様呉々モ注意セラレタシ、米ガ日支合作ニ依ル東亜ノ新秩序ヲ承認シ、東亜ノ枢軸ヲ攪乱セサル前提ニ非サレバ不可ナリト信ス」ト述ベ、首相モ「同感ナリ」ト言明セラレタルコトニモ有之（六月二十四日首相官邸会見要録御参照）、先方ヨリ話ヲ持チ出シタル場合、本使ニ於テ一時逃レノ遁辞ヲ用ヒ得サル行掛リニアリ。為念申添ユ。

九月三十日豊田外務大臣発本多大使宛電報第四二四号

四五〇一　（暗）　昭和一六年九月三〇日前九時三〇分着

豊田大臣発

本多大使宛

第四二四号（館長符号）（大至急）

九月二十六日御照会越ノ件ニ関シ

帝国ノ仏印進駐ハ御承知ノ如ク事変解決ノ促進、英米等ノ包囲攻勢ニ対スル共同防衛、必要物資ノ獲得上万已ムヲ得サルニ出テタル当然ノ措置ナリシニモ拘ラス、米英等ハ之ヲ口実ニ経済断交ニ等シキ対日圧迫手段ニ出テタル為、日米関係極度ニ緊迫化セルコト、欧洲戦争長期拡大化ノ徴候増大セルニ顧ミ、帝国ハ支那事変ヲ速ニ終結シ世界政局ニ於ケル行動ノ自由ヲ確保スル要アルコト、蔣政権ノ対日抗戦カ米ノ援助ニ倚存スル所多キコト等ニ顧ミ、先ツ外交々渉ニ依リ日米国交打開ノ道ヲ講スルコトノ必要ヲ認メ、仏印進駐ニ関聯シ日米間ニ話合ノ持上リシヲ機会トシ、帝国政府ハ此ノ際日米両国戦争ノ拡大ヲ防止シ、又太平洋地域安定ニ協力スルコトハ世界平和及人類ノ福祉増進ニ寄与スル所以ナリトノ根本観念ニ立脚シ、当時停頓中ナリシ日米交渉ヲ再開シ近衛「メツセイジ」トモナリシ次第ナリ。

右交渉ノ重点ハ支那問題、大東亜共栄圏ノ確立等ナルカ、支那問題ニ付テハ松岡（洋右）外相時代ト同様、米国側ニ対シ帝国カ近衛三原則及日支基本条約ニ基キ日支和平解決ヲ為サントスル日本側ノ誠意ト努力トヲ認メシメ、米ヲシテ蔣側トノ間ニ橋渡シヲ為サシメントスルニ過キス。又大東亜共栄圏ニ付テハ物資ヲ自由ニ獲得シ得ルコトトシ、又欧洲戦争ニ付テハ其ノ不拡大及平和招来ヘ?ノ大見地ヨリ対処セントスルモノニシテ、最近迄ノ結論ハ従来ヨリノ懸案重要諸点ニ付、日本側ノ主張ヲ闡明シ先方ノ回答ヲ待チ居ル有様ナリ。

要スルニ大局的見地ヨリ日米国交調整ヲ計ラントスルモノニシテ、素ヨリ従来決定セル国策ノ限度ヲ越ユル能ハサルハ勿論ナルモ、前記急迫セル今日ノ事態ニ鑑ミ、成ルヘク速ニ平和的解決ニ到達スル様折角努力中ナリ。

右貴大使限リノ御含ミ迄ニ申進タル次第ナルカ、事ノ機微ナルニ鑑ミ、今次汪トノ御会談ニ於テハ本件ニ触レラレザル様希望ニ堪ヘス。

尚本件ハ国家機密ニシテ国内ハ勿論、在外使臣ニ対シテモ今日迄何等知ラシメ居ラサル程厳重ナル取扱ヲ為シ居レリ。（了）

十月一日本多大使発豊田外務大臣宛電報第三五六二号

三五六二　（暗）　昭和一六年一〇月一日後二時発

本多大使発

豊田大臣宛

（館長符号）（至急）

（大臣必親展）

貴電第四二四号拝誦。「本使限リノ含ミマデ」ト真心ヲ籠メラレタル御来示ナルモ、本使稟請ノ主点ニ対シ何等要領ヲ得セシムル底ノ御内示ニ接シ得サルヲ遺憾トス。本使ニ対スル政府ノ信認動揺ヲ物語ル次第カトモ存セラルル処、果シテ然リトセハ速ニ御召還ノ御電命相成様致度シ。本使ニ取リテモ此ノ重大時局下ニ尸位素餐徒ラニ重職ヲ汚スノ誚リヲ免ルルヲ得ヘク仕合セニ存スル次第ナリ。本使曩ニ閣下ノ御懇諭ニヨリ留任決定当時、首相閣下ヨリ極メテ懇篤且ツ過分ノ御挨拶ヲ賜ハリタル行懸リモ有之、要スレハ首相トモ御相談ノ上何分ノ御回示ヲ乞フ。

十月三日豊田外務大臣発本多大使宛電報第四五四二号

四五四二　（暗）　昭和一六年一〇月三日前一〇時着

豊田大臣発

本多大使宛

（館長符号）（至急）

貴電拝誦、往電第四二四号ノ件意ヲ竭サス、為ニ貴意ニ副ヒ能ハサリシヲ遺憾トス。目下進捗中ノ対米工作ニ付?テハ貴大使御承知ノ六月二十一日ノ米側案ニ対シテハ我方ハ七月十四日修正案ヲ訓示シタルモ、政変及仏印進駐等ノ為未提出ノ儘トナリシニ鑑ミ、右修正案ニ仏印進駐ニ関聯スル二、三ノ事項ヲ追加セル案（前内閣当時ノ案ト大差ナシ）ヲ以テ対処シ居リ、我方ノ説明ヲ終リ先方ノ回答ヲ待チ居ル次第ナルコト前電ノ通リニ有之。目下ハ依然其ノ予備的話合ノ過程ニアル次第ニテ、帝国政府ノ対米方針及交渉ノ内容、殊ニ支那問題ニ付テハ前内閣当時ト変化無ク、然?ルニ未タ妥結セルモノナキ故、格別更メテ申進スル程ノコトモ無カリシ為、自然先般御照会ニ対シテモ既電ノ如ク御回示申上ケタル次第ニ付、其ノ辺御諒察賜度ク、尚日米内外ノ情勢ハ何レモ本交渉ノ遷延ヲ許ササル事情アル為、目下急速ナル解決促進中ニシテ、近日中今一歩進ミタル先方ノ意嚮判明スヘク予測セラルルニ付、其ノ際ハ更メテ追報致スヘキモ、場合ニ依リテハ両国首脳者ノ会談ニ迄進展スルヤモ計ラレス。以上貴官限リノ御含ミ迄ニ申進ス。

時局重大、今後貴大使ノ御協力ニ待ツコト愈々大ナリ。御自愛ヲ祈ルト共ニ随時御指教ヲ乞フ。（了）

十月四日本多大使発豊田外務大臣宛電報第二六〇九号

二六〇九　（暗）　昭和一六年一〇月四日後二時発
本多大使発
豊田大臣宛
（館長符号、至急）
（必親展）
近衛首相ハ帰任挨拶ノ為メ九月二十六日伺候ノ影佐《禎昭》少将ニ托シ、極メテ重要ナル書面ヲ汪主席ニ送ラレタル事実アリ。右書面ノ内容大至急首相閣下ヨリ御確メノ上本使ヘ御内電願ヒタシ。
二日付貴電拝誦。御懇篤ノ御来意感激ニ堪エス。但シ前段ノ件ニ付明確ノ御回示ニ接スルマテハ、一日付拙電中立テノ趣旨ハ差当リ尚ホ留保シ置クノ外ナキヲ遺憾トス。（了）

十月五日本多大使発豊田外務大臣宛電報号外一

二六一三　（暗）　昭和一六年一〇月五日後七時発
本多大使発
豊田大臣宛
第（号外、一）号（館長符号扱）（至急）
親展
先ニ三日ニ予定シアリタル汪主席トノ会談ハ本使ニ於テ四日発拙電前段ノ事実聞込ノ結果、病気理由ノ下ニ無期延期ヲ申込ミ置キタルカ、汪主席ヨリ四日午前十一時特ニ日高《信六郎》公使ノ来訪ヲ求メ、九月二十六日付近衛首相直筆ノ書面ト其ノ付属書（日支和平基礎条件列記ノ我カ対米提案ヲ内閣用紙ニ「タイプ」セルモノ）ヲ示シ、書面接到以来日夜熟慮錬想ノ結果ナリトテ、右提案ノ内容ニ対スル意見及希望ヲ五項ニ分チテ開陳シ、本使ヘノ転達ヲ求メタリ。本談話要録七日特使ヲ以テ空路御送付申上ク。（了）

十月六日本多大使発豊田外務大臣宛文大外機密第五二〇号写

文大外機密第五二〇号

（欄外青印）写　（欄外朱印）外機密

昭和十六年十月六日

在中華民国
特命全権大使　本多熊太郎

外務大臣　豊田貞次郎　殿

近衛首相ヨリ汪主席宛書翰写並ニ主席ノ談話要録送付ノ件

影佐少将ノ帰甯ニ托シ、近衛首相ヨリ懸案中ノ日米交渉ニ於テ帝国政府提出ノ日支和平基礎条件九項通報ノ書翰ヲ汪主席ニ送ラレタル結果、主席ニ於テ日高公使ヲ招致シ、該書翰ノ主題ニ関スル意見ト希望ヲ条陳シ、本使ヘ伝達ヲ求メタル次第ハ曩ニ内電申上置キタルカ、右主席談話要録別紙二通並ニ近衛首相書翰写一通、茲ニ封送高覧ニ供ス。不取敢右ノミ申進ス。敬具

（別紙1）

十月四日汪主席日高公使会談要領　　昭一六、一〇、四

十月四日汪主席日高公使会談要領

（周（隆庠）外交部次長同席）

（欄外朱書）厳秘

汪主席ヨリ九月二十六日附汪主席宛近衛首相直筆ノ書翰（開キ封）並同封ノ日支和平基礎案（内閣用紙ニ「タイプ」セルモノ）ヲ示シタル上、今日ハ本件ニ関シ極メテ重要ナル問題ニ付申述フヘシ、実ハ本多大使ハ御病気ノ由ニ付キ、特ニ貴官ニ御入来ヲ願ヒタル次第ニ付、詳細同大使ニ報告セラレ度シトテ左ノ如ク述フ。

一、本年五月松岡大臣欧洲ヨリ帰国セラレタル頃、自分（汪）ヨリ影佐少将ニ対シ、此ノ際外相カ渡米セラルルコトハ日米関係ヲ緩和スル上ヨリ見テ極メテ望マシトノ意見ヲ述ヘ（同様ノ趣旨ハ本多大使及日高公使ニモ述ヘタリ）、影佐少将ヨリ右ノ趣旨ヲ近衛首相宛電報シタル模様ナリ。

六月訪日ノ際、松岡大臣ト会談ノ際ハ本問題ニ触レス、日独伊同盟ノコトノミニ触レ、近衛、松岡両相同席ノ際ニモ話題ニ上ラス、退京ノ前夜首相ト会談ノ折、此ノ問題出テ詳細意見ヲ交換セリ、自分ハ第三者ナレハ斯ルコトヲ忖度スル立場ニハ非ラサルモ、当時ノ印象ニ依レハ近衛・松岡両相間ノ意見ハ一致セサル点アルヤノ感想ヲ得タリ。其ノ際近衛首相ヨリ日本ニ於ケル南進主義者ハ蘇聯トノ妥協ヲ唱ヘ、北進論者ハ英米トノ妥協説ナルカ、同時ニ南進ト北進トヲ考フルコトハ相当考慮ヲ要ストノ意見アリ、更ニ首相ヨリ日米問題ニ付談話進行中ナルカ困難多シトノ説明アリ、首相ヨリ自分ノ意見ヲ求メラレタルニ付、一点アリトテ中国人ハ伝統的ニ米国ハ支那ノ友、日本ハ中国ヲ亡ホサントスル敵ナリトノ考アリ、殊ニ事変以来米国ハ絶エス民衆ニ各種ノ働キ掛ケヲナシ恩ヲ売リ居ル事実アリ、故ニ若シ米国側ノ調停ニ依リ日支間ニ和平カ招来セ

ラルルコトトナラハ、米国カ中国ノ友人タルコトヲ実証スル如キ結果トナルヘシ、即チ若シ日米間ニ妥協出来ルトスレハ、其ノ際米国ハ必スヤ中国ノ為ニ条件ノ緩和ヲ主張スルニ相違無キコト「ワシントン」会議ノ如クナルヘク、斯ルコトアラハ日本側ノ主張セラルル中日親善ハ打消サルルコトトナルノミナラス、吾人ノ和平運動亦失敗ニ帰スヘシト述ヘタルニ、首相ハ之ニ同感ノ意ヲ表シ、然ラハ如何ニセハ可ナルヤト質ネラレタルニ付、自分ハ之ニ答ヘテ曰ク、方策ナキニ非ス、吾人ノ着眼点トシテハ中国民衆ヲシテ米ハ友ニシテ日ハ敵ナリトノ考ヲ抱カシメサル様ニスルニアリ、是ハ日本ノ為又自分等同志ノ為ノミナラス、中日両国民カ再ヒ欧米ノ傀儡タラサル為ニモ必要ナリト述ヘタルニ、首相ハ同感ノ意ヲ表シ、米国側ニテハ「ルース《(Franklin》ベルト《D. Roosevelt)》」「ハル《(Cordell Hull)》」モ「スチムソン《(Henry L. Stimson)》」モ日米妥協ヲ考ヘ居ルカ、進行上相当ノ困難アリ、若シ更ニ進展ヲ見レハ御知ラセスヘシト申サレタルカ、其ノ際「スチムソン」ノ名ヲ言ハルル時、特ニ力ヲ入レテ申シ居ラレタル様感シタリ。今般首相ノ親書ヲ見テ御約束通リ通知ヲ受ケタルコトヲ深ク感シ居レリ。

二、日本側ヨリ米国ニ内示セラレタル日支和平基礎案ニ付テハ米国側ヨリ修正案カ出ルコトト思フ。例ヘハ

(イ)満洲国ノ承認ハ九国条約ト衝突スル故異論アルヘク、

(ロ)蔣政権ト汪政府トノ合流ハ南京政府ヲ承認シ居ラサル米国トシテ反対ナルヘシ。

但シ此ノ二点ニ付テハ米国側カ対日戦争ヲ欲セサル以上、最後迄反対ヲ維持スルコトハナカルヘク（重慶政府ヲ否認セル日本政府カ之ト汪政府トノ合流ト云フハ相当ノ譲歩トモ云フヘシ）、何トカ日本側モ受諾シ得ル様ノ修正ニ落着クナラン。

(ハ)経済提携ニ付テモ米国ヨリ修正意見アルヘシ。元来米国ハ中日両国間ニ経済「ブロック」カ出来レハ、米国ノ経済進出ハ望ミナクナルト思ヒ居レリ。一昨年最初ニ近衛首相ニ御面会ノ節、同首相ハ中日両国間ノ

経済合作ハ重要国防資源ニ付テノモノニシテ、他ノモノハ厳シク束縛スル意ナシト述ヘラレタル次第ナレハ、米国側ヨリ修正ヲ要求シタル場合、或ル程度日本側カ之ヲ容認スルコトハ出来得ヘシ。

㈡駐兵ハ米国カ最モ承認シ難シトスル処ナルヘシ。過日近衛首相モ東京ニテ米国ハ本件ヲ承認シ居ラスト述ヘラレタルカ、全然之ヲ改ムルコトハ難シカルヘキモ、或ル程度ノ修正ハ可能ナリト思フ。影佐少将ノ談ニ依レハ陸軍側ノ考ハ米国ヨリ諾否ヲ聴クノミト云フ由ナルモ、夫レテハ事ハ纏マラス、交渉ハ継続シ妥協ニ達スルコトト思ハル。

三、昨年日支間ニ基本条約成立シタル際、重慶モ一般人民モ積極的ニ熱意ヲ示ササリシハ主トシテ駐兵ニ関スル点明ナラサルニ依レリ、今若シ米国側ヨリ修正ヲ提議シ、日本之ヲ受諾シタリトセハ中国民衆ハ日本ハ中国ヲ侵略シ之ニ駐兵セントスルニ反シ、米国カ之ヲ廃シテ撤兵ヲ実現シ呉レタリトテ対米感謝倚存ノ念益々強クナリ、前述ノ如キ米ハ友ニシテ日ハ敵ナリトノ感シヲ証拠付ケタルコトトナルヘク、又吾人カ昨年駐兵条項ニ調印シ、今米国ニ依リ之ヲ覆ヘサレタリト云フコトトモナラハ、吾人ノ和平運動モ亦失敗ニ帰シタルコトトナルヘク、此ノ点十二分ニ考慮ノ要アリト思フ。

四、日米ノ妥協ハ之ヲ行フモ同時ニ中国民衆ヲシテ前述ノ如キ空気ヲ作ラシメサル為ノ一案如何、最上ノ策ハ日本ト南京政府トノ間ニ昨年ノ基本条約ノ修正ヲ行フコトニアレトモ、斯クスレハ重慶カ失望セサルヤノ問題アリ。重慶側トシテハ其ノ手ニ依リ比較的都合良キ条約ヲ結ヒ得テ民衆ニ対シ申訳ヲ得タシトノ考ハ蔣介石ノミナラス、他ノ人々モ亦然リト思フ（李済琛等ノ日軍ノ武漢撤兵ノ希望ノ如キモ同様ノ考慮ニ出スルモノト思ハル）。自分等ハ吾人ノ体面ト国民ノ信用ヲ得ルコトノミヲ考へ、重慶ノ立場ヲ考ヘサルコトモ事ヲ纏ムル所以ニ非スト思フ、故ニ条約ハ日本ト国民政府トノ間ニ修正ハスルモ、国民ニ対シテハ重慶カ全面和平ニ参加シタルカ故ニ、日本ハ今後戦争ヲ続クル必要ナクナリ、従ツテ条件ヲ緩和シタリト説明スレハ日本ニモ重慶ニモ都合好ク、理論上モ実際上モ矛盾ナシト思フ。

日本ハ中国ノ抗戦継続ニ依リ国力ヲ消耗シ居ルモ、今重慶カ全面和平ニ参加スルコトトナレハ右ノ消耗モ少ナクテ済ム次第故、条件ヲ切下クルモ差支ナシト云フ理屈立ツヘク、自分モ昨年条約成立以来繰返シ国民ニ対シ今次ノ条約ニハ弾力性アリ、吾人ノ努力如何ニ依リテハ支那ニ取リ好マシカラサル点モ改善ノ余地アリ、吾人ノ努力足ラサレハ有利ナリト見ユル点モ然ラサル結果トナルヘシト説明シ居ル故、前記ノ筋途ヲ執ラハ理論一貫スル次第ナリ。

五、故ニ自分ノ考ハ条約ノ修正ハ必ス米国カ修正ノ提出ヲ公開スル前ニ日支ノ間ニ先ツ之ヲ実行スルコト必要ト思フ、其ノ方法トシテハ今直チニ自分等ヨリ修正ヲ申出スルハ都合悪キノミナラス、修正ヲ実行スル場合、日米間ニ纏マル妥協点ヨリモ高クテハ（低クナル事ハ自分等ニハ差支ナキモ）不可ナルヘシ。仍テ米国ニ対シ、ドレダケ譲歩スルカノ点ヲ日本側ニテ決定シ、米国側カ之ヲ承諾シタル上ハ即刻国民政府ニ通知シ貰ヒ、吾人ノ間ニ之カ修正ヲ行ハント欲ス。斯クスレハ日本側ハ国民政府カ無暗ニ修正ノ要求ヲ提出シタリトノ誤解ヲ抱カス、疑念ヲ起ス虞ナカルヘシ、或ハ吾人カ条約ノ本質ヲ考ヘス、又余リニ日本ヲ信用シテ軽々シク国家ノ大事ヲ委ヌルトノ謗アランモ、自分ハ日本ノ真意ヲ熟知シ居ルト信シ居レリ。即チ六月、天皇陛下（昭和天皇）ヨリノ御言葉ニ依リ日本ノ真意ヲ深ク諒解シ居レリ（此ノ事ハ勿論、他人ニ公言スヘキコトニハ非サルモ）。又近衛首相其ノ他ヨリノ御話ニ依リテモ其ノ真意ヲ諒解シ居ル次第ナリ。

勿論日本トシテハ種々ノ困難アルヘク、(イ)昨年条約締結ノ際ハ一方数年ニ亘ル戦争ニ依リ人民モ苦ミヲ受ケ居ルコトナレハ、条約ヲ纏ムル必要アルト同時ニ、(ロ)全面和平未タ到来セサル当時ニ於テハ斯ル条約ノ条項ニ依ラサレハナラヌ事情モアリタルナルヘシ。又同時ニ自分等ノ力弱クシテ、重慶ヲ脱出シテモ全面和平ヲ持チ来ラスコト出来サリシコト亦其ノ一因ニシテ、若シ当時全面和平カ直チニ招来シ得ラレタリシナラハ、斯ノ如キ条約ノ条項ニハアラサリシナラントモ言ヒ得ヘシ。故ニ若シ之ニ依リ全面和平ヲ実現シ、同時ニ中国民衆ヲシテ日ハ敵ニシテ米ハ友ナリト云フ考ヲ改メシムルコトトナルナラハ、日本モ喜ンテ条約ヲ改訂セラルルコトト思ハル。

仍テ結論トシテ申サハ、日本側ニ於テ対米妥協成立セハ米国側カ之ヲ公開スルニ先チ、日本側ト国民政府トノ間ニ於テ修正ノ点ヲ定メ、之ヲ公開スルコト必要ナリト云フニアリ。

近衛首相ノ書翰ヲ受領シテヨリ既ニ三日経過セリ。陳公博、周仏海トモ相談ノ上御話致シタシト思ヒ居タルモ、陳ハ広東ニアリ、周ハ上海ニアリ、早ク是等ノ点ニ付御相談シタル方宜シト思ヒ、昨夜モ深更迄慎重考慮ノ上本日申上クル次第ナリ。

是等ノ点ヲ要約シ、近衛首相宛返翰ヲ起草スヘク、幸日高公使ニ於テ帰朝ノ由故、其ノ際持参シ近衛首相ニ手交ノ上前述ノ点ヲモ敷衍説明セラレ度シ。

（別紙2）

九月二十六日近衛文麿発汪兆銘宛書翰

（青鉛筆書き）写弐通　（朱書）（九月三十日午后四時、影佐少将来訪手交）　多（花押）

拝啓

益御清栄奉大賀候。

目下進行中ノ日米交渉ニ関連シ、最近米国側ニ内示セル日支和平基礎条件、影佐少将ニ托シ供御高覧候。
尚、此機会ニ閣下ノ御健康ヲ衷心ヨリ奉祈候。

九月二十六日

文麿

汪主席閣下

日支和平基礎条件

一、善隣友好
二、主権及領土ノ尊重
三、日支共同防衛
日支両国ノ安全ノ脅威トナルヘキ共産主義的並ニ其他ノ秩序攪乱運動防止及治安維持ノ為ノ日支協力
右ノ為及従前ノ取極及慣例ニ基ク一定地域ニ於ケル日本国軍隊及艦船部隊ノ所要期間駐屯
四、撤兵
支那事変遂行ノ為支那ニ派遣セラレタル前号以外ノ軍隊ハ事変解決ニ伴ヒ撤退
五、経済提携
イ、支那ニ於ケル重要国防資源ノ開発利用ヲ主トスル日支経済提携ヲ行フ
ロ、右ハ公正ナル基礎ニ於テ行ハルル在支第三国経済活動ヲ制限スルコトナシ
六、蔣政権ト汪政府トノ合流

七、非併合

八、無賠償

九、満洲国承認

十月六日時局問題ニ関スル汪主席内話要領

昭和十六年十月六日

時局問題ニ関スル汪主席内話要領

（欄外頭書）大使用　（欄外朱印）外機密　（欄外朱印）本多

本情報ハ十月六日南京海軍公館ニ於テ古賀（峯一）支那方面艦隊司令長官答訪ノ際、汪主席ノ為セル談話ノ摘要ヲ海軍（金沢正雄）武官ヨリ本使ノ参考迄ニ内報アリタルモノナルニ付、受領者以外他ニ見セサル様御注意アリタシ。

最近ノ情勢下ニ於ケル国府全面和平工作ノ推移及所見

一、国府トシテハ現在自ラノ力ノ及フ範囲ニ於テ先ツ模範的和平ノ事実ヲ作リツツ、他面重慶ニ対スル和平工作ヲ続行シテ其ノ反省ヲ促シ、以テ全面和平気運ノ促進ヲ図ルコトニ微力ヲ尽シ来レリ。

国府内政問題ニ関シテハ日本側ノ御好意ニ依リ国府強化ニ努力セラレ、之カ為建軍、財政経済又最近清郷工作迄進行中ニシテ、国府トシテハ日本ノ好キ友且有力ナル協力者トシテ東亜新秩序建設ニ邁進シ、其ノ責ヲ分担センコトニ努力ヲ傾倒シアリ。

二、対重慶和平工作ニ関シテハ既ニ本年六月自分訪日ノ際ヨリ発足シ、其ノ一ハ閻錫山工作ニシテ日本軍努力セラレ、自分亦親書ヲ送リ之カ促進ヲ図レリ。其ノ二ハ広西軍閥（李済琛、李宗仁、白崇禧）工作ニシテ、代表者ヲ来寧セシメ当時ノ板垣（征四郎）参謀長ニモ面会シ我方ノ態度ヲ了解シテ帰還セリ。

而シテ右二件成功スレハ北方及南西ニ於テ和平上大ナル成功ヲ見ルモノト考ヘ居リ、特ニ六月独ノ蘇聯進撃ニ際シ重慶カ周章狼狽セル際ハ最モ好況ナリキ。然ルニ七月ヨリ八月初旬ニ亘リ独蘇戦停屯（頓）以来、米英ノ対重慶援助工作更ニ進ミ、米英カ重慶ヲ利用シテ対日抗戦ニ利用スルニ至リ、国府ノ対重慶工作ハ逐次ニ困難ヲ加フルニ至レリ。

以上ハ既ニ海軍武官ニハ御話シ済ナル事柄ニシテ、只経過トシテ申上ケタル次第ナリ。

三、最近ニ於ケル重慶ノ和平態度ハ従来トハ其ノ面目ヲ異ニス。即チ（青線）米英ニ依存シテ其ノ仲介又ハ協力ニ依リ対日全面和平招来ヲ図ラントスル傾向顕著ナリ。

現在ノ重慶ハ表面強カリヲ言ヒ居ルモ、内部ニ於テハ和平気分ニテ一杯ナリ。然シ乍ラ彼等ノ和平気分ハ甚タ高ク、最近「ドーナルド」ヲ米ニ派遣シ目下劃策中ナリ。而シテ彼等ノ条件ナルモノハ（朱線）日本カ中国ヨリ一兵モ残サス撤兵セサル限リ和平不可能ト主張シアリ。蔣介石自身九、一八記念日ノ「ラヂオ」放送ニ於テ満洲国不承認ヲ高調セルカ如キ蓋シ従来無カリシコトニテ、彼等ノ企図ヲ知ルニ足ラン。

四、国府トシテハ（朱線）全面和平勿論賛成且努力シ来リタルモ、米英ヲ通シ又ハ彼等ノ斡旋ニ依リ和平スルコトニハ大ナル疑惧ヲ有スルモノナリ。

即チ斯カル場合次ノ二大危険アリト思考シアリ。

㈠昨年締結ノ日華条約ハ之ヲ大別シテ二トナシ、一ハ基本条約ニシテ他ハ戦争状態下ニ於ケル各種取極メナリ。而シテ蔣介石ハ自分等ヲ売国奴ト叫ヒ同条約ヲ批難シ来レルヲ以テ、日米妥協ニ依リ結局米ノ力ニテ右条約カ変更セラレンカ、左ナキタニ親米傾向強キ中国民衆ハ米ノ力ニ依リ日華条約改訂セラレタルモノト誤認シ、彼等ノ親米熱ヲ増スト同時ニ日本及国府ハ極メテ不利ナル立場ニ立ツニ至ランコトヲ最モ怖ル。

(二)蔣介石ノ部下ノ大部モ既ニ和平ニ参加シ度希望ヲ有ス。閻然リ、両李及白然リ。然ルニ（朱線）最近日米妥協説ヲ聞クニ及ヒ、彼等従来ノ態度ハ俄然一変セリ。即チ彼等ハ日米妥協ニ依リ或ハ蔣カ再ヒ盛リ返スコトアランカト考フルニ至リ、此レ迄ノ態度ヲ急ニ一転シテ和平陣営参加ヲ尻込ミシ情勢傍観ノ態度ニ変シタリ。蔣ハ右ノ態勢ニ鑑ミ鼓舞激励ヲ加ヘ居ル関係上、再ヒ代表ヲ送ルヘキ約アル両李モ、日本側ト停戦協定ニ調印セル閻モ種々口実ヲ設ケテグヅツク様ニナレリ。

尚適例ハ山東行営司令孫良誠（寧機密情報第四号）ニシテ、国府トシテハ既ニ第二集団軍総司令ノ辞令ヲ発シ、彼カ和平通電ヲ発シタル後直チニ六十万元ヲ贈与ヘク在帰徳張嵐峯ニ依嘱シアルニ拘ラス、最近河南省劉主任ヲ通シ今少シク態度表明ヲ待チ呉レル様連絡シ来レリ。

乃チ南モ北モ和平陣営参加者ノ態度皆軌ヲ一ニシ、全面和平招来ノ際、蔣ノ反感ヲ買ハンコトヲ是懸念シツツアル実況ナリ。

五、以上ノ如キ趨勢ニ於テ国府トシテハ茲ニ慎重ナル対策考慮ヲ要スル時機ニ当面セリ。国府トシテハ日米妥協成立シ太平洋ノコトカ何等カ纒マレハ之ニ越シタルコトナシト思考スルモ、従来米ハ日支間ヲ離間シ且自ラ中国ニ恩ヲ売リ来レリ。華府会議ハ其ノ一例ニシテ、中国民衆ノ多クハ之等ノ為ニ親米的ナリ。従ツテ日米妥協成立セハ、中国人ハ日本ヲ敵トシ米人ノ恩ヲ思ヒテ親米態度更ニ加ハラン。

自分トシテハ茲ニ思フ所アリ、最近各所ニ於テ此ノ趨勢ニ注意ヲ与ヘ「米カ中国ニ干渉シ来ルコトハ最モ好マシカラス。彼ノ為ス最大限ハ華府会議程度ヲ出テス、而モ華府会議ハ満洲事変ヲ生ミ今次事変ニ転シタルニ非スヤ。米ノ斡旋ニテ和平招来セラルルトモ其ノ結果ハ中国ヲ益スルモノニ非ス」ト説諭是努メツツアリ。

六、噂セラルル日米妥協成立シ前記セル如ク日華条約改訂ヲ見ル場合、中国民衆カ遮二無二米ニ感謝シ親米傾向ヲ増加スルカ如キコト無カラシムルコトハ、（朱線）今ヨリ日本及国府共ニ施策スヘキ重大要件ト思考ス。此カ為ニハ東京ト南京トハ予メ連絡ヲ密ニシ日米妥協ニ依テ日華条約ノ一部改訂セラルルコトトナル場合、予メ日華間ニ円満ニ事前ニ修正改善スルコト絶対必要ナリト信ス。斯クスルコトニ依テノミ中国民衆ヲシテ日本及国府ヲ信頼セシメ得ヘク、米ノ計劃ヲ打折セシムル唯一ノ方法ニシテ、両国将来ノ安危ニ関スル重大問題ト思考ス。

自分トシテハ日支間ニ過去ノ不幸ナル出来事ヲ再ヒ起ササルコト希望シテ已マス。従ツテ日華条約中基本条約ハ不変ノ性質ノモノナルモ、其ノ他ノ条約ハ戦争遂行中ノ特殊事態ニ即シタルモノ多シ。故ニ日米妥協全面和平招来ノ時機トナラハ、早メニ日華条約中ノ一部ヲ適正ニ修正セサルヘカラス。是重慶ヲ制シ米ヲ制スル道ニシテ、中日両国共其ノ面目ヲ保チ将来ノ国交ヲ敦厚ニ持続スル唯一ノ方策ト信ス。若シ然ラサレハ東京ト南京トハ民衆背反ノ的トナルニ至ラン。

要スルニ自分トシテハ中日関係ニ関シテハ、日本天皇陛下ノ聖慮ヲ拝シ政府首脳ノ態度ヲモ明確ニ承知シ且日米妥協ノ必要性モ克ク了解シ、自分トシテ別ニ要求カマシキ提案ヲ為ス意志毛頭ナシ。只此ノ機会ヲ他人ニ利用セラルルコトナク、日本ト国府トニ於テ賢明且有効ニ利用シ度キカ一念ナリ。（終）

十月八日近衛文麿発影佐少将宛電報

電報（至急親展）

近衛文麿

南京日本大使館気付
影佐少将殿
発時日　八日午後八時十五分
着信日　九日午前
汪主席ヘ伝達乞ヒタル文書ハ今日迄ノ主席ト余トノ個人的関係ニ鑑ミ特ニ内示シタル次第ニシテ、絶対ニ主席限リノ意図ナリ。之ヲ公式外交文書ト同様ニ考ヘ居ラルル節アレド、ソレハ大ナル誤解ニシテ危険極リナシ。至急誤解ヲ匡シ、絶対何人ニモ洩ラササル様御伝請フ。（了）
（欄外青鉛筆書き）九日午前、影佐少将ヨリ内示　多（花押）
（欄外朱書）私信平文ニテ市内電報局ヨリ配達サレタルモノ也。

十月八日本多大使発豊田外務大臣宛電報第三六三六号

三六三六　（暗）　昭和一六年一〇月八日前一一時発
本多大使発
豊田大臣宛
日米会談ニ関スル汪主席ノ意見提出ノ件
（館長符号）（大至急）
往電号外一ニ関シ汪主席ハ七日近衛総理宛ノ書翰ヲ日高公使ニ托スルト共ニ、同書翰ノ内容ハ成ルヘク早ク総理ニ知ラセタキニ付、要領タケニテモ急キ電報等ニテ通報セラレタシト申出テタリ（汪ハ新聞ノ記事等ニ依リ日米交渉ハ相当進捗シ居ルモノト観測シ居ルモノノ如シ）。然ル処右書翰ノ内容ハ大体七日小倉書記生携行ノ去ル四日日高ニ対スル談話ノ要旨ヲ要録シタルモノナルニ付、右談話要録一部総理ニ御手交相煩シ度シ。
尚、汪主席ハ六日来訪ノ古賀艦隊司令長官ニハ本件経緯ヲ概略内話シ、又七日後宮（淳）総参謀長ニハ首相ノ来翰ト共ニ右書翰ヲモ一覧ニ供シ意見ヲ開陳シ置キタル由ナルカ、褚（民誼）大使ニ対シテモ簡単ニ本件経緯ヲ電報シタル趣ナリ。

昭和16年10月9日起草

十月九日本多大使発豊田外務大臣宛電報号外四

総番号 No.3653　昭和16年10月9日後0時30分発

宛　豊田大臣　発　本多大使
暗　第（号外、四）号　館長符号、至急

八日付往電（号外、三トセラレタシ）所報ノ近衛首相ニ対スル汪主席ノ返翰ハ本使並ニ貴大臣ニ供覧ノ後、首相ニ御渡シスベク開封ノ儘コトヅカリ行ク旨予メ日高ヲシテ汪ニ申渡サシメ、先方モ之ニ従ヒタリ。該書面原文及反訳各五通日高ニ携行セシメタリ。御含迄。
○尚ホ昨電末段ノ通リ首相トノ往復内容ハ、汪ヨリ⑴已ニ総軍及艦隊主脳〔首〕部ニ話サレ居ル処、右ハ恐ラク首相及貴大臣ノ予想セラレサリシ所カト存ス。尚、⑵国府内部ニ於テハ徐良モ主席ヨリ聴カサレ居リ（現ニ外交部長ノ職ニアリ、近ク駐日大使トシテ赴任スル同人ニ対スル政府首脳ノ計ヒトシテハ当然ノコトナリ）、又周仏海モ勿論主席ノ相談ヲ受ケ居リ（陳公博ハ未タ広東ヨリ帰リ居ラス）、是等政府要路ノ連中ハ自然ニ又事務上ノ必要又ハ政治的関係ヨリ夫々自己ノ部下又ハ同志ニモ泄ラスコトナルベク、御承知ノ如キ国府内ノ内情ニ鑑ミ今頃ハ恐ラク已ニ重慶ニモ泄レ居ルモノト考ヘラル（重慶側ノ機微ナル消息ガ時々南京側ニ知レル如クニ）。其ノ影響ノ及ブ所寒心ニ堪エザルモノアリ。右二者何レモ本使ニ於テ何等責任ヲ負ヒ得ザル次第ナルハ申上クル迄モナキ所ナリ。

終リニ日高携行ノ汪主席書翰ニ対シ、若シ首相ヨリ何等回答セラル丶ノ場合ニハ、其ノ内容ガ単純ナル「アクノーレッヂメント」ニ止ル場合ト雖モ、尚ホ外務大臣タル閣下ト協議ノ上作製シ、外交機関ノ手ヲ経テ伝達サルル様御注意相成度シ。軌道ヲ外レタル外交工作ハ今日ノ場合、特ニ之ヲ慎マサルベカラズトハ本使ノ信念ナリ。

（了）

十月五日汪主席発近衛総理大臣宛書翰（訳文）

「十五部ノ内第六号」

汪主席発近衛総理大臣宛書翰（訳文）

（朱印）極秘

謹啓　初秋之候御起居益々御健勝之段遥ニ奉慶賀候。陳者九月三十日影佐少将ト面晤ノ際、二十六日附貴翰ヲ接到且米国側ニ内示セル日支和平基礎条件ノ御通報ヲ賜リ再三拝読、御好意之程千万恭ク存候。就テハ謹テ愚見ヲ述ヘ御参考ニ供スヘク候。

抑モ日支和平基礎条件ニ付テハ米国ハ恐ラク修正ヲ提議シ来ルヘク、一方閣下ニ於カセラレテモ右米国提出ノ修正案ニ対シテハ必スヤ之ニ相当ノ検討ヲ加ヘ始メテ双方同意スルニ至ルモノト存セラルル処、此ノ間是非トモ注意ヲ要スル所ハ左ノ二点ニ有之候。

其ノ一ハ中国人民カ従来米国ノ宣伝ニ迷ハサレ、事変後ハ一層親米仇日ノ態度ヲ抱ク実情ニアルコト閣下御承知ノ通ナルカ、万一今回米国ノ修正案ニシテ大袈裟ニ且公開的ニ提出セラルルカ、或ハ閣下ノ検討ヲ経其ノ同意ニ依リ最後ノ決定ヲ見ルニ至ラハ、米国ハ必ス之ニ依リ一層中国人民ノ傾倒ヲ受ケ、且其ノ従来ノ態度ノ正シカリシコトヲ如実ニ証明スルコトトナリ、閣下ノ東亜新秩序建設ノ理想カ必ス不利ヲ蒙ルコトトナルヘキ点ニ有之候。其ノ二ハ若シ米国カ其ノ修正案ヲ重慶側ニ通報スレハ重慶側ハ必ス之ヲ利用シテ己ノ功ト為シ、以テ中国人民ノ信用ヲ博スルニ努ムヘク、中国人民モ之ニ惑ハサレ重慶側ノ成功ヲ祝シ昨年締結セル条約ノ不当ナリシヲ詰ルコト必定ニシテ、兆銘ノ提唱セル和平反共建国運動モ亦之カ為甚シキ不利ヲ蒙ルコトトナルヘキ点ニ有之候。右ノ二点ハ決シテ区々タル個人ノ得失ニ非ス、貴我両国前途ノ利害禍福ノ繋ル所ナルヲ以テ、此ノ危険ニ対シテハ是非トモ防止ノ途ヲ講スル必要アリト愚考スル次第ニ有之候。就テハ何卒閣下ニ於カレテハ米国側ニ対シ、内部的意見交換ノ途中ニ於テハ如何ナル形式タルトヲ問ハス、其ノ内容ヲ公表スルコトヲ禁止スル旨堅ク約束ヲ取付ケラルルト共ニ、一旦閣下カ米国ノ修正案中若干ヲ容認スルニ決定セラレタルトキハ、先ツ其ノ容認セントスル部分ニ付敝政府ト御打合相成、客年締結セル条約ニ対シ修正ヲ加フルコトト致度、而シテ其ノ修正セル条約ノ公表ハ米国ノ修正案ノ決定前トシ、出来得レハ一週間乃至三日前ナレハ最モ宜シク、最大限度譲歩スルモ同時ト致度、斯クスレハ日支間ノ親善関係ハ始メテ鞏固ニシテ動揺ノ虞ナキヲ期シ得ヘク候。右ハ兆銘誠意ヲ竭シテ閣下ニ進言スル所ニ有之候。

元来客年締結セル条約ハ閣下ノ声明ニ基クトコロノ睦隣友好、共同防共、経済提携ノ三大原則カ日支親善ノ基礎トシテ動カスヘカラサルモノナルヲ除キ、其ノ他ノ部分ニ至リテハ大体全面和平尚未タ実現セサル為、周到ナル顧慮ヲ払フノ已ムヲ得サルニ出テタルモノニ有之、若シ全面和平一旦実現スルニ至ラハ此ノ部分ニ修正ヲ加ヘ、両国ノ関係ヲ更ニ一段ト良好ナル方向ニ導クコトハ敝国側ニ於テ衷心祈望スル所ナルノミナラス、貴国ニ於テモ引テ以テ愉快トセラルル所ナルヘク、同時ニ米国ノ斡旋モ重慶側ノ和平参加モ之ニ依リ満足スルニ至ルヘシ。是レ実ニ忠恕ノ道ニ合スル所以ニシテ、想フニ閣下ニ於カレテモ喜ンテ御採択有之モノト拝察致候。

以上申述ヘタル意見ハ曩ニ本多大使ニ披瀝シ置キタル所ナルカ、偶々日高公使帰朝ノ便ヲ借リ本書ヲ託送致候ニ付御高覧賜リ度願上候。

閣下ノ一身ハ東亜ノ安危ノ繫カルトコロ、此ノ機会ニ深甚ナル敬意ヲ表シ、併セテ御健康ト偉業ノ御成功トヲ祝福致候。敬具

十月五日　　汪兆銘

近衛総理大臣閣下

十月九日豊田外務大臣発本多大使宛電報第四六二三号

四六二三　（暗）　昭和一六年一〇月九日前一〇時三〇分着

豊田大臣発

本多大使宛

（館長符号）（至急）

八日附貴電二通拝誦、直ニ近衛総理ニ談話要領ヲ手交シ、御来示ノ説明ヲ加ヘ置キタリ。其ノ際、首相ハ本件ハ国家機密ニ属シ厳ニ主席限リノ含ミ迄ニ申進メタモノニ係リ、此ノ点ハ影佐ニモ十分注意シ置キタルニモ拘ラス、

斯ク支那側及日本側多方面ニ申伝ヘラルルハ甚タ意外又遺憾トスル所ニテ、今後ハ絶対主席以外ノ余人ニ洩レザル様取計方依頼アリタルニ付、右御含ミノ上主席ノ注意ヲ喚起シ置カレ度シ。

尚総理ハ本件ヲ厳ニ汪主席ノミノ含ミ迄ニ通報セシコトニ付、実ハ主席トハ年来ノ特殊関係モアリ、平素私信ノ往復モ致シ居ル有様ニテ、影佐来京ノ機ニ従前ノ約束モアリ簡略ニ内報シ、外務大臣ニスラ知セザリシ次第ニテ(脱)《(ママ)》、貴大使ニモ内報ヲ怠リタルハ誠ニ済マヌコトナリトテ、貴大使ニ改メテ宜シク伝言方申添ヘアリタリ。右御諒承ヲ請フ。(了)

北垣由民子氏所蔵

(欄外朱印)極秘

十月十一日本多大使汪主席会談要録

(欄外青印)大使

(欄外青印)参事官

本多大使汪主席会談要録　(朱印)清水

十月十一日午前十一時於大使官邸

中村《(豊一)》参事官、清水《(董三)》書記官、周次長同席

汪主席ハ大使ノ病気見舞ノ為来訪ノ機会ニ左ノ通談話セリ。

一、汪、此ノ機会ニ申上ケ度キ事アリ。過日影佐少将持参ノ近衛総理大臣ノ書翰ノ件ニ付、国民政府側ヨリ外部ニ漏ルル虞ナキヤトテ大使ニ於カレ心配セラレ居ル趣、影佐少将ヨリモ話アリタルヲ以テ、此ノ点ニ付申上ケタシ。

一、大使、ソレハ近衛総理大臣カ心配シテ居ルナリ。元来六月二十四日主席ト近衛総理ト会談ノ際、日米会談中支那ニ関スル問題ニ付テハ其ノ進捗ニ応シ随時通報スヘキ旨総理ヨリ言明アリタル次第ハ、本使モ承知シ居

ル所ナルニ付、先月三十日北極閣ニテノ会見ノ申込アリタルトキモ、此ノ問題ニ付主席ヨリ何等オ尋ネモアルヘキカト思惟シ、予メ外務大臣ニ本件交渉経過詳細通報アリタキ旨申送レリ。然ルニ大臣ヨリハ事機密ニ亘ルト称シ、本使限リノ含ミ迄トテ極概略ヲ知ラセ来レルニ過キス。尤モ本使ハ松岡大臣ノ時代ニ書類ヲ閲読シ居ルヲ以テ内容ハ略承知シ居リタル次第ナリ。

一、汪、昨年高宗武・陶希聖カ内約ノ内容ヲ漏シタル事件発生シタルカ、右ハ政府組織以前ノコトニテ充分秘密厳守ノ手配ヲ為シ難カリシ事情モアリ、政府還都以来ハカヽルコトナク、例ヘハ阿部《(信行)》大使ノ時ノ条約締結交渉モ七月五日ヨリ八月三十日迄ノ長期間一寸モ外部ニ漏ルルコトナク過キタルカ、六月二十四日ノ総理大臣トノ会談モ周次長ト清水書記官タケ同席ニテ全然心配ナカリシ次第ナリ。今回ノ書面往復ニ付テモ話シタルハ極メテ少数ノ者ニ限リ、周仏海ニハ一昨日手紙ヲ見セタルモ、コレハ心配ナシ。要スルニ自分トシテハ秘密厳守ニ付テハ十分ノ処置ヲ講シ全責任ヲ持ツニ付、此点近衛総理大臣並ニ豊田外務大臣ニ対シ御心配ナキ様御伝ヘ願度シ。

一、本多、承知セリ。元来近衛総理ハ友人トシテ主席ニ通報シタルモノナリト言フコトナレトモ、其ノ内容極メテ重大ナルノミナラス、国民政府ニ取リテハ重要ナル国務ノ一端ナルヲ以テ、例ヘハ周仏海氏ノ如キ或ハ陳公博氏ノ如キ首脳ニ対シ、主席ヨリ内報セラルルコトハ固ヨリ当然ノ儀ナリ。又褚大使ニ対シ概略ノ内容ヲ電報シタル旨承知シ居ルカ、是レ亦当然ニシテ、近ク大使トシテ赴日スヘキ徐良氏ニ対シテモ御話アルヘキハ当然ノコトナリ。

打明ケテ申セハ、実ノトコロ本使ニモ内報シ来ラス、後ニ至リ詑ヲ云ヒ来レルカ、総理ハ目下頻リニ本件カ外部ニ漏洩スルナキヤヲ心配シ居ル模様ナリ。

御如才モ無カルヘキモ、本件ニ関シテハ唯今ノ四人位ニ止メ他ニ漏レサル様御願致度シ。言フ迄モ無キ儀ナカラ総理モ折角心配シ居ルニ付御配慮相成度シ。

一、汪、其ノ点ハ必ス心配ナキ様取計フヘシ。緒大使ニ対シテハ当方ノ返事ノ内容ヲ全部知ラセルコト能ハザリシニ付、唯其ノ要点丈ケ即チ㈠日米交渉ノ進捗ニ付テハ国民政府モ大ナル関心ヲ有シ居ルコト、㈡日米間ノ話合ニ依リ日支間条約ヲ修正スルカ如キコトトナラバ、先ツ国民政府ト修正スルヲ可トスルコトヲ伝ヘ置キシニ過キス。徐部長ニモ手紙ハ見セス、口頭ニテ大体話シタル程度ナリ。

尚、近衛総理大臣ニ於テ秘密漏洩ヲ心配セラルルナラバ、今後例ヘハ条約修正ト云フカ如キ必要起リタル場合ニハ、自分ハ極少数ノ人ヲ伴ヒ飛行機ニテ東京ニ赴キ二三日滞在シテ総理大臣ト打合セテモ差支ナシ。コレ秘密ヲ守ルニハ最良ノ方法ナリ。六月、近衛総理ト面会ノ際モ自分ハ必要アラハ何時ニテモ飛ンテ来ルヘキ旨申上ケ置キタリ。若シ大使ニ於テ御異存ナキニ於テハ近衛総理ニ対シ、条約修正ト云フカ如キ場合ニハ電報一本ニテスク東京ニ赴キ、相談纏レハ其ノ場テスグ発表スルト云フ風ニシタイト云フ自分ノ希望ヲ御伝ヘ願度シ。貴見如何。

一、大使、カヽル時期ハ今スグ来ラサルヘシ。コレハ個人ノ観察ナルカ、マダ〳〵暇カカヽルコトト思ハル。

一、汪、時期ノ判断ハ大使閣下ノ方固ヨリ正確ナルヘシ。唯何時ニテモ斯ヽル必要起リシ際ハ自分カ出掛ケテモ差支ナキ旨御伝ヘ願度シ。

一、大使、承知セリ。今一言附加シタキハ今回影佐少将ノ携ヘ来リシ総理ノ書翰ハ、本使ハ東京ニ対シテハ何等知ラザリシ建前トナリ居リ、四日日高公使ヲ招カレオ話アリシトキ始メテ主席ヨリ見セテ貰イ知リタルモノナリト云フコトニナリ居ルニ付、此ノ点御承知置キヲ乞フ。

汪〔ニ、脱カ〕、諒承セリ。

十月十一日本多大使発豊田外務大臣宛電報号外六

総番号 No.3669　昭和16年10月11日後11時／分発

昭和一六年一〇月一一日起草

宛　豊田大臣　　発　本多大使

件名　首相書函秘密厳守ニ付汪主席ヘ申入ノ件

暗　第号外、六号（館長符号、至急）

九日附貴電前段ニ関シ首相ヨリ折角ノ御希望故、微恙回復次第会見ノ心組ヲナシ居タル折柄、十一日主席自身見舞ノ為来訪シ呉レタル機会ニ、首相御関心ノ次第ヲ篤ト懇談シ、今後ノ注意ヲ望ミタルニ、主席ハ其辺自分モ十分理解シ居リ、機密保存方ニ付テハ十分ノ責任ト注意ヲ以テ当リ居ル旨ヲ述ヘ、本件書面ハ周仏海ダケニハ内覧セシメタルモ、徐良ニハ単ニ概略ノ話ヲ内密ノ心得迄ニ申聞ケタルノミ、又褚大使ヘハ⑴国府ハ日米交渉ノ成行ニ対シ大ナル関心ヲ有スルコト、⑵日米間ニ支那問題ノ妥協着キ、其結果日支基本条約ノ修正ヲ必要トスルノ段階ニ達シタル場合ニハ、直ニ右修正要点ニ付日支間協議ノ結果ヲ公表スルコト丶シタキ国府ノ考ナル旨ノ二点ヲ同大使内密ノ含ミ迄ニ電報シタルノミナリト説明セルニ付、本使ヨリ此ノ説明ハ承リ置ク旨ヲ答フルト同時ニ、右諸氏ヘモ此ノ場合尚ホ為念秘密厳守ノ注意ヲ与ヘラレ度シト述ヘ、主席ハ之ヲ諒トシタルニ付、本使ハ尚今後ノコトニ付首相御痛慮ノ次第ヲ繰返シ力説シタルニ、其点ハ十二分ノ責任感ヲ以テ万全ノ注意ヲ払フヘク、改メテ保証致ス旨首相ヘ伝ヘラレ度シトノコトニ付、本使ハ「主席ノ誠意ニ信頼ス。首相ニ於テモ之ニテ安心セラ

ル丶コトナラン」ト述ヘ置キタリ。尚ホ他ニ一件主席ヨリ希望申出ノ次第アルモ、別電報告ス。(了)

十月十三日本多大使発豊田外務大臣宛電報号外七

総番号 No.3673　昭和16年10月13日後0時30分発

昭和一六年一〇月一三日起草

宛　豊田大臣　　発　本多大使

暗　第号外、七号（館長符号、至急）

前電ノ談話終ルト同時ニ汪主席ハ此場合一ツ御願ヒアリトテ、「先般東京ニテ近衛首相ト会談ノ際、今後何等カ重要問題協議ノ要アルトキハ、自分ハ手軽ニ飛行機ニテ来ルベシト申上ケ置キタルコトナルガ、日米間ニ支那問題ノ妥協着キ、其結果日支条約ノ改訂ヲ要スル段取ト成リタル場合ニハ、直ニ近衛首相ヨリ一電相給ハリ度、左スレバ自分ハ極少数ノ随員ヲ帯同、飛行機ニテ早速東京ニ赴キ、二、三日滞在シテ首相ト打合ヲ行フコト丶致度シ（本多大使ハ其ノ一両日前ニ出発、東京ニテ自分等ト落合フコトニ願ヒタシ）。秘密保持ノ点ヨリシテモ最モ安全ノ良法ナリ。大使ニ於テ御異存ナクバ右自分ノ希望、近衛公ヘ通シ置カレタシ」トノコトニ付、本使ハ日米交渉ノ現状ニ付テハ公式ニハ何等承知スル所ナキモ、本使一個ノ見透シニテハマダ〱左様ナコトヲ考ヘルノ時期ニハ達シテ居ラサルモノ丶如シト述ベタルニ、主席曰ク時期ノ判断ハ大使閣下ノ方正確ナルベシ、唯何時ニテモ斯ル必要起リ次第、近衛公ノ一電ヲ得タク、自分ハ直ニ東京ニ飛ンデ往クノ用意アル旨同公ヘ申上ケ置カレタシトテ頗ル熱ヲ込メテノ依頼ニ付、本使モ早速外務大臣ヲ経テ其ノ取計ヒヲ致シ置クベシト答ヘ置ケリ。右ノ次第首相ヘ御伝ヘヲ請フ。首相書函ヲ契機トシ、玆ニ日支条約改訂ト云フ相当重大ナル派生問題ガ持上リ来リタルコトニ付テハ、特ニ貴大臣ノ御注意ヲ喚起スル迄モナシト存ス。

十月十三日本多大使発豊田外務大臣宛電報号外八

総番号 No.3676　昭和16年10月13日後5時／分発

昭和一六年一〇月一三日起草

宛　豊田大臣　　発　本多大使

暗　第号外、八号（館長符号、至急）

十二日ノ上海仏字新聞所載「ニューヨーク」十一日発「ユー、ピー」特電ニ依レバ、日米間ノ談判ハ今ヤ次ノ諸点ニ帰着シツヽアリ。(イ)米国ニ依ル満洲国ノ黙示的（タシット）承認、北支ニ於ケル日本ノ優越的利益ニ付テモ同様ノコト、(ロ)新通商条約改訂ノ原則的同意、(ハ)東南アジア其他地域ノ原料品及市場ノ確保、以上ニ対シ日本ハ下記条件ヲ以テ成ルベク速ニ支那トノ戦争ヲ終止スルコト。(1)南京・重慶両政権ノ合流、(2)欧洲戦争不参加ノ条件ノ下ニ三国同盟ノ範疇内ニ於テ独伊両国ト或ル程度ノ協力ヲ為シ得ベキコト、(3)支那ヨリ逐次撤兵スルコト、但シ絶対的均等主義ヲ基礎トシテ日支間ノ協力関係ヲ完遂スベク誠意努力スベキコト、(4)日米協定ノ文字及精神ニ対スル日本軍部内ノ極端国家主義分子ノ服従ニ関シ充分確実ナル保証ヲ与フルコトヽアリ。尚「ワシントン」十日附「ハヴアス」電ニハ、日米談判ハ引続キ進行中ニテ近衛首相ヨリ最近新提議提出サレ、米国側ニテ研究中ナリトアリ。

汪精衛カ既電ノ如ク日米妥協ヲ見越シテ日支条約改訂ニ焦リツヽアルハ、想フニ此ノ類ノ情報ニ刺戟セラレテノコトナルベク、旁以テ此ノ際日米交渉ノ現状御内示ヲ得置クコト本使ノ職守ニ於テノ必要不可欠ノ義ニ有之。三日附貴電末段「本使ノ協力」云々ノ御来諭ニモ鑑ミ、右現状成ルヘク具体的ニ御電示願ヒタシ。

十月十四日豊田外務大臣発本多大使宛電報第四六七二号

四六七二　（暗）　昭和一六年一〇月一四日前九時三〇分着

豊田大臣発

本多大使宛

（館長符号）

汪主席書翰十一日日高公使ヨリ受取リ、十二日本大臣自ラ首相ニ手交スルト共ニ、累次御来示ノ次第併セテ申入レ置キタリ。今回ノ問題ニ付テハ政府側ニ於テ手違?ヒニモアリ、貴大使ニ対シ種々御迷惑ヲ掛ケ恐縮ノ至リナルカ、今後ハ軌道外交推進ノ為?一意微力ヲ致スベシ。首相ヨリモ右宜シク申伝方依頼アリタリ。尚、日高ニ対シテハ滞京中首相ニ会見セザルハ勿論、一切本問題ニ触レザル様打合済ミ。（了）

十月十六日本多大使発豊田外務大臣宛電報号外九写

総番号 No.3712　昭和16年10月16日後4時—分発

（欄外朱印）写

昭和一六年一〇月一六日起草

宛　豊田大臣　発　本多大使

件名　日米交渉ニ伴フ日支条約改訂問題ニ付具申

暗　第（号外、九）号（館長符号扱）（至急）

号外七号末段ニ関シ近衛総理及汪主席書翰ノ主題ニ関シ本使一応ノ所見別電A（号外一〇）ノ通リ、又日米交渉ニ対スル本使管見ノ一斑別電B（号外十一）ノ通リ政府御参考ノ一端マデ申進ス。汪主席ノ申出ニ対シテハ、本使ハ別電B末段ノ見解ノ下ニ差向キ国府側ヲシテ余リニ熱ヲ上ケシメサル様指導的ノ心構ヘヲ以テ対処シツツアリ、近衛総理ニ於カレテモ汪ノ書翰ニ対シテハ（来意領承シ置ク、適当ノ時機到来セハ外交機関ヲ経テ何分ノ儀連絡スヘシ）位ノ云ハハ「アツクノーレツヂメント」程度ノ答ヲ鄭重ナル辞令ニテ与フルニ止メラレテハ如何カト存ス。

尚ホ本問題ニ関シテハ褚民誼大使ニ於テ汪ノ電訓ノ下ニ最近貴大臣ニ会見シタルヤノ聞込ミアリ。事実トセハ右会談ノ内容、本使心得マテニ御電報願ヒタシ。（了）

十月十六日本多大使発豊田外務大臣宛電報号外十

総番号No.3714-6　昭和16年10月16日後5時—分発

宛　豊田大臣　　発　本多大使

暗　第（号外、十）号（館長符号、至急）

別電A

日米交渉ト対汪条約トノ関係

第一、「日支和平基礎条件」ト対汪条約トノ比較

一、「日支和平基礎条件」ハ努メテ抽象的概括的ノ措辞法ヲ用ヒアルガ故ニ、之ニ包含セラルヘキ具体的条件ノ内容及其ノ範囲必シモ明確ナラス。然レトモ其ノ文理解釈ヨリシテ対汪条約（日華基本条約及附属文書

（「協議書類」ヲ含ム）並ニ日華満共同宣言）ノ内容全部ヲ「カヴアー」スルモノト論断スルヲ得ス。

二、対汪条約作成ノ基礎原則ハ「議事録抜粋」第二ニ依リ明確ニシアリ。而シテ右基礎原則ト「日支和平基礎条件」トヲ比較対照スルニ、基礎観念其ノモノニ於テモ完全ニ符合スルモノト見ルヲ得ス。

三、対汪条約ニ基ク権利利益ニ対スル第三国ノ均霑ハ、原則トシテ之ヲ排除スヘキモノナルコトハ「議事録抜粋」第三ノ明示スル所ナリ。然ラハ右ハ果シテ「日支和平基礎条件」五ノロ、ト両立シ得ルモノナリヤ。消極ニ解スルヲ以テ正論トセサルヘカラス。

四、要之「日支和平基礎条件」ト対汪条約トヲ比較対照スルニ、前者ノ条件ハ後者ノ夫レニ比シ緩和セラレアルヲ卒直ニ認メサルヲ得ス。

第二、「日支和平基礎条件」ニ対スル米国側態度ノ判断

一、米国側カ「日支和平基礎条件」ニ対シ如何ナル態度ヲ以テ臨ミ来ルヘキヤヲ判断スルニ、先ツ第一ニ最モ明瞭ナリト思料セラルルコトハ米国側ハ決シテ其ノ儘ニテハ之ヲ呑マサルヘキコトナリ。

二、米国側ハ「日支和平基礎条件」ニ関シ、諾否ノ意思表示ヲ為ス前ニ必スヤ其ノ具体的内容ニ関スル日本側ノ意向ヲ更ニ詳細ニ明確化スルコトヲ要求シ来ルヘシ。就中駐兵問題、主権及領土尊重ノ問題、日支経済提携ト第三国トノ関係ノ問題等ニ付テ特ニ然ルヘシ。

三、米国側トシテ日支和平条件ニ対シ諾否ヲ決スル場合ノ標準トシテ目安ニ置クヘキ第一ノ点ハ一九三七年ノ原状復帰ナルヘク、第二ノ点ハ九国条約ノ基本原則ノ存続ナルヘシ。素ヨリ米国側トシテモ新シキ現実ノ事態ニ対シ全然考慮ヲ払ハサルワケニハユカサルヘキモ、右ハ斟酌考量ノ条件タルニ止マリ、決定要素ノ中心思想ヲ為スモノハ飽ク迄前記二点ニ存スヘシ。

四、従テ若シ日支和平条件ニ関シ日米間ニ意見ノ一致ヲ見ルコトアリト仮定セハ、右ノ場合ノ和平条件ハ「日支和平基礎条件」ニ対シ更ニ制限ノ附加セラレタルモノタルヘキハ想像ニ難カラス。果シテ然リトセハ、之ヲ対汪条約ニ比較スルトキハ「日支和平基礎条件」トノ比較以上ニ更ニ緩和セラレタルモノトナル次第ナリ。

第三、「対汪条約」修正問題

一、日米交渉ノ結果、「日支和平条件」ニ関シ意見ノ一致ヲ見ル場合アリト仮定セハ、右ノ場合ノ和平条件ハ現行対汪条約ノ内容ト同シカラサル点アルヘキハ前述ノ通ナルヲ以テ、右ノ場合ニハ対汪条約ノ修正問題ガ現実化スルハ当然ナリ。

二、日支和平条件ニ関スル日米間ノ話合カ事実上妥結ニ到達シタル場合ニハ、右ニ基キ他ノ措置カ執ラルル前ニ先ツ帝国政府ト汪政府トノ間ニ右ノ如キ条件ニ即《ママ》リ現行条約ノ修正ヲ行フヘキ旨ノ予約的協議カ遂ケラルコト必要ナリ。

三、本来ノ筋合ヨリスレハ、苟クモ現行対汪条約ト異ル日支和平条件ヲ米国側ニ提示スルニハ予メ汪政府トノ間ニ協議済ノ上ナラサルヘカラサルコト理ノ当然ナリ。而シテ実際上右本来ノ筋合ニ依ラサル場合ニ於テモ、尠クトモ（米国側トノ関係ニ於テハ勿論）常ニ汪政府ノ承諾ヲ条件トスル旨ノ建前ヲ留保シ置クコト絶対必要ナリ。日米間ニ事実上ノ妥結成リタル場合、汪政府トノ間ニ前項ノ予約的協議ヲ遂クルコトハ即チ右留保条件ヲ充ス為ノ措置タル意味合ヲ有スヘキモノナルヲ以テ、右予条《ママ》的協議ノ成立ヲ俟テ後甫メテ日米間ノ事実上ノ妥結モ正式ニ成立スルノ順序ヲ践ムヘキナリ。

四、現行条約ヲ修正スル為ニハ新ニ正式ノ条約ノ締結ヲ必要トスルコト勿論ナルモ、本案ノ場合（日米交渉及之ニ続ク重慶トノ話合カ順調ニ進ムモノト仮定セハ）、正式ノ修正条約ノ締結ハ蔣政権ト汪主席トノ合流シタル謂ハハ合流政府トノ間ニ行ハルルコトヲ予想スルモノナルヘキヲ以テ、前項及前々項ニ所謂予約的協議ハ夫レ自体直ニ条約修正ノ法的効果ヲ持ツ正式条約ノ性質ヲ有スルモノニアラスシテ、将来一定ノ条件ニ依リ現行条約ノ修正ヲ行フヘキ旨ノ内約タル性質ヲ有スルモノタルヲ要スヘシ。

五、「日本側ニ於テ対米妥協成立セハ、米国側カ之ヲ公開スルニ先チ日本側ト国民政府トノ間ニ於テ修正ノ点ヲ定メ、之ヲ公開スルコト必要ナリ」トノ汪主席ノ意見ハ、其ノ趣旨ニ於テ尤モノコトニシテ、之ヲ拒絶スルノ理由ナキノミナラス、政策上ノ観点ヨリシテモ拒絶ハ策ノ得タルモノニアラス。唯右ハ単ニ公開ノ場合ニ限ラス、且日本側ト汪政府トノ間ノ条約修正ノ協議ハ、前項記述ノ如ク予約的内約ノ性質ヲ有スルモノタルヲ要スヘシ。（了）

昭和一六年一〇月一六日起草

十月十六日本多大使発豊田外務大臣宛電報号外十一

総番号 No.3724-5　昭和16年10月16日後5時—分発

宛　豊田大臣　　発　本多大使

暗　第（号外、十一）号（館長符号、至急）

別電B

日米交渉ニ関スル所見

一、米国ハ既ニ対日経済断交ヲ実行ニ移シ居レリ。現在日米ノ間ニハ武力的衝突コソナケレ経済的ニハ既ニ戦争状態ニ入リタルト殆ント異ナラサル関係ニ在リ。
(イ)資産凍結令実施ノ結果、日米間ノ貿易ハ全面的ニ杜絶シ船舶ノ往来モ停止セラレタリ（最近日本商船三隻ノ対米配給ニ付、日米間ノ了解成リタル趣ナルモ、右ハ商品ノ積載ハ之ヲ為ササルモノノ如シ）。
(ロ)米国ハ「レンド、リース」資金ヲ利用シテ「ラテン、アメリカ」ノ対日貿易ヲ牽制阻止シ居レリ。又従来日本ノ「ラテン、アメリカ」等トノ取引ハ紐育市場ニ於テ決済セラルルモノ多カリシカ、資産凍結令実施ノ結果、紐育市場ニ於ケル決済ハ不可能トナレリ。
(ハ)従来我方カ第三国ヨリノ物資獲得ノ拠点トシテ利用シ来リタル上海ハ、米国ノ資産凍結令ニ依ル対日攻撃目標ノ地域ニ編入セラレタリ。而シテ右ハ重慶政権ノ法幣安定委員会ノ施策ト相俟テ上海ヲ通シテノ我方ノ第三国物資吸引ヲ阻止シツツアリ。
(ニ)米、英、蘭三国ハ対日石油輸出停止協定ヲ締結セリ。
二、米国ハ其ノ重要国策ノ一環トシテ依然援蔣政策ヲ続行シ居レリ。
(イ)「マクグルーダー」軍事使節団ハ近ク重慶ニ到着スヘシ。
(ロ)「ビルマ、ルート」（公路、鉄道、航空路ノ三線ヨリ成ル）ノ建設補強ノ為、米国ハ物及人ヲ以テ援助ニ当リ居レリ。
(ハ)米国ハ重慶ニ対シ飛行機其ノ他国防資材ノ供給ニ付援助ヲ為シ居リ、又「レンド、リース」資金追加ノ法案ニ於テモ相当多額ノ対支援助振当ヲ見込ミ居レリ。
三、独蘇戦ノ戦局ニ付テハ、尠クトモ武力戦ニ関スル限リ当初ハ短期決戦ノ観測多カリシモ、中途ヨリ寧ロ反対ノ観測カ強クナリ、当初ノ観測ニ対スル反動トシテ稍々行キ過キノ観アリタリ。然ルニ極ク最近ノ戦況ヲ見ルニ、全線ニ亘ル蘇軍ノ敗色蔽フヘカラス。恐ラク玆数週間中ニハ武力戦ノ局面ニ関スル限リ事態ハ極メテ明瞭トナルニ至ルヘシ。

四、日米交渉ニ依リテ米国ノ狙フ対日謀略ノ目標ハ(イ)日独ノ間ニ楔ヲ打込ムコト、及(ロ)日本ノ南方及北方ヘノ進出ヲ控制スルコトニ存スヘク、而シテ米国ハ之カ為対日誘引手段トシテ(イ)日支和平問題、及(ロ)対日経済圧迫緩和問題ヲ利用スルノ魂胆ナルヘシ。

米国ハ其ノ対日取引ヲ出来得ル限リ有利ナラシメンカ為、独蘇戦ニ於ケル蘇聯ノ抵抗力カ著シク減退セサル間ニ対日謀略ノ奏功ヲ冀望シ来レルナルヘシ。

五、今日世界ノ一般情勢ノ下ニ於テ日本及米国ノ置カレ居ル内外ノ客観条件ヨリ見テ、現ニ行ハレ居ル日米交渉ノ成功ノ公算ハ極メテ少ナシト判断セサルヲ得ス。殊ニ日支和平問題ノ如キ事項ニ付テ話合カ完全ニ成立スルニ至ルカ如キコトハ今日ノ所殆ント期待スルヲ得ス。

六、現下ノ情勢ヨリ判断スレハ、日米交渉ニ於ケル「日支和平基礎条件」ニ関スル話合ハ結局ニ於テモノニナラサル可能性頗ル大ナルヤニ思料セラル。

国民政府側トシテ此ノ際条約修正問題ニ付テハ、(イ)十月四日汪主席ノ表示シタル趣旨ノコトヲ帝国政府ニ対シ明確ニシ置クニ止メ、(ロ)右以上ニ亘リテ国民政府部内ニ於テモ又日本側ニ対シテモアマリ立入リテ論議ヲ繋クセサルコト、本問題ノ取扱上適当ナルヘシ。(了)

北垣由民子氏所蔵

十一月九日本多大使汪主席会談要旨

本多大使汪主席会談要旨

昭和十六年十一月九日於大使官邸
（周次長　清水書記官同席）

（欄外朱印）極秘

汪主席ハ十一月九日午後四時大使官邸ニ病中ノ大使ヲ訪問シ、左ノ通会談セリ。

一、日米問題

大使ヨリ最近ノ日米関係ニ付情報ヲ述ヘ、米国ノ海軍ノ配置ノ状況等ヨリ見テ到底日本ヲ攻撃スル力無キコト、シカモ「ノツクス《(Frank Knox)》」海相等カ強ガリヲ言ヒ居ルハ日本ヲ威嚇セントスル宣伝ニ過キス、米国ノ企図スル処ハ会談ヲ永引カセ日本ノ経済力ノ弱化ヲ図ルト共ニ三国同盟第三条ノ発動ヲ妨害セントノ下心ナルヘシ、一方英国モ重慶ノ援助ハ西南地区ニ設備ヲ施シテ「ビルマ」ヲ防衛セントスル範囲ヲ出テス、進ンテ極東ニ戦争ヲ勃発セシムル意志無シト観ラルルコトヲ述ヘタルニ、主席ハ「吾々トシテ最モ困ルコトハ米国カ遷延策ヲ以テ今日ノ事態ヲ引張ルコトナリ。即チ日米交渉開始以来㈠蒋介石ハ周囲ノ者ニ対シ和平ノ主体ハ自分ナリト誇リ、益々蒋ノ地位ヲ高メツツアリ、㈡閻錫山、李宗仁等ハ観望的態度ヲ取リ、今遽カニ和平ニ参加シテ蒋ニ怨ミヲ買フコトハ将来全面和平ノ際身ノ破滅トナルヘシトテ、日米交渉ノ結果ヲ待ツ気持ニ変レリ、㈢国民政府部内ノ同志モ非常ニ苦悩シ居レリ、即チ此ノ際重慶ヲ余リ攻撃スレハ日本ニ対シ迷惑ナルヘク、又国民政府ノ者ハ自己ノ地位ノ擁護ヲ図ル為全面和平ヲ妨害スルモノナリト疑ハルルコトヲ惧レ、之ヲ差控ヘ居ル始末ナルカ、重慶ハ依然トシテ吾々ヲ攻撃シツツアリ、カクテハ国民政府部内ノ者モ意気阻喪セサル能ハズ」ト述ブ。大使ハ日本ハ重慶トハ何等話合ヲ為シ居ラズ、日本ノ企図スル所ハ米国ヲシテ重慶援助ヲ打切ラシメントスルニアリ、重慶攻撃ノ方針ニ至リテハ何等手ヲ緩メ居ラス、此ノ間畑《(俊六)》総司令官トモ長時間会談シタルカ、作戦方面ニ於テハ最近活潑ニ重慶軍討伐ヲ行ヒツツアルコト御承知ノ通ナリ、日米交渉ノ結果カ如何ニ落付クトニ論ナク出来得ル限リ重慶ヲ叩キ置クコトハ必要ナリト述ブ。

二、日本政府ニ対スル主席ノ希望

大使ヨリ最近帰朝スル予定ナルカ、此際何カ日本側ニ対シ希望セラルルコトナキヤト尋ネタルニ、主席ハ「第一ハ今夏周仏海氏ノ名ヲ以テ大使ニ差上ケタル手紙ニ所謂調整問題ヲ成ルヘク速カニ実行セラレタキコトナリ。第二ハ最近法幣暴落ノ為メ財政金融及民衆生活ハ殆ント絶望的状態ニ陥リタルコトナリ。本件ハ大使館ヲ始メ経済顧問其他関係各方面協力シテ之カ救済ニ努力セラレツツアルカ、速カニ何等カノ解決方案ヲ見ンコトヲ希望シテ已マス。本問題ハ最モ差迫レル問題ナリ。第三ハ日米交渉成立シテ全面和平トナリタル場合ノ問題ナルカ、米国ハ元来国民政府ヲ承認シ居ラサルヲ以テ、如何ニ譲歩スルモ精々重慶ト南京トノ合流ナルヘク、其ノ際米国カ一般支那国民ノ信頼ヲ博スルニ至ルコトハ東亜ノ為遺憾ニシテ、日支ノ軸心ニ動揺ヲ見サル様今ヨリ考慮シ置クコト必要ト思惟セラル」ト答ヘタリ。之ニ対シ大使ハ「先月十一日ノオ話ノ日米妥協ノ際ハ飛行機ニテ東京ニ赴キ必要ノ措置ヲ講スヘシトノ御希望ハ当時電報ヲ以テ近衛総理ニ伝ヘ、総理宛書翰及主席ノ意向ハ当時早速総理ニ伝ヘタル処ナルカ、今回帰朝セハ外務大臣ニモ改メテ報告スヘシ。実ハ当時主席ノ考ハ尤モト思惟セラレタルニ付、総理ヨリ御趣旨ハヨク諒承セリ、適当ナル時期ニ至ラハ貴意ニ副フ様努力スヘシトノ返書ヲ提出スルコト然ルヘキ旨意見ヲ申進メ置キタルカ、遂ニ其事ナクシテ内閣更迭トナレリ。尤モ本使トシテハ日米交渉ハ到底成立ノ見込ナシト観察シ居ルヲ以テ、右ノ如キ返事ノ有無ニハ拘泥セサリシ次第ナリ。帰朝ノ際ハ東郷《(茂徳)》大臣ニヨク話スヘシ。次ニ法幣下落ニ対シ主席以下段々ノ御苦心ノ程ハ青木《(一男)》顧問ヨリ報告アリ承知シ居レルカ、政府及人民モ一通リノ苦痛ニアラサルヘク、殊ニ来年度ノ財政問題モ極メテ困難ナルヘシ。各関係方面ニテ鋭意研究中ナルカ、青木顧問ヨリ詳細日本政府ニ報告ノ筈ナリ。調整問題ハ多少日時ヲ要スヘキモ、当局者ハ熱心ニ研究シツツアリ、漸次実現スルモノト思ハル」ト述ブ。

三、重慶側ノ内情ヲ察知シ得ヘキ最近ノ一情報

主席ヨリ最近ノ重慶側ノ内情ヲ察知シ得ヘキ一資料トシテ報告スヘシトテ左ノ通述ブ。

最近南昌ノ前面ニ駐屯シ居リシ重慶側軍隊ノ師団長蕭敷誠（錦河左区指揮官ノ職ニアリ。保定軍官学校出身、三十余歳ノ少壮軍人ナリ）ハ其ノ部下ヲ率ヒ当方ニ帰順スル手筈ヲ整ヘ、其ノ工作進行中機密漏洩セル為メ途中ニ於テ重慶側軍隊ヨリ攻撃セラレ、日本側戦線ニ近ツクヤ日本軍ヨリ攻撃セラレ、結局身ヲ以テ南昌ニ入リ武漢ヲ経テ南京ニ到着セルカ、同人ノ語ル処ニ依レハ現在重慶側ノ軍隊将士一般ノ気持ハ抗戦モ望ナク和平モ亦望ナシト思ヒ居リ、結局此儘抗戦ヲ続クル外ナシト云フ状態ナリ。又国民政府ニ対シテハ下級ノ者ハ殆ント認識ナク、依然重慶カ唯一ノ支那政府ナリト思ヒ込ミ居ル処、上級者ハ重慶政府モ駄目ナリト思ヒ居ルモ、国民政府モ亦単ニ占領地ニ於テ物資ヲ搾取シ人民ヲ苦シメ居ル機関ニ過キス、政府ノ看板丈ケニテ政府ノ実ナシト観居レリトノコトナリ。尚軍隊ノ給与ハ従来糧食其他ノ現品ヲ支給シ、其他ニ小遣ヲ支給シ居リシ為メ兵隊ハ兎モ角腹一杯飯カ食ヘラルル状態ナリシカ、最近二ケ月程ハ米穀出廻ハサル為米ノ支給ヲ取止メ、其ノ代リノ俸給ヲ与フルコトナリタルカ、米一石二百元以上ナルヲ以テ相当苦シミ居レリ。尚内地ニテ最モ苦シミ居ルハ塩ノ不足ノ点ニテ、是レハ如何トモ方法ナシ。米ハ大約二百万ノ兵ヲ養フニ足ル状態ナリト云フ。以上蕭ノ報告ニ依ルモ軍隊ノ帰順工作ハ極メテ困難ニシテ、例ノ閻錫山ノ軍隊ノ如キモ進展捗々シカラス。殊ニ共産党ヨリ攻撃セラルル惧アル為、連絡ニモ種々ノ不便アリ。日本側ニテハ国府ノ軍隊誘致工作ヲ熱望シ居ルモ、二ケ年間ノ経験ニ依レハ種々困難

ナル事情アルコトヲ発見セリ。更ニ蕭ノ報告ノ内参考トナレル点更ニ一ツアリ。即チ彼ハ南昌ニ到着シ、先ツ国民政府ノ機関カ一ツモ無カリシコトニ一驚ヲ喫セルカ、更ニ驚キタルハ欧大慶ノ軍司令部トカ三省政務委員会トカ国民政府ト関係ナキ機関ノ存在セルコトニシテ、南京ニ到リテ始メテ国民政府ノ看板ヲ見タリト語レルコトナリ。自分（主席）ハ之ニ対シ日本カ国民政府ヲ承認セルハ正着（碁ノ定石）ニテ、南昌辺ニテヤリツツアルコトハ奇着（捨石トシテ将来定石ノ足ラサルヲ補フモノ）ナリト答ヘ置キタルカ、余リ奇着ノミ多クナルトキハ困ル事態トナルヘシ。日本テモ内閣更迭アリ。国民政府モ更迭スル方ヨロシカルヘシ（トテ笑ヒツツ戯談ヲ言フ）。

（大使ヨリ国民政府ニハ更迭ハアリ得ス、ソンナコトヲ考ヘテハ困ルト述フ）。尚、李品仙ノ代表ハ香港ニ到着シ近ク南京ニ来ル筈ナルカ、其際ハ日高公使ニ連絡スヘシ、吾々ハ努力ヲ継続スヘシト述フ。

四、国民政府ニ対スル苦言

大使ハ友人トシテ個人的ニ友人タル汪先生ニ申上ケタキコトアリトテ左ノ通リ述フ。

本年四、五月頃国民政府ノ強化問題喧シカリシ頃、支那側ノ相当地位アル一二人ノ友人ハ自分ニ対シ、政府ノ強化ニ対スル大使ノ熱意ハ多トスルモ凡ソ強化ニハ外的強化ト内的強化トノ二面アリ、大使ノ如ク外的強化ノミ図ルモ内的強化ヲ忽ニスルトキハ遂ニ其ノ効ヲ奏セサルヘシト助言セル者アリ。所謂内的強化トハ機構ノ改革、人事行政ノ適正ヲ図リ、以テ全面和平ノ目的ヲ貫徹スルニアリ。現在汪主席ノ理想ト熱意トヲ体シテ奮闘シ居ルモノ寥々タルモノニシテ、大部分ハ自己ノ地位ヲ擁護シ享楽ニ耽リ、財ヲ蓄フルニ汲々タル有様ナルカ、斯クテハ如何ニ汪主席一人努力スルモ孤掌鳴リ難シト云フニアリ。当時自分ハ東洋君子ノ道ハ先ツ己レヲ正フシテ後人ヲ責ムルニアリ、国民政府ハ謂ハハ日本カ作リタルモ同然ノ政府ニシテ、日本カ為スヘキコトヲ為ササレハ強化ヲ図ルコト不可能ナリ、自分ハ先ツ日本ノ為スヘキヲ為スコトニ努力シ、其ノ上ニテ若シ政府ノ内部ニ欠陥アラハ友人トシテ勧告スヘシ、夫レ迄ハ人ヲ責ムルヲ欲セスト答ヘ置キタルカ、今日ニ至ルモ尚同様ノ気持ナリ。唯本日ハ友人トシテ率直ニ申述フヘシ。現在政府ノ官吏カ官記振ハス能率挙カラサルハ、固ヨリ政府ノ管轄区域カ日本軍占領地ナル為メ因果ノ関係アリテ、カカル気風トナリタルモノナルヘキモ、日本人ノ方面ヨリ見レハ斯ル政府ニテハ如何ニ援助シテモ援助ノ仕甲斐ナシトノ議論モ出テ来ル次第ナリ。露骨ニ言ハ〔脱アルカ〕今夏帰任ノ頃ハ上海方面ニ於テモ国民政府ニ対スル評判極メテ悪ク、ソレニハ特工ノ行過キ等モアルヘキモ、一般ハ国民政府ニ希望ヲ繋キ居ラサル状態ニテ、国府ノ強化ヲ強調シ来レル自分ノ気持ヲシテ少ナカラス暗澹タラシメタリ。然レトモ顧ルニ国府ハ日本ト不可分ノ関係ニアルヲ以テ、部内ノ不評判ノ点ハ出来得ル限リ之ヲ改ムヘク、日本側亦出来得ル限リノ援助ヲ与ヘ内外相応シテ政府ノ強化ヲ図ラサルヘカラスト信ス。冀クハ汪先生ノ人格理想カ部内ノ下級ニ迄徹底スル様一般ノ工夫ヲ凝サレ度シ。過般主席ノ訪日ニ依リ接シタル数百ノ日本ノ識者ハ一人トシテ汪先生ヲ敬愛シ崇拝シ同情セサル者ナシ。畏クモ陛下ニ於カセラレテモ主席ヲ御信頼アラセラルルモノト拝察セラルルカ、此ノ人格カ行政百般ニ浸透セラレンコトヲ希望シテ已マス。凡ソ如何ナル国家ニ於テモ人事行政ハ最モ問題ノ起ルトコロナリ。国民政府ニ於テ能ク官吏ノ詮叙ヲ慎シミ官吏任用法ヲ厳守シ、試験制度其他ヲ活用シテ充分資格ヲ審査シ、官吏ノ身分ヲ保障シ、彼ノ親分乾児ノ関係ヲ以テ猥リニ人ヲ動カスカ如キ弊ニ陥ラス、官吏ヲシテ安ンシテ事務ニ専念セシムル様セサルヘカラス。

最近日本ヨリ渡支シ来レル所謂支那通達ノ感想ヲ聞クニ、国民政府ハ江南半壁ノ天ニ跼蹐シ小成ニ安ンシテ和平推進ノ熱意モナク、革命建国ノ気魄モナシ、コレアルハ僅カニ汪主席以下二三ノ者ニ過キスト評シ居レリ。カカル批評ハ恐ラク日本内地ニモ漸次伝ハルヘシ。無遠慮ニ言ヘハ今日民生ノ困苦其ノ極点ニ達シ、話ヲ聞ク丈ケニテモ心ヲ痛マシムルモノアリ。然ルニ政府上層ノ者ハ一意享楽ヲ事トシ、或ハ中徳文化協会ノ舞踏会ニ夜ヲ徹シテ遊フカ如キ有様ニテハ、一般ノ者ニハ自ラ政府ノ真意ヲ疑ハシムル印象ヲ与ヘサル能ハス。最近ノ人事ノ一例ナルカ、外交部ノ政務次長トシテ周隆庠君ヲ起用セルハ当然トシテ、常務次長ニ独乙出身ノ陳允文ヲ充テタルカ如キ日本人一部ノ印象ニテハ国府ノ外交ハ日本ハ周ニ受持タシメ、独乙ハ陳ニ受持タシメ日、独対立ノ外交陣ヲ整ヘタリトノ感深シ。独乙ハ日本ノ東亜ニ於ケル地位ヲ認メ居ルモノニシテ、国府カ独乙ヲ日本ト同列ニ考フルカ如キコトアラハ大ナル誤ナリ。殊ニ独乙人ハ周知ノ如ク油断モ隙モ無キ人間ニシテ、何処カラテモ喰込ム人間ナルヲ以テ、充分用心セサルヘカラス。前述ノ如キコトハ単ナル杞憂カトモ存セラルルカ、此ノ点充分注意アリテ然ルヘク指導セラルル様致度シ。革命建国ノ際ハ固ヨリ思ヒ切ツテ人材ヲ簡抜セサルヘカラサルコト当然ナルカ、一方ニ偏スルコトアリテハ却ツテ面白カラス。官吏ノ任免ヲ正シ、身分ヲ保障スルノ要アルコト此ノ点ニアリ。以上ハ全ク友人ノ立場トシテ申上クル次第ニテ、本日ハ斯カル無遠慮ナル話ヲナス為メ日高公使ニモ中村参事官ニモ同席セシメサリシ訳ナリ。

右大使ノ語ニ対シ汪主席ハ御忠言感激ニ堪エスト前提シ左ノ通リ答ヘタリ。

国民政府ノ悪評ノ出ツル根拠ハ三点アリ。一ハ特工ナルカ、現在ノ特工ハ重慶ニ対抗スル為メ命ノ取リ遣リヲナス必要アリ。之カ為メ「ツマラヌ」人間ヲ相当収容シ居ルニ依ル。二ハ軍隊収編ノ場合素質ノ悪キ軍隊アリ。是等ハ何等和平ノ理念ヲ弁ヘス、単ニ生活センカ為メニ帰順セル者アリ。是等ノ行動カ面白カラサルカ為メナリ。三ハ和平運動ニ参加スル者ハ広ク之ヲ収容スル方針ヲ取リタル為メ資格ノ足ラサルモノモ相当ニアリ。結局人事ノ混乱ヲ招キタルニ依ルモノナリ。実ハ政府トシテハ是等ニ対シ訓練ヲ施シ其ノ向上ヲ図ラント努メタルモ、是レ亦アマリ効果ナキカ如シ。結局大使ノ言ノ如ク資格銓衡ヲ厳重ニ行フ必要アリト思考シ居レリ。古来漢ノ高祖モ明ノ太祖モ其ノ天下ヲ統一スルヤ、共ニ働キタル同志ヲ付ケタリ。政治ヲ軌道ニ乗スル時ハ已ムヲ得サル仕儀ナルヘシ。

官紀ノ粛正ニ就テハ重慶側ニテモ種々ノ規定ヲ設ケ居ルモ、実際上ハ表面丈ケニテ益々誤魔化シヲナス気風ヲ馴致シアル由ナルカ、国府ニ於テハ何等カ有効ナル方法ニテ官紀ノ振起ヲ図リタキ考ナリ。

外交部次長ハ二三十年来ノ習慣トシテ一人ハ日本通、一人ハ欧米通ヲ据エルコトトナリ居リ、今回ノ詮衡モ褚部長ノ希望ニ基クモノナルカ、陳允文ハ曽テ独乙ニ於テ警察学ノ外法律ヲモ学ヒ、外交部ニモ羅文幹、汪兆銘、張群、王寵恵ノ四部長ノ下ニ七年間勤務シタル経験アリ。民国二十七年ニ簡任ノ秘書ニ昇格セル経歴アリ。重慶脱出ノ際モ同志ト共ニ自分（汪）ノ善後処置ヲナシ、曽仲鳴トモ関係アリ。人物ハ極メテ真面目ニシテ交際下手ナルヲ以テ、独乙人ニツケ込マルルカ如キ惧ハナカルヘシト信ス。

革命精神気魄ノ欠除[如]ニ付テハ自分モ痛心シ居レリ。昨年還都第一回ノ放送ノ際モ同志ハ所有苦痛ニ堪ヘサルヘカラスト強調シタルカ、当時或者ハ何時死ヌルカ判ラヌ革命家ニハ或ル程度ノ享楽モ許ササルヘカラスト言フモノアリタリ。要スルニ自分ノ取締ノ不充分ニ依ルモノニシテ、自己ノ不敏ヲ謝スル次第ナリ。大使ノ本日ノ言ハ金玉ノ言トシテ難有ク拝聴セリ云々。

防衛研究所戦史研究センター所蔵

『内外法政研究会研究資料第145号　日米交渉と国民政府（本多熊太郎・宇治田直義談）』（中央・軍事行政その他・373）

（表紙）

極秘　極秘（朱印）

研究資料第一四五号

本多熊太郎（墨書）
宇治田直義 } 談

日米交渉と国民政府

内外法政研究会

日米交渉と国民政府

目次

日米交渉と国民政府

1．日米会談に関する近衛と汪兆銘と（ママ）の話合

昭和十六年六月、国民政府主席汪兆銘氏が日本政府を訪問して来た時、近衛首相との間に〔脱アルカ〕米交渉に関する話合が行はれた。それは六月二十四日首相官邸に於て近衛首相と汪主席会談した際、近衛首相から「日米会談に関し目下両国政府の間に国交調整の交渉が行は〔れ脱カ〕てゐるが、話は仲々進行しない、今後の推移に就ては随時貴主席に通報し打合せすること〔脱アルカ〕とする様にしたい」と述べ、更に「米国を通じる対蔣工作に異議はないか」と念を押した処、汪主席は「異議なし」と答ふると共に、「但し和平の質が変らぬ様、呉々も注意せられた〔い脱カ〕米国が日支合作に依る東亜の新秩序を承認し、東亜の枢軸を攪乱しないと云ふ前提でなければいけないと信ずる」旨を述べ、首相も「それは同感だ」と言明し、其の内容については深入りしないで終つたのである。併し乍らこの会談の結果、日本政府としては国民政府に対して日米交渉中、対蔣工作即ち日支和平基礎条件に関しては求められれば当然通報せられなければならない道義上の義務を負ふた訳である。

2．極秘に附せられた日米交渉

所が日米交渉の内容と云ふものは、当時総べての国家機密で本多駐支大使にさへも極秘に附せられて居つた関係上、国民政府側では随分やきもきしてゐたが、其の真相を知悉することは容易でなかつた。殊に日米交渉が段々難局に立つに伴ひ、国民政府側では一層やかましく騒ぎ立てるやうになつて来た。然し本多大使には其の内

容が知らされてないので、国民政府顧問の影佐少将にやいやい云ふので、影佐少将は九月の中旬東京に帰り近衛首相に合〔会〕つて此の事情を述べて、其の内容を明確にしやうとしたものである。

3．近衛の「日支和平基礎条件」に関する書翰

そこで近衛総理は影佐少将に委細開陳すると共に、同二十六日附を以て日米交渉に於ける日支和平基礎条件を記載した書翰（内閣用紙にタイプせるもの）を影佐少将に渡したのである。而して其の内容は左の通りであつた。

拝啓　愈々御〔清脱カ〕栄奉大賀候。目下進行中の日米交渉に関聯し、最近米国側に内示せる日支和平基礎条件を影佐少将に托し供御高覧候。

尚、此機会に閣下の御健康を衷心より奉祈候。

九月二十六日

文　麿

汪主席閣下

日支和平基礎条件

一、善隣友好

二、主権及領土の尊重

三、日支共同防衛

日支両国の安全の脅威となるべき共産主義並に其の他秩序攪乱運動防止及治安維持のため日支協力

右の為従前の取極及慣例に基く一定地域に於ける日本国軍隊及ひ艦船部隊の所要期間駐屯

四、撤兵

支那事変遂行のため支那に派遣せられたる前号以外の軍隊は事変解決に伴ひ撤退

五、経済提携

イ、支那に於ける重要国防資源の開発利用を主とする日支経済提携を行ふ

ロ、右は公正なる基礎に於て行はるる在支第三国経済活動を制限することなし

六、蔣政権と汪政権との合流

七、非併合

八、非賠償

九、満洲国の承認

而して右書翰は九月三十日南京に帰来せる影佐少将より即日汪主席に手交せられ、更に同日午後四時過本多大使にも影佐少将より内報せられたのである。

4．豊田の本多大使に対する回訓

本多大使は従来大使にも知らされざる国家機密事項が大使の手を通ぜず直接汪主席に手渡されたことに対し非常に遺憾とし、斯くては大使の任務遂行も困難なりと考へたが、これより先本多大使は二十六日附で豊田大臣に宛て、当時南京に集合中なりし総領事及興亜院連絡部長官会議に出席中なりし一同が同三十日、汪主席より北極閣の主席会館別館に招待せられてをり、同席上必ず日米交渉が話題に上ると予想し、これが対応上からも同交渉

に対する政府の方針並に所謂近衛メッセージ以来米国側との話合の内容に関し大体要旨の内示を仰ぎ度い旨の請訓をしてあつたのであるが、遇々三十日之れに対する回訓があつた。

其要旨は、

帝国の仏印進駐は事変解決の促進、英米等の包囲攻勢に対する共同防衛、必要物資獲得上万已むを得ざるに出でたる当然の措置であつたに拘らず、米英等は之を口実に経済断交に等しき対日圧迫手段に出でたる為め、日米関係極度に緊迫化せること、欧洲戦争長期拡大の兆候増大せるに鑑み、我国としては支那事変を速に終結し、世界政局に於ける行動の自由を確保する要あること、蔣政権の対日抗戦が米国の援助に倚存する所多〔き脱カ〕こと等に顧み、先づ外交々渉に依り日米国交打開の道を講ずること（ママ）必要を認め、仏印進駐に関聯し日米間に話合の持上りしを機会とし、帝国政府はこの際、日米両国戦争の拡大を防止し、又太平洋地域安定に協力することは、世界平和及人類の福祉増進に寄与する所以なりとの根本観念に立脚し、当時停頓中なりし日米交渉を再開し、近衛メッセージともなつた次第である。

右交渉の重点は支那問題、大東亜共栄圏の確立等であるが、支那問題に付ては松岡外相時代と同様、米国側に対し我国が近衛原則及日支基本条件に基き日支和平解決をなさんとする日本側の誠意と努力を認めしめ、米国をして蔣介石側との間に橋渡しをなさしめんとするに過ぎない。又大東亜共栄（ママ）圏に付ては其の不拡大及平和招来への見地より対処せんとするもので、最近迄の結論は従来よりの懸案重要諸点に付、我方側の主張を闡明し、先方の回答を待ちゐる状態である。之を要するに大局的見地より日米国交調整を計らんとするもので、素より従来決定せる国策の限度を越ゆる能はざるは勿論、前記急迫せる今日の事態に鑑み、成るべく速に平和的解決に到達する様折角努力中である。右貴大使限りのお含み迄に申進めたる次第だが、事の機微なるに鑑み、今次汪との御会談に於ては本件に触れられざる様希望する。尚本件は国家機密にして国内は勿論、在外使臣に対しても今日迄何等知らしめをらざる程慎重なる取扱を為し居れるものである。

5．本多大使、自身の召還電命方を豊田外相に打電、豊田之を慰留す

茲に於て本多大使の憤慨は爆発し、十月一日附電報を以て豊田大臣に宛て「本使限りの含みまでと真心を籠められた御内示に接し、本使稟請の主点に対し何等要領を得せしむる処の御来示に接し得ざりしは甚だ遺憾とする。本使に対する政府の信任動揺を物語る次第かとも存ぜられるから速に御召還の御電命相成様お願致し度い。尚要すれば首相とも御相談の上何分御回示を乞ふ」と懇切な言葉であるが、意味深長な電報であつた。豊田大臣は近衛総理と影佐少将・汪主席との関係を全然御承知なかつたのであらう。そこで本多大使は「尚要すれば首相とも御相談の上で何分の御回示を乞ふ」と態と附け加へたものと思はれる。一方、本多大使の召還要求電報を受取つた豊田大臣は即日返電して「前電貴意に副ひ得ざりしは遺憾とするも、目下進捗中の日米交渉は前内閣時代、即ち六月二十一日の米国側提案に対して我方は七月十四日修正案を訓示したが、政変及び仏印進駐等のため未提出の儘となつてゐたので、右修正案に仏印進駐に関する二、三事項を追加せる案を以て対処して居り、現在は我方の説明を終り、先方の回答を待ちゐる次第で、改めて申上ぐるべき程のこともないので、実は前電の如く御回示した訳で、何等他意ある訳ではない、近日中に今一歩進みたる先方の意向判明すれば改めて追報申上ぐるも、場合に依りては両国首脳者の会談に迄進展するやも計られない、時局重大の際貴大使の御協力に俟つこと大だ」と慰留して来たのである。

6．本多大使、豊田宛長文の意見を具申す

そこで本多大使は翌四日午后始めて豊田大臣に宛てゝ次の様な電報を発したのである。近衛首相は帰任挨拶のために九月二十六日伺候の影佐少将に托し極めて重要なる書面を汪主席に送られた事実がある。右書面の内容を大至急首相閣下より御確めの上本使へ御内電願ひ度い。但し本件に付明確な御内示に接する迄一日付電請申上げた本使召還の件は留保して置く。

本多大使は右電報を発すると共に、同日汪主席と会談する予定ありたるも病気の故を以て断つて只管政府の回訓を待ちつゝあつた処、汪主席は日高公使に来訪を求めて、例の近衛公の私信を示し、日米交渉に於ける日支和平基礎条件に就いて周外交次長の通訳で其の所見を述べ、本多大使へ報告せられたいとの事であつた。そこで日高大〔公〕使は早速其の要旨を本多大使に報告したので、本多大使は即日豊田大臣に宛てゝ通報したのである。

一、本年五月松岡大臣欧洲より帰国せられたる頃、自分（汪）より影佐少将に対し、此の際外相か渡米せらるゝことは日米関係を緩和する上より見て極めて望ましとの意見を述べたり。影佐少将より右の趣旨を近衛首相宛電報したる模様なり。

六月訪日の際、松岡大臣と会談の際は本問題に触れず、日独伊同盟のことのみに触れ、近衛・松岡両相同席の際にも話題に上らず、退京の前夜首相と会談の折、此の問題出て詳細意見を交換せり。自分は第三者なれば斯ることを忖度する立場には非ざるも、当時の印象に依れば近衛・松岡両相間の意見は一致せざる点あるやの感想を得たり。其の際近衛首相より日本に於ける南進論者は蘇聯との妥協を唱へ、北進論者は英米との妥協なるが、同時に南進と北進とを考ふることは相当考慮を要すとの意見あ〔り脱カ〕たり、更に首相より日米問題に付談話進行中なるが、困難多しとの説明あり。首相より自分の意見を求められたるに付、一点

ありとて中国人は伝統的に米国は支那の友、日本は中国を亡ぼさんとする敵なりとの考あり、殊に事変以来米国は絶えず民衆に各種の働きかけをなし恩を売り居る事実あり、故に若し米国側の調停に依り日支間に和平を招来せらるゝことあらば、米国が中国の友人たることを実証する如き結果となるべし、即ち若し日米間に妥協出来るとすれば、其際米国は必ずや中国の為に条件の緩和を主張するに相違なきこと「ワシントン」会議の如くなるべし、斯ることあらば日本側の主張せらるゝ中日親善は打消さるゝこととなるのみならず、吾人の和平運動亦失敗に帰すべしと述べたるに、首相は之に同感の意を表し、「然らば如何にせば可なるや」と質ねられたるに付、自分は之に答へて曰く、「方策なきに非ず。吾人の着眼点としては中国民衆をして米は友にして日は敵なりとの考へを抱かしめざる様にするにあり。是は日本の為又自分達同志の為のみならず、中日両国民か再び欧米の傀儡たらざる為にも必要なり」と述べたるに、首相は同感の意を表し、米国側にては「ルーズベルト」「ハル」も「スチムソン」も日米妥協を考へ居るが、進行上相当の困難あり、若し更に発展を見れば御知らせすべしと申されたるが、其の際「スチムソン」の名を言はるゝ時、特に力を入れて申し居られたる様感じたり。今般首相の親書を見てお約束通り通知を受けたること深く感じ居れり。

二、日本側より米国に内示せられたる日支和平基礎策〔条件〕に付ては米国側より修正案が出ることゝ思ふ。例へば

(イ)満洲国の承認は九ケ国条約と衝突する故異論あるべし。

(ロ)蔣政権と汪政権との合流は南京政府を承認し居らざる米国として反対なるべし。

但し此の二点に付ては米国側が対日戦争を欲せざる以上、最後迄反対を堅持することなかるべし（重慶政府を否認せる日本政府が、之と汪政府との合流を云ふは相当の譲歩とも云ふべし）。何とか日本側も

受諾し得る様の修正に落着くならん。

(ハ)経済提携に付ても米国より修正意見あるべし。元来米国は中日両国間に経済ブロックが出来れば、米国の経済進出は望みなくなると思ひ居れり。一昨年最初に近衛首相に御面会の節、同首相は中日両国間の経済合作は重要国防資源に付てのものにして、他のものは厳しく束縛する意なしと述べられたる次第なれば、米国側より修正を要求したる場合、或る程度日本側が之を容認することは出来得べし。

(ニ)駐兵は米が最も承認し難しとする処なるべし。過日近衛首相も東京にて米国は本件を承認し居らずと述べられたるが、全然之を改むることは難しかるべきも、或程度の修正は可能なりと思ふ。影佐少将の談によれば陸軍側の考へは、米国より諾否を聴くのみと云ふ理由《ママ》なるも、夫れでは事は纏まらず、交渉は継続し妥協に達せざることゝ思はれる。

三、昨年日支間に基本条約が成立したる際、重慶も一般人民も積極的に熱意を示さゞりしは、主として駐兵に関する点明ならざるに依れり。今若し米国側より修正を提議し日本之を受諾したりとせば、中国民衆は日本は中国を侵略し之に駐兵せんとするに反し、米国は之を廃して撤兵し呉れたりとて対米感謝倚存の念益々強くなり、前述の如く米は友にして日は敵なりとの感じを証拠付けたることゝなるべし。(朱線)又吾人が昨年駐兵条項に調印し、今米国に依り之を覆へされたりと云ふことともならば、吾人の和平運動も亦失敗に帰したることゝなるべし。この点十二分に考慮の要ありと思ふ。

四、日米の妥協は之を行ふも同時に中国民衆をして前述の如き空気を作らしめざる為の一案如何。最上の策は日本と南京政府との間に昨年の基本条約の修正を行ふことにあれども、斯くすれば重慶が失望せざるやの問題あり。重慶側としては其の手に依り比較的都合良き条約を結び得て民衆に対し申訳を得たしとの考へは蔣介石のみならず、他の人々も亦然りと思ふ（李済琛等の日軍の武漢撤兵の希望の如きも同様の考慮に出づるものと思はる）。自分等は吾人の体面と国民の信用を得ることのみを考へ、重慶の立場を考へざることも事を纏むる所以に非すと思ふ。

故に条約は日本と国民政府との間に修正はするも、国民に対しては重慶が全面和平に参加したるが故に、日本は今後戦争を続くる必要なくなり、従て条件を緩和したりとすれば日本にも重慶にも都合好く、理論上も実際上も矛盾なしと思ふ。日本は中国の抗戦継続に依り国力を消耗し居るも、今重慶が全面和平に参加することとなれば右の消耗も少なくて済む次第故、条件を切下ぐるも差支へなしと云ふ理屈立つべく、自分も昨年条約成立以来繰返し国民に対し今次の条約には弾力性あり、吾人の努力如何に依りては支那に取り好ましからざる点も改善の余地あり、吾人の努力足らざれば有利なりと見ゆる点も然らざる結果となるべしと説明し居る故、前記の筋道を執らば理論一貫する次第なり。

五、故に自分の考は、条約の修正は必ず米国が修正の提出を公開する前に日支の間に先づ之を実行すること必要と思ふ。其の方法としては今直に自分等より修正を申出るは都合悪きのみならず、修正を実行する場合、日米間に纏まる妥協点よりも高くては（低くなる事は自分等には差支へなきも）不可なるべし。仍て米国に対し、どれだけ譲歩するかの点を日本側にて決定し、米国側が之を承諾したる上は即刻国民政府に通知して貰ひ、吾人の間に之が修正を行はんと欲す。斯くすれば日本側は国民政府が無暗に修正の要求を提出したりとの誤解を抱かず、疑念を起す虞なかるべし。或は吾人が条約の本質を考へず、又余りに日本を信用して軽々しく国家の大事を委ぬるとの謗あらんも、自分は日本の本意を熟知し居ると信じ居れり。即ち六月、天皇陛下よりの言葉に依り日本の真意を深く諒解し居れり（この事は勿論、他人に公言すべきことに非さるも）。又近衛首相其の他よりのお話に依りても其の真意を諒解し居る次第なり。勿論日本としては種々の困難あるべく、(イ)昨年条約締結の際は一方数年に亘る戦争に依り人民も苦しみを受け居ることなれば、条約を纏むる必要あると同時に、(ロ)全面和平未だ到来せざる当時に於ては斯る条約の条項に依らざればならぬ事情もありたるなるべし。又同時に自分等の力弱くして、重慶を脱出しても全面和平を持ち来らすこと出来ざりしこと亦其の一因にして、若し当時全面和平が直ちに招来し得られたりしならば、斯の如き条約の条項にはあらざりしならんとも言ひ得べし。故に若し之に依り全面和平を実現し、同時に中国民衆をして日は敵にして米は友なりと云ふ考を改めしむることゝなるならば、日本も喜んで条約を改訂せらるることゝ思はる。

仍て結論として申さば、日本側に於て対米妥協成立せば米国側が之を公開するに先ち、日本側と国民政府との間に於て修正の点を定め、之を公開すること必要なりと云ふにあり。近衛首相の書翰を受領してより既に三日経過せり。陳公博、周仏海とも相談の上御話致したしと思ひ居たるも、陳は広東にあり、周は上海にあり、早く是等の点に付御相談したる方宜しと思ひ、昨夜も深更迄慎重考慮の上本日申上くる次第なりと（ママ）。

7．影佐が汪兆銘にもたらした近衛書翰の影響

斯くて本多大使は、汪主席の談話要録並に近衛首相の書翰の写一通を小倉書記生に持参せしめて急遽東京に向はしめ、之を豊田外務大臣を通じて提出せしむることゝし、一方日高公使は急遽東上の途についたのである。所が九日の朝、本多大使は早朝に起きて例日の通り大使館庭を散歩し、大使館事務所の入口に差掛かつたところ、

玄関の入口に開封の電報を見ると、日本大使館気付影佐少将宛のもので、差出人は近衛文麿となつてゐる至急電報であつた。開封であるから、其の文面を読んで見ると次の通り書いてある。

「汪主席へ伝達を請ひたる文書は今日迄の主席と余との個人関係に鑑み特に内示した次第にして、絶対に主席限りの意図なり。之を公式外交文書と同様に考へ居らるゝ節あれど、それは大なる誤解にして危険極りなし。至急誤解を正し、絶対何人にも漏らさざるやう御伝へ請ふ。」

といふのである。斯んな電報が人の目に掛かる所に放置されてあることは洵に困つたものだと考へたのであつたが、本多大使の得た情報に依ると、先に汪主席は近衛総理から影佐少将を通じて受取つた書面の内容を総軍及び艦隊首脳部にも話されてをる模様であり、更に国民政府内部に於ても近く日本に大使として赴任すべき徐良外交部長にも当然話されてをるし、周仏海は勿論のこと、陳公博、汪兆銘（ママ）等にも伝へられてゐる模様である。さういふことでは既にその内容は重慶側にも漏れてをるものと見なければならぬ。といふのは時々南京側に機微なる重慶の情報が伝ることに依つても十分に想像が出来る。随て其の影響の及ぶところ実に寒心に堪へないものがあると考へられたので、本多大使は豊田外務大臣に宛て、重ねて今後斯ういふやうな問題、更に又日高公使が携へて行く汪主席の書翰に対し、若し近衛首相から何等か回答が発せられるやうな場合には、それが単純なるアクノレツヂメントに止る場合と雖も、尚ほ外務大臣と協議の上之を作成し、外交機関の手を経て伝達されるやうに御注意相成り度い、軌道を外れた外交工作は今日の場合、特に之を慎まなければならぬといふのが本多大使の信念であると重ねて電報をしたのである。之に対して豊田外務大臣から本多大使に宛てゝ直ちに回訓が来た。其の回訓の要旨は、

御来示の趣近衛総理に十分説明を加へて申上げた。其の際、首相は本件は国家機密に属し厳に主席限りの含

みまでに申進めたものであつて、此の点は影佐少将にも十分注意をして置いたにも拘らず、斯く支那側及び日本側多方面に申伝へられるといふやうなことは甚だ意外又遺憾とする所であつて、今後は絶対に主席以外の何人にも漏れざるやう御手配重ねて御依頼があつたから、何卒貴大使から主席の注意を喚起して置かれたい。尚ほ総理の申せられるのには、本件を汪主席の含みまでに通報したといふのは、実は主席とは年来特殊関係もあり、平素私信の往復もしてをるやうな有様で、影佐少将来京の機に従前の約束もあり簡単に内報し、外務大臣にすら御報らせをしなかつたやうな次第であるから、自然貴大使にも内報を怠つた次第で、此の点は洵に相済まぬ事と思つてをる。どうか此の点悪しからず御諒承を願ふ旨大臣から大使へも御伝言願ひたいといふことであつた。

といふのであつた。さうこうする中に日高公使に汪主席から持つて行つた書面といふものが問題になるのだが、其の要旨は大体斯うい ふやうなものであつた。

8．問題となつた近衛宛の汪兆銘の書翰

拝啓　陳者九月三十日影佐少将と面晤の際、二十六日附貴翰を接到且米国側に内示せる日支和平基礎条件の御通報を賜り再三拝読、御好意之程千万恭けなく存じ候。就ては謹みて愚見を述べ御参考に供すべく候。抑々日支和平基礎条件に付ては米国は恐らく修正を提議し来るべく、一方閣下に於かれても右米国提出の修正案に対しては必ずや之に相当の検討を加へ初めて双方同意するに至るものと存ぜらるゝところ、此の間是非とも注意を要する点は左の二点に有之候。其の一は中国人民が従来米国の宣伝に迷はされ、事変後は一層親米仇日の態度を懐く実情にあること閣下御承知の通なるが、万一今回米国修正案にして大袈裟に且公開的に提出せらるゝか、或は閣下の検討を経て其の同意に依り最後の決定を見るに至らば、米国は必ず之に依り一層中国人民の傾倒を受け、且其の従来の態度の正しかりしことを如実に証明することゝなり、閣下の東亜新秩序建設の理想が必ず不利を蒙ることゝなるべき点に有之候。其の二は若し米国が其の修正案を重慶側に通報すれば、重慶側は必ず之を利用して已の功となし以て中国人民の信用を博するに努むべく、中国人民も之に迷はされ重慶側の成功を祝し昨年締結せる条約の不当なりしことを詰ること必定にして、兆銘の提唱せる和平建国運動も亦是れが為甚しき不利を蒙ることゝなるべき点に有之候。右二点は決して区々たる個人の将来にあらず、貴我両国前途の利害禍福の係かる所なるを以て、此の危険に対しては是非共防止の途を講ずる必要ありと愚考する次第に有之候。就ては何卒閣下に於かれては米国側に対し、内部的意見交換の途中に於ては如何なる形式たるとを問はず、其の内容を公表することを禁止する旨堅く約束を取附けらるゝと共に、一旦閣下が米国の修正案中若干を容認するに決定せられたる時は、先づ其の容認せんとする部分に付弊政府と御打合せ相成り、客年締結せる条約に対し修正を加ふることゝ致し度、而して其の修正せる条約の公表は米国の修正案の決定前とし、出来得れば一週間乃至三日前なれば最も宜しく、最大限度譲歩するも同時と致し度、斯くすれば日支間の親善関係は初めて強固にして動揺の虞なきを期し得べく候。右は兆銘誠意を尽して閣下に進言する所に有之候。

元来客年締結せる条約は閣下の声明に基く所の睦隣友好、共同防共、経済提携の三大原則が日支親善の基礎として動かすべからざるものなるを除き、其の他の部分に至りては大体全面和平は未だ実現せざる為、周到なる顧慮を払ふの已むを得ざるに出でたるものに有之、若し全面和平一旦実現するに至れば此の部分に修正を加へ、両国の関係を更に一段と良好なる方向に導くことは弊国側に於て衷心希望する所なるのみならず、貴国に於ても延いて以て愉快とせらるゝ所なるべく、同時に米国の斡旋も重慶側の和平参加も之に依り満足するに至るべし。是れ実に忠恕の道に合する所以にして、惟ふに閣下に於かれても喜んで御採択有之べきものと拝察致候。

以上申述べたる意見は曩に本多大使に披瀝し置きたる所なるが、偶々日高公使帰朝の便を借り本書を託送致候に付き、御高覧賜り度願上げ候。閣下の一身は東亜の安危の懸かるところ、此の機会に深甚なる敬意を表し、併せて御健康と偉業の御成功とを祝福致候。敬具

十月五日附、汪兆銘より近衛総理大臣閣下宛になつてをるものである。

9．汪兆銘「日米交渉妥結の際、東京へ出たい」旨申出づ

本多大使と豊田外務大臣との間に近衛首相の書面を中心として右の様な往復電報が交換された結果、大体に於て日米交渉の中の日支和平基礎条件に関する全貌が判つて来ると共に、首相から本多大使への諒解もあつたので、予ねて汪兆銘と会見することを約束し、本件の為に其の会見を延してをつた本多大使も病気恢復の故を以て延く《ママ》汪主席と会見しようと思つてをつた折柄、十一日に汪主席自ら本多大使を病気見舞と称して来訪して来たので、そこで其の機会に本多大使は前来近衛首相からの要請を篤《ママ》と懇談し、今後の注意を望んだところ、主席は「其の辺自分も十分理解してをる。機密保存方に対しては十分の責任と注意を以て事に当つてをる。未だ本件に関して書面の事は周仏海だけには内覧せしめたが、諸僚には単に内密の話を心得までに申聞かせ、又褚大使へは国民政府は日米交渉の成行に対して多大の関心を有してをること、日米間に支那問題の妥協つき、其の結果日支基本条約の修正を必要とするの段階に達したならば、直ちに右修正要点に付て日支間協議の結果を公表することゝした

い国民政府の考へである旨の二点を同大使内密の含みまでに電報した次第であつて、未だ其の他の者には漏らしてをらない。」といふことであつた。そこで本多大使は近衛首相の痛慮の次第を繰返し力説し、汪主席亦之を諒として別れた次第であつて、先づ〳〵此の問題はこゝで一応の解決を告げた次第だが、併し茲に此の問題を通じて容易ならぬ事を汪主席から申出て来たのである。即ち右談話が終ると同時に汪主席から、「此の場合一つ貴大使を通じて日本政府にお願ひしたい事がある。」といふのである。即ち、

「先般東京にて近衛首相と会談の際に、今後何等か重要問題協議の要ある時は自分は気軽に飛行機にて東京に参りますと申上げて置いたのであるが、日米間に支那問題の妥協つき、其の結果日支条約の改訂を要する段取となつた場合には、直ちに近衛首相から一電賜りたい。さうすれば自分は極く少数の随員を引伴れて飛行機で早速東京に罷り出、二三日滞在して首相と御打合せを行ひたい。これは秘密保持の点から申しても最も安全な方策であるといふことを近衛公へ即刻御通知置願ひたい。」

といふことを申出て来たのである。そこで近衛公の私信文書が派生的に厄介な問題を惹起したと考へた本多大使は、「本大使一個の見透しではまだ〳〵さういふやうな事を考へる時期には達しておらないと思ふ。」と述べたところ、汪主席は「いや時期の判断に付ては貴大使閣下の方が正確にお分りになつておるだらうから、ただ何時でも斯うい必要が起つた場合には近衛公の一電を得次第、自分は直ちに東京に飛んで行くの用意ある旨を近衛総理へ申上げて置いて戴ければそれで結構だ。」といふのであつたから、それは承知をしたといふことを述べて会談を終つたのである。

10・本多大使、辞意を表明すると共に意見書を提出す

宇治田は以上のやうな事が近衛総理、豊田外務大臣及び本多大使の間にあらうとは思はなかつたのであるが、一年振りで南京方面の事情を視、又北支、満洲の現状をも視て来たいと考へたので、十月十二日に東京を発つて上海へ十五日に到着した。而して其の頃日米交渉は愈々最後の段階に達しておるやうに考へられたので、宇治田は東京を出発するに先立つて天羽（英二）外務次官及び山本（熊一）アメリカ局長兼東亜局長を訪問して色々立入つたお話も承つたが、何とか日米関係の打開が出来るものといふ深い印象を受けて上海に行つたのである。十六日に南京に着いて即日本多大使を大使館に訪問した。所が測らずも政変の報に接し東条（英機）内閣の成立が出来たといふことであつたので、これは日米交渉は直感的に又常識的に駄目になるといふ風に考へて本多大使とも色々お話をしたのであるが、本多大使は宇治田の色々の話を聴いておられた結果、「自分は此の機会に病気でもありするから此の際お暇を蒙つて……」といふことで、直ぐ様東郷（茂徳）外務大臣に宛てゝ病気の為辞任したいといふ電報を発せられたのである。尚ほ是と同時に本多大使は日米交渉に伴ふ日支条約改訂問題に関する左の意見書を東郷大臣宛に打電せられ、次いで翌十一月病気の為帰朝、後退任せられたのであるが、此の時の汪主席の意見が、一年後になつて日華攻守同盟条約となつた訳である。尚本多大使が退任するに就て東郷大臣と重光（葵）後任大使と本多氏との間に感情上の難問が起つたが、これは開戦前日東郷大臣が本多氏を病気見舞に行き、ソンナ空気をオクビにも見せず、留任を勧告し乍ら開戦後本多氏の退官を要請したことに起因する。この事情は別稿に述べることとする。

11・日米交渉と対汪条約との関係

「日支和平基礎条約〔件〕」は努めて抽象的概括的説明を措辞法を用ひおるから、之に包含せらるるべき具体的条件の

内容及其の範囲は必しも明確ではない。然し乍ら其の文理解釈よりして、対汪条約（日華基本条約及附属文書（「協議書類」を含む）並に日華満共同宣言）の内容全部を「カヴァー」するものと論断することは出来ない。思ふに対汪条約作成の基礎原則は「議事録抜粋」に第二(ママ)に明確(ママ)している。而して右基礎原則と「日支和平基礎条約〔件〕」とを比較対照するに、基礎観念其のものに於て完全に符合するものと見ることは出来ない。

又対汪条約に基く権利利益に対する第三国の均霑は原則として之を排除すべきものなることは、「議事録抜粋」第三の明示するところである。然らば右は果して「日支和平基礎条件」五の（ロ）と両立し得るものなるや。消極に解するを以て正論とせなければならない。要之「日支和平基礎条件」と対汪条約とを比較対照するに、前者の条件は後者のそれに比し緩和せられあるを卒直に認めざるを得ない。

米国側が「日支和平基礎条件」に対し如何なる態度を以て臨み来るべきやを判断するに、先づ第一に最も明瞭なりと思料せられることは、米国側は決して其の儘では之を呑むことはあるまいと考へらるゝことである。即ち米国側は「日支和平基礎条件」に関し諾否の意思表示を為す前に、必ずや其の具体的内容に関する日本側の意向を更に詳細に明確化することを要求して来るであろう。就中駐兵問題、主権及領土尊重の問題、日支経済提携と第三国との関係の問題等に付て特に考慮するであろう。

又米国側として日支和平基礎条件に対し諾否を決する場合の標準として目安に置くべき第一の点は一九三七年の原状復帰で、第二の点は九国条約の基本原則の存続であろう。素より米国側としても新しき現実の事態に対し全然考慮を払はさるわけにはゆかないであろうが、右は斟酌考量の条件たるに止まり、決定要素の中心思想を為すものは飽く迄前記二点に存すると思ふ。従つて若し日支和平基礎条件に関し日米間に意見の一致を見ることありと仮定せば、右の場合の和平条件は「日支和平基礎条件」に対し更に制限の附加せられたるものなるべきことは想像に難くない。果して然りとせば、之を対汪条約に比較するときは「日支和平基礎条件」との比較以上に更に緩和せられたるものとなる次第である。

次に「対汪条約」修正問題に就いて所見を述べる。

(一) 日米交渉の結果、「日支和平〔基礎脱カ〕条件」に関し意見の一致を見る場合ありと仮定せば、右の場合の和平条件は現行対汪条約の内容と同じからざる点あるべきは前述の通りなるを以て、右の場合には対汪条約の修正問題が現実化するは当然である。

(二) 日支和平条件に関する日米間の話合が事実上妥結に到達したる場合には、右に基き他の措置が執らるゝ前に先づ帝国政府と汪政府との間に右の如き条件に則り現行条約の修正を行ふべき旨の予約的協議が遂げらること必要である。

(三) 本来の筋合よりすれば、苟くも現行対汪条約と異る日支和平条件を米国側に提示するには予め汪政府との間に協議済の上でなければならぬことは当然の話である。而して実際上右本来の筋合に依らざる場合に於ても、尠くとも(米国側との関係に於ては勿論)常に汪政府の承諾を条件とする旨の建前を留保し置くこと絶対に必要である。日米間に事実上の妥協成りたる場合、汪政府との間に前項の予約的協議を遂ぐることは即ち右留保条件を充す為の措置たる意味合を有すべきものなるを以て、右予約的協議の成立を俟て後甫めて日米間の事実上の妥結も正式に成立するの順序を践むべきものである。

(四) 現行条約を修正する為には新に正式の条約の締結を必要とすること勿論なるも、本案の場合(日米交渉及び之に続く重慶との話合が順調に進むものと仮定せば)正式の修正条約の締結は蔣政権と汪主席との交流〔合〕したる謂はゞ合流政府との間に行はるゝことを予想するものなるべきを以て、前項及前々項に所謂予約的協議は夫れ自体直に条約修正の法的効果を持つ正式条約の性質を有するものにあらずして、将来一定の条件に依り現行条約の修正を行ふべき旨の内約たる性質を有するものたるを要する。

（五）「日本側に於て対米妥協成立せば、米国側が之を公開するに先立ち日本側と国民政府との間に於て修正の点を定め之を公開すること必要なり」との汪主席の意見は、其の趣旨に於て尤ものことにして、之を拒絶するの理由なきのみならず、政策上の観点よりしても拒絶は策の得たるものにあらず。唯右は単に公開の場合に限らず、且日本側と汪政府との間の条約修正の協議は、前項記述の如く予約的内約の性質を有するものたるを要す。

解題

――本多熊太郎とその関係文書について――

高橋勝浩

本書は、明治中期から昭和戦中期まで外交官や外交評論家として活躍した本多熊太郎（一八七四〜一九四八）の手記、並びに関係の書翰・電報、及び駐華大使在任中の主要な外交記録を翻刻したものである。

1．本多熊太郎の経歴について

本多熊太郎といえば、外交官というよりも外交評論家としての肩書の方が馴染み深いかもしれない。日露戦争の英雄とされる東郷平八郎や乃木希典が〝軍神〟となる上で、小笠原長生や桜井忠温がその偉業を讃える語り部であった[1]のと同様に、本多は小村寿太郎による日露戦争前後の外交指導を広く一般国民に知らしめる上で大きな役割を果たしたことに加え、その歯に衣着せぬ時局論によって時の政府当局者から忌避されることが多かったからである。しかし、その本多の人物像と生涯については知られていない部分が少なくない。まずは簡単に経歴を振り返っておこう。

明治七年十二月八日和歌山県那賀郡北大井村に生まれた本多は、二十八年八月外務省書記生試験に合格し、入省を果たす。三十一年外交官及領事官試験合格。韓国・清国・ベルギーに在勤後、三十四年十一月小村外相の秘書官となり、ポーツマス講和会議、満洲に関する日清協約締結交渉に同行するなど、約六年間にわたって小村の国内外における任務を補佐した。ついで清国・英国・スイス・オーストリアに在勤、さらに大正十二年十二月からは約二年間、駐独大使を務めた。帰朝後、幣原喜重郎外相の下で行われた人員整理の対象となり、退官。以後、外交評論家として幣原外交をはじめ時の政府の外交を排撃する一方で、小村外交の語り部として『魂の外交』をはじめ多くの著作を残した（現時点において確認できているものについては、本書巻末所収の「本多熊太郎著述目録」を参照）。昭和十五年十二月、時の外相松岡洋右に乞われて駐華大使となり南京に赴任、汪兆銘政権の育成強化に取り組むが、病を得て翌年十一月帰朝。戦中の十九年五月から二十年五月まで外務省外交顧問を務め、重光葵・東郷茂徳の両外相を補佐した。終戦後は公職追放となり、A級戦犯容疑者として逮捕されるが、訴追は免れ、自宅拘禁中の二十三年十二月十八日、狭心症のため死去した。

2．本多熊太郎関係文書について

管見の限り、本多熊太郎の私文書について言及したのは後にも先にも伊藤隆氏の研究のみであろう。伊藤氏はその著書の中で、昭和四十年三月十六日の本多充一氏（熊太郎長男）による談話を紹介し、「本多熊太郎の関係文書は東京裁判を前に完全に焼却されたという」と述べている。[2] それ以来、本多の私文書は存在しないとされ、研究者による史料の発掘は試みられて来なかった。本多の生涯に興味を抱いていた編者も、彼の私文書は存在しないとの前提に立ち、拙稿「本多熊太郎の政治的半生――外交官から外交評論家へ――」[3] においても、既知の史料のみを用いてその前半生を考察するに止まったのである。

ところが拙稿の発表後、熊太郎の孫に当たる北垣由民子氏（故充一氏の長女）から有り難いことに研究協力と史料提供の申し出があり、御所蔵の史料を調査したところ、手記、書翰、電報、外交記録、講演録・論文、調書類、スクラップブック、写真など相当量の史料を確認することができた。詳細は巻末の「本多熊太郎関係文書目録」を参照ありたい。以下、北垣氏御所蔵の史料の書誌について概説してみよう。

（1）手記

現時点で存在が確認できているのは十八冊であり、各冊の表題ないしは副題、摘要、頁数は左記の通りである。

番号	表題（副題を含めて「　」にて表記。それ以外は摘要）	頁数
①	生い立ちから外交官引退まで	42頁
②	「本多大使手記（第一回）」　駐華大使時代	17頁
③	「第三回」　国本社及び平沼騏一郎との関係	40頁
④	「第四回」　外交評論家時代	32頁
⑤	「第五回　支那における国民革命の進出」	12頁
⑥	「第六回」　満洲事変	27頁
⑦	「第七回」　国際聯盟脱退とその後の中国問題	13頁
⑧	「国共聯合による抗日戦線の形成」	12頁
⑨	「支那事変」	38頁
⑩	「三国同盟条約」	26頁
⑪	「米国戦争」	24頁
⑫	「国本社トノ関係」	19頁
⑬	「華府会議と日本」（断簡）	12頁
⑭	「不戦条約及ロンドン条約ニ関スル言論ノ概要」	20頁

⑮	満洲事変後の日本の通商問題	13頁
⑯	「昭和十六年対ソ問題ニ関スル意見」	13頁
⑰	昭和十六年対ソ問題に関する意見（断簡）	9頁
⑱	生い立ちから外交官引退まで（英文断簡カ）	9頁

⑱のA4判英文タイプ原稿以外は総てB5判縦二百字詰原稿用紙（⑫⑭⑯は司法保護事業年鑑用紙）にペン書きされ、それを紙縒で綴じたものである（⑬は二つの断簡を合冊したものと思われる）。

表題上は②が第一回となっているが、本多の生い立ちから外交官引退までを扱っている①の方が時系列的には前に当たる。第二回は欠落しているものの、①と②の文章の繋がりから、やはり①が第一回で、②が第二回であるとの仮説は成り立つであろう。なお、⑱は①の英訳であるが、スイス在勤時代までの記述で終わっている。また③と⑫、④と⑭、⑯と⑰のように、定稿と未定稿との関係にあるものも存在する。さらに、⑬や⑮のように、昭和十年代の講演ないしは新聞・雑誌への投稿原稿と思しきものも含まれている。

とはいえ、英文版の存在に加え、内容面でも「いまの幣原首相」[4]や「最近公表された近衛公の手記」[5]といった文言が見えること、随所に自己弁護や東京裁判の審理経過に多大の関心を示す記述が垣間見えること、以上の諸点から手記の大部分は、終戦後A級戦犯容疑者に指定され、自宅拘禁の身となった本多が裁判対策用として口述した内容を、第三者に筆記させたものと考えられよう。その第三者とは、ことによると、東京裁判の戦争犯罪容疑者の弁護を目的として結成された、内外法政研究会なのかもしれない。

（2）書翰並びに電報

書翰は発翰（控を含む）四通、来翰八十八通、第三者間書翰六通から成る。発翰には家族のほか松岡洋右宛のもの、来翰には天羽英二、板垣征四郎、嶋田繁太郎、杉原荒太、中村豊一、山下亀三郎、芳沢謙吉、吉田茂、汪兆銘、周仏海らのもの、第三者間書翰には徳富蘇峰らのものがある。

一方、電報は往電一通、来電十通、第三者間二通であり、有田八郎、近衛文麿、山下亀三郎、周仏海らのものがある。書翰・電報ともに全体を通して見ると、駐華大使時代のものが多い。

（3）外交記録

百五十六点。本多が駐華大使在任中の昭和十五年十二月から昭和十六年十一月までの外交記録で、『汪主席訪日問題』（一冊）、『重要会談要録』（一冊）の文書綴をはじめ、外政機構整備問題やその他の往復電報・公信等に大別することができる。本書に収録した外交記録の大半は、本多の手許に残されていた控や写であるものの、原本が既に焼失したか、あるいは断片的にしか残っていないために、外務省編纂・発行の『日本外交文書』には収録されていない極めて重要な文書群がほとんどである。汪兆銘の重慶脱出から太平洋戦争突入までは、汪工作が本来の日中和平工作の意義を失って日本軍占領地区内の新政権樹立工作へと変貌していった時期であるが、誕生した汪政権（南京政府）と日本との関係については、史料上の制約から判然としない点が多かった。本書に収録した一連の外交記録はその意味で、従来の研究の欠落部分を埋めるに足る貴重な情報を提供している。

（4）講演録・論文

十四点。昭和六年から昭和十五年にかけて本多が日本外交に関して講演した内容の記録や、発表した論文の抜刷である。

（5）調書類

十点。昭和戦前から戦後にかけて外務省や関係者によって作成された国際情勢その他に関する調書。この中には昭和十四年に日中和平工作のため香港に赴いた小川平吉の報告書『赴香始末』や、内外法政研究会が作成した東京裁判の戦争犯罪容疑者の弁護用資料も含まれている。これらのうち『赴香始末』は、本多の駐華大使就任に当たって小川本人または関係者から提供されたものと思われる。なお、『赴香始末』は、既に小川平吉文書研究会編『小川平吉関係文書1』（みすず書房、昭和四十八年）の中に全文が紹介されている。そのため、その他の調書を含めて本書への収録は見送った。

（6）スクラップブック

七点。駐華大使時代の本多の動静や発言の内容を報じた国内外の新聞記事のスクラップ。

（7）写真

七十七点。本多本人とその家族、貴人顕官の肖像写真、及び『日独伊防共協定祝賀会写真帖』（大阪合同株式会社、一冊）などがある。

以上の北垣氏所蔵文書以外に、國學院大學図書館に『昭和16・9・26より〃〃10・16まで　日米交渉に関する本多大使と豊田外務大臣間往復極秘電報及文書』（一冊）があり、その中のほとんどを本書に収録した。また、公益財団法人徳富蘇峰記念塩崎財団に本多の徳富蘇峰宛書翰十四通と、故本多熊太郎氏追悼会葉書一通が、国立国会図書館憲政資料室に本多の貴人顕官宛書翰二十六通が、防衛省防衛研究所戦史研究センターに『内外法政研究会研究資料第一四五号　日米交渉と国民政府（本多熊太郎・宇治田直義談）』（ガリ版刷り、三十頁）がそれぞれ所蔵されており、これらも本書に収録した。その他、本多の旧蔵史料としては、外務省外交顧問時代の外交記録がある。これは戦後、本多から保管の依頼を受けた『外交時報』の元編集長宇治田直義（和歌山県出身）が、昭和三十八年、外務省百年史編纂顧問日高信六郎の斡旋によって外務省に返還したものである。このいわゆる本多記録は、昭和四十七年に外務省記録『大東亜戦争関係一件　戦争終結ニ関スル日蘇交渉関係（蘇聯ノ対日宣戦ヲ含ム）』第一巻として編纂され、現在外務省外交史料館に所蔵・公開されている。本多記録は、昭和十九年八月から二十年四月までの外相重光葵と駐ソ大使佐藤尚武との往復電報等から成るが[6]、主要な文書は『日本外交文書　太平洋戦争』第一冊・第三冊（平成二十二年）に掲載されているため、本書には収録しなかった。

3．本書収録の文書に見る本多熊太郎の生涯と日本外交

本多熊太郎とは如何なる人物であったのか。遺族の間では、戦前日本の進路を誤らせたデマゴーグであるとして、相当な期間にわたって彼について話題とすることはなかったという。一方、南京在勤中の本多の依頼に応じ、日本国内の政情を連絡していた宇治田直義は戦後、本多の人物像について次のように回想している。

本多さんという人は個人として別段悪い人ではないが、頗る頭脳明晰機智に富んだ逸材である。それだけに他の者が馬鹿に見えて仕方なく、つい態度が剛腹でこれを眼下に見下す風がある上に、口喧しく無遠慮に人を罵倒したり叱りつけたりする癖があるものだから多くの者は本多氏を畏敬するというよりも、これを怖れ敬遠するから自然不評となり、評判以上に悪くいわれたのである。殊に幣原氏と仲が悪かったのでアンチ本多熱が高かった。だからその性格の急所を知っておれば誠に御し易い好人物であった[7]。

まさに正鵠を射た評価といえよう。以下、本書に収録した文書に依拠して本多熊太郎の生涯、とりわけその後半生

を概観することを通して、日本外交の一端を素描してみたい。

（1）外交官時代

今回本書に収録した本多の手記は、彼の前半生について論じた拙稿執筆時点では判然としなかった生い立ちはもとより、学生時代に新聞記者を志望していたものの、日清戦争と三国干渉に刺激されて外交官志望に転向したことや、駆け出しの外交官時代に小村寿太郎に見出される経緯、そしてその後に関わった外交案件など、さまざまな事実や挿話を紹介している。また人物評価に関しても、若き日の松岡洋右・本庄繁・松井石根について次のような興味深い記載を見出すことができる。

> 自分の北京在勤時代に松岡洋右が三等書記官として自分の隷下で働いてゐたが、前途有望の俊才として、彼の受持事務については十分の信任を示し、また政務関係のことについては何事も隠すことなく、聊か指導の意味で彼に輔けさせたこともある。また後の本庄（繁）、松井（石根）両大将は当時一大尉として、相前後して公使館付武官の輔佐をしてゐた。爾来いはゆる昔の北京組といふわけで、懇意に交際して今日に来てゐる。[8]

後年、松岡が「日本広しといへども、俺が外交のことで教へを乞ふのは本多熊太郎氏ただ一人だ」[9]と口癖のように述べていたという背景には、こうした本多との関係もあったのであろう。

辛亥革命のさなか、本多は総領事としてハルビンに赴任し、同地に二年半在勤するかたわら、ロシアの内政・外交の研究に勤しんだ。大正三年には勤務地を中国からヨーロッパへと移し、爾来第一次大戦中から戦後にかけての約十一年間をイギリス、スイス、オーストリア、ハンガリー、ドイツにおいて過ごした。ロンドン在勤中は日々悪化する食糧不足と、昼夜にわたるドイツ軍機による空襲下にあって近代戦の苛烈さを体験し、オーストリア赴任後は惨憺たる敗戦の結果を親しく目撃したのであった。在欧時代の本多の動静については、かつて拙稿でも紹介したが、今回改めて本書に彼の書翰を収録したので参照ありたい。こうして、そのキャリアから「支那通」を自認していた彼は、戦争長期化の結果、ヨーロッパ通へと変貌したのである。[10] しかし、その本多でさえも、後年のナチ政権誕生を予見することはできなかった。ヒトラーが起こしたミュンヘン一揆（一九二三年十一月）の裁判を見た本多は、「われわれはヒットラーの何人たるかも知らず、ドイツでは気狂ひ扱ひしてゐた[11]」と述懐している。

英仏独三国政府間にロカルノ条約締結交渉が進行中の大正十四年十一月、本多はドイツから帰朝した。この帰朝について手記には、「十年連続のヨーロッパ生活に倦怠し、子供の国に帰つて、子供の教育をしたいと思つて帰つて来た[12]」とのみ記されているが、帰朝の前後、既に本多に対する外務省内外の評価はけっして良好とはいえなかった。次期政権を担う憲政会総裁加藤高明は秘書松本忠雄に漏らした外交官の下馬評の中で、「本多大使——彼ハ駄目也」と語ったといわれている。[13] その加藤内閣の外相となった幣原喜重郎も本多駐独大使更迭を考えていたようであり、そして何よりも折柄の行政整理に伴い、外務次官出淵勝次によって省内人事刷新の標的とされていたのであった。[14] こうして本多は幣原外相・出淵次官から辞表の提出を求められ、大正十五年五月、三十年にわたる外交官生活に終止符を打ったのである。

（2）外交評論家時代

本多が外交官を引退した頃、第一次大戦後の国際秩序であるヴェルサイユ・ワシントン体制はその欠陥を露呈し始めており、それに伴う外交事案が日本においても陸続と発生していた。このため彼が自発的に、あるいは依頼されるままに講演や文章を通じて、外交官としての経験や見解を朝野に発表する機会も増えていった。本多の活動や著作はマスコミ界の重鎮である徳富蘇峰の目に止まり、『東京日日新聞』等を通じて紹介されていった。[15]

こうして「自由自適の書斎人[16]」を自認していた本多は、いつしか「孤立の老外交評論家[17]」と目されるようになったのである。本多は自身の言論について「独自独往で、政権者流にも亦職業的政治運動者の集団などと何等の関係なく、一に国家の大事に対する一専門家の愛国的奉仕に過ぎなかつた[18]」と語っているが、彼の講演や文章には「啓蒙的言論」[19]に加えて、次項に見るように煽動的要素が多分にあったこともまた否定できない。

中国問題をめぐる幣原外交・田中外交への批判

第一は何といっても幣原外交批判であろう。私立の法律学校を半途退学し、独学で外交官及領事官試験に首席合格を果たした〝変わり種〟の本多は、東京帝国大学出身で順風満帆に出世街道を歩む幣原に強い反感を抱いていたが、その幣原から外交官引退という引導を渡されたことで、さらに反感を増幅させていった。本多は、幣原が満洲の国防・経済上の特殊重大性を認識せず、国民革命運動（北伐）の背後に暗躍するコミンテルンの世界政策を洞察できないまま内政不干渉という無為無策に拘泥し続けたがために、列国との協調は乱れ、満蒙権益や南京・漢口の在留邦人は危殆に瀕し、遂に若槻憲政会内閣の瓦解という結果を招いたと批判した。

第二は田中外交への攻撃である。若槻内閣の打倒を目指す田中義一や郷党の先輩岡崎邦輔の紹介で立憲政友会に入党した本多であったが、田中の組閣に際して心中密かに期待していた外相への就任が水泡に帰すと、一年後には政友会を脱党し、田中外交への攻撃を開始した。本多は、田中内閣の対華政策は前内閣よりもさらに一層の拙劣を加えている感なきを得ないと批判する。例えば、日本外交にとって重大且つ厳粛な満洲政策を討議した東方会議の内容を、あたかも政党の支部長会議の如く日々公表した上、公表内容にも必要以上に強硬な字句を用いた結果、日露戦争以来前代未聞の一大排日運動を満洲に惹起しただけでなく、中国からの非難や列国からの疑惑を招き、かえって満洲における日本の地位を危殆ならしめたことは、余りにも洗練さを欠いた外交の一大失敗といわざるを得ない。また、北伐進行中の中国に居留する日本人の現地保護策（山東出兵）は必ずしも「劣策」とはいえないが、第一次出兵に際して蔣介石から出兵中止を要請された時、南京事件の基本的解決交渉さえもなさず、第二次出兵に当たっても両国の一部実業家間に存在する和平希望の潮流に乗ずる手段を講じなかった。これは、田中が組閣当時から列国との協調回復を含め、将来を予見した適正な対策を十分に用意していなかったことを示している。このように、本多は田中外交を無定見と失態の連続であると断罪した上で、張作霖の爆死に伴って分解が進みつつある東三省、国民革命軍による京津地方の掌握、国民党政府による革命外交の声明など、中国問題が重大局面に入った今日、関係列国との自主的協調の確保に努めることが日本政府の責任であり、急務でもあると警告を発した。

以上のように本多が幣原外交だけでなく、田中外交をも痛烈に攻撃していたことは極めて注目に値しよう。[20]

不戦条約・ロンドン海軍軍縮条約をめぐる言説

第三は不戦条約第一条の「人民ノ名ニ於テ」という字句の処理問題である。[21] 本多は手記の中で、問題の字句は憲法の明文（天皇の宣戦講和の大権）に鑑み、我が国には適用されないとの留保を付した批准を提案したと述べている。だが、それは枢密院における条約批准の審議に当たり、顧問官伊東巳代治から意見を求められたことへの回答に過ぎず、本多自身の主体的な意見の表明ではない。むしろ彼は憲法と国体への抵触が立派な批准拒絶の理由となり、技術的にも調印した条約を必ず批准しなければならないという義務はないと公言していた。そして同志とともに不戦条約御批准奏請反対同盟を結成、この問題を通じて田中内閣の打倒と平沼騏一郎内閣の実現に向けて積極的な運動を展開したのである。手記の記述は必ずしも彼の主張や行動の全容を描いてはいないことを忘れてはならない。

第四は、日英米仏伊五ヶ国間の補助艦保有量の制限を目的としたロンドン海軍軍縮会議についてである。時の浜口雄幸内閣は会議参加に当たり、国防上不可欠且つ最小限度の条件として対米七割比率を基調とした、いわゆる三大原則の要求を内外に闡明した。これについて本多は、今次会議の前提となった前年の英米協定が、イギリスの主張するように不戦条約を基礎としているならば、日本との海軍問題もワシントン条約のような比率主義ではなく、不戦条約を基礎とすべきである、しかるに政府が漫然と劣勢の地位に甘んじる旨を事前に言明した上、「最後ノ切札」ともいうべき三大原則の要求を声明したことは外交手続きとしても一大失策であると批判した。本来の理想からいえば、対等関係にある国家間に国防権の優劣を認めることは不合理であるから、今回の会議では比率協定を取り止め、各自の造艦計画を相互に通牒することを約すべきである。とはいえ、既に三大原則の要求が内外に声明された以上、挙国一致してその貫徹実現を図るべしとする国論の動向に鑑み、本多は日本全権団を後援すべく同志とともに運動を展開しつつ、万一三大原則の要求が貫徹できない場合には会議から脱退すべきであると主張した。

その後、いわゆる日米妥協案に基づいた軍縮条約が調印されると、本多は浜口内閣が三大原則の要求を雲散霧消に帰せしめたとして批判、また内閣のみで国防計画を決定・変更したことは統帥権干犯であるとして厳しく攻撃し、枢密院副議長平沼騏一郎らとともに条約の批准に反対したのである。その政界に対する影響力の強さから、政治評論の中には本多を「昭和の由井正雪」と評するものも現れるほどであった[22]。

国本社及び平沼騏一郎との関係

本多の手記の中でも彼と国本社（大正十三年結成）及び平沼騏一郎との関係についての記載は、従来知られていなかった新たな真相を伝えている。見方を変えれば、本多自身と平沼についての弁護証言といえなくもない。

元来、大正十二年渙発された国民精神作興の詔書を実践するという趣旨からすれば、国本運動自体は健全な道徳思想の普及運動といえた。しかし平沼という人物の存在に加え、大角岑生以下の艦隊派や真崎甚三郎などの皇道派、あるいは右傾的人物が後に加入し、さらにはいわゆる昭和の動乱が始まる中で、国本社が講演や機関紙誌を通じて国粋主義を鼓吹しただけでなく、平沼内閣の成立を目指す「政治運動基地[23]」と見られたがゆえに、元老西園寺公望を筆頭とする自由主義者は国本社やその運動を敬遠したのであろう[24]。

そもそも本多と平沼との交際は、本多が大正八年ヨーロッパから一時帰朝した折、平沼を中心とする研究団体二水会から入会の誘いを受けたことに始まる。多年にわたる海外勤務の結果、国内事情についての研究機会を求めていた本多は、辣腕検事として知られた平沼に対する好奇心も手伝って、二水会に入会した。平沼に接した本多は、その高潔な人格に魅せられたものの、積極的に自身の意見を開陳しない平沼を民衆政治家には適していないと批判したと回顧している。数ヶ月後、本多は再び渡欧したため、平沼や二水会との交遊は一旦終焉を迎えた。

大正十五年外交評論家として第二の人生を歩み始めた本多は、国本社から依頼を受け、会員に向けて講演を行った。これを機縁として彼は理事となり、平沼（会長）や山川健次郎（顧問）、原嘉道（理事）らと地方講演を行うとともに、著書や新聞への寄稿等を通じて自らの外交論を朝野に訴えていった。本多は世界大戦や国際聯盟に対する認識不足が日本国内の思想を混乱させているとして、欧洲大戦の意義や思想方面から見た戦後の国際事情などを説くことによって、日本を以て世界的使命を有する神の選民とするが如き国内一部の誇大妄想狂的な思想の排撃に努めた。

こうした活動が七八年も続いたため、本多は国本社の頭領株の一人であるかの如く世間から見られるに至った。彼自身もそれを嫌ってはいなかったが、一方で次のように回想している。

> たゞ一言こゝで言ひたいことは、自分はどこまでも精神運動のために働いたので、学者、思想家としての平沼男と協力関係を持つてゐたが、政治家としての彼とは何の関係もなかつたこと、また国本社そのものにしても自分は本来の創立者ではない、その点については荒木《（貞夫）》大将、田辺治通氏、或は塩野季彦氏などとは自ら立場が違つてゐる。寧ろ自分はこれらの連中から国本社の表看板たる精神運動に相当利用すべき代物として、巧みに引張り込まれたのだと世間の一部は言つて居る。国本社理事に自分の名も見えて居るが、これは国本社の方で自分を待遇する意味で付与した肩書であらう。この国本社理事には池田成彬氏、原嘉道氏、後には大角、真崎両大将もなつてゐた。これを要するに平沼サークルにとつては自分は外様大名の一なのだと云ふ立場であつた。[25]

このように政治家としての平沼との直接的関係を否定した本多が、平沼と政治上の進退について会談したのは、五・一五事件後に平沼内閣説が浮上した際、平沼を取り巻く政治環境を説き、「俗ニ云フ天下取ハ断ジテ避ケラレテ然ルベシ」と訴えた時のみであったという。[26] だが仮にその証言が事実としても、それ以前の昭和四年、本多が田中内閣打倒の延長線上に平沼内閣を誕生させるべく水面下で少なからず動いていたことは既に見た通りである。そして、二・二六事件後も彼は平沼の枢密院議長昇格に積極的な役割を果たした。平沼の議長昇格問題は、本多の枢密顧問官就任問題と一蓮托生的な側面もあった。平沼が折に触れて時の枢密院議長に対し、本多を顧問官とするよう働きかけていたからである。本多は平沼を議長とすべく近衛文麿を通じて西園寺に圧力を掛ける一方で、交換条件として西園寺に忌避されていた国本社を本多自身の手で解散させると申し出ていた。[27] この工作は実を結び、平沼の枢密院議長就任は実現した。だが、本多自身は昭和天皇の反対により枢密顧問官になれなかった。[28] この枢密顧問官任命問題をめぐって本多は平沼と仲違いとなり、以後両者の交流は途絶えた、と宇治田直義は語っている。[29]

満洲事変

満洲事変勃発から終戦に至るまでの十五年間、本多は駐華大使在任中の約一年間を除き、「国事を憂ふる一個の読書人」[30]として独立不羈の立場から意見を朝野に発表したが、その言説は往々にして要路の忌避に触れることが多かった。

昭和六年に勃発した満洲事変について本多は、リットン報告書が満洲の特殊性と満洲問題の複雑性を指摘している点に触れ、「帝国の侵略行為となすが如きは不当の誹謗」であると断じている。[31] しかし他方で、事変が特権的市場を持たない日本の経済的行詰り打開のための本能的衝動と間接的に関係があることは否定できないとも述べている。[32] 彼は東京裁判の開廷まで、事変が関東軍の謀略であったことを知らなかったのかもしれない。実際、事変が発生すると、彼は、日本が中国に対する自衛手段を講じたに過ぎないとして関東軍の行動を擁護した。その一方で以前にも増して幣原外交批判を強め、幣原の事変への対応を無責任、疎漏、怠慢と糾弾し、国民に対して「亡国外交の権化」を駆逐するよう繰り返し呼号した。そして、新国家の建設による満洲問題の最終的解決を国論は望んでいると説き、さらに満洲国成立後は日本による即時承認実現のため同志とともに運動を展開した。

以上の立場からすれば、本多の批判の矛先が国際聯盟に向けられたのも当然であった。昭和七年十月、リットン報告書が公表されると、報告書の致命的な不都合は日本軍の自衛行動の否認や満洲国の傀儡性を指摘したという点よりも、むしろ問題の解決策として満洲の国際管理と非武装化を提唱した点にある、と本多は論じた。聯盟には日本に対する武力行使や制裁を発動する用意も決心もないと見ていた彼は、臨時総会の帝国代表に任命された松岡洋右に対し、仮に総会で孤立無援となっても断乎反対の一票を投じ、リットン報告書を基礎とした解決案の決議を阻止するよう激励した。しかし昭和八年二月になると、本多は聯盟と日本とが満洲国の承認をめぐって相容れない関係にあると認め、日本は国家の威厳上においても目前の対満・対華政策上においても、聯盟から事変の解決を勧告された場合には即刻脱退を断行しなければならないと主張するに至った。「国際犯罪国の烙印」を押された日本が万一「頬被り」をすれば、聯盟は日本の除名すら決議しかねない、というのが彼の論理であった。

本多によれば、そもそも世界の全国家が加盟していない聯盟に普遍性や世界的大問題を処理する能力などなく、米ソという二大非加盟国の影響力や、軍縮問題・国際経済問題解決に日本の果たす役割を考えれば、聯盟脱退後も日本は国際的に孤立はしないのであった。かくして彼は、脱退が聯盟の価値否定と、日本本来の使命への邁進という国是確立の転機を招来したとして歓迎し、今後の世界平和の基礎はいくつかの地域的協商に置かれるべきであるとして、極東の恒久平和確立のため日満華三国の提携（東亜モンロー主義）を提唱したのである。

国際聯盟脱退後

国際聯盟脱退後、日本対列国の争案としての満洲問題は仮眠状態に入った。イギリスはナチス・ドイツの台頭による欧洲問題に、アメリカは国内問題にそれぞれ忙殺され、ソ連も満洲への不干渉方針を採るなど、国際環境も日本にとって有利な様相を呈した。この間、日本の満洲国育成策は逐次功を奏し、とりわけ治安回復や産業振興等については顕著な成績を収めた。しかし満蒙を自己の支配下に置き、この新市場において特権的地位と特定の原料資源は確保できても、日本の経済的難題にとっては有効な打開策とならなかった。そのため、日本はソ連勢力下の外蒙古に対して逐次その鋭鋒を向けた。すなわち華北の陝西・山西地方に存在する一大工業資源獲得のため、日本は中国の北西地方にその強力な戦略的境界を要求するに至った。かくして満洲問題の小康状態という小成功に慢心した日本は、華北分離工作という一大冒険に軽々しく乗り出した結果、英ソ米三国の連衡を無意識のうちに誘致し、やがて最も不利な条件のもとに日中全面戦争に直面することになるのである。

この間、本多は国際政治研究者の立場から、このまま推移すれば日本は中国との関係をめぐって英ソ両国の挟撃に遭遇するため、機を逸せず外交を再建し、アジア大陸に対する要望の限度を自発的に英ソ両国に対して声明すべきであり、その限度としては第一に中国本部と満洲との接壌地域を満洲国攪乱の策源地に利用させないという程度に止めるべきこと、第二にソ連との国交調整の出発点は外蒙古をソ連の勢力範囲として認め、同地域自体の安全を尊重する旨を保障すべきこと、以上二点を識者に対して唱導した[33]。

「支那事変」

一方、中国では西安事件の結果、国共対立が一応解消した。蔣介石が内戦の停止と一致抗日を決意した結果、日本が挙国一致の抗日戦線に直面することになったという点から見て、昭和十二年の国共の和解は既往十年間における中国の政治過程でも最も重大な出来事であったと本多はいう[34]。盧溝橋事件はそうした環境の中で発生した。

> 蘆[盧]溝橋事件の発生は自分にとつては何等意外の出来事ではなかつた。「あゝ、遂に来るべきものが来たのだ」といふのが、その翌八日の新聞報を見た時の自分の感想であつた。と同時に、この事変は一転して北支における日支両国軍隊の間の戦闘となり、しかして北支における戦闘は遂に遺憾ながら日支両国間の全面戦争に推移するであらう、平たく言へば二十世紀の日支戦争が始まるのだといふのが自分の所見であつた[35]。

盧溝橋事件が日中全面戦争へと拡大するとの彼の予想は、綏遠事件の勝利による中国側の自信、コミンテルンの指令に基づく国共の和解、イギリスの対蔣援助、という客観的環境に裏打ちされていた。

この全面戦争論の立場から、本多は次のように述べる。日本の採るべき方針としては、蔣介石の直属部隊殲滅を目的とした南京方面作戦（上海・南京の占領）を神速果敢に実施することを主要目標とし、華北方面の作戦は北京・天津より張家口までの線の確保に止めるべきである。さらなる戦面拡大は蔣の膺懲という我が目標から見て無用の徒労となるのみならず、地方雑軍の整理をもたらし、かえって蔣の全国統一を幇助する如き逆効果を生ずべく、英米等より軍需その他作戦上幾多の援助を獲得する時間的余裕を蔣に与え、遂に蔣と援蔣諸国、就中イギリスの狙いとする果てしなき長期戦に引き摺り込まれる恐れがある。その場合、我が国の弱味は軍需資材や食料品を反日的な英米ソ仏蘭諸国からの輸入に依存していることであり、列国による武力干渉は当面あり得ないとしても、既に中国やソ連により一部実施されている軍需資材の対日輸出の制限または禁止が、いずれ列国協調のもとに断行強化され、日本を戦敗国の地位に陥れようとするに違いない。以上の見地から、本多はガソリンの配給統制の如きは即時実施すべしとする意見を、懇意な政治家を通して首相官邸の会合において提言せしめたという。

排英論・対独伊枢軸提携強化論

支那事変が泥沼化するに伴い、日本国内では援蔣諸国、とりわけイギリスに対する批判が高まった。本多も講演や執筆を通じて対英批判を展開した[36]。

昭和十二年十一月二十二日、本多は陸軍中将建川美次（予備役）・海軍中将小林省三郎（予備役）と一緒に日比谷公会堂における対英国民大会に出席し、大入り満員の聴衆に対して演説した。いずれの演説も非常に煽動的であったといわれている。大会ではイギリスとの親善関係清算と経済依存改廃が決議された[37]。本多はこの頃、中国の勝利を希望するイギリスの夢を覚ますためにも軍事行動を中止してはならず、況んや講和談判による時局収拾の見込みがないとすれば、イギリスという一大重圧を押し除けなければ事変の結末はない、そしてイギリスの重圧排除のためにはどうしても広東攻略の断行が必要だと主張した[38]。

翌月にも彼は、大阪中央公会堂における大阪対支国際動向研究会・東京対英同志会共催の暴戻英国膺懲大国民大会に登壇し、場外まで溢れる程の六千人の聴衆に向かって演説している。[39] 同志とともに対英同志会という排英団体まで結成してしまう[40]本多の活動の激しさは、内大臣湯浅倉平が「徳富とか本多とか中野《（正剛）》とかいつたやうな連中が、排英運動をしきりにやつてゐるが、これはやつぱりどうかしなければならん」と元老西園寺公望の私設秘書原田熊雄に漏らす程であった。[41]

日本国内では、排英運動が台頭するにしたがって、対独伊枢軸提携強化論が活況を呈していった。本多もその中心的役割を担う。既に昭和十二年十一月には、前年の日独防共協定にイタリアが参加してベルリン・ローマ・東京の〝枢軸〟を形成し、英仏ソ米諸国と対立する構図が描かれた。本多は、予てより欧州赤化の防壁であるドイツと東洋赤化の防波堤である日本が共同の使命を自覚して将来提携すべきことを強調していたため、日独防共協定の成立を「運命」あるいは「自然の成行き」として歓迎したのである。[42]

ヨーロッパに再び大戦が勃発してから一年後の昭和十五年九月、日本は援蔣政策を採るアメリカへの対抗手段として独伊両国と軍事同盟を締結する。戦後、本多は「私は所謂バランス・オフ・パワー、世界平和の維持は強国間の勢力均衡の維持に俟つ、かういふ思想の持主である。その見地から自分は日独伊同盟には賛成であつた」[43]と述べている。但し彼が提唱したのは、三国共通の利益擁護のために自動的参戦義務を負うものではなく、相互の自主的立場の尊重と提携のため隔意なく協議するという一般的な相互援助条約の締結であり、これによって二大陣営の勢力均衡を図り、以て世界戦争の防止を図るというにあった。しかし実際に締結された条約テキストを見た本多は驚愕し、「松岡がどうしてかういふ条約を結んだかと頗る失望を感じた」[44]という。本多によれば、三国同盟は自分が提唱していた案とはまったく異なり、日本側の意見はほとんど盛り込まれず、ソ連を同盟の適用外に置き、独米戦勃発の際の自動的参戦義務をドイツ側から押し付けられた片務的条約と映じたからである。[45] このため、彼は近衛首相に対し、次のように三国同盟を批判したという。

この条約は例へば船の横腹に大きな孔があいてゐるのと同じだ。その後この孔にキャンバス張りをした。これが所謂日ソ中立条約の意味合なのだ。[46]

また本多は、政策論から見ても三国同盟締結後に日米交渉に乗り出すことは事理及び順序を顚倒していると政府を批判した。そして、日露戦争を戦勝に導いた日英同盟でさえ、天皇から一片の詔勅、一片の御言葉もなかったにもかかわらず、今回の同盟成立に当たって、近衛内閣が詔書の渙発を奏請したことは国家の威厳から見ても失態であると指摘した。

以上の政府批判とは裏腹に、世論に対しては「日独伊同盟が成立した瞬間、これで日米戦争を観念しなければならぬと考へた」と本多は公言して憚らなかった。曰く、アメリカに対しては全く他意はないとする日本政府の発言などを信用するアメリカ人ではない、イギリス艦隊が敗退すればアメリカはドイツとの対峙を余儀なくされ、そのドイツと日本が手を握った以上、アメリカは日独双方から挟撃される状況となった、日米通商航海条約の失効以後、アメリカの対日禁輸措置の強化から見て、「日米戦争は既に始まつて居るのだ。近代戦は兵力のみが戦争ではない。経済戦も一つの戦争である。英米は日本に対抗するには、この経済戦をもつてするに限ると考へて居るのだ」、我が国の海軍は今や英米一纏めにしても電光石火に壊滅させる自信があるものと信じている。

お望みとあらば、南太平洋上でマヂノ線以上の電撃戦を、アングロサクソン民族に十分満喫させてやらうぢやないか。[47]

以上のように、本多の政府当局者に対する直言と一般世論に対する主張との間には、明らかな矛盾と二面性を見て取ることができるだろう。

（3）駐華大使時代

外交官への復帰

自由自適の書斎人として国際政治の研究に終始していた本多が、外交官に復帰する時は突如としてやって来た。本多に絶大の信頼を置く外相松岡洋右が、彼に駐華大使の白羽の矢を立てたからである。[48]

昭和十五年十二月四日午後六時頃、突然の電話を以て至急面会を申し入れた松岡は本多邸を訪れ、「汪精衛の国民政府への大使を引受けくれたく、今回軍は政治経済等より一切手を引くこととなり、興亜院連絡部も大使に隷属せしむることとなるべく、大使の任務の一段と重大なるに鑑み、貴兄以外適任者なし。軍部も同意、政府の議一決して、首相の求めにより只今参内、内奏御裁可を得たり。国家のため是非御奮起を望む」[49]と要請した。この時点で松岡は日華基本条約調印を終えた特派大使阿部信行の解任と、初代駐華大使への本多の起用を内大臣木戸幸一に申し入れただけであり[50]、未だ本件人事を奏請してはいない。虚言を弄してまで強引な説得を試みたところに松岡の外交構想の一端を垣間見ることができるのであるが、既述のように本多と松岡は清国（中華民国）在勤以来、同じ伊集院彦吉門下として上司と部下を超越した非常に懇意な関係にあったため、松岡は当時不遇な本多の救済という考えもあり、政府部内や関係方面の反対を押し切って本多を起用したと見る向きもある。[51]

本多は如何に三十年来の親友関係とはいえ、松岡の余りに独断的な遣り口に多少驚いたものの、話を聴くうちに、軍部も今回自己の縄張りや勢力に大使候補者の持ち合わせがなく、軍首脳と一面識もなき自分の奏薦に同意したということは、当面中国問題には退一歩の態度に出ていると認められるので、この際出馬して支那事変の癌たる軍部従来の行き過ぎを是正しようと決意し、松岡の申し出を受諾した。これに対して松岡は謝意を表し、如何にも驚喜の態にて「早速これより南京にアグレマン取つけの手続を執るべし」として辞し去ったという。[52]「南京大使任命は自分にとり全く寝耳に水にして、十五年七月成立の第二次近衛内閣が事前何の相談もなく、政府限りの決定を自分に押付けたるものなり」と本多が手記で述べる所以である。[53]

十二月七日本多が大使に親任されると、新聞はこれを歓迎した。全国各地から数百の書面や電信に接した彼は、四年越しの事変に対する国民の煩悶は非常に大きく、今や溺れる者藁をも摑む心境にあると感じ、百難を排して自己の決意遂行に邁進する覚悟を決めた。

その本多の出発に際し、松岡は天皇から本多に対して御言葉を賜わるよう、二度にわたって木戸に願い出た。[54]具体的な経緯は判然としないものの、『昭和天皇独白録[55]』には、昭和七年上海において客死した上海派遣軍司令官白川義則を悼む御製が遺族に下賜されたことを知っていた松岡が、天皇から軍を抑えるよう命じる趣旨の御言葉を本多に下されたいと申し出て来たとある。松岡は天皇からの御言葉を通じて本多の任務に権威を与え、軍への影響力を持たせることによって事変解決の一助たらしめようとしたのだろう。しかし結局、本多に対する天皇と木戸の不信感から御言葉は下賜されずに終わった。

南京政府強化問題

本多は十二月二十三日、南京に着任した。中国は当時、南京・重慶・延安の三政権が天下を三分する形勢にあった。[56]当初、南京政府側は必ずしも本多の着任を歓迎してはいなかったようである。行政院副院長周仏海は、「引退してすでに十年にもなるし、今回の和平運動とも何の関わりもない。何ゆえの任命なのかよく判らぬ[57]」と見ていた。

本多は信任状捧呈式等を終えると、北京をはじめ華北の状況を視察した。また、興亜院連絡部長官会議や在華総領事会議の招集、日華両国の文武官民との対話など、二週間の短時日にできる限り現地の情勢探求に努めた。

昭和十六年一月三日・十四日の二回にわたり本多は汪と長時間会談した。会談によって判明したのは、成立後一ヶ年を迎えようとする南京政府は、交通部や鉄道総局のような有名無実の官庁が存在するばかりで、その直轄行政地域たる揚子江下流地域さえも未だ掌握できず、他方日本軍の行政干渉と過度の統制経済による米価の暴騰や、対重慶経済封鎖作戦として実施中の物資搬出入取締制度による物流の阻害が、一般民衆の生活難を招来しているという事態であった。このため、一般民衆は南京政府をほとんど無用の長物視する一方で、日本軍に対して甚だしい反感を抱いていた。本多は赴任前の自分の見透しが正鵠を射ていたことを改めて確認したのである[58]。

一月中旬、本多は予てからの政府との申し合わせにより一時帰京、二月三日には昭和天皇に対して中国情勢に関する進講を行った[59]。ついで陸海外三省その他経済界の有力者と接触、殊に政府首脳部に対しては、従来の政策のまま漫然推移し、万一日米衝突のような国際環境の激変に直面すれば、南京政府はその前後にも崩壊、あるいは英米側に攫われてしまう恐れもあると警告を発した。

外政機構整備問題

三月初旬、本多が帰任すると、南京政府との交渉という本来業務とは別の厄介な事態が待ち受けていた。外政機構整備問題がそれである。これは、前年十一月十三日の御前会議決定「支那事変処理要綱」の要領二㈣「長期大持久ノ新事態ニ即応スル為、速カニ国内体制ヲ積極的ニ改善ス。在支帝国諸機関ノ改善改廃ヲ断行シ施策ノ統制ヲ強化ス[60]」に端を発していた。約一ヶ月後の十二月十七日、興亜院会議が決定した「国民政府承認ニ伴フ対支機構調整要綱[61]」では、十六年三月末までに興亜院を外政機構に統合の上、機構自体も根本的に改革整備することが謳われていた。その後、外政機構の統合整備は陸海外蔵四省及び興亜院の各主務課から成る外政機構統合委員会において検討されたが、ここから興亜院の反撃が始まる。委員会に提出された興亜院案は、新たな中央外政機構の名称を「外政省」としていたものの、その外政省には大臣の下に現地外政機関を統轄指揮する東亜部長官を新たに置いて陸軍軍人をこれに充て、現地でも軍司令部所属の陸軍軍人が出先外政機関の長を兼ねるとしていた。そもそも特務機関を廃止して現地外政機構への統合を主張していた外務省としては、興亜院案は統帥権による行政大権の干犯であり、外交一元化の観点からも軍への全面的屈服となるとして強硬に反対した。本多も興亜院案には「全面的異見」があることを外相松岡洋右に告げている。[62]

この中央長官の指揮権や、現地軍所属の陸軍軍人による外交官兼任のほかにも、対満事務局と南洋局の取り扱い、現役軍人の任用をめぐる各省間の意見対立は甚だしく、成案化は進まなかったため、三月八日各局部長間に会合が催された。ここに提出された鈴木貞一興亜院政務部長案は、中央では興亜院の実質に対して何ら調整を加えず、むしろ「興亜省」の実現に向かって邁進する傾向があるだけでなく、現地に関しても軍の要望である華北における軍政の施行を事実上容認していた。鈴木案は国務と統帥との関係をまず明確にすべしとする外務省の主張と根本的に相容れないため、本件は何ら決定を見ず、訪欧中の松岡が帰朝するまでに何とか取り纏めるよう関係方面においてさらに努力することとなったものの、外務省や海軍省としては興亜院及び陸軍側がこの上誠意を見せない限り、現状維持も已むなしとの態度を維持していた。[63]

三月二十八日、本多は臨時外相近衛文麿に反対意見を具申する一方で、次官大橋忠一や東亜局長山本熊一には松岡が帰朝するまで協議を中止するよう勧めている。[64]本多はまた、支那派遣軍総司令官畑俊六と総参謀長板垣征四郎に対しても、鈴木案は興亜院による外務省併合案であり、中国国内にも軍政を布くものにほかならず、これが実現すれば恐らく南京政府は崩壊するであろうと訴え、[65]モスクワ滞在中の松岡にも「危険千万ノ展開ヲ示シツツアルノ事実」[66]について篤と考慮するよう切望し、さらに十日後には帰朝と同時に本件の協議中止を下命するよう勧奨した。[67]在上海総領事堀内干城は安易な妥協に反対し現状維持論を展開、[68]在南京総領事杉原荒太は「所謂政治的解決でシテやられざる保障を確立することが必要」として在南京大使館参事官土田豊と協力し、松岡外相をはじめ外務省内の結束強化に奔走した。[69]

五月九日、外務省機構委員会は「外政機構整備問題処理方針」を立案し、松岡の高裁を仰いだ。ここでは、名実ともに外交大権の一元的運用の常道化を図るとの不動の目標を改めて確認の上、南京政府の現状と日ソ中立条約成立後に発生した国際新情勢等に鑑み、対華政策の根本方針決定とその具現を図ることが第一義とされた。したがって、対華機構の形式的統合を急ぐことは事変処理上かえって不得策と認められるため、中央・現地機構ともに現状を維持し、その根本的改革は一般情勢と事変処理の進行状況を睨み合わせて決定すること、外政機構の統合に際しては中央・現地ともに外相が指揮監督権を、現地機関については大使が区署権をそれぞれ有するものとし、軍務に従事する軍人の兼官は中央・現地ともに原則として認めず、既定方針を堅持することとした[70]。

この問題は一旦立ち消えとなるが、対米英開戦後に大東亜省設置問題として再燃することとなるのである。

重慶工作問題

外政機構整備問題が紛糾する間にも南京の事態はさらに悪化していった。米価は天井知らずに暴騰し、南京政府の中級官吏さえも食糧不足に喘ぐ状態であった。本多は現地陸海軍の支持を得て当面の救済策を講じ、日本政府の援助のもとに南京政府をして仏印米五万トンを輸入せしめた。だが、日々悪化する現地情勢によって南京政府も遂に行き詰り、首脳部内には改めて日本側の覚悟を確認する必要があるとの意見が噴出、さらには日本が事変処理上自分達を無用の長物視し、むしろ厄介な邪魔者と考えているのではないかとの心境さえ瀰漫した。とりわけ南京政府側の不信感を増幅させたのは、日本側が彼らには内密に対重慶和平工作を進めているとの情報であり、蔣介石をはじめ重慶側のさまざまな動きも対重慶和平工作に従事する燕京大学教授スチュワート（John Leighton Stuart）等から南京側にもたらされていたのである[71]。このため、周仏海は事の真偽を本多や軍事顧問影佐禎昭に質している[72]。実際、蔣介石との直接和平商議のため松岡が重慶訪問を考えているとの情報を本多も入手したため、事実とすればあらゆる観点から断じて賛成できない旨を松岡に伝えている[73]。現地軍からも陸軍中央に対し、この種の重要政策問題について中国側要路に疑惑を抱かれることは、南京政府の育成・治安維持の観点から有害であるため、必要ならば占拠地域内における一切の和平工作に弾圧を加え、不良分子の運動を一掃するとの意見が上申された[74]。

当の松岡は重慶工作について五月六日、次のように本多に対して電報している。

本大臣ハ昨年十一月末以来未タ嘗テ何人ニモ重慶工作ヲ依頼シタルコト無シ。尤モ今回訪欧ノ旅ヨリ帰リ二、三支那側及日本側ニテ策動シ居ルモノアリトノコトヲ耳ニシ居リ、之ヲ取調へ居ル様ノ次第ナリ。未タ悉クハ其ノ真相ヲ突止メ得ス、今少シク取調ヘタル上必要ト認メラルルナラハ是等ニ対シ適当ノ処置ヲ為ス考ヘナリ。周仏海等ニ於テモ重慶側ノ謀略ニ乗セラレ動《?》（ママ）揺開始ノ様子、何レ他ノ問題ト併セテ貴大使ノ御帰京ノ際、御相談致スヘシ。[75]

松岡はまた在南京公使日高信六郎を通じ、従来と同様に今後も主席の諒解なしに重慶工作は行わないため、自分を信頼するよう汪に申し入れた。これを聞いた汪は大いに安堵の色を示し、今後とも本工作については双方腹蔵なく打ち明けて協力すべき旨を語っている。[76]

しかし汪をはじめ南京政府の意気消沈振りは甚しく、既に四月十一日には汪より本多に対し、是非とも東京を訪問して南京政府の存在価値の有無について日本政府首脳部と検討したいとの悲壮な申し入れがあった。[77] 汪はその際、「国民政府ハ今ヤ全ク行詰リ居ル現状ナリ」と打ち明けた。また汪は「若シモ日本政府ニ於テ国民政府ノ存在カ全面和平招来ニ関スル日本側ノ方針具現ノ上ニ障碍トナルトノ御意向ナラハ自分ハ潔ク現地位ヨリ退クヘク、中途半端ノ生殺ハ耐エ得サル所ナリ。同志モ亦自分ト考ヲ一ニスルモノナリ」「先頃大使閣下ヨリ此際ノ渡日ハ『ロボット』ナリトノ逆宣伝ヲ招キハセヌカトノ御注意モアリ、御懇切ノ御忠言一応御尤ト存スルモ、一身ノ毀誉褒貶ハ自分ノ意ニ介スル所ニアラス。否生命ノ危険スラ自分ノ度外視スル所ナリ。御承知ノ如ク自分ハ今日迄既ニ数回モ生命ノ危険ヲ体験シ来レルモノニテ、自分ノ同志モ均シク同様ノ覚悟ヲ以テ事ニ当リ居ル次第ナリ」[78] とも訴えている。

汪の申し入れを一種の最後通牒と見なした本多は、現地陸海軍首脳とも相談一致の結果、汪の訪日を歓迎して南京政府に活を入れるべきであると日本政府に稟議した。[79] さらに本多は、民心の把握と南京政府の自信回復という方針のもとに民生関係事項について調査すべきこと、軍の末端機関による地方行政への無用の干渉を禁止すること、国策会社への委任事項のうち国防・軍事の須要に属さず、一般民衆生活に無用の重圧を加えているものはなるべく早く中国側の運営に移すこと等、大使館と現地陸海軍幹部の共同研究に基づく具体案を政府に提案することとし[80]、まさしく背水の陣を布いて帰朝した[81]。六月十一日には昭和天皇に二回目の進講を行い、汪来朝の真意、在華邦人による利権専断は不可であること、現地陸海外三機関の完全なる協力一致、重慶工作は汪の理解のもとに実施すべきこと等を本多は言上した[82]。

汪兆銘の来朝

本多の努力によって、汪兆銘の来朝は実現した。この「支那五千年史上未曽有なる『元首の渡日』[83]」は、山下汽船株式会社社長山下亀三郎が水面下で少なからず尽力した結果でもあった[84]。

六月十六日来朝した汪は、十九日に近衛首相、二十日に東条英機陸相及び松岡外相、二十一日に及川古志郎海相、二十三日に河田烈蔵相と順次会談した。なお、首相とは二十一日に、外相とは二十四日に第二回の会談を行っている。この時の汪の肉声と第二次近衛内閣の方針を伝える記録が『汪主席訪日会談録』であり、五十部作成され、関係者に配付された模様である。この会談録には、南京政府の強化を訴える汪と五相との間の生々しいやり取りはもちろん、中には汪の日本に対する辛辣な批判も見出すことができる。

ところで、汪が滞日中の六月二十二日、日本外交を混迷に導く重大事態が発生した。独ソ戦が勃発したのである。独ソ戦への対応は、当然のことながら近衛内閣の閣僚と汪との会談でも話題に上った。例えば、松岡は汪との第二回会談の中で、ドイツの短期勝利を前提として、「『ソ』聯邦カ崩壊シテ数個ノ国家ニ分裂スルコトハ、独リ欧洲ノ情勢ニ一大変革ヲ来スノミナラス、我カ亜細亜方面ニ於テモ千歳〔載〕一遇ノ機会ニシテ、日本ト中国ハ此際速カニ事変ヲ解決シ、外蒙ハ固ヨリ『ウラル』以東ヲ亜細亜ニ取戻シ一大共栄圏ヲ樹立スルノ機会ニ遭遇セルモノナリ[85]」と声を励まして語っている。してみると、この時期に彼が主張した対ソ開戦論には、独ソ戦に対する参戦外交の意味合いが含まれていたと解釈できよう。加えて松岡は、既に前年十二月を以て重慶工作に見切りを付け、今後手を打つ必要が生じた場合には必ず汪に相談の上実行したいと改めて明言している。

『汪主席訪日会談録』のほかにも、第二回近衛・汪会談の一部を記録した『近衛首相汪主席特別会談要録』と『近衛首相汪主席会談中ノ一節』という文書が残っている。この二つの文書を見ると、次の三点が指摘できよう。第一は、汪が日米交渉における日華和平内容の変質を嫌い、あくまでも政権存立の基盤である第三次近衛声明の善隣友好・共同防共・経済提携に沿った和平形式に固執していたこと、第二は戦後に発表された手記の中で、近衛が日米交渉に安易に飛び付いては往年の石井・ランシング協定の二の舞になるとして松岡に反対されたと述べているが、そうした対米不信感を実は近衛自身も抱いていたこと、第三は少なくとも近衛は三国同盟を四国協商に発展させ、英米両国への対抗手段と考えていたものの、独ソ戦の勃発によってその前提が崩壊したこと、である。

ともあれ、六月二十三日には近衛・汪共同声明が、二十八日には日本政府から国民政府への三億円借款供与が発表され、さらに七月一日には独伊両国による南京政府承認が実現した。在南京大使館参事官中村豊一によれば、帰寧した汪は訪日の非常な成功に「頗る満足の様子[86]」に見えたという。

独ソ戦と日本の対ソ参戦問題に関する本多の意見

ところで本多手記[87]によると、汪が来朝した六月十六日、近衛首相は本多を官邸に招致し、松岡外相が昭和天皇に対して早晩ドイツはソ連に開戦すべく、その際はドイツの極東進出を防止する見地からも日本もソ連に向かって参戦し、機を逸せずイルクーツク付近まで進出すべきである旨を上奏したことを伝え、本多の考えを内密に承りたいと申し出た。これに対し、本多は一、対ソ参戦は何ら三国同盟の義務に属さず、二、ドイツの自信如何であれ、二三ヶ月内にソ連壊滅という事態は全然考えられず、仮に欧露を戡定できたとしても、ソ連はウラル以東において頑然長期抗戦に出るべく、三、我自ら中立条約違反の科に座すが如き行動は「外交ノ常識」に反す、以上三点から外相の意見は到底問題とする価値なし、なお熟慮の上一両日中に改めて回答すると応じた。二日後、汪のために催された宮中午餐会の機会に、首相から考慮の結果如何を尋ねられた本多は、前に述べた卑見に何等修正を加える必要を認めないと前置きし、左記の趣旨をその理由として挙げた。

一、三国同盟第五条はソ連を同盟の適用範囲外に置いているため、仮にソ連がドイツを攻撃する場合でも日本には何ら赴援の義務は生じない。況んや今回の如きドイツの対ソ侵略戦争ならば、なおさらのことである。

二、ドイツが突然対ソ攻撃に踏み切った理由は、アメリカが既に開戦一歩手前の実質的援助をイギリスに与えつつあり、ヒトラーはドイツが米英連合による海上封鎖戦に直面することを認識しているからである。したがって北はノルウェーから南は仏西国境線に至るドイツ占領下の五ヶ国に対する食糧確保は、戦争の勝敗をも左右する重要問題であるため、この際早急にウクライナの穀倉地帯を奪取し、なお可能ならばコーカサスの油田地帯をも獲得せんとする、対英（米）長期戦を前提とした対ソ作戦であることは明らかである。しかるに日本が今早急にその仲間入りをしなければ時期を失するという考えは、事態の核心への認識を欠いた「愚論」である。

三、独軍は緒戦こそ破竹の勢いで連戦連勝、モスクワやレニングラードをも攻略するであろうが、これが成功の最大限度であり、結局はバルチック自治政府、ウクライナ自治国あるいはモスクワを首都とする傀儡政権を擁立することとなろう。元来帝政ロシアの被征服民族たるコーカサス人のスターリンは、万一欧露を永久に失っても格別痛痒を感じないであろうし、五ヶ年計画によって重要な軍需工業都市が形成されたウラル以東の広大な地域に王国を打ち建てる程度の意気は有しているに違いない。「案スルニ独逸ハ支那事変ニ於ケル日本ノ二ノ舞ヲソ聯ニ於テ演スルモノト考ヘラル」。

四、帝国外交の枢軸が三国同盟と日ソ中立条約であることは政府の屢次声明した通りである。三国同盟はもとより尊重すべきであるが、中立条約もまた等しく尊重しなければならない。我より進んで条約違反の責に座すが如き行動に出るは外交上「大禁物」である。ベルギー中立担保条約を指して一片の反古なりと放言した往年のドイツ首相の一言が、数個軍団の撃滅よりもドイツに災いした前例もある。

五、帝国の対ソ開戦は英米ソ三国の同盟を誘致し、ひいては南北海陸双方面において三大国相手の戦を覚悟しなければならない。南方における対英米作戦に自信がなければこそ、礼儀を篤くして対米交渉妥結に腐心しているこの際、覿面に南北同時に三大国相手の戦火を招くが如きは「狂暴ノ沙汰」といわざるを得ない。

本多は、以上の点から外相の意見を採用すべきでないことは明瞭であり、また独ソ戦勃発の暁には国内一部の徒が対ソ膺懲の機会到来としてアジテーションを起こし、軍部の一角もこれに呼応して世論を煽動しないとも限らないため、政府はこの種輩の蠢動など無視し、確乎自重の態度を保持するよう望むと付言した。近衛首相はその点については大体懸念なく、青年将校中には外相への同調者もいるようであるが、軍首脳部は今のところ自重説であると答えたという。独ソ戦への対応は、やがて松岡が閣外に放逐される伏線となってゆくのである。

本多の帰任

ともあれ現地三機関の意見が採用され、漸次南京政府更生の基盤が成立せんとする折柄、第二次近衛内閣は日米交渉をめぐる閣内不一致により総辞職、第三次近衛内閣が成立した。本多は赴任当初に決めていた自分の任務も一段落を告げたため、松岡の辞職を機に辞表を提出した。だが、新内閣をはじめ在南京大使館のスタッフや現地陸海軍、さらには南京政府側よりも熱烈な留任希望の申し出があった[88]。本多自身も、民生各般の調整が今後実施されようとする際の退官は聊か無責任の感なきにしも非ずと考えて断然辞意を飜し、従来と同様に中国問題は一任するとの言質を新内閣から取り付け、八月下旬帰任した[89]。

予定の順序により、まず経済関係の中でも国策会社調整の研究着手のため、現地三機関の幕僚から構成される委員会が大使の隷下に設けられた。また物資搬出入取締規則の合理化も軍と汪側との間で協議して立案するなど、いわゆる国府強化の具体的事項は着々進行を見つつあった。

日米交渉に関する近衛と汪の内約

昭和十六年の日本にとって最大且つ最重要の外交問題は、何といっても日米交渉であろう。本書に収録した文書は、これまで等閑視されて来た汪兆銘政権と在南京日本大使館から見た日米交渉上の諸問題を遺憾なく伝えている。

本多手記によると、彼が日米交渉の情報について最初に接したのは、五月に帰朝し、松岡外相と会談した時であった。本多は松岡に対し、「これは纏まらんぞ」[90]と伝えたという。本多は近衛首相に対しても、「米国は九国条約を取消すことが出来ない。日本は亦支那事変を取消す用意はないが、仮にそれは出来ても満洲事変を取消すことは先づ不可能のことと思ふ。一体日米間の一切の問題を一挙に俎上に載せて、これが解決或は妥結を提議することは外交の手続としては感心しない。それは我が提議が通らざる限り実力に愬へてもこれが完〔貫〕徹を図る決心がなくしてやるべきことではない。日米間の凡ゆる蟠りの総清算を一挙に求むることより、解決し易い問題より一つづゝ解決して行くのが本式のやり方であるのだが……近衛内閣の日米交渉のやり方はまるで好んで日米戦争を招待してゐるやうなものだ[91]」と批判した。

その後六月二十四日、首相官邸において折柄来朝中の汪と会談した近衛は、進捗しない日米交渉については今後随時汪に通報し打ち合わせるようにしたいと述べた上、アメリカを通じた対蔣工作に異議はないかと念を押した。汪は異議なしとしながらも、前述したように日華和平内容の変質を嫌い、「米国カ日支合作ニ依ル東亜ノ新秩序ヲ承認シ、東亜ノ枢軸ヲ攪乱セサル前提ニ非サレハ不可ナリ[92]」と述べ、近衛もこれに同意した。会談では和平の質の具体的内容については深入りせずに終わったものの、日本政府としては日米交渉中の対蔣和平工作に関して南京政府から請求を受けた場合、当然通報しなければならない道義上の義務を負うこととなったのである。

近衛の汪宛書翰と日支和平基礎条件の提示

汪は日米交渉の妥結に期待をかけ[93]、交渉の行方に相当気を揉んでいたが、その内容はすべて国家機密であり、駐華大使の本多にさえも極秘に付されていたため、真相を知ることは容易でなかった。殊に日米交渉が難局に立つに伴い、一層焦燥感を強めた南京政府は、軍事顧問影佐禎昭に対しても情報の提供を求めるようになっていった。度重なる催促を受けた影佐は九月中旬に帰朝、近衛に面会して南京政府の要望を伝えた。ここに近衛は九月二十六日付にて汪宛の直筆書翰を認めるとともに、同月二十二日在京米国大使に内示した左記「日支和平基礎条件」（九月二十日大本営政府連絡会議決定[94]）を影佐に託して汪に内報したのである。

日支和平基礎条件

一、善隣友好

二、主権及領土ノ尊重

三、日支共同防衛

日支両国ノ安全ノ脅威トナルヘキ共産主義的並ニ其他ノ秩序攪乱運動防止及治安維持ノ為ノ日支協力

右ノ為及従前ノ取極及慣例ニ基ク一定地域ニ於ケル日本国軍隊及艦船部隊ノ所要期間駐屯

四、撤兵

支那事変遂行ノ為支那ニ派遣セラレタル前号以外ノ軍隊ハ事変解決ニ伴ヒ撤退

五、経済提携

イ、支那ニ於ケル重要国防資源ノ開発利用ヲ主トスル日支経済提携ヲ行フ

ロ、右ハ公正ナル基礎ニ於テ行ハルル在支第三国経済活動ヲ制限スルコトナシ

六、蔣政権ト汪政府トノ合流

七、非併合

八、無賠償

九、満洲国承認

この書翰は九月三十日南京に帰任した影佐から即日汪に手交され、さらに同日夕刻に本多にも内報されたのである。近衛書翰の内容を見た本多は汪に対して、十月三日に予定されていた会談を病気を理由に無期延期したいと取り急ぎ申し入れた。

本多の辞意表明と豊田外相の慰留

これより先の九月下旬、本多は汪から、在華総領事・興亜院連絡部長官が南京に参集する機会に寛談の場を設けたいとの提案を受けた。その際は日米交渉問題が必ず話題に上るだろうと考えた本多は豊田貞次郎外相に電報を送り、去る六月二十四日の近衛・汪間の内約に触れた上、汪側より話を持ち出された場合、自分としては「一時逃レノ遁辞ヲ用ヒ得サル行掛リニアリ」[95]として、心得までに交渉に対する政府方針と近衛メッセージ以来の交渉内容等について大体の要旨を大至急内示ありたいと懇請した。

これに対して豊田は三十日、近衛メッセージ発出までの経緯について、日米交渉の重点は中国問題と大東亜共栄圏の確立等にあり、前者については松岡外相時代と同様、近衛三原則及び日華基本条約に基づき和平解決を目指す我が国の誠意と努力をアメリカに認めさせ、日本と蔣との間の橋渡しをさせようとするものであり、後者については自由な物資獲得が目的であって、我が国の主張を闡明し、先方の回答を待っている現状であると説明した。その上で豊田は、本件は国内はもちろん、在外使臣にも一切報知していないほどの厳重なる国家機密であり、また事の機微なるに鑑み、汪との会談では触れないよう要望した。[96]

この豊田からの回電に接した同じ日の夕刻、本多は影佐から近衛書翰を受理したのである。本多は大使も知らない国家機密事項を記した近衛書翰が任国大使の自分の手を経ずに直接汪に手交されたことに対して憤懣を爆発させ、豊田の回電を不得要領であると批判、自分に対する政府の信任が動揺しているならば、速やかに本国召還の電命を発せられたいと願い出た[97]。

十月三日、豊田は本多の意に副わなかったことを遺憾とし、対米工作については六月二十一日の米国案に対して七月十四日我が方の修正案を用意したものの、政変や南部仏印進駐等により未提出となったため、右修正案に南部仏印進駐に関連する二三の事項を追加した案を提出してその説明を終え、現在は先方の回答を待っている状態であり、格別報知する事項もないことを諒察ありたいと釈明した。なお、豊田は内外の情勢は日米交渉の遷延を許さない事情にあるため、目下急速なる解決を図っており、近日中に今一歩進んだアメリカ側の意向が判明すると予測されるが、場合によっては両国首脳会談にまで進展するやも知れず、貴官限りのお含みまでに承知ありたいと回電した[98]。

翌日、本多は豊田の回答に謝意を表しつつも、近衛が影佐を通じて汪宛に書翰を発した事実に触れ、その内容を大至急確認の上内電ありたく、本件についての明確な回示に接するまでは自分の辞意撤回は留保せざるを得ないと申し出た[99]。

近衛書翰に対する汪の返翰

本多の憤懣を豊田から聞いた近衛は十月八日、影佐に対して至急親展電報を発し、汪への伝達を依頼した文書は汪と自分との個人的関係に鑑み内示した次第にして、汪はこれを公式外交文書と同様に考えている節があるが、「大ナル誤解ニシテ危険極リナシ。至急誤解ヲ匡シ、絶対何人ニモ洩ラササル様御伝請フ」[100]と依頼した。しかし既に時遅かった。汪は近衛書翰を日米交渉妥結と事変収拾の機会到来と捉えたようであり[101]、十月四日に在南京公使日高信六郎に来訪を求め、近衛書翰と日支和平基礎条件を示し、自身の意見と希望を五項目に分けて開陳した上、本多への伝達を求めた[102]。さらに七日、汪は近衛宛書翰を帰朝する日高に託すとともに、書翰の内容をなるべく早く首相に知らせたいため、要領だけでも至急電報等にて通報されたいと願い出た。なお汪は日高に対し、支那方面艦隊司令長官古賀峯一に本件の経過を概略内話したこと、支那派遣軍総参謀長後宮淳には近衛書翰と自身の返翰を一覧に供して意見を開陳したこと、駐日大使褚民誼にも簡単に本件経緯を電報したことを示唆している。

汪は近衛宛書翰の中で述べる。アメリカは恐らく日支和平基礎条件に対して修正を提議して来ようし、閣下もまた米国修正案に相当の検討を加え、初めて双方同意するものと考えられるが、その際左の二点は貴我両国の前途に重大な利害禍福をもたらす危険があるため、是非とも防止の途を講ずる必要がある。

其ノ一ハ中国人民カ従来米国ノ宣伝ニ迷ハサレ、事変後ハ一層親米仇日ノ態度ヲ抱ク実情ニアルコト閣下御承知ノ通ナルカ、万一今回米国ノ修正案ニシテ大袈裟ニ且公開的ニ提出セラルルカ、或ハ閣下ノ検討ヲ経其ノ同意ニ依リ最後ノ決定ヲ見ルニ至ラハ、米国ハ必ス之ニ依リ一層中国人民ノ傾倒ヲ受ケ、且其ノ従来ノ態度ノ正シカリシコトヲ如実ニ証明スルコトトナリ、閣下ノ東亜新秩序建設ノ理想カ必ス不利ヲ蒙ルコトトナルヘキ点ニ有之候。

其ノ二ハ若シ米国カ其ノ修正案ヲ重慶側ニ通報スレハ重慶側ハ必ス之ヲ利用シテ己ノ功ト為シ、以テ中国人民ノ信用ヲ博スルニ努ムヘク、中国人民モ之ニ惑ハサレ重慶側ノ成功ヲ祝シ昨年締結セル条約ノ不当ナリシヲ詰ルコト必定ニシテ、兆銘ノ提唱セル和平反共建国運動モ亦之カ為甚シキ不利ヲ蒙ルコトトナルヘキ点ニ有之候。

その上で汪は次のように提案する。

就テハ何卒閣下ニ於カレテハ米国側ニ対シ、内部的意見交換ノ途中ニ於テハ如何ナル形式タルトヲ問ハス、其ノ内容ヲ公表スルコトヲ禁止スル旨堅ク約束ヲ取付ケラルルト共ニ、一旦閣下カ米国ノ修正案中若干ヲ容認スルニ決定セラレタルトキハ、先ツ其ノ容認セントスル部分ニ付敝政府ト御打合相成、客年締結セル条約ニ対シ修正ヲ加フルコトト致度、而シテ其ノ修正セル条約ノ公表ハ米国ノ修正案ノ決定前トシ、出来得レハ一週間乃至三日前ナレハ最モ宜シク、最大限度譲歩スルモ同時ト致度、斯クスレハ日支間ノ親善関係ハ始メテ鞏固ニシテ動揺ノ虞ナキヲ期シ得ヘク候。右ハ兆銘誠意ヲ竭シテ閣下ニ進言スル所ニ有之候。

元来客年締結セル条約ハ閣下ノ声明ニ基クトコロノ睦隣友好、共同防共、経済提携ノ三大原則カ日支親善ノ基礎トシテ動カスヘカラサルモノナルヲ除キ、其ノ他ノ部分ニ至リテハ大体全面和平尚未タ実現セサル為、周到ナル顧慮ヲ払フノ已ムヲ得サルニ出テタルモノニ有之、若シ全面和平一旦実現スルニ至ラハ此ノ部分ニ修正ヲ加ヘ、両国ノ関係ヲ更ニ一段ト良好ナル方向ニ導クコトハ敝国側ニ於テ衷心祈望スル所ナルノミナラス、貴国ニ於テモ引テ以テ愉快トセラルル所ナルヘク、同時ニ米国ノ斡旋モ重慶側ノ和平参加モ之ニ依リ満足スルニ至ルヘシ[103]。

要するに汪は、アメリカと重慶政権による宣伝に中国民衆が翻弄されることは東亜新秩序と和平反共建国の実現にとって障害となるため、日米交渉に関する情報面でのイニシアティヴを日本政府に取らせてアメリカ・重慶相手の宣伝戦・情報戦を勝利に導き、他方で日米交渉の妥結前に片務的な日華基本条約を修正することによって、全面和平が実現した際の中国国内における自身の政治的主導権を確立しようとしたのである[104]。

九日、汪の近衛宛書翰は本多から豊田に送付された。本多はその際、近衛と汪とのやり取りについては近く駐日大使として赴任予定の外交部長徐良や行政院副院長周仏海も汪から聞かされていることに触れ、彼ら政府要路者は本件を事務上や政治上の理由等から部下や同志に漏らすだろう、南京政府の内情に鑑みれば、重慶側の機微なる消息が時々南京側に伝わるように、本件も既に重慶側に漏れていると考えられるとし、その点について自分は責任を負いかねると抗議した。その上で、もし首相から汪の書翰に対して何らか回答する場合には、それが単純な承認に止まるものとしても、外相と協議の上作成し、外交機関の手を経て伝達するよう注意を促した。「軌道ヲ外レタル外交工作ハ今日ノ場合特ニ之ヲ慎マサルヘカラズトハ本使ノ信念ナリ[105]」と本多は訴えたのである。

豊田から本多の申し出を聞いた近衛は、本件は国家機密に属し、厳に主席限りの含みにて送付したものであり、この点は影佐に十分注意したにもかかわらず、日華両国の多方面に広まったことは甚だ意外且つ遺憾とするところにして、今後は絶対主席以外に洩れないよう取り計らい方を豊田に依頼した。なお近衛は、汪主席とは年来の特殊関係もあって平素私信の往復もあり、影佐来京の機に従前の約束もあるため簡略に内報し、外相にすら知らせなかったほどであり、本多にも内報を怠ったことを謝罪した[106]。

日華基本条約改訂をめぐる汪の再訪日申し入れ

十月十一日、汪は病気の本多を見舞った。本多が今後の機密保持について近衛からの注意喚起を伝えたところ、汪は周仏海、徐良、褚民誼も含めて今後とも万全の注意を払うことを改めて保証した。ここに近衛書翰問題は一応解決したが、この問題を通じて汪は左記の重大な申し出を行ったのである。

先般東京ニテ近衛首相ト会談ノ際、今後何等カ重要問題協議ノ要アルトキハ自分ハ手軽ニ飛行機ニテ来ルベシト申上ケ置キタルコトナルガ、日米間ニ支那問題ノ妥協着キ、其結果日支条約ノ改訂ヲ要スル段取ト成リタル場合ニハ、直ニ近衛首相ヨリ一電相給ハリ度、左スレバ自分ハ極少数ノ随員ヲ帯同、飛行機ニテ早速東京ニ赴キ、二、三日滞在シテ首相ト打合ヲ行フコトヽ致度シ（本多大使ハ其ノ一両日前ニ出発、東京ニテ自分等ト落合フコトニ願ヒタシ）。秘密保持ノ点ヨリシテモ最モ安全ノ良法ナリ。大使ニ於テ御異存ナクバ右自分ノ希望、近衛公へ通シ置カレタシ。

本多は日米交渉の現状について公式には何も承知しておらず、また自分一個の見通しでも未だ左様なことを考える時期に達していないと応対したものの、汪は時期の判断は大使の方が正確だろうとしながらも、前記申し入れを非常な熱意を込めて繰り返すのであった。このため、本多は早速取り計らう旨を回答し、首相の書翰を契機として日華条約改訂という重大問題が派生したことについて豊田外相の注意を喚起したのである。[107]

日華基本条約改訂と日米交渉に関する本多の意見

汪との会談から五日後の十月十六日、本多は館長符号扱の至急電報を以て日華基本条約改訂と日米交渉に関する意見を豊田外相に具申した。

まず前者について本多は、日支和平基礎条件はその文理解釈からして日華条約の内容全部を包含しているとはいえず、また基礎観念自体においても日華条約作成の基礎原則（議事録抜粋第二）と完全に符合しているようにも見えない、さらに第三国による権利利益の均霑を原則排除すべしとした日華条約中の決議（議事録抜粋第三）とも両立していないと指摘し、「要之『日支和平基礎条件』ト対汪条約トヲ比較対照スルニ、前者ノ条件ハ後者ノ夫レニ比シ緩和セラレアルヲ卒直ニ認メサルヲ得ス」と主張した。

ついで、本多は日支和平基礎条件に対するアメリカの態度について判断する。曰く、アメリカは基礎条件を無条件に受諾することはなく、諾否の意思表示前に駐兵問題、主権及び領土尊重の問題、日華経済提携と第三国との関係の問題等について日本側の意向をさらに明確化するよう要求して来るだろう、アメリカ側にとって「新シキ現実ノ事態」はあくまでも斟酌考量の条件に過ぎず、和平条件に対する諾否決定の中心要素となるのは、やはり一九三七年の原状復帰と九国条約の基本原則の存続に存するだろう。

従テ若シ日支和平条件ニ関シ日米間ニ意見ノ一致ヲ見ルコトアリト仮定セハ、右ノ場合ノ和平条件ハ「日支和平基礎条件」ニ対シ更ニ制限ノ附加セラレタルモノタルヘキハ想像ニ難カラス。果シテ然リトセハ、之ヲ対汪条約ニ比較スルトキハ「日支和平基礎条件」トノ比較以上ニ更ニ緩和セラレタルモノトナル次第ナリ。

その上で、本多は日華条約修正問題について語る。日米交渉によって意見が一致した和平条件と現行日華条約の内容との間には当然齟齬が生じるため、条約修正問題が現実化するが、他の措置が執られる以前に帝国政府と南京政府は和平条件に基づき現行条約の修正に関して予約的協議を遂げる必要がある。本来の筋合からすれば、苟も現行日華条約と異なる和平条件をアメリカに提示するためには、予め南京政府と協議しなければならず、仮に本筋によらない場合でも、少なくとも南京政府の承諾を条件とするとの建前を留保して置くことは絶対に必要である。今回南京政府と予約的協議を遂げることは、すなわちこの留保条件を充たす意味合いがあるため、予約的協議成立後に日米間の妥結も正式に成立するという手順を踏むべきである。なお、日米交渉とその後の対重慶交渉が順調に進むと仮定すれば、正式の修正条約は汪蔣合流政府との間に締結されることになるから、前記の予約的協議は正式条約ではなく、将来一定の条件により現行条約の修正を行うとの内約的性質を有するべきである。かくして本多は、改めて次のような結論を導くのである。

「日本側ニ於テ対米妥協成立セハ、米国側カ之ヲ公開スルニ先チ日本側ト国民政府トノ間ニ於テ修正ノ点ヲ定メ、之ヲ公開スルコト必要ナリ」トノ汪主席ノ意見ハ、其ノ趣旨ニ於テ尤モノコトニシテ、之ヲ拒絶スルノ理由ナキノミナラス、政策上ノ観点ヨリシテモ拒絶ハ策ノ得タルモノニアラス。唯右ハ単ニ公開ノ場合ニ限ラス、且日本側ト汪政府トノ間ノ条約修正ノ協議ハ、前項記述ノ如ク予約的内約ノ性質ヲ有スルモノタルヲ要スヘシ。[108]

しかし、もう一つの論点である日米交渉に対する本多の所見は悲観的なものであった。第一にアメリカは既に我が国に対して在米資産凍結や石油禁輸などの経済断交を実行しており、現在の日米両国は武力的衝突こそないが、経済的には「戦争状態」と異ならない関係にある。第二にアメリカは重慶への軍事使節団派遣、ビルマルート建設補強のための人的物的援助、国防資材の供給と多額の援助金振当など、依然として援蔣政策を続行している。一方、独ソ戦の戦況を見ると、全線にわたるソ連軍の敗色は蔽うべくもなく、恐らくここ数週間中には武力戦の局面に関する限り事態は極めて明瞭となろう。こうした状況下にあって、アメリカの日米交渉における謀略目標は日独間に楔を打ち込み、南北両方面への日本の進出を控制することにあり、そのための対日誘引手段として日華和平問題と経済制裁緩和問題を利用する魂胆だろう。アメリカは対日取引をできる限り有利にするため、ソ連の対独抵抗力が著しく減退しない間に対日謀略の奏功を冀望して来よう。

今日世界ノ一般情勢ノ下ニ於テ日本及米国ノ置カレ居ル内外ノ客観条件ヨリ見テ、現ニ行ハレ居ル日米交渉ノ成功ノ公算ハ極メテ少ナシト判断セサルヲ得ス。殊ニ日支和平問題ノ如キ事項ニ付テ話合カ完全ニ成立スルニ至ルカ如キコトハ今日ノ所殆ント期待スルヲ得ス。[109]

これが本多の結論であった。よって、南京政府としては条約修正問題について十月四日汪が表示した趣旨を我が政府に対して明確化するに止め、それ以上立ち入って論議しないことが適当であろう、と本多は述べた。その上で、汪の訪日申し出に対しては当面南京政府の熱を余り上げないよう指導的心構えを以て対処しているため、近衛首相においても汪の書翰に対し、適当の時機が到来すれば外交機関を経て連絡すべしという、いわば承認程度の回答を与えるに止めては如何かと豊田外相に具申したのである。

最後の本多・汪会談

本多はこの頃、長江赤痢を発症し、主治医から一日も速やかな帰朝療養を要すとの宣告を受けたため、東条内閣成立日の十月十八日、電報を以て辞表を提出した。本多の辞意を知った盟友の芳沢謙吉は慰留に努め、政変に伴って外務次官を辞職した天羽英二も日米交渉は必ずしも絶望的ではないとの情報を本多のもとに寄せている[110]。

十一月九日、汪は大使官邸に本多を見舞い、会談した[111]。まず日米交渉について、本多が攻撃力のないアメリカは交渉遷延により日本の経済力の弱化を図るとともに、三国同盟第三条の発動を妨害せんとする下心と思われると述べたのに対し、汪は「吾々トシテ最モ困ルコトハ米国カ遷延策ヲ以テ今日ノ事態ヲ引張ルコトナリ、即チ日米交渉開始以来㈠蔣介石ハ周囲ノ者ニ対シ和平ノ主体ハ自分ナリト誇リ、益々蔣ノ地位ヲ高メツツアリ、㈡閻錫山、李宗仁等ハ観望的態度ヲ取リ、今遽カニ和平ニ参加シテ蔣ニ怨ミヲ買フコトハ将来全面和平ノ際身ノ破滅トナルヘシトテ、日米交渉ノ結果ヲ待ツ気持ニ変レリ、㈢国民政府部内ノ同志モ非常ニ苦悩シ居レリ、即チ此ノ際重慶ヲ余リ攻撃スレハ日本ニ対シ迷惑ナルヘク、又国民政府ノ者ハ自己ノ地位ノ擁護ヲ図ル為全面和平ヲ妨害スルモノナリト疑ハルルコトヲ惧レ、之ヲ差控ヘ居ル始末ナルカ、重慶ハ依然トシテ吾々ヲ攻撃シツツアリ、カクテハ国民政府部内ノ者モ意気阻喪セサル能ハズ」と苦衷を吐露した。また汪は、日米交渉が成立して全面和平となっても、アメリカは元来南京政府を認めていないため、如何に譲歩しても精々重慶と南京との合流なるべく、その際アメリカが一般中国国民の信頼を博することは東亜のため遺憾であり、「日支ノ軸心」が動揺しないよう今から考慮して置く必要があると申し出た。

汪の発言に対して本多は、日本と重慶とは何らの交渉もなく、日本の企図はアメリカの重慶援助打切にあり、日米交渉の結果如何によらず、できる限り重慶を叩いて置く必要があると主張した。また、日米妥協の時には空路東京に赴き必要の措置を講ずべしとの主席の希望と首相宛書翰については、適当な時期に至れば貴意に副うよう努力するとの返書を首相から送るよう上申したものの、遂に実現されずに内閣更迭となった、「尤モ本使トシテハ日米交渉ハ到底成立ノ見込ナシト観察シ居ルヲ以テ、右ノ如キ返事ノ有無ニハ拘泥セサリシ次第ナリ、帰朝ノ際ハ東郷《（茂徳）》大臣ニヨク話スヘシ」と回答した。なお、法幣暴落に端を発した財政金融と民衆生活の絶望的状態に対する速やかな救済については、青木一男顧問から研究結果を日本政府に詳細に報告する筈であり、いわゆる調整問題についても多少の日時は要するが、当局者は熱心に研究しつつあり、漸次実現するだろうと応じた。

次に汪は、最近南京側に帰順した重慶軍の一師団長から聴取した重慶軍の食糧事情や将兵の南京政府に対する認識、また自身の重慶脱出後二年間の経験等に鑑み、日本側の熱望する南京政府による軍隊誘致工作は種々困難な事情があることを発見したと述べた。なお汪は、前記師団長が南昌に到着しても国民政府と無関係の機関しか存在せず、南京に到って初めて国民政府の看板を見たと語ったことを紹介して日本の占領地政策を間接的に批判し、冗談交じりに「日本テモ内閣更迭アリ。国民政府モ更迭スル方ヨロシカルヘシ」と漏らしたのである。

本多は「国民政府ニハ更迭ハアリ得ス、ソンナコトヲ考ヘテハ困ル」と述べ、我々は努力を継続すると応じた後、最後に友人として率直に申し上げると前置きし、苦言を呈した。南京政府は日本軍占領地をその管轄区域としているとはいえ、今夏自分が帰任した頃は官紀不振と非能率に対する上海方面の評判は極めて悪く、国府強化を強調して来た自分の気持ちを少なからず暗澹たらしめた、また南京政府には和平推進への熱意と革命建国の気魄が欠如しているとの支那通らの評価もあり、民生困苦の極点に達する中で政府上層の者が一意享楽に耽っている有様では、一般の者に疑惑を与えざるを得ないので、汪主席の人格・理想を部内の下級にまで徹底させるとともに、資格審査の徹底や情実人事の廃止など人事行政を刷新されたい、と本多は主張した。

これに対して汪は御忠言は感激に堪えないとし、次の通り答えた。国民政府に対する悪評は特工（秘密情報機関）、軍隊、和平運動参加者の中に素質の悪い人物が存在し、人事の混乱を招いたことが背景にあり、政府としては彼らを訓練してその向上に努めたが、余り効果を挙げていない。結局御提示の如く資格銓衡を厳重に行うしかなく、官紀の振起についても何らかの有効な方法を講じたい。革命精神の気魄欠如については自分も痛心しており、昨年還都第一回の放送でも同志はあらゆる苦痛に堪えざるべからずと強調したが、明日をも知れぬ命の革命家にはある程度の享楽も必要という者もある。要するに自分の取締不足で、自己の不敏を謝す次第である、と汪は釈明したのである。

帰朝と辞職

本多は十一月二十五日帰京[112]、後任として年来深くその才能を認めていた重光葵を外相東郷茂徳に推薦し、退官の希望を達した。大使としての勤務一年にも満たず、中道にして罷病退任したため、本多は、現地陸海軍首脳部の協力を得て日本政府に採用せしめた意見の結実を見届けることなく、「大東亜戦争」の勃発を迎えた。とはいえ、本書収録の手記・書翰・電報・外交記録を見れば、後任大使の重光によって推進された対支新政策の下地は、本多の大使時代に準備されていたことがわかるだろう。

昭和十七年六月二十三日、本多は前朝鮮総督南次郎、前駐ソ大使建川美次とともに宮中に召され、午餐の御陪食を仰せ付けられた[113]。これが本多の最後の参内となった。

(4) 戦時中の活動

「講和なき戦争」の勃発と小村外交論の消滅

療養によって体調が回復した本多は、南京政府が未だに強化されていない状況など、前駐華大使としての自身の所見を述べて後輩外交官の参考に供した[114]。外交評論家としての活動も再開し、自らの考える大東亜戦争の意義を朝野に訴えていった。その主要な活動舞台となったのは、外交評論家清沢洌によって「戦争責任の一つであるジンゴイスト・ペイパー」[115]と断罪された、『毎日新聞』である。昭和十八年十月、同社社賓徳富蘇峰と対談した本多は、大東亜戦争を日本の滅亡と世界制覇を目論むアメリカから日本の生存を守るための戦争と位置づけ、蘇峰のイタリア論を引き合いに出し、「この度の戦で敵の講和に誘ひ込まれたその時は敗亡の時です」とバドリオ政権の轍を踏まないよう警告した。[116]

翌年三月の同紙のインタヴューでも、今回は日露戦争の時のように戦局の推移に影響を及ぼす中立の大国がないため、外交による戦争終結はできない[117]、アメリカによる日本圧迫が隔離から民族的・国家的抹殺へとエスカレートしていったことからすれば、今回の戦争はまさしく「食ふか食はれるか」であるから、「たゞ勝つて勝つて勝ち抜く外ない」[118]と述べた。この二つの論点について本多は、次のように詳述する。

> 殊に日本の場合において大東亜組織の下に、米英の支配より脱却して、大東亜諸国をしてその所を得せしめる、いはゆる大東亜の解放なのだ、新秩序を樹てるといふことは、実力でもつて今まで数世紀間世界を抑へて来た現状を、実力で引くり返すといふことになるのだから、世界維新である、だから相手の国との間に妥協講和のあるはずはないし、第三国の勢力を利用して云々といふことも出来ない、戦争の理由も特定の或る限られた問題にあらずして、民族の成長発展とこれを否定しようとするものの争である、真に食ふか食はれるかの戦ひで、全然妥協の余地がない、陸奥、小村の如き偉大なる外交家があつても、登場の機会はない、今の日本の要するものは、偉大なる外交家ではなくて外地経営の一大人物、一大巨材である。[119]

米英両国の野望が日本の永久且つ完全なる抹殺にあり、したがって大東亜戦争は断じて負けられない戦争であるという構図は、終始一貫して変わらなかった。この「講和なき戦争」の勃発によって、それまで本多が繰り返し提唱して来た、日本外交の理想像としての〃小村外交〃は語られなくなった。してみると、小村外交の語り部としての本多の役割は、ここに終焉を迎えたのだといえなくもない。

本多と立場を異にする清沢はその日記の中で、本多の所見を悉く批判している。前述の本多・徳富対談を読んだ清沢は「開戦の責任は何人よりもこの二人である。文筆界に徳富、外交界に本多、軍界に末次信正、政界に中野正剛――これが四天王だ。徳富も本多も客観性皆無」と述べ、同じく各紙に談話を寄せた大日本言論報国会専務理事鹿子木員信や元外交官白鳥敏夫とともに戦争責任者であるとして断罪した。[120] さらに清沢は本多のインタヴュー記事について、「日米交渉当時、本多は南京から上京して、これが成立に反対した。すなわち国民政府の非承認に極力反対したのである。本多は鋭い観察者である。しかし一つの結論を有して、その角度から総てを解釈する。大東亜戦争勃発の責任者が少しも責任を感ぜずに『運命論』と『先見』を以て誇っているのが、この講演でも分るであろう。予は将来、こうした無責任なる論者を指弾すべき責任を持つ」、とその決心を記している。[121]

昭和十九年二月頃、本多は後輩外交官の伊藤述史に対し、昨今同盟通信による外国電報を通覧すると、皇室に対する言及が非常に多く、なかでも天皇を絞首刑に処すべしとの言説がアメリカ連邦議会上院外交委員長やイギリス外相の発言にも現れている点は大いに研究を要すると述べた。二月十八日、伊藤は富田健治や細川護貞らに本多の談話を伝え、「若し万一是が敵の真意なりとせば、妥協平和は到底為すべからざることとなるを以て、此の点は大いに研究すべき問題なり」として、その研究材料の入手方法を検討するよう細川に求めた。[122] 本多が伊藤に伝えた「講和なき戦争」論は、皮肉にも近衛グループをして終戦に向けた和平条件の研究を開始させる一因となったのである。

外務省外交顧問からA級戦犯容疑者へ

東条内閣下の昭和十九年五月二十三日、本多は外務省外交顧問に就任し、二十年五月まで重光・東郷両外相を補佐した。外務省戦時調査室委員長石射猪太郎は本多の外交顧問就任について、「重光大臣としては恩返しの積りなるべし。日本をここ迄持つてきたのに与つて大きに居る人である」[123] と、やや皮肉を込めて日記に記している。しかし重光からすれば、本多を顧問に据えることで、世論形成に少なからぬ影響力を持つ彼を囲い込もうとする狙いもあったのではなかろうか。当の本多は、「老骨左シテお役ニ立ツベクトモ考エラレズ候ヘ共、若イ者達ノ考ヘニ素直ニ順従致シタル次第ニ有之候。茲許少時ハ文書堆裏ニ喩隅、所謂オープン、マインドヲ以テ各方面ノニユース、エンド、ヴイユースニ努メテ接着可致[124]」との心地を友人の関屋貞三郎に書き送っている。

だが、顧問就任後も本多の長広舌は相変わらずで、その自主的強硬外交論は国力の充実、殊に豊富な食糧と長期戦に堪える精神を根拠にしていた。石射の観察では、本多は「頭は鋭いが見当が悪い人[125]」であり、その毒舌から「宛として是吉良上野介の容貌であり人格[126]」ともいえた。本多は、重光の推進する独ソ和平については否定的であり[127]、日ソ中立関係の維持・増進政策に対しても「作文的政策」であると批判した。彼は、現状以上に有利な関係構築など不可能と観る駐ソ大使佐藤尚武の意見を全面的に支持したのである[128]。

その後、本多の大東亜戦争論には「国体護持の聖戦」という要素が加わった。昭和二十年三月、彼は改めて「この戦争においては断じて妥協的媾和はない」と発表[129]、七月七日には「大東亜解放戦の意義」と題する講演を行うことになっていた[130]。管見の限り、これが本多の最後の公的活動となった。一ヶ月余り後の八月十五日に大日本帝国が崩壊すると、彼は「きょうまで自分の主義主張のもとにご奉公して来たが、現在のような情勢となっては、自分のようなものが表面に出て活動する時代ではないから、今後は隠退して、表面に顔を出さないつもりである」と宣言した[131]。その年末、本多はA級戦犯容疑者としてGHQによって逮捕されたのである。

注

1 例えば、小笠原長生編『東郷元帥詳伝』（春陽堂、大正十年）、桜井忠温『将軍乃木』（実業之日本社、昭和三年）、田中宏巳『東郷平八郎』（ちくま新書、平成十一年）を参照。

2 伊藤隆『昭和初期政治史研究——ロンドン海軍軍縮問題をめぐる諸政治集団の対抗と提携——』、東京大学出版会、昭和四十四年、三七八頁。

注

3 慶應義塾福澤研究センター『近代日本研究』第十八巻、平成二十三年、一〇七～一四二頁。
4 手記①、一六頁。
5 手記⑨、一〇頁。
6 本多記録を用いた代表的研究に馬場明「重光・佐藤往復電報にみる戦時日ソ交渉」（栗原健・海野芳郎・馬場明『佐藤尚武の面目』、原書房、昭和五十六年、八五～一六〇頁）、馬場明『日露戦争後の日中関係――共存共栄主義の破綻――』（原書房、平成五年、四二一～四九一頁）がある。
7 宇治田直義述・発行『支那問題ひとすじに放浪五十年』、昭和四十年、六〇～六一頁。
8 手記①、一一～一二頁。
9 伊佐秀雄『世紀の人々』、育成社、昭和十六年、九七頁。
10 手記①、四〇頁。
11 手記①、四二頁。
12 手記①、四〇～四一頁。
13 拙編「出淵勝次日記（二）――大正十二年～十五年――」（『國學院大學日本文化研究所紀要』第八十五輯、平成十二年、四〇八頁）大正十三年五月二十九日条。
14 「出淵日記」大正十三年十二月十日条、大正十五年三月二十七日条。
15 例えば、昭和五年九月二日付及び昭和六年八月八日付の本多発徳富蘇峰宛書翰（公益財団法人徳富蘇峰記念塩崎財団所蔵）を参照。
16 手記②、一頁。なお、手記④（一頁）には「外交専門家のいはゆる休戦時代」と記されている。
17 手記④、三頁。世間から「孤立ノ外交評論家」と称された理由として、本多自身はいわゆる親分子分等の関係を好まかったことを挙げている（手記⑫、八頁）。
18 手記④、三～四頁。
19 手記④、二頁。
20 手記⑤及び注3拙稿を参照。
21 手記④、四～一二頁。
22 手記④、一二～三三頁、⑭、七～二〇頁、及び注3拙稿を参照。

23 手記③、三九頁。
24 平沼騏一郎と国本社についての最新の研究成果に、萩原淳『平沼騏一郎と近代日本――官僚の国家主義と太平洋戦争への道――』(京都大学学術出版会、平成二十八年)がある。
25 手記③、一六～一八頁。
26 手記⑫、一二～一三頁、手記③、二二～三〇頁。
27 手記③、三七～三九頁。
28 原田熊雄述『西園寺公と政局』第五巻、岩波書店、昭和二十六年、三〇五～三〇六頁。「原田熊雄メモ」昭和十二年五月六日条(『西園寺公と政局』別巻、昭和三十一年、二七〇～二七一頁)。
29 注7宇治田著書、四九頁。
30 手記⑥、一頁。なお、本項目についてはその多くを注3拙稿に依拠している。
31 手記⑥、五頁。
32 手記⑮、五、八頁。
33 手記⑦、及び手記⑨、二一～二五頁。
34 手記⑧。
35 手記⑨、一～二頁。本多は盧溝橋事件の発生について日本軍による銃撃を完全否定した上で、西安事件以来の情勢や、事件の翌日に共産党幹部が対日共闘を呼び掛ける電報を国民党部と南京政府に発していることに触れ、「如何にも共産党幹部の出足が早過ぎるので、どうしても七日の夜の銃声は共産党の創意に違ひないと当時自分は断言したのであるが、今日その断言に修正を加ふべき何等の理由をも発見しない」(手記⑨、二三～二四頁)と中共陰謀説を展開、終始その自説を変えることはなかった。
36 本多は事変前から、「英帝国が世界の和平に対しなし得る主なる寄与はその従属的植民地における門戸開放の回復であらう」と主張していた(手記⑬、七頁)。
37 伊藤隆・劉傑編『石射猪太郎日記』(中央公論社、平成五年、二二二頁)昭和十二年十一月二十二日条。
38 本多熊太郎「日支事変はどう終結するか――今次の戦争に講和談判なし――(昭和十二年十一月二十四日)」、同『日支事変外交観』、千倉書房、昭和十三年、一四三～一七四頁。
39 松浦正孝『「大東亜戦争」はなぜ起きたのか――汎アジア主義の政治経済史――』、名古屋大学出版会、平成二十二年、六〇一～六〇二頁。

40　本多熊太郎「軍国外交雑俎」、『時局雑誌　改造』昭和十九年四月号、五六頁。

41　原田熊雄述『西園寺公と政局』第七巻、岩波書店、昭和二十七年、四九頁。

42　本多熊太郎「防共協定の意義」、『大亜細亜主義』昭和十一年十二月号、二二～二三頁。彼はこの時、大亜細亜協会の評議員に就任していた。

43　手記⑩、一二頁。

44　手記⑩、一九頁。

45　手記⑩、一六頁。

46　手記⑩、二二～二三頁。

47　本多熊太郎「三国同盟後の日米関係とわが外交方針」、『ビジネスマン』昭和十六年新年号（昭和十五年十二月二十日発行）、四六～四七頁。

48　『昭和十六年六月　汪主席訪日会談要録　極秘』（三八頁）には、六月二十日、松岡が本多について、「大使ハ自分ノ唯一ノ外交顧問ニシテ自分ト同一人ト考ヘ万事相談セラレ度シ」と汪に述べたことが記録されている。また松岡は汪に対し、「日本国内ノ一部ニハ汪政権ニ対スル反対スラアリ、自分モ相当ニ奮闘シタル経緯モアル位ナリ、結局本多大使ノ熱ノアルヲ見込ミ大使ニ就任ヲ請ヒタル次第ナリ」とも語っている（同上、九一頁）。

49　手記②、二～三頁。

50　木戸日記研究会校訂『木戸幸一日記』下巻（東京大学出版会、平成二年、八四一頁）、昭和十五年十二月四日条。

51　注7宇治田著書、六〇頁。本件人事については、伊藤隆・照沼康孝編集／解説『続・現代史資料　陸軍　畑俊六日誌』昭和十五年十二月七日条（みすず書房、昭和五十八年、二八〇頁）を参照。

52　昭和十五年十二月六日付本多発関屋貞三郎宛書翰によれば、本多が「臣子ノ分トシ、殊ニ小生ニ於テハ一層恐懼感激、一身ヲ投出シテ天恩ノ万一ニ報効申上クルノ他《ホカ》採ルベキ道モ無之」として松岡の要請を受諾し、絶大の友誼に対して衷心からの謝意を表したところ、松岡は涙を流して喜んだという（国立国会図書館憲政史料室所蔵『関屋貞三郎関係文書』（複製版）第七十八冊―1017）。なお、「関屋貞三郎日記」には、本多の駐華大使就任の経緯についての記載はない。

53　手記②、一～二頁。

54 『木戸日記』下巻、昭和十五年十二月十一日条、十二月十八日条、十二月十九日条。
55 寺崎英成／マリコ・テラサキ・ミラー『昭和天皇独白録』、文春文庫、平成七年、三五頁。
56 昭和十六年五月六日本多大使発松岡外務大臣宛電報第二九四号写。
57 蔡徳金編／村田忠禧・楊晶・廖隆幹・劉傑共訳『周仏海日記　一九三七―一九四五』（みすず書房、平成四年、二七四頁）一九四〇年十二月五日条。
58 手記②、五～八頁。昭和十六年七月一日駐華帝国大使館「国民政府並ニ之カ指導ノ現況」（極秘）。
59 『木戸日記』下巻、昭和十六年二月三日条。宮内庁編修『昭和天皇実録』第八（東京書籍、平成二十八年、三〇六頁）、同日条。
60 外務省編『日本外交年表並主要文書』下、原書房、昭和五十九年、四六五頁。
61 この文書は、馬場明『日中関係と外政機構の研究――大正・昭和期――』（原書房、昭和五十八年、三八三～四七一頁）の「第十章大東亜省設置問題」の中で既に紹介されている。
62 二月十五日外務省東亜局第一課「外政機構統合問題」。
63 三月二十六日近衛外務大臣発本多大使宛電報第九八号写（館長符号、外機密）。
64 三月二十八日本多発近衛宛電報第一九四号写。三月三十日本多発近衛宛館長符号電報写。四月四日付本多発山本東亜局長宛内状写。
65 四月二日本多発近衛宛電報第二〇一号写。なお、四月十四日本多発近衛宛電報第二二七号写（極秘）も参照。
66 四月六日本多発在露大使宛電報第三号写、至急。
67 四月十六日付本多熊太郎発松岡洋右宛書翰控。四月本多発松岡宛上申書。
68 四月七日上海堀内総領事発杉原総領事宛電報合第二九〇号写。
69 四月十四日付杉原荒太発本多宛書翰。なお、四月二十日付杉原発本多宛書翰も参照。
70 五月九日外務省機構委員会高裁案「外政機構整備問題処理方針（案）」。
71 五月八日本多大使陳公博会談要録、極秘。
72 四月二十三日「重慶工作ニ就キ周仏海ノ質疑提出ニ関スル件」。五月一日対重慶工作ニ関スル本多大使周仏海会談要録、外機密、極秘。なお、『周日記』五月一日条を参照。
73 四月二十三日本多発松岡宛電報第一四二九号（館長符号、必親展）。事実、本多が汪の訪日希望に対する回答を日本政府に督促した際、松岡は表敬も兼ねた南京訪問の意向を漏らしているため、松岡の脳裏に南京訪問の前後に重慶を訪問しようという構想があったことは否定できないと考えられる（五月三日松岡発本多宛電報第一四三号、至急、館長符号扱）。
74 五月五日板垣支那派遣軍総参謀長発木村陸軍次官・塚田参謀次長宛総参四電第二三三号写、極秘。
75 五月六日松岡発本多宛電報第一四八号写（極秘、館長符号扱）（大至急）。
76 五月十七日松岡発在南京日高公使宛暗第一六五号写（極秘）（館長符号扱）、外機密。五月十九日日高代理大使発松岡宛電報第三二一号写（極秘、館長符号扱）、外機密。
77 四月十六日付本多発近衛首相宛書翰控。
78 四月十六日本多発近衛臨時外務大臣事務管理宛支大外機密第一八一号、極秘。
79 同右、及び手記②、一一～一二頁。
80 現地軍の協力については六月七日付嶋田繁太郎発本多宛書翰を参照。なお、本多と現地陸海軍との間においては南京政府育成強化策として、不用日本租界の返還も検討されていた（四月二十一日南京在勤海軍武官・駐華大使館附海軍武官「在支不用日本租界ヲ此際国府ニ還付スルコト」ニ関シ板垣総軍参謀長ト会談要旨、軍極秘）。
81 手記②、一三頁。七月十七日付青木一男発本多宛書翰。
82 『昭和天皇実録』第八、昭和十六年六月十一日条。
83 六月二十三日付原田久男発本多宛書翰。
84 山下の詳細な動静は本書収録の本多宛書翰・電報と、彼の著作『沈みつ浮きつ』天（山下亀三郎発行、昭和十八年、八三～八六頁）を参照ありたい。
85 『昭和十六年六月　汪主席会談要録　極秘』、八六～八七頁。
86 六月二十九日付中村豊一発本多宛書翰。
87 手記⑯。以下、特にことわらない限り出典は本史料による。
88 注83六月二十三日付原田発本多宛書翰。南京在勤の海軍武官金沢正夫は六月二十四日付と七月五日付の本多宛書翰の中で一日も早い帰任を希望し、大使館参事官中村豊一も注86六月二十九日付本多宛書翰において、「暑気に向ふ折柄の御帰任は誠に御気毒に存じ候も、斯く迄大成功を挙けし国府の育成強化も大使閣下の御不在にては実行上支障を生すべく憂慮致し居り、例へ若干にても暑気を避けらるるの途も無之やと苦慮致し居り候」と述べている。南京政府行政院副院長周仏海からも、一層の奮闘を願うとの七月六日付書翰が本多のもとに届いた（『周日記』七月六日条、七月十九日条、七月二十二日条参照）。

89 九月十二日付の嶋田繁太郎発本多宛書翰には「御奮闘によりて着々国府成育の実情を視て帰還の事心強き限に御座候」とある。
90 手記⑪、二〇頁。
91 手記⑪、二〇～二一頁。
92 六月二十四日近衛首相汪主席特別会談要録。
93 五月二十七日本多発松岡宛支大秘第二五八号写。
94 参謀本部編『杉山メモ──大本営・政府連絡会議等筆記──』、原書房、昭和四十二年、三三九頁。外務省編『日米交渉資料──昭和十六年二月～十二月──』、原書房、昭和五十三年、第一部（日米交渉・記録ノ部）二九七～二九八頁、第二部（日米交渉・経緯ノ部）二〇五～二〇六頁。
95 九月二十六日本多発豊田外務大臣宛電報第三五二七号写（館長符号、大至急）、國學院大學図書館所蔵『昭和16・9・26より〃〃10・16まで　日米交渉に関する本多大使と豊田外務大臣間往復極秘電報及文書』（以下、注109までの電報・書翰は本史料による）。
96 九月三十日豊田発本多宛電報第四二四号（館長符号、大至急）。
97 十月一日本多発豊田宛電報第三五六二号（館長符号、至急、大臣必親展）。
98 十月三日豊田発本多宛電報第四五四二号（館長符号、至急）。
99 十月四日本多発豊田宛電報第二六〇九号（館長符号、至急、必親展）、十月五日本多発豊田宛電報号外一（館長符号扱、至急、親展）。
100 十月八日近衛発影佐宛電報（至急親展）。この電報は、九日に影佐から本多に内示された。なお、本書収録の電報写は十月九日付であり、南京電報局による消印は十月十四日となっている。
101 十月八日本多発豊田宛電報第三六三六号（館長符号、大至急）には、「汪ハ新聞ノ記事等ニ依リ日米交渉ハ相当進捗シ居ルモノト観測シ居ルモノノ如シ」とある。
102 十月四日汪主席日高公使会談要領、厳秘。
103 十月五日付汪主席発近衛総理大臣宛書翰（訳文）、極秘。
104 但し汪は日高に対し、「自分等ハ吾人ノ体面ト国民ノ信用ヲ得ルコトノミヲ考ヘ、重慶ノ立場ヲ考ヘサルコトモ事ヲ纏ムル所以ニ非スト思フ、故ニ条約ハ日本ト国民政府トノ間ニ修正ハスルモ、国民ニ対シテハ重慶カ全面和平ニ参加シタルカ故ニ、日本ハ今後戦争ヲ続クル必要ナクナリ、従ツテ条件ヲ緩和シタリト説明スレハ日本ニモ重慶ニモ都合好ク、理論上モ実際上モ矛盾ナシト思フ」とも述べている（注102十月四日汪日高会談要領）。この発言は汪の人間性と政治家としての資質をよく表していよう。

105 十月九日本多発豊田宛電報号外四（館長符号、至急）。
106 十月九日豊田発本多宛電報第四六二三号（館長符号、至急）。なお、外務省東亜局長山本熊一は「此種の間違は日米関係ニ於ても頻発、外交当局も屢々煮湯をのまさるゝ事も有之、其辺御賢察可賜候」と本多に伝えている（十月九日付山本発本多宛書翰）。
107 十月十三日本多発豊田宛電報号外七（館長符号扱、至急）。
108 十月十六日本多発豊田宛電報号外十（館長符号、至急）。
109 十月十六日本多発豊田宛電報号外十一（館長符号扱、至急）。
110 十月二十一日芳沢謙吉発本多宛書翰、十月十八日付天羽英二発本多宛書翰。
111 十一月九日本多大使汪主席会談要旨（極秘）。
112 手記⑪、二二二頁。
113 『木戸日記』下巻、昭和十七年六月二十三日条。『昭和天皇実録』第八、同日条。
114 「大橋忠一日記」昭和十七年三月十三日条、小池聖一・森茂樹編集／解題『大橋忠一関係文書』、現代史料出版、平成二十六年、二〇八頁。
115 清沢洌『暗黒日記2』（ちくま学芸文庫、平成十四年、八三頁）昭和十九年三月十日条。
116 昭和十八年十月十九日付『毎日新聞』第一面。本多は同年十二月九日付の同紙第一面にも同様の談話を寄せている。
117 本多熊太郎談「講和なき戦争②」、昭和十九年三月十日付『毎日新聞』第一面。
118 本多熊太郎談「講和なき戦争①」、昭和十九年三月九日付『毎日新聞』第一面。
119 本多熊太郎談「講和なき戦争③」、昭和十九年三月十一日付『毎日新聞』第一面。なお、『暗黒日記2』昭和十九年三月十一日条には「本多熊太郎は、米国人が日本人を皆殺しにするといっていると公然談話している」とある。
120 『暗黒日記1』（二七九、三三六頁）昭和十八年十月十九日条、十二月九日条。
121 注115『暗黒日記2』昭和十九年三月十日条。
122 細川護貞『細川日記（上）』（中公文庫、昭和五十四年、一三〇～一三一頁）昭和十九年二月十八日条。
123 『石射日記』昭和十九年五月二十四日条。
124 昭和十九年六月十三日付本多発関屋宛書翰、『関屋文書』（複製版）第六冊―119。
125 『石射日記』昭和十九年五月三十一日条。

126 『石射日記』昭和十九年八月十一日条。
127 昭和十九年八月十日佐藤大使発重光外務大臣宛電報第一六一〇号写（館長符号、極秘）、外務省記録 A.7.0.0.9-55.『大東亜戦争関係一件 戦争終結ニ関スル日蘇交渉関係（蘇聯ノ対日宣戦ヲ含ム）』第一巻所収「本多記録」。「『ヒットラー』『スターリン』ノ両独裁者ハ正ニ不倶戴天ノ関係ニ在リ」と観る佐藤の意見について、本多は「其ノ通リ」とコメントしている。
128 昭和十九年十一月二十四日重光発佐藤宛電報第一六九五号写（極秘、館長符号、外機密）、同年十一月二十七日佐藤発重光宛電報第二四一八号写（大至急、極秘、館長符号）、前掲外務省記録。なお、注6馬場論文を参照。
129 本多熊太郎「断じて妥協的媾和なし」、『時局情報』昭和二十年三月十日号、二～八頁。
130 昭和二十年七月六日付『読売報知』第一面。
131 本多と面会した首相東久邇宮稔彦王は、「いかにも本多らしい出所進退を明らかにした態度である」と感想を記している（東久邇稔彦『一皇族の戦争日記』昭和二十年八月十九日条（日本週報社、昭和三十二年、二二一頁））。

年譜

年譜（叙位・叙勲・賜金は除く）

原籍　和歌山県那賀郡池田村

明治7年12月　農業本多宇兵衛の長男として和歌山県那賀郡北大井村（現紀の川市）に誕生

22年　東京英和学校（現青山学院大学）入学、翌年退学

24年　東京専門学校（現早稲田大学）入学、後に東京法学院（現中央大学）に転入

27年5月　外務省留学生試験合格

6月　東京法学院半途退学

28年8月　外務書記生試験合格

10月　任領事館書記生、元山在勤ヲ命ス

29年4月　牛荘在勤ヲ命ス

31年8月　任外務属

10月　外交官及領事官試験合格（同期は田中都吉、埴原正直、小幡酉吉、有吉明、赤塚正助ら）、任外交官補、叙高等官七等、韓国在勤ヲ命ス

32年2月　清国在勤ヲ命ス

12月　白耳義国在勤ヲ命ス

34年11月　任外務大臣秘書官兼外務書記官、叙高等官六等

35年11月　任外務書記官兼外務大臣秘書官

38年4月　陞叙高等官五等
　7月　講和全権委員随員トシテ米国へ被差遣
　11月　特派全権大使随員被仰付
39年1月　任公使館二等書記官、清国在勤ヲ命ス
40年7月　任大使館二等書記官、英国在勤ヲ命ス
　9月　陞叙高等官四等
41年10月　任外務書記官兼外務大臣秘書官、文書課長兼記録課長ヲ命ス
42年6月　任公使館一等書記官、清国在勤ヲ命ス
　12月　陞叙高等官三等
45年3月　任総領事、哈爾賓在勤ヲ命ス
大正3年6月　任大使館参事官、叙高等官二等、英国在勤被仰付
　9月　倫敦着任
6年11月　聯合国巴里会議参列委員随員被仰付
7年6月　陞叙高等官一等
　7月　任特命全権公使、瑞西国駐剳被仰付
8年1月　巴里へ出張ヲ命ス
　2月　講和全権委員随員被仰付
10年2月　瑞西国駐剳被免、墺国駐剳被仰付
　10月　洪牙利国駐剳兼勤被仰付
11年8月　瑞西国「ジュネーヴ」ニ於テ開催ノ国際聯盟総会第三回会議ニ於ケル帝国代表者随員ヲ命ス

12年5月　任特命全権大使、土耳古国へ出張ヲ命ス
6月　平和条約実施委員被仰付
12月　独国駐劄被仰付
13年2月　伯林着任
14年11月　帰朝
15年5月　依願免本官
昭和2年2月　立憲政友会に入党
3年5月　立憲政友会を脱党
15年12月　任特命全権大使、中華民国駐劄被仰付
16年11月　帰朝
12月　依願免本官
19年5月　外務省外交顧問被仰付
20年5月　依願外務省外交顧問被免
12月　戦争犯罪人容疑者として逮捕（東京都目黒区の自宅に拘禁）
23年12月　狭心症のため自宅において死去
27年3月　公職追放（F項）解除

本多熊太郎関係文書目録（北垣由民子氏所蔵）

一、書翰・電報の部

1. 書翰

発翰

宛先	元号	年	月	日	備考
本多勢津子	昭和	20	9	7	封筒入り・巻紙・墨書
本多勢津子	昭和	20	11	14	封筒入り・巻紙・墨書
松岡洋右	昭和	16	4	16	封筒なし・美濃半裁縦10行赤色便箋7枚・ペン書き
山本熊一	昭和	16	4	4	封筒なし・在中華民国大日本大使館美濃半裁縦7行電信用青色罫紙3枚・タイプ

来翰

差出人	元号	年	月	日	備考
青木一男	昭和	16	7	17	封筒入り・Ａ５変型判縦12行便箋4枚・ペン書き
天羽英二	昭和	16	10	18	THE GAIMUSHO TOKIO 封筒入り・外務省美濃判縦26行赤色罫紙4枚・墨書
天羽英二	昭和	16	10	21	封筒入り・THE GAIMUSHO TOKIO 用箋1枚・墨書
荒田泰次	昭和	20	10	9	荒田泰次商店封筒入り・Ｂ５判縦10行便箋2枚・ペン書き
石井菊次郎					封筒のみ・墨書

差出人	元号	年	月	日	備考
板垣征四郎	昭和	16	8	8	封筒入り・巻紙・墨書
一木喜徳郎	大正	15	2	2	封筒入り・宮中における紀元節宴会招待状・印刷
宇治田直義	昭和		9	3	封筒のみ・ペン書き
大石正三	昭和	20	6	24	封筒入り・A5変型判縦13行便箋3枚・ペン書き
大石正三	昭和	20	8	10	封筒入り・A5変型判日出づる国縦16字×10行便箋2枚・ペン書き
大竹貫一			12	4	封筒のみ・墨書
改造社『改造』編輯部（山田錠太郎）	昭和	19	3	31	改造社『改造』編輯部封筒入り・墨書・論文「軍国外交雑俎」校正ゲラ5枚
加藤順次郎	昭和	20	7	7	封筒入り・A5判縦12行便箋5枚・ペン書き
金沢正夫	昭和	16	6	24	海軍封筒入り・在中華民国日本大使館美濃半裁茶枠用箋4枚・ペン書き
金沢正夫	昭和	16	7	5	封筒入り・在中華民国日本大使館美濃半裁茶枠用箋4枚・ペン書き
川島浪速	昭和	18	8	24	封筒のみ・墨書
川島浪速	昭和	18	10	1	封筒のみ・墨書
川島浪速	昭和			11	封筒のみ・墨書
菊池数馬	昭和	20	6	27	封筒入り・A5変型判ノート断片1枚・ペン書き
楠山又助	昭和	19	3	16	封筒のみ・墨書
小村捷治	昭和	16	11	15	封筒入り・三越A5変型判縦10行便箋5枚・ペン書き（電子式複写）
小村捷治	昭和	20	6	20	葉書・ペン書き（電子式複写）
沢田廉三	昭和	20	11	11	封筒のみ・墨書
重光葵	昭和				封筒のみ・墨書

一、書翰・電報の部

嶋田繁太郎	昭和	16	6	7	封筒入り・巻紙・墨書
嶋田繁太郎	昭和	16	9	12	封筒入り・榛原製美濃半裁縦11行便箋4枚・墨書
須賀伝次郎	昭和	19	2	2	封筒のみ・墨書
杉原荒太	昭和	16	4	14	封筒入り・巻紙・墨書
杉原荒太	昭和	16	4	20	封筒入り・巻紙・墨書
杉原荒太	昭和	16	4	23	封筒入り・巻紙・墨書・別紙（4月22日対支緊急施策要綱（案）4枚（タイプ）、4月24日外政機構統合問題ニ関スル省議決定ノ件（案）5枚（タイプ））
杉原荒太	昭和	16	4	25	封筒入り・巻紙・墨書
杉原荒太	昭和	16	4	28	封筒入り・巻紙・墨書
杉原荒太	昭和	16	6	26	封筒入り・美濃半裁縦8行赤色便箋4枚・墨書
鈴木達治	昭和		5	16	封筒入り・榛原製美濃半裁縦11行便箋3枚・ペン書き
高畑正	昭和		11	12	封筒なし・政教社B5判縦10行用箋1枚・ペン書き
高部義信	昭和	20	9	15	葉書・ペン書き
宅野田夫	昭和	17	12	18	封筒入り・名刺・ペン書き
田尻愛義	昭和	16	4	28	封筒入り・美濃半裁和紙4枚・ペン書き
辰見富美子	昭和				封筒入り・B5判縦12行便箋2枚・ペン書き
堤章	昭和	20	7	3	正剣社封筒のみ・ペン書き
堤章	昭和	20	10	30	正剣社封筒入り・日本標準規格B判5番縦14行便箋2枚・メモ1枚・ペン書き
富井政章	昭和	6	9	14	封筒入り・名刺・墨書

差出人	元号	年	月	日	備考
中村建城	昭和	20	7	5	封筒入り・A5判無罫便箋2枚・ペン書き
中村豊一	昭和	16	5	14	JAPANESE EMBASSY NANKING 封筒入り・JAPANESE EMBASSY NANKING A5変型判用箋4枚・ペン書き・新聞切抜（邦字紙1・英字紙4）同封
中村豊一	昭和	16	5	20	JAPANESE EMBASSY NANKING 封筒入り・PHOENIX BOND 1600 MADE IN USA 美濃半裁横30行便箋5枚・ペン書き
中村豊一	昭和	16	6	29	封筒入り・JAPANESE EMBASSY NANKING A5変型判用箋7枚・ペン書き
中村豊一	昭和	16	12	19	在中華民国大日本帝国大使館封筒入り・在中華民国日本大使館美濃半裁赤枠タイプ用紙1枚・タイプ
日東化学株式会社	昭和	23	8	19	往復葉書（往信）・印刷
原勝	昭和	20	8	30	封筒入り・半紙2枚・墨書
原勝	昭和	20	10	20	封筒のみ・墨書
原田久男	昭和	16	6	23	封筒入り・巻紙・墨書
原田久男	昭和	16	12	26	絵葉書・墨書
本多熊之助	昭和	20	7	2	封筒入り・A5判縦13行便箋2枚・ペン書き
本多熊之助	昭和	20	9	6	封筒入り・A5判縦13行便箋2枚・ペン書き
本多辰之進	昭和	20	8	14	葉書・ペン書き
松永直吉	昭和	16	11	18	封筒入り・巻紙・墨書
矢野真	昭和	20	9	15	封筒入り・B5判縦14行便箋2枚・ペン書き
山崎靖純	昭和	16	5	7	封筒なし・美濃半裁タイプ用紙（本紙1枚・意見書15枚）・タイプ

一、書翰・電報の部

山下亀三郎	昭和	16	4	20	東京榛原製封筒入り・巻紙・墨書
山下亀三郎	昭和	16	4	28	東京榛原製封筒入り・巻紙・墨書
山下亀三郎	昭和	16	4	28	東京榛原製封筒入り・巻紙・墨書
山下亀三郎	昭和	16	5	1	東京榛原製封筒入り・巻紙・墨書
山下亀三郎	昭和	16	5	2	東京榛原製封筒入り・電報7通（4月26日～5月1日）・ペン書き
山下亀三郎	昭和	16	5	18	東京榛原製封筒入り・巻紙・墨書
山下亀三郎	昭和	16	7	10	封筒入り・巻紙・墨書
山田正一	昭和	17	4	10	封筒入り・和歌山県那賀郡池田村役場B5変型判縦12行赤色罫紙1枚・B5変型判受領証1枚・ペン書き
湯浅倉平	昭和	8	10	20	封筒入り・宮中における明治節宴会招待状・自動車ステッカー・注意書・印刷
湯浅倉平	昭和	8	11	1	封筒入り・新宿御苑における観菊会招待状（本多熊太郎・令夫人宛）観菊会入苑証・自動車置場図・印刷
湯浅倉平	昭和	10	4	12	封筒入り・新宿御苑における観桜会招待状（本多熊太郎・令夫人宛）自動車置場図・自動車ステッカー・印刷
湯浅倉平	昭和	10	10	21	封筒入り・宮中における明治節宴会招待状自動車ステッカー・注意書・印刷
湯浅倉平	昭和	10	12	20	封筒入り・宮中における新年宴会招待状自動車ステッカー・注意書・印刷
湯浅倉平	昭和	11	10	30	封筒入り・新宿御苑における観菊会招待状自動車置場図・自動車ステッカー
芳沢謙吉	昭和	16	10	8	榛原製封筒入り・榛原製B5判縦8行便箋4枚・墨書

差出人	元号	年	月	日	備考
芳沢謙吉	昭和	16	10	21	榛原製封筒入り・榛原製B5判縦8行便箋2枚・墨書
吉田茂	昭和	20	10	10	THE GAIMUSHO TOKIO 封筒入り・THE GAIMUSHO TOKIO 美濃半裁洋紙1枚・墨書
〔カ〕谷橋貞男	昭和	16	7	29	封筒入り・B5変型判縦8行便箋11枚・墨書
不明	昭和	20			封筒のみ・ペン書き
汪兆銘	昭和	17	5	25	国民政府封筒入り・A4判縦8行便箋2枚・墨書・名刺添付
周仏海	昭和	16	7	6	The Miyako Hotel, Kyoto, Japan 封筒入り・THE MIYAKO HOTEL, KYOTO. A5判便箋2枚・ペン書き・電報1通
周仏海	昭和	17	5	6	中央儲備銀行総行緘入り・中央儲備銀行A4判縦8行用箋2枚・墨書
徐良	昭和	16	12	1	中華民国駐日本大使館封筒入り・中華民国駐日本大使館A4判縦8行赤色罫紙2枚・墨書
徐良	昭和	17	1	10	中華民国駐日本大使館封筒入り・中華民国駐日本大使館A4判縦8行赤色罫紙2枚・墨書
中華民国駐日本大使館	昭和	16	12	6	中華民国駐日本大使館封筒のみ・墨書
褚民誼	昭和	16	7	23	中華民国駐日本大使館封筒入り・伊東屋製A4判縦8行便箋2枚・墨書
褚民誼	昭和	16	11		外交部緘入り・外交部A4判赤枠用箋2枚・印刷

第三者間書翰

差出人	元号	年	月	日	摘要
青木一男留守宅気付有志一同	昭和	21	1	15	中村豊一宛　封筒なし・B４判藁半紙３枚・タイプ
酒井由夫	昭和	16			三沢敬儀宛　中央医院緘入り・中央医院A４判縦８行赤色用箋３枚・墨書
徳富猪一郎	昭和	23	12	20	本多熊太郎遺族宛　封筒入り・巻紙・墨書
発起人（堀内謙介・栗山茂・松島鹿夫・中村豊一・曽禰益・大野勝己・福島慎太郎・湯川盛夫）	昭和	21	2	1	中村豊一宛　封筒なし・B５判藁半紙８枚・タイプ 別紙 TRIAL AND PUNISHMENT OF OFFENCES UNDER THE LAW OF WAR — THE MILITARY COMMISSION. 条約局第二課（22頁、B５判藁半紙、タイプ） 戦争法規（The Law of War）ニ基ク裁判及刑罰 軍事委員会〔軍律会議〕（The Military Commission）米国陸軍大佐「ウイリアム・ウインスロップ」著「軍事法及先例」（Military Law and Precedents）抄訳（昭和21、1、11　条約局第二課）（21頁、B５判藁半紙、タイプ） 軍事委員会〔軍律会議〕（The Military Commission）　条約局第二課（24頁、B５判藁半紙、タイプ）
山下亀三郎	昭和	16	7	11	塙雄太郎宛　東京榛原製封筒入り・巻紙・墨書

2．電報

往電

宛先	元号	年	月	日	備考
日高信六郎	昭和	16	8	17	封筒なし・The Kyoto Hotel Kyoto, Japan B6判便箋2枚・ペン書き

来電

差出人	元号	年	月	日	備考
県忍	昭和	16	6	2	封筒なし・逓信省電報用紙1枚
山下亀三郎	昭和	16	4	27	封筒なし・華中電気通信股份有限公司電報用紙2枚
山下亀三郎	昭和	16	4	27	封筒なし・華中電気通信股份有限公司電報用紙1枚
山下亀三郎	昭和	16	4	28	封筒なし・華中電気通信股份有限公司電報用紙1枚
山下亀三郎	昭和	16	4	29	封筒なし・華中電気通信股份有限公司電報用紙1枚
山下亀三郎	昭和	16	4	30	封筒入り・華中電気通信股份有限公司電報用紙1枚
山下亀三郎	昭和	16	5	1	封筒入り・華中電気通信股份有限公司電報用紙2枚
山下亀三郎	昭和	16	5	2	封筒なし・華中電気通信股份有限公司電報用紙2枚
山下亀三郎	昭和	16	5	3	封筒入り・華中電気通信股份有限公司電報用紙1枚
周仏海	昭和	16	6	6	封筒なし・逓信省電報用紙1枚

第三者間電報

差出人	元号	年	月	日	備考
有田八郎	昭和	15	4	15	在南京総領事堀公一宛館長符号電報　在中華民国（南京）大日本帝国大使館封筒入り・在南京日本総領事館B5判縦13行赤色罫紙1枚・ペン書き

近衛文麿	昭和	16	10	9	影佐禎昭宛　封筒入り・華中電気通信股份有限公司電報用紙2枚

二、書類の部

1．手記

当人

執筆者	元号	年	月	日	備考
本多熊太郎	昭和				無題　B5判縦25字×8行原稿用紙縒綴42頁、ペン書き
本多熊太郎	昭和				本多大使手記（第一回）　B5判縦25字×8行原稿用紙綴17頁、ペン書き
本多熊太郎	昭和				本多大使手記（第三回）　B5判縦25字×8行原稿用紙綴40頁、ペン書き
本多熊太郎	昭和				本多大使手記（第四回）　B5判縦25字×8行原稿用紙綴32頁、ペン書き
本多熊太郎	昭和				本多大使手記（第五回）　B5判縦25字×8行原稿用紙綴12頁、ペン書き
本多熊太郎	昭和				本多大使手記（第六回）　B5判縦25字×8行原稿用紙綴27頁、ペン書き
本多熊太郎	昭和				本多大使手記（第七回）　B5判縦25字×8行原稿用紙綴13頁、ペン書き
本多熊太郎	昭和				国共聯合による抗日戦線の形成　B5判縦25字×8行原稿用紙綴12頁、ペン書き
本多熊太郎	昭和				支那事変　B5判縦25字×8行原稿用紙綴38頁、ペン書き
本多熊太郎	昭和				三国同盟条約　B5判縦25字×8行原稿用紙綴26頁、ペン書き
本多熊太郎	昭和				米国戦争　B5判縦25字×8行原稿用紙綴24頁、ペン書き
本多熊太郎	昭和				国本社トノ関係　B5判縦20字×10行司法保護事業年鑑用紙綴19頁、ペン書き

執筆者	元号	年	月	日	備考
本多熊太郎	昭和				無題　B5判縦25字×8行原稿用紙綴12頁、ペン書き
本多熊太郎	昭和				不戦条約及ロンドン条約ニ関スル言論ノ概要　B5判縦20字×10行司法保護事業年鑑用紙綴20頁、ペン書き
本多熊太郎	昭和				無題　B5判縦25字×8行原稿用紙綴13頁、ペン書き
本多熊太郎	昭和				昭和十六年対ソ問題ニ関スル意見　B5判縦20字×10行司法保護事業年鑑用紙綴13頁、ペン書き
本多熊太郎	昭和				無題　B5判縦25字×8行原稿用紙綴9頁、ペン書き
本多熊太郎	昭和				英文手記（邦文手記「無題」（42頁、ペン書き）の英訳版）　A4判タイプ用紙9枚、タイプ

第三者

執筆者	元号	年	月	日	書名
小川平吉	昭和				赴香始末　厳秘　B5変型判冊子、25丁、謄写印刷
小川平吉	昭和	14	10		重慶方面関係経過概要　厳秘　A5変型判冊子、10丁、謄写印刷
小川平吉	昭和	16	1		和議建言序説覚書　厳秘　A5変型判冊子、6丁、謄写印刷
小川平吉	昭和	16	1		和議建言概要覚書　厳秘　A5変型判冊子、9丁、謄写印刷
小川平吉	昭和	16	1		建言附属文書抜粋　厳秘　A5変型判冊子、9丁、謄写印刷

2. 論文・講演録

執筆者	元号	年	月	日	書名
本多熊太郎	昭和	6	3	15	議会の言論に現はれたる幣原外相の日支関係観　18頁、『外交時報』抜刷
本多熊太郎	昭和	6	7	6	外交問題として観たフーヴァ提案――七月六日芙蓉会に於て――　本文30頁、芙蓉会
本多熊太郎	昭和	6	8	15	欧洲の安定は前途遼遠（モラトリアム問題は仏国外交の勝利）　16頁、『外交時報』抜刷
本多熊太郎	昭和	6	8		世界の動きと日本の立場　本文54頁、帝国在郷軍人会第一師管聯合支部
本多熊太郎	昭和	6	9	12	国際聯盟軍縮本会議と日本　本文57頁、外交時報社
本多熊太郎	昭和	7	2	20	国難に直面して――現下の時局に就いて（対支指導原理の修正）――　本文24頁、『講演』第173輯
本多熊太郎	昭和	7	2		満蒙新国家と上海事件解決策　本文18頁、中央満蒙協会
本多熊太郎	昭和	8	4	1	大国日本の権威回復――聯盟脱退と日本の地位――　12頁、『外交時報』抜刷
本多熊太郎	昭和	9	4	19	所謂一九三五、六年の危機　13頁、『社団法人電気協会会報』第149号抜刷
本多熊太郎	昭和	12	12		時局縦横談――敢て英国の反省を促す――　10頁、『現代』抜刷
本多熊太郎	昭和	13	2	10	日産の満洲進出と重工業開発問題――皇国生命線の分譲計画を打壊せよ――　40頁、『旬刊講演集』第489号
本多熊太郎	昭和	14	7		現前の時局と我が外交対策　本文78頁、東亜同文会、謄写印刷
本多熊太郎	昭和	14	11		欧洲再動乱と日本　本文58頁、日本外交協会、謄写印刷
本多熊太郎	昭和	15	9		当面の外交転換私見　本文55頁、日本外交協会、謄写印刷、2部あり

3. 外交記録類

南京政府強化問題・対重慶和平工作問題

年	月	日	発信(作成)者	受信者	総番号	番号	摘要	冊数	丁数	用紙	書式
14	12	31	梅機関		—	—	日支新関係ニ関スル協議書類 外機密	1	35	紙縒綴製本・美濃半裁和紙	タイプ
15	11	8	興亜院会議決定・閣議決定		—	—	対支経済緊急対策 極秘	2	8	美濃半裁藁半紙	タイプ
15	12	19			—	—	本多大使ニ対スル陸軍大臣懇談要旨（陸相官邸ニ於テ次官ヨリ説明） 極秘	1	4	陸軍B4判縦28行臙脂色罫紙	カーボン
15	12	19			—	—	本多大使ニ対スル参謀総長ノ懇談要旨 極秘	2	3	陸軍B4判茶色枠タイプ紙	タイプ
16	1	3			—	—	本多大使汪主席会談要旨 於汪公館 極秘	1	14	外務省B5判赤枠タイプ用紙	タイプ

二、書類の部

16	1	14			｜	｜	本多大使汪主席会談要旨　於汪公館　極秘	2	14	外務省B5判赤枠タイプ用紙（1部は美濃半裁和紙）	タイプ
16	1	｜	行政院糧食管理委員会		｜	｜	糧食管理問題覚書　極秘	1	9	外務省B5判赤枠タイプ用紙	タイプ
16	｜	｜			｜	｜	物資統制ニ関スル覚書　極秘	1	23	外務省B5判赤枠タイプ用紙	タイプ
16	1	23	亜一		｜	｜	日支新条約ノ規定ニ基キ今後具体化、措置乃至調整ヲ予想セラルル事項　機密	1	9	B5判タイプ用紙	タイプ
15	12	3	外務省条約局				条約集第十八輯第十六巻（541）　一　日本国中華民国間基本関係ニ関スル条約　二　日満華共同宣言	1	14	A5判普通紙	活版
15					｜	｜	第壹号　附属秘密協約　極秘	1	3	B5判普通紙	活版

年	月	日	発信(作成)者	受信者	総番号	番号	摘要	冊数	丁数	用紙	書式
15					―	―	附属秘密協定 極秘	1	3	B5判普通紙	活版
15					―	―	秘密交換公文（甲） 極秘	1	8	B5判普通紙	活版
15					―	―	秘密交換公文（乙） 極秘	1	4	B5判普通紙	活版
16	2	21	近衛文麿	汪精衛	―	―	伝言に対する協力申し出 写	1	1	外務省B5判赤枠タイプ用紙	タイプ
16	2	28	大使館参事官（在北京）土田豊	在南京特命全権大使本多熊太郎	機密2	―	「中国共産党運動ノ解説」送付ノ件 機密	1	1	在中華民国（北京）日本大使館美濃半裁赤枠タイプ用紙	タイプ
16	2	17	多田部隊参謀部		―	―	中国共産党運動ノ解説 極秘	1	76	簡易製本・B5判普通紙	タイプ
16	3	8	本多大使	松岡大臣	768	―	館長符号、極秘、私信	1	5	在中華民国大日本大使館美濃半裁縦8行電信用青色罫紙	タイプ

二、書類の部

16	16	16	16	16	16
4	4	3	3	3	3
19	7	24	24	23	17
青木顧問			本多大使		近衛大臣
			近衛外務大臣		杉原総領事
｜	｜	｜	965 ｜ 976	｜	1184
｜	｜	｜	177	｜	31
汪主席ト其公館ニ於テ二時間ニ亘リ会談ス　其ノ要領　極秘	本多大使新聞記者会見録（於上海邦人記者）極秘	治安確保工作ニ関スル汪主席ノ提言　極秘	国共分裂ニ関スル汪主席談話ノ件　極秘　写	本多大使汪主席会談要旨　於汪公館　極秘	松岡大臣ヨリ伝言ノ件　外信
2	1	2	1	1	1
14	15	5	9	13	1
在中華民国日本大使館美濃半裁赤枠タイプ用紙	在上海日本総領事館B5判赤枠タイプ用紙	在中華民国日本大使館B5判赤枠タイプ用紙	在中華民国大日本大使館美濃半裁縦8行電信用青色罫紙	在中華民国日本大使館B5判赤枠タイプ用紙	在中華民国大日本帝国大使館B5判赤枠タイプ用紙
タイプ	タイプ	タイプ	タイプ	タイプ	タイプ

年	月	日	発信(作成)者	受信者	総番号	番号	摘要	冊数	丁数	用紙	書式
16	4	22	南京在勤海軍武官・駐華大使館附海軍武官		南大武研資機密9	—	「在支不用日本租界国府還付」ニ関スル件　軍極秘	1	5	海軍B5判赤枠タイプ用紙	タイプ
16	4	22	南京在勤海軍武官・駐華大使館附海軍武官		南大武研資機密9別紙	—	在支日本租界ノ現状概要（中華民国ニ於ケル列国ノ条約権益、英修道著抜粋）	1	28	海軍B5判赤枠タイプ用紙・B5判藁半紙	タイプ
16	4	21	南京在勤海軍武官・駐華大使館附海軍武官		南大武研資機密10	—	「在支不用日本租界ヲ此際国府ニ還付スルコト」ニ関シ板垣総軍参謀長ト会談要旨　軍極秘	1	5	海軍B5判赤枠タイプ用紙	タイプ
16	4	23			—	—	重慶工作ニ就キ周仏海ノ質疑提出ニ関スル件	1	2	陸軍B4判茶枠タイプ用紙	タイプ

16	16	16	16
5	4	4	4
6	26	26	23
梁鴻志	清水書記官		本多大使
			松岡大臣
	｜	｜	1429
	｜	｜	
民間会議之私見 厳秘重要　JAPANESE EMBASSY NANKING 封筒入り	国民政府強化問題其他ニ関スル梁鴻志ノ談話要旨　秘	国民政府ノ強化問題及汪主席ノ心境ニ関スル廉大使ノ内話　秘 極秘	館長符号
1	1	1	1
1	15	5	2
中国製A4変型判縦赤色罫紙	在外公館美濃半裁縦7行赤色罫紙	在外公館美濃半裁縦7行赤色罫紙	在中華民国大日本大使館美濃半裁縦8行電信用青色罫紙
墨書	ペン	ペン	ペン

年	月	日	発信(作成)者	受信者	総番号	番号	摘要	部数	丁数	用紙	書式
16	5	1			—	—	対重慶工作ニ関スル本多大使周仏海会談要録　於大使官邸　外機密　極秘	2	11	美濃半裁藁半紙	タイプ
16	5	1	松岡大臣	本多大使	1593	142	対重慶方針問合ノ件　極秘、館長符号扱　写	1	1	在中華民国大日本帝国大使館B5判赤枠タイプ用紙	タイプ
16	5	2	本多熊太郎	松岡洋右	—	—	私信控	1	7	在外公館美濃半裁縦7行公信用赤色罫紙	ペン
16	5	5	支那派遣軍総参謀長板垣征四郎	次官・次長	総参4 電233	—	対重慶工作ニ対スル意見　極秘写	1	1	陸軍B4判茶枠タイプ用紙	タイプ
16	5	6	総軍参謀部		—	—	物資流動問題ニ関スル件	1	10	陸軍B4判縦28行茶色罫紙	カーボン
16	5	6	松岡大臣	本多大使	2009	148	極秘、館長符号扱　大至急　写	1	2	在中華民国大日本帝国大使館B5判赤枠タイプ用紙	タイプ

16	5	7	清水書記官		―	―	大使ノ御参考トシテ現地事情ニ関スル私見　極秘　外務省封筒入り	1	10	在外公館美濃半裁縦7行公信用赤色罫紙	ペン
16	5	8			―	―	本多大使陳公博会談要録　於「ブロードウエーマンシヨン」極秘	1	15	在上海日本総領事館B5判赤枠タイプ用紙	タイプ
16	5	9	堀内総領事	松岡大臣	―	768	南京国民政府ニ対スル我方施策ノ件　至急　極秘	1	4	在上海日本総領事館美濃半裁縦9行青色罫紙	カーボン
16	5	9	堀内総領事	松岡大臣	―	769	国民政府ニ対スル施策ニ関スル件　極秘　館長符号扱　写	1	3	在上海日本総領事館美濃半裁縦9行青色罫紙	カーボン
16					―	―	対日本政府之希望（草案）	1	8	美濃判和紙	タイプ

年	月	日	発信（作成）者	受信者	総番号	番号	摘要	部数	丁数	用紙	書式
16					―	―	日本政府ニ対スル希望（草案）訳文　極秘	1	14	美濃半裁藁半紙	タイプ
16	5	14	黄海経済聯盟理事長首藤定	支那駐剳特命全権大使本多熊太郎	黄経聯発15	―	煙濰線ノ急速敷設実現方請願ノ件	1	3	黄海経済聯盟本部Ｂ５判青枠タイプ用紙	タイプ
16	5	14	黄海経済聯盟理事長首藤定	支那駐剳特命全権大使本多熊太郎	黄経聯発16	―	大連芝罘青島間航空路ノ急設実現方請願ノ件	1	2	黄海経済聯盟本部Ｂ５判青枠タイプ用紙	タイプ
16	5	14	特命全権公使日高信六郎	在京特命全権大使本多熊太郎	―	―	「国民政府ノ日本政府ニ対スル希望案訳文」送付の件　極秘	1	1	在中華民国日本大使館Ｂ５判赤枠タイプ用紙	タイプ
16	5	13	周仏海	本多大使	―	―	日本政府ニ対スル希望案送付ニ関スル周行政院副院長来翰（訳文）　極秘　部外極秘　外機密	2	20	美濃半裁藁半紙（一部は正文、一部は案文）	タイプ

16	5	16	在南京日高代理大使	松岡外務大臣	—	A	機密　外機密　写	2	3	外務省B5判赤枠タイプ用紙	タイプ
16	5	16	在南京日高代理大使	松岡外務大臣	—	B	外機密　写	1	2	外務省B5判赤枠タイプ用紙	タイプ
16	5	17	松岡大臣	在南京日高公使	暗165	—	重慶工作ニ関スル件　極秘　館長符号扱　外機密　写	1	2	外務省B5判赤枠タイプ用紙	タイプ
16	5	19	日高代理大使	松岡外務大臣	53445	322	重慶工作ニ関スル件　極秘　館長符号扱　外機密　写	1	1	外務省B5判赤枠タイプ用紙	タイプ
16	5	19	日高代理大使	松岡外務大臣	—	—	外機密　館長符号　写	1	4	外務省美濃半裁縦13行赤色罫紙	ペン
16	5	22	在南京日高代理大使	松岡外務大臣	—	C	外機密　写	1	1	外務省B5判赤枠タイプ用紙	タイプ
16	5	24	在京本多大使	外務大臣松岡洋右	支大外機密号外	—	「日本政府ニ対スル希望」ニ関スル周行政院副院長来翰（訳文）送付ノ件	1	3	外務省B5判赤枠タイプ用紙	タイプ

年	月	日	発信(作成)者	受信者	総番号	番号	摘要	冊数	丁数	用紙	書式
16	5	24	在南京日高公使	在京本多大使	―	―	「国民政府下半期予算充当経費捻出ニ関スル内面指導要領(案)」の送付について 極秘	1	2	在中華民国日本大使館B5判赤枠タイプ用紙	タイプ
16					―	―	国民政府下半期予算充当経費捻出ニ関スル内面指導要領（案） 極秘	1	6	B5判藁半紙	タイプ
16	5	27	特命全権大使 本多熊太郎	外務大臣松岡洋右	支大秘258	―	汪主席ノ東京六大新聞通信社整理部長等ニ対スル談話報告ノ件 写	1	2	美濃半裁藁半紙	タイプ
16	5	22			―	―	汪主席ノ東京六大新聞通信社整理部長等ニ対スル談話要旨	1	9	美濃半裁藁半紙	タイプ

16	5	29					日支合弁事業ノ調整ニ関スル件 極秘	1	5	B5判藁半紙	タイプ
16	5	31			—	—	影佐少将ノ日高公使・中村参事官ニ対スル内話 部外秘	1	4	在中華民国日本大使館B5判赤枠タイプ用紙	タイプ
16	6		本多熊太郎		—	—	談話 極秘	3	7	美濃判半紙	ガリ版
16	6	2	日高代理大使	松岡外務大臣	53763	351	館長符号扱、部外秘 外機密 電信写	1	1	B5判赤枠タイプ用紙	タイプ
16	6	4	日高代理大使	松岡外務大臣	53810	355	館長符号扱、大至急 外機密 電信写	1	1	B5判赤枠タイプ用紙	タイプ
16	6	4	日高代理大使	松岡外務大臣	53808	356	館長符号扱、大至急 外機密 電信写	1	1	B5判赤枠タイプ用紙	タイプ
16	6	4	日高代理大使	松岡外務大臣	53809	357	館長符号扱、至急 外機密 電信写	1	1	B5判赤枠タイプ用紙	タイプ

年	月	日	発信（作成）者	受信者	総番号	番号	摘要	部数	丁数	用紙	書式
16	6	15	日高公使		—	—	広西軍及孫良誠（山東）トノ連絡ニ関スル汪主席談話要領　極秘	1	9	外務省B5判赤枠タイプ用紙	タイプ
16	6	17	中村参事官	日高公使	—	—	国立上海大学設置に関する高裁案供覧の件	1	1	在中華民国日本大使館B5判赤枠タイプ用紙	タイプ
16	6	14			—	—	高裁案　維新学院解消ニ伴フ国立上海大学設立ニ関スル件	1	7	在外公館美濃半裁縦7行公信用赤色罫紙	ペン
16	5	21	興亜院連絡委員会		—	—	国立上海大学設立計画書　秘	1	22	美濃判和紙	タイプ
16	5	21	興亜院連絡委員会		—	—	国立上海大学教職員待遇表	1	5	美濃判和紙	タイプ

二、書類の部

16	5	21	興亜院連絡委員会		―	―	昭和十六年度国立上海大学経費予算書　自昭和十六年九月至同十七年八月	1	10	美濃判和紙	タイプ
16	5	21	興亜院連絡委員会		―	―	国立上海大学五ヶ年計画予算表	1	5	美濃判和紙	タイプ
16	6	21	外務大臣松岡洋右	在京特命全権大使本多熊太郎	亜一外機密692	―	国民政府強化ニ関シ本多大使ニ対スル回答ノ件　外機密　別紙添附	1	1	外務省B5判赤枠タイプ用紙	タイプ
16	6	11	興亜院連絡委員会諒解	本多在京大使	―	―	本多大使ニ対スル回答　外機密	4	5	B5判藁半紙	タイプ
16	7	1	駐華帝国大使館		―	―	国民政府並ニ之カ指導ノ現況　極秘	1	9	美濃半裁藁半紙	タイプ

年	月	日	発信(作成)者	受信者	総番号	番号	摘要	冊数	丁数	用紙	書式
16	7	3	大橋外務次官	陸軍、海軍両次官、興亜院総務長官心得、在京本多大使	亜一外機密合2593	—	国民政府強化ニ関シ本多大使ニ対スル回答ノ件 外機密 写 別紙添附	1	1	外務省B5判赤枠タイプ用紙	タイプ
16	6	11			—	—	本多大使ニ対スル回答 外機密	1	5	B5判藁半紙	タイプ
16	5	14	在南京大使館		—	—	一般方針 極秘	1	15	在中華民国日本大使館B5判赤枠タイプ用紙	タイプ
16	7	11	亜一太田		—	—	陳介其ノ他重慶側派遣外交官ノ取扱ニ関スル件 外機密 写	1	16	外務省B5判赤枠タイプ用紙	タイプ
16	7	23	豊田外務大臣	中華民国日高代理大使	—	312 略	汪主席ニ謝意伝達ノ件 写	2	1	外務省B5判赤枠タイプ用紙	タイプ
16	7	23	豊田外務大臣	在南京日高代理大使	—	313 略	松岡前大臣ノ謝電ニ関スル件 写	1	1	外務省B5判赤枠タイプ用紙	タイプ

二、書類の部

16	7	27	亜一		―	―	支那事変完遂ノ為差当リ執ルヘキ措置（政府大本営連絡会議決定案） 外機密	1	7	B5判藁半紙	タイプ
16	7		本多熊太郎	周行政院副院長	―	―	公文案 極秘	1	5	外務省B5判赤枠タイプ用紙	タイプ
16	7	29	本多熊太郎		―	―	交戦権ノ発動ニ就テ	1	14	外務省美濃半裁縦9行黒色罫紙	ペン
16	10	29	中国経済文化研究会		―	―	上海為替統制後の暗相場問題に対する華人側の意見	1	5	美濃判タイプ用紙	タイプ
16					―	―	支那事変急速処理要綱 外務省 封筒入り	1	7	B4変型判縦24行青色罫紙	カーボン

外政機構整備問題

年	月	日	発信(作成)者	受信者	総番号	番号	摘要	冊数	丁数	用紙	書式
15	12	17	興亜院会議決定					国民政府承認ニ伴フ対支機構調整要綱　極秘	1	3	B5判藁半紙	タイプ
15											中支外政機構整備要領　極秘	1	3	大日本帝国大使館B4判縦26行赤色罫紙	ペン
15											中支外政機構整備要領　極秘	3	3	美濃判和紙	タイプ
16	2	15	亜一					外政機構統合問題　極秘	1	6	外務省B5判赤枠タイプ用紙	タイプ
16	2	17						外務機構整備要綱　外機密	1	4	B5判藁半紙	タイプ
16	2	19						外政機構統合ニ関スル件　外機密	1	9	B5判藁半紙	タイプ

16	3	10	東亜局長		―	―	外政機構整備ノ件 外機密	2	6	在中華民国日本大使館Ｂ５変型判赤枠タイプ用紙（一部は在上海日本総領事館Ｂ５変型判赤枠タイプ用紙）	タイプ
16					―	―	甲号 対支外政機構整備案（別紙）組織図	2	7	在中華民国日本大使館美濃半裁赤枠タイプ用紙（一部は在上海日本総領事館Ｂ５変型判赤枠タイプ用紙）	タイプ
16	3	6			―	―	乙号 外政機構整備要領	2	4	在中華民国日本大使館美濃半裁赤枠タイプ用紙（一部は在上海日本総領事館Ｂ５変型判赤枠タイプ用紙）	タイプ

年	月	日	発信（作成）者	受信者	総番号	番号	摘要	冊数	丁数	用紙	書式
16					―	―	丙号　外政機構整備ニ関スル準備要綱	2	2	在中華民国日本大使館美濃半裁赤枠タイプ用紙（一部は在上海日本総領事館Ｂ５変型判赤枠タイプ用紙）	タイプ
16	3	26	近衛大臣	本多大使	―	98	館長符号　外機密　写	3	3	美濃半裁縦10行赤色電報用罫紙	タイプ
16	3	27	亜一		―	―	外政機構統合問題	1	9	在中華民国日本大使館美濃半裁赤枠タイプ用紙	タイプ
16	3	28	本多大使	近衛大臣	1028―1083	194	外政機構問題ニ関スル意見具申ノ件　写	3	10	在中華民国大日本大使館美濃半裁縦8行電信用青色罫紙	タイプ
16	3	30	本多大使	近衛外務大臣	―	―	館長符号　写	3	2	在中華民国大日本大使館美濃半裁縦8行電信用青色罫紙	タイプ

16	3	31	本多大使	北京、在支各総領事	1113—25	合 81	対支外政機構整備問題ノ件　写	3	2	在中華民国大日本大使館美濃半裁縦8行電信用青色罫紙	タイプ
16	3	31	本多大使	北京、在支各総領事	1126—38	合 82 別電	対支外政機構整備問題ノ件　写	2	4	在中華民国大日本大使館美濃半裁縦8行電信用青色罫紙	タイプ
16	4	2	本多大使	近衛外務大臣	—	201	外政機構問題　写	2	5	在中華民国大日本大使館美濃半裁縦8行電信用青色罫紙	タイプ
16	4	5	本多大使	モスクワ在露大使	1196	1	機構問題　至急　写	1	1	在中華民国大日本大使館美濃半裁縦8行電信用青色罫紙	タイプ
16	4	5	本多大使	在蘇建川大使	1197	2 別電	機構問題　至急　写	1	1	在中華民国大日本大使館美濃半裁縦8行電信用青色罫紙	タイプ

年	月	日	発信(作成)者	受信者	総番号	番号	摘要	部数	丁数	用紙	書式
16	4	6	本多大使	モスクワ在露大使	1200	3	機構問題ニ関シ華中連絡部提案至急　写	1	3	在中華民国大日本大使館美濃半裁縦8行電信用青色罫紙	タイプ
16	4	7	上海堀内総領事	杉原総領事	1526	合 290	外政機構問題ニ関スル件　外信写	3	3	在中華民国大日本帝国大使館B5判赤枠タイプ用紙	タイプ
16	4	14	本多大使	近衛外務大臣	1287	227	機構問題　極秘写	4	4	在中華民国大日本大使館美濃半裁縦8行電信用青色罫紙	タイプ
16	4	17			｜	｜	外政機構整備問題処理方針(案)	1	2	在中華民国日本大使館美濃半裁赤枠タイプ用紙	タイプ
16	4	17			｜	｜	外政機構整備要綱(案)　外機密	1	5	在中華民国日本大使館美濃半裁赤枠タイプ用紙	タイプ

年	月	日	発信(作成)者	受信者	総番号	番号	摘要	部数	丁数	用紙	書式
16	4	24			—	—	外政機構統合問題ニ関スル省議決定ノ件　外機密	1	1	在中華民国日本大使館美濃半裁赤枠タイプ用紙	タイプ
16	4	24			—	—	外政機構統合問題ニ関スル方針	1	3	在中華民国日本大使館美濃半裁赤枠タイプ用紙	タイプ
16	5	9	外務省機構委員会		—	—	外政機構整備問題処理方針(案)　極秘	1	6	外務省B5判赤枠タイプ用紙	タイプ

「対支緊急施策要綱案」関係

年	月	日	発信(作成)者	受信者	総番号	番号	摘要	部数	丁数	用紙	書式
16	4	20			—	—	対支緊急施策要綱(案)　極秘	1	4	外務省B5判赤枠タイプ用紙	タイプ
16	4	23			—	—	対支緊急施策要綱(案)　外機密	1	3	在中華民国日本大使館美濃半裁赤枠タイプ用紙	タイプ

年	月	日	発信(作成)者	受信者	総番号	番号	摘要	部数	丁数	用紙	書式
16	5	5	亜一		―	―	対支緊急施策要綱(案)ノ決定ニ関スル件　外機密	1	17	B5判藁半紙	タイプ
16	4	28	亜一		―	―	対支緊急施策要綱(案)　外機密	1	3	B5判藁半紙	タイプ
16	5	21			―	―	対支緊急施策問題取扱方針　外機密	1	3	外務省B5判赤枠タイプ用紙	タイプ

汪兆銘訪日関係

年	月	日	発信(作成)者	受信者	総番号	番号	摘要	部数	丁数	用紙	書式
16	3	15	本多大使	近衛外務大臣	―	149	汪主席渡日希望ニ関スル件　極秘、館長符号扱	1	4	在中華民国大日本大使館美濃半裁縦8行電信用青色罫紙	タイプ
16	4	11	本多大使	近衛外務大臣	1264	222	汪主席渡日希望ニ関スル件　極秘、館長符号扱ヒ　写	1	5	在中華民国大日本大使館美濃半裁縦8行電信用青色罫紙	タイプ

二、書類の部

16	4	12	周仏海	日高信六郎	｜	｜	書翰訳文	1	7	在外公館美濃半裁縦7行公信用赤色罫紙	ペン
16	4	16	本多熊太郎	近衛首相	｜	｜	書翰控	1	2	在中華民国大日本大使館美濃半裁縦7行電信用青色罫紙	ペン
16	4	16	本多熊太郎	近衛臨時外務大臣事務管理	支大外機密181	｜	汪主席ノ訪日希望ニ関スル件 極秘	1	13	在中華民国日本大使館美濃半裁赤枠タイプ用紙	タイプ
16	4		本多熊太郎	松岡洋右	｜	｜	上申書 極秘	1	14	在中華民国日本大使館美濃半裁赤枠タイプ用紙	タイプ
16	4	22	本多大使	松岡大臣	1417	252	汪主席訪日ニ関スル件 大至急、極秘、館長符号扱 写	1	2	在中華民国大日本大使館美濃半裁縦8行電信用青色罫紙	タイプ
16	4	22	大使館附海軍武官	軍務局長、軍令部一、三部長	｜	｜	発信 極秘 暗号 親展	1	2	海軍電報起案訳文用紙（美濃半裁）	カーボン

年	月	日	発信(作成)者	受信者	総番号	簿冊	摘要	部数	丁数	用紙	書式
16	5	1	松岡大臣	本多大使	1952	141	汪主席訪日希望ニ関スル件　館長符号扱　写	1	1	在中華民国大日本帝国大使館Ｂ５判赤枠タイプ用紙	タイプ
16	5	2	本多大使	松岡外務大臣	1547	283	汪渡日ニ関スル件　館長符号扱　大至急　写	1	2	在中華民国大日本大使館美濃半裁縦８行電信用青色罫紙	タイプ
16	5	3	松岡大臣	本多大使	1990	143	汪主席渡日希望ニ関スル件　至急、館長符号扱	1	1	在中華民国大日本帝国大使館Ｂ５判赤枠タイプ用紙	タイプ
16	5	4			―	―	日高公使汪主席会談要録　於汪公館　極秘	1	13	在上海日本総領事館Ｂ５判赤枠タイプ用紙	タイプ
16	5	5			―	―	本多大使汪主席会談要録　於主席公館	1	28	在外公館美濃半裁縦７行赤色罫紙	ペン
16	5	6	本多大使	松岡外務大臣	1596―7	294	汪主席訪日ニ関スル件　極秘、館長符号扱　写	1	5	在中華民国大日本大使館美濃半裁縦８行電信用青色罫紙	タイプ

二、書類の部

16	5	28	堀内公使	松岡外務大臣	53663	―	館長符号　外機密	1	1	文祥堂製B４変型判縦20行青色罫紙	カーボン
16	5	30	松岡大臣	在南京日高代理大使	―	173	汪渡日ノ件　外機密	1	3	文祥堂製B４変型判縦20行青色罫紙	カーボン
16	6	1	日高代理大使	松岡外務大臣	―	―	外機密　館長符号	1	1	文祥堂製B４変型判縦20行青色罫紙	鉛筆
16	6	2	日高参事官	松岡外務大臣	53762	350	至急、館長符号扱　外機密　電信写	1	1	B５判赤枠タイプ用紙	タイプ
16	6	2	松岡外務大臣	在南京日高公使	20413	177	汪主席渡日ノ件　至急、外機密、館長符号扱　極秘　往電写	1	3	B５判紫枠タイプ用紙	タイプ
16	6	2	松岡外務大臣	在南京日高公使	20414	178	汪主席渡日ノ件　至急、外機密、館長符号扱、別電　極秘　往電写	1	2	B５判紫枠タイプ用紙	タイプ

年	月	日	発信（作成）者	受信者	総番号	電番	摘要	部数	丁数	用紙	書式
16	6	2	松岡外務大臣	在南京日高公使	20411	180	汪渡日ノ件 外機密、館長符号扱、大至急 極秘 往電写	1	1	B5判紫枠タイプ用紙	タイプ
16					―	―	中華民国国民政府主席兼行政院院長一行行事日程表（内部関係者用） 秘	1	10	B5判藁半紙	タイプ
16					―	―	国民政府主席兼行政院院長汪精衛閣下一行氏名 秘	1	2	B5判藁半紙	タイプ
16	6	3	日高代理大使	松岡外務大臣	53789	354	極秘、館長符号扱 外機密 電信写	1	1	B5判赤枠タイプ用紙	タイプ
16	6	3	日高代理大使	松岡外務大臣	53799	353	館長符号扱 大至急 外機密 電信写	1	2	B4判・B5判赤枠タイプ用紙	タイプ

16	6	3	日高代理大使	松岡外務大臣	53807	外 号	館長符号扱 外機密 電信写	1	1	B5判赤枠タイプ用紙	タイプ
16	6	4	亜一		—	—	日満支総理会談ニ関スル件 外機密	1	3	外務省B5判赤枠タイプ用紙	タイプ
16	6	12					汪精衛ニ対スル応対ノ件 外機密	1	2	外務省B5判赤枠タイプ用紙	タイプ
16	6	11	興亜院連絡委員会諒解				汪精衛氏ニ対スル応対要領（六月十三日興亜院会議打合案） 極秘	1	7	B5判・B4判藁半紙	タイプ
16					—	—	「汪精衛氏ニ対スル応対要領」ニ対スル外相ノ「コメント」 極秘	1	1	外務省B5判赤枠タイプ用紙	タイプ
16	6	15	日高公使		—	—	汪主席トノ会談要領 極秘	1	18	在上海日本総領事館美濃半裁縦13行赤色罫紙	鉛筆

年	月	日	発信（作成）者	受信者	総番号	番号	摘要	冊数	丁数	用紙	書式
16	6	24			—	—	近衛首相汪主席特別会談要録　於首相官邸　機密	1	8	外務省B5判赤枠タイプ用紙	タイプ
16	6	24			—	—	近衛首相汪主席会談中ノ一節　於首相官邸	1	19	在中華民国日本大使館B5判赤枠タイプ用紙	タイプ
16	6				—	—	汪主席訪日会談要録　極秘	1	95	B5判藁半紙	タイプ

日米交渉関係

年	月	日	発信（作成）者	受信者	総番号	番号	摘要	冊数	丁数	用紙	書式
16	5	22	同盟通信社情報部		海外情報86	—	ニューマンの打電全文　極秘	1	4	外務省B5判赤枠タイプ用紙	タイプ
16	10	11			—	—	本多大使汪主席会談要録　於大使官邸　極秘	1	12	在外公館美濃半裁縦7行公信用赤色罫紙	ペン
16	11	9					本多大使汪主席会談要旨　於大使官邸　極秘	1	16	在中華民国日本大使館美濃半裁赤枠タイプ用紙	タイプ

4. 調書

執筆者	元号	年	月	日	書名
重光葵	昭和	18	9	14	翼賛政治会総務会ニ於ケル重光大臣演説――最近ノ国際情勢ニ就テ―― B5判冊子、31頁、タイプ
信夫淳平	昭和				交戦権拘束の諸条約（特に開戦手続条約と不戦条約） 研究資料第105号 B5判冊子、55頁、ガリ版 「査読済 柴田（朱印）」
田中二郎	昭和				戦争犯罪ノ主体ニツイテ――命令関係ト責任ノ帰趨ヲ中心トシテ―― B5判冊子、49頁、タイプ 「多（花押）」
南満洲鉄道株式会社資料課	昭和	5	9	26	最近ニ於ケル東北四省ノ鉄道敷設計画 秘（交資綜 第14号） A5判冊子、21頁、ガリ版
横田喜三郎	昭和				戦争犯罪ト国際法 B5判冊子、42頁、タイプ
不明	昭和	18	8	28	「ケベック会談」 取扱注意 B5判冊子、19頁、タイプ
不明	昭和	18	9	3	世界戦局ニ関スル若干ノ考察 取扱注意 B5判冊子、29頁、タイプ
Hubert Herring	昭和				"*And So to War*" by Hubert Herring Yale University Press（抜粋） A4変型判、6頁、タイプ 5部あり
不明	昭和	12	9		"Excerpt from" "The Round Table", London, — *A Quarterly Review of the Politics of the British Commonwealth*, September 1937. "Smoke and Fire in the Far East" A4変型判、3頁、タイプ 5部あり
不明	昭和	16	6		"Oriental Affairs" June 1941 Honda on Sino-Japanese Hostilities Attitude towards Nanking Regime A4変型判、7頁、タイプ 4部あり

5. スクラップブック

題名	年次	備考
SCRAP BOOK ①	昭和15年〜16年	A4判
SCRAP BOOK ②	昭和15年〜16年	A4判
アトラス　スクラップ　ブック③	昭和16年	A4判
SCRAP BOOK ④（中文紙）	昭和15年〜16年	A4判
アトラス　スクラップ　ブック	昭和16年	A4判
新聞スクラップ	昭和16年5月8日・9日	14枚「情報部（朱印）」
新聞スクラップ	昭和16年5月14日・15日	9枚

6. 写真

題名	元号	年	月	日	備考
肖像（大礼服着用1）					1葉・プリント写真
肖像（大礼服着用2）					1葉
肖像（大礼服着用3）					1葉
肖像1					1葉
肖像2	大正	12	6		1葉・署名、刻印あり
肖像3					2葉
肖像4					2葉

肖像5（集合写真）					1葉
家族とともに					1葉・プリント写真
牛荘港在留邦人とともに	明治	29	11	3	1葉・裏書あり
牛荘港居留日本商人とともに	明治	31	7	8	1葉・裏書あり
芳沢謙吉らとともに	明治	36	12	26	1葉・裏書あり
ポーツマス会議全権団1	明治	38			1葉
ポーツマス会議全権団2	明治	38			1葉
ポーツマス会議	明治	38			1葉
日清協約交渉1	明治	38			1葉
日清協約交渉2	明治	38			1葉
日清協約交渉3	明治	38			1葉
駐清公使館二等書記官時代1	明治	39	8	21	1葉・裏書あり
駐清公使館二等書記官時代2	明治	39	9		1葉・裏書あり
駐清公使館二等書記官時代3	明治	39	11	12	1葉・裏書あり
駐清公使館一等書記官時代1	明治				1葉
駐清公使館一等書記官時代2	明治				1葉
駐清公使館一等書記官時代3	明治				1葉
伊集院彦吉とともに	明治				1葉
伊集院彦吉らとともに1	明治				1葉
伊集院彦吉らとともに2	明治				1葉
伊集院彦吉・松岡洋右らとともに	明治				1葉

題名	元号	年	月	日	備考
駐清公使館在勤時代カ	明治				1葉
近藤廉平らとともに	明治				1葉・署名入り
清国政府関係者らとともに	明治				1葉
伏見宮博恭王らとともに	明治	39	10		1葉
在ハルビン総領事時代1					1葉・裏書あり
在ハルビン総領事時代2					1葉
在ハルビン総領事時代3					1葉
在ハルビン総領事時代4					1葉・裏書あり
桂太郎・後藤新平らとともに1	明治	45	7		1葉
桂太郎・後藤新平らとともに2	明治	45	7		1葉
在ハルビン総領事時代カ					1葉
駐英大使館参事官時代1	大正				1葉
駐英大使館参事官時代2	大正				1葉
国際議員会議	大正	6	5		1葉・解説あり
駐スイス公使時代	大正	9	12	21	1葉・裏書あり
ヨーロッパ在勤時代					1葉
駐独大使時代カ1	大正				1葉・裏書あり
駐独大使時代カ2	大正				1葉
児島一雄らとともに	昭和	3			1葉
国士館文武講習会にて	昭和	6	7	28	1葉・袖書あり

丁士源らとともに	昭和	8	6	24	1葉・署名入り
南次郎朝鮮総督就任祝賀会	昭和	11	8	14	1葉・裏書あり
ジェネバ倶楽部晩餐会	昭和	12	8	30	1葉・脚注あり
日独伊防共協定祝賀会写真帖	昭和	12	11	25	大阪合同株式会社　A4横判1冊（16頁）
小村寿太郎像前にて	昭和	13	5		1葉
駐華大使時代	昭和	16	3	20	1葉・裏書あり
汪兆銘らとともに1	昭和	16	6	21	1葉・裏書あり
汪兆銘らとともに2	昭和	16	6	21	1葉・解説あり
汪兆銘らとともに3	昭和	16	6	21	1葉・解説あり
全支総領事会議	昭和	16	9	22	1葉・裏書あり
国府遣欧使臣送別午餐会	昭和	16	9	26	1葉・裏書あり
南京東亜倶楽部茶会1	昭和	16	10	25	1葉・裏書あり
南京東亜倶楽部茶会2	昭和	16	10	25	1葉・裏書あり
前線視察	昭和	16			1葉
平沼騏一郎らとともに					1葉
野村吉三郎らとともに					1葉
第三真盛丸前の集合写真					1葉・プリント写真
伊集院彦吉肖像					1葉
井上勝之助肖像					1葉・解説メモ1枚あり
小田切万寿之助肖像	明治	32	10		1葉・裏書あり
川上俊彦肖像	大正	1	9	10	1葉・裏書あり

題名	元号	年	月	日	備考
後藤新平肖像					1葉・署名入り
小村寿太郎肖像1	明治				1葉
小村寿太郎肖像2	明治				1葉
小村寿太郎像	昭和				1葉
頭山満肖像	昭和	6	5	29	1葉・署名入り
林権助肖像1	明治	40	9		1葉・裏書あり
林権助肖像2	昭和	11	3		1葉・署名入り
外務省法律顧問H・W・デニソン					1葉・署名入り

7. 名刺

人名	備考
本多熊太郎　日本帝国特命全権大使（仏文名刺）	15葉
外務省外交顧問　本多熊太郎	1葉
本多夫人（仏文名刺）	1葉
興亜院華中連絡部　文化局長　伊東隆治	1葉

8. 雑

メモ

執筆者	摘要

不明	英文メモ　A5変型判横17行ノート断片・1枚・ペン書き
不明	メモ「埼玉県入間郡豊岡町　陸軍航空士官学校　木下敏」在中華民国大日本帝国大使館B5変型判13行赤色罫紙1枚

封筒

裏書	元号	年	月	日	備考
東京都杉並区馬橋二丁目八十九番地　岩島正継　電話中野(38)六〇五七番	昭和				角形4号・印刷
外務省	昭和	16			表書（墨書・赤鉛筆書き）「南京ヨリ東京へ携行セラレタル本多大使書類　杉原総領事ヨリ返却」角形0号・印刷
外務省					表書（墨書）「雑」角形2号・印刷
外務省					角形3号・印刷
在中華民国大日本帝国大使館	昭和	16			表書（墨書・ペン書き）「秘　御船中佐携行ノ分　大使　一応読了　多（花押）」角形2号・印刷
在中華民国大日本帝国大使館　中村参事官	昭和				表書（墨書）「極秘（朱印）　本多大使閣下　親展（朱印）」角形2号・印刷
在中華民国（南京）大日本帝国大使館	昭和				角形2号・印刷
〆					長形4号・墨書

本多熊太郎著述目録

著書

『王女』（Estella Finch, *The King's Daughter*）飜訳（本多熊太郎、明治27年）
『不戦条約問題研究』（外交時報社、昭和4年）
『田中首相の大権藐視：重ねて暴露せられたる』（不戦条約御批准奏請反対同盟、昭和4年）
『軍縮会議と日本』（外交時報社、昭和5年）
『米国の脱帽：米国側の倫敦会議解説』（天人社、昭和5年）
『倫敦海軍会議の政治的意義』（八田徳治郎、昭和5年）
『外交問題として観たフーヴァ提案』（芙蓉会、昭和6年）
『世界の動きと日本の立場』（帝国在郷軍人会第一師管聯合支部、昭和6年）
『国際聯盟軍縮本会議と日本』（外交時報社、昭和6年）
『世界の動きと日本の立場』（千倉書房、昭和6年）
『国難に直面して』（愛国社村塾、昭和7年）
『満蒙新国家と上海事件解決策』（中央満蒙協会、昭和7年）
『聯盟絶縁を前にして』（外交時報社、昭和8年）
『日本は何故聯盟脱退を必要としたか』（中央満蒙協会、昭和8年）
『明年の海軍々縮会議に就いて』（外交時報社、昭和9年）
『所謂一九三五—六年の危機』（軍人会館事業部、昭和9年）

『魂の外交――日露戦争に於ける小村侯――』（千倉書房、昭和13年、昭和16年、昭和17年）
『帝国外交の全面的検討』（日本外交協会、昭和13年）
『日支事変外交観』（千倉書房、昭和13年）
『事変外交に就て』（日本外交協会、昭和13年）
『先人を語る』（千倉書房、昭和14年）
『現前の時局と我が外交対策』（東亜同文会、昭和14年）
『欧洲情勢と支那事変』（千倉書房、昭和14年）
『欧洲再動乱と日本』（日本外交協会、昭和14年）
『人物と問題』（千倉書房、昭和14年）
『日米通商条約廃棄問題を繞りて』（日本外交協会、昭和15年）
『当面の外交転換私見』（日本外交協会、昭和15年）
『世界新秩序と日本』（東亜聯盟、昭和15年）
『支那事変から大東亜戦争へ』（千倉書房、昭和17年）
『時代思潮の常識的批判』（香川県、発行年不明）

論文等

明治・大正期

「借款と東三省」（談話）『読売新聞』明治44年5月9日

「余が帰朝事情」（談話）『東京朝日新聞』大正8年6月30日
「日本は世界の田舎」（談話）『東京朝日新聞』大正8年7月3日
「滞欧雑感」（談話）『読売新聞』大正8年7月4日
「排日にも二通りある」（談話）『読売新聞』大正9年8月9日
「対支観念の一新（上）」（談話）『読売新聞』大正9年8月13日
「対支観念の一新（下）」（談話）『読売新聞』大正9年8月14日
「対支観念の一新」『朝鮮公論』大正9年9月号
「支那と日本」『外交時報』大正9年9月1日号
「支那と日本（続）」『外交時報』大正9年9月15日号
「対支観念の転換と対支施設」『太陽』大正9年12月号
「ドイツ戦後の驚くべき復興」（談話）『東京朝日新聞』大正14年11月15日
「最近の独逸財政経済概観」『外交時報』大正15年3月15日号
「独逸経済会議の組織及効用」『外交時報』大正15年4月1日号
「大戦後の世界」『教化資料』第47輯（大正15年5月31日）
「大戦後の世界」『若き日本』大正15年8月号
「大戦後の世界」『国本』大正15年9月号

昭和2年

「権威ある政府を樹てよ」『日本及日本人』昭和2年1月1日号
「軍縮会議と日英米仏伊の立場」『外交時報』昭和2年4月1日号

「対支外交の破産」『外交時報』昭和2年5月1日号
「噫ランスダウン侯」『外交時報』昭和2年7月1日号

昭和3年

「幣原外交の失敗と田中外交の失態」『外交時報』昭和3年7月15日号
「支那時局とわが対支政策」『エコノミスト』昭和3年7月15日号
「日本本来の使命に邁進せよ」『国本』昭和3年8月号
「日支条約改訂問題」『外交時報』昭和3年8月15日号
「田中内閣の外交は是か非か」『実業之世界』昭和3年9月躍進号
「ウイルソン、レーニン、ムッソリーニ」『国本』昭和3年9月号
「その頃を語る【五十】 小村侯船中の遺書 日露講和会議に随ひて」『東京朝日新聞』昭和3年9月6日
「ポーツマス会議を顧みて」東京朝日新聞政治部編『その頃を語る』(東京朝日新聞発行所、昭和3年10月31日)

昭和4年

「不戦条約文問題に関する意見」(講演) 昭和4年2月9日
「不戦条約文問題に関する意見」『不戦条約文問題に就て』(不戦条約御批准奏請反対同盟、昭和4年2月19日)
「不戦条約文問題と国民の覚悟」『日本及日本人』昭和4年3月1日号
「不戦条約中『問題の文句』に関する研究」『外交時報』昭和4年3月1日号
「田中首相の大権藐視」『国民新聞』昭和4年4月8日~11日
「不戦条約中『問題の文句』に就て」『有終』昭和4年4月号

「不戦条約問題の考察」『祖国』昭和4年4月号
「不戦条約問題文に就て」『民政』昭和4年5月号
「国家更正の黎明期に直面して」『民政』昭和4年6月号
関直彦、中西六三郎、松田源治、大竹貫一、本多熊太郎、内田良平、小泉又次郎「時局問題放談会」『民政』昭和4年6月号
「倫敦海軍会議の政治的意義」『日本及日本人』昭和4年12月1日号
大川周明、本多熊太郎「現代思潮の批判」『思想研究資料』第21号（海軍省教育局、昭和4年）

昭和5年

「『小村寿太郎侯』を語る」『国本』昭和5年3月号
「倫敦会議と太平洋外交」『祖国』昭和5年3月号
「所謂日米妥協案の検討」『外交時報』昭和5年4月1日号
「倫敦会議の批判」（講演）昭和5年4月18日
「倫敦会議の批判」『日本及日本人』昭和5年5月1日号
「バルチック艦隊発見の真相」『国本』昭和5年5月号
「バルチツク艦隊発見の真相」『祖国』昭和5年5月号
「軍縮外交批判」『新使命』昭和5年5月号
「軍縮外交批判」『倫敦軍縮協定に就て』（海軍々縮国民同志会、昭和5年5月）
「屈辱的倫敦条約」『祖国』昭和5年7月号
「チエツコ建国の元勲　マサリツク博士」（談話）『東京朝日新聞』昭和5年7月19日

「倫敦条約御批准問題を前にして」『外交時報』昭和5年8月15日号
「華府及倫敦会議ノ意義」（講演）昭和5年8月17日～19日
長谷川如是閑、菊池寛、永井柳太郎、本多熊太郎、向坂逸郎、前田河広一郎、馬場恒吾、杉村楚人冠、山本実彦「『人物』座談会」『改造』昭和5年9月号
「倫敦海軍条約の説明（米国上院に於ける）（一）」『外交時報』昭和5年9月1日号
「倫敦海軍条約の説明（米国上院に於ける）（二）」『外交時報』昭和5年9月15日号
「マサリツク」朝日新聞社編『世界人の横顔』（四条書房、昭和5年10月20日）
「ドイツを鳥瞰して」新潮社編『世界現状大観』第2巻（新潮社、昭和5年10月21日）

昭和6年

「ヴェルサイユ条約清算期に入る？」『外交時報』昭和6年1月1日号
「世界の三大脱線国に囲繞さるゝ日本」『植民』昭和6年1月号
「若槻氏の『倫敦会議の思ひ出』を読む」『有終』第208号附録（昭和6年2月21日）
「議会に於ける倫敦海軍条約問題の論戦を読む」『外交時報』昭和6年3月1日号
「議会の言論に現はれたる幣原外相の日支関係観」『外交時報』昭和6年3月15日号
「不安の国際政局」『国本』昭和6年3月号
「対露外交批判」（講演）昭和6年5月14日
「国策の基調を失へる外交」『日本及日本人』昭和6年5月15日号
「外交問題として観たフーヴァア提案（一）」『ダイヤモンド』昭和6年7月11日号
「欧洲大戦後の世界相」志田栄太郎編『世界の動きと日本精神の進展』（関東出版社、昭和6年7月19日）

「倫敦条約の本体を析明す」志田栄太郎編『世界の動きと日本精神の進展』（関東出版社、昭和6年7月19日）
「外交問題として観たフーヴァ提案（二）」『ダイヤモンド』昭和6年7月21日号
「外交問題として観たフーヴァ提案（三）」『ダイヤモンド』昭和6年8月1日号
「欧洲の安定は前途遼遠」『外交時報』昭和6年8月15日号
「狡猫に弄れた窮鼠の体」『大阪毎日新聞』昭和6年8月31日
「国際聯盟軍縮本会議と日本（上）」『外交時報』昭和6年9月1日号
「国際聯盟軍縮本会議と日本（下）」『外交時報』昭和6年9月15日号
「適用出来ぬ　単なる地方的偶発事件で領土保全とは別問題」『大阪毎日新聞』昭和6年9月23日
「国際日本の環境」『国本』昭和6年10月号
「世界の鏡に映れる日本の姿」『日本及日本人』昭和6年10月1日号
「外交的立場から観た満洲事変」『日本及日本人』昭和6年10月1日号
「満蒙問題と世界に於ける日本の地位」『日本及日本人』昭和6年10月15日号
「満洲事変ノ外交批判」（講演）昭和6年10月15日
「満洲の自治機関を極力支援せよ」（談話）『東京朝日新聞』昭和6年10月26日
「満蒙の天地を禍乱から救へ」『大阪朝日新聞』昭和6年10月26日
「英国の日本圧迫」『大阪毎日新聞』昭和6年11月10日～13日
「庸人国を誤る」『大日』昭和6年11月15日号
「対聯盟外交続評」『東京講演同好会々報講演集』昭和6年11月20日号
「満洲事変と我が外交の無能」『祖国』昭和6年11月号
「本多熊太郎氏を中心に時局を語る」『祖国』昭和6年11月号

本多熊太郎、高柳賢三、長野朗、平田晋作、蠟山政道、高橋亀吉、阿部賢一、小汀利得、米田実「満洲事変座談会」『経済往来』昭和6年11月号
「小村寿太郎侯」『国本』昭和6年12月号
「故小村寿太郎侯爵と満洲」（放送）昭和6年12月17日
「国際政局に於ける英国の地位」『サラリーマン』昭和6年12月号
「世界の不安と日本の立場　上」『自治資料パンフレット』第14輯（全国町村長会、昭和6年12月29日）
「前独逸大使本多熊太郎氏講演要旨」『満蒙問題資料』第2輯（帝国在郷軍人会本部、昭和6年12月）

昭和7年

「独裁治下の独逸と其将来」『世界知識』昭和7年1月号
「増大する国際不安と世界の反動化」『大阪時事新報』昭和7年1月4日～6日
「国難に直面して　現下の時局に就いて」『講演』昭和7年2月20日号
「満蒙新国家と上海事件解決策」『外交時報』昭和7年3月1日号
「現下の時局に就て」『日本及日本人』昭和7年3月15日号
「時局問題の本質」（講演）昭和7年4月21日
「棄権は不可　断乎反対投票せよ」『大阪毎日新聞』昭和7年12月18日

昭和8年

「国際聯盟に対する日本の決意」『外交時報』昭和8年1月15日号
「ヒットラーとその影響」『国民思想』昭和8年2月号

「聯盟絶縁を前にして」『外交時報』昭和8年3月1日号
「日本は何故聯盟脱退を必要としたか」『外交時報』昭和8年3月15日号
「大国日本の権威回復」『外交時報』昭和8年4月1日号
「ポーツマス会議の回顧」『桜』昭和8年10月号
「国際非常時の認識」『講演』昭和8年11月上旬号
「欧洲政局の新動向」『外交時報』昭和8年12月1日号
「張学良顚落後の我が対支方針に就いて」『霞山会館講演』第3輯（霞山会館、昭和8年）

昭和9年

「日露戦争と世界政局の転換」（講演）昭和9年3月10日
「日露戦争の真意義」佐藤義亮編輯『日本精神講座』第4巻（新潮社、昭和9年3月15日）
「所謂一九三五・六年の危機」『東洋』昭和9年4月号
「所謂一九三五、六年の危機」『電気協会会報』第149号（昭和9年4月）
「明年の海軍々縮会議に就いて」『外交時報』昭和9年5月15日号
「所謂一九三五、六年の危機」『工業評論』昭和9年6月号
「一九三五・三六年に就て」『興国運動』昭和9年6月号
「開会の挨拶」追悼会発起人編集・発行『伊集院彦吉男青木宣純将軍追悼録』昭和9年6月
「故人の功績を語る」追悼会発起人編集・発行『伊集院彦吉男青木宣純将軍追悼録』昭和9年6月
「明年の海軍々縮会議に就いて」原田為五郎『軍縮会議と軍備平等権の強調』（稲光堂書店、昭和9年7月5日）
「明年の海軍々縮会議に就いて」原田為五郎『軍縮会議と軍部強硬の真相』（日東書院、昭和9年10月5日）

「条約廃棄通告について」『経済往来』昭和9年10月号
「再び小村侯を語る」（講演）昭和9年10月
「明治の皇謨と海軍々縮会議」『月刊維新』昭和9年11月創刊号
「大蔵省事件と故黒田検事」『講演』昭和9年12月下旬号

昭和10年

「軍備予備会商より見たる国際情勢」『月刊維新』昭和10年2月号
「時艱にして小村寿太郎侯を憶ふ」『大日』昭和10年2月15日号
「日露戦争と小村侯」（講演）昭和10年2月27日
「外交上より見たる日露戦争」『偕行社記事』昭和10年3月号
「日露戦争と小村侯」『国本』昭和10年4月号
「日露戦争と小村侯（上）」『外交時報』昭和10年4月15日号
「日露戦争と小村侯（下）」『外交時報』昭和10年5月1日号
「国家非常時に際し小村侯を憶ふ」『支那』昭和10年5月号
「講和外交秘話」時事新報社編輯・発行『回顧三十年　日露戦争を語る』外交・財政の巻（昭和10年5月31日）
「日露戦争と小村侯」『霞山会館講演』第24輯（霞山会館、昭和10年）

昭和11年

「小村外交の指導原理」『大日』昭和11年3月15日号
「防共協定の意義」『東京日日新聞』昭和11年11月27日

「防共協定の意義」『大亜細亜主義』昭和11年12月号
「現前の重要外交批判」『大阪毎日新聞』昭和11年12月22日～28日

昭和12年

「外交立直しの要を説く――英ソ間に楔を打込め――」（講演）昭和12年1月14日
「現前の外交に就て」『旬刊講演集』昭和12年1月20日号
「非常時の旋風裡に本多日生上人を懐ふ」（講演）昭和12年3月14日
「来るべきもの遂に来る――全面的日支戦争の展開――」（講演）昭和12年8月7日
「時局と国民の覚悟」『旬刊講演集』昭和12年9月20日号
「日本は何を為すべきか（戦時経済座談会）」『経済マガジン』昭和12年10月号
「第三国の容喙を断じて拒否せん」『祖国』昭和12年10月号
「対ソ体制に於ける日独の立場」『実業之日本』昭和12年11月15日号
「時局縦横談――敢て英国の反省を促す――」『現代』昭和12年12月号
「老獪英国の面皮を剝げ」『内外公論』昭和12年12月号

昭和13年

「英蘇の政策を衝く」『創造』昭和13年1月号
「英国議会に対する勅語の重大なる一節に就て」『実業之世界』昭和13年1月号
「日独伊三国協定の意義」『師道』昭和13年1月号
「防共協定の政治的意義」『文藝春秋』昭和13年1月号

「ミュンヘン会議後の英米と日本」（講演）昭和13年1月
「満洲に於ける皇国生命線の分譲計画を打壊せよ」『大日』昭和13年2月1日号
本多熊太郎、町田襄治、重安穐之助、竹山安太郎、二荒芳徳、ベルトラメリー・能子、三島章道、ボース・ビハリー、
鹿島守之助、ジエー・パンベイ「世界の愛国運動を語る座談会」『青年』昭和13年2月1日号
「日産の満洲進出と重工業開発問題」『旬刊講演集』昭和13年2月10日号
「支那事変を廻る国際情勢　附・新国策会社問題について愬へる」『日本と世界』昭和13年2月号
「重ねて同胞に愬ふ」『大日』昭和13年3月1日号
「英外相の更迭と我国民の覚悟」『大日』昭和13年3月15日号
「吾が敵は英国にあり」社団法人青年教団編輯『迷へる支那よ醒めよ』（南方通信社、昭和13年5月5日）
「改造内閣の新外相に誨ふ」（講演）昭和13年7月11日
「改造後の内閣に誨ふ」『東大陸』昭和13年8月号
「英国の常套手段を警戒せよ」『日本及日本人』昭和13年10月号
「新興国家防圧に焦慮する欧洲外交（一）」『愛国学生』昭和13年10月号
「宇垣・クレーギイ会商に関して」『大日』昭和13年10月15日号
「外交折衝の一大偉観」『大日』昭和13年10月15日号
「満洲と小村寿太郎侯」『大日』昭和13年11月1日号
「米国の対日態度とミュンヘン会議後の英国」（講演）昭和13年12月
「小村老侯の対満偉業」『支那』昭和13年12月号

昭和14年

「今後の外交基調」『揚子江』昭和14年1月号
「近時随感二則」『大日』昭和14年1月1日号
「対支外交の回顧」日笠正治郎編『国士亀井陸良記念集』（国士亀井陸良記念集編纂会、昭和14年3月11日）
「時局三題」（講演）昭和14年4月
「防共陣営を如何に強化する?」『東京日日新聞』昭和14年5月10日～14日
「防共陣営を如何に強化する?」『大阪毎日新聞』昭和14年5月16日～20日
「現前の時局と我が外交政策」（講演）昭和14年5月24日
「国際情勢と我根本対策」『日本及日本人』昭和14年7月号
「不滅の文業」『大日』昭和14年9月1日号
「日英会談と日本外交」『東大陸』昭和14年9月号
「第二次欧洲戦の破裂と日本の立場」（講演）昭和14年9月11日
「支那事変に於ける英米の一体性」『公論』昭和14年11月号
「現前の世界情勢と日本の立場」『欧洲大戦の見透し』（財団法人渡辺翁記念文化協会、昭和14年）
「ポーツマス条約調印の刹那」森田英亮編『あの事件の思出を語る』（金星堂、昭和14年）
「大陸経営の恩人小村侯爵を懐ふ」森田英亮編『大陸経営とその先駆者を語る』（金星堂、昭和14年）
「追悼の辞」田村満治編集・発行『二峰山本悌次郎追悼録』（昭和14年）
「追悼記事」岸同門会編輯・発行『岸清一伝』（昭和14年）

昭和15年

「世界外交の正体と日本外交国難の根因を衝く」『日本論叢』昭和15年1月号

「欧戦縦横談」『サンデー毎日』昭和15年1月21号
「大陸経営の恩人小村侯爵を懐ふ」森田英亮編『大陸経営の先駆者を語る』(天佑書房出版部、昭和15年2月25日)
「最近の国際情勢に就て(未完)」『有終』昭和15年2月号
「最近に於ける国際情勢(承前)」『有終』昭和15年3月号
「最近の国際情勢に就て(承前)」『有終』昭和15年4月号
「最近の国際情勢に就て」『恢弘』昭和15年5月号
「戦乱のヨーロッパはどうなる　勝敗は既に決す　英国は長期抗戦か」(談話)『東京朝日新聞』昭和15年6月16日
「第二次世界大戦と世界の新秩序」『講演時報』昭和15年7月中旬号
「欧洲新情勢と国論の転向」『宗教公論』昭和15年7月号
「蘭印の資源を語る(座談会)」『海を越へて』昭和15年7月
「外交建直しに就ての若干の考察①〜⑤」『東京日日新聞』昭和15年8月26日〜28日、30日、31日
「外交建直しの考察」『大阪毎日新聞』昭和15年9月1日〜5日
「当面の外交転換私見」(講演)昭和15年9月
「人間松岡」『大洋』昭和15年9月号
「英米共同戦線」*Contemporary Japan* 昭和15年11月号
「郷里へ帰る気持」(談話)『東京日日新聞』昭和15年12月8日
「今ぢや〝もう老北京〟」(談話)『上海毎日新聞』昭和15年12月8日
「支那通ではないよ!」(談話)『東京日日新聞』昭和15年12月10日
「日支協力促進に努力」(談話)『読売新聞』昭和15年12月27日
「上海は廿年振りだ」(談話)『上海毎日新聞』昭和15年12月27日

「新秩序建設の具体化に邁進」（談話）『朝日新聞』昭和15年12月29日
「本多大使談話」『上海毎日新聞』昭和15年12月29日
「本多大使談話」『大陸新報』昭和15年12月29日
「本多大使談話」『南京大陸新報』昭和15年12月29日

昭和16年

「東亜共栄圏確立へ」『大陸新報』昭和16年1月1日
「〝万事はこれから〟 卅一年振りの北京に感慨」（談話）『東亜新報』昭和16年1月6日
「来月中旬に帰任し漢口、広東等を視察」（談話）『上海毎日新聞』昭和16年1月16日
「当面の諸問題語る」（談話）『大陸新報』昭和16年1月16日
「〝新支那は表面弱つてるが根本は悠々たるもの〟」（談話）『京都日日新聞』昭和16年1月20日
「『支那は隔世の感ぢや』」（談話）『京都日出新聞』昭和16年1月20日
「三国同盟の意義と国民の覚悟」『日本経済新報』昭和16年1月号
「三国同盟後の日米関係とわが外交方針」『ビジネスマン』昭和16年新年号
「脚で仕事をする」（談話）『新愛知』昭和16年2月23日
「外交の四十八手は相撲よりも難しい」（談話）『名古屋新聞』昭和16年2月23日
「民族復興に新紀元」（祝詞）『上海毎日新聞』昭和16年3月30日
「世界の現勢と中日関係」（講演）昭和16年4月4日
「『直接交渉説』を駁砕 『南京支持』の一本槍」（談話）『大陸新報』昭和16年5月8日
「現地意見一致 国府政治力強化」（談話）『読売新聞』昭和16年5月8日

「国府育成強化　対重慶直接和平工作絶対になし」（談話）『東京日日新聞』昭和16年5月8日
「国府政治力の強化　一段と推進の要」（談話）『大阪毎日新聞』昭和16年5月8日
「経済力を一段と増進　国府育成強化へ」（談話）『朝日新聞』昭和16年5月8日
「経済の振興図つて国府の政治力強化」（談話）『上海毎日新聞』昭和16年5月8日
「事変処理完遂の道は汪政府育成の唯一本」（談話）『東京日日新聞』昭和16年5月10日
「決然・一歩進めよ国府強化、民心安定」（談話）『大阪毎日新聞』昭和16年5月10日
「経済生活を安定し民心把握が肝心」（談話）『東京日日新聞』昭和16年5月14日
「国府育成に徹底せよ　事変処理に第三国不要」（談話）『朝日新聞』昭和16年5月14日
「日華条約を完遂し国府強化を急げ」（談話）『読売新聞』昭和16年5月14日
「国府の育成強化　今こそ全力を注ぐ秋」（談話）『南京大陸新報』昭和16年5月14日
「わが皇室を厚く崇慕　汪主席を語る」（談話）『名古屋新聞』昭和16年6月15日
「使命大体終る」（談話）『東京日日新聞』昭和16年7月20日
「汪政府を育成強化せよ」『行事と講話』昭和16年7月
「国府の新体制に積極的協力」（談話）『朝日新聞』昭和16年8月21日
「既定方針を堅持し日支提携緊密化」（談話）『大陸新報』昭和16年8月21日
「事変処理方針は不変」（談話）『朝日新聞』昭和16年8月23日
「世界変局顧慮せず国府強化へ邁進」（談話）『南京大陸新報』昭和16年8月23日
「英米の恫喝　一顧に価せず」（談話）『読売新聞』昭和16年8月23日
「汪精衛先生を語る」『第一読物』昭和16年8月号
「汪主席を迎へて」『東亜解放』昭和16年8月号

「汪精衛閣下を迎ふ」『ラヂオ講演講座』昭和16年8月号
「国策微動だもせず」（談話）『南京大陸新報』昭和16年11月11日

昭和17年
「日本戦勝の秘因」『明朗大陸』昭和17年2月号

昭和18年
「徳富・本多両翁対談　決戦と一億の覚悟1～4」『毎日新聞』昭和18年10月19日～22日
「敵米英の対日策」（講演）昭和18年10月22日
「敵の狙ひは日本抹殺　甘言に乗るは滅亡のみ」（談話）『毎日新聞』昭和18年12月9日
「敵米英の対日策」『言論報告』昭和18年12月号

昭和19年
「講和なき戦争①～③」（談話）『毎日新聞』昭和19年3月9日～11日
「軍国外交雑俎」『時局雑誌　改造』昭和19年4月号
「大アジア主義の使徒　汪精衛氏を偲ぶ」『週刊朝日』昭和19年11月19日号
「大竹翁を悼む」『日本及日本人』昭和19年11月号

昭和20年
「断じて妥協的媾和なし」『時局情報』昭和20年3月10日号

「大東亜解放戦の意義」（講演）昭和20年7月7日

高橋勝浩（たかはし　かつひろ）
昭和39（1964）年千葉県生まれ。
平成元（1989）年國學院大學大学院博士課程前期修了後、
宮内庁（書陵部）へ入庁。
現在、同部編修課首席研究官。
専攻、日本近現代史。
編著書に、
『絵画に見る満洲事変と日中戦争―軍人画家武藤夜舟戦争画集―』（国書刊行会）、
『内田康哉関係資料集成』（柏書房、共編）、
主な論文に、
「石井菊次郎」「内田康哉」
（『人物で読む近代日本外交史　大久保利通から広田弘毅まで』吉川弘文館）、
「本多熊太郎の政治的半生」
（慶應義塾大学福沢研究センター『近代日本研究』第28巻）
などがある。

本《ほん》多《だ》熊《くま》太《た》郎《ろう》関《かん》係《けい》文《もん》書《じょ》
2018年４月25日初版第１刷印刷
2018年５月１日初版第１刷発行
編者　高橋勝浩
発行者　佐藤今朝夫
発行所　株式会社国書刊行会
東京都板橋区志村1-13-15　〒174-0056
電話03-5970-7421
ファクシミリ03-5970-7427
URL：http://www.kokusho.co.jp
E-mail：info@kokusho.co.jp
印刷所　三松堂株式会社
製本所　株式会社ブックアート
ISBN978-4-336-06147-8 C0021

絵画に見る満洲事変と日中戦争
軍人画家武藤夜舟戦争画集
高橋勝浩編
A4判変型／一八四頁／一八〇〇〇円

戦前に美術界の寵児として活躍した軍人画家・武藤夜舟。満洲事変に従軍し、戦闘の様子を描写、昭和天皇にも献上された、満洲事変を描いた絵画の総決算とも言うべき『満洲事変絵巻』などの戦争画を集大成。

日露戦争第三軍関係史料集
大庭二郎日記・井上幾太郎日記でみる旅順・奉天戦
長南政義編
A5判／七七二頁／一八〇〇〇円

毀誉褒貶相半ばする乃木希典司令官率いる第三軍。大庭二郎参謀副長、井上幾太郎参謀、白井二郎作戦主任参謀の、これまでほとんど紹介されて来なかった日記と回想録で、第三軍の真実に迫る。

三吉慎蔵日記　全二巻
三吉治敬監修／古城春樹＋中曽根孝一編
A5判／総一二五八頁／揃三八〇〇〇円

幕末から明治にかけ活躍、坂本龍馬と共に襲撃された寺田屋事件で名高い三吉慎蔵の日記全冊約六十五年分を完全翻刻。司馬遼太郎が『竜馬がゆく』を執筆する際に典拠とした「日記抄録　係坂本龍馬之件」も収録。

ヘンリー・スティムソン回顧録　上・下
ヘンリー・L・スティムソン＋マックジョージ・バンディ
中沢志保＋藤田怜史訳
A5判／上＝三八〇頁・四六〇〇円／下＝四三四頁・四八〇〇円

二十世紀前半の半世紀近い間、アメリカ政府の要職に就き、数々の政策決定に参画したヘンリー・スティムソンが、その生涯を多角的に語りつくした回顧録。近現代史を知るうえで欠かすことのできない必読書。

税別価格。価格は改定することがあります。